Wirtschaftsrecht International

# Der Patentschutz von Arznei- und Pflanzenschutzmitteln im Freihandelsrecht

## Internationale, europäische und amerikanische Entwicklungen

Lars Christoph Grupe

Fachmedien Recht und Wirtschaft | dfv Mediengruppe | Frankfurt am Main

Zugl.: Göttingen, Diss 2024

**Bibliografische Information Der Deutschen Nationalbibliothek**

Die Deutsche Nationalbibliothek verzeichnet diese Publikation in der Deutschen Nationalbibliografie; detaillierte bibliografische Daten sind im Internet über http://dnb.de abrufbar.

ISBN 978-3-8005-1920-0

dfv Mediengruppe



www.ruw.de



Druck: Beltz Grafische Betriebe GmbH, 99947 Bad Langensalza

Printed in Germany

# Inhaltsübersicht


**Abkürzungsverzeichnis** ... XVII

**Rechtsprechungsverzeichnis** ... XXI

**Einleitung** ... 1

**Teil I – Historische Grundlagen des internationalen Schutzes von Arznei- und Pflanzenschutzmittelpatenten** ... 7

Kapitel 1 – Tradierte Besonderheiten chemischer Patente und Arzneimittel als sektorspezifischer Schutz im internationalen Patentrecht ... 7
- A. Branchenpatentschutz in modernen Patentrechtsordnungen ... 8
  - I. Ratio der (Nicht-)Patentierbarkeit chemisch-pharmazeutischer Erfindungen und Arzneimittel in Europa seit dem 19. Jahrhundert ... 8
  - II. Zusammenfassung ... 22
- B. Der Weg zur Pariser Verbandsübereinkunft ... 23
  - I. Einzelstaatliche Entwicklungstendenzen ... 23
  - II. Der Wiener Patentschutzkongress von 1873 ... 24
  - III. Die Pariser Verbandsübereinkunft von 1883 ... 27
  - IV. Zusammenfassung ... 28

Kapitel 2 – Verdichtung internationaler Bestrebungen ... 29
- A. Harmonisierung des geistigen Eigentums ... 30
- B. Das Straßburger-Patentübereinkommen ... 31
- C. Das Europäische Patentrechtsübereinkommen ... 33
- D. Patente als Außenhandelselemente ... 34
  - I. Das amerikanische Handelsparadigma ... 34
  - II. Das europäische Handelsparadigma ... 36
- E. Sektorale Patente im GATT-System ... 38
  - I. Patentschutz ... 39
  - II. Nichtoffenbarte Informationen ... 41
  - III. Zusammenfassung ... 42
- F. Stellungnahme ... 43

Kapitel 3 – Das TRIPs-Abkommen: Inhaltliche Reichweite und globale Effekte ... 44
- A. Das TRIPs-Abkommen als Minimalkonsens ... 44
  - I. Patentrelevanter Status quo für Pflanzenschutz- und Arzneimittelpatente ... 45
  - II. Schutz nicht offengelegter Informationen ... 51
  - III. „Access to medicines“ – Die Doha-Runde ... 55
  - IV. TRIPs-interne *flexibilities*, *balances* und *ceilings* ... 59

B. Abkehr vom Multilateralismus . . . . . . . . . . 61
C. Zusammenfassung . . . . . . . . . . 64

**Teil II – Erweiterungen des Patentschutzes in EU-FTAs in der Analyse** . . . . . . . . . . 67
A. Leitlinien der EU-Patentpolitik . . . . . . . . . . 68
B. FTA-implementierte Schutzstandards und unionale Vorgaben . 70
I. Patentlaufzeitverlängerungen . . . . . . . . . . 72
II. Unterlagenschutz . . . . . . . . . . 124
III. (Keine) Erweiterung der Patentierbarkeit . . . . . . . . . . 176
IV. Definition des Regelungsgegenstandes . . . . . . . . . . 177
V. (Keine) Einengung von Zwangslizenzen . . . . . . . . . . 183
VI. Erst- und Zweitindikationen (neue Verwendungen) . . . . 183
VII. *Highest international standards*-Klauseln . . . . . . . . . . 187
VIII. *Dispute Settlement*-Klauseln . . . . . . . . . . 191
IX. *Effective and adequate protection*-Klausel . . . . . . . . . . 193
X. Inbezugnahme der *Public Health*-Problematik . . . . . . . . 194
XI. Annexe und *side letters* . . . . . . . . . . 198
XII. Erschöpfung vom Patentschutz und Parallelimporte . . . . 199
XIII. Einbezug multilateraler Patentverträge . . . . . . . . . . 203
XIV. Übergangsfristen . . . . . . . . . . 207
XV. Stellungnahme . . . . . . . . . . 209

**Teil III – Analyse patentrechtlicher Bestimmungen in US-FTAs** . 213
A. Amerikanische Patentpolitik im bilateralen Handel . . . . . . . . . 213
B. Entwicklung patentbezogener Standards . . . . . . . . . . 218
I. *Patent term extension* . . . . . . . . . . 218
II. Unterlagenschutz . . . . . . . . . . 228
III. Erweiterung der Patentierbarkeit . . . . . . . . . . 252
IV. Anwendungsbereich des Regelungsgegenstandes . . . . . . 255
V. *Patent linkage* . . . . . . . . . . 256
VI. Erst- und Zweitindikationen (neue Verwendungen) . . . . 261
VII. Einengung von Zwangslizenztatbeständen . . . . . . . . . . 262
VIII. *Public Health*-Erwägungen . . . . . . . . . . 265
IX. Parallelimporte und Erschöpfung des Patents . . . . . . . . . 272
X. *Bolar*-Ausnahme . . . . . . . . . . 276
XI. Einbezug multilateraler Patent-Verträge . . . . . . . . . . 279
XII. Übergangsphasen . . . . . . . . . . 280
XIII. Stellungnahme . . . . . . . . . . 281

**Teil IV – Vergleich europäischer und amerikanischer Freihandelsabkommen – Evolution und Status quo** . . . . . . . . . . 287
A. Patentlaufzeitverlängerungen . . . . . . . . . . 287
I. Arzneimittel . . . . . . . . . . 287

II. Pflanzenschutzmittel .......... 291
B. Unterlagenschutz .......... 292
I. Arzneimittel .......... 292
II. Pflanzenschutzmittel .......... 299
C. Allgemeine Erweiterung der Patentierbarkeit .......... 301
D. Definition des Regelungsgegenstandes .......... 302
E. *Patent linkage* .......... 302
F. Erst- und Folgeindikationen .......... 303
G. Zwangslizenzen, *governmental use*, *non-commercial use* .......... 304
H. Bezug auf *Public Health*-Aspekte .......... 305
I. Patenterschöpfung und Parallelimporte .......... 306
J. *Bolar*-Ausnahme .......... 307
K. Übergangsphasen .......... 308
L. Einbezug multilateraler IP-Verträge .......... 309
M. Stellungnahme .......... 310

**Teil V – Ergebnisse und Ausblick** .......... 313
A. Abschließende Betrachtung und Ergebnisse .......... 313
I. Etablierung spezieller Schutzregime .......... 313
II. Evolutive Charakteristika strategischer Schutzverbreitung per Freihandelsabkommen .......... 314
B. Ausblick .......... 322
I. Europäische Union .......... 322
II. USA .......... 326
III. Fazit .......... 328

**Literaturverzeichnis** .......... 331

# Inhaltsverzeichnis


**Abkürzungsverzeichnis** . . . . . . . . . . . . . . . . . . . . . . . . . . . . XVII

**Rechtsprechungsverzeichnis** . . . . . . . . . . . . . . . . . . . . . . . . . . XXI

**Einleitung** . . . . . . . . . . . . . . . . . . . . . . . . . . . . . . . . . . . 1

**Teil I – Historische Grundlagen des internationalen Schutzes von Arznei- und Pflanzenschutzmittelpatenten** . . . . . . . . . . . . . . . 7

Kapitel 1 – Tradierte Besonderheiten chemischer Patente und Arzneimittel als sektorspezifischer Schutz im internationalen Patentrecht . . . . . . . . . . . . . . . . . . . . . . . . . . . . . . . . 7

A. Branchenpatentschutz in modernen Patentrechtsordnungen . . 8
- I. Ratio der (Nicht-)Patentierbarkeit chemisch-pharmazeutischer Erfindungen und Arzneimittel in Europa seit dem 19. Jahrhundert. . . . . . . . . . . . . . . . . . . . . . . . . . . 8
  - 1. Frühe Entwicklung der chemisch-pharmazeutischen Industrie am Beispiel Deutschlands . . . . . . . . . . . . . . 8
  - 2. Schutzbemühungen der chemisch-pharmazeutischen Industrie . . . . . . . . . . . . . . . . . . . . . . . . . . . . . . 9
    - a) Standpunkt im großen deutschen Patentstreit . . . 9
    - b) Einflüsse auf das Gesetzgebungsverfahren zum ersten Deutschen Patentgesetz . . . . . . . . . . . . . . . 11
  - 3. Das Stoffschutzverbot in Deutschland . . . . . . . . . . . . 13
    - a) Stoffschutzerwägungen um 1877. . . . . . . . . . . . . 13
    - b) Akzeptanz indirekten Stoffschutzes durch die Rechtsprechung . . . . . . . . . . . . . . . . . . . . . . . . . 14
    - c) Pharmazeutische Erfindungen aufgrund therapeutischen Effekts? . . . . . . . . . . . . . . . . . . . 16
    - d) Abschaffung des Stoffschutzverbots . . . . . . . . . . 16
  - 4. Weitere europäische Einzelstaaten . . . . . . . . . . . . . . 16
    - a) Frankreich . . . . . . . . . . . . . . . . . . . . . . . . . . . . 17
    - b) Italien . . . . . . . . . . . . . . . . . . . . . . . . . . . . . . . 18
    - c) England . . . . . . . . . . . . . . . . . . . . . . . . . . . . . 19
    - d) Schweiz . . . . . . . . . . . . . . . . . . . . . . . . . . . . . 20
    - e) Dänemark . . . . . . . . . . . . . . . . . . . . . . . . . . . . 21
    - f) Ungarn . . . . . . . . . . . . . . . . . . . . . . . . . . . . . . 21
  - 5. Zusammenfassung . . . . . . . . . . . . . . . . . . . . . . . . . 22
- II. Zusammenfassung . . . . . . . . . . . . . . . . . . . . . . . . . . . . 22

B. Der Weg zur Pariser Verbandsübereinkunft . . . . . . . . . . . . . . 23
- I. Einzelstaatliche Entwicklungstendenzen. . . . . . . . . . . . 23
- II. Der Wiener Patentschutzkongress von 1873 . . . . . . . . . . 24

III. Die Pariser Verbandsübereinkunft von 1883 .......... 27
IV. Zusammenfassung .......... 28

Kapitel 2 – Verdichtung internationaler Bestrebungen .......... 29
A. Harmonisierung des geistigen Eigentums .......... 30
B. Das Straßburger-Patentübereinkommen .......... 31
C. Das Europäische Patentrechtsübereinkommen .......... 33
D. Patente als Außenhandelselemente .......... 34
I. Das amerikanische Handelsparadigma .......... 34
II. Das europäische Handelsparadigma .......... 36
E. Sektorale Patente im GATT-System .......... 38
I. Patentschutz .......... 39
II. Nichtoffenbarte Informationen .......... 41
III. Zusammenfassung .......... 42
F. Stellungnahme .......... 43

Kapitel 3 – Das TRIPs-Abkommen: Inhaltliche Reichweite und globale Effekte .......... 44
A. Das TRIPs-Abkommen als Minimalkonsens .......... 44
I. Patentrelevanter Status quo für Pflanzenschutz- und Arzneimittelpatente .......... 45
1. Patentierbare Gegenstände .......... 45
2. Patentierungsausschlüsse .......... 46
3. Schutzbegrenzungen und -ausschlüsse .......... 47
4. Laufzeit und Zulässigkeit ergänzender Zertifikate .......... 50
5. Zwischenergebnis .......... 50
II. Schutz nicht offengelegter Informationen .......... 51
1. Exklusivitätsmechanismen erfasst? .......... 51
2. Schutzfähige Daten .......... 53
3. Neuer chemischer Stoff .......... 53
4. Ausnahmen .......... 54
III. „Access to medicines“ – Die Doha-Runde .......... 55
IV. TRIPs-interne *flexibilities*, *balances* und *ceilings* .......... 59
B. Abkehr vom Multilateralismus .......... 61
C. Zusammenfassung .......... 64

**Teil II – Erweiterungen des Patentschutzes in EU-FTAs in der Analyse** .......... 67
A. Leitlinien der EU-Patentpolitik .......... 68
B. FTA-implementierte Schutzstandards und unionale Vorgaben .......... 70
I. Patentlaufzeitverlängerungen .......... 72
1. Funktion und ökonomische Relevanz .......... 72
a) Funktion .......... 72
b) Ökonomische Analyse .......... 73

2. Zertifikate für Arzneimittel .................... 75
a) Europarechtliche Voraussetzungen ........... 75
aa) Der Erzeugnisbegriff ................... 76
bb) Das Basis-/Grundpatent ................. 78
(1) Definition ......................... 78
(2) Bestimmung des Schutzumfangs ....... 78
(a) Wirkstoffbenennung im Anspruch oder Verletzung desselben? ....... 79
(b) Konkretisierung der Identifikationstheorie ...................... 79
(3) Häufung von Grundpatenten oder Erzeugnissen ...................... 81
cc) Gültige Arzneimittelzulassung ........... 82
dd) Kein vorheriges Zertifikat ............... 84
(1) Inhaberschaft ...................... 84
(2) Mehrere Zertifikate auf dasselbe Grundpatent? ...................... 86
ee) Erste Arzneimittelzulassung für das Produkt. 87
b) Schutzgegenstand und -wirkung ............. 88
c) Berechnung und Dauer .................... 89
aa) Grundsatz ............................ 89
bb) Ausnahme für pädiatrische Studien ........ 90
d) Erlöschen, Nichtigkeit und Widerruf .......... 90
e) *Bolar*-Ausnahme ......................... 91
f) Legislative Genese des *SPC* ................ 91
aa) Außereuropäische Einflüsse ............. 91
bb) Innereuropäische Strömungen ............ 94
cc) Unionale Genese ...................... 95
(1) Motivlage ......................... 95
(2) Kommissionsvorschlag und Reaktionen . 96
g) Zwischenfazit ............................ 97
3. Zertifikate für Pflanzenschutzmittel ............. 97
a) Einführung in der EU ...................... 98
b) Schutzumfang und -voraussetzungen .......... 99
4. Adoption in EU-FTAs ........................ 101
a) Präsenz in älteren Abkommen ............... 101
b) „Next generation"-Abkommen ............. 104
aa) Anerkennung des Zulassungsverfahrens .... 105
bb) Freiwilligkeit oder Verpflichtung zur kompensatorischen Laufzeitverlängerung ... 106
cc) Konzeptionelle Ausgestaltung des Schutzes . 107
dd) Schutzperioden und ihre Berechnung ...... 108

ee) Voraussetzungen . . . . . . . . . . . . . . . . . . . . . . 113
ff) Ausnahmsweise Verlängerung des Schutzzeitraums . . . . . . . . . . . . . . . . . . . . . . . . . . . 114
gg) Akzeptanz von zulassungsrechtlichen Koppelungssystemen (*patent linkage*). . . . . . 117
hh) Schutzrestringierende Tatbestände. . . . . . . . . 121
c) Zusammenfassung . . . . . . . . . . . . . . . . . . . . . . . . 123
5. Stellungnahme . . . . . . . . . . . . . . . . . . . . . . . . . . . . 123
II. Unterlagenschutz . . . . . . . . . . . . . . . . . . . . . . . . . . . . 124
1. Zweck und systematische Relevanz. . . . . . . . . . . . . 124
2. Unterlagenschutz für Arzneimittel . . . . . . . . . . . . . . 126
a) Provenienz aus den USA . . . . . . . . . . . . . . . . . . . 126
b) Voraussetzungen und Schutzdauer. . . . . . . . . . . . 128
c) Adoption in Handelsabkommen. . . . . . . . . . . . . . 131
aa) Genese in älteren Abkommen . . . . . . . . . . . . 131
bb) „Next generation"-Abkommen . . . . . . . . . . . 133
(1) Etablierung eines Unterlagenschutzkonzepts . . . . . . . . . . . . . . . . . . . . . . . . . 134
(2) Schutzgegenstand . . . . . . . . . . . . . . . . . . 136
(3) Schutzzeiten als Mindeststandards . . . . . 139
cc) Ausnahmen . . . . . . . . . . . . . . . . . . . . . . . . . 143
(1) Zustimmung des Referenzarzneimittelinhabers . . . . . . . . . . . . . . . . . . . . . . . . . 143
(2) Öffentlichkeitsschutz . . . . . . . . . . . . . . . . 145
(3) Verkürzte Zulassungsverfahren . . . . . . . . 146
(4) Nationaler Notstand. . . . . . . . . . . . . . . . . 146
(5) Äußerste Dringlichkeit. . . . . . . . . . . . . . . 147
(6) Adäquate Kompensation . . . . . . . . . . . . . 147
(7) Internationale Übereinkünfte. . . . . . . . . . 149
(8) Zusammenfassung . . . . . . . . . . . . . . . . . . 150
dd) Zwischenfazit. . . . . . . . . . . . . . . . . . . . . . . . . 150
d) Zusammenfassung . . . . . . . . . . . . . . . . . . . . . . . . 151
3. Unterlagenschutz für Pflanzenschutzmittelzulassungen . . . . . . . . . . . . . . . . . . . . . . . . . . . . . . 152
a) Entwicklung und Motivlage in Europa . . . . . . . . 152
b) Gegenstand und Dauer des Unterlagenschutzes . 155
c) Ausnahmen: Versuchs- und Studiendaten für Wirbeltiere; übergeordnetes öffentliches Interesse an der Offenbarung . . . . . . . . . . . . . . . 158
d) Adoption in Freihandelsabkommen der EU. . . . . 158
aa) Ältere Abkommen . . . . . . . . . . . . . . . . . . . . . 158
bb) Aktuelle Freihandelsabkommen . . . . . . . . . . 159

(1) Schutzgegenstand . . . . . . . . . . . . . . . . . . 159
(2) Schutzwirkung . . . . . . . . . . . . . . . . . . . . 161
(3) Schutzzeitraum und dessen Verlängerung . . . . . . . . . . . . . . . . . . . . . 162
(4) Ausnahmen . . . . . . . . . . . . . . . . . . . . . . 165
(aa) Zustimmung des Erstanmelders. . . . 165
(bb) Testdaten von Versuchen an Wirbeltieren . . . . . . . . . . . . . . . . . . . . . 166
(cc) Öffentlichkeitsschutz . . . . . . . . . . . . 168
(dd) Öffentliches Interesse. . . . . . . . . . . . 168
(ee) nationaler Notstand . . . . . . . . . . . . . 169
(ff) Äußerste Dringlichkeit. . . . . . . . . . . 169
(gg) Zwischenergebnis . . . . . . . . . . . . . . 170
e) Zwischenfazit. . . . . . . . . . . . . . . . . . . . . . . . . . 170
4. Schutz von Betriebs- und Geschäftsgeheimnissen (*trade secrets*). . . . . . . . . . . . . . . . . . . . . . . . . . . . . 171
5. Stellungnahme . . . . . . . . . . . . . . . . . . . . . . . . . . 174
III. (Keine) Erweiterung der Patentierbarkeit . . . . . . . . . . . . 176
IV. Definition des Regelungsgegenstandes . . . . . . . . . . . . . . 177
1. Definition des Arzneimittels . . . . . . . . . . . . . . . . . 177
2. Definition des Pflanzenschutzmittels. . . . . . . . . . . . . 181
3. Stellungnahme . . . . . . . . . . . . . . . . . . . . . . . . . . 182
V. (Keine) Einengung von Zwangslizenzen. . . . . . . . . . . . . 183
VI. Erst- und Zweitindikationen (neue Verwendungen) . . . . 183
VII. *Highest international standards*-Klauseln. . . . . . . . . . . . 187
VIII. *Dispute Settlement*-Klauseln . . . . . . . . . . . . . . . . . . . . . 191
IX. *Effective and adequate protection*-Klausel . . . . . . . . . . . 193
X. Inbezugnahme der *Public Health*-Problematik . . . . . . . . 194
XI. Annexe und *side letters* . . . . . . . . . . . . . . . . . . . . . . . . 198
XII. Erschöpfung vom Patentschutz und Parallelimporte. . . . 199
XIII. Einbezug multilateraler Patentverträge . . . . . . . . . . . . . 203
XIV. Übergangsfristen . . . . . . . . . . . . . . . . . . . . . . . . . . . . 207
XV. Stellungnahme . . . . . . . . . . . . . . . . . . . . . . . . . . . . . 209

**Teil III – Analyse patentrechtlicher Bestimmungen in US-FTAs** . 213
A. Amerikanische Patentpolitik im bilateralen Handel. . . . . . . . . 213
B. Entwicklung patentbezogener Standards . . . . . . . . . . . . . . . . . 218
I. *Patent term extension*. . . . . . . . . . . . . . . . . . . . . . . . . . . 218
1. Arzneimittel . . . . . . . . . . . . . . . . . . . . . . . . . . . . . . 219
a) Fakultative oder verpflichtende Implementierung 219
b) Schutzzeitraum und dessen Berechnung . . . . . . . 220
c) Schutzgegenstand und -voraussetzungen. . . . . . . 221
aa) Unangemessene Verkürzung . . . . . . . . . . . . . 221

bb) Erste kommerzielle Nutzung . . . . . . . . . . . . . 223
d) Schutzbereich und -wirkungen. . . . . . . . . . . . . . . 224
e) Alternativsysteme. . . . . . . . . . . . . . . . . . . . . . . . . 224
f) Zwischenergebnis. . . . . . . . . . . . . . . . . . . . . . . . . 225
2. Pflanzenschutzmittel . . . . . . . . . . . . . . . . . . . . . . . . . 226
a) Schutzvoraussetzungen . . . . . . . . . . . . . . . . . . . . 226
b) Schutzgegenstand und -wirkung . . . . . . . . . . . . . 227
c) Zwischenergebnis. . . . . . . . . . . . . . . . . . . . . . . . . 227
3. Zwischenergebnis. . . . . . . . . . . . . . . . . . . . . . . . . . . . 228
II. Unterlagenschutz . . . . . . . . . . . . . . . . . . . . . . . . . . . . . 228
1. Grundlagen nationaler Genese . . . . . . . . . . . . . . . . . . 228
2. Freihandelspraxis . . . . . . . . . . . . . . . . . . . . . . . . . . . . 231
a) Arzneimittel . . . . . . . . . . . . . . . . . . . . . . . . . . . . . . 232
aa) Verpflichtung bei Genehmigungsverfahren . . 233
bb) Voraussetzungen . . . . . . . . . . . . . . . . . . . . . . 233
(1) Neue chemische Stoffe . . . . . . . . . . . . . . 233
(2) (Nicht offengelegte). . . . . . . . . . . . . . . . .
Daten bzw. Informationen . . . . . . . . . . . . 236
(3) Notwendigkeit für Sicherheits- und
Effizienzprüfung . . . . . . . . . . . . . . . . . . . 238
(4) Erhebliche Anstrengung. . . . . . . . . . . . . . 238
cc) Schutzzeitraum und -berechnung. . . . . . . . . . 238
dd) Ausnahmen . . . . . . . . . . . . . . . . . . . . . . . . . . 240
(1) Zustimmung des Inhabers . . . . . . . . . . . . 240
(2) Schutz der Öffentlichkeit. . . . . . . . . . . . . 240
(3) Schutz vor unlauterem Gebrauch. . . . . . . 241
(4) Zwischenergebnis . . . . . . . . . . . . . . . . . . 241
ee) Schutzwirkung . . . . . . . . . . . . . . . . . . . . . . . . 242
ff) Schutz aufgrund Zulassung in Drittland . . . . 242
gg) Schutz bekannter chemischer Substanzen
und neuer Verwendungen. . . . . . . . . . . . . . . . 245
hh) (Dis-)Konnexität von Patent- und Unter-
lagenschutz. . . . . . . . . . . . . . . . . . . . . . . . . . . 245
ii) Zusammenfassung . . . . . . . . . . . . . . . . . . . . . 247
b) Pflanzenschutzmittel . . . . . . . . . . . . . . . . . . . . . . . 248
aa) Voraussetzungen . . . . . . . . . . . . . . . . . . . . . . 248
bb) Schutzzeitraum. . . . . . . . . . . . . . . . . . . . . . . . 249
cc) Ausnahmen . . . . . . . . . . . . . . . . . . . . . . . . . . 249
dd) Schutzumfang . . . . . . . . . . . . . . . . . . . . . . . . 250
ee) Schutz bekannter chemischer Stoffe bzw.
neuer Verwendungen . . . . . . . . . . . . . . . . . . . 250
ff) Schutz bei Genehmigung in Drittländern . . . 251

gg) Zusammenfassung . . . . . . . . . . . . . . . . . . . . 252
III. Erweiterung der Patentierbarkeit . . . . . . . . . . . . . . . . . . . 252
1. Umsetzung der TRIPs-Ausnahmen nach Art. 27 Abs. 2 und 3 . . . . . . . . . . . . . . . . . . . . . . . . . . . . . 252
2. Erfindungsarten . . . . . . . . . . . . . . . . . . . . . . . . . . . . 254
3. Patentwiderruf . . . . . . . . . . . . . . . . . . . . . . . . . . . . . 254
IV. Anwendungsbereich des Regelungsgegenstandes . . . . . . 255
V. *Patent linkage* . . . . . . . . . . . . . . . . . . . . . . . . . . . . . . 256
VI. Erst- und Zweitindikationen (neue Verwendungen) . . . . 261
VII. Einengung von Zwangslizenztatbeständen . . . . . . . . . . . 262
VIII. *Public Health*-Erwägungen . . . . . . . . . . . . . . . . . . . . . . 265
1. *Side letters/understandings* . . . . . . . . . . . . . . . . . . . . 265
2. Inkorporation in den Freihandelsvertrag . . . . . . . . . . 269
3. Zusammenfassung . . . . . . . . . . . . . . . . . . . . . . . . . . 271
IX. Parallelimporte und Erschöpfung des Patents . . . . . . . . . 272
X. *Bolar*-Ausnahme . . . . . . . . . . . . . . . . . . . . . . . . . . . . . 276
XI. Einbezug multilateraler Patent-Verträge . . . . . . . . . . . . . 279
XII. Übergangsphasen . . . . . . . . . . . . . . . . . . . . . . . . . . . . . 280
XIII. Stellungnahme . . . . . . . . . . . . . . . . . . . . . . . . . . . . . . 281

**Teil IV – Vergleich europäischer und amerikanischer Freihandelsabkommen – Evolution und Status quo** . . . . . . . . . . . . . . . . . . 287
A. Patentlaufzeitverlängerungen . . . . . . . . . . . . . . . . . . . . . . . . 287
I. Arzneimittel . . . . . . . . . . . . . . . . . . . . . . . . . . . . . . . . . 287
1. Schutzzweck . . . . . . . . . . . . . . . . . . . . . . . . . . . . . . 288
2. Schutzgegenstand und -dauer . . . . . . . . . . . . . . . . . . 288
3. Ergebnis . . . . . . . . . . . . . . . . . . . . . . . . . . . . . . . . . 291
II. Pflanzenschutzmittel . . . . . . . . . . . . . . . . . . . . . . . . . . . 291
B. Unterlagenschutz . . . . . . . . . . . . . . . . . . . . . . . . . . . . . . . . 292
I. Arzneimittel . . . . . . . . . . . . . . . . . . . . . . . . . . . . . . . . . 292
1. Tatbestand bzw. Schutzgegenstand . . . . . . . . . . . . . . 292
a) Arzneimittel mit neuen chemischen und biologischen Stoffen . . . . . . . . . . . . . . . . . . . . . . 292
b) Weitere Tatbestandsmerkmale . . . . . . . . . . . . . . . 293
c) Bereichserweiterungen durch Drittlandszulassungen, Folgeindikationen, pädiatrische Studien und Schutzfristkonnexität . . . . . . . . . . . . . . . . . . 294
2. Schutzzeiten . . . . . . . . . . . . . . . . . . . . . . . . . . . . . . . 295
3. Ausnahmen. . . . . . . . . . . . . . . . . . . . . . . . . . . . . . . . 297
4. Zwischenergebnis. . . . . . . . . . . . . . . . . . . . . . . . . . . . 298
II. Pflanzenschutzmittel . . . . . . . . . . . . . . . . . . . . . . . . . . . 299
1. Tatbestandsvoraussetzungen . . . . . . . . . . . . . . . . . . . 299
2. Schutzzeiten . . . . . . . . . . . . . . . . . . . . . . . . . . . . . . . 300

3. Ausnahmen . . . . . . . . . . 300
4. Zwischenergebnis . . . . . . . . . . 301
C. Allgemeine Erweiterung der Patentierbarkeit . . . . . . . . . . 301
D. Definition des Regelungsgegenstandes . . . . . . . . . . 302
E. *Patent linkage* . . . . . . . . . . 302
F. Erst- und Folgeindikationen . . . . . . . . . . 303
G. Zwangslizenzen, *governmental use, non-commercial use* . . . . 304
H. Bezug auf *Public Health*-Aspekte . . . . . . . . . . 305
I. Patenterschöpfung und Parallelimporte . . . . . . . . . . 306
J. *Bolar*-Ausnahme . . . . . . . . . . 307
K. Übergangsphasen . . . . . . . . . . 308
L. Einbezug multilateraler IP-Verträge . . . . . . . . . . 309
M. Stellungnahme . . . . . . . . . . 310

**Teil V – Ergebnisse und Ausblick** . . . . . . . . . . 313
A. Abschließende Betrachtung und Ergebnisse . . . . . . . . . . 313
I. Etablierung spezieller Schutzregime . . . . . . . . . . 313
II. Evolutive Charakteristika strategischer Schutzverbreitung per Freihandelsabkommen . . . . . . . . . . 314
1. Amerikanische Initiative und europäisches Nachziehen . . . . . . . . . . 314
2. Schutzkonzeptionen . . . . . . . . . . 315
3. Zentrale evolutive Charakteristika beider Schutzregime . . . . . . . . . . 316
4. Gewährleistung des Schutzes der öffentlichen Gesundheit . . . . . . . . . . 318
5. Reduktion von Gestaltungsspielräumen . . . . . . . . . . 320
6. Zusammenfassende Einordnung . . . . . . . . . . 320
B. Ausblick . . . . . . . . . . 322
I. Europäische Union . . . . . . . . . . 322
1. Verhandlungsposition beim Unterlagenschutz . . . . . . 322
2. Instrumentale Schutzverdichtung (*trade secrets*) . . . . 323
3. Weitere Schutzextension . . . . . . . . . . 325
4. Klauselintegration . . . . . . . . . . 325
II. USA . . . . . . . . . . 326
1. Zukünftige Gestaltungspraxis . . . . . . . . . . 326
2. Schutzerhöhende Revisionen . . . . . . . . . . 327
3. Klauselintegration . . . . . . . . . . 327
III. Fazit . . . . . . . . . . 328

**Literaturverzeichnis** . . . . . . . . . . 331

# Abkürzungsverzeichnis

| | |
|---|---|
| ABl. | Amtsblatt |
| AIDS | Acquired Immune Deficiency Syndrome |
| AIPPI | Association Internationale pour la Protection de la Propriété Industrielle |
| Art. | Artikel |
| a. A. | andere Ansicht |
| a. F. | alte Fassung |
| ASEAN | Association of Southeast Asian Nations (Verband Südostasiatischer Nationen) |
| BGBl. | Bundesgesetzblatt |
| BGH | Bundesgerichtshof |
| BPCIA | Biologics Price Competition and Innovation Act of 2009 |
| BPI | Bundesverband der Pharmazeutischen Industrie |
| bspw. | beispielsweise |
| CU | Customs Union |
| DCFTA | Deep and Comprehensive Free Trade Agreement |
| dt. | deutsch/Deutsch |
| EFPIA | European Federation of Pharmaceutical Industries and Associations |
| engl. | englisch/Englisch |
| EPA | Europäisches Patentamt |
| EPÜ | Europäisches Patentübereinkommen |
| etc. | et cetera |
| EU | Europäische Union |
| EG | Europäische Gemeinschaft |
| EPA | Europäisches Patentamt |
| EuGH | Europäischer Gerichtshof |
| EuG | Europäisches Gericht |
| EWG | Europäische Wirtschaftsgemeinschaft |
| FDI | foreign direct investment(s) (ausländische Direktinvestition(en)) |
| FIFRA | Federal Insecticide, Fungicide, and Rodenticide Act |
| FTA | Free Trade Agreement (Freihandelsabkommen) |
| GATT | General Agreement on Tariffs and Trade (Allgemeines Zoll- und Handelsabkommen) |
| GATS | General Agreement on Trade in Services (Allgemeines Abkommen über den Handel mit Dienstleistungen) |
| ggf. | gegebenenfalls |
| GRUR | Gewerblicher Rechtsschutz und Urheberrecht (Fachzeitschrift) |
| GRUR Int. | Gewerblicher Rechtsschutz und Urheberrecht International (Fachzeitschrift) |
| GRUR Ausl. | Gewerblicher Rechtsschutz und Urheberrecht Ausland (Fachzeitschrift) |

| | |
|---|---|
| HIV | Humanes Immundefizienz-Virus |
| h. M. | herrschende Meinung |
| HS. | Halbsatz |
| ICTSD | International Centre for Trade and Sustainable Development |
| i. d. F. v. | in der Fassung vom |
| i. Erg. | im Ergebnis |
| IFAC | Industry Functional Advisory Committee on Intellectual Property Rights for Trade Policy Matters |
| insb. | insbesondere |
| IP | Intellectual Property (geistiges Eigentum) |
| i. S. d. | im Sinne der/s |
| i. S. e. | im Sinne einer/s |
| i. S. v. | im Sinne von |
| Mercosur | Mercado Común del Sur (Gemeinsamer Markt Südamerikas) |
| Mitt. | Mitteilung(en) |
| m. w. N. | mit weiteren Nachweisen |
| n. F. | neue Fassung |
| o. g. | oben genannte/n |
| OVG | Oberverwaltungsgericht |
| o. ä. | oder ähnliches/m |
| PCT | Patent Cooperation Treaty (Vertrag über die internationale Zusammenarbeit auf dem Gebiet des Patentwesens) |
| PharmaR | Pharmarecht (Fachzeitschrift) |
| PhRMA | Pharmaceutical Research and Manufacturers of America |
| PLT | Patent Law Treaty (Patentrechtsvertrag) |
| PVÜ | Pariser Verbandsübereinkunft zum Schutz des gewerblichen Eigentums |
| RL | Richtlinie (der EU) |
| s. | siehe |
| S. | Satz |
| SAA | Stabilisation and Association Agreement (Stabilisierungs- und Assoziierungsabkommen) |
| SPC | Supplementary Protection Certificate (Ergänzendes Schutzzertifikat) |
| SPLT | Substantive Patent Law Treaty |
| TRIPs | Agreement on Trade Related Aspects of Intellectual Property Rights (Übereinkommen über handelsbezogene Aspekte der Rechte des geistigen Eigentums) |
| UAbs. | Unterabsatz |
| u. a. | unter anderem |
| UN | United Nations (Vereinte Nationen) |
| UNCTAD | United Nations Conference on Trade and Development |
| USA | United States of America (Vereinigte Staaten von Amerika) |
| U. S.C. | U. S. Code |
| v. | von/m |

| | |
|---|---|
| VDI | Verein Deutscher Ingenieure |
| VG | Verwaltungsgericht |
| vgl. | vergleiche |
| VO | Verordnung (der EU) |
| WHO | World Health Organization (Weltgesundheitsorganisation) |
| WIPO | World Intellectual Property Organization (Weltorganisation für geistiges Eigentum) |
| WTO | World Trade Organization (Welthandelsorganisation) |
| WVK | Wiener Übereinkommen über das Recht der Verträge |
| z. B. | zum Beispiel |

# Rechtsprechungsverzeichnis

| Entscheidendes Gericht | Datum | Aktenzeichen | Veröffentlichung Zeitschrift | Gängige Referenz |
|---|---|---|---|---|
| EuGH | 24.11.2011 | C-322/10 | GRUR 2012, 257; GRUR 2010, 140 | Medeva |
| EuGH | 14.11.2014 | C-210/13 | PharmR 2014, 98 | Glaxosmithkline Biologicals |
| EuGH | 12.12.2013 | C-484/12 | GRUR 2014, 160; PharmR 2014, 55 | Georgetown University |
| EuGH | 19.10.2004 | C-31/03 | GRUR Int. 2005, 219 | Pharmacia Italia |
| EuGH | 17.04.2007 | C-202/05 | Mitt. 2007, 308 | Yissum |
| EuGH | 04.05.2006 | C-431/04 | GRUR 2006, 694 | MIT |
| EuGH | | C-130/11 | GRUR Int. 2012, 910 | Neurim Pharmaceuticals |
| EuGH | 25.11.2011 | C-518/10 | GRUR 2012, 261 | Yeda |
| EuGH | 16.09.1999 | C-392/97 | GRUR Int. 2000, 69 | Farmitalia |
| EuGH | 12.12.2013 | C-443/12 | GRUR Int. 2014, 153 | Actavis/Sanofi |
| EuGH | 23.01.1997 | C-181/95 | GRUR Int. 1997, 363 | Biogen |
| EuGH | 12.12.2013 | C-493/12 | GRUR 2014, 163 | Eli Lilly |
| EuGH | 25.11.2011 | C-6/11 | GRUR Int. 2012, 356 | Daiichi Sankyo |
| EuGH | 06.12.2012 | C-457/10 | GRUR Int-2013, 837 | AstraZeneca |

| **Entscheidendes Gericht** | **Datum** | **Aktenzeichen** | **Veröffentlichung Zeitschrift** | **Gängige Referenz** |
|---|---|---|---|---|
| EuGH | 09.02.2012 | C-574/11 | EuZW 2012, 431 | Novartis/Actavis |
| EuGH | 08.12.2011 | C-125/10 | GRUR Int. 2012, 146 | Merck Sharp & Dohme |
| EuGH | 03.12.1998 | C-368/96 | EWS 1999, 230 L | Generics |
| EuGH | 19.06.2014 | C-11/13 | GRUR 2014, 756 | Bayer Crop Science/DPMA |
| EuGH | 11.11.2010 | C-229/09 | GRUR 2011, 213 | Lovells/Bayer Crop Science |
| EuGH | 17.10.2013 | C-210/12 | GRUR Int. 2013, 1129 | Clothianidin |
| EuGH | 18.07.2013 | C-414/11 | GRUR Int. 2013, 895 | Sanofi/DEMO |
| EuGH | 31.10.1974 | Rs. 15/74 | GRUR INt. 1974, 454 | Centrafarm/Sterling Drug |
| EuGH | 16.07.1998 | C-355/96 | GRUR Int. 1998, 695 | Silhouette |
| EuGH | 31.03.2019 | C-443/17 | GRUR Int. 2019, 711 | Abraxis Bioscience |
| | | | | |
| BGH | 13.02.1964 | Ia ZB 19/63 | GRUR 1964, 439 | Arzneimittelgemisch |
| BGH | 03.02.1966 | Ia ZB 26/64 | GRUR 1966, 312 | Appetitzügler I |
| BGH | 20.09.1983 | X ZB 4/83 | GRUR 1983, 729 | Hydropyridin |
| BGH | 15.02.2000 | X ZB 13/95 | GRUR 2000, 683 | Idarubicin II |
| | | | | |
| BPatG | 17.10.2017 | 14 W (pat) 12/17 | GRUR 2018, 281 | Sitagliptin III |

| **Entscheidendes Gericht** | **Datum** | **Aktenzeichen** | **Veröffentlichung Zeitschrift** | **Gängige Referenz** |
|---|---|---|---|---|
| RG | 14.03.1888 | Rep. I 389/87 | RGZ 22, 8; Gareis´sche Sammlung Bd. 6 S. 165 | Methylenblau |
| RG | 20.03.1889 | | Gareis´sche Sammlung Bd. 7 S. 47; Patentblatt 1889, S. 209; PatBl. 19 v. 08.05.1889 | Kongorot |
| | | | | |
| United States Court of Appeals for the Federal Circuit | | 733 f.2 d 858 (Fed. Cir.), 469 U. S. 756 (1984) | GRUR Int. 1984, 769 | Dalmance |
| | | | | |
| U. S. Supreme Court | 26.06.1984 | 467 U. S. 986 (1984) | | Ruckelshaus v. Monsanto Co., |
| | | | | |
| High Court of Justice | 03.05.2017 | HP-2016-000044 | [2017] EWHC 987 (Pat) | Sandoz/Searle |

# Einleitung

Die internationale Harmonisierung des geistigen Eigentums unter Loslösung vom Territorialitätsprinzip war in den vergangenen Jahrzehnten Gegenstand zahlreicher Bemühungen in internationalen Institutionen und Foren. Den substanziellsten Beitrag bildet hierbei das Übereinkommen über handelsbezogene Aspekte der Rechte des geistigen Eigentums (*Trade Related Aspects of Intellectual Property Rights*, sog. TRIPs-Abkommen) im Rahmen der Welthandelsorganisation (WTO), welches als Annex 1C zum *Marakesh-Agreement*[1] den für jeden Mitgliedstaat der WTO verbindlichen immaterialgüterrechtlichen Rahmen bildet. Zeitgleich dazu entwickelte sich eine parallele Praxis von bi- bzw. polylateralen Freihandelsverträgen, welche aktuell das internationale Wirtschaftsrecht beherrscht. Sowohl das europäische[2] als auch das amerikanische Freihandelsrecht integriert speziell das Patentrecht betreffende Bestimmungen als Teil ihrer facettenreichen Handelsagenden. Hierbei fällt auf, dass sich diese auf zwei ganz konkrete Wirtschaftsbranchen bzw. -sektoren fokussieren: Zum einen Arzneimittel und zum anderen Pflanzenschutzmittel. Für beide Wirtschaftssektoren sehen die Freihandelsabkommen (FTAs) diverse Schutzstandards vor, deren Konzeption das welthandelsrechtliche Schutzniveau im Rahmen des TRIPs-Abkommens übertreffen (sog. TRIPs-Plus Standards).

Die Interferenzen von Patentrechten innerhalb von Freihandelsverträgen und dem TRIPs-Abkommen sind verschiedentlich und unter individuellen Aspekten in der weltweit vorhandenen Rechtsliteratur reflektiert worden.[3]

---

1 Vgl. dort Art. 2.

2 Gemeint ist die Europäische Union bzw. ihre Mitgliedstaaten.

3 *Abbott*, Trade Costs and Shadow Benefits: EU Economic Partnership Agreements as Models for Progressive Development of International IP Law, in: Drexl/Grosse Ruse-Khan/Nadde-Phlix, EU Bilateral Trade Agreements and Intellectual Property: For Better or Worse?, S. 159; *Abbott*, The Evolution of Public Health Provisions in Preferential Trade and Investment Agreements of the United States, in: Roffe/Seuba, Current Alliances in International Intellectual Property Lawmaking: The Emergence and Impact of Mega-Regionals, S. 45; *Acquah*, International Review of Intellectual Property and Competition Law 2014, 256; *Cartagena/Attaran*, Health Law Journal 2009, 269; *Chu*, The Evolution of US and EU Approaches to Intellectual Property Provisions Related to Public Health in Free Trade Agreements: Are They Responding to Public Health Concerns?; *El Said*, Public health related TRIPS-plus provisions in bilateral trade agreements; *Fink*, Intellectual Property Rights, in: Chauffour/Maur, Preferential Trade Agreement Policies for Development, S. 387; *Fink/Reichenmiller*, Tightening TRIPS: Intellectual Property Provisions of U. S. Free Trade Agreements, in: Newfarmer, Trade, Doha, and Development, S. 289; *Gleeson/Lopert*, Journal of Law, Medicine and Ethics 2013, 199; *Grosse Ruse-Khan*, IP and Trade in a Post-TRIPS Environment, in: Ullrich/Hilty/Lamping/et al., TRIPS plus 20, S. 163; *Heath, Kamperman Sanders* (Hrsg.), Intellectual Property and Free Trade Agreements; *Ho*, Access to Medicine in the Global Economy: International Agreements

In diesem Rahmen ist indes nicht nur die evolutive Betrachtung von Patentstandards in Freihandelsabkommen als rechtsmethodischer Ansatz mit seinem ideengeschichtlichem Fundament, sondern auch der Vergleich von europäischen und amerikanischen Patent-Klauseln als solchen bislang kaum[4] und nur inkohärent in der wissenschaftlichen Bearbeitung berücksichtigt worden. Über jene Betrachtungen hinaus hat sich seitdem der Kanon der Freihandelsverträge in den vergangenen Jahren in signifikanten Aspekten verändert bzw. erweitert. Die Diskussionen haben sich daneben thematisch bislang fast ausschließlich im arzneimittelrechtlichen Bereich erschöpft, wohingegen Pflanzenschutzmittel trotz ihrer immensen Bedeutung fast gar nicht juristisch wahrgenommen worden sind. Wenngleich der Grund hierfür in der weltweit diskutierten Frage nach dem notwendigen Maß des Schutzes der öffentlichen Gesundheit bekannten Diskurses (sog. *Public Health*-Diskussion) traditionell – und aufgrund der COVID-19-Pandemie wieder hochaktuell[5] – im arzneimittelrechtlichen Kontext liegt, wird allerseits nicht berücksichtigt, dass auch Pflanzenschutzmittel vergleichbaren Schutzbestimmungen unterworfen sind und ähnlich weitreichende Problemstellungen provozieren. Die Interessenlagen sind in beiden Branchen vergleichbar. So kollidieren die Interessen von Unternehmen, die forschen, innovativ agieren und neue Produkte entwickeln mit den Interessen derjenigen, die entsprechende Produkte (nur) gesetzeskonform nachahmen: Innovativen Unternehmen als Originalherstellern liegt daran, ihre Forschungs- und Entwicklungskosten über den zeitweiligen Immaterialgüterrechtsschutz zu amortisieren und so einen Anreiz zur Forschung zu haben, während Hersteller von Nachahmerpräparaten (Generikahersteller) derartige Kosten kaum tragen müssen. Nach Ablauf der immaterialgüterrechtlichen Schutzfristen werden die jeweiligen Produkte den Gesetzen der freien Marktwirtschaft unterworfen. Nachahmer vermögen sodann mangels Forschungsaufwandes ihre Produkte in der Regel günstiger anzubieten. Die Reichweite der jeweiligen immaterialgüterrechtlichen Schutzstandards entfaltet konkreten Einfluss auf den Zeitpunkt, zu dem nachgeahmte Produkte auf den Markt gebracht werden können. Damit einher geht die Frage nach erschwinglicher

on Patents and Related Rights; *Keim,* TRIPS-plus Patentschutzklauseln in bilateralen Freihandelsabkommen der EU; *Krikorian/Szymkowiak*, The Journal of World Intellectual Property 2007, 388; *Mercurio,* TRIPS-Plus Provisions in FTAs: Recent Trends, in: Bartels/Ortino, Regional Trade Agreements and the WTO Legal System 2006, S. 224 ff.; *Xiong*, Journal of World Trade 2012, 155.

4 Einzig *Keim* hat eine zum damaligen Zeitpunkt vergleichsweise umfassende Analyse (nur) hinsichtlich Arzneimitteln durchgeführt, welche indes nur einen Teil der hiesig eruierten FTAs betraf und daneben einer anderen Methodik und Fragestellung unterlag.

5 Dazu beispielsweise *Metzger/Zech*, GRUR 2020, 561; *Hauck,* GRUR-Prax 2021, 333; *Bäumler/Terhechte*, Neue Juristische Woche 2020, 3481; *von Bogdandy/Villarreal*, Zeitschrift für ausländisches öffentliches Recht und Völkerrecht 2021, 89.

und flächendeckender Versorgung mit den entsprechenden Produkten. Somit stehen Innovationsschutz und der Schutz der öffentlichen Gesundheit bzw. Nahrungsversorgung durch Zugang zu solchen Produkten in einem natürlichen Spannungsverhältnis zueinander. In Abgrenzung zum bisherigen Stand der Wissenschaft nimmt diese Arbeit daher nicht zuletzt auch TRIPs-Plus Schutzklauseln für Pflanzenschutzmittel in den Blick, sondern vergleicht diese auch zwischen der europäischen und amerikanischen Praxis unter dem Aspekt ihrer Genese, Reichweite und Auswirkungen.

Da die Freihandelspraxis massive Implikationen auf alle Mitglieder des Systems der Welthandelsorganisation hat, kann sie nicht losgelöst davon betrachtet werden. Das WTO-System, das dem Abbau von Handelsschranken dient, betrachtet Freihandelsverträge grundsätzlich als handelsbarrierefördernd, da sie handelsbezogene Sondervereinbarungen nur zwischen einzelnen Nationen untereinander beinhalten.[6] Sie sind daher nur WTO-konform, wenn sie bilanziell handelsfördernde Effekte aufweisen. Hierbei ist zu beachten, dass diese Handelsvereinbarungen unter Art. XXIX:5(b) GATT[7] vom Anwendungsbereich der Meistbegünstigungsklausel (sog. Ausländerparität) des Art. I:1 GATT ausgeschlossen sind. Die Begünstigungen dieser Freihandelszonen werden also nur den Mitgliedern dieser Zonen, nicht aber Drittstaaten und ihren Angehörigen gewährt. Nichtsdestotrotz gilt für geistiges Eigentum im Speziellen der Rückgriff auf das TRIPs-Abkommen, dessen Art. 4 ebenfalls eine Meistbegünstigungsklausel beinhaltet und – im Gegensatz zu Art. XXIV GATT (und auch Art. 5 GATS[8]) – keine Ausnahmen für Freihandelszonen vorsieht. Nach weitläufig vertretener Meinung dürfen deshalb Vereinbarungen zum geistigen Eigentum, die jedenfalls zwischen WTO-Mitgliedern im Rahmen von Freihandelsabkommen getroffen werden, gemäß Art. 4 TRIPs einem anderen WTO-Mitglied nicht versagt werden.[9] Somit unterliegen freihandelsrechtlich verankerte Standards einer

6 Graf Vitzthum/Proelß-*Kreuter-Kirchhof*, S. 633.

7 General Agreement on Tariffs and Trade (Allgemeines Zoll- und Handelsabkommen), am 30.10.1947 abgeschlossen und am 01.01.1948 in Kraft getreten. Hierauf fußt die WTo nun unter anderem.

8 General Agreement on Trade in Services (Allgemeine Übereinkommen über den Handel mit Dienstleistungen), in Kraft getreten am 01.01.1995.

9 *Drahos*, Journal of World Intellectual Property 2001, 791, 802; *Mercurio,* TRIPS-Plus Provisions in FTAs: Recent Trends, in: Bartels/Ortino, Regional Trade Agreements and the WTO Legal System 2006, S. 223; *Kur/Grosse Ruse-Khan,* Enough is enough – the notion on binding ceilings in international intellectual property protection, in: Kur/ Levin, Intellectual Property Rights in a Fair World Trade System, S. 365; *Cartagena/Attaran*, Health Law Journal 2009, 269, 273; *Fackelmann,* Patentschutz und ergänzende Schutzinstrumente für Arzneimittel im Spannungsfeld von Wettbewerb und Innovation, S. 379; *Klunker,* Harmonisierungsbestrebungen im materiellen Patentrecht, S. 337; *Xiong*, Journal of World Trade 2012, 155, 173 f.; *Alemann*, Impact of TRIPS-Plus Obligations in Economic Partnership- and Free Trade Agreements on international IP Law, in:

quasiautomatischen Verbreitung, soweit sich Drittstaaten ebenfalls auf jene FTA-basierte Behandlung berufen können.

Die vorliegende Arbeit widmet sich der Entwicklung dieser Schutzstandards in beiden Sektoren unter Beachtung ihrer nationalen und welthandelsrechtlichen Fundamente im freihandelsrechtlichen Kontext. In diesem Rahmen wird insbesondere auf die jeweils zugrundeliegende Motivation der Akteure eingegangen und Interdependenzen aufgedeckt. Diese Arbeit analysiert außerdem den zurzeit geltenden Status quo entsprechender Schutzklauseln in Freihandelsabkommen und eruiert ihre Genese, Reichweite und rechtlichen Auswirkungen, wobei insbesondere die aktuellsten Freihandelsabkommen der EU[10] mit Japan („JEFTA"), den Mercosur[11]-Staaten[12] sowie Neuseeland einbezogen werden. Ferner wird das seit 01.05.2021 in Kraft getretene Großbritannien-FTA[13] berücksichtigt, das infolge des Austritts Großbritanniens aus der EU, dem sog. Brexit, entstanden ist. Außerdem fließt das neuste FTA der USA mit Kanada und Mexiko (USMCA, sog. NAFTA 2) ebenfalls in die Bearbeitung ein, welches am 01.07.2020 in Kraft getreten ist. Zudem wird das in seiner ersten Phase am 14.02.2020 in Kraft getretene „Wirtschafts- und Handelsabkommen"[14] zwischen den USA und China (sog.

Drexl/Grosse Ruse-Khan/Nadde-Phlix, EU Bilateral Trade Agreements and Intellectual Property: For Better or Worse?, S. 67; *Acquah*, International Review of Intellectual Property and Competition Law 2014, 256, 272; *Keim*, TRIPS-plus Patentschutzklauseln in bilateralen Freihandelsabkommen der EU, S. 98 f.; Im Hinblick auf bilaterale Investmentverträge *Klopschinski*, Der Schutz geistigen Eigentums durch völkerrechtliche Investitionsverträge, S. 338; a.A. wohl *Mitchell/Voon*, Journal of World Trade 2009, 571, 596 f.

10 Gemeint ist im Folgenden die Europäische Union oder ihre Rechtsvorgänger.

11 Abkürzung für den Mercado Común del Sur, den Gemeinsamen Binnenmarkt Südamerikas.

12 Der Text des MERCOSUR-FTA war bereits final ausgehandelt („agreement in principle") und im Sommer 2019 unterschrieben worden. Gleichwohl wurde seine weitere Umsetzung im Oktober 2020 unterbrochen, da bestimmte Agrar- und Umweltstandards vom EU-Parlament bemängelt worden sind. Da die für diese Untersuchung einschlägigen Passagen indes keine Kritik erfahren haben, dürften sie inhaltlich unverändert bleiben und finden daher bis auf weiteres mit Stand des „agreement in principle" vom 28.06.2019 uneingeschränkt Einzug in die hiesige Untersuchung. Es wird gleichwohl darauf hingewiesen, dass sich neben Inhalten der IP-Klauseln die hiesig verwendeten Artikel-Kennzeichnungen des MERCOSUR-FTAs jedoch gegenüber einer zukünftig endgültigen Fassung noch ändern könnten.

13 ABl. EU L-149 vom 30.04.2021, S. 10 ff.

14 Phase-One „Economic and Trade Agreement between the government of the United States of America and the government of the People's Republic of China" Der Abkommenstext ist abrufbar unter https://ustr.gov/ sites/default/files/files/agreements/phase%20one%20agreement/Economic_And_Trade_Agreement_Between_The_United_States_And_China_Text.pdf (letzter Zugriff am 28.03.2024). Weitere „Phasen" sollen folgen.

CHIUS) mit seinen patentrechtlichen Inhalten einbezogen werden. Diese Abkommen sind der Rechtswissenschaft diesbezüglich bislang im Grunde gänzlich unerschlossen geblieben. Gleichwohl bergen sie – dies sei vorweggenommen – signifikante Neuerungen und eröffnen dadurch vertiefte Diskussionsdimensionen. Schließlich werden die jeweiligen Schutzmechanismen und -niveaus der EU mit denen der USA hinsichtlich Arznei- sowie Pflanzenschutzmitteln unter Vergleich zu stellen sein und anhand dessen ein Ausblick auf künftige naheliegende FTA-Entwicklungen gegeben werden.

# Teil I – Historische Grundlagen des internationalen Schutzes von Arznei- und Pflanzenschutzmittelpatenten

Der aktuelle Blick auf globale Entwicklungen im Patentrecht, insbesondere TRIPs und FTAs, lässt Arznei- und Pflanzenschutzmittelpatente hervorstechen, wie Teil 2 und 3 der hiesigen Untersuchung zeigen werden. Bei Betrachtung der historischen Grundlagen des internationalen Patentrechts erschließt sich jedoch auch, dass der Befund heutiger Omnipräsenz von chemiebasierten Patenten jener Branchen keineswegs als selbstverständlich bezeichnet werden kann, sondern im patentrechtlichen Gesamtkontext vielmehr eine Anomalie darstellt. Den Hintergründen und Manifestationen dieser Anomalie wird in diesem Teil nachgegangen. Kapitel 1 zeichnet die frühen internationalen Entwicklungen und Harmonisierungstendenzen chemischer und arzneimittelbezogener Patente nach, wobei pharmazeutische Patente bzw. Arzneimittel in den Fokus rücken. Kapitel 2 skizziert weitere Tendenzen zur Internationalisierung des Patentrechts, die maßgeblich im institutionellen Rahmen verlief. Als Teil der WTO repräsentiert das TRIPs-Abkommen als heute global bedeutendster völkerrechtlicher IP-Vertrag das WTO-weite Schutzniveau von Patenten und nichtoffenbarten Informationen, dessen Reichweite in Kapitel 3 bündig eruiert werden wird.

## Kapitel 1 – Tradierte Besonderheiten chemischer Patente und Arzneimittel als sektorspezifischer Schutz im internationalen Patentrecht

Chemisch basierte Patente, allen voran arzneimittelbezogene, unterliegen nicht erst seit der aktuellen Freihandelspraxis, sondern seit jeher einer besonderen Behandlung. Sie sind untrennbar mit der Entwicklung des allgemeinen Patentrechts verbunden, dessen paradigmatische Durchbrechung des Territorialitätsgrundsatz maßgeblich unter Heranziehung zwischenstaatlicher wirtschaftlicher Erwägungen bzw. Verflechtungen erfolgte. Vor dem Hintergrund des generellen Patentkontextes wurden insbesondere pharmazeutische Patente innerhalb der nationalen Rechtsordnungen seit dem Aufkommen moderner Patentgesetze durch eine divergierende Ratio überlagert. Dadurch haben sie in Bezug auf ihren Rechtsstatus nicht zuletzt auf internationaler Ebene entscheidende Auswirkungen provoziert. Zum Verständnis der wesentlichen Grunddynamiken sind nachfolgend die alledem zugrunde liegenden Interessen, Motivationen und Beweggründe haben, in der gebotenen Kürze zu betrachten.

# A. Branchenpatentschutz in modernen Patentrechtsordnungen

## I. Ratio der (Nicht-)Patentierbarkeit chemisch-pharmazeutischer Erfindungen und Arzneimittel in Europa seit dem 19. Jahrhundert

Von den frühen[15] Strömungen Englands und Frankreichs unbeirrt, keimte im (patentrechtlichen) Flickenteppich der deutschen Einzelstaaten[16] erst um 1800 die Frucht der französischen Revolution, und damit auch der „moderne" Patentschutz, der das bis dahin etablierte Privilegienwesen[17] hinter sich lassen sollte, als geistigem Eigentumsschutz auf; es setzte sich das Bewusstsein durch, Patente als naturgegebene Rechte zu betrachten. Zur Mitte des 19. Jahrhunderts stritten viele europäische Staaten jeweils über das Für und Wider des „Ob" eines geistigen Eigentumsschutzes im Allgemeinen.[18] Dabei stand nicht zuletzt ihre jeweilige gesamtwirtschaftliche Situation im Kalkül der Gesetzgeber, Industrievertreter und Gerichte. Während die „modernen" Patentgesetze entstanden, fanden sich für chemische Erfindungen und Arzneimittel Ausnahmen.

Da eine allumfassende Darstellung hier zu weit greifen würde, sei sie lediglich am Beispiel Deutschlands skizziert.

### 1. Frühe Entwicklung der chemisch-pharmazeutischen Industrie am Beispiel Deutschlands[19]

Anfangs, etwa ab der zweiten Hälfte des 19. Jahrhunderts, befand sich die chemische Farbindustrie, aus der schließlich die synthetische pharmazeutische Industrie letztlich weitgehend hervorging, innerhalb deutscher Einzelstaaten in rasantem Wachstum.[20] Fehlender länderübergreifender Patent-

15 S. hierzu unter B. I.

16 *Uhrich,* Die Geschichte des Stoffschutzes im deutschen Patentrecht (1877-1968), 155.

17 S. unter B. I.

18 Zum großen Patentstreit von 1850-1875 s. *Machlup/Penrose*, The Journal of Economic History 1950, 1 ff. m. w. N.; *Sell/May*, Review of International Political Economy 2001, 467; 483 f.; die jeweiligen Argumente sind zusammengefasst bei *Heggen,* Erfindungsschutz und Industrialisierung in Preußen: 1793-1877, S. 74 f., 86.

19 Zur damaligen internationalen chemischen Industrie inkl. der europäischen Staaten und der USA umfänglich *Aftalion,* A History of the International Chemical Industry, S. 32 ff.

20 *D. Ziegler*, Das Zeitalter der Industrialisierung (1815-1914), in: North, Deutsche Wirtschaftsgeschichte, S. 243 f.; *Seckelmann,* Das Patentrecht als „Reaktionsbeschleuniger", Die Entwicklung des Patentrechts im zweiten deutschen Kaiserreich (1871-1914), in: Otto/Klippel, Geschichte des deutschen Patentrechts, S. 38; *Heggen,* Erfindungsschutz und Industrialisierung in Preußen: 1793-1877, S. 128; *Fleischer,* Patentgesetzgebung und chemisch-pharmazeutische Industrie im deutschen Kaiserreich (1871-1918), S. 303 f.; In der ersten Hälfte des 19. Jahrhunderts hingegen befand sich die chemische Industrie „noch in der Entstehung", sodass kein Interesse an Patentschutz bestand, vgl. *Uhrich,* Die Geschichte des Stoffschutzes im deutschen Patentrecht (1877-1968), 155,

schutz ermöglichte es nämlich, kosteneffizient Nachahmerprodukte für den nationalen Markt zu produzieren, indem territorial geschützte Patente anderer Staaten, etwa wie Stoffpatente in Frankreich, umgangen werden konnten. Mit den dadurch gewonnen finanziellen Ressourcen konnten auch eigene Forschungskapazitäten für Arzneimittel aufgebaut werden.[21] Daneben traten die zunehmende Produktion isolierter Wirkstoffe durch Arzneimittelgroßhändler und Präparate durch Apotheken über die Eigenversorgung hinaus,[22] sodass nach anfänglich überschaubaren Forschungserfolgen gezielt Unternehmen zur ausschließlichen Herstellung von Arzneimitteln gegründet wurden.[23] Mit dem im Jahre 1877 eingetretenen Patentschutz verdichtete sich nunmehr der Konkurrenzkampf; um dem entgegenzuwirken, unterhielten die wohl branchenwichtigsten Pharmaunternehmen untereinander (Preis-) Absprachen und stärkten ihre Interessen nach außen, indem sie sich ab dem Jahr 1905 zu Interessenverbänden zusammenschlossen, nachdem sie einen Verbund mit der chemischen Industrie abgelehnt hatten.[24]

### 2. Schutzbemühungen der chemisch-pharmazeutischen Industrie

#### a) Standpunkt im großen deutschen Patentstreit

Auch nach der Zollvereinsübereinkunft von 1842, welche zwar einige Handelsgrundsätze etablierte,[25] blieb darüber hinaus die einzelstaatliche Rechtspraxis weitgehend ebenso uneins, wie die Gegner und Befürworter im sich zunehmend verschärfenden Grundsatzkonflikt um den (einheitlichen) Patentschutz bzw. dessen gänzliche Abschaffung.[26] Das wirtschaftsliberale

157; zu Struktur und Aufschwung der Teerfarbenindustrie in verschiedenen Ländern Europas vgl. auch *Reinhardt,* Forschung in der chemischen Industrie, S. 35 ff.

21 *Fleischer,* Patentgesetzgebung und chemisch-pharmazeutische Industrie im deutschen Kaiserreich (1871-1918), S. 96, 301 f.

22 *Fleischer,* Patentgesetzgebung und chemisch-pharmazeutische Industrie im deutschen Kaiserreich (1871-1918), S. 86.

23 *Fleischer,* Patentgesetzgebung und chemisch-pharmazeutische Industrie im deutschen Kaiserreich (1871-1918), S. 309 ff.

24 *Waller,* Probleme der deutschen chemischen Industrie, S. 81-87.

25 *Heggen,* Erfindungsschutz und Industrialisierung in Preußen: 1793-1877, S. 46 f.; *Mangold,* Zeitschrift der Technischen Universität Hannover 1975, 12, 14; Die Zollvereinsübereinkunft sollte Konsens darüber bringen, inwiefern ein Patent Handelsmonopole beinhalten soll. Obwohl am Widerstand Preußens weitgehende Vereinbarungen scheiterten, einigten die Staaten sich schließlich u. a. auf das Neuheitsprinzip und staatsübergreifende Gleichbehandlung.

26 *Grothe,* Das Patentgesetz für das Deutsche Reich, S 4 ff.; *Fleischer,* Patentgesetzgebung und chemisch-pharmazeutische Industrie im deutschen Kaiserreich (1871-1918), S. 40 ff.; Zu diesem, in Europa ausgetragenen, Streit um die Rechtfertigung des Patentschutzes siehe statt aller *Machlup/Penrose,* The Journal of Economic History 1950, 1 ff.; *Uhrich,* Die Geschichte des Stoffschutzes im deutschen Patentrecht (1877-1968),

Lager der Patentgegner, die sog. Freihandelsschule, erachtete im Ausschlusscharakter monopolermöglichender Patente einen Verstoß gegen die Gewerbefreiheit und das Gemeinwohl und stellte deren industriellen Bedarf und Rechtfertigung (als Belohnung) in Frage.[27] Zu ihren Verfechtern gehörte auch das einflussreiche Preußen, das vehement restriktive Patentgesetzgebung propagierte.[28]

Dagegen opponierten diejenigen Patentverteidiger, die Patente als geistiges Eigentum auffassten, um Nachahmer auszuschließen und den Erfinder im Interesse technischen Fortschritts für Gesellschaft und Industrie anzuspornen.[29] Als treibende Kräfte taten sich als Erfinder und Erfindungsverwerter vor allem Ingenieure, Unternehmer und führende Chemiker hervor.[30] Letztere organisierten sich ab 1867 in der Deutschen Chemischen Gesellschaft, einem schnell an Einfluss gewinnenden Sprachrohr. Unter Aufgriff jener Argumente, die bereits von der Großindustrie (insbesondere dem Verein Deutscher Ingenieure – unter maßgeblichem Einfluss von Werner Siemens[31]) in Diskurs gebracht worden waren, erreichten sie den Kanzler des Norddeutschen Bundes, Otto von Bismarck, um die Notwendigkeit eines umfassenden Patentschutzes, auch für chemische Stoffe; im Ergebnis allerdings ob der Reichsgründung fruchtlos.[32]

---

155, 158 ff.; *Heggen,* Erfindungsschutz und Industrialisierung in Preußen: 1793-1877, S. 69 ff.

27 *Grothe,* Das Patentgesetz für das Deutsche Reich, S 4 ff.; *Manegold*, Zeitschrift der Technischen Universität Hannover 1975, 12, 15; *Fleischer,* Patentgesetzgebung und chemisch-pharmazeutische Industrie im deutschen Kaiserreich (1871-1918), S. 45, mit weiteren vorgebrachten Argumenten der Freihandelsschule und m. w. N.; zu ökonomischen Argumenten *Machlup/Penrose*, The Journal of Economic History 1950, 1 ff.; *Seckelmann,* Das Patentrecht als „Reaktionsbeschleuniger", Die Entwicklung des Patentrechts im zweiten deutschen Kaiserreich (1871-1914), in: Otto/Klippel, Geschichte des deutschen Patentrechts, S. 48 f. m. w. N.

28 *Heggen*, GRUR 1977, 322, 323 ff.; *Fleischer,* Patentgesetzgebung und chemisch-pharmazeutische Industrie im deutschen Kaiserreich (1871-1918), S. 43 ff.; *Seckelmann,* Das Patentrecht als „Reaktionsbeschleuniger", Die Entwicklung des Patentrechts im zweiten deutschen Kaiserreich (1871-1914), in: Otto/Klippel, Geschichte des deutschen Patentrechts, S. 46.

29 *Machlup/Penrose*, The Journal of Economic History 1950, 1, 10; *Fleischer,* Patentgesetzgebung und chemisch-pharmazeutische Industrie im deutschen Kaiserreich (1871-1918). S. 47, 51.

30 *Heggen*, GRUR 1977, 322, 324.

31 Hierzu *Heggen,* Erfindungsschutz und Industrialisierung in Preußen: 1793-1877, S. 87 ff.

32 Dazu ausführlich *Lührs*, Die Entstehung des Reichspatentgesetzes von 1877 und der Versuch eines europäischen Patentrechts von 1962 im Vergleich, S. 102 ff.; *Fleischer,* Patentgesetzgebung und chemisch-pharmazeutische Industrie im deutschen Kaiserreich (1871-1918), S. 56.

In einem neuen Anlauf reorganisierten sich nunmehr industrielle Größen, durchsetzt mit Ingenieuren (und nicht etwa Chemikern) 1874 im Deutschen Patentverein mit dem Ziel, einen an ihren industriellen Interessen ausgerichteten Gesetzesentwurf unter Rekurs auf die Ergebnisse des Wiener Patentrechtskongresses sowie des Standpunktes des Vereins Deutscher Ingenieure zu konstruieren.[33]

### b) Einflüsse auf das Gesetzgebungsverfahren zum ersten Deutschen Patentgesetz

Nachdem die Propatentbewegung ihr Ansinnen weiter ins Bewusstsein der Regierung, inklusive des Reichskanzlers Otto von Bismarck, getrieben hatte, setzte der Bundesrat 1876 eine Enquéte-Kommission ein, um das gesetzgeberische Grundkonzept eines einheitlichen Patentgesetzes auszuarbeiten.[34] Zwei der 21 erörterten Punkte richteten sich an die chemisch-pharmazeutische Industrie: Erstens war zu eruieren, ob der chemischen Industrie gleich anderen Industriezweigen Patentschutz überhaupt, bzw. in welchem Umfang zu Teil werden solle. *In concreto* stand zur Diskussion, ob (nur) Verfahrensweisen zur Herstellung industrieller Erzeugnisse oder darüber hinaus auch das Erzeugnis selbst geschützt werden sollte.[35] Weiterhin war zu klären, ob Arzneimitteln angesichts von Volksgesundheit und -wohlstand der Schutz zu versagen sei. Zweitens war die Reichweite der Schutzwirkungen dahingehend abzustecken, ob das Patent über die Herstellung hinaus auch ein Handelsmonopol bieten sollte. In den darauffolgenden Beratungen konnte sich, entgegen vereinzelter Einwände, die Argumentation zugunsten des chemischen (Stoff-)Patentschutzes durchsetzen. Auch eine Ausnahmeregelung für Arzneimittel, begründet auf eventuellen Missbrauch in Bezug auf

---

33 *Heggen,* Erfindungsschutz und Industrialisierung in Preußen: 1793-1877, S. 121; *Fleischer,* Patentgesetzgebung und chemisch-pharmazeutische Industrie im deutschen Kaiserreich (1871-1918), S. 62; zu den patentbefürwortenden Standpunkten des Vereins Deutscher Ingenieure (VDI) vgl. *Grothe,* Das Patentgesetz für das Deutsche Reich, S. 7 ff.; sowie *Heggen*, Technikgeschichte 1973, 337 ff.

34 *Fleischer,* Patentgesetzgebung und chemisch-pharmazeutische Industrie im deutschen Kaiserreich (1871-1918), S. 65 f.

35 Die hier relevanten Fragen der Enquéteverhandlungen sind abgedruckt bei *Fleischer,* Patentgesetzgebung und chemisch-pharmazeutische Industrie im deutschen Kaiserreich (1871-1918), S. 67; *Uhrich,* Die Geschichte des Stoffschutzes im deutschen Patentrecht (1877-1968), S. 155, der in diesem Zusammenhang richtigerweise darauf hinweist, dass es sich nur bei dieser Frage um eine Frage speziell chemischer Natur handelte, während die Frage des Monopolschutzes, und damit des Schutzumfangs, allgemeiner patentrechtlicher Natur entsprang, vgl. a. a.O S. 164 Fn. 57.

Werbung und Arzneimittelwirksamkeit, wurde unter Verweis auf die patentamtliche Vorprüfung abgelehnt.[36]

Nichtsdestotrotz sah der daraufhin ausgearbeitete Regierungsentwurf einen Ausschluss von Stoffpatenten für Arzneimitteln,[37] nicht aber allgemein chemischer Erfindungen, vor. Auch die erste Lesung im Reichstag änderte dies nicht. Das bewog die Deutsche Chemische Gesellschaft dazu, ebenfalls gegen den chemischen Stoffschutz zu plädieren, weil ihre Vertreter den Stoffschutz als Hindernis für die spätere Erfindung verbesserter Herstellungsverfahren für denselben Stoff ansahen.[38] Daneben waren nicht zuletzt in anderen Staaten schlechte Erfahrungen ruinösen Charakters mit dem Stoffschutz gemacht worden.[39] Nach neuerlichen gesetzgeberischen Debat-

---

36 *Fleischer*, Patentgesetzgebung und chemisch-pharmazeutische Industrie im deutschen Kaiserreich (1871-1918), S. 69 f., unter Verweis auf den stenographischen Bericht der Enquéte-Kommission v. 1876, S. 12.

37 Zur Begründung hieß es seitens des involvierten Bundesrates: „Einerseits haben die Genuß- und **Arzneimittel für die Volkswohlfahrt im allgemeinen und für die öffentliche Gesundheitspflege insbesondere eine hohe Bedeutung**, welche es **verbietet** durch Ertheilung eines Vorrechts auf die Verwertung des Mittels an den Entdecker die **Zugänglichkeit des Gegenstandes zu erschweren oder den Preis desselben zu steigern**. Andererseits würde die Ertheilung eines Patentes für derartige Gegenstände in besonderem Grade die Gefahr erzeugen, daß der gesetzliche Schutz mit marktschreierischen Mitteln unter Irreleitung der Bevölkerung zu eigennützigen Zwecken mißbraucht wird. Beide Bedenken schwinden, wenn nicht der Gebrauch eines Genuß- oder Arzneimittels, sondern nur ein bestimmtes Verfahren bei dessen Herstellung patentiert wird; hier schützt die durch den Entwurf vorgesehene Veröffentlichung des neuen Verfahrens vor einer Täuschung des Publikums über dessen wirklichen Wert, und die Ermittlung des neuen, voraussichtlich vorteilhafteren Herstellungsverfahrens kann den Absatz und Verbrauch nicht erschweren, sondern nur fördern." (Hervorhebungen durch den Verfasser), Entwurf PatG i. d. F. v. 1877, S. 17, abgedruckt bei *Fleischer*, Patentgesetzgebung und chemisch-pharmazeutische Industrie im deutschen Kaiserreich (1871-1918), S. 73.

38 *Fleischer*, Patentgesetzgebung und chemisch-pharmazeutische Industrie im deutschen Kaiserreich (1871-1918), S. 75 f.

39 In Frankreich erwarb die Firma Renard Frères et Franc ein Stoffpatent auf den Farbstoff „Fuchsin", woraufhin eine andere Firma („Gerber&Keller") ein verbessertes bzw. vergünstigtes Verfahren zur Herstellung desselben Stoffes erfand und patentieren ließ. Nachdem die Ausübung des Verfahrenspatents eine Verletzung des Stoffpatents darstellte, verlagerte „Gerber&Keller" die Produktion in Länder ohne Stoffschutz, namentlich Deutschland und die Schweiz. Andere Farbstoffwerke wurden zur Schließung gezwungen, vgl. hierzu *Weidlich*, GRUR 1951, 551, 553; *Wall*, Zur Frage des Patentschutzes von Nahrungs-, Genuß und Arzneimitteln, sowie auf chemischem Weg hergestellten Stoffen, S. 42 f.; *Fleischer*, Patentgesetzgebung und chemisch-pharmazeutische Industrie im deutschen Kaiserreich (1871-1918), S. 89; krit. zum Stoffschutz als Voraussetzung für wirtschaftlichen Fortschritt der chemischen Industrie *Mediger*, GRUR 1951, 545, 546; Streitig ist der Zusammenhang Stoffpatent und wirtschaftlicher Entwicklung in den USA, vgl. einerseits *Weidlich*, GRUR 1951, 551, 553 f. und andererseits *Mediger*, GRUR 1951, 545, 546.

ten[40] trat kurz darauf am 01.07.1877 das erste Deutsche Patentgesetz unter Ausschluss chemischer und pharmazeutischer Stofferfindungen in Kraft.

### 3. Das Stoffschutzverbot in Deutschland

#### a) Stoffschutzerwägungen um 1877

Nach § 1 Nr. 2 des deutschen Patentgesetzes von 1877 waren nunmehr chemische Stofferfindungen,[41] Nahrungs-, Genuss- und Arzneimittel[42] von der Patentierbarkeit ausgenommen, soweit sie keine Herstellungsverfahren beschrieben. Die gesetzgeberische Konzeption sah pharmazeutische Stoffe nunmehr nicht als Unterkategorie der Chemie, sondern beide Anwendungsbereiche als nebeneinander bestehend an.

Aus heutiger Sicht erweist sich die streng kategorische gesetzliche Trennung von chemischen Stoffen und Arzneimitteln obsolet,[43] da Arzneimittel regelmäßig chemische Stoffe bzw. deren Verbindungen beinhalten werden und deren Patentierbarkeit im Lichte des Technizitätserfordernisses ungeachtet der zugrunde liegenden Naturwissenschaft zu beurteilen ist. Zu jener Zeit standen sowohl mechanische als auch chemische Verfahren zur Arzneimittelherstellung zur Verfügung, sodass sich bei chemischer Herstellung eines Arzneimittels die gesetzlichen Tatbestände insoweit überschnitten.[44] Von der gesetzlichen Konzeption her verkörperten Arzneimittel also keinen Spezialfall von chemischen Erfindungen, sondern beide Anwendungsbereiche standen grundsätzlich nebeneinander. Zum einen dürfte dies aus dem kurzfristigen Vorstoß der Deutschen Chemischen Gesellschaft geschuldet sein, zum anderen der damals noch auf unterschiedlichen Ansätzen fußenden Ausschlussbegründung: Mit dem Ausschluss von Arzneimitteln sollte die Bevölkerung zum einen vor „betrügerischem", marktschreierischem Verhalten geschützt und zum anderen für die Volkswirtschaft bedeutsame

---

40 Ausführlich zu den Lesungen im Reichstag *Lührs*, Die Entstehung des Reichspatentgesetzes von 1877 und der Versuch eines europäischen Patentrechts von 1962 im Vergleich, S. 146 ff.

41 Nach der Definition von *Grothe* ist ein chemischer Stoff ein Stoff oder Gegenstand, der auf chemischem Wege hergestellt wird, vgl. *Grothe,* Das Patentgesetz für das Deutsche Reich, S. 65.

42 Nach h. M. waren Arzneimittel solche Mittel (auch in Verwendungsform), die den Zweck haben, eine Heilung des menschlichen Körpers herbeizuführen und die dabei in Verbindung mit dem menschlichen Körper kommen und dabei verbraucht werden, vgl. *Müller,* Chemie und Patentrecht, S. 109; ähnlich schon *Gareis,* Das Deutsche Patentgesetz, S. 44.

43 So auch *Gruber/Kroher*, GRUR Int. 1984, 201, 201; *Gareis,* Das Deutsche Patentgesetz, S. 46, erachtete nur solche Gegenstände als Arzneimittel, die im Gegensatz zu mechanischen Apparaten in chemische Reaktion mit dem Körper treten.

44 *Müller,* Chemie und Patentrecht, S. 116 f.

Monopole verhindert werden, um Missbrauch vorzubeugen.[45] Chemisch hergestellte Stoffe hingegen, wie z. B. Aluminium, sollten im Dienste der Allgemeinheit mittels neuer Herstellungsverfahren fortschreitend günstiger und ohne Hindernisse herstellbar bleiben.[46] Diese praktischen Erwägungen wurden von rechtstheoretischen Grundlagen flankiert. Chemische Erfindungen wurden als bestehende Naturstoffe, und somit als nicht durch menschliche Geisteskraft erfindbar, sondern allenfalls entdeckbar verstanden.[47] Der seinerzeit wohl führende Patentrechtler *Kohler* plädierte unter der Annahme, dass das Erfinderrecht der Menschheit nutzbringend sei, dafür, die arzneimittelrechtliche Nichtpatentierbarkeit eng auszulegen. Mithin seien nur reine Stoffpatente auf Arzneimittel von der Patentierbarkeit ausgeschlossen. Herstellungspatente auf Arzneimittel sowie solche Mittel, die als Arznei „und zugleich in anderer Art gebraucht werden“,[48] sollten demnach erteilt werden können.[49] Zu demselben Ergebnis kam auch *Grothe* unter Hinweis auf den eindeutigen Wortlaut des damaligen Regierungsentwurfs.[50]

### b) Akzeptanz indirekten Stoffschutzes durch die Rechtsprechung

Im wesentlichen Unterschied zu Arzneimitteln, wurde der Schutzbereich von chemischen Patenten allerdings in der Folgezeit erheblich ausgeweitet: Nachdem sich unmittelbar im Anschluss an die Verabschiedung des ersten Patentgesetzes die für die florierende deutsche Chemiefabrikanten heikle

---

45 Entwurf PatG v. 1877, S. 17; *Wall,* Zur Frage des Patentschutzes von Nahrungs-, Genuß und Arzneimitteln, sowie auf chemischem Weg hergestellten Stoffen, S. 8; krit. Müller, Chemie und Patentrecht, S. 103, erachtet diese Argumente zurecht als nicht überzeugend, da Patente für Verfahren stets patentierbar waren und der patentrechtsimmanente Ansporncharakter die Volksgesundheit fördern kann; Anders hingegen *Vogt*, GRUR 1951, 547, 548; *Kohler,* Handbuch des Deutschen Patentrechts, S. 173 verweist zur Verhinderung marktschreierischer Werbung auf die entsprechenden Konkurrenzgesetze, das Patentgesetz sei jedoch im Hinblick auf seine Zwecksetzung nicht das probate Mittel hierzu.

46 *Grothe,* Das Patentgesetz für das Deutsche Reich, S. 64; *Uhrich,* Die Geschichte des Stoffschutzes im deutschen Patentrecht (1877-1968), 155, 168.

47 *Kohler,* Handbuch des Deutschen Patentrechts, S. 85 f., 172 f., und bereits die Vorlauflage von 1877, S. 84 -86; ebenso *Gareis,* Das Deutsche Patentgesetz, S. 46; kritisch dazu *Kreisler*, GRUR 1951, 534, 535, wonach chemische Stoffe auch unter in der Natur inexistenten Umständen (etwa mithilfe Absaugen von Sauerstoff) hergestellt werden können. Zudem seien auch über das Gebiet der Chemie hinaus natürliche Zustände vorgegeben und gälten als konzeptionelle Vorlage einer Erfindung; ähnlich *Willems*, GRUR 1951, 554, 555.

48 *Kohler,* Handbuch des Deutschen Patentrechts, S. 173, 175.

49 *Kohler,* Handbuch des Deutschen Patentrechts, S. 175 f.

50 *Grothe,* Das Patentgesetz für das Deutsche Reich, S. 65; zu den diesbezüglich unterschiedlichen Lehrmeinungen in der ersten Hälfte des 20. Jahrhunderts s. Müller, Chemie und Patentrecht, S. 109 ff.

Praxis etabliert hatte, dass ausländische Unternehmen in ihrem Land chemische Stoffe (nach lediglich in Deutschland patentgeschütztem Verfahren) herstellten und per darauffolgenden Export auf deutschem Staatsgebiet verkaufen konnten, war Reformanlass geboten.[51] Nach dem Aufbäumen des Vereins der Interessen der Chemischen Industrie Deutschlands und des Reichskanzlers untermauerte zunächst das Reichsgericht im Jahr 1888 den hitzigen Diskurs schließlich dahin, dass chemische Herstellungspatente auch den hergestellten Stoff selbst über eine Ausweitung des Schutzbereichs nach § 4 Patentgesetzes a. F. erfassen.[52] Hinzu kam ein weiterer wesentlicher Aspekt: Um wirtschaftlichen Interessen gerecht zu werden,[53] ließ das Reichsgericht im Jahr 1889 Herstellungspatente auf bekannte Verfahren zu, aus denen unerwartet Stoffe mit „überraschenden" Eigenschaften hervorgingen.[54] Die darauffolgenden Jahrzehnte wurden von diesem Verständnis geprägt.[55]

51 *Seckelmann,* Das Patentrecht als „Reaktionsbeschleuniger", Die Entwicklung des Patentrechts im zweiten deutschen Kaiserreich (1871-1914), in: Otto/Klippel, Geschichte des deutschen Patentrechts, S. 38; Ausführlich *Fleischer,* Patentgesetzgebung und chemisch-pharmazeutische Industrie im deutschen Kaiserreich (1871-1918), S. 85 ff. (zum Stand der chemisch-pharmazeutischen Industrie) sowie S. 203 ff. (zum Streit mit der Schweiz um die dortigen Nachahmungen deutscher patentgeschützter Erfindungen); vgl. zum ähnlichen Diskurs um das bereits erwähnte französische Fuchsin-Patent.

52 Ausführlich hierzu *Kreisler*, GRUR 1951, 534, 536; *Willems*, GRUR 1951, 554 f.; RG, Urt. v. 14.03.1888 – I 389/87, RGZ 22, 8, 17 (sog. „Methylenblau"-Urteil, abgedruckt im Patentblatt 1888, S. 187 ff.). Das Reichsgericht führte begründend an, dass der erzeugte Stoff als das Verfahren abschließender Teil auch Gegenstand des Verfahrens und somit des Schutzbereichs sei. Insofern war § 1 Abs. Nr. 2 des ersten Deutschen Patentgesetzes dahingehend zu verstehen, als dass jene chemischen Patente allein nicht vom Herstellungsverfahren unabhängig erteilt werden konnten. Dies wurde inhaltlich per Gesetzesnovelle von 1891 in das Patentgesetz übernommen und galt als sog. „mittelbarer Stoffschutz" bis 1968 fort.

53 *Kreisler*, GRUR 1951, 534, 537.

54 Gareis´sche Sammlung, Bd. 7, S. 47 ff. (sog. Kongorot-Urteil): Das Reichsgericht begründete die Schutzwürdigkeit jener Herstellungspatente mit der Erwägung, dass besagtes überraschende Stoffergebnis eine erfinderische Höhe bzw. Leistung indiziere; ausführlich zur historischen und rechtswissenschaftlichen Einordnung des Urteils *Bruchhausen*, GRUR 1989, 153 ff., der auch die in der Literatur eingängige Bezeichnung dieses Komplexes als „Analogieverfahren" für missverständlich hält; zum chemischen Analogieverfahren und der tangierten Rechtsfragen s. statt aller *Vogt*, GRUR 1964, 169.

55 *Bruchhausen*, GRUR 1989, 153, 157; *Müller,* Chemie und Patentrecht, S. 119 ff.; *Wall,* Zur Frage des Patentschutzes von Nahrungs-, Genuß und Arzneimitteln, sowie auf chemischem Weg hergestellten Stoffen, S. 42; *Bruchhausen*, GRUR 1977, 297; ferner BGH, GRUR 1964, 439; BGH, GRUR 1966, 312.

### c) Pharmazeutische Erfindungen aufgrund therapeutischen Effekts?

Anders als im Rahmen chemischer Erfindungen erkannte die Rechtsprechung Analogieverfahren auf pharmazeutische Erzeugnisse trotz des für diesen Industriezweig großen Entwicklungspotenzials[56] zunächst nur vereinzelt an.[57] Erst in den 1920er Jahren setzte das Patentamt der „überraschenden" bzw. wertvollen Eigenschaft im Sinne der Rechtsprechung den therapeutischen Effekt des Arzneimittels gleich.[58] Dagegen konnte physisch, mechanisch o. ä. hergestellten Arzneimitteln weiterhin kein indirekter Stoffschutz zugutekommen.[59] Während außerdem Patente auf diverse Verwendungszwecke (Verwendungspatente) chemischer Stoffe von der Rechtsprechung akzeptiert wurden und daher letztlich den fehlenden Stoffschutz ihrerseits (wirtschaftlich) zu kompensierten vermochten, galt dies für Arzneimittel nicht, da deren Gewährung als Umgehung des Stoffschutzverbots erachtet wurde.[60]

### d) Abschaffung des Stoffschutzverbots

Diese Rechtsprechungspraxis, die im Laufe der Jahrzehnte sukzessiv den Forderungen der chemischen Industrie immer näher gekommen war, leitete schließlich das maßgebliche Substrat des Patentgesetzes von 1968, nämlich die gesetzliche Verankerung absoluten Stoffschutzes, ein.[61]

## 4. Weitere europäische Einzelstaaten

Auch in vielen weiteren europäischen Staaten postulierten die Patentgesetze den Ausschluss von der Stoffpatentierbarkeit von Arzneimitteln; so etwa beispielsweise in Norwegen (1885), Schweden (1884), Portugal (1894), Dänemark (1894), Ungarn (1895[62]), Italien (1864[63]), Spanien und zunächst auch

56 *Ephraim*, Zeischrift für angewandte Chemie 1912, 2629, 2639 f.

57 *Fleischer*, Patentgesetzgebung und chemisch-pharmazeutische Industrie im deutschen Kaiserreich (1871-1918), S. 293 f. mit Verweis auf die Anerkennung in der „Orthoform"-Entscheidung sowie die Ablehnung in der „Chinasäure"-Entscheidung v. 22.5.1911.

58 Patentamtsbeschluss v. 21.01.1920 – i. S. G. 43957 IV/12 (Patent 322335), abgedruckt bei *Isay*, Patentgesetz, § 1, Anm. 27; und Patentamtsentscheidung v. 29.10.1928.

59 *Kreisler*, GRUR 1951, 534, 540.

60 *Dersin*, GRUR 1952, 360, 366; *Kreisler*, GRUR 1951, 534, 540.

61 Hierzu Haedicke/Timmann-*Stief/Bühler*, HdB PatR, § 9 Rn. 11 ff.; *Bruchhausen*, GRUR 1977, 297; *von Pechmann*, GRUR 1967, 501; Zur Bedeutung für die chemische Industrie im Vorhinein *Vogt*, GRUR 1959, 458.

62 *Vida*, GRUR Int. 1970, 149.

63 *Benussi*, GRUR Int. 1981, 363, 364.

Frankreich (1844[64]).[65] Ihre Gesetzgeber räumten – nicht zuletzt eingebettet in die europaweit herrschende und ökonomisch determinierte Diskussion um den grundsätzlichen Schutz geistigen Eigentums – dem Allgemeinwohl den Vorrang gegenüber (wirtschaftlichen) Individualinteressen im Hinblick auf die Volksgesundheit ein.[66] Exemplarisch sollen einige einzelstaatliche Anamnesen im Überblick skizziert werden.

### a) Frankreich

Im Ausgangspunkt der Argumentation stand in Frankreich wiederum die Befürchtung von Preissteigerungen und verminderter Zugänglichkeit zu den volksgesundheitlich relevanten Arzneien durch Monopole infolge eines gesetzlichen Stoffschutzes.[67] Zudem könnten – so wurde befürchtet – solche Patente, wenn sie von ungeeigneten/skrupellosen Personen gehalten werden, missbräuchlich verwendet werden.[68] Daneben bestand seitens der pharmazeutischen Industrie, die sich Mitte des 19. Jahrhunderts gerade erst in ihrer Gründungsphase befunden hatte, aufgrund unabsehbarer Konsequenzen und mangels umfänglichem schutzbedürftigem Erzeugnispools kaum Schutzinteresse, weil Arzneien noch verbreitet nach herkömmlichen Apothekerverfahren angemischt wurden.[69] Daher konnten pharmazeutische Produkte – anders als andere chemische – gem. Art. 3 frPatG vom 05.07.1844 nicht patentiert werden.[70] Die unpräzise Gesetzesformulierung bezüglich dessen, ob das Verbot Erzeugnis und Herstellungsverfahren gleichermaßen beträfe,

64 Vgl. § 3 frPatG i. d. F. v. 05.07.1844, abgedruckt bei *Casalonga,* Traité techniqueet practique des brevets d'invention, Bd. 2, S. 279.

65 *Kohler,* Handbuch des Deutschen Patentrechts, S. 177; *Seckelmann,* Industrialisierung, Internationalisierung und Patentrecht im Deutschen Reich, 1871-1914, S. 57 ff.

66 *Tsironis,* Stoff- und Verfahrensschutz unter besonderer Berücksichtigung der Arzneimittelerfindung nach deutschem, griechischem und europäischem Patentrecht, S. 1, 9; *Benussi,* GRUR Int. 1981, 363, 364.

67 Vgl. *Casalonga,* Traité techniqueet practique des brevets d'invention, Bd. 1, S. 150; *Tsironis,* Stoff- und Verfahrensschutz unter besonderer Berücksichtigung der Arzneimittelerfindung nach deutschem, griechischem und europäischem Patentrecht, S. 1; kritisch *Benussi,* GRUR Int. 1981, 363, 364, der vornehmlich Gründe des Allgemeinwohls für damals tragend hält, m. w. N. zu beiden Positionen.

68 *Casalonga,* Traité techniqueet practique des brevets d'invention, Bd. 1, S. 150; *Benussi,* GRUR Int. 1981, 363, 364.

69 *Tsironis,* Stoff- und Verfahrensschutz unter besonderer Berücksichtigung der Arzneimittelerfindung nach deutschem, griechischem und europäischem Patentrecht, S. 10; *Benussi,* GRUR Int. 1981, 363, 364

70 Die Vorschrift lautete: „Ne sont susceptibles d´etre breveté : 1. Les compositions pharmaceutique ou remèdes de toute espèce [...]", abgedruckt bei *Tsironis,* Stoff- und Verfahrensschutz unter besonderer Berücksichtigung der Arzneimittelerfindung nach deutschem, griechischem und europäischem Patentrecht, S. 9 Fn. 1; *Casalonga,* GRUR Ausland 1960, 125; *Casalonga,* GRUR 1950, 245, 251.

provozierte eine differenzierende Gerichts- und Verwaltungspraxis, die zwar unter spezifischen Voraussetzungen Herstellungsverfahren für patentierbar erachtete, reinen Stoffschutz jedoch ablehnte.[71] Andererseits gewährte selbiges Gesetz absoluten Stoffschutz auf allgemein-chemischem Gebiet. Nachdem dieser Umstand die nationale Farbchemie und Textilindustrie jedoch in der Vergangenheit gelähmt hatte, relativierte das Kassationsgericht die gesetzlichen Vorgaben weitgehend.[72] Nachdem erste Durchbrechungen des Arzneimittelschutzverbotes im Jahre 1953 durch die Verordnung Nr. 53-971 Sonderlizenzen zur Patentierung von Pharmazeutika ermöglicht hatten, folgte im Jahre 1959 eine weitere Verordnung, welche schließlich Arzneimittelpatente gewährte.[73]

### b) Italien

In Italien galt das seit 1864 landesweit verbindliche Stoffpatentverbot für Arzneimittel, welches französischem Vorbild folgte,[74] unter der Leiterwägung, „[…] daß Personen ohne ausreichendes Fachwissen wertlose oder sogar schädliche Erzeugnisse auf den Markt bringen und die Gutgläubigkeit Dritter ausbeuten würden."[75] Die damalige Rechtsprechung hielt Herstellungsverfahren und Stoffpatente für gleichermaßen nicht patentierbar, um Monopolbildungen vorzubeugen und das Allgemeinwohl zu erhalten, und sah deshalb lange von der Notwendigkeit einer Abgrenzung der beiden Patentkategorien voneinander ab.[76] Reformvorstöße in den 1930er Jahren mit dem dahingehenden Ziel, zumindest Herstellungsverfahren für patentfähig zu erklären, blieben fruchtlos.[77] Vielmehr bedurfte es im Jahr 1946 der Entscheidung der vereinigten Senate des Kassationsgerichtshofs, das sich auf

71 Vgl. im Detail *Benussi*, GRUR Int. 1981, 363, 364.

72 *Seckelmann*, Industrialisierung, Internationalisierung und Patentrecht im Deutschen Reich, 1871-1914, S. 82 f.

73 Hierzu *Casalonga*, GRUR Ausland 1960, 125, 127 mit Verweis auf Prop. Ind. 1943, 170 = Bl. f. PMZ 1953, 418.

74 *Benussi*, GRUR Int. 1981, 363, 364; aus provinziellen Einzelregelungen der Vorjahre heraus trat das einheitlich geltende Gesetz Nr. 1 557 vom 31.1.1864 für das gesamte italienische Königreich in Kraft. Art. 6 des itPatG schloss die Patentierbarkeit aus für: „1) Erfindungen oder Entdeckungen bezüglich der Gewerbe, welche den Gesetzen, der Moral und der öffentlichen Sicherheit zuwiderlaufen; 2) Erfindungen oder Entdeckungen, die nicht die Produktion materieller Gegenstände zum Zweck haben; 3) die rein theoretischen Erfindungen und Entdeckungen; **4) die Arzneimittel aller Art**." (Hervorhebung durch den hiesigen Verfasser), auf Deutsch abgedruckt bei *Benussi*, GRUR Int. 1981, 363, 364; s. auch *Luzzati*, GRUR Ausland 1960, 128.

75 *Benussi*, GRUR Int. 1981, 363, 364.

76 *Benussi*, GRUR Int. 1981, 363, 364 f.; Zur Abgrenzung von Verfahrens- und Stoffpatent s. *Tsironis*, Stoff- und Verfahrensschutz unter besonderer Berücksichtigung der Arzneimittelerfindung nach deutschem, griechischem und europäischem Patentrecht, S. 4 ff.

77 *Luzzati*, GRUR Ausland 1960, 128, 130.

die historische Gesetzesentstehung stützte, um jene Herstellungsverfahren für schutzfähig zu erklären.[78] Einige Jahre darauf erklärte das Oberste Gericht Art. 14 itPatG für verfassungswidrig; mit dessen Aufhebung durch das Urteil entfiel vom 30.03.1978 an auch das Patentierungsverbot.[79] Nachdem die italienische pharmazeutische Branche mangels Forschungsanreizen durch den schwachen Patentschutz von der internationalen Konkurrenz isoliert und stark geschwächt worden war, sollten schließlich (auch) im Zuge internationaler Harmonisierungsbestrebungen mit weiterentwickelten Industrienationen Verfahrens- und Stoffschutz für pharmazeutische Produkte legislativ implementiert werden.[80]

### c) England

Trotz einer starken Antipatentbewegung, die ihren ideologischen Antrieb maßgeblich freihändlerischen Kräften verdankte,[81] waren chemische Stoffpatente bis ins Jahr 1919 umfänglich patentierbar. Nachdem aber insbesondere ausländische Erfinder, die mangels chemischem Patentschutz aus ihren europäischen Heimatnationen nach England geströmt waren, Patente beanspruchten und deren Masse die betroffenen Industriezweige zu „lähmen“ begannen, wodurch sie im Vergleich zu anderen Nationen abgehängt zu werden drohten, wurde der Schutz für Chemie- und Arzneimittelpatente stark eingeschränkt.[82] Stoffe erfuhren lediglich Schutz über die Inanspruchnahme von deren Herstellungsverfahren, wobei es für das Neuheitserfordernis bald genügen sollte, wenn eine an sich bekannte Stoffkombination unerwartete Eigenschaften hervorbrachte.[83] Im Jahr 1950 hoben die gesetzgebenden Organe jene Einschränkungen chemischer Stoffpatentierbarkeit schließlich weitestgehend auf.[84]

---

78 *Benussi*, GRUR Int. 1981, 363, 365, 367, unter Verweis auf Cass. v. 27.03.1946, Nr. 333, in For. It. 1944-46 I 941; *Luzzati*, GRUR Ausland 1960, 128, 130.

79 *Benussi*, GRUR Int. 1981, 363, 369 f.

80 *Benussi*, GRUR Int. 1981, 363, 366 ff., der auch die unterschiedlichen Gesetzesentwürfe beurteilt.

81 *Janis*, Berkeley Technology Law Journal 2002, 899, 942 ff. m. w. N.; *Heggen*, Erfindungsschutz und Industrialisierung in Preußen: 1793-1877, S. 69 f.

82 *Satchell*, GRUR Int. 1968, 149, 153; *Gruber/Kroher*, GRUR Int. 1984, 201, 207; *Hesketh-Prichard*, GRUR Ausland 1960, 159, 161 ff.

83 *Gruber/Kroher*, GRUR Int. 1984, 201, 207 und die dortige Fn. Nr. 111; vgl. auch *Satchell*, GRUR Int. 1968, 149, 153.

84 Vgl. *Satchell*, GRUR Int. 1968, 149, der diesbezüglich jene der Aufhebung vorangegangenen Empfehlungen des sog. „swan-committee“ darstellt; vgl. zu den einzelnen Regelungen *Hesketh-Prichard*, GRUR Ausland 1960, 159, 161 ff.

### d) Schweiz

Auf „Betreiben" der chemischen Industrie postulierte das erste schweizerische Patentgesetz vom 15.09.1888 Patentschutz ausschließlich für durch Modelle darstellbare Erfindungen, wodurch folglich chemische und pharmazeutische Patente „schutzlos bleiben konnten."[85] Der deutsch-schweizerische Handelsvertrag aus dem Jahre 1904[86] veranlasste die Schweiz daraufhin im Jahr 1907 zur Einführung von grundsätzlichem Patentschutz inklusive chemisch-pharmazeutischer Herstellungsverfahren – zumindest in gewissem Rahmen – sowie auch weitere Patentausnahmen nach deutschem Vorbild. Dennoch inkorporierte die Schweiz gleichzeitig eine Patentierbarkeitsausnahme für Arzneimittelstoffe als solche (absolutes Stoffschutzverbot) in ihr Patentgesetz von 1907, um einerseits Preiserhöhungen infolge von Monopolen zu verhindern und sich andererseits inhaltlich anderen Ländern anzupassen.[87] Auf der anderen Seite war der Gesetzgeber jedoch darum bemüht, einer Stagnation des Wirtschaftswachstums als Konsequenz allzu weitreichender Patentierbarkeitsausnahmen vorzubeugen, sodass jedenfalls Herstellungsverfahren auf chemischem Wege für Arzneimittel nunmehr für schutzbedürftig erachtet wurden.[88] Die Gesetzesnovelle von 1956 behielt in Art. 2 Nr. 2 schwPatG die Ausschlüsse zum absoluten Stoffschutz sowie Erfindungen von Verfahren zur Herstellung von Arzneimitteln auf nichtchemischem Wege bei.[89] Patentschutz bestand somit zumindest für chemische

---

85 *Blum/Pedrazzini,* Das Schweizerische Patentrecht, S. 233.

86 Der Handelsvertrag sah die Einführung chemischen Stoffschutzes bis zum 31.12.1907 vor und bildete auf diese Weise den Schlusspunkt des deutsch-schweizerischen Patentstreits, vgl. *Blum/Pedrazzini,* Das Schweizerische Patentrecht, S. 233; *Fleischer,* Patentgesetzgebung und chemisch-pharmazeutische Industrie im deutschen Kaiserreich (1871-1918), S. 226.

87 *Pedrazzini/Blum,* GRUR Ausland 1960, 150, 154; *Blum/Pedrazzini,* Das Schweizerische Patentrecht, S. 207, unter Verweis auf den amtlichen stenographischen Bulletin 1906/07 (StenBull StR, S. 1483). *Blum/Pedrazzini* legen dort außerdem dar, dass Preissteigerungen für Medikament durch Patentschutz weder vom Gesetz von 1907, noch im Zuge dessen Novelle von 1954 belegt werden konnten, sondern vielmehr auf der Maximierung von Gewinnmargen beruhten.

88 *Blum/Pedrazzini,* Das Schweizerische Patentrecht, S. 219 f.

89 Vgl. Art. 2 Nr. 2 schweizerisches PatG von 1956, in Kraft getreten am 01.01.1956, Bundesgesetz vom 25.06.1954; inkl. Vollziehungsverordnung abgedruckt bei *Blum/Pedrazzini,* Das Schweizerische Patentrecht, S. 17 ff. Im Wortlaut hieß es in Art. 2 schwPatG: „Von der Patentierung sind ausgeschlossen: 1. Erfindungen, deren Verwertung den Gesetzen oder den guten Sitten zuwiderlaufen würde; 2. Erfindungen, von **Arzneimitteln, sowie Erfindungen von Verfahren zur Herstellung von Arzneimitteln auf anderem als chemischem Wege**; 3. Erfindungen von Nahrungsmitteln, Futtermitteln und Getränken; 4. Erfindungen von **chemischen Stoffen**, soweit sie nicht bereits durch Ziffern 2 und 3 von der Patentierung ausgeschlossen sind; diese Bestimmung erstreckt sich nicht auf Legierungen." (Hervorhebungen durch den Verfasser).

Herstellungsverfahren von Arzneimitteln, die Anwendung solcher Verfahren sowie die Anwendung eines Arzneimittels.[90] Daneben verblieben chemische Stoffe, die sich oft kaum von Arzneimitteln abgrenzen ließen, nach Art. 2 Nr. 4 schwPatG (1956) jedoch fast in Gänze schutzlos. Zum 01.06.1978 hob die Schweiz im Zuge der zwischenzeitlich vereinbarten Rechtsharmonisierung mit anderen Staaten Europas jene für Arzneimittel und chemische Produkte bestehenden Schutzbeschränkungen vollständig durch signifikante Änderungen des Art. 2 schwPatG auf.[91]

### e) Dänemark

Auch Dänemark nahm zum Schutz der Bevölkerung Arzneimittel traditionell von der Patentierbarkeit aus, nicht hingegen auf Herstellungs- und Analogieverfahren.[92] Obwohl der Bevölkerungsschutz angesichts zunehmend balancierender Zwangslizenzregelungen als Ausschlussargument zusehends entkräftet worden war, blieb das Stoffschutzverbot auf Drängen der pharmazeutischen Industrie, welche restriktionsarmen Rechts- und Handlungsraum einforderte, bis ins Jahr 1983 bestehen.[93] Im Übrigen konnte das Verbot den internationalen Entwicklungen nicht mehr gerecht werden.[94]

### f) Ungarn

Gem. § 6 Abs. 3 des ungarischen Patentgesetzes (ungPatG) aus dem Jahr 1895 konnten chemisch hergestellte Medikamente nicht als solche, sondern nur ihre Herstellungsverfahren patentiert werden; wiederum wurde hier gesetzgeberseits argumentiert, patentbedingte Ausschließlichkeitsrechte auf solch bedeutsame Produkte könnten negative Folgen für Gesellschaft und Wirtschaft haben.[95] Obwohl schließlich insbesondere der Betritt zur PVÜ substanzielle Gesetzesänderungen erforderte, blieb der Stoffschutz in Art. 6 Abs. 3 ungPatG von 1969 weiterhin (unter geringfügigen Einschränkungen) mit der historisch bewährten Erwägung abgelehnt.[96] Erst nach Druck durch

---

90 *Blum/Pedrazzini*, Das Schweizerische Patentrecht, S. 220.

91 Amtliche Sammlung 1977-48 v. 28.11.1977, S. 1997.

92 *Koktvedgaard/Österborg*, GRUR Int. 1984, 573.

93 *Koktvedgaard/Österborg*, GRUR Int. 1984, 573, unter Verweis auf die am 01.12.1983 in Kraft getretene Verordnung No. 450/16.9.1983, die aufgrund einer Ermächtigung im dänPatG zur Aufhebung des Arzneimittelstoffschutzverbotes erging.

94 *Koktvedgaard/Österborg*, GRUR Int. 1984, 573.

95 *Vida*, GRUR Int. 1970, 149, 151.

96 *Vida*, GRUR Int. 1970, 149, 151, der auf die unerhebliche Einschränkung des Stoffschutzverbotes per ungarischer DurchführungsVO zum ungPatG v. 28.12.1969 verweist.

die USA, Europa sowie das TRIPs-Abkommen selbst ließ Ungarn ab 1994 seine Stoffschutzverbote fallen.[97]

### 5. Zusammenfassung

Innerhalb Europas trugen viele Rechtsordnungen den Schutz ihrer öffentlichen Gesundheit als lange tradiertes Credo zum Ausdruck; es herrschte daher vielerorts das Dogma vor, Arzneimittel nicht der Patentfähigkeit, jedenfalls aber nicht dem Stoffschutz zu unterwerfen.[98] Teilweise divergierende Bedürfnisse ihrer jeweiligen Industrien vermochte die Gerichtspraxis Rechnung zu tragen, die das Stoffschutzverbot sukzessiv zurückdrängte. Erst ab der zweiten Hälfte des 20. Jahrhunderts wurde das Stoffschutzverbot schließlich überkommen.

## II. Zusammenfassung

Im Grundsatzstreit um die Frage, ob Patente innovationsfördernde oder -hemmende Wirkung entfalten, haben sich die Befürworter des Patentschutzes in Form moderner Patentgesetze durchgesetzt. Die Antipatentbewegung stützte sich insbesondere auf den Gedanken, Patentschutz würde als Vehikel des Protektionismus den freien Handel beschränken.[99] Wenngleich diese Sichtweise der allgemeinen Unerfahrenheit der damaligen Zeit mit dem geistigen Eigentum als solchem geschuldet gewesen sein mag, verdeutlicht sie den Paradigmenwechsel, den die Einbeziehung von Patentrechten als modernes Freihandelselement mittlerweile repräsentiert. Daneben waren einzelstaatliche Patentausschlüsse auf Chemie- und/oder Arzneimittelprodukte – wenn auch in unterschiedlichem Umfang – innerhalb Europas weit verbreitet; sie unterlagen meist insbesondere der Räson, im Interesse des Schutzes der öffentlichen Gesundheit jene Produkte für die Allgemeinheit leicht verfügbar und erschwinglich halten zu können. Insofern unterlagen chemische Patente und konkret Arzneimittel seit jeher in variierender Ausprägung besonderen Rechtsbestimmungen in Form von Patentausschlüssen. Der Schutz der öffentlichen Gesundheit überwog hierbei die entgegenstehenden patentrechtlichen Schutzbedürfnisse. Wie sogleich zu erkennen sein

97 Ausführlich *Ficsor*, GRUR Int. 1995, 1 ff., unter Verweis auf Art. 6 des Änderungsgesetzes Nr. VII/1994, abgedruckt in M. K. 1994 Nr. 20 S. 573 = Szab. Közl. 1994 Nr. 3 S. XI.

98 Allgemein-chemische Stoffe, in denen Arzneimittel letztlich unter Aufgabe ihrer funktionaler Abgrenzung aufgingen, unterlagen diesem Dogma nur bedingt.

99 *Janis*, Berkeley Technology Law Journal 2002, 899, 942 m. w. N.; *Machlup/Penrose*, The Journal of Economic History 1950, 1, 4 f.; *Sell/May*, Review of International Political Economy 2001, 467, 483; *Manegold*, Zeitschrift der Technischen Universität Hannover 1975, 12, 15.

wird, hat dieses Dogma nicht zuletzt die im unmittelbaren zeitlichen Zusammenhang entstandene Pariser Verbandsübereinkunft (PVÜ) von 1883 maßgeblich mitbeeinflusst. Erst im 20. Jahrhundert wurde das Stoffschutzverbot schließlich aus den Patentrechtsordnungen gestrichen und damit das ihm immanente Primat des öffentlichen Gesundheitsschutzes weitgehend verdrängt.

## B. Der Weg zur Pariser Verbandsübereinkunft

### I. Einzelstaatliche Entwicklungstendenzen

Das europäische Patentrecht lässt sich bis auf ein venezianisches Gesetz von 1474 zurückverfolgen. Trotzdem herrschte dort, ebenso wie in den europäischen Einzelstaaten, weiterhin ein ausgeprägtes Privilegienwesen vor, das auf einer „gewillkürten staatlichen Machtfülle“[100] fußte. Darüber hinaus diente die Verbreitung technischen Wissens zunehmend als Instrument der wirtschaftlichen Machtsicherung.[101] Im Laufe des 17.[102] und 18.[103] Jahrhunderts wurden landesbedingt absolutistische Strukturen und protektionistische Mechanismen, schließlich auch im Zuge der Aufklärung, hinterfragt und schrittweise verdrängt, was letztlich in der (nunmehr naturrechtlich

---

100 *Kohler,* Handbuch des Deutschen Patentrechts, S. 16; Das Privilegienwesen beschreibt Einführungs- und Erfindungsprivilegien: Staatlich eingesetzte Instanzen, z. B. Magistrate, konnten Handelsmonopole aufgrund Erfindung oder Einfuhr verschiedenster Gegenstände aussprechen, z. B. für Tuch oder Werkzeuge. So bekamen Gewerbetreibende oft als „Günstlinge des Hofes“ willkürlich bestimmte Privilegien (z. B. ausschließlicher Kauf und Verkauf eines Gutes) verliehen, vgl. *Kraßer/Ann,* Patentrecht, § 4 Rn. 7-9, 12, 17; ausführlich zu den einzelstaatlichen Begebenheiten *Fleischer,* Patentgesetzgebung und chemisch-pharmazeutische Industrie im deutschen Kaiserreich (1871-1918), S. 20-40; *Gareis,* Das Deutsche Patentgesetz, S. 1 ff.; noch bedeutend umfassender *Silberstein,* Erfindungsschutz und merkantilistische Gewerbeprivilegien.

101 *Dölemeyer,* Erfinderprivilegien und frühe Patentgesetze, in: Otto/Klippel, Geschichte des deutschen Patentrechts, S. 14.

102 In England wurde im Jahre 1624 das Gesetz 21 Jac. I c. 3 erlassen. Darin wird die Abschaffung von Monopolen bzw. Privilegien festgeschrieben und die Erteilung von Erfinderpatenten forciert. Vgl. dazu *Kohler,* Handbuch des Deutschen Patentrechts, S. 19 f.; *Fleischer,* Patentgesetzgebung und chemisch-pharmazeutische Industrie im deutschen Kaiserreich (1871-1918), S. 27 ff.

103 In Frankreich wurde erst im Zuge der Französischen Revolution 1789 das Privilegienwesen zu Gunsten eines Patentgesetzes (1791), das britischem Vorbild folgte, um des technischen Fortschritts und menschenrechtlicher Dimensionen des Geistigen Eigentums Willen, verworfen, *Fleischer,* Patentgesetzgebung und chemisch-pharmazeutische Industrie im deutschen Kaiserreich (1871-1918) S. 32; *Kraßer/Ann,* Patentrecht, § 4 Rn. 23; ähnlich verhielt es sich in den Vereinigten Staaten von Amerika, wo 1790 als Produkt der Aufklärung und unter britischem Einfluss das erste Patentgesetz in Kraft trat, *Fleischer,* Patentgesetzgebung und chemisch-pharmazeutische Industrie im deutschen Kaiserreich (1871-1918), S. 33.

begründeten und zivilrechtlich ausgestalteten) Kreation moderner Patentgesetze, insbesondere in Westeuropa, mündete.[104] Noch bis zur Mitte des 19. Jahrhunderts standen Nationalstaatsdenken und Merkantilismus im Zentrum politischer Interessen, sodass die Begrenzung des Patentschutzes auf das jeweilige Staatsgebiet (Territorialitätsprinzip) als befriedigend erachtet wurde.[105] Erst mit der Mehrung grenzüberschreitender Handelsbeziehungen ersann man die Notwendigkeit, inländische Erfindungen auch auf fremdem Staatsgebiet einem möglichst angeglichenen Schutzregime zu unterwerfen.[106] Das rechtstechnisch favorisierte Mittel sollte zunächst in bilateralen völkerrechtlichen Verträgen liegen. Bis ins Jahr 1883 war jedoch das Patentrecht nur Gegenstand von zwei aus insgesamt 69 solcher Verträge gewesen; ihre Wirkung erschöpfte sich außerdem allein in dem Effekt, die Inländerdiskriminierung abzuschaffen und den Gegenseitigkeitsgedanken zu wahren.[107]

## II. Der Wiener Patentschutzkongress von 1873

Seit den 1850er Jahren hatten wissenschaftliche und technische Fortschritte die Nachfrage großer Firmen an (frei-)beruflichen Tätigkeiten, insbesondere der Begleitung patentrechtlicher Fragestellungen durch Patentexper-

---

104 *Fleischer,* Patentgesetzgebung und chemisch-pharmazeutische Industrie im deutschen Kaiserreich (1871-1918), S. 27 ff.; *Kraßer/Ann,* Patentrecht, § 4 Rn. 18 f., 23; *Kohler,* Handbuch des Deutschen Patentrechts, S. 19 ff.; Anders als in den deutschen Staaten (wie z. B. Preußen, Württemberg, Baden, Hannover und Hessen) ab etwa 1806 begannen die Umbrüche in England (1624) und Frankreich (1791) bereits früher, vgl. *Fleischer* und *Kohler* a. a. O.; Die Aufklärung prägte ein modernes Patentrechtsverständnis, das Erfindungen als Naturrecht dem Erfinder zuordnete, losgelöst von der Zusprache staatlicher Instanzen; *Dölemeyer,*, Erfinderprivilegien und frühe Patentgesetze, in: Otto/Klippel, Geschichte des deutschen Patentrechts S. 13 f.

105 *Kraßer/Ann,* Patentrecht, § 7 Rn. 2 f.

106 *Fleischer,* Patentgesetzgebung und chemisch-pharmazeutische Industrie im deutschen Kaiserreich (1871-1918), S. 170; *Kraßer/Ann,* Patentrecht, § 4 Rn. 3; Im Deutschen Reich, das in der Industrialisierung vergleichsweise hinterher hinkte, herrschte erbitterter Streit über das Für- und Wider eines nationalen Patentschutzes. Im Aufwind grenzübergreifender propatentrechtlicher Strömungen wie dem 1. internationalen Patentkongress in Wien 1873 flaute der Streit schließlich mit der Verabschiedung des Deutschen Patentgesetzes von 1877 endgültig ab. Von zentraler Bedeutung war vor allem die Erwägung, nicht von den Staaten mit gehobenem Patentschutz (insbesondere USA, England und Frankreich) wirtschaftlich isoliert zu werden, vgl. *Löhnig,* Wechselwirkungen zwischen internationalen Vereinbarungen zum Patentrecht und deutschem Patentrecht zwischen 1870 und 1980, in: Otto/Klippel, Geschichte des deutschen Patentrechts, S. 71 ff., m. w. N.; a. A. wohl *Seckelmann,* Das Patentrecht als „Reaktionsbeschleuniger", Die Entwicklung des Patentrechts im zweiten deutschen Kaiserreich (1871-1914), in: Otto/Klippel, Geschichte des deutschen Patentrechts, S. 42 m. w. N.

107 *Ladas,* Patents, Trademarks and Related Rights, S. 43, 45, 54 f.

ten provoziert, welche sich schnell in ganz Europa vernetzten und ob ihrer Expertise schon bald immensen Einfluss auf die Patentgesetzauslegung und -änderung gewannen.[108] Gleichzeitig brachte die gestiegene technische und patentrechtliche Komplexität höhere Patentkosten und so auch die Notwendigkeit deren Amortisierung auf grenzübergreifenden Märkten mit sich.[109] Zunehmend betrachteten (exportorientierte) Firmen, Erfinder und Experten die national stark unterschiedlichen Patentregimen als Hemmnisse beim Versuch der Schutzrechtsexpansion; deshalb drängten sie auf international einheitliche Regelungen – gar globalen Patentschutz.[110] Die Wiener Patentrechtskonferenz von 1873 war das erste erfolgversprechende Forum, in dem offiziell über die Möglichkeiten zur Kreation eines internationalen Patentrechts referiert und diskutiert wurde. Anlässlich der Wiener Weltausstellung im Jahre 1873, auf der unterschiedlichste Industrien – unter ihnen bildete die chemische Industrie mittlerweile einen eigenen Bereich ab – ihre Erfindungen exponierten, hatten amerikanische Aussteller gedroht, nicht an der Weltausstellung teilzunehmen, sofern nicht das österreichische Patentgesetz von 1852 dahingehend abgeändert würde, dass es ausländische Erfindungen besser schütze.[111] Nachdem das österreichische Patentgesetz daraufhin nach britischem und französischem Vorbild für vorangegangene Weltausstellungen im Sinne eines Musterschutzes angepasst worden war, nahm der Ausstellungsleiter Wilhelm Freiherr von Schwarz-Senborn den (inoffiziellen) Patentrechtskongress[112] mit in das Rahmenprogramm auf, der vom 4. – 8. August stattfand. Die Teilnehmer repräsentierten überwiegend die Industrie.[113] Zentrale Themen waren besonders die internationalen Erfinderrechte und deren Grenzen, Fragen der Erteilung bzw. des Erlöschens, Kosten und

108 *Pretel,* The Global Rise of Patent Expertise During the Late Nineteenth Century, http://www.econsoc.hist.cam.ac.uk/docs/CWPESHnumber31Jan2018.pdf, S. 5 ff.; ferner *Baechtold/Miyamoto/Henninger*, International Patent Law: Principles, major instruments and institutional aspects, in: Gervais, International Intellectual Property, S. 41 f.

109 *Kraßer/Ann,* Patentrecht, § 7 Rn. 3.

110 *Pretel,* The Global Rise of Patent Expertise During the Late Nineteenth Century, http://www.econsoc.hist.cam.ac.uk/docs/CWPESHnumber31Jan2018.pdf, S. 12 m. w. N.; *Machlup/Penrose*, The Journal of Economic History 1950, 1 ff.; *Sell/May*, Review of International Political Economy 2001, 467, 482.

111 *Sell/May*, Review of International Political Economy 2001, 467, 484; *WIPO National Seminar on Intellectual Property,* The international Protection of Intellectual Property: From the Paris Convention to the TRIPS Agreement, S. 2; *Seckelmann,* Industrialisierung, Internationalisierung und Patentrecht im Deutschen Reich, 1871-1914, S. 156.

112 Erste Aufrufe zur Rechtsvereinheitlichung gehen auf Prinz Albert von Sachsen-Coburg-Gotha um 1851 zurück, vgl. *Seckelmann,* Industrialisierung, Internationalisierung und Patentrecht im Deutschen Reich, 1871-1914, S. 119.

113 *Halabi,* Intellectual Property and the New International Economic Order, S. 34; ähnlich *Seckelmann,* Industrialisierung, Internationalisierung und Patentrecht im Deutschen Reich, 1871-1914, S. 157 ff.

Schutzdauer.[114] Am Ende des Kongresses konnten drei Beschlüsse festgehalten werden:[115] Erstens müssten alle zivilisierten Nationen legislativen Erfindungsschutz gewähren, hierfür sind sieben Gründe angeführt worden, die ganz überwiegend volkswirtschaftlicher Natur entspringen.[116] Zweitens konstatierten die Teilnehmer neun Grundsätze, auf denen ein effektives und nutzbringendes Patentrecht fundieren müsse.[117] Dazu zählten beispielsweise, dass ein Patent nur an den Erfinder oder dessen Rechtsnachfolger erteilt werden kann, dass Patente auch Ausländer zu gewähren sind, dass es eine (mögliche) Schutzdauer von 15 Jahren haben muss und dass Zwangslizenzen (gegen Entschädigung) erreicht werden können. Zudem sei angesichts

---

114 Diesbezüglich waren im Voraus Fragenkataloge an die Teilnehmer übersandt worden, welche „[…] the international rights of inventors; the boundaries of those rights; whether such boundaries should be international or territorial; the granting, cost, lapsing, and duration of patents; the administration of the Patent Office, and the securing of international arrangements somewhat analogous to those existing in the case of copyright […]" betrafen, abgedruckt in *WIPO National Seminar on Intellectual Property,* The international Protection of Intellectual Property: From the Paris Convention to the TRIPS Agreement, S. 2.

115 Diese sind abgedruckt bei *Hildebrandt,* The international Patent Congress in Vienna 1873, S. 49 ff.

116 "(a) The sense of right among civilized nations demands the legal protection of intellectual work.
(b) This protection affords, under the condition of a complete specification and publication of the invention, the only practical and effective means of introducing new technical methods without loss of time, and in a reliable manner, to the general knowledge of the public.
(c) The protection of invention renders the labour of the inventor remunerative and induces thereby competent men to devote time and means to the introduction and practical application of new and useful technical methods and improvements, and attracts capital from abroad, which, in the absence of patent protection, will find means of secure investment elsewhere.
(d) By the obligatory complete publication of the patented invention, the great sacrifice of time and of money, which the technical application would otherwise impose upon the industry of all countries, will be considerably lessened.
(e) By the protection of inventions, secrecy of manufacture, which is one of the greatest enemies of industrial progress, will lose its chief support.
(f) Great injury will be inflicted upon countries which have no rational patent laws, by the native inventive talent emigrating to more congenial countries, where their labour is legally protected.
(g) Experience shows that the holder of a patent will make the most effectual exertions for a speedy introduction of his invention." abgedruckt bei *WIPO National Seminar on Intellectual Property,* The international Protection of Intellectual Property: From the Paris Convention to the TRIPS Agreement, S. 3; ähnlich übersetzt von *Hildebrandt,* The international Patent Congress in Vienna 1873, S. 49; auf Deutsch abgedruckt bei *Seckelmann,* Industrialisierung, Internationalisierung und Patentrecht im Deutschen Reich, 1871-1914, S. 161 f.

117 *Hildebrandt,* The international Patent Congress in Vienna 1873, S. 49 f.

der nationallegislativen Unterschiede und des verlauteten Reformwillens erstrebenswert, dass auf Regierungsebene ein international einheitliches Patentschutzverständnis eingeleitet werde. Letzteres gelang, indem die Ergebnisse des Kongresses in den Folgejahren bei mehreren diplomatischen Konferenzen (Pariser Konferenzen 1878 und 1880),[118] aus denen schließlich die Pariser Verbandsübereinkunft hervorgegangen ist, als Diskussionsgrundlage dienten.

## III. Die Pariser Verbandsübereinkunft von 1883

Die Pariser Verbandsübereinkunft vom 20. März 1883[119] formiert als erstes internationales Patentrechtsabkommen den Grundstein der patentrechtlichen Multilateralisierung.[120] Sie gestaltet Mindeststandards und stützt sich auf zwei tragende Säulen: Zum einen die Inländerbehandlung und zum anderen die Unionspriorität. Das Prinzip der Inländerbehandlung würde den Unterzeichnerstaaten nur auftragen, ihre Gesetze auch auf Ausländer anzuwenden, sodass von umfangreichen Rechtsänderungen bzw. -anpassungen abgesehen werden konnte. Daneben nennt die PVÜ einige Mindeststandards. Mit Ausnahme von Art. 4 beinhaltet die PVÜ allerdings keine materiellrechtlichen Patentstandards.[121] Was aus heutiger Sicht verwundern mag, ist aus zeitgenössischer Perspektive jedoch nur zu verständlich: Die Verfasser der PVÜ hatten sich weitgehend damit begnügt, mithilfe des Prinzips der Inländerbehandlung bis dahin primär protektionistische Patentrechtsanwendung als wirtschaftspolitisches Instrument überkommen zu haben.[122] Bezweckt war nämlich ein weiterhin hohes Maß an einzelstaatlicher Gestaltungsautonomie, insbesondere auch deshalb, weil viele Staaten keinen Patentschutz für pharmazeutische Produkte gewährten, um Kosten für nö-

118 *WIPO National Seminar on Intellectual Property,* The international Protection of Intellectual Property: From the Paris Convention to the TRIPS Agreement, S. 3 ff.

119 Die amtliche deutsche (und nunmehr mehrfach revidierte) Fassung ist abrufbar unter https://www.wipo.int/edocs/pubdocs/de/intproperty/201/wipo_pub_201.pdf (letzter Zugriff am 24.04.2024). Kommentiert von *Bodenhausen,* Guide to the Application for the Paris Convention on the Protection of Industrial Property.

120 Zur Entstehungsgeschichte s. *Ladas,* The International Protection of Industrial Property; *Beier*, GRUR Int. 1983, 339; *Aftalion,* A History of the International Chemical Industry, S. 59 ff.

121 *Strauss*, Implications of the TRIPs Agreement in the field of Patent Law, 160, 172; *Beier*, GRUR Int. 1983, 343 f.; *Klunker*, Harmonisierungsbestrebungen im materiellen Patentrecht, S. 13. Bezug genommen wird hier auf die Stockholmer Fassung von 1967; so wohl auch *Niemann,* Geistiges Eigentum in konkurrierenden völkerrechtlichen Vertragsordnungen, S. 191.

122 *Beier*, GRUR Int. 1983, 339, 343; *Pretel,* The Global Rise of Patent Expertise During the Late Nineteenth Century, http://www.econsoc.hist.cam.ac.uk/docs/CWPESHnumber31Jan2018.pdf, S. 13; *Sell/May*, Review of International Political Economy 2001, 467, 485.

tige Medikamente kontrollierbar halten zu können (dies betraf allen voran schon damals Indien).[123] Unter diesem Aspekt sollten pharmaziebezogene Regelungen gerade nicht unter die PVÜ fallen. Dies hat sich nicht zuletzt in Art. 4*bis* PVÜ widergespiegelt, der den Mitgliedstaaten auch die Regelungskompetenz vorbehält, Parallelimporte eigenständig zu adressieren.[124] Zwangslizenzbestimmungen im Falle von Patentmissbrauch fanden erst mit der Änderung von 1925 auf der Den Haager Konferenz Einzug als Abs. 2 und 3 in Art. 5(A) PVÜ .a. F.[125] Daneben brachte erst die *Association Internationale pour la Protection de la Propriété Industrielle* (AIPPI) innerhalb einer ihrer Revisionsrunden auf der diplomatischen Konferenz in Lissabon im Jahr 1958 den Vorschlag ein, die Patentierbarkeit auch chemische (inklusive pharmazeutische) Produkte in die PVÜ explizit aufzunehmen, welcher letztlich jedoch unter der Erwägung, dass die nationalen Rechtsordnungen diesen Bereich vorzugsweise weiterhin souverän regeln sollten, abgelehnt worden ist.[126]

## IV. Zusammenfassung

Letztlich begründete wirtschaftlicher Expansionsdrang in den Ausklängen der industriellen Revolution das Bedürfnis, (damalig) protektionistisch wirkendes Nichtvorhandensein bzw. Divergenzen in der jeweiligen einzelstaatlichen Patentgesetzgebung zugunsten eines allgemeingültigen, internationalen Rahmens zu begrenzen, um Handelshindernisse abzubauen und ökonomischen Fortschritt zu generieren. Die favorisierte Lösung bestand zunächst nicht darin, materiell-rechtliche Schutzstandards nach eigenem

123 *Roffe/Spennemann*, International Journal of Intellectual Property Management 2006, 75, 77; *Sell/May*, Review of International Political Economy 2001, 467, 485; vgl. auch *Beier*, GRUR Int. 1983, 339, 342 f.

124 Str., so aber auch *Baechtold/Miyamoto/Henninger*, International Patent Law: Principles, major instruments and institutional aspects, in: Gervais, International Intellectual Property, S. 43; *Kunz-Hallstein*, GRUR 1998, 268, 269, der den Rechtsgedanken des Art. 5*quarter* überträgt; *Heath*, Recht der internationalen Wirtschaft 1997, 541, 442.

125 *Abualghanam,* The Protection of Pharmaceutical Patents and Data under TRIPS and US-Jordan FTA: Exploring the Limits of Obligations and Flexibilities: A Study of the Impacts on the Pharmaceutical Sector in Jordan, S. 157; Zur Auslegung von Zwangslizenztatbeständen in der PVÜ *Bodenhausen,* Guide to the Application for the Paris Convention on the Protection of Industrial Property, S. 67 ff.; ferner zum Streit, ob reiner Import eine Form der Patentbenutzung und somit keinen Missbrauchstatbestand begründen s. *Gontijo,* Changing the Patent System from the Paris Convention to the TRIPS Agreement, S. 7; Einen synoptischen Überblick über die verschiedenen Fassungen des Art. 5A PVÜ bringen *Reichman/Hasenzahl,* Non-voluntary Licensing of Patented Inventions, S. 27 f.

126 *de Carvalho,* The TRIPS Regime of Patent Rights, S. 142 unter Verweis auf *Bureaux Internationaux Reunis pour la Protection de la Propiete Intellectuelle,* Actes de la Conférence réunie à Lisbonne du 6 au 31 octobre 1958, S. 370 ff.

Maßstab zu konstatieren und anderen „Unions"-Mitgliedern der PVÜ aufzuoktroyieren, sondern vielmehr im Prinzip der Inländerbehandlung. Ihren Mitgliedstaaten sollten mangels materiell-rechtlicher Vorgaben – explizit auch im pharmazeutischen Bereich – tunlichst große Gestaltungsspielräume belassen werden. Vom patentrechtlichen Umfang her ist die PVÜ daher nicht mit heutigen Abkommen wie beispielsweise TRIPs vergleichbar und sektorspezifische Patentstandards demgemäß unauffindbar. Dieser Umstand lag indes maßgeblich innerhalb des Ziels der Übereinkunft: Die „Unions"-Staaten bezweckten damit gerade, ihre Autonomie über Patentrechtsstandards zu wahren und von anderen Nationen unabhängige Bestimmungen beizubehalten. Die PVÜ von 1883 unterlag im Laufe der Zeit mehreren Revisionen; andere, in Art und Umfang vergleichbare internationale Abkommen entstandenen in den nachfolgenden Jahrzehnten nicht. Die PVÜ bildete daher lange den Maßstab für multilateral firmierendes Patentrecht. Ein weiterer Anlauf zur Harmonisierung sollte erst zur Mitte des 20. Jahrhunderts erfolgen.

## Kapitel 2 – Verdichtung internationaler Bestrebungen

In der ersten Hälfte des 20. Jahrhunderts hatte sich in vielen Nationen der Welt die Akzeptanz des modernen Patentrechts als Teil ihrer Rechts- und Wirtschaftsordnung verfestigt. Nach wie vor dominierte das Territorialitätsprinzip und demnach verfügte jede Nation über ihre individuell gestalteten Gesetze; nur vereinzelt gab es bilaterale Patentvereinbarungen. Mit der Internationalisierung der Volkswirtschaften und dem daraus folgenden Bedürfnis der Normkoordination haben sich seit der zweiten Hälfte des 20. Jahrhunderts alsdann zahlreiche internationale Institutionen zur Rechtsangleichung der einzelstaatlichen Patentrechtsregime etabliert. Als die drei wohl relevantesten sind traditionell die WIPO, die Europäische Union und seit 1995 auch die WTO (inkl. TRIPs) zu nennen.[127] Nachfolgend sollen – im gebotenen Umfang – die materiell-rechtlichen Harmonisierungstendenzen und -motive skizziert werden, die dann in den GATT-Verhandlungen zusammenflossen und schließlich im TRIPs-Abkommen mündeten. Da das TRIPs-Abkommen den am weitesten verbreiteten Normenmaßstab verkörpert, wird anschließend der Status quo jener hier relevanten, in TRIPs verbürgten Normstandards zu eruieren sein.

127 *Schäfers*, GRUR Int. 1996, 763; weiterführend *Schäfers,* Harmonisierung des Patentrechts: Perspektiven, Chancen und Hindernisse, in: FS Nirk, S. 949 ff. Zum Technologietransfer umfassend *Stoll*, Internationalisierungs- und Nationalisierungstendenzen.

## A. Harmonisierung des geistigen Eigentums

Die Internationalisierung des geistigen Eigentums – speziell des Patentrechts – wurde in unterschiedlichen völkerrechtlichen Verträgen verfolgt. Mit der PVÜ war 1883 der Grundstein für die Evolution patentrechtlicher Internationalisierung[128] gelegt worden, auf dessen Firmament später auch der Patent Cooperation Treaty (PCT) und das Europäische Patentrechtsübereinkommen (EPÜ) aufbauten.[129] In patentrechtlicher Hinsicht enthielt die PVÜ nicht mehr als einen einzigen Minimalstandard, nämlich Art. 4 PVÜ.[130] Nichtsdestotrotz folgte auf die PVÜ auf diesem Gebiet lange Zeit kein multilaterales Abkommen. Erst in den 1960er Jahren gewann das Patentrecht wieder an multilateraler Beachtung und internationale Foren wie die WIPO statuierten sich, um die Rechtsharmonisierung auf dem Gebiet des geistigen Eigentums zu forcieren.[131] Ein Aspekt dessen bestand darin, die Patentanmeldungen international zu vereinfachen und durch eine einzige Anmeldung in mehreren Ländern Patentschutz zu erhalten. Die sollte mit dem Patent Cooperation Treaty (PCT) erreicht werden. Allerdings konnte auch der PCT von 1970 keine nennenswerten materiell-rechtlichen Normen konstituieren und entsprechend etablieren.[132] Dementsprechend gering bewertete die WIPO im Jahr 1988 die materiell-rechtliche Harmonisierung innerhalb aller PVÜ-Mitglieder: Zu jenem Zeitpunkt standen in 49 Mitgliedstaaten keine pharmazeutischen und in 22 Staaten gar keine chemischen Produkte sowie in zehn Staaten keine pharmazeutischen Verfahren unter Patentschutz.[133] Im Rahmen der Verhandlungen zum PCT hatte der Generaldirektor der WIPO zwei Vorschläge gemacht: Nach Variante A sollte den Vertragsstaaten erlaubt sein, in ihren Gesetzen in Bezug auf Erzeugnisse bestimmte Gebiete

---

128 Umfassend zur internationalen Harmonisierung s. *Klunker*, Harmonisierungsbestrebungen im materiellen Patentrecht; kursorisch *Baechtold/Miyamoto/Henninger*, International Patent Law: Principles, major instruments and institutional aspects, in: Gervais, International Intellectual Property , S. 37 ff.; *Strauß/Klunker*, GRUR Int. 2007, 91.

129 *Seville*, EU Intellectual Property Law and Policy, S. 95; dazu auch *Baechtold/Miyamoto/Henninger*, International Patent Law: Principles, major instruments and institutional aspects, in: Gervais, International Intellectual Property , S. 37.

130 *Strauss*, Implications of the TRIPs Agreement in the Field of Patent Law, 160, 172; *Beier*, GRUR Int. 1983, 339, 343 f.; *Klunker*, Harmonisierungsbestrebungen im materiellen Patentrecht, S. 13.

131 Umfänglich dazu *Klunker*, Harmonisierungsbestrebungen im materiellen Patentrecht; *Schäfers*, Harmonisierung des Patentrechts: Perspektiven, Chancen und Hindernisse, in: FS Nirk, S. 949.

132 Vgl. auch *Klunker*, Harmonisierungsbestrebungen im materiellen Patentrecht, S. 15 ff.

133 *Strauss*, Implications of the TRIPs Agreement in the Field of Patent Law, 160, 174 unter Verweis auf WIPO, Doc. WO/INF/29 (September 1988): „Existence, Scope and Form of generally accepted and Applied standards/Norms for the protecting of intellectual Property“.

der Technik aus Gründen des öffentlichen Interesses, der nationalen Sicherheit, der öffentlichen Gesundheit, Ernährung sowie der Entwicklung und Sozialversicherung vom Patentschutz auszuschließen; Variante B statuierte hingegen Patentschutz auf allen Gebieten der Technik.[134] Beide sind letztlich nicht in den PCT aufgenommen worden.

Ein erneuter Harmonisierungsversuch – zeitgleich zur Uruguay-Runde des GATT – brachte Verhandlungen[135] zum heute international als Patent Law Treaty (PLT) bekannten Patentrechtsvertrag. Das dortig erklärte Ziel hatte darin bestanden, formale und materiell-rechtliche Normstandards zu statuieren. Nachdem dieses Ziel jedoch letztlich scheiterte – sicherlich auch, weil durch TRIPs nun vergleichsweise umfassende materiell-rechtliche Schutzstandards verfügbar waren – ging aus den PLT-Verhandlungen im Jahr 2000 letztendlich eine inhaltlich nur vergleichsweise minimalistische Version[136] hervor. Diese konzentrierte sich ebenfalls auf verfahrensrechtliche Aspekte und ließ materiell-rechtliche Regeln gar explizit unberücksichtigt.[137] Im Jahr 2001 bemühte sich der Ständige Ausschuss für Patentrecht innerhalb der WIPO wiederum mithilfe eines anderen Formats, nämlich des Abkommens zur Harmonisierung materieller Fragen des Patentrecht (sog. SPLT[138]), an die vorangegangenen Debatten anknüpfen zu können. Da sich aber auch hier die Interessen schnell als zu divergent herausstellten, wurden die Beratungen schließlich im Jahr 2006 unterbrochen.[139] Insgesamt zeugen die bisherigen Erfahrungen der unter dem Dach der WIPO geführten Diskussionen, etwa um den SPLT, einmal mehr von den traditionell substanziellen Schwierigkeiten, divergierende Interessenstandpunkte in Form eines ähnlichen Patentschutzniveaus anzunähern.[140]

## B. Das Straßburger-Patentübereinkommen

Nachdem sich kurz nach dem 2. Weltkrieg der Europarat formiert hatte, wurde die Idee der Schaffung eines europäischen Patentamtes aufgeworfen. Der Europarat plante, innerhalb mehrerer europäischer Staaten Teile ihres materiellen Patentrechts einander anzugleichen. Dies sollte sich mit dem

---

134 Art. 10 WIPO-Dok. PLT/DC/3 vom 21.12.1990.

135 Vgl. *Schäfers/Schennen*, GRUR Int. 1991, 849.

136 In Kraft getreten am 28.04.2005.

137 Vgl. Art. 2 Abs. 2 PLT, der lautet: „Nothing in this Treaty or the Regulations is intended to be construed as prescribing anything that would limit the freedom of a Contracting Party to prescribe such requirements of the applicable substantive law relating to patents as it desires.“ Vgl. auch *Klunker*, Harmonisierungsbestrebungen im materiellen Patentrecht, S. 15.

138 S. hierzu *Strauß/Klunker*, GRUR Int. 2007, 91, 93 ff.

139 Vgl. *Klunker*, Harmonisierungsbestrebungen im materiellen Patentrecht, S. 105 f.

140 *Seville*, EU Intellectual Property Law and Policy, S. 89 ff.

Straßburger Patentübereinkommen zur Vereinheitlichung gewisser Begriffe des materiellen Rechts[141] vollziehen. Es wurde von den Mitgliedern des Europarates ab dem Jahr 1955 ausgearbeitet und am 27.11.1963 von elf[142] (geo-)europäischen Staaten unterzeichnet.[143] Obwohl es heute aus rechtlicher Perspektive kaum Bedeutung hat, manifestiert es einen Wandel im transeuropäischen Zeitgeist. Neben der Tatsache, dass es als rechtlicher und ideologisches Fundament der einsetzenden europäischen Patentrechtsharmonisierung gilt, hatte es als erstes europäisches Patentabkommen keinen Patentierungsausschluss für chemische und pharmazeutische oder deren Anwendung mehr vorgesehen.[144] Art. 1 fixierte eine grundsätzlich umfassende Patentierfähigkeit aller Erfindungen (sofern die Patentvoraussetzungen vorlägen), ungeachtet des Bereichs. Art. 2 gab einzelne Ausnahmen vor, ohne chemische und pharmazeutische Patente zu nennen. Der Ausschluss betraf auch biologische Verfahren, vgl. Art. 2 b) HS. 1. Allerdings stellte Art. 2 b) HS. 2 klar, dass mikrobiologische Verfahren und Erzeugnisse nicht unter den Ausschluss fallen. Im Sachverständigenausschuss war nämlich befürchtet worden, eine extensive Auslegung des Art. 2 b) HS. 1 könnte ggf. pharmazeutische Erzeugnisse und Verfahren, wie Antibiotika, die Schutzfähigkeit entziehen.[145] Als Grund für die Einbeziehung verweist *Bruchhausen* auf die politische Motivation, nämlich diesem rasant im Wachstum befindlichen Industriezweig wirksamen Schutz gewähren zu können, um Forschungen zur Entwicklung neuer Medikamente zu sichern.[146] Obschon man die Patentfähigkeit chemischer und pharmazeutischer Erfindungen sich letztlich durchsetzen konnte, war sie im Sachverständigenausschuss zuvor kontrovers diskutiert worden.[147] Schließlich einigte man sich darauf, in Art. 12 Abs. 1 a) eine (bis zu) zehnjährige Übergangsfrist für die legislative Gewähr eines eben solchen Schutzes zu konstituieren.[148] Dessen Umsetzung hat nicht nur in jenen Unterzeichnerstaaten, sondern auch im EPÜ von 1973 eine Einbeziehung von Chemie- und Arzneimittelschutz bedingt.

141 Der Abkommenstext ist abgedruckt in GRUR Ausland 1964, 259 ff.

142 Dänemark, Belgien, Frankreich, Irland, Schweiz, Luxemburg, Niederlande, Italien, Schweden, Vereinigtes Königreich, Bundesrepublik Deutschland, s. *Haertel*, GRUR Int. 1983, 200.

143 Umfassend zum Abkommen *Pfanner*, GRUR Ausland 1964, 247; *Pfanner*, GRUR Ausland 1962, 545; *Ulmer*, GRUR Ausland 1962, 537.

144 *Bruchhausen*, GRUR Int. 1985, 239, 240.

145 *Pfanner*, GRUR Ausland 1962, 545, 548.

146 *Bruchhausen*, GRUR Int. 1985, 239, 240.

147 *Pfanner*, GRUR Ausland 1962, 545, 548.

148 Art. 12 des Straßburger-Abkommens.

## C. Das Europäische Patentrechtsübereinkommen

Innerhalb Europas bahnte sich nach Gründung der Europäischen Wirtschaftsgemeinschaft das Europäische Patentübereinkommen[149] (EPÜ) an und griff wesentliche Teile des Straßburger Patentübereinkommens von 1963 auf.[150] Im Jahr 1973 beschlossen einige europäische Staaten den Versuch, zumindest in Teilen Europas einheitliche Patentbestimmungen zu schaffen, mit dem EPÜ ab. Das EPÜ von 1973 adressierte vereinzelt den pharmazeutischen Patentbereich. Nach Art. 52 Abs. 4 EPÜ (1973)[151] waren Arzneimittel zumindest als Stoffe patentierbar – eine direkte Reaktion aus dem Straßburger Übereinkommen. Außerdem gestattete Art. 54 Abs. 5[152] in Verbindung mit Art. 52 Abs. 4 EPÜ (1973) Patente für bekannte (aber therapie- und diagnostikferne) Stoffe, für deren erste therapeutische oder diagnostische Verwendung (sog. „Erstindikation" in Form zweckgebundenen Stoffschutzes).[153] Obwohl die Diplomatische Konferenz angesichts des Art. 54 Abs. 4 EPÜ (1973) noch den Standpunkt vertreten hatte, es seien keine Verwendungsansprüche für Pharmazeutika im EPÜ (1973) vorgesehen, fügte sie unter Würdigung der wirtschaftlichen Bedeutung dieses Forschungszweiges schließlich Art. 54 Abs. 5 EPÜ (1973) hinzu.[154] Daneben stellte sich die praktisch relevante, aber im EPÜ offengelassene Frage nach dem Schutz von zweiten und weiteren Indikationen für Arzneimittel. Im Kern war zu erörtern, ob Patentschutz gewährt werden soll, wenn an einem bereits bekannten Wirkstoff eine neue Eigenschaft entdeckt wird, die zu einer neuen therapeutischen Anwendungsmöglichkeit führt (sog. Zweit- bzw. Folgeindikation). Hierüber ist umfänglich diskutiert worden,[155] bis schließlich Mitte der 1980er Jahre das EPA,[156] wie auch der BGH[157], zugunsten der Zulässigkeit zweiter Indikationen unter dem EPÜ entschieden. Im Zuge

149 Unterzeichnet am 5.10.1973, in Kraft getreten am 7.10.1977.

150 Vgl. hierzu *Kraßer/Ann*, Patentrecht, § 7 Rn. 58 ff. m. w. N.; zum Vorentwurf von 1962 GRUR Int. 1962, 561; ferner zur Harmonisierung in den europäischen Mitgliedstaaten *Haertel*, GRUR Int. 1983, 200; *Haertel*, GRUR Int. 1981, 479.

151 Die Vorschrift ist nun mehr in Art. 53 c) S. 2 EPÜ 2000 übergegangen.

152 Mittlerweile ist dieser Artikel marginalen Änderungen unterzogen und in Art. 54 Abs. 4 EPÜ (2000) verortet worden.

153 Hierzu statt aller *Kraft*, GRUR 1973, 234.

154 *Vossius*, GRUR 1978, 7, 13 unter Hinweis auf *van Empel,* The Granting of European Patents, S. 65 f., der seinerseits auf einige Konferenzdokumente verweist.

155 Ausführlich hierzu *Vossius*, GRUR 1978, 7; *Bruchhausen*, GRUR Int. 1985, 239; *Bühling*, GRUR 1978, 15; *Klöpsch*, GRUR 1979, 283; *Utermann*, GRUR 1985, 813; Allgemeiner *Hansen*, GRUR 1977, 15; *Singer*, GRUR 1985, 789, 796; *Meier-Beck*, GRUR 2009, 300; zum Streit im deutschen Recht bspw. *Krasa*, GRUR 1977, 476.

156 EPA, EPA ABl. 1985, 193 = GRUR Int. 1985, 193.

157 BGH, GRUR 1983, 729.

der Revision im Jahr 2000 wurden Zweitindikationen daraufhin explizit via Art. 54 Abs. 5 EPÜ (2000) verankert.

Ein weiteres Problem hatte sich bereits sich in den 1980er Jahren herauskristallisiert. Artikel 63 Abs. 1 EPÜ sah schon immer eine Patentlaufzeit von zwanzig Jahren vor. Im Zuge der Diskussionen um schutzzeitverlängernde Zertifikate (zunächst nur für Arzneimittel) befürchteten daher EU-Mitglieder durch deren faktisch schutzverlängernde Wirkung einen möglichen Verstoß gegen Art. 63, da für sie keine (explizite) Ausnahme nach Abs. 2 bestand.[158] Daher wurde 1991, und im Übrigen auch angesichts der GATT-Verhandlungen Art. 63 EPÜ dahingehend geändert,[159] als dass nach Abs. 2 b) der Abs. 1 das Recht eines Vertragsstaats unberührt lässt, unter den gleichen Bedingungen, die für nationale Patente gelten, die Laufzeit eines europäischen Patents zu verlängern oder entsprechenden Schutz zu gewähren, der sich an den Ablauf der Laufzeit des Patents unmittelbar anschließt, wenn der Gegenstand des europäischen Patents ein Erzeugnis oder ein Verfahren zur Herstellung oder eine Verwendung eines Erzeugnisses ist, das vor seinem Inverkehrbringen in diesem Staat einem gesetzlich vorgeschriebenen behördlichen Genehmigungsverfahren unterliegt.[160] Seither sind Zweifel an der EPÜ-Konformität von Schutzzertifikaten obsolet.

## D. Patente als Außenhandelselemente

### I. Das amerikanische Handelsparadigma

Die amerikanische pharmazeutische Industrie gewann gegenüber der bis dahin in Europa dominierenden Pharma-Branche in den 1940er Jahren an Bedeutung und entwickelte sich bis in die 1970er Jahre zu einer der gewinnträchtigsten Industrien.[161] Im Jahr 1974 implementierten die USA mit dem Trade Act[162] die sog. *Section 301*, der es der Regierung seither erlaubt, Handelssanktionen als Druckmittel zur Einführung bestimmter Mindeststandards bei ihren Handelspartnern zu nutzen. Daneben wurde das Recht

158 Art. 63 Abs. 2 a) EPÜ (1973) hatte Abweichungen von Abs. 1 nur im Kriegs- oder Krisenfall vorgesehen. Im Umkehrschluss lag argumentativ nahe, dass andere, nicht explizit genannte Gründe nicht zur Verlängerung berechtigen würden.

159 Geändert durch die Akte zur Revision von Artikel 63 EPÜ vom 17.12.1991, in Kraft getreten am 04.07.1997 (EPA ABl. 1992, S. 1.).

160 Näheres zur Revision bei *Papenberg*, GRUR Int. 1992, 224.

161 Vgl. *Bartels et al.*, Promoting Access to Medical Technologies and Innovation, S. 102 f.; Ferner im breiteren Kontext *Stoll*, Internationalisierungs- und Nationalisierungstendenzen.

162 Pub. L. No. 93-618, Stat. 88 (1978), 19 U.S.C. 12.

Privater gestärkt, öffentliche Anhörungen bezüglich ausländischer Handelspraktiken zu initiieren.[163]

Mit der rasant gestiegenen ökonomischen Bedeutung und dem damit einhergehenden Bedürfnis des (internationalen) umfassenden Schutzes geistiger Eigentumsrechte vor Produktpiraterie und -kopie seit den 1980er Jahren wurde im Jahr 1989, unter großem Einfluss der Pharma- und weiterer immaterialgüterrechtsintensiver Industrien,[164] durch Präsident Reagan die *Section 301* – neben weiteren Änderungen und Ergänzungen – speziell auf Immaterialgüterrechte ausgeweitet, die sog. „*Special 301*“.[165] Darauf aufbauend erstellt der Handelsbeauftragte der USA seit dem Jahr 1989 jährlich einen Bericht, den sog. *Special 301 Report*, der Handelshemmnisse aufgrund seiner Auffassung nach (vermeintlich) unzureichender immaterialgüterrechtlicher Standards auflistet und Handelssanktionen ermöglicht. Im zeitlichen Zusammenhang mit der Uruguay-Runde des GATT machten die USA hiervon extensiv gegenüber diversen Verhandlungspartnern Gebrauch.[166]

In der Mitte der 1980er Jahre[167] drängten besonders die USA, von Wettbewerbsinteressen immaterialgüterrechtlich dominierter Branchen beschworen, nach der Expansion materieller Schutzstandards auf internationaler Ebene.[168] Vergleichsweise schwache Normgefüge in anderen Ländern hatten dort Nachahmungen und Fälschungen begünstigt. Daneben hatten einige

---

163 Das Recht von Privaten auf öffentliche Anhörung hinsichtlich vermeintlich unfairer Handelspraktiken geht auf Section 252 des Trade Expansion Act von 1962 zurück. Vgl. hierzu ausführlich *Bronckers*, Northwestern Journal of International Law & Business 1984, 653, 671 ff.; zum Special 301 report als Instrument des Bilateralismus *Drahos*, Journal of World Intellectual Property 2001, 791, 792 ff.; *Bello/Holmer*, Fordham International Law Journal 1989, 259, 272 ff.

164 *Liu*, UCLA Pacific Basin Law Journal 1994, 87 ff., insb. 106 ff.; Zum weltweiten Technologietransfer *Stoll*, Internationalisierungs- und Nationalisierungstendenzen.

165 Zu Funktion und Gesetzgebungsprozess ausführlich *Bello/Holmer*, Fordham International Law Journal 1989, 259 ff.; *Liu*, UCLA Pacific Basin Law Journal 1994, 87, 89f, 95 ff.; *Pechman*, Minnesota Journal of International Law 1998, 179, 195 ff.; *Monten*, Marquette Intellectual Property Law Review 2005, 387, 400 ff.

166 S. hierzu auch Teil I, Kap. 3, III.; *Gathii*, Harvard Journal of Law & Technology 2002, 291, 294; *Wilson*, The Transnational Lawyer 1988, 421, 426 ff.; *Drahos*, Journal of World Intellectual Property 2001, 791, 792 f.; *Ho*, Access to Medicine in the Global Economy: International Agreements on Patents and Related Rights, S. 330 ff.

167 Mit dem *Omnibus Trade and Competitiveness Act* von 1988 (Pub. L. No. 100-418, 102, Stat. 1107 (1988) kodifiziert im 42 U.S.C. § 5403) erhoben die USA das Geistige Eigentum zu einem zentralen Gegenstand ihrer Handelspolitik, vgl. *Gadbaw*, Vanderbilt Journal of Transnational Law 1989, 223; *Schäfers*, Harmonisierung des Patentrechts: Perspektiven, Chancen und Hindernisse, in: FS Nirk, S. 949; Umfassend *Phillips*, Vanderbilt Journal of Transnational Law 1989, 491.

168 Vgl. *Ullrich*, Policy Pacific Rim Law & Policy Journal 1995, 153. 172;*Wilson*, The Transnational Lawyer 1988, 421 ff.; *Chasen Ross/Wasserman*, Trade Related Aspects of Intellectual Property Rights, in: Stewart, The GATT Uruguay Round, A negotiati-

amerikanische Industrien seit den 1970er Jahren eine Zunahme des internationalen Handels beobachtet. Außerdem waren Forschungs- und Entwicklungskosten neuer Produkte in einigen Sektoren angestiegen.[169] Diesbezüglich hatte auch die agrochemische Industrie auf jenen außeramerikanischen Absatzmärkten monetäre Einbußen hinnehmen müssen, welche bisweilen vereinzelt Amortisierungsdefizite ihrer investierten Forschungskosten befürchten ließen.[170] Darauffolgende Vorstöße der USA in den internationalen Foren blieben indes letztlich erfolglos, sodass die USA den „Export" höherer Schutzstandards stattdessen vorläufig mittels bilateraler Abkommen und nationaler Sanktionsmechanismen[171] vorantrieben.[172] Daneben forcierten die USA ihren ohnehin starken Einfluss im Rahmen des GATT-Systems, woraufhin geistiges Eigentum als Programmpunkt auf die Verhandlungsagenda der Uruguay-Runde aufgenommen wurde.[173]

## II. Das europäische Handelsparadigma

Der amerikanischen Handelspraxis folgend, hat die Europäische Union (bzw. ihre Rechtsvorgänger) – auch auf Betreiben der einschlägigen Industrien – unter Rückgriff auf erste Ideen aus den 1960er Jahren in den 1980er[174] Jahren begonnen, geistiges Eigentum stärker in ihre Handelsstrategie zu inte-

on History (1986 – 1992), S. 2254 unter Verweis auf *Gadbaw*, Vanderbilt Journal of Transnational Law 1989, 223, 227 ff.

169 Zu diesen, und allgemeineren Gründen vgl. *Gadbaw*, Vanderbilt Journal of Transnational Law 1989, 223, 227 Fn. 10.

170 *Chasen Ross/Wasserman*, Trade Related Aspects of Intellectual Property Rights, in: Stewart, The GATT Uruguay Round, A negotiation History (1986 – 1992), S. 2254 m. w. N.

171 Insbesondere die sog. *Section 301* mit dem *Special 301 Report.*

172 *Chasen Ross/Wasserman*, Trade Related Aspects of Intellectual Property Rights, in: Stewart, The GATT Uruguay Round, A negotiation History (1986 – 1992), S. 2255; *Gadbaw*, Vanderbilt Journal of Transnational Law 1989, 223, 229; *Wilson*, The Transnational Lawyer 1988, 421, 437 ff.

173 Vgl. *Drahos*, Journal of World Intellectual Property 2002, 765, 769.

174 Gleichwohl formulierte die EU-Kommission bereits im Jahr 1964 ihr Vorhaben, den europäischen Markt gegen unfaire Handelspraktiken durch Drittstaaten nach bestimmten Prinzipien und Verfahren zu schützen, s. Kommissionsvorschlag an den Rat vom 26.11.1963, Supplement Bulletin of the European Economic Community Nr. 1/1964, S. 2 ff. Zu einem entsprechenden Erlass kam es indes nicht. Damit folgte die EU dem amerikanischem Vorbild der *Section 252* des *Trade Expansion Act* von 1962. Entgegen dem Kommissionsvorschlag allerdings eröffnete der amerikanische Vorstoß für Private das Recht auf öffentliche Anhörungen bezüglich Handelspraktiken von Drittländern. Dieses Recht ist aber nie unter Section 252ausgeübt worden, sondern erst ab 1974 über *Section 301* des *Trade Acts*, ausführlich zum Ganzen *Bronckers/McNelis*, The EU Trade Barrier Regulation Comes of Age, in: Bogdandy/Mavroidis/Mény, European Integration and International Co-Ordination. S. 56 ff.; *Bronckers*, Northwestern Journal of International Law & Business 1984, 653, 671 ff.

grieren.[175] Nachdem die EU jene amerikanische *Section 301* in Befürchtung privater Interventionen in (supra-)staatliche Handelsbeziehungen anfänglich noch kritisiert hatte,[176] erließ der Rat im Jahr 1984 die von der Kommission vorgeschlagene Verordnung (EWG) 2641/84,[177] die als funktionales Pendant zur *Section 301* des amerikanischen *Trade Acts* dahingehend wirkte, handelspolitische Maßnahmen gegen unerlaubte Handelspraktiken zu erheben und eingeschränkte Gemeinschaftsrechtsausübung im Hinblick auf Handelspraktiken von Drittländern verhindern zu können. Mit einem Antrag bei der zuständigen Stelle war jede natürliche, juristische Person oder rechtssubjektlose Vereinigung, die als Vertreter ihrer Branche handelt (also neben den Mitgliedstaaten auch Wirtschaftsakteure als Vertreter ihrer Branche), in der Lage, ein solches Verfahren gegen auswärtige Handelspraktiken, hier also Handelshemmnisse durch unzureichenden Patentschutz, zu initiieren, vgl. Art. 3 VO (EWG) 2641/84. Die Maßnahme wurde sodann einer Prüfung durch EU-Organe (und daraufhin ggf. durch internationale Streitbeilegungsinstanzenbei der WTO oder bilateral vereinbarte Schiedsstellen) unterzogen. Daraufhin etwaig erhobene Sanktionen, beschlossen und auferlegt vom Rat (vgl. Art. 11 Abs. 2 b)), sahen gem. Art. 10 Abs. 3 VO (EWG) 2641/84 neben Zollerhöhungen und Mengenbeschränkungen besonders die Aussetzung oder Rücknahme handelspolitischer Verhandlungen vor. Gemessen an EU-Recht unzureichende Schutzbemühungen im Pflanzenschutz- und Arzneimittelsektor konnten somit durch EU-Organe vergolten werden.[178] Unter

---

175 *El Said,* Public health related TRIPS-plus provisions in bilateral trade agreements, S. 80; zum Geistigen Eigentum als Gegenstand der (Welt-)Handelspolitik *Niemann,* Geistiges Eigentum in konkurrierenden völkerrechtlichen Vertragsordnungen, S. 114 ff.; *Drahos*, Journal of World Intellectual Property 2002, 765, 776 ff.

176 *Bronckers*, Northwestern Journal of International Law & Business 1984, 653, 714 f.

177 Verordnung (EWG) 2641/84 des Rates vom 17.9.1984 zur Stärkung der gemeinsamen Handelspolitik und insbesondere des Schutzes gegen unlautere Handelspraktiken, ABl. EWG L-252 vom 20.9.1984, S. 1, außer Kraft getreten am 31.12.1995 und aufgehoben und ersetzt durch Verordnung (EG) Nr. 3286/94 des Rates vom 22. Dezember 1994 zur Festlegung der Verfahren der Gemeinschaft im Bereich der gemeinsamen Handelspolitik zur Ausübung der Rechte der Gemeinschaft nach internationalen Handelsregeln, insbesondere den im Rahmen der Welthandelsorganisation vereinbarten Regeln, ABl. EG L-349 vom 31.12.1994, S. 71,wiederum aufgehoben zum 4.11.2015 und ersetzt durch Verordnung (EU) 1843/15 des Europäischen Parlaments und des Rates vom 6. Oktober 2015 zur Festlegung der Verfahren der Union im Bereich der gemeinsamen Handelspolitik zur Ausübung der Rechte der Union nach internationalen Handelsregeln, insbesondere den im Rahmen der Welthandelsorganisation vereinbarten Regeln, ABl. EU L-272 vom 16.10.2015, S. 1. Umfassend dazu *Jahn,* Die Handelshemmnis-Verordnung (Verordnung EG Nr. 3286/94).

178 Vgl. *El Said,* Public health related TRIPS-plus provisions in bilateral trade agreements, S. 80; Zu den Unterschieden zwischen der Section 301 und der Trade Barriers Regulation s. *Mayne,* Regionalism, Bilateralism, and „TRIPS Plus“ Agreements: The Threat to Developing Countries, S. 11.

Geltung dieser Verordnung sind von privater Seite sieben Verfahren beantragt worden, von denen vier geistiges Eigentum zum Gegenstand hatten, darunter ein patentrechtliches (und letztlich erfolgloses) gegen Jordanien.[179]

Unter Aufgriff und Erweiterung[180] dieses Konzeptes erließ der Rat der EU auf Vorschlag der Kommission die zum 01.01.1995 in Kraft getretene VO 3286/94, um ihre Rechtsausübung besser und effektiver wahrzunehmen. Nunmehr konnten insbesondere auch private Einzelunternehmen Verfahren anstrengen, für die die Hürden an den Schadensnachweis auf den Nachweis handelsschädigender Auswirkungen gesenkt wurden, vgl. Art. 4 Abs. 1 i. V. m. Art. 3 Abs. 1. Ihnen waren Verfahren gegen Patentrechtsverstöße aus bilateralen Handelsabkommen nach Art. 4 Abs. 1 VO (EG) 3286/94 nur bei Auswirkungen auf den europäischen Binnenmarkt, nicht aber den Drittstaatenmarkt möglich, es sei denn, das jeweilige bilaterale Abkommen sieht ein Recht zum Vorgehen gegen das Handelshemmnis vor, beispielsweise eine Schiedsgerichtsklausel. Angreifbar waren neben Verstößen gegen das allgemeine GATT-Recht nicht zuletzt solche gegen TRIPs-Bestimmungen, vgl. Art. 2 Abs. 2. Mittlerweile ist die VO 3286/94 durch die VO (EU) 1843/15 ersetzt und die Einflussnahmeoptionen privater Einzelunternehmen erneut extendiert worden.[181]

## E. Sektorale Patente im GATT-System

Nachdem bereits ab den 1960er Jahren das geistige Eigentum innerhalb der Vereinten Nationen (UN) an allgemeiner globaler Relevanz gewonnen hatte[182] und dort insbesondere Entwicklungsländer erfolgreich gegen die ihnen von Industriestaaten anempfohlenen Patentrechtsstandards opponiert hatten,[183] bemühten sich die EU und die USA stattdessen im Rahmen des

179 *Bronckers/McNelis*, The EU Trade Barrier Regulation Comes of Age, in: Bogdandy/Mavroidis/Mény, European Integration and International Co-Ordination, S. 59.

180 Vgl. hierzu und beider Rechtsakte im Vergleich *Bronckers/McNelis*, The EU Trade Barrier Regulation Comes of Age, in: Bogdandy/Mavroidis/Mény, European Integration and International Co-Ordination, S. 60 ff.

181 In Ermangelung einer mit Art. 4 Abs. 1 S. 2 VO (EG) 3286/94 vergleichbaren Bestimmung werden Antragsrechte für einzelne Privatunternehmen auch aus bilateral stipulierten Klauseln ableitbar sein.

182 So etwa anhand der United Nations Conference on Trade and Development (UNCTAD) 1964 sowie der World Intellectual Property Organization (WIPO) 1967; Zum internationalen Technologietransfer *Stoll*, Internationalisierungs- und Nationalisierungstendenzen.

183 *Drahos*, Journal of World Intellectual Property 2002, 765, 768 f.; *Krikorian/Szymkowiak*, The Journal of World Intellectual Property 2007, 388, 391.

GATT um Fortschritte.[184] Das mittlerweile industriestaatlich vordringliche Verständnis von geistigem Eigentum als außenhandelsimmanentes Substrat wurde nunmehr ins GATT-System transferiert. Die in den Jahren 1973 bis 1979 stattfindende Tokyo-Runde hatte zwar einzelne mit dem geistigen Eigentum in Verbindung stehende Themen wie Importlizenzierungen und den Umgang mit (Marken-)Fälschungen behandelt, bliebt jedoch materiellrechtliche Ergebnisse.[185] Nicht zuletzt bedingt durch vorangegangene Forderungen seitens der Industrie[186] wurde allerdings auf Druck der USA und aus Europa für die darauffolgende Uruguay-Runde ab dem Jahr 1986 das geistige Eigentum insgesamt zum vertieften Verhandlungsgegenstand erhoben, innerhalb derer einige Industriestaaten inkl. der EU, Japan[187] und der USA sodann umfassende Schutzstandards durchzusetzen versuchten.[188]

## I. Patentschutz

Im Rahmen der Uruguay-Runde, konkret zu den Verhandlungen um TRIPs ab dem Jahr 1989, brachten die USA, die Schweiz und die (heutige) Europäische Union eine Reihe unterschiedlich weitreichende Entwürfe zum Patentrecht in die Verhandlungsrunden ein.[189] Neben dem Fokus auf generell für alle Patente Geltung beanspruchenden Vorschlägen belangten einzelne

184 *Braga*, Vanderbilt Journal of Transitional Law 1989, 243, 245 ff.; Umfassend zum Technologietransfer *Stoll*, Internationalisierungs- und Nationalisierungstendenzen.

185 *Bradley*, Stanford Journal of International Law 1987, 57, 64; *Walker*, Vanderbilt Journal of Transitional Law 1989, 911.

186 *Sell*, Cardozo Journal of International and Comparative Law 2002, 79, 83 ff.; *El Said*, Public health related TRIPS-plus provisions in bilateral trade agreements, S. 8 Fn. 55 mit Verweis auf die 1979 gegründete International Anti-Counterfeiting Coalition (IACC), welcher global mehr als 250 Firmen angehören und die Bekämpfung von Fälschungen zum Ziel hat. S. https://www.iacc.org/about/history-mission (letzter Zugriff am 28.03.2024); konkret zur pharmazeutischen Industrie *Weissman*, University of Pennsylvania Journal of International Economic Law 1996, 1069, 1075 ff.; *Gad*, Law & Business Review of the Americas 2003, 667; ferner *Emmert*, Michigan Journal of International Law 1990, 1317.

187 Zur Position Japans innerhalb der TRIPs-Verhandlungen *Matsushita*, Columbia Business Law Review 1992, 81.

188 *El Said*, Public health related TRIPS-plus provisions in bilateral trade agreements, S. 82; *Yu*, Houston Law Review 2009, 979, 982 ff.; hierzu auch *Abbott*, Vanderbilt Journal of Transnational Law 1989, 689, 715 ff. m. w. N.; *Stamm*, Journal of the Patent and Trademark Office Society 1991, 680, 683 ff.; *Doane*, American University International Law Review 1994, 465; *Ullrich*, The Political Foundations of TRIPS Revisited, in: Ullrich/Hilty/Lamping/et al., TRIPS plus 20, S. 85; umfassend zur Geschichte der Uruguay-Runde *Croome*, Reshaping the World Trading System: A History of the Uruguay Round.

189 Kritisch zu den Verhandlungen unter demokratischen Gesichtspunkten *Drahos*, Journal of World Intellectual Property 2002, 765, 771 ff.; Zum Einfluss industrieller Interessenvertreter umfassend *Gad*, Law & Business Review of the Americas 2003, 667.

besondere für bestimmte Produkte bzw. hier untersuchte Branchen. Insbesondere die Entwicklungsländer opponierten gegen jene Standards, da sie aus ihrer Sicht zu umfassend seien.

Bereits der als sog. *Anell-Draft* vom 23.07.1990[190] bekannte erste Vertragsentwurf erstreckte im Gegensatz zu allen bisherigen Abkommen Patentbestimmungen über zehn Seiten. Zur Debatte stand unter anderem, für alle Patente eine grundsätzliche Laufzeit von 15 Jahren zu gestatten, mit expliziter Ausnahme pharmazeutischer Patente für die zwanzig Jahre angesetzt werden sollten, wohingegen sich andere für eine generelle Laufzeit von zwanzig Jahren aussprachen. Neben weiteren bestehenden Streitpunkten insbesondere hinsichtlich etwaiger Patentierbarkeitsausschlüsse bzw. deren (Un-) Verbindlichkeit, des Schutzumfangs (insbesondere im Rahmen des Imports) und wiederum einen ausführlichen Ausnahmenkatalog hiervon, enthielt diese Vertragsversion neben detaillierten Zwangslizenzbestimmungen beachtlicherweise den Vorschlag zu weiteren Patentverlängerungen. Es hieß dort explizit:

> „PARTIES […] encouraged to **extend the term of patent protection** in appropriate cases, **to compensate for delays** regarding the exploitation of the patented invention **caused by regulatory approval processes**."[191] (Hervorhebungen durch den Verfasser).

Der Wortlaut ließ keine Beschränkungen für bestimmte Branchen zu, sondern knüpfte allein an die Notwendigkeit behördlicher Zulassungen, wobei zudem die Entscheidung über die Länge der Laufzeitverlängerung gem. Sec. 5 Art. 4B des Entwurfs den nationalen Gesetzgebern zufallen sollte.

Im darauffolgenden, als sog. *Brussels-Draft* bekannt gewordenen Vertragsentwurf vom 03.12.1990[192] sollten nun auch Importe in den Schutzbereich des Patents fallen, wohingegen sich gleichzeitig Bestimmungen bezüglich der Grenzen des Schutzumfangs wiederum ausgedehnt und zudem Patentierbarkeitsausnahmen als fakultative Elemente durchgesetzt hatten. Letztere wurden nun um die streitige Variante ergänzt, als dass sie ebenfalls bestimmte Produkte und Verfahren zur Herstellung dieser Produkte aus Gründen des öffentlichen Interesses, der nationalen Sicherheit, der öffentlichen Gesundheit oder der Ernährung, einschließlich Lebensmittel, chemischer und pharmazeutischer Produkte und Verfahren zur Herstellung von

190 GATT-Dok. MTN.GNG/NG11/W/76 (restricted), S. 29 ff., abrufbar unter http://sul-derivatives.stanford.edu/derivative?CSNID=92110034&mediaType=application/pdf (letzter Zugriff am 28.03.2024). Ebenfalls abgedruckt bei Watal/Taubman (Hrsg.), The Making of the TRIPS Agreement, S. 373 ff.

191 GATT-Dok. MTN.GNG/NG11/W/76 (restricted), S. 34.

192 GATT-Dok. MTN.TNC/W/35/Rev. 1, abrufbar unter https://docs.wto.org/gattdocs/q/UR/TNC/W35R1.PDF (letzter Zugriff am 28.03.2024).

pharmazeutischen Produkten erfassen.[193] Darüber hinaus war die Option auf verlängerte Laufzeit aufgrund behördlicher Zulassungsverfahren wieder verworfen worden und daneben in Kollision zu generell zwanzig Jahren Patentlaufzeit hinzugefügt worden, ihre Länge gänzlich unter nationalstaatliche Kompetenzen zu stellen.[194]

Der finale Entwurf, der sog. *Dunkel-Draft*[195] vom 20.12.1991, konstatierte den fortwährenden Dissens über einige der ursprünglichen Patentverhandlungspositionen, indem er die überwiegenden Diskussionsgegenstände überging. Insbesondere für pharmazeutische und (agro-) chemische Patente haben sich keine besonderen Patentvorschriften durchgesetzt. Vielmehr wurde die Möglichkeit einer Ausnahme chemischer Patente von der Patentfähigkeit verworfen.

## II. Nichtoffenbarte Informationen

Auch bezüglich des Schutzes nichtoffenbarter Informationen als Vorlage zum heutigen Art. 39 Abs. 3 TRIPs konzipierten einige Industriestaaten wie die EU, USA und der Schweiz ihre Agenda[196] und brachten anhand dessen weitreichende Vorschläge in die Diskussionen ein.[197] Daraufhin stand im Rahmen des *Anell-Drafts* konkret zur Debatte, ein Unterlagenschutzsystem – ohne Beschränkung auf einzelne Branchen – aufzunehmen, dessen Schutzzeitraum sich anhand des Datenerhebungsaufwandes, ihrer Natur, der dafür erforderlichen Ausgaben und der Verfügbarkeit anderer Schutzrechte bestimmen sollte.[198] Der *Anell-Draft* traf zudem vergleichsweise ausführliche Bestimmungen in Form mehrerer Ausnahmetatbestände zur Offenle-

---

193 GATT-Dok. MTN.TNC/W/35/Rev. 1, S. 209.

194 GATT-Dok. MTN.TNC/W/35/Rev. 1, S. 208 ff.

195 GATT-Dok. MTN.TNC/W/FA, Annex III S. 57 ff., abrufbar unter https://www.wto.org/gatt_docs/English/SULPDF/92130093.pdf, (letzter Zugriff am 28.03.2024). Ebenfalls mit den relevanten Passagen abgedruckt bei Watal/Taubman (Hrsg.), The Making of the TRIPS Agreement, S. 437 ff.

196 Vgl. GATT-Dok. MTN.GNG/NG11/W/14; MTN.GNG/NG11/W26; MTN.GNG/NG11/W/38 Add. 1. Im Detail hierzu *Kraßer,* The Protection of Trade Secrets in the TRIPs Agreement, in: Beier/Schricker, From GATT to TRIPs, S. 216.

197 Vgl. GATT-Dok. MTN.GNG/NGI 1/W/68; GATT-Dok. MTN.GNG/NG 11/W/70; GATT-Dok. MTN.GNG/NG11/W/73; zu den TRIPs-Verhandlungspositionen der USA, Schweiz und der EU ferner *C. Field,* Negotiating for the United States, S. 129 ff.; *Wasescha,* Negotiating for Switzerland, in: Watal/ Taubman, The Making of the TRIPS Agreement, S 159 ff.; *Reinbothe,* Negotiating for the European Communities and their member states, in: Watal/Taubman, The Making of the TRIPS Agreement, S. 187 ff.

198 GATT-Dok. MTN.GNG/NG11/W/76 (restricted), S. 42 f., abrufbar unter http://sul-derivatives.stanford.edu/derivative?CSNID=92110034&mediaType=application/pdf (letzter Zugriff am 28.03.2024). Ebenfalls abgedruckt bei Watal/Taubman (Hrsg.), The Making of the TRIPS Agreement, S. 373 ff.

gung jener Daten. Diese Ausnahmen wurden größtenteils aus dem darauffolgenden *Brussels-Draft* gestrichen und stattdessen um anderweitige Passagen ergänzt. Der Vorschlag lautete:

> „PARTIES, when requiring, as a condition of approving the marketing of **new pharmaceutical products or of a new agricultural chemical product**, the submission of undisclosed test or other data, the origination of which involves a considerable effort, shall [protect such data against unfair commercial use. Unless the person submitting the information agrees, the data may **not be relied upon** for the approval of competing products **for a reasonable time, generally no less than five years, commensurate** with the efforts involved in the origination of the data, their nature, and the expenditure involved in their preparation. In addition, PARTIES shall] protect such data against disclosure, except where necessary to protect the public.]"[199] (Hervorhebungen durch den Verfasser).

Im Gegensatz zum finalen Vertragstext hatten schließlich zentrale Schutzmerkmale, wie die Begrifflichkeit des „new pharmaceutical product", das Inbezugnahmeverbot sowie eine konkrete Schutzdauer mit ihren Bemessungsparametern, jedoch keinen Konsens gefunden und wurden daher im finalen *Dunkel-Draft* gestrichen bzw. ersetzt.[200] Dennoch weist der Entwurf – wie noch in Teil 2 und 3 tiefgreifend darzustellen sein wird – bereits starke Ähnlichkeiten zu manchen aktuell in Freihandelsabkommen verwendeten Klauseln auf.

## III. Zusammenfassung

In der Uruguay-Runde vollendete sich die Konfluenz von geistigem Eigentum und Handel auf welthandelsrechtlicher Ebene, wie sie insbesondere von den USA und der EU forciert worden war. Auf Initiative einiger Industriestaaten sind in verschiedenen Verhandlungsstadien vereinzelt konkrete Schutzvorschläge für Pharmazie und Agrochemie eingebracht und diskutiert worden, wie etwa hinsichtlich *patent term extensions* einerseits und Ausnahmen von der Patentierungspflicht andererseits geschehen. Im generellen Patentkontext wandte sich der inhaltliche Konsens sukzessiv zugunsten mitgliedstaatlicher Entscheidungsfreiräume im Laufe der voranschreitenden Vertragsentwürfe von Detailbestimmungen ab. Insbesondere betreffs Unterlagenschutz wurde dessen Form als Inbezugnahmeverbot sowie die feste

199 GATT-Dok. MTN.TNC/W/35/Rev. 1, S. 215.

200 GATT-Dok. MTN.TNC/W/FA, Annex III S. 75, abrufbar unter https://www.wto.org/gatt_docs/English/SULPDF/92130093.pdf, (letzter Zugriff am 28.03.2024). Ebenfalls mit den relevanten Passagen abgedruckt bei Watal/Taubman (Hrsg.), The Making of the TRIPS Agreement, S. 439 ff.; So auch *Cartagena/Attaran*, Health Law Journal 2009, 269, 276; *UNCTAD/ICTSD*, Resource Book on TRIPS and Development: An Authoritative and practical guide to the TRIPS Agreement, S. 526.

Schutzdauer von fünf Jahren gestrichen, welche ursprünglich industriestaatliche Kernforderungen dargestellt hatten.

## F. Stellungnahme

Pharmazeutische und (agro-)chemische Patente weisen im internationalen Kontext Besonderheiten auf. Sie sind mit der Aufklärung und dem Wachstum der ihnen zugrundliegenden Wirtschaftssektoren in Europa in den allgemeinen patentrechtlichen Diskurs eingeflossen. Seither haben beide Branchen stets eine Sonderrolle eingenommen, wobei die souveränen Einzelstaaten innereuropäisch nur unkoordinierte Gesetzgebung betrieben. Dennoch gründeten branchenintern propagierte Abneigungen gegen Patentschutz auf diese chemischen Produkte im 19. Jahrhundert europaweit – und auch in Deutschland im Besonderen – maßgeblich auf der Befürchtung, die Volksgesundheit durch Pharmapatentschutz zu schädigen, indem Marktmissbrauch provoziert und Preissteigerungen zu verminderter Zugänglichkeit zu Medikamenten führen würden. Trotz dieses bis in die Mitte des 20. Jahrhunderts fortwährenden Primats der Volksgesundheit hatten manche Akteure aufgrund ökonomischer Indikationen bereits im ausgehenden 19. Jahrhundert erkannt, dass Patentschutzextensionen positive Auswirkungen haben könnten. Ihre Überlegungen trugen sie auf die internationale Ebene, indem sie sie – in Vorlage für die PVÜ – auf dem Wiener Patentrechtskongress diskutierten. Die darauffolgende PVÜ adressierte keine chemischen Patente, jedoch postulierte sie sowieso (fast) keine materiellrechtliche Standards. Vielmehr bedachte und bezweckte die PVÜ national weiterhin möglichst umfangreiche Gestaltungsspielräume, die ausdrücklich auch für den arzneimittelrechtlichen Bereich bezweckt waren. Nichtsdestotrotz verkörpert die PVÜ als erstes multilaterales Patentrechtsabkommen den Grundstein für fortführende Harmonisierungsbemühungen des Patentrechts weltweit. Europas ökonomisches und politisches Zusammenwachsen in der zweiten Hälfte des 20. Jahrhunderts verlangte schließlich zaghafte, basiskonzertierte Patentgesetzgebung, nämlich das Straßburger Patentübereinkommen. Es setzte die wirtschaftspolitische Frage sektoralen Schutzes für Pharmazeutika und agrochemische Erzeugnisse zu deren Gunsten legislativ um, welches sodann als Vorlage für das EPÜ von 1973 diente. Das EPÜ steckte die Reichweite sektoralen Schutzes für Arznei- und Pflanzenschutzmittelpatente hinsichtlich der wirtschaftlich wie rechtlich bedeutsamen „zweiten Indikation“ zunächst nicht ab, sodass schließlich die Rechtsprechung jenes Schutzbedürfnis anerkannte. Parallel hierzu vollzog die EU einen – aus den USA entliehenen – Paradigmenwechsel: Die Nutzung des Patentrechts als handelspolitisches (Druck-)Instrument auf bilateraler Ebene. Damit verlagerte sich der materiell-rechtliche Fokus von supranationaler schließlich auf die quasiglobale Ebene: die Uruguay-Runde des GATT. Die Ausweitung von Patentrechten sah sich besonders im Spannungsfeld zum Zugang zu Medikamenten in zahlreichen Entwicklungsländern kritisiert, sodass jene von exportorientierten Industriestaaten unterbreiteten, weitreichenden Schutzforderungen letztlich unverwirklicht blieben.

# Kapitel 3 – Das TRIPs-Abkommen: Inhaltliche Reichweite und globale Effekte

Die konzeptionelle Wandlung des GATT im Rahmen der Uruguay-Runde führte gleichzeitig zum TRIPs-Abkommen, welches heute quasi-globale Mindeststandards für das geistige Eigentum setzt und diesbezüglich als international wichtigste Rechtsquelle dient. Neben seinen patentrechtlichen Regelungen enthält TRIPs auch Vorschriften zum Schutz bestimmter Unterlagen vor unlauterem gewerblichen Gebrauch und Offenbarung. In seiner Rezeption als Mindestniveaugeber gem. Art. 1 Abs. 1 TRIPs sind einige (Industrie-)Staaten darüber hinaus legislativ aktiv geworden und haben in ihren (Patent-)Gesetzen weitaus höhere Schutzbestimmungen und -mechanismen erlassen. Da sie aber an TRIPs-Konformität gebunden sind, können sie ihre eigenen Gesetze nur dort partiell abändern, wo TRIPs nicht entgegensteht. Jene Gesetze bilden gleichzeitig den rechtlichen Ausgangspunkt für den Transfer dieser Schutzstandards und -mechanismen in FTAs. Bevor die FTAs inhaltlich in den folgenden Teilen 2 und 3 der Analyse unterzogen werden können, gilt es daher zunächst, die Reichweite von TRIPs zu identifizieren. Da die Effekte von hohen Schutzstandards im verzögerten bzw. kostenintensiveren und somit eingeschränkteren Zugang zu Medikamenten resultieren können, sind sie unter Gesichtspunkten des Schutzes der öffentlichen Gesundheit stets kritisiert worden. Unter den potenziellen Lösungen zur Entschärfung dieses Spannungsfeldes zwischen Innovation und Gesundheit drängt seit einigen Jahren die Frage voran, ob und wie TRIPs selbst Handlungsspielräume (sog. *flexibilities; balances*) belässt oder ihm gar Obergrenzen (sog. *ceilings*) der Schutzausweitung immanent sein könnten.

## A. Das TRIPs-Abkommen als Minimalkonsens

Die finale Fassung des TRIPs goss den Minimalkonsens zwischen Entwicklungs- und Industrieländerinteressen in Vertragsform. Zwar entsprach der Vertragstext bei weitem nicht den weitgehenden Forderungen mancher (Industrie-)Nationen, doch sollte sich für sie die Unbestimmtheit mancher Abschnitte noch als nützlich erweisen. Denn dadurch konnten sie eine weitgehend unreglementierte Freihandelspraxis entfalten.[201] Im Rahmen des vielfach beobachteten *forum shiftings* stellt etwa Art. 39 Abs. 3 TRIPs nämlich nunmehr mannigfaltige Gestaltungsoptionen zur Disposition. Nach TRIPs haben sich vermehrt (materielle wie formelle) Schutzstandards in bilateralen und polylateralen Handelsabkommen beschlossen, die über TRIPs hinausgehen (sog. TRIPs-Plus Standards). Um deren Bestand über TRIPs hinaus bewerten zu können, bedarf es zunächst einer Analyse der Reichweite jener in TRIPs postulierten Normen. Die materiell-patentrechtlichen Anforderungen an Pflanzenschutz- und Arzneimittel sind in den Art. 27 – 34 TRIPs und der Schutz nichtoffenbarter Daten in Art. 39 TRIPs verortet, während Art. 41 ff. TRIPs verfahrensrechtliche Aspekte betreffen.

## I. Patentrelevanter Status quo für Pflanzenschutz- und Arzneimittelpatente

Die Art. 27 – 34 TRIPs postulieren insbesondere Schutzgegenstand und -ausschlüsse, ebenso wie die Laufzeit von Patenten. Dabei rekurrieren Pflanzenschutz- und Arzneimittelpatente grundsätzlich auf den allgemeinen Bestimmungen. Angesichts ihrer überragenden allgemeinen Relevanz sind diese Vorgaben jedoch sektorspezifisch durch WTO-Panels konkretisiert worden.

### 1. Patentierbare Gegenstände

Art. 27 Abs. 1 TRIPs erklärt Erzeugnis-, Verwendungs- und Herstellungsverfahrenspatente gleichermaßen für patentierbar.[202] Besonderheiten hinsichtlich pharmazeutischer und agrochemischer Patente ergeben sich hieraus grundsätzlich nicht, wie der EuGH unter Verweis auf Art. 70 Abs. 8 TRIPs bekräftigt.[203] Uneinigkeit herrscht allerdings darüber, ob nach TRIPs Verwendungspatente erteilt werden müssen, wenn eine zweite Verwendung für einen bereits bekannten Stoff gefunden wird.[204] Praktisch geht es darum, einen neuen Anwendungsbereich für ein Pflanzenschutz- oder Arzneimittel patentieren zu lassen. Gute Gründe sprechen dafür[205] und viele Rechtsord-

201 Vgl. Teil II und III.

202 Nach den allgemeinen Voraussetzungen bedarf es zur Patentierung einer Erfindung auf dem Gebiet der Technik, die neu ist, auf einer erfinderischen Tätigkeit beruht und gewerblich anwendbar ist.

203 EuGH, GRUR Int. 2013, 895, 900.

204 Einerseits *de Carvalho,* The TRIPS Regime of Patent Rights, S 150 ff.; *Jovanovic,* Hemijska Industrija 2003, 133, 134; andererseits Stoll/Busche/Arend-*Neef/Reyes-Knoche*, TRIPs, Art. 27 Abs. 1 Rn. 25 ff. m. w. N.

205 Vgl. Busche/Stoll/Wiebe-*Neef,* TRIPs, Art. 39 Rn. 25 ff.

nungen gewähren ohnehin Patente auf Zweitanwendungen, wenn auch in unterschiedlicher Form.[206]

2. Patentierungsausschlüsse

Nach Art. 27 Abs. 2 TRIPs können Mitglieder Erfindungen von der Patentierbarkeit ausschließen, wenn die Verhinderung ihrer gewerblichen Verwertung innerhalb ihres Hoheitsgebiets zum Schutz der öffentlichen Ordnung oder der guten Sitten einschließlich des Schutzes des Lebens oder der Gesundheit von Menschen, Tieren oder Pflanzen oder zur Verhinderung einer ernsten Schädigung der Umwelt notwendig ist (vorausgesetzt, dass ein solcher Ausschluss nicht nur deshalb vorgenommen wird, weil die Verwertung durch ihr Recht verboten ist). Im Vergleich zu dem offensichtlich als Vorlage verwendeten Art. 53 a) EPÜ ist Art. 27 Abs. 2 TRIPs weitgehender.[207] Zur Auslegung des Notwendigkeitsbegriffs können die Befunde der GATT-*Panels* bzw. *Appellate Bodies* zu Art. XX (a), (b) und (d) GATT herangezogen werden.[208] Diese Streitschlichtungsinstanzen nehmen einen dreistufigen Test vor, dessen Kern die Abwägung jener widerstreitenden Interessen, ergo zwischen Schutzgut und Ausmaß der Handelsbeschränkung, bildet.[209] Mangels Definition der „öffentlichen Ordnung“ können die Mitglieder dessen Bestimmung eigenständig ermessen.[210] Hierin setzt sich das Recht fort, das Schutzniveau (inklusive Schutzumfang) selbst zu bestimmen.[211]

Schließlich gilt das Verwertungsverbot. Die schiedsgerichtliche Rechtsprechung zu Art. 30 TRIPs findet auch hier Berücksichtigung[212] und versteht darunter eine gewerbliche Tätigkeit, durch die der Patentinhaber seine Exklusivitätsrechte zur wirtschaftlichen Gewinnerzielung wahrnimmt.[213] Nach systematisch gebotener, restriktiver Auslegung verbietet Art. 27 Abs. 2 TRIPs nur gewinnerzielende kommerzielle Tätigkeiten, sodass etwa die Herstellung und kosten- bzw. ertraglose Verteilung von Arzneimitteln an die Bevölkerung unbenommen bleibt.[214]

206 Vgl. *AIPPI,* Entschließung Frage Q 238 – Ansprüche für die zweite medizinische Anwendung oder Indikation, S. 2.

207 *Klunker,* Harmonisierungsbestrebungen im materiellen Patentrecht, S. 28.

208 Stoll/Busche/Arend-*Reyes-Knoche*, TRIPs, Art. 27 Abs. 2 Rn. 11.

209 S. im Detail Wolfrum/Stoll/Hestermeyer-*Wolfrum*, GATT, Art. XX Rn. 10 ff., 18; *Krajewski,* Wirtschaftsvölkerrecht, Rn. 345.

210 Stoll/Busche/Arend-*Reyes-Knoche*, TRIPs, Art. 27 Abs. 2 Rn. 6.

211 Stoll/Busche/Arend-*Reyes-Knoche*, TRIPs, Art. 27 Abs. 2 Rn. 7.

212 Vgl. Stoll/Busche/Arend-*Reyes-Knoche*, TRIPs, Art. 27 Abs. 2 Rn. 15.

213 WT/DS114/R (“*Canada – Protection of Pharmaceutical Products*“), Rn. 7.54. Der Bericht wurde am 7.4.2000 vom Dispute Settlement Body angenommen.

214 Stoll/Busche/Arend-*Reyes-Knoche*, TRIPs, Art. 27 Abs. 2 Rn. 16 f. m. w. N.

Art. 27 Abs. 3 TRIPs bildet Bereichsausnahmen. Gem. Art. 27 Abs. 3 a) TRIPs können die Mitglieder außerdem diagnostische, therapeutische und chirurgische Verfahren für die Behandlung von Menschen oder Tieren von der Patentierbarkeit ausschließen. Da es sich dabei um eine nicht zwingende Vorschrift handelt, können die Mitglieder Abweichendes umsetzen, indem sie Patentierbarkeit auf jene Verfahren erstrecken.

### 3. Schutzbegrenzungen und -ausschlüsse

Daneben regeln Art. 30[215] und 31[216] TRIPs die wohl praxisrelevantesten Ausnahmen von den Rechten aus dem Patent bzw. die sonstige Benutzung ohne Erlaubnis des Rechtsinhabers.

---

215 Der Wortlaut postuliert: „Die Mitglieder können begrenzte Ausnahmen von den ausschließlichen Rechten aus einem Patent vorsehen, sofern solche Ausnahmen nicht unangemessen im Widerspruch zur normalen Verwertung des Patents stehen und die berechtigten Interessen des Inhabers des Patents nicht unangemessen beeinträchtigen, wobei auch die berechtigten Interessen Dritter zu berücksichtigen sind.“

216 Art. 31 TRIPs lautet: „Läßt das Recht eines Mitglieds die sonstige Benutzung* des Gegenstands eines Patents ohne die Zustimmung des Rechtsinhabers zu, einschließlich der Benutzung durch die Regierung oder von der Regierung ermächtigte Dritte, sind folgende Bestimmungen zu beachten:
a) die Gewährung zu einer solchen Benutzung wird auf Grund der Umstände des Einzelfalls geprüft;
b) eine solche Benutzung darf nur gestattet werden, wenn vor einer solchen Benutzung derjenige, der die Nutzung plant, sich darum bemüht hat, die Zustimmung des Rechtsinhabers zu angemessenen geschäftsüblichen Bedingungen zu erhalten, und wenn diese Bemühungen innerhalb einer angemessenen Frist erfolglos geblieben sind. Von diesem Erfordernis kann von einem Mitglied abgesehen werden, wenn ein nationaler Notstand vorliegt oder sonstige Umstände von äußerster Dringlichkeit obwalten oder wenn es sich um eine öffentliche, nicht gewerbliche Benutzung handelt. Bei Vorliegen eines nationalen Notstands oder sonstiger Umstände von äußerster Dringlichkeit ist der Inhaber des Rechts trotzdem so bald als zumutbar zu verständigen. Wenn im Fall öffentlicher, nicht gewerblicher Benutzung die Regierung oder der Unternehmer, ohne eine Patentrecherche vorgenommen zu haben, weiß oder hätte wissen müssen, daß ein gültiges Patent von der oder für die Regierung benutzt wird oder werden wird, ist der Inhaber des Rechts unverzüglich in Kenntnis zu setzen;
c) Umfang und Dauer einer solchen Benutzung sind auf den Zweck zu begrenzen, für den sie gestattet wurde, und im Falle der Halbleitertechnik kann sie nur für den öffentlichen, nicht gewerblichen Gebrauch oder um eine in einem Gerichts- oder Verwaltungsverfahren festgestellte wettbewerbswidrige Praxis abzustellen, vorgenommen werden;
d) eine solche Benutzung ist nicht ausschließlich;
e) eine solche Benutzung kann nicht übertragen werden, es sei denn zusammen mit dem Teil des Unternehmens oder des Geschäftsbetriebs, dem diese Benutzung zusteht;
f) eine solche Benutzung wird vorwiegend für die Versorgung des Binnenmarktes des Mitglieds, das sie zuläßt, gestattet;

Art. 30 TRIPs fungiert als Schutzbegrenzung. Er gestattet beispielsweise Experimente für Pflanzenschutz- und Arzneimittelgenerika, um nach Originalpatentablauf verzögerungslos eine eigene Genehmigung zu erhalten (sog. *Bolar*-Ausnahme), aber auch Parallelimporte oder nichtkommerzielle Verwertung (wie der Privatkauf von Medikamenten in anderen Ländern), Forschung zur Weiterentwicklung der patentierten Erfindung oder apothekarische Einzelzubereitungen.[217] Die Auslegung der hiesigen Tatbestandsvoraussetzungen hat das WTO-*Panel* ausführlich im *Canada – Protection of pharmaceutical Products*-Verfahren[218] dargelegt. Danach sind insbesondere

---

g) die Erlaubnis einer solchen Benutzung unterliegt vorbehaltlich eines angemessenen Schutzes der berechtigten Interessen der ermächtigten Personen der Kündigung, wenn und sofern die Umstände, die zu ihr geführt haben, zu bestehen aufhören und wahrscheinlich nicht wieder eintreten. Die zuständige Behörde ist befugt, auf begründeten Antrag, die Fortdauer dieser Umstände zu überprüfen;
h) dem Inhaber des Rechts wird eine nach den Umständen des Falls angemessene Vergütung geleistet, wobei der wirtschaftliche Wert der Erlaubnis in Betracht gezogen wird;
i) die Rechtsgültigkeit einer Entscheidung im Zusammenhang mit der Erlaubnis einer solchen Benutzung unterliegt der Nachprüfung durch ein Gericht oder einer sonstigen unabhängigen Nachprüfung durch eine gesonderte obere Behörde im betreffenden Mitglied;
j) jede Entscheidung betreffend die in Bezug auf eine solche Benutzung vorgesehene Vergütung unterliegt der Nachprüfung durch ein Gericht oder einer sonstigen unabhängigen Nachprüfung durch eine eigene Oberbehörde im betreffenden Mitglied;
k) Die Mitglieder sind nicht gehalten, die in den lit. b und f festgelegten Bedingungen anzuwenden, wenn eine solche Benutzung gestattet ist, um eine in einem Gerichts- oder Verwaltungsverfahren festgestellte wettbewerbswidrige Praxis abzustellen. Die Notwendigkeit, eine wettbewerbswidrige Praxis abzustellen, kann in solchen Fällen bei der Festsetzung des Betrags der Vergütung berücksichtigt werden. Die zuständigen Behörden sind befugt, eine Aufhebung der Erlaubnis abzulehnen, wenn und sofern die Umstände, die zu der Erlaubnis geführt haben, wahrscheinlich wieder eintreten;
l) ist eine solche Benutzung gestattet, um die Verwertung eines Patents („zweites Patent“) zu ermöglichen, das nicht verwertet werden kann, ohne ein anderes Patent („erstes Patent“) zu verletzen, kommen die folgenden zusätzlichen Bedingungen zur Anwendung:
(i) die im zweiten Patent beanspruchte Erfindung stellt gegenüber der im ersten Patent beanspruchten Erfindung einen wichtigen technischen Fortschritt von erheblicher wirtschaftlicher Bedeutung dar;
(ii) der Eigentümer des ersten Patents hat das Recht auf eine gegenseitige Lizenz zu angemessenen Bedingungen für die Benutzung der im zweiten Patent beanspruchten Erfindung; und
(iii) die Benutzungserlaubnis in Bezug auf das erste Patent ist nicht übertragbar, es sei denn, zusammen mit der Übertragung des zweiten Patents.
*Mit „sonstiger Benutzung“ ist eine andere als die nach Artikel 30 erlaubte Benutzung gemeint.“

217 Vgl. Stoll/Busche/Arend-*Reyes-Knoche*, TRIPs, Art. 30 Rn. 3.
218 WT/DS114/R, Rn. 7.12 ff.

Präambel, Vertragstext und dessen Entstehung ebenso heranzuziehen wie andere internationale Vertragswerke.[219] Im besagten Verfahren hatte die EU das kanadische Patentrecht in zweierlei Hinsicht als mit TRIPs unvereinbar aufgefasst. Es hatte Generikaherstellern einerseits erlaubt, die patentierte Erfindung bereits vor Patentablauf zu nutzen, um eine Inverkehrbringungsgenehmigung zu beantragen und unmittelbar mit Schutzzeitablauf auf den Markt drängen zu können (*Bolar*-Ausnahme) sowie andererseits ab sechs Monate vor Ablauf des Originalpatentschutzes Nachahmerpräparate herzustellen und Vorräte zu bilden (sog. *stockpiling*). Nach Auffassung des Panels war nur (!) letztere Maßnahme nicht von Art. 30 TRIPs gedeckt, weil sie nicht begrenzt gewesen war.

Der Fußnote zu Art. 30 Abs. 1 S. 1 TRIPs ist ein Exklusivitätsverhältnis zu Art. 31 TRIPs zu entnehmen. Art. 31 TRIPs antizipiert das Recht der Mitglieder, Zwangslizenzen zu vergeben (ohne deren materielle Voraussetzungen festzulegen[220]) und rahmt es in einen umfassenden Bedingungskatalog. Ohne dass hier auf sämtliche Details eingegangen werden soll, steht fest, dass Zwangslizenzen seit jeher eins der umstrittensten Themen im Rahmen von TRIPs darstellen. Anwendungsbereich der Zwangslizenz liegt im Arzneimittelbereich, nämlich dort, wo klassische Armutskrankheiten (beispielsweise AIDS, Malaria oder Tuberkulose) epidemischer Natur in Entwicklungsländern mit spezifischen (patentgeschützten) Medikamenten bekämpft werden sollen. Insofern haben immer wieder Länder von Zwangslizenzen Gebrauch gemacht, besonders wenn es um HIV-Medikamente ging.[221] Art. 31 TRIPs steht daher in engem Verhältnis zur Doha-Erklärung,[222] welche sich zur umfangreichen Nutzung TRIPs-immanenter *flexibilities* zur Versorgung mit notwendigen Medikamenten bekennt. Dass TRIPs gem. Art. 31 f) jedoch vorwiegend Zwangslizenzen nur für den jeweiligen inländischen Verbrauch legitimierte und somit bedürftige Länder ohne eigene Produktionskapazitäten in prekärer Lage beließ, bewog den Generalrat daraufhin, Zwangslizenzen für pharmazeutische Produkte auch für den Export zu ermöglichen, vgl. Art. 31bis TRIPs.[223]

In demselben Zusammenhang steht auch Art. 31 b) TRIPs, der die freiwillige Lizenzvergabe als der Zwangslizenz vorrangig postuliert. Diese Vorrangigkeit kann jedoch ausnahmsweise entfallen, nämlich bei Vorliegen eines na-

---

219 Vgl. WT/DS114/R, Rn. 7.14.

220 Vgl. *Kraack,* TRIPs oder Patentschutz weltweit, S. 85; Die Zulässigkeit materieller Grundvoraussetzungen bestimmt sich nach Art. 2 Abs. 1 TRIPs i. V. m. Art. 5 A PVÜ sowie Art. 8 Abs. 1 TRIPs.

221 *Beall/Kuhn*, Plos Medicine 2012, 1, 4.

222 Erklärung zur TRIPS-Übereinkunft und zur öffentlichen Gesundheit vom 14. November 2001, WT/MIN(01)/DEC/2.

223 Vgl. WT/L/540 v. 30.8.2003; IP/C/41 v. 6.12.2005.

tionalen Notstandes, sonstigen Umständen von äußerster Dringlichkeit und öffentlicher nichtgewerblicher Patentnutzung, vgl. Art. 31 b) S. 2 TRIPs.[224] Wann eine solche Ausnahme vorliegt, können die Mitglieder selbstständig entscheiden, wobei spezielle Krankheiten wie HIV und Malaria Umstände äußerster Dringlichkeit begründen.[225] Art. 30 und 31 TRIPs stellen also die Schlüsselelemente weltgesundheitlicher Maßnahmen dar.

### 4. Laufzeit und Zulässigkeit ergänzender Zertifikate

Schließlich setzt Art. 33 TRIPs die Patentschutzdauer auf mindestens zwanzig Jahre fest. Als Mindeststandard normiert, vgl. Art. 1 TRIPs,[226] können die Mitglieder längere Laufzeiten implementieren. Ob des insoweit eindeutigen Wortlauts bleiben daneben anderweitige Schutzzeitverlängerungen unberührt, sodass auch schutzzeitverlängernde Zertifikate nicht von TRIPs erfasst werden.[227] Art. 33 TRIPs gilt auch für vor dessen Inkrafttreten in Geltung befindliche abweichende Gesetze: Im Verfahren *Canada – Patent Term*[228] befanden die Streitschlichtungsorgane, dass Laufzeiten von weniger als zwanzig Jahren auch mit Art. 33 TRIPs inkonsistent sind, wenn die ihnen zugrunde liegende Norm vor Inkrafttreten des TRIPs-Abkommens bestanden hat. Art. 62 Abs. 2 TRIPs[229] flankiert die Ratio von Patentverlängerungen als Ausgleich für Genehmigungs-/Erteilungsverzögerungen von Immaterialgüterrechten.

### 5. Zwischenergebnis

Die Minimalstandards in Art. 27 ff. TRIPs geben den Mitgliedern weite Gestaltungsspielräume, deren Konkretisierung sich im Rahmen der weltgesundheitlichen Dimension vornehmlich in Bezug auf Schutzbegrenzungen

---

224 Vgl. Stoll/Busche/Arend-*Eikermann*, TRIPs, Art. 31 Rn. 29 ff.

225 Art. 5 c) Erklärung zur TRIPS-Übereinkunft und zur öffentlichen Gesundheit vom 14. November 2001, WTO-Dok. WT/MIN(01)/DEC/2: „Each member has the right to determine what constitutes a national emergency or other circumstances of extreme urgency, it being understood that public health crises, including those relating to HIV/ AIDS, tuberculosis, malaria and other epidemics, can represent a national emergency or other circumstances of extreme urgency.".

226 WT/DS170/R Rn. 6.57 ff., (*Canada – Patent Term*).

227 So auch Stoll/Busche/Arend-*Neef/Arend*, TRIPs, Art. 33 Rn. 3.

228 Vgl. WTO-Dok. WT/DS170/R (*Panel* report); WT/DS170/AB/R (Appellate Body report) – (*Canada – Patent term*).

229 Dort heißt es: „Wenn der Erwerb eines Rechts des geistigen Eigentums die Erteilung oder Eintragung des Rechts voraussetzt, stellen die Mitglieder sicher, daß die Verfahren für die Erteilung oder Eintragung, vorbehaltlich der Erfüllung der materiellrechtlichen Bedingungen für den Erwerb des Rechts, die Erteilung oder Eintragung innerhalb einer angemessenen Frist möglich machen, um eine ungerechtfertigte Verkürzung der Schutzdauer zu vermeiden.".

und Zwangslizenzen manifestiert. Die Auslegung dieser Normen ist zwar bisher maßgeblich vor dem Hintergrund arzneimittelrechtlicher Streitigkeiten geprägt worden, darf hingegen im agrochemischen Bereich nicht deshalb vernachlässigt werden. Denn auch bei Pflanzenschutzmitteln sind grundsätzlich die allgemeinen Patentvorgaben, wie bspw. Zwangslizenzen, anzuwenden.

## II. Schutz nicht offengelegter Informationen

Art. 39 TRIPs betrifft den Schutz nicht offengelegter Informationen und stellt eine der umstrittensten Passagen im TRIPs-Abkommen dar. Während Abs. 1 und Abs. 2 die Tatbestandsvoraussetzungen für nicht offenbarte Informationen im Allgemeinen festschreibt, adressiert Abs. 3 spezifisch pharmazeutische und agrochemische Erzeugnisse. Abs. 3 S. 1 verpflichtet die Mitglieder, Testdaten und sonstige Daten vor unlauterem Gebrauch zu schützen, welche für eine entsprechende Marktzulassung Voraussetzung sind, wenn ihre Erstellung beträchtliche Anstrengungen verursacht und in dem zuzulassenden Erzeugnis neue chemische Stoffe verwendet werden. Nach Abs. 3 S. 2 sind solche Daten darüber hinaus vor Offenlegung zu schützen, wenn diese nicht zum Schutz der Öffentlichkeit notwendig ist, oder wenn nicht Maßnahmen getroffen werden, um sicherzustellen, dass die Daten vor unlauterem gewerblichem Gebrauch geschützt werden.

### 1. Exklusivitätsmechanismen erfasst?

Zur Auslegung der einzelnen Tatbestandsmerkmale sind viele Vorschläge gemacht worden, vielleicht auch deshalb, weil bislang keine WTO-Sentenzen[230] zu dieser Vorschrift provoziert worden sind. Sieht man davon ab, dass der zentrale in Art. 39 TRIPs statuierte Begriff „neuer chemischer Stoff“ undefiniert und mithin weite Interpretationsspielräume eröffnet,[231] herrscht zudem Uneinigkeit darüber, ob Verwertungsverbote als Daten- und Marktexklusivitätskonzept „unfairen gewerblichen Gebrauch“ darstellen, also überhaupt positiv vom Anwendungsbereich des Art. 39 Abs. 3 TRIPs erfasst werden und somit einen verbindlichen Mindeststandard darstellen.[232] Die

230 Streitigkeiten zwischen den USA und Argentinien über die Interpretation von Art. 39 TRIPs endeten schließlich in einer gegenseitigen vereinbarten Lösung, s. die WTO-Dok. WT/DS171; WT/DS196.

231 Busche/Stoll/Wiebe-*Strauch/Wiebe*, TRIPs, Art. 39 Rn. 40 ff.

232 Vgl. hierzu insb. Busche/Stoll/Wiebe-*Strauch/Wiebe*, TRIPs, Art. 39 Rn. 46; *Fellmeth*, Harvard International Law Journal 2004, 443, 456 ff.; Stoll/Busche/Arend-*Strauch/Michaelis*, TRIPs, Art. 39 Rn. 59 ff.; *Correa*, Protection of Data Submitted for the Registration of Pharmaceuticals: Implementing the Standards of the TRIPS Agreement, S. 47 ff.; *Keim*, TRIPS-plus Patentschutzklauseln in bilateralen Freihandelsabkommen der EU, S. 112 ff.

US-Regierung hat dies befürwortet und entsprechende Konzepte bereits mehrfach mithilfe der *Section 301* in anderen Ländern durchsetzen können.[233] Die Rechtsauffassung der EU ist hingegen vereinzelt als ambivalent dargestellt: einerseits gehe sie davon aus, Datenexklusivität sei anhand der historischen Entstehung von Art. 39 Abs. 3 TRIPs eindeutig erfasst, während sie andererseits einräumte, ihre Verhandlungspartner nicht habe überzeugen können.[234] Im Rahmen der „access to medicines"-Diskussion im Jahr 2001 hat die EU ihre Position gegenüber dem TRIPs-Rat allerdings dahingehend bekundet, Art. 39 Abs. 3 TRIPs müsste möglichst effektiven Schutz gewähren und somit Folgeanmeldern Testdaten vorenthalten.[235] Auch angesichts der Tatsache, dass die EU innerhalb ihrer jüngeren Freihandelsabkommen Datenexklusivität explizit als Umsetzung der TRIPs-Verpflichtungen betrachtet, dürfte ihre Position diesbezüglich (jedenfalls mittlerweile) eindeutig sein.

Nachdem sich die nebulöse Entstehungsgeschichte[236] dieser Klausel nicht ohne Restzweifel gegen die Einbeziehung eines Datenexklusivitätskonzeptes anführen lässt, leuchtet indes der systematische Hinweis *Correas* ein, dass hinsichtlich anderer Schutzrechte durchaus Exklusivitätskonzepte explizit in TRIPs mitaufgenommen worden waren (vgl. beispielsweise für Patente Art. 28 TRIPs) und deshalb im Umkehrschluss ein solches Konzept für Testdaten gerade nicht intendiert worden sei.[237] Daneben erscheint es angesichts des insoweit unbestimmten Wortlauts und Art. 1 Abs. 1 TRIPs angebracht, Daten- und Marktexklusivitätskonzepte grundsätzlich als nicht als zwingend von TRIPs vorgegebenen Schutzstandard zu betrachten,[238] wenn-

---

233 Vgl. hierzu *UNCTAD/ICTSD,* Resource Book on TRIPS and Development: An Authoritative and practical guide to the TRIPS Agreement, S. 533 f.; *Fellmeth,* Harvard International Law Journal 2004, 443, 456.

234 *Fellmeth,* Harvard International Law Journal 2004, 443 unter Verweis auf *Europäische Kommission,* Questions on TRIPS and Data Exclusivity: An EU Contribution.

235 *Europäische Union,* Communication from the European Communities and their member states to the TRIPS Council, for the special discussion on intellectual property and access to medicines.

236 Hierzu ausführlich *Skillington/Solovy,* Northwestern Journal of International Law & Business 2003, 1, 15 ff.

237 *Correa,* Protection of Data Submitted for the Registration of Pharmaceuticals: Implementing the Standards of the TRIPS Agreement, S. 50; so auch *Keim,* TRIPS-plus Patentschutzklauseln in bilateralen Freihandelsabkommen der EU, S. 116.

238 So die h. M., s. *Fackelmann,* Patentschutz und ergänzende Schutzinstrumente für Arzneimittel im Spannungsfeld von Wettbewerb und Innovation, S. 375 m. w. N.; *UNCTAD,* The TRIPS Agreement and Developing Countries, S. 47 f.; *Clift,* Data Protection and Data Exclusivity in Pharmaceuticals and Agrochemicals, in: *Krattiger/Mahony/Nelson/et al., Intellectual Property Management in Health and Agricultural Innovation,* S. 433; *Fellmeth,* Harvard International Law Journal 2004, 443, 460; *Skillington/Solovy,* Northwestern Journal of International Law & Business 2003, 1, 31.

gleich Art. 39 TRIPs solche Schutzmechanismen andererseits auch nicht *expressis verbis* ausschließt. Bei der Beurteilung dessen, was „unlauteren gewerblichen Gebrauch" bezeichnet, obliegt mithin den Mitgliedern.

### 2. Schutzfähige Daten

Schutzfähig sind nicht offengelegte Test- und sonstige Daten zur Erlangung einer pharmazeutischen oder agrochemischen Erzeugniszulassung, deren Generierung erhebliche Anstrengungen verursacht hat. Erfasst sind dem klaren Wortlaut nach nur Daten, die im Rahmen der Zulassung notwendigerweise zu übermitteln sind. Zwischen dem Begriff „Informationen" der Abs. 1 und 2 besteht für „sonstige Daten" kein ersichtlicher Unterschied.[239] Wortlaut, Systematik und Verhandlungsgeschichte der Norm deuten darauf hin, keine anderen als die genannten sektorspezifischen Erzeugnisse zu schützen.[240]

### 3. Neuer chemischer Stoff

Strittig ist insbesondere, was ein chemischer Stoff im Sinne der Vorschrift ist. Teilweise wird erwogen, Art. 6 Abs. 4 i) der sog. *Model Provisions Against Unfair Competition*[241] heranzuziehen, wonach nur konkret abgrenzbare Einzelstoffe in Betracht kommen sollen.[242] Neben Zweifeln an deren Anwendbarkeit und im Lichte der Art. 31 und 32 Wiener Vertragsrechtskonvention (WVK) ist nach vorzugwürdiger Ansicht jedoch auf das Gesamtmolekül abzustellen, sodass Art. 39 Abs. 3 TRIPs auch neue Kombinationen von bereits bekannten Stoffen als einen „Stoff" erfasst.[243]

Dem folgt die Frage nach der „Neuheit". Hierbei könnte einerseits ein absoluter oder andererseits ein relativer Maßstab angesetzt werden, das heißt, Stoffe zu schützen, die bis dahin völlig unbekannt gewesen sind, oder auch solche, die zuvor noch nicht oder nicht in der jeweiligen Kombination angemeldet worden sind. Mangels Vergleichbarkeit mit dem Patentrecht scheidet

---

239 Stoll/Busche/Arend-*Strauch/Michaelis*, TRIPs, Art. 39 Rn. 49.

240 Zum Streitstand Busche/Stoll/Wiebe-*Strauch/Wiebe*, TRIPs, Art. 39 Rn. 38 m. w. N.; Zur Entstehungsgeschichte des Art. 39 TRIPS ausführlich *Chasen Ross/Wasserman*, Trade Related Aspects of Intellectual Property Rights, in: Stewart, The GATT Uruguay Round, A negotiation History (1986 – 1992), S. 2241 ff.

241 *WIPO,* Model Provisions on Protection Against Unfair Competition: Articles and Notes.

242 Busche/Stoll/Wiebe-*Strauch/Wiebe*, TRIPs, Art. 39 Rn. 41, die die Anwendung von Art. 6 Abs. 4 i) des *Model Provisions Against Unfair Competition* von 1996 (WIPO Veröffentlichung Nr. 832 (E), S. 58) im Ergebnis zu Recht ablehnen.

243 So im Ergebnis auch Busche/Stoll/Wiebe-*Strauch/Wiebe*, TRIPs, Art. 39 Rn. 41.

eine Entlehnung des dortigen Neuheitsbegriffs aus.[244] Vielmehr erfordern Normzweck und -systematik im Lichte von Art. 31 und Art. 32 Wienervertragsrechtskonvention eine relative Auslegung: Zum einen bezieht sich der Neuheitsbegriff auf die (erste) Marktzulassung und zum anderen nivellieren Zulassungsanträge in anderen Staaten nicht den kommerziellen Wert der eingereichten Daten, weil sie auch dort fortan unter Schutz stehen.[245] Im Übrigen sind im chemischen Bereich heute fast alle Stoffe nichts anderes mehr als neue Kombinationen bereits bekannter Stoffe, sodass nur eine relative Betrachtungsweise der Norm einen praktischen Anwendungsbereich für jene forschungsbasierten Sektoren belässt.[246]

Schließlich ist die Gewähr von Exklusivitätszeiträumen für Zweitindikationen zweifelhaft. Während der Normzweck dieser Annahme nicht entgegensteht, zeigt der klare Wortlaut („Stoff") an, dass von den Verhandlungspartnern kein Schutz von zweitindizierten Zulassungen intendiert gewesen war.[247] Zweitindikationen sind somit nicht (zwingend) über TRIPs zu schützen.[248]

### 4. Ausnahmen

Nach Art. 39 Abs. 3 S. 2 TRIPs kann die Offenlegung erfolgen, wenn sie zum Schutz der Öffentlichkeit notwendig oder vor unlauterem gewerblichen Gebrauch geschützt werden. Im Zusammenhang mit ersterer Alternative findet wiederum ein Notwendigkeitstest Anwendung. Mangels Interpretationsdirektiven im finalen Text bleibt den Mitglied selbst überlassen, zu bestimmten, was sie als notwendige Maßnahme erachten.[249]

Allerdings greifen Teile der Literatur anhand ihrer parallelen Struktur auf jene zu Art. XX GATT und Art. XIV GATS entwickelte Parameter als Aus-

---

244 *Correa,* Protection of Data Submitted for the Registration of Pharmaceuticals: Implementing the Standards of the TRIPS Agreement, S. 16; Stoll/Busche/Arend-*Strauch/Michaelis*, TRIPs, Art. 39 Rn. 55; *Skillington/Solovy*, Northwestern Journal of International Law & Business 2003, 1, 26.

245 *Fellmeth*, Harvard International Law Journal 2004, 443, 466; *Skillington/Solovy*, Northwestern Journal of International Law & Business 2003, 1, 25 f.; sich nicht festlegend *Correa,* Protection of Data Submitted for the Registration of Pharmaceuticals: Implementing the Standards of the TRIPS Agreement, S. 17.

246 Stoll/Busche/Arend-*Strauch/Michaelis*, TRIPs, Art. 39 Rn. 55; Busche/Stoll/Wiebe-*Strauch/Wiebe*, TRIPs, Art. 39 Rn. 42.

247 *Fellmeth*, Harvard International Law Journal 2004, 443, 467; *Correa,* Protection of Data Submitted for the Registration of Pharmaceuticals: Implementing the Standards of the TRIPS Agreement, S. 16.

248 So auch *Correa*, Chicago Journal of International Law 2002, 69, 75.

249 So auch *Correa,* Protection of Data Submitted for the Registration of Pharmaceuticals: Implementing the Standards of the TRIPS Agreement, S. 57; *Fellmeth*, Harvard International Law Journal 2004, 443, 450.

legungshilfe zurück.[250] Danach ist, wie der *Appellate Body* in *Korea-Beef*[251] ausführte, eine Maßnahme notwendig, wenn keine weniger vertragswidrige oder handelsbeschränkende Maßnahme das angestrebte Ziel der Maßnahme erreichen kann, wobei eine Abwägung zwischen dem Schutzgut der Handelsbeschränkung und deren Ausmaß vorzunehmen ist.[252] Obschon die Panels und *Appellate Bodies* der WTO „den" Notwendigkeitsbegriff nicht stets in identischer Form anwenden, bedienen sie sich im Kern eines der Norm inhärenten Angemessenheitselements.[253] Ein solches erscheint für die Heranziehung als Interpretationshilfe sachgerecht.

## III. „Access to medicines" – Die Doha-Runde

Im Besonderen die weltgesundheitliche Dimension des TRIPs stand auch nach dessen Inkrafttreten weiter im Fokus der WTO-Mitglieder und führte schließlich zur Doha-Erklärung.[254] Diese insofern bereits umfassend wissenschaftlich erschlossene Diskussion manifestiert sich vor dem Hintergrund der (grundsätzlich) zwischen Industrie- und Entwicklungsländern diametral divergierenden Paradigmen auf Inhalt, Reichweite und Grenzen der Schutzwürdigkeit von Patenterechten.[255] In der zweiten Hälfte der 1990er Jahre hatten einzelne Nichtindustrieländer wie beispielsweise Südafrika und Brasilien zur nationalen Bekämpfung epidemischer Krankheiten Gesetze auf den Weg gebracht, um ihren Bevölkerungen den Zugang zu Medikamenten erleichtern zu können.[256] Die Maßnahmen Südafrikas beinhalteten

---

250 *Fellmeth*, Harvard International Law Journal 2004, 443, 450; *Yu,* Data Exclusivities and the Limits to TRIPS Harmonization, S. 8; umfassend zur Doha-Runde *Hohmann* (Hrsg.), Agreeing and Implementing the Doha Round of the WTO.

251 WT/DS161/AB/R, WT/DS169/AB/R *(Korea – Measures Affecting Imports of Fresh, Chilled and Frozen Beef)*.

252 WT/DS161/AB/R, S. 50. Der *Appellate Body* führte dort aus: „In sum, determination of whether a measure, which is not «indispensable», may nevertheless be «necessary» within the contemplation of Article XX(d), involves in every case a process of weighing and balancing a series of factors which prominently include the contribution made by the compliance measure to the enforcement of the law or regulation at issue, the importance of the common interests or values protected by that law or regulation, and the accompanying impact of the law or regulation on imports or exports.".

253 *Fellmeth*, Harvard International Law Journal 2004, 443, 451.

254 Umfassend zu den Hintergründen und Verhandlungen *Abbott*, Journal of International Economic Law, 469; *Abbott/Reichman*, Journal of International Economic Law 2007, 921.

255 *Ho,* Access to Medicine in the Global Economy: International Agreements on Patents and Related Rights, S. 328; *Rein*, Northwestern Journal of International Law & Business 2001, 379 ff.

256 Hierzu *Ho,* Access to Medicine in the Global Economy: International Agreements on Patents and Related Rights, S. 327 ff.; *Abbott*, Journal of International Economic Law, 469, 471 f.; *Abbott/Reichman*, Journal of International Economic Law 2007, 921,

die Gestattung von Parallelimporten und vereinfachte Generikaherstellung für nicht patentgeschützte Medikamente.[257] Mit Unterstützung der WIPO hatte Südafrika die ihm nach TRIPs zuerkannten Auslegungsspielräume und Maßnahmenkatalogen genutzt. Pharmaunternehmen, im Verband organisiert, wandten sich, mit politischer Unterstützung der USA und der EU-Kommission, gerichtlich[258] dagegen: Sie sahen in dem Gesetz eine Verletzung des TRIPs-Abkommens, indem Patentrechte kompensationslos lizenziert werden sollten. Letztlich mussten sie ihre Klagen jedoch ob des auf ethischen Gesichtspunkten aufgebauten, öffentlichen Drucks und ihrer rechtlich schwachen Position fallen lassen.[259] Ähnlich begab es sich 1996 in Brasilien: Art. 68 des brasilianischen Patentgesetzes[260] begünstigte Zwangslizenzen und Parallelimporte, sodass die USA dessen Vereinbarkeit mit Art. 27 und 28 TRIPs vor dem WTO-Streitschlichtungspanel anzweifelten.[261] Da das brasPatG einen wesentlichen Faktor zur erfolgreichen Bekämpfung der HIV/AIDS-Epidemie des Landes darstellte,[262] verfolgten die USA ihr Ziel nicht weiter und legten den Streit schließlich bei.[263] Indessen veröffentlichte die Weltgesundheitsorganisation 1997 ihren ersten Leitfaden zur Interpretation des TRIPs unter prävalenter Berücksichtigung gesundheitlicher Fragestellungen.[264]

Von diesen Vorgängen begleitet fand 1999 in Seattle die WTO-Konferenz statt, die, obwohl sie keine wegweisenden Abschlusspapiere zu produzieren vermochte, das Bewusstsein vieler Konferenzteilnehmer für patentrechtlich hohe Schutzstandards als Hürde für den Zugang zu Medikamenten schärfen konnte. Entgegen industrieller Einwände kündigte US-Präsident Clinton an,

---

949 ff.; Zum Fall Argentiniens s. *Correa,* Intellectual Property Rights, The WTO and Developing Countries, S. 12.

257 *'t Hoen,* Chicago Journal of International Law 2003, 39, 43 ff.

258 Pharmaceutical Manufacturers' Association of South Africa v President of the Republic of South Africa, Fall Nr. 4183/98, registriert am 18.02.1998; *Ho,* Access to Medicine in the Global Economy: International Agreements on Patents and Related Rights, S. 330 ff.

259 *Sykes*, University of Chicago Law & Economics, Olin Working Paper No. 140 2002, 1; *'t Hoen,* Chicago Journal of International Law 2003, 39, 44 ff.; ausführlich *Ho,* Access to Medicine in the Global Economy: International Agreements on Patents and Related Rights, S. 327 ff.

260 Gesetz 9.279/96 Brasiliens.

261 WTO-Dok. WT/DS199 (*Brazil – Patent protection*).

262 *'t Hoen,* Chicago Journal of International Law 2003, 39, 45 m. w. N.; zur innenpolitischen Situation *Shadlen*, Comparative Politics 2009, 41, 47 ff.

263 WTO-Dok. G/L/454 IP/D/23/Add.1 WT/DS199/4; zu weiteren Fällen s. *Rein*, Northwestern Journal of International Law & Business 2001, 379, 396 f.

264 *Velasquez/Boulet,* Globalization and access to drugs: perspectives on the WTO/TRIPS agreement, https://iris.who.int/bitstream/handle/10665/63905/WHO_DAP_98.9_Revised.pdf?sequence=1&isAllowed=y (zugegriffen am 28.03.2024.

eine moderatere Politik gegenüber betroffenen Staaten an.[265] Kurz darauf erklärte auch die UN-Unterkommission für Menschenrechte, dass TRIPs die menschenrechtlichen Dimensionen seiner Patentrechtsstandards, insbesondere das Recht auf Gesundheit und das Recht auf Nahrung, nicht ausreichend reflektiere und forderte deshalb die WTO und ihre Mitglieder auf, jenen gesundheitsbezogenen Rechten im Rahmen ihrer Handelspraxis volle Geltung zu verschaffen.[266]

Angesichts dieses nunmehr weitreichenden Diskurses beraumte die WTO die vierte Ministerkonferenz in Doha an, um TRIPs unter Erwägung öffentlicher Gesundheit zu eruieren. Hierbei wollte ein Bündnis einiger Entwicklungs- und Schwellenländer die Wahrung ihrer souveränen Rechte im Kontext gesundheitlicher Belange bestätigt wissen.[267] Demgegenüber waren Industrieländer wie die USA und die Schweiz darauf bedacht, unter TRIPs bestehende *flexibilities* zu beschränken; die EU hielt ihre eigene, vermittelnde Position.[268] Der schließlich errungene Kompromiss betont die Freiheit staatlicher gesundheitlicher Maßnahmen unter TRIPs sowie öffentliche Gesundheitsförderung als legitime (verbindliche) Auslegungs- und Umset-

---

265 *Ho,* Access to Medicine in the Global Economy: International Agreements on Patents and Related Rights, S. 332 unter Verweis auf *Sell,* Private Power, Public Law: The Globalization of Intellectual Property Rights, S. 153.

266 *'t Hoen,* Chicago Journal of International Law 2003, 39, 49 unter Verweis auf *UN Sub-Commission on Human Rights,* Intellectual property rights and human rights, Dokument Nr. E/CN.4/SUB.2/RES/2000/7, S. 2. Ferner zu Menschenrechten und TRIPs *Dutfield/Suthersanen,* Global Intellectual Property Law, S. 213 ff., 312 ff.; *Hestermeyer,* Human Rights and the WTO; *Helfer,* Pharmaceutical Patents and the Human Right to Health, The Contested Evolution of the Transnational Legal Order on Access to Medicines, in: Halliday/Shaffer, Transnational Legal Orders , S. 311.

267 *WTO-TRIPs Council,* Draft Ministerial Declaration for the special Discussion on Intellectual Property and Access to Medicines: Proposal by the Africa Group, Barbados, Bolivia, Brazil, Dominican Republic, Ecuador, Honduras, India, Indonesia, Jamaica, Pakistan, Paraguay, Philippines, Peru, Sri Lanka, Thailand and Venezuela; *WTO-TRIPs Council,* Draft Ministerial Declaration for the special Discussion on Intellectual Property and Access to Medicines: Second Discussion Round Proposal by the African Group, Bangladesh, Barbados, Bolivia, Brazil, Cuba, Dominican Republic, Ecuador, Haiti, Honduras, India, Indonesia, Jamaica, Pakistan, Paraguay, Philippines, Peru, Sri Lanka, Thailand and Venezuela.

268 *WTO-TRIPs Council,* Position Paper for the special Discussion on Intellectual Property and Access to Medicines: Communication from the European Communities and their member states; *WTO-TRIPs Council,* Draft Ministerial Declaration for the special Discussion on Intellectual Property and Access to Medicines: Contribution from Australia, Canada, Japan, Switzerland and the United States; *'t Hoen,* Chicago Journal of International Law 2003, 39, 51; *Ho,* Access to Medicine in the Global Economy: International Agreements on Patents and Related Rights, S. 337 ff.

zungsdirektive.[269] Darüber hinaus erklärt Art. 5 der Doha-Erklärung[270] beispielhaft wesentliche *flexibilities* für zulässig:„

(a) In applying the customary rules of interpretation of public international law, each provision of the TRIPS Agreement shall be read in the light of the object and purpose of the Agreement as expressed, in particular, in its objectives and principles.

(b) Each Member has the right to grant compulsory licences and the freedom to determine the grounds upon which such licences are granted.

(c) Each Member has the right to determine what constitutes a national emergency or other circumstances of extreme urgency, it being understood that public health crises, including those relating to HIV/AIDS, tuberculosis, malaria and other epidemics, can represent a national emergency or other circumstances of extreme urgency.

(d) The effect of the provisions in the TRIPS Agreement that are relevant to the exhaustion of intellectual property rights is to leave each Member free to establish its own regime for such exhaustion without challenge, subject to the MFN and national treatment provisions of Articles 3 and 4.“

Zunächst ungelöst blieb das sog. „*paragraph 6-problem*“. Dem lag rechtlich zugrunde, dass Art. 31 f) TRIPs Zwangslizenzen nur für den überwiegend inländischen Markt erlaubt, dabei jedoch unberücksichtigt lässt, dass gerade die am wenigsten entwickelten Länder teils nicht über inländische Produktionskapazitäten verfügten.[271] Im Jahr 2003 erklärte der Allgemeine Rat der

---

269 *WTO-Ministerial Conference,* Declaration on the TRIPS Agreement and Public Health. Dort heißt es in Art. 4: „We agree that the TRIPS Agreement does not and should not prevent Members from taking measures to protect public health. Accordingly, while reiterating our commitment to the TRIPS Agreement, we affirm that the Agreement can and should be interpreted and implemented in a manner supportive of WTO Members' right to protect public health and, in particular, to promote access to medicines for all. In this connection, we reaffirm the right of WTO Members to use, to the full, the provisions in the TRIPS Agreement, which provide flexibility for this purpose.“; Zu der Erklärung im Überblick *Herrmann*, Europäische Zeitschrift für Wirtschaftsrecht 2002, 37, 41 ff., der die Declaration für verbindlich hält; für deren Verbindlichkeit ebenfalls *Koikkara,* Der Patentschutz und das Institut der Zwangslizenz in der Europäischen Union, S. 97; *Hestermeyer*, GRUR Int. 2004, 194, 195 ff.

270 Der Erklärung liegt rechtlich Art. IX:2 WTO-Übereinkommen zugrunde, so auch *Hestermeyer*, GRUR Int. 2004, 194, 200.

271 *WTO-Ministerial Conference,* Declaration on the TRIPS Agreement and Public Health, Art. 6 stipuliert: „We recognize that WTO Members with insufficient or no manufacturing capacities in the pharmaceutical sector could face difficulties in making effective use of compulsory licensing under the TRIPS Agreement. We instruct the Council for TRIPS to find an expeditious solution to this problem and to report to the General Council before the end of 2002.“.

WTO schließlich zugunsten dieser Länder unterschiedliche Befreiungstatbestände (sog. *waiver*) für anwendbar, um der insgesamt verfahrenen Situation gerecht zu werden.[272] Die getroffene Erklärung betrifft *expressis verbis* nur pharmazeutische Erzeugnisse, also jedes patentierte oder durch patentierte Verfahren hergestellte Produkt, inklusive aktiver Bestandteile und diagnostischer Ausstattung.[273] Diese Erklärung ist ebenso wie auch die Doha-Erklärung für die WTO-Mitglieder verbindlich (umzusetzen)[274] und somit im Rahmen der nationalen Rechtsgestaltung zu beachten.

## IV. TRIPs-interne *flexibilities*, *balances* und *ceilings*

Die obigen Ausführungen bezeugen, welchen Schwierigkeiten die Verhandlungen innerhalb der Uruguay-Runde unterlagen. Diametral divergierende Interessen – meist standen sich Entwicklungsländer und Industriestaaten gegenüber – ließen für speziell pharmazeutisch und agrochemisch relevante Standards nicht mehr als Kompromisse zu. So verschafft der dort – bewusst – unbestimmte Wortlaut jener Regelungen den Mitgliedern weite Spielräume bezüglich korrespondierender nationaler Implementierungsoptionen (sog. *flexibilities*); lediglich Mindeststandards sind zu befolgen. Dies gilt insbesondere für Art. 39 Abs. 3 TRIPs, obschon besagte Branchen beachtlicherweise „eigene" Schutzvorschriften einbringen konnten. Davon abgesehen haben die Mitglieder im Allgemeinen Vertragsteil des TRIPs grundlegende Vereinbarungen getroffen, die ihnen weitgehende Entscheidungsfreiheit garantieren, ihre Maßnahmen andererseits aber gleichzeitig an Sinn und Zweck des TRIPs messen müssen. Hierbei sind die widerstreitenden Interessen der Betroffenen zu berücksichtigen (sog. *balances*). Neben

---

272 In rechtstechnischer Hinsicht ist hier auf Art. IX:3 WTO-Übereinkommen zu verweisen; Zur Entscheidung generell *Slonina*, Beiträge zum transnationalen Recht 2003, 5; *Hestermeyer*, GRUR Int. 2004, 194, 198 ff.

273 *WTO-General Council*, Implementation of paragraph 6 of the Doha Declaration on the TRIPS Agreement and public health, Art. 1 (a).

274 So *Hestermeyer*, GRUR Int. 2004, 194, 200; hinsichtlich der Doha-Erklärung wohl auch *'t Hoen*, Chicago Journal of International Law 2003, 39, 55; *Mitchell/Voon*, Journal of World Trade 2009, 571, 581; die Erklärung (nur) als Auslegungshilfe nach Art. 31 Abs. 3 a) bzw. b) betrachtend *Gathii*, Harvard Journal of Law & Technology 2002, 291, 299; *Reichman/Hasenzahl*, Non-voluntary Licensing of Patented Inventions, S. 16; *Abbott*, Journal of International Economic Law, 469, 491 ff.; ähnlich *Correa*, Implications of the Doha Declaration on the TRIPs Agreement and Public Health, https://iris.who.int/bitstream/handle/10665/67345/ WHO_EDM_PAR_2002.3.pdf?sequence=1&isAllowed=y (zugegriffen am 28.03.2024), S. 44 f., der die Erklärung rechtstechnisch nicht als zwingende Auslegung gem. Art. IX.2 WTO-Übereinkommen betrachtet, aber angesichts der Entstehungsumstände dieselben Rechtswirkungen für naheliegend hält und daneben als Folgeabkommen i. S. v. Art. 31 Abs. 3 a) WVK einschätzt; zur Darstellung beiderseitiger Argumente *Charnowitz*, Journal of International Economic Law 2002, 207.

der Präambel ist hierbei das Normgefüge der Art. 1, 7 und 8 TRIPs maßgeblich. Nach Art. 1 S. 3 TRIPs legen die Mitglieder die Überführung von TRIPs-Pflichten in ihr Rechtssystem und in ihre Rechtspraxis individuell fest. Über jene in TRIPs verankerten Schutzstandards hinausgehende Regelungen erklärt Art. 1 S. 2 TRIPs ausdrücklich für zulässig, solange sie dem Abkommenszweck nicht zuwiderlaufen. Nach Art. 7 TRIPs sollen Schutz und Durchsetzung von Rechten des geistigen Eigentums zur technischen Innovationsförderung sowie zum Transfer und zur Verbreitung von Technologie beitragen, zum gegenseitigen Vorteil für Erzeuger und Nutzer technischen Wissens dienen und auf eine für das gesellschaftliche und wirtschaftliche Wohl zuträgliche Art und Weise erfolgen und einen Ausgleich zwischen Rechten und Pflichten herstellen.[275] Obwohl die Norm unter Hervorhebung der „Technizität" besonders patentrechtliche Inhalte adressiert, sind unter Zugrundlegung eines weiten Begriffsverständnisses auch nicht offenbarte Informationen im Sinne des Art. 39 TRIPs gemeint.[276] In Zusammenhang mit Art. 7 TRIPs ist dessen funktionales Korrektiv, Art. 8, zu lesen.[277] Innerhalb der Grenzen von TRIPs dürfen die Mitglieder zum Schutz der öffentlichen Gesundheit und Ernährung sowie zur Förderung des öffentlichen Interesses in den für ihre sozioökonomische und technische Entwicklung signifikanten Sektoren notwendige Maßnahmen ergreifen (Abs. 1). Dabei können Maßnahmen zur Verhinderung von Rechtsmissbrauch, Handelsbeschränkungen oder Behinderungen des Technologietransfers erforderlich sein (vgl. Abs. 2). Bei diesen Vorschriften handelt es sich ihrer Funktion nach um ausgleichende, dem Versuch einer Ausbalancierung unterliegende Normen zwischen den Interessen des Rechtsinhabers und den dadurch Betroffenen. Nachdem in den Folgejahren von GATT und TRIPs insbesondere die EU und USA bi- und polylateraler Standardsetzung mit immer umfang- und detailreicheren Inhalten forciert hatten (sog. TRIPs-Plus Standards), ist vor einigen Jahren die Frage nach TRIPs-inhärenten Maximalstandards beziehungsweise sog. *ceilings*) aufgeworfen worden.[278] Dabei wird davon ausgegangen, dass TRIPs neben Mindeststandards auch vertragsinterne Grenzen für Auswei-

---

275 Zum breiten Kontext des internationalen Technologietransfers umfassend *Stoll*, Internationalisierungs- und Nationalisierungstendenzen.

276 Busche/Stoll/Wiebe-*Höhne*, TRIPs, Art. 39 Rn. 4.

277 Busche/Stoll/Wiebe-*Brand*, TRIPs, Art. 8 Rn. 1; Zur detaillierten Normgenese *UNCTAD/ICTSD,* Resource Book on TRIPS and Development: An Authoritative and practical guide to the TRIPS Agreement, S. 118 ff.

278 *Kur/Grosse Ruse-Khan,* Enough is enough – the notion on binding ceilings in international intellectual property protection, in: Kur/ Levin, Intellectual Property Rights in a Fair World Trade System, S. 359. Ihre Veröffentlichung beruht auf ihrem bereits 2008 entwickelten Beitrag bei Max Planck Institute for intellectual property, competition & tax law research paper series, No. 09-01; s. zudem *Grosse Ruse-Khan/Jaeger*, International Review of Intellectual Property and Competition Law 2009, 502, 521 ff.

tungen immaterialgüterrechtlicher Schutzstandards bereithält, die im Rahmen bi- und polylateraler Abkommen zu berücksichtigen und einzuhalten sind. Unter diesem Gesichtspunkt könnten Schutzklauseln in Freihandelsabkommen ergo prinzipiell gegen TRIPs verstoßen. Als *ceilings* vereinzelt anerkannt worden ist insoweit Art. 1 S. 2, während hinsichtlich Art. 7 und 8 TRIPs die Meinungen teilweise divergieren.[279] Besonders problematisch hierbei allerdings ist wiederum der unpräzise Vertragswortlaut jener Klauseln, welche neben dem Rückschluss auf eine Begrenzungsfunktion als solche nachgelagert insbesondere deren Umfang und Reichweite kaum konkretisierbar erscheinen lassen. Die Formulierung von Art. 7 und 8 TRIPs als gerade nichtzwingende Ausnahmen lässt letztlich ihre effektive Eignung als *ceilings* zweifelhaft erscheinen.[280] Demzufolge verbleiben kaum Möglichkeiten, Verstöße von aktuellen Freihandelsverträgen gegen TRIPs festzustellen. Angesichts dessen verstärkt sich der Fokus zur Findung von *ceilings* auf außerhalb von TRIPs liegende internationale Normen wie Menschenrechte in ihrer Ausprägung als Recht auf Gesundheit inkl. des Zugangs zu Medikamenten oder solche aus dem WTO-System, wie dem Grundsatz der nachhaltigen Entwicklung.[281] Nichtsdestotrotz ergeben sich hierbei *a priori* nicht nur vielzählige rechtstechnische Herausforderungen, sondern letztlich zudem die Findung einer konsensträchtigen internationalen Verständigung über Auslegung und Anwendung derartiger Maximalstandards.[282]

## B. Abkehr vom Multilateralismus

In ihrer Quintessenz zeugen sämtliche Verhandlungen im Rahmen der WTO von einem unüberwindbaren Interessengefälle zwischen den Mitgliedstaaten. Das liegt nicht zuletzt an bereits in der Quantität präsentierter Individualinteressen. Mit TRIPs vermochten industriestaatliche Protagonisten wie die EU, Schweiz, Japan und die USA nicht, ihre patentrechtlichen Positionen

279 *Kur/Grosse Ruse-Khan,* Enough is enough – the notion on binding ceilings in international intellectual property protection, in: Kur/ Levin, Intellectual Property Rights in a Fair World Trade System, S. 359; *Grosse Ruse-Khan,* Trade, Law and Development 2009, 56, 65 ff.; Zu Art. 7 TRIPs *Grosse Ruse-Khan,* IP and Trade in a Post-TRIPS Environment, in: Ullrich/Hilty/Lamping/et al., TRIPS plus 20, S. 182; Ablehnender Meinung zu Art. 8 TRIPs *Keim,* TRIPS-plus Patentschutzklauseln in bilateralen Freihandelsabkommen der EU, S. 133.

280 *Grosse Ruse-Khan,* Trade, Law and Development 2009, 56, 70 ff.

281 *Yu,* Houston Law Review 2009, 979, 1040 ff. m. w. N.; *Grosse Ruse-Khan,* Trade, Law and Development 2009, 56, 73 ff.; *Grosse Ruse-Khan,* Journal of International Economic Law 2010, 139; *Grosse Ruse-Khan,* Sustainable Development In International Intellectual Propery Law – New Approach From EU Economic Partnership Agreements?.

282 *Grosse Ruse-Khan,* IP and Trade in a Post-TRIPS Environment, in: Ullrich/Hilty/Lamping/et al., TRIPS plus 20, S. 182.

im erwarteten Umfang durchsetzen. Die sich daran anschließenden gesundheitsbezogenen Debatten der Doha-Runde unterstreichen dies. Angesichts dessen, so bekennt die EU, sei die WTO als Grundstein und primäres Forum weltweiten Handels aus dem Fokus gerückt. Diesen Zustand gelte es jedoch zu überwinden, da die EU ihre bilateralen Handelsbeziehungen als das WTO-System nur ergänzende Vehikel zur Erreichung ihrer Handelsagenda versteht.[283] Die WTO gilt daher nach Auffassung der EU-Kommission nach wie vor als wichtigstes Handelsforum für die EU.[284] Bilaterale Abkommen sind somit aus handelsstrategischer Perspektive an das WTO-System rückgekoppelt. Nichtsdestotrotz hatte die EU schon im Anschluss an die ergebnislose Cancun-Ministerkonferenz im Jahr 2003, in der Entwicklungsländer Marktöffnungen und Freihandelszonen nach industriestaatlich begehrten Bedingungen abgelehnt hatten, betont, dass neben der WTO auch bilaterale Kontrakte zur Verfügung stünden.[285] Im Interesse weiterer multilateraler Verhandlungsfortschritte und Erhaltung der eigenen Verhandlungsposition auf WTO-Ebene verzichtete die EU jedoch zeitweise faktisch darauf, diesen bilateralen bzw. regionalen Weg nachdrücklich einzuschlagen.[286]

Nachdem sich innerhalb der Doha-Runde bis 2006 allerdings wenig Fortschritte vollzogen hatten, ist die EU seitdem umgelenkt und hat sodann aktiv einige umfangreiche Freihandelsabkommen erfolgreich ausgehandelt. Dieses Vorgehen erlaubt unter anderem inhaltlich höheres Verwirklichungspotenzial und schnellere Ergebnisse, was schnellere Marktöffnung und Integration begünstigt.[287] Jeder Abkommenspartner kann frei und mit Kalkül ausgewählt werden – in der Regel Länder, zu denen bereits intensive wirtschaftliche Beziehungen und ausgedehnte Handelsvolumina bestehen, oder aber solche mit Marktentwicklungspotenzial. Außerdem können sie, wie NAFTA bzw. das USMCA-Abkommen als NAFTA-Nachfolger aktuell zeigen, einfacher nachverhandelt werden. Mithin zählen Freihandelsabkommen seit nunmehr über einem Jahrzehnt zum integralen Bestandteil der EU-Handelsstrategie. Von einer Abkehr der EU vom Multilateralismus kann indes nicht pauschal die Rede sein, vielmehr herrscht eine Koexistenz, welche die EU bemüht. Obschon sie in den vergangenen vierzehn Jahren vermehrt Freihandelsabkommen verhandelt bzw. zum Abschluss gebracht,

283 *Europäische Kommission,* Handel für alle – hin zu einer verantwortungsbewussteren Handels- und Investitionspolitik, S. 9 und S. 30 ff.; *EU-Kommission,* Ein wettbewerbsfähiges Europa in einer globalen Welt, S. 2, 9.

284 *EU-Kommission,* Handelspolitik als Kernbestandteil der EU-Strategie Europa 2020, S. 4; *EU-Kommission,* Ein wettbewerbsfähiges Europa in einer globalen Welt, S. 9.

285 *Woodcock*, European Centre for International Political Economy (ECIPE) Working Paper 2007, 1, 2 f.

286 *Woodcock*, European Centre for International Political Economy (ECIPE) Working Paper 2007, 1, 3.

287 *EU-Kommission,* Ein wettbewerbsfähiges Europa in einer globalen Welt, S. 10.

schließt dies umfangreiche Bemühungen auf Welthandelsebene nicht aus. Naturgemäß gebärden sich letztere Verhandlungen als vielfach komplizierter und langwieriger. Zu trennen sind hier Ideologie und Realität als Katalysatoren progressiven Wirtschaftswachstums. Ideologisch hebt die EU stets ihre Präferenz des WTO-Systems hervor. Faktisch vermag die WTO jedoch zurzeit (subjektiv) kein effektives Forum aufzubieten. Freihandelsabkommen dienen ihr dazu, strategisch wichtige (Zukunfts-)märkte zu erschließen (insbesondere die Ausdehnung nach Asien ist offenkundig) sowie Einfluss auf internationale Schutzniveaus auszuüben. Daneben gilt es, nicht vom amerikanischen Freihandelsaktionismus abgehängt zu werden und somit nur erschwert und/oder verringerten Marktzugang zu deren Partnerländern zu bekommen (so bereits die Lehre aus NAFTA (1994), woraufhin die EU ein Globalabkommen mit Mexiko (2000) abschloss, um an die USA verlorene Handelsanteile zurückzugewinnen).[288] Das vielfach beschriebene, sich offenbarende „*forum shifting*" der EU ist mithin vornehmlich realpolitischen Wirtschaftswachstumserwägungen geschuldet.[289] Daneben spiegelt sich im bilateralen Vorgehen der EU ein ganz fundamentales Motiv wieder: In Anwendung des ihr immanentesten Gründungsparadigmas, nämlich dem wirtschaftlichen Zusammenwuchs,[290] kommt sie anhand wirtschaftlicher Verschmelzung mit den Mittelmeerstaaten, Nordafrika und dem geographischen Osteuropa insbesondere auch ihren sicherheitspolitischen Bedürfnissen nach.

Die USA hatten bereits in den 1980er Jahren begonnen, ihre „Foren" zu wechseln.[291] Einerseits enttäuscht von den fundamentalen Interessengegensätzen innerhalb der WIPO,[292] andererseits um nach dem innerhalb der Tokyo-Runde ungehört gebliebenen Ruf nach Patentstandards Druck auf anschließende GATT-Verhandlungen auszuüben, bildeten die USA bilaterale Tendenzen mit Israel und Kanada (NAFTA) aus.[293] TRIPs stellte damit aus

288 *Woodcock*, European Centre for International Political Economy (ECIPE) Working Paper 2007, 1, 4; Zu NAFTA im regionalen und multilateralen Gefüge *Garcia*, American University Journal of International Law and Policy 1993, 817.

289 Zum *forum shifting* der USA im Details s. *Mercurio,* TRIPS-Plus Provisions in FTAs: Recent Trends, in: Bartels/Ortino, Regional Trade Agreements and the WTO Legal System 2006, S. 219 ff.; *Sell*, Liverpool Law Review 2007, 41, 58 ff. m. w. N.

290 Die Gründung der Europäischen Wirtschaftsgemeinschaft EWG als Vorgängerin der EG bzw. der EU beruht seit jeher primär auf dem Gedanken, nach den verheerenden Weltkriegen langfristig Frieden und Sicherheit innerhalb Europas mithilfe wirtschaftlicher Verzahnung zu herzustellen.

291 *Drahos*, Journal of World Intellectual Property 2001, 791, 793; *Drahos*, Journal of World Intellectual Property 2002, 765, 769.

292 *Dutfield/Musungu,* Multilateral agreements and a TRIPS-plus world: The World Intellectual Property Organisation (WIPO), S. 14 f.

293 *Drahos*, Journal of World Intellectual Property 2001, 791, 793; *Sell,* Power and Ideas: North-South Politics of Intellectual Property and Antitrust, S. 32 ff.; *Mayne,* Regiona-

Sicht der USA lediglich *ex ante* ein Vehikel zur Globalisierung vergleichsweise hoher Patentstandards dar; ihre extensive Freihandelspraxis *post*-TRIPs war insofern Ziel und notwendige Konsequenz dieses Strebens.[294] Unter ihrem Präsidenten Donald Trump fokussierten die USA neben gänzlich neuen Freihandelsabkommen, etwa mit der EU, Japan und Großbritannien, ihre bereits bestehenden anzupassen bzw. inhaltlich zu überarbeiten. Zwar bekannten sie sich nach wie vor gleichzeitig zur WTO, mahnten allerdings deren Reformbedürftigkeit in zentralen Bereichen wie dem Streitbeilegungsverfahren an.[295] Unter dem jetzigen US-Präsidenten bleibt die Linie der Außenhandelspolitik noch abzuwarten. Anhand der bisherigen Kundgaben steht jedenfalls fest, dass internationale Organisationen wieder stärker in den Mittelpunkt gelangen sollen als dies noch unter Präsident Trump der Fall gewesen war. Damit ist gleichfalls nicht im Umkehrschluss zwangsläufig auf eine Vernachlässigung des bi- und polylateralen Freihandels zu schließen.

## C. Zusammenfassung

TRIPs statuiert verschiedene Patentstandards. Hervorzuheben sind der Umfang dessen, was patentierbar ist sowie die Mindestschutzzeit von zwanzig Jahren. Gleichzeitig soll TRIPs aber auch in substanziellen Teilen individuell mitgliedstaatliche Gestaltungsspielräume gewähren. Dies gilt insbesondere vor dem Hintergrund des Schutzes der öffentlichen Gesundheit, wie sich anhand der Doha-Erklärung noch einmal bestätigt. Diesbezüglich bilden Art. 27, 31 und 39 TRIPs den Konfliktschwerpunkt. Angesichts deren offenen Wortlautes lassen sich konkrete Schutzmechanismen kaum als widersprüchlich zu TRIPs einordnen. Daher widersprechen schutzzeitverlängernde Zertifikate *sui generis* oder ähnliche Patentschutzverlängerungen dem TRIPs grundsätzlich nicht und auch Art. 39 TRIPs steht mannigfaltigen Interpretationsansätzen offen. Deshalb – und im Übrigen bedingt durch den als mangelhaft empfundenen Fortschritt innerhalb der WTO – haben die USA und die EU zwecks eigenständiger Verwirklichung ihrer Handelsagenden durch Festsetzung konkreter und strenger Schutzstandards in den vergangenen drei Jahrzehnten bi- bzw. polylaterale Handelsabkommen forciert.

---

lism, Bilateralism, and „TRIPS Plus" Agreements: The Threat to Developing Countries, S. 2; *Schott,* Assessing US FTA Policy, in: ders., Free Trade Agreements: US Strategies and Priorities, S. 361.

294 *Drahos*, Journal of World Intellectual Property 2001, 791; hierzu auch, *Mercurio,* TRIPS-Plus Provisions in FTAs: Recent Trends, in: Bartels/Ortino, Regional Trade Agreements and the WTO Legal System 2006, S. 218 ff.

295 *Office of the United States Trade Representative,* 2018 Trade Policy Agenda and 2017 Annual Report, S. 28 ff.; *Office of the United States Trade Representative,* 2019 Trade Policy Agenda and 2018 Annual Report, S. 101 f.

Diese gehen über die Mindeststandards des TRIPs hinaus und beinhalten insbesondere konkrete Patent- und Unterlagenschutzklauseln, welche indes strukturell und inhaltlich teils erheblich voneinander abweichen. In den folgenden Teilen 2 und 3 werden diese Schutzstandards einer eingehenden Analyse unterworfen und miteinander verglichen.

# Teil II – Erweiterungen des Patentschutzes in EU-FTAs in der Analyse

Der nachfolgende Teil zeichnet die Entwicklung der rechtlichen Schutzausweitungen für Arzneimittel- und Pflanzenschutzmittelpatente innerhalb der EU auf supranationaler sowie bilateraler Rechtsebene nach und analysiert deren Status quo. Dabei handelt es sich vornehmlich um Verlängerungen der Patentlaufzeit durch Schutzzertifikate sowie den Daten- und Marktexklusivitätsmechanismus. Daneben sollen diesbezüglich EU-Freihandelsabkommen auf Umsetzungsumfang und -tiefe ihrer europarechtlich zugrundeliegenden Normgeflechte hin untersucht werden.

Jeder auf völkerrechtlicher Ebene vertretene, rechtliche Standpunkt wurzelt letztendlich im politischen Firmament der jeweiligen Vertragspartei. In aller Regel richten Industriestaaten ihre handelspolitischen Agenden primär nach wirtschaftlichen Gesichtspunkten aus. Demgemäß finden bilaterale Schutzausweitungen für Patente bestimmter Branchen ihre politischen Stützen in der europäischen Handelspolitik wieder. Vor diesem Hintergrund lässt sich die Intention jener vereinbarten Regelungen erklären. Dies gilt sowohl für den supranationalen als auch den bilateralen Bereich. Die EU verfolgt im Rahmen ihrer Freihandelsabkommen einen breiten Ansatz, indem sie unterschiedliche, patentrechtlich relevante Ansatzpunkte zur Umsetzung ihrer Handelsstrategie nutzt. Dabei geht es nicht nur um Patentschutzverlängerungen und Exklusivitätsregime, sondern beispielsweise auch um Definitionen bestimmter Tatbestandsvoraussetzungen und verfahrensrechtliche Flankierung.[296] Motivation, Genese, Reichweite und Umfang dieser Maßnahmen sind im Folgenden zu eruieren. Zweifelsohne werden (supra-)nationale Normgeflechte weder vollumfänglich noch weitestgehend im Freihandelsabkommen festgeschrieben. Vielmehr betreffen die EU-Abkommen oft nur einen kleinen Teil der (supra-)national existenten Normen. Die Gründe dafür sind vielfältig. Meist entpuppen sich die betroffenen Rechtsordnungen als zu divergierend, um sie umfassend synchronisieren zu können. Oftmals wird es auch eine Frage des Verhandlungsgeschicks bzw. -drucks sein, welche Regeln nun konkret Niederschlag finden. Tendenziell jüngere Freihandelsabkommen beinhalten jedoch umfangreichere Sektorenschutzpostulate. Demgemäß porträtiert der Vergleich europäischer Freihandelsabkommen untereinander naturgemäß kein gänzlich identisches Bild, sondern vielmehr detailbezogene Varianzen desselben Kernmechanismus.

296 Verfahrensrechtliche Aspekte sollen in der hiesigen Untersuchung außen vor bleiben.

## A. Leitlinien der EU-Patentpolitik

In der EU sind Wettbewerbsfähigkeit und Innovation direkt miteinander verknüpft. Mit Beschluss der sog. Lissabon-Strategie im Jahr 2000 hatte sich die damalige EG zum Ziel gesetzt, bis zum Jahr 2010 zur weltweit wettbewerbsfähigsten wissensbasierten Wirtschaftszone aufzusteigen. In diesem Zusammenhang sind u. a. Forschung und Entwicklung als Grundfeste eines wissensbasierten Marktes angeführt worden, was in patentrechtlicher Hinsicht über die patentrechtsimmanente Belohnungsfunktion gesteuert werden sollte.[297] Nachdem die Lissabon-Strategie ihre maßgeblichen Ziele indes verfehlt hatte, soll nun die darauffolgende Europa 2020-Strategie intelligentes, nachhaltiges und integratives Wachstum schaffen. Das Europäische Patentamt und das Amt der Europäischen Union für geistiges Eigentum haben in ihren Studien „intellectual property rights intensive industries and economic performance in the European Union" progressives Wachstum nachgewiesen: Industrien mit intensiver Nutzung geistigen Eigentums machten zwischen 2008-2010 noch rund 39 % des EU-Bruttoinlandsproduktes und 26 % der (direkten) EU-Arbeitsplätze aus. Die Nachfolgerstudie bescheinigt zwischen den Jahren 2011 und 2013 den Anteil am EU-Bruttoinlandsprodukt in Höhe von 42 % und einen Anstieg der (direkten) Arbeitsplätze auf 28 %.[298] Konkret patentrechtsintensive Industrien, unter denen pharmazeutische und andere chemische Produkte unter den ersten vier Positionen rangieren, verantworteten einen Anteil von 15,2 % des EU-Bruttoinlandsproduktes und 10,3 % (direkte) Arbeitsplätze der EU.[299] Während für Immaterialgüterdominierte Industrien im Jahr 2010 noch ein Handelsdefizit in Höhe von rund 126 Milliarden Euro bestanden hatte, zeugt das Jahr 2013 von einem Handelsüberschuss in Höhe von ca. 96 Milliarden Euro, (auch) patentbeherrschte Industrien sind hieran mit ca. 74 Milliarden Euro beteiligt.[300] Die pharmazeutische Industrie exportierte im Jahr 2013 Produkte im Wert von rund 100 Milliarden Euro.

---

297 Schlussfolgerungen des Vorsitzes des Europäischen Rats, Beschäftigung, Wirtschaftsreformen und sozialer Zusammenhalt Für ein Europa der Innovation und des Wissens", Dok. 5256/00 + ADD 1 COR 1 (en), abrufbar unter http://www.europarl.europa.eu/summits/lis1_de.htm (zuletzt zugegriffen am 28.03.2024).

298 *European Patent Office/European Union Intellectual Property Office,* Intellectual property rights intensive industries and economic performance in the European Union, S. 8.

299 *European Patent Office/European Union Intellectual Property Office,* Intellectual property rights intensive industries and economic performance in the European Union, S. 8.

300 *European Patent Office/European Union Intellectual Property Office,* Intellectual property rights intensive industries and economic performance in the European Union, S. 72.

Die steigenden Handelsvolumina resultieren nicht zuletzt aus der Etablierung von Freihandelsräumen. Im Jahr 2006 hatte die EU-Kommission ihre Gesamtstrategie für „ein wettbewerbsfähiges Europa in einer globalen Welt“ vorgestellt und eine „neue Generation“ (engl. „new generation“) von Freihandelsabkommen angekündigt, um sich im raschen globalen Wirtschaftswandel integrieren zu können.[301] Hierbei fokussierte die EU-Kommission Marktöffnungen im wachstumsträchtigen Bereich Geistiges Eigentum.[302] Zu diesem Zweck solle die EU „versuchen, strengere Bestimmungen über geistiges Eigentum in künftige bilaterale Abkommen aufzunehmen und intensiver auf die Durchsetzung bestehender Verpflichtungen auf diesem Gebiet hinarbeiten [...]“.[303]

Bereits seit 2004 betreibt die EU daneben eine spezielle IP-Strategie, welche ein konsequenteres Vorgehen gegen Fälschung und Produktpiraterie ermöglichen soll.[304] Unter dem Begriff „Fälschung“ sind zwar klassischerweise Markenrechtsverletzungen zu verstehen. Allerdings hat die EU den Begriff auch auf nachgeahmte Medikamente, also Generika, angewandt. Da sich die TRIPs-Mindeststandards nach Auffassung der EU als zu ineffektiv erwiesen hätten, weist die IP-Strategie der EU Maßnahmen wie Dialoge und Informationsaustausch auf verschiedenen Ebenen an, um die Notwendigkeit „höchster“ IP-Schutzstandards gegenüber anderen Staaten zu verdeutlichen.[305] Die EU-Strategie ist im Jahr 2014 angepasst bzw. erweitert worden. Konkret im Hinblick auf den Zugang zu Medikamenten betrachtet die EU die möglichst weitgehende Abschaffung von Handelsbarrieren als Schlüsselelement. Gleichzeitig erkennt sie die Herausforderung an, eine Balance zwischen bezahlbarem Zugang zu Medikamenten und Forschungsanreiz aufrecht zu erhalten. Diese Balance, so versichert sie, werde auch in sämtlichen bi- und multilateralen Abkommen gewahrt.[306] Dabei eigne sich bilaterales Vorgehen besonders, um, ausgehend von der EU-*acquis*, individuell auf den Vertrags-

---

301 *EU-Kommission,* Ein wettbewerbsfähiges Europa in einer globalen Welt.

302 *EU-Kommission,* Ein wettbewerbsfähiges Europa in einer globalen Welt, S. 7.

303 *EU-Kommission,* Ein wettbewerbsfähiges Europa in einer globalen Welt, S. 12.

304 *EU-Kommission,* Strategy for the enforcement of intellectual property rights in third countries, ABl. EU C-129 vom 26.05.2005, S. 3; Zu der im Jahr 2014 angepassten IP-Strategy *EU-Kommission,* Trade, growth and intellectual property – Strategy for the protection and enforcement of intellectual property rights in third countries; Ähnlich auch *EU-Kommission,* Eine europäische Strategie für gewerbliche Schutzrechte; kritisch in Bezug auf Zugang zu Medikamenten *Health Action International/Médicines Sans Frontieres,* Empty Gestures: The EU's Commitments to safeguard Access to Medicines, http://trade.ec.europa.eu/doclib/docs/2015/october/tradoc_153873.pdf.

305 *EU-Kommission,* Strategy for the enforcement of intellectual property rights in third countries, ABl. EU C-129 vom 26.05.2005, S. 5 ff.

306 *EU-Kommission,* Trade, growth and intellectual property – Strategy for the protection and enforcement of intellectual property rights in third countries, S. 10; krit. dazu *Health Action International/Médicines Sans Frontieres,* Empty Gestures: The EU's

partner zugeschnittene Standards vereinbaren zu können. Gemeint ist damit, unter Berücksichtigung des jeweiligen drittstaatlichen Entwicklungsstandes die Schutzstandards qualitativ bzw. quantitativ ambivalent zu gestalten.[307]

## B. FTA-implementierte Schutzstandards und unionale Vorgaben

Die Liste der seit dem Jahr 2006 aufgenommenen Verhandlungen ist lang und konzentriert sich besonders auf Asien und Afrika.[308] Auf letzterem Kontinent haben sich Abkommen mit ost-, west- afrikanischen Staaten angebahnt. Im Sommer 2007 hat die EU Gespräche mit den sog. ASEAN-Ländern initiiert, einem regionalen Handelszusammenschluss von sieben asiatischen Ländern. Nachdem die Verhandlungen abgebrochen worden waren, entschied die EU, auf bilateraler Ebene weiter zu konsultieren. Mittlerweile sind Abkommen mit Südkorea, Singapur und Vietnam[309] geschlossen worden; Verhandlungen mit anderen ASEAN- und weiteren asiatischen Ländern wie Malaysia, Thailand, Indonesien, Burma und den Philippinen befinden sich in unterschiedlichen Stadien. Mit Japan konnte kürzlich das als „JEFTA“ bekannte Freihandelsabkommen geschlossen werden. Auch mit Indien verhandelt die EU. Diese Verhandlungen sind zwar im Gesamtbild grundsätzlich seit 2007 weit fortgeschritten, die Ergebnisse des gesamten Vertrags-Entwurfes stagnieren aber insbesondere aufgrund stark divergierender Auffassungen über Schutzstandards für Arzneimittel. Indien beharrt dabei auf, seine Stellung als „Apotheke der Welt“ zu erhalten. Daneben bemüht sich die EU um Neuauflagen älterer Abkommen aus den 1990er Jahren mit Tunesien, Marokko und Mexiko. Bestrebungen seit dem Jahr 2009 um ein Abkommen mit Kanada haben sich in CETA realisiert, das am 21.09.2017 vorläufig in Kraft getreten ist. Auch auf dem südamerikanischen Kontinent wurden kürzlich Freihandelsabkommen mit dem Binnenmarkt Mercosur[310] sowie mit Peru, Kolumbien und Ecuador verwirklicht,

Commitments to safeguard Access to Medicines, http://trade.ec.europa.eu/doclib/docs/2015/october/tradoc_153873.pdf.

307 *EU-Kommission,* Trade, growth and intellectual property – Strategy for the protection and enforcement of intellectual property rights in third countries, S. 15.

308 Zum Überblick über alle Verhandlungspartner und -stadien s. *EU-Kommission,* Overview of FTA and other trade negotiations.

309 Das Vietnam-FTA ist seit dem 01.08.2020 in Kraft. Veröffentlichung im ABl. EU L-186 vom 12.06.2020, S. 3.

310 Nach langen erfolglosen Verhandlungen mit der Freihandelszone Mercosur (Mercado Común del Sur), welches einige lateinamerikanische Ländern wie Brasilien, Argentinien und Uruguay zusammenschließt, haben die Parteien am 28.06.2019 ein Freihandelsabkommen unterschrieben („agreement in principle“). Gleichwohl wurde seine weitere Umsetzung im Oktober 2020 unterbrochen, da bestimmte Agrar- und

letzteres wird seit 2013 vorläufig angewendet. Schließlich sind außerdem Abkommen in östlicher Richtung mit der Ukraine, Moldawien und Georgien zustande gekommen. Seit dem Jahr 2018 verhandelt die EU ferner FTAs mit Australien[311] und Neuseeland,[312] deren Entwürfe mit Stand vom Jahr 2018 und aus Perspektive der EU vorliegen. Während die Verhandlungen mit Australien Ende des Jahres 2023 gescheitert sind, wurde mit Neuseeland ein Vertragstext vereinbart, der im Mai 2024 in Kraft treten soll.[313]. Als Konsequenz des Austritts Großbritanniens aus der EU haben beide über ein eigenes FTA verhandelt,[314] das seit 01.05.2021 in Kraft ist.[315]

Wie noch zu sehen sein wird, hat die EU über die letzten zwei Jahrzehnte hinweg Abkommen mit teils stark variierenden Schutzstandards für Pflanzenschutzmittel und Arzneimittel abgeschlossen. Während frühe Abkommen diesen Bereich noch ausgeklammert oder allenfalls generalklauselartig tangiert hatten, finden sich in den FTAs der neuen Generation umfangreiche Regelungen zu Schutzumfang und -tiefe. Im Detail geht es hierbei vornehmlich um Patentschutzverlängerungen und den Unterlagenschutz. Pflanzenschutzmittel und Arzneimittel werden mittlerweile in EU-FTAs durch fest etablierte Klauseln geschützt, wobei sich Arzneimittel noch flächendeckender präsentieren.

---

Umweltstandards vom EU-Parlament bemängelt worden sind. Da die für diese Untersuchung einschlägigen Passagen indes keine Kritik erfahren haben, dürften sie inhaltlich unverändert bleiben und finden daher bis auf weiteres mit Stand des „agreement in principle“ vom 28.06.2019 uneingeschränkt Einzug in die hiesige Untersuchung. Es wird gleichwohl darauf hingewiesen, dass sich neben Inhalten der IP-Klauseln die hiesig verwendeten Artikelkennzeichnungen des MERCOSUR-FTAs jedoch gegenüber einer etwaig zukünftig endgültigen Fassung noch ändern könnten. Der Text des MERCOSUR-FTAs ist abrufbar unter https://trade.ec.europa.eu/doclib/docs/2019/september/tradoc_158329.pdf (letzter Zugriff am 28.03.2024). Die Umsetzung ist zurzeit jedoch unterbrochen worden. Inhaltliche Änderungen in den hiesig relevanten Bereichen sind indes nicht zu erwarten und werden deshalb in der hiesigen Betrachtung mitberücksichtigt.

311 Die initiäre Verhandlungsposition der EU mit Stand Juni 2018 ist einsehbar unter https://trade.ec.europa.eu/doclib/docs/2018/july/tradoc_157190.pdf (letzter Zugriff am 31.10.2020).

312 Die initiäre Verhandlungsposition der EU mit Stand Juni 2018 ist einsehbar unter https://trade.ec.europa.eu/doclib/docs/2018/july/tradoc_157204.pdf (letzter Zugriff am 31.10.2020).

313 S. ABl. EU L-229 vom 28.2.2024.

314 Die initiäre Verhandlungsposition der EU mit Stand März 2020 ist einsehbar unter https://ec.europa.eu/info/sites/info/files/200318-draft-agreement-gen.pdf (letzter Zugriff am 31.10.2020).

315 ABl. EU L-149 vom 30.04.2021, S. 10 ff. Der Abkommenstext ist ferner abrufbar unter https://eur-lex.europa.eu/legal-content/EN/TXT/?uri=uriserv%3AOJ.L_.2021.149.01.0010.01.ENG&toc=OJ%3AL%3A2021%3A149%3ATOC (letzter Zugriff am 05.08.2021).

## I. Patentlaufzeitverlängerungen

Patentlaufzeitverlängerungen bilden für die EU ein Kernelement bilateralen Sektorschutzes. Dies wird nicht zuletzt durch ihre ausschließlichkeitsrechtssichernde Funktion bedingt. Ihre Präsenz in Freihandelsabkommen ist kein spontaner Zufall, sondern diffundiertes Produkt (supra-)nationaler Rechtsentwicklungen. Als eine Art der Patentlaufzeitverlängerung existieren innerhalb der EU schutzzeitverlängernde Zertifikate (engl.: *supplementary protection certifiates (SPCs)*). Daneben erstreckt sich der Blick über den jetzigen bilateralen Status quo und dessen Evolution.

### 1. Funktion und ökonomische Relevanz

#### a) Funktion

Bevor die Hersteller pharmazeutischer Produkte ihre Medikamente auf den Markt bringen können, bedarf es eines Genehmigungsverfahrens durch die zuständigen Stellen.[316] Dem Originalhersteller ist gleichzeitig stets daran gelegen, so früh wie möglich ein Patent auf seine Erfindung anzumelden, um dessen Schutzwirkungen zu generieren. Andernfalls liefe er Gefahr, dem patentrechtlichen Neuheitserfordernis[317] nicht mehr zu genügen.[318] Die Patentanmeldung erfolgt daher meist vor Einleitung des Genehmigungsverfahrens. Schutzgegenstand des Patents ist in aller Regel ein aktiver Stoff, der alleine oder in Kombination chemisch wirkt.[319] Mit dem auf die Patentanmeldung folgenden Tag beginnt die 20-jährige Laufzeit des Patents;[320] das Ausschließlichkeitsrecht wirkt indes erst ab Veröffentlichung der Patenterteilung. Ökonomisch sowie patentrechtlich problematisch ist allerdings, dass das pharmazeutische Zulassungsverfahren umfangreiche klinische Versuche voraussetzt, die zeit- und kostenintensiv sind: Die durchschnittliche Entwicklungszeitspanne beträgt dadurch etwa 8-12 Jahre.[321] Faktisch

316 Zuständige Stellen können einerseits nationale Behörden, wie in Deutschland das Bundesinstitut für Arzneimittel und Medizinprodukte sein oder die Europäische Arzneimittel-Agentur, vgl. *Meier et. al*, Pharmarecht, § 3 Rn. 51.

317 Gem. Art. 54 Abs. 1 EPÜ ist eine Erfindung neu, wenn sie nicht zum Stand der Technik gehört. Den Stand der Technik bildet alles, was vor dem Anmeldetag der europäischen Patentanmeldung der Öffentlichkeit durch schriftliche oder mündliche Beschreibung, durch Benutzung oder in sonstiger Weise zugänglich gemacht worden ist, vgl. Art. 54 II EPÜ.

318 *Stief/Bühler*, Supplementary Protection Certificates (SPC), S. 3, 7.

319 Vgl. Art. 1 b) VO 469/09.

320 Art. 33 TRIPs; Art. 63 Abs. 1 EPÜ.

321 *Stief/Bühler* berufen sich in *Stief/Bühler*, Supplementary Protection Certificates (SPC), S. 9, auf eine Zulassungsdauer von 8-9 Jahren. Selbige unterstellen andernorts allerdings 10 Jahre, Haedicke/Timmann-*Stief/Bühler*, HdB PatR, § 18 Rn. 3; *Kyle* nennt 12,18 Jahre (2010-2017), *Kyle,* Economic Analysis of Supplementary Protec-

wird damit der Schutzzeitraum, der nach Markteinführung noch effektiv verbleibt und über den das Produkt eine wettbewerbliche Monopolstellung einnehmen kann, zeitlich umgekehrt auf 8-12 Jahre stark beschränkt.[322] Aus patentrechtlicher Perspektive droht dieser Zustand aber den originären Schutzzweck des Patentrechts auszuhöhlen, indem er dessen Anreiz- und Belohnungsfunktion entgegenwirkt.

Daraufhin hat die EU im Jahr 1992 durch die (EG) VO 1768/92 den Boden für schutzzeitverlängernde Zertifikate (engl.: *Supplementary Protection Certificates (SPC)*) geschaffen.[323] Beim *SPC* handelt es sich um ein eigenständiges, technisches Schutzrecht *sui generis.*[324] Dieses verlängert die Schutzdauer des Pharmaproduktes um bis zu fünf Jahre (und ggf. weitere sechs Monate), wodurch Generikaprodukte für diesen Zeitraum am Markteintritt gehindert werden.[325] Ähnliche Regelungen bestehen zurzeit nur für Pflanzenschutzmittelprodukte,[326] daher kommt beiden *SPC*s regelungstechnisch Ausnahmecharakter zu. Sie bringen die Bedürfnisse nach effektiver Volksgesundheit und ernährung einerseits und Kostenamortisierung andererseits in Ausgleich.

### b) Ökonomische Analyse

Der Pharmazeutikamarkt ist in den vergangenen 20 Jahren kontinuierlich gewachsen. 2006 hatte er einen Gesamtertragswert von 650 Milliarden US-Dollar, dessen Anteile zu ca. 10 % von Generikaherstellern gehalten wurden

---

tion Certificates in Europe, S. 16; *Fackelmann* geht von 12 Jahren aus, *Fackelmann,* Patentschutz und ergänzende Schutzinstrumente für Arzneimittel im Spannungsfeld von Wettbewerb und Innovation, S. 223; *Meier* veranschlagt ebenfalls durchschnittlich 12 Jahre Zulassung, *Meier et al.,* Pharmarecht, § 4 Rn. 120; *Schennen* schätzt 9-10 Jahre, *Schennen,* GRUR Int. 1996, 102, 102; *Suchy* befundet zwischen 9,9 (1987) und 10,6 (1992) Jahre, *Suchy*, GRUR 1987, 268, 269; *Suchy*, GRUR 1992, 7, 11; die Sektoruntersuchung der EU ergab, dass zwischen Patentanmeldung und Markteintritt zwischen 1973 und 1998 durchschnittlich bei 8,6 Jahren gelegen hat, *Europäische Kommission,* Pharmaceutical Sector Inquiry, S. 53.

322 *Stief/Bühler,* Supplementary Protection Certificates (SPC), S. 9; Die Sektoruntersuchung befand zwischen den Jahren 2000 und 2007 eine effektive Laufzeit von 12,5 Jahren, *Europäische Kommission,* Pharmaceutical Sector Inquiry, S. 59.

323 Verordnung (EG) Nr. 1768/92, in Kraft getreten am 02.01.1993; mittlerweile aus Klarstellungsgründen ersetzt durch die am 6.7.2009 in Kraft getretene Verordnung (EG) Nr. 469/2009, ABl. EG L-152 vom 16.06.2009, S. 1.

324 Busse/Keukenschrijver-*Maute*, PatG, Anhang § 16a Rn. 4; *Stief/Bühler,* Supplementary Protection Certificates (SPC), S. 11; *Fackelmann,* Patentschutz und ergänzende Schutzinstrumente für Arzneimittel im Spannungsfeld von Wettbewerb und Innovation, S. 224; Benkard-*Grabinski*, EPÜ, Art. 63 Rn. 28.

325 *Stief/Bühler,* Supplementary Protection Certificates (SPC), S. 4.

326 VO (EG) 1610/96.

und der seither stark zugenommen hat.[327] Im Jahr 2018 betrug der Wert 1,2 Billionen Dollar[328] und er wird weiter steigen. Gleichzeitig steigen allerdings auch die Forschungs- und Entwicklungskosten für innovative Produkte, die Markteinführung von Arzneimitteln wird stetig kostenintensiver. Nach einer vielseits beachteten Studie aus dem Jahr 2003 von *DiMasi, Hansen* und *Grabowski* kostete in den 1990er Jahren die Entwicklung eines patentgeschützten Arzneimittels durchschnittlich ca. 800 US-Dollar, wobei die klinischen und vorklinischen Versuche den Hauptanteil davon ausmachten.[329] Andere Studien suggerieren sogar höhere Werte.[330] Aktuellere Schätzungen belaufen sich mittlerweile auf ca. 1,3 bzw. 1,7 Milliarden für das Jahr 2003 bzw. oder gar über 2 Milliarden Dollar im Jahr 2008.[331] Die von *DiMasi, Hansen* und *Grabowski* für das Jahr 2013 erhobenen Daten beziffern die Kosten auf 2,558 Milliarden US-Dollar bis zur Vermarktung.[332] Angesichts derartig hoher Investitionskosten ist die ökonomische Bedeutung beträchtlich, forschungsbasierte Unternehmen amortisieren diese Kosten über den Absatz ihrer Produkte, insbesondere über sog. „Blockbuster"-Medikamente (diese bezeichnen Arzneimittel, deren Jahresumsätze bei mindestens einer Milliarde US-Dollar liegen). Die EU hat in ihrer umfassenden Sektoruntersuchung im Jahr 2009 die stärksten „Bockbuster" ermittelt; auf Platz eins lag das Mittel „Lipitor" von Pfizer mit einem EU-Jahresumsatz in Höhe von wenig über 1,9 Milliarden Euro, gefolgt von „Advair" mit knapp 1,8 Milliarden Euro und „Clopidogrel" mit ca. 1,6 Milliarden Euro.[333] Zusammengenommen erreichen die zehn umsatzstärksten Medikamente einen Jahresumsatz in Höhe von 12,97 Milliarden Euro innerhalb der EU und 34,95 Milliarden Euro weltweit und erwirtschaften dadurch durchschnittlich 19% ihres jeweiligen Globalumsatzes.[334] Zum Vergleich: Die zehn umsatzstärksten Generikahersteller setzten 2007 mit **all** ihren Produkten 9,94 Milliarden

327 *Smith/Correa/Oh*, The Lancet 2009, 684.

328 https://www.statista.com/statistics/263102/pharmaceutical-market-worldwide-revenue-since-2001/ (letzter Zugriff am 28.03.2024).

329 *DiMasi/Hansen/Grabowski*, J Health Econ 2003, 151, 167, 173; *Grabowski,* Patents and New Product Development in the Pharmaceutical and Biotechnology Industries, in: Duca/Yücel, Science & Cents: Exploring the Economics of Biotechnology, S. 89.

330 Einen Überblick geben *DiMasi/Grabowski/Hansen*, J Health Econ 2016, 20, 22.

331 *Fackelmann,* Patentschutz und ergänzende Schutzinstrumente für Arzneimittel im Spannungsfeld von Wettbewerb und Innovation, S. 17 m. w. N.; *DiMasi/Grabowski/Hansen*, J Health Econ 2016, 20, 22 m. w. N.

332 *DiMasi/Grabowski/Hansen*, J Health Econ 2016, 20, 27. Weitere 312 Millionen Dollar fallen an für gesetzlich vorgeschriebene Studien nach Inverkehrbringen zur Produktüberwachung (diese zu unternehmen ist Voraussetzung für die Vermarktungsgenehmigung), den Aufbau eines Patientenstammes, neue Dosierungen und Stärken. Diese Kosten mitinbegriffen summieren sich die Kosten auf 2,870 Milliarden Dollar.

333 *Europäische Kommission,* Pharmaceutical Sector Inquiry, S. 29.

334 *Europäische Kommission,* Pharmaceutical Sector Inquiry, S. 29.

unionsweit bzw. 19,96 Milliarden Euro weltweit um; die fünf umsatzträchtigsten Generika summierten sich auf 1,23 Milliarden Euro.[335]

Innerhalb der EU sind *SPC*s vereinzelt ökonomischen Analysen unterzogen worden, welche mittlerweile umfangreichen Gebrauch von *SPC*s darlegen. In den Jahren 1994 bis 2004 hielten sich die Anmeldezahlen von *SPC*s in etwa kontant; ab 2005 ist ihre Anzahl stetig gestiegen und hat sich bis zum Jahr 2013 auf ca. 1500 pro Jahr verdreifacht.[336] Während in den frühen 1990er Jahren 75 % aller Medikamente in sechs bis sieben Mitgliedstaaten von einem *SPC* gedeckt wurden, waren es im Jahr 2017 bereits 86 % in durchschnittlich 18-19 Mitgliedstaaten.[337] Die Patentlaufzeiten haben sich zwischen 1995 und 2017 von 10,24 auf 7,20 Jahre verkürzt; im gleichen Zeitraum sind ihre Schutzzeiten in Kombination mit den *SPC*s von 13.56 auf 12,46 Jahre gesunken.[338] Während insgesamt die meisten neuen Medikamente im Zusammenhang mit Krebstherapien stehen, profitieren von *SPC*s am ausgiebigsten solche für Sinnesorgane und Hormonpräparate.[339] Neben einigen umfangreichen Studien[340] in den vergangenen Jahren zum *SPC* analysiert die Kommission – nach Aufforderung durch den Rat – zurzeit die Auswirkungen solcher Anreize im EU-Arzneimittelbereich (einschließlich der *SPC* und der *Bolar*-Ausnahmeregelung) auf Innovation und den Zugang zu Arzneimitteln. Diese Analyse ist noch nicht abgeschlossen, könnte allerdings zu (weiteren) Rebalancen führen.

### 2. Zertifikate für Arzneimittel

#### a) Europarechtliche Voraussetzungen

*SPCs* sind europarechtlich determiniert. Die Rechtsmaterie ist als hochkomplex anzusehen und daher bis heute regelmäßig Streitgegenstand bei den europäischen Gerichten. Bisweilen konnten bereits einige wesentliche Rechtsfragen geklärt werden. Die aktuellen rechtlichen Konturen des *SPC* sollen nachfolgend umrissen werden, um die enormen Feinheiten dieser Rechtsmaterie und das enorme Spektrum ihrer wesentlichsten Fragestellungen zu verdeutlichen. Bereits geringfügigste Nuancen in der Auslegung können massive Auswirkungen entfalten.

---

335 *Europäische Kommission,* Pharmaceutical Sector Inquiry, S. 37, 39.

336 *Mejer,* 25 years of SPC protection for medicinal products in Europe: Insights and challenges, S. 7; Zur quantitativen Zunahme von SPCs siehe auch *Kyle,* Economic Analysis of Supplementary Protection Certificates in Europe, S. 18 ff.

337 *Kyle,* Economic Analysis of Supplementary Protection Certificates in Europe, S. 18.

338 *Kyle,* Economic Analysis of Supplementary Protection Certificates in Europe, S. 16.

339 *Kyle,* Economic Analysis of Supplementary Protection Certificates in Europe, S. 17.

340 *Europäische Kommission,* Pharmaceutical Sector Inquiry; *Max Planck Institute for Innovation and Competition,* Study on the Legal Aspects of Supplementary Protection Certificates in the EU – Final Report.

Das *SPC* wird bei der zuständigen Stelle[341] auf Antrag des Patentinhabers oder seines Rechtsnachfolgers für ein „Erzeugnis“ erteilt,[342] wobei das Erzeugnis ein Wirkstoff oder die Wirkstoffzusammensetzung eines Arzneimittels ist.[343] Der Antrag kann bis zu sechs Monate nach Arzneimittelzulassung eingereicht werden.[344] Gem. Art. 1 c) VO (EG) 469/09 sind Schutzzertifikate für Erzeugnisse (i. e.S.), Verfahren und Verwendungen möglich.[345] Zur Erteilung des *SPC* bedarf es vier kumulativer Voraussetzungen, deren Auslegung der EuGH in jüngster Zeit zu präzisieren hatte. Zuvörderst bedarf es allerdings der Beleuchtung des Erzeugnisbegriffs im Sinne von 1 b) VO (EG) 469/09.

### aa) Der Erzeugnisbegriff

Legaldefiniert in Art. 1 b) VO (EG) 469/09 bezeichnet ein „Erzeugnis“ den Wirkstoff oder die Wirkstoffzusammensetzung eines Arzneimittels. Arzneimittel ist gem. Art. 1 a) VO (EG) 469/09 ein Stoff oder eine Stoffzusammensetzung, der (die) als Mittel zur Heilung oder zur Verhütung menschlicher oder tierischer Krankheiten bezeichnet wird sowie dazu bestimmt ist, im oder am menschlichen oder tierischen Körper zur Erstellung einer ärztlichen Diagnose oder zur Wiederherstellung, Besserung oder Beeinflussung der Körperfunktionen angewandt zu werden. Insofern ist der Erzeugnisbegriff enger als der Arzneimittelbegriff, weil er nur die aktiven Wirkstoffe des Arzneimittels erfasst, ein Arzneimittel aber noch weitere Stoffe beinhalten kann.[346] Hinzu kommt, dass das Erzeugnis als Schnittstelle zwischen Arzneimittelrecht und Patentrecht den Wertungen beider Rechtsgebiete unterworfen ist.[347]

Darüber hinaus wurde es versäumt, eine Definition des Wirkstoffbegriffs in der VO 469/09 selbst zu verankern. Nachdem in der Praxis Unsicherheit bestanden hatte, wie der „Erzeugnis“-Begriff insbesondere im Hinblick auf die Anforderungen des Wirkstoffbegriffs im Detail auszulegen ist, hat der EuGH vereinzelt Anlass zur Konkretisierung bekommen. Dabei hat sich eine restriktive Auslegungslinie herauskristallisiert.

---

341 Vgl. Art. 9 Abs. 1 VO 469/09; In Deutschland ist gem. § 49a PatG das DPMA zuständig.

342 Vgl. Art. 6; Art. 2 VO 469/09.

343 Vgl. Art. 1 b) VO 469/09.

344 Vgl. Art. 7 Abs. 1 VO 469/09; Sofern die Arzneimittelzulassung nach der Patentgewährung erfolgt, muss die Anmeldung des *SPC* innerhalb von sechs Monaten nach der Patentgewährung getätigt werden, vgl. Art. 7 Abs. 2 VO 469/09.

345 Art. 1 c) VO 469/09; Singer/Stauder-*Brückner*, Art. 63 Rn. 9.

346 Haedicke/Timmann-*Stief/Bühler*, HdB PatR, § 18 Rn. 32.

347 Busse/Keukenschrijver-*Maute*, PatG, Anhang § 16a Rn. 12 ff., 22 ff.; Haedicke/Timmann-*Stief/Bühler*, HdB PatR, § 18 Rn. 32.

Insbesondere seit *Yissum*[348] und *MIT*[349] fallen unter den Wirkstoffbegriff nur Stoffe mit eigener arzneilicher Wirkung. Das betrifft auch Hilfsstoffe (sog. Adjuvantien) ohne eigene pharmakologische Wirkung, die die pharmakologische Wirkung eines anderen Stoffes hervorrufen[350] oder verstärken.[351] Dementsprechend setzt eine Wirkstoffzusammensetzung mindestens zwei pharmakologisch wirksame Stoffe voraus.[352] Unter Beachtung des Verordnungszwecks überzeugt diese Rechtsprechung allerdings nicht vollends, denn immerhin kann die Volksgesundheit in besonderem Maße von effektiven Arzneimitteln profitieren.[353] Bedenkt man außerdem, dass jene Hilfsstoffe oft erst im Laufe der Entwicklung – regelmäßig nach Patentierung eines Einzelwirkstoffs – kombinatorisch entdeckt werden, sollte dem forschenden Arzneimittelunternehmen ein entsprechender Forschungsanreiz durch in-Aussicht-Stellen eines *SPC* geboten werden.

Die den obig genannten Sachverhalten zugrunde liegenden Fragestellungen drehten sich inhaltlich im Kern darum, ob ein weiteres Zertifikat – auch im Hinblick auf eine Differenzierung zwischen Human- und Tierarzneimittel[354] – für eine neue Verwendungsart erteilt werden kann. Der EuGH hat diesem Ansinnen eine Absage erteilt. In *Neurim*[355] scheint der EuGH allerdings nunmehr einen Bruch mit seiner bisherigen Rechtsprechung vollzogen zu haben.[356] Die Entscheidung erging zu Art. 3 d) VO (EG) 469/09 und wird dort sogleich aufgegriffen werden.

Fraglich war außerdem, inwieweit Derivate (insbesondere Salze, Ester und Ether) eines Wirkstoffs bloße Abwandlungen desselben oder aber selbstständige Erzeugnisse darstellen, für die wiederum (jeweils!) ein eigenes *SPC* erlangt werden könnte. Ausschlaggebend ist, ob die Derivate aus patentrechtlicher Perspektive separat geschützt werden können und somit eigenständige Erzeugnisse darstellen.[357] Gesetzliche Stütze bilden nunmehr Er-

348 EuGH, Mitt. 2007, 308.

349 EuGH, GRUR 2006, 694.

350 EuGH, GRUR 2006, 694.

351 EuGH, PharmR 2014, 98.

352 EuGH, GRUR Int. 2014, 153, 157; *Schell*, GRUR Int. 2013, 509, 510.

353 *Schmidt-Wudy*, PharmR 2014, 45, 46.

354 EuGH, GRUR Int. 2005, 219, 221: In der Rechtssache *Pharmacia Italia* entschied der EuGH unter Verweis auf den Wortlaut des Art. 1 a) VO 1768/92 (bzw. VO 469/09) und Harmonierungsgedanken, dass eine frühere Tierarzneimittelgenehmigung für einen Wirkstoff die spätere Zertifikatserteilung für denselben Wirkstoff als Humanarzneimittel ausschließt.

355 EuGH, GRUR Int. 2012, 910.

356 *Schell*, GRUR Int. 2013, 509.

357 Hierzu statt aller *Fackelmann,* Patentschutz und ergänzende Schutzinstrumente für Arzneimittel im Spannungsfeld von Wettbewerb und Innovation, S. 229, 80 ff. m. w. N.

wägungsgrund 14 und 17 der VO (EG) 1610/96 i. V. m. Art. 3c) VO (EG) 1768/92.

#### bb) Das Basis-/Grundpatent

##### (1) Definition

Allem voran muss ein gültiges nationales oder europäisches (sei es ein EPÜ-Bündelpatent oder zukünftig ein Unionspatent[358]) Grundpatent bestehen,[359] das *SPC* ist mithin akzessorisch.[360] Nach der Legaldefinition ist ein Grundpatent ein Patent, dass ein Erzeugnis als solches, das Verfahren zur Herstellung eines Erzeugnisses oder eine Verwendung des Erzeugnisses schützt und das von seinem Inhaber für das Verfahren zur Erteilung eines Zertifikats bestimmt ist.[361] Zu beachten ist, dass ein Zertifikat nicht etwa das Grundpatent, sondern das Erzeugnis (also den Wirkstoff oder eine Kombination) zum Gegenstand hat.[362]

##### (2) Bestimmung des Schutzumfangs

Mitunter Schwierigkeiten bereitet die Bestimmung, wann ein Zertifikat durch sein Grundpatent „geschützt" wird im Sinne von Art. 3 a) VO (EG) 469/09.

---

358 Vgl. VO (EU) 1257/2012 und VO (EU) 1260/2012 zur Schaffung eines europäischen Patents mit einheitlicher Wirkung in allen EU-Mitgliedstaaten. Die Verordnungen treten in Kraft, sobald die Ratifizierung durch genügend Mitgliedstaaten abgeschlossen worden ist. Vgl. auch Benkard-*Grabinski*-, EPÜ, Art. 63 Rn. 39.

359 Art. 3 a) VO 469/09; Singer/Stauder-*Brückner*, Art. 63 Rn. 8; Neben der Anknüpfung an das Grundpatent setzt die Erteilung gem. Art. 3b)-d) VO 469/09 außerdem voraus, dass eine Arzneimittelzulassung besteht, für das Erzeugnis vorher kein Zertifikat erteilt worden ist und es sich um die erste Zulassung des Arzneimittels in dem bestimmten EU-Mitgliedstaat handelt.

360 Eine Durchbrechung der Akzessorietät zum Grundpatent vollzieht sich im Rahmen des Art. 15 VO 469/09: Bei vorzeitigem Erlöschen des Grundpatents folgt die Nichtigkeit des *SPC* aus Art. 15 Abs. 1 VO 469/09, die jedoch gem. Art. 15 Abs. 2 VO 469/09, § 16a Abs. 2 PatG im förmlichen Verfahren erst eigens festgestellt werden muss. Aufgrund dessen wurde in Deutschland der § 81 I S. 3 PatG geschaffen. Dagegen kommt eine derartige Akzessorietätsdurchbrechung hinsichtlich des Bestehens der Arzneimittelzulassung (s. sogleich) nicht vor, vgl. Art. 14 d) VO 469/09. Denn hierbei stellt die Behörde das Erlöschen nur deklaratorisch fest, vgl. *Fackelmann,* Patentschutz und ergänzende Schutzinstrumente für Arzneimittel im Spannungsfeld von Wettbewerb und Innovation, S. 227 m. w. N.

361 Vgl. Art. 1 c) VO 469/09.

362 Benkard-*Grabinski*, EPÜ, Art. 63 Rn. 30; Haedicke/Timmann-*Stief/Bühler*, HdB PatR, § 18 Rn. 83.

### (a) Wirkstoffbenennung im Anspruch oder Verletzung desselben?

Im Wesentlichen werden zwei divergierende Standpunkte zur Frage des Schutzes im Sinne von Art. 3 a) VO (EG) 469/09 vertreten. Einerseits ließe sich darauf abstellen, den Schutzumfang aus den in der Grundpatentanmeldung genannten Ansprüchen zu entnehmen (sog. Identifikations- oder *disclosure*-Theorie).[363] Andererseits wird vertreten, stattdessen zu prüfen, ob das *SPC* den Schutzbereich des Grundpatents verletzen würde (sog. Verletzungs- bzw. *infringement*-Theorie).[364,365] Nach dieser, früher in Deutschland herrschenden Auffassung, sollte es ausreichen, dass der Schutzbereich des *SPC* (fiktiv) aus dem Schutzbereich des Grundpatents abgeleitet werden kann. Diese Ansicht wird nicht zuletzt auf eine Entscheidung des EuGH gestützt. Auf Vorlage des BGH[366] hat der EuGH unter Verweis auf mangelnde unionsweite Harmonisierung die jeweils geltenden Vorschriften für anwendbar erklärt,[367] sodass die Art. 69 (und dessen Auslegungsprotokoll), 63 EPÜ sowie die entsprechenden nationalen Gesetze zur Anwendung kommen. Gem. Art. 69 Abs. 1 EPÜ wird der Schutzbereich des europäischen Patents (EPÜ) und der europäischen Patentanmeldung durch die Patentansprüche bestimmt. So werde Einklang mit Art. 3 und 4 VO 469/09 sichergestellt, wonach das *SPC* die gleichen Rechte wie das Grundpatent gewähren soll.[368]

### (b) Konkretisierung der Identifikationstheorie

Ausdrücklich[369] ist laut EuGH nunmehr im Sinne der Identifikationstheorie danach zu fragen, ob der zugelassene Wirkstoff in der Anmeldeschrift des Grundpatents genannt wird.[370] Zur Begründung führt der EuGH an, im Einklang mit Art. 3 und 5 VO (EG) 469/09 müsse sich das Zertifikat über die gleichen Rechte wie das Grundpatent erstrecken.[371] Daher steht die Nichtbenennung eines Wirkstoffs innerhalb der Patentansprüche der Zertifikatser-

---

363 *Kraßer/Ann,* Patentrecht, § 26 Rn. 54.

364 Benkard-*Grabinski*, EPÜ, Art. 63 Rn. 40; *Schennen*, GRUR Int. 1996, 102, 109 f. m. w. N.

365 Die praktischen Auswirkungen werden bei *Brückner*, GRUR Int. 2012, 1097, 1099 beispielhaft erörtert: des Bei einem Grundpatent auf A kann nach der Verletzungstheorie auch ein *SPC* auf A+B erteilt werden, da ein Patent auf A+B in den Schutzbereich von A eingreifen würde; nach der Identifikationstheorie entfiele ein *SPC* auf A+B, weil die Kombination A+B nicht im Grundpatent beansprucht wird.

366 BGH, GRUR 1998, 363.

367 EuGH, GRUR Int. 2000, 69.

368 Benkard-*Grabinski*, EPÜ, Art. 63 Rn. 40.

369 *Kraßer/Ann,* Patentrecht, § 26 Rn. 39 unter Verweis auf EuGH, GRUR 2014, 163, 165 (Tz. 37)

370 Vgl. EuGH, GRUR 2012, 257, m. Anm. *Seitz*; EuGH, GRUR Int. 2012, 356; Vgl. auch *Kraßer/Ann,* Patentrecht, § 26 Rn. 54.

371 EuGH, GRUR 2012, 257, 258.

teilung für eine Wirkstoffzusammensetzung entgegen.[372] Gleiches gilt, wenn der in der Anmeldung aufgeführte Wirkstoff in den Ansprüchen des Grundpatents zwar als Wirkstoff genannt ist, der mit einem anderen Wirkstoff eine Zusammensetzung bildet, er aber nicht Gegenstand eines Anspruchs ist, der sich ausschließlich auf diesen Wirkstoff bezieht.[373]

Für forschende Unternehmen schmälert dies den Anreiz zur Forschung „in die Breite“: Entdeckt also ein forschendes Pharmaunternehmen im Laufe der Entwicklung eines (bereits patentierten) Einzelwirkstoffs weitere nutzbringende Komponenten, kann oft trotzdem kein weiteres Zertifikat auf diese Kombination erteilt werden.[374] Muss daraufhin der Patient mehrere Monopräparate im Kombination einnehmen, sind deren Wechselwirkungen nicht wissenschaftlich in Studien eruiert worden, was letztlich enorme Gesundheitsrisiken bergen kann[375] und somit der Volksgesundheit undienlich sein kann.

Bislang weitgehend ungeklärt war seither dennoch, wie konkret ein Wirkstoff im Patentanspruch genannt sein muss. Nun stellte der EuGH in *Eli Lilly*[376] fest, dass es nicht erforderlich ist, den Wirkstoff in den Ansprüchen des Patents mit einer Strukturformel anzuführen. Auch die Angabe als Funktionsformel kann ausreichend sein, sofern die Ansprüche, die nach Art. 69 EPÜ und dessen Auslegungsprotokoll auszulegen sind, den Schluss zulassen, dass sie sich stillschweigend, aber notwendigerweise in spezifischer Art und Weise auf den in Rede stehenden Wirkstoff beziehen.[377] Entscheidend ist demnach, ob der Wirkstoff durch Detaillierung und Klarstellung eindeutig identifizierbar ist.[378] Damit sind die Parameter durch den EuGH vergleichsweise konkret umrissen: einerseits bedarf es keiner wörtlichen Namensbezeichnung des Wirkstoffs,[379] andererseits muss der Fachmann ihn eindeutig erkennen können. Da in dieser Hinsicht trotz alledem weiterhin gewisse klärungsbedürftige Rechtsunsicherheiten bestehen,[380] sollte der

372 EuGH, GRUR 2012, 257.
373 EuGH, GRUR 2012, 261.
374 *Brückner*, GRUR Int. 2012, 1097, 1099.
375 *Brückner*, GRUR Int. 2012, 1097, 1099.
376 EuGH, GRUR 2014, 163.
377 EuGH, GRUR 2014, 163.
378 EuGH, GRUR 2014, 163, 165.
379 Die Kommission hatte im Verfahren darauf hingewiesen, die wörtliche Wirkstoffbenennung sei angesichts der Prüfung durch den sachkundigen Fachmann zu restriktiv. Der EuGH scheint sich unter Bezugnahme auf die Geltung von Art. 69 EPÜ dem inhaltlich angeschlossen zu haben, indem auch er jene „wörtliche“ Entscheidungsmöglichkeit trotz Kenntnis mangels Aufnahme in seiner Vorlageantwort offensichtlich verworfen hat, EuGH, GRUR 2014, 163, 164.
380 *Schmidt-Wudy*, PharmR 2014, 45, 49; *Kraßer/Ann*, Patentrecht, § 26 Rn. 57; Fuhrmann/Klein/Fleischfresser-*Markgraf*, § 30 Rn. 162.

Wirkstoff so „konkret wie möglich“ im Patentanspruch beschrieben werden.[381] Um Klarheit über die bisherigen Sentenzen des BGH zu erlangen, hat das BPatG[382] aktuell nun dem EuGH u. a. die Frage vorgelegt, ob es ausreicht, wenn das Erzeugnis zwar die in den Patentansprüchen enthaltene, allgemeine funktionelle Definition einer Wirkstoffklasse erfüllt, darüber hinaus aber nicht individualisiert als konkrete Ausführungsform der mit dem Grundpatent unter Schutz gestellten Lehre zu entnehmen ist. Das BPatG hat in dieser Hinsicht unter Hinweis auf die bisherige Rechtsprechung und Telos der Verordnung eine skeptische Position eingenommen und gleichzeitig angemahnt, dass stark divergierende Interpretationen jener Sentenzen innerhalb der Mitgliedstaaten mittlerweile zu erheblicher Rechtszersplitterung innerhalb der EU-Staaten geführt haben.[383]

#### (3) Häufung von Grundpatenten oder Erzeugnissen

Aus praktischer Sicht sind besondere Konstellationen denkbar, die mittlerweile Einzug in die Rechtsprechung des EuGH gefunden haben. Im Vordergrund stehen dabei zum einen Konstellationen, in denen ein Erzeugnis durch mehrere Grundpatente geschützt werden soll, und zum anderen Fälle, wo umgekehrt mehrere Erzeugnisse an ein einziges Grundpatent anknüpfen.

Zunächst können mehrere Grundpatente ein Erzeugnis schützen und folglich als potenzielle Anknüpfungspunkte für das *SPC* in Betracht kommen. Dem Anmelder kommt ein Wahlrecht zu, welches Grundpatent als Zertifikatsgrundlage dienen soll,[384] wobei stets die spezifischen Auswirkungen in Abwägung zu stellen sind: Entscheidend dürfte regelmäßig sein, das Grundpatent jüngeren Anmeldedatums auszuwählen, um nach Patentablauf den Zertifikatsschutz länger nach hinten zu verschieben.[385] Damit einher geht allerdings die Gefahr, dass jenes jüngere Patent Überschneidungen mit dem älteren aufweist und ggf. nicht mehr den Patentierbarkeitsvoraussetzungen des 52 Abs. 1 EPÜ (insbesondere in Bezug auf das Neuheitserfordernis) entsprechen kann, folglich also für nichtig erklärt zu werden droht.[386] Folglich würde auch das Zertifikat für nichtig erklärt werden können. Darüber hinaus darf auch die Frage nach dem Umfang des erzielbaren Schutzbereichs nicht

381 Fuhrmann/Klein/Fleischfresser-*Markgraf*, Arzneimittelrecht, § 30 Rn. 162.

382 BPatG, GRUR 2018, 281, kurz besprochen bei *Holtorf/Traumann*, GRUR-Prax. 2017, 563.

383 BPatG, GRUR 2018, 281, 283 f., insb. unter Hinweis auf den „*incentive step*“-Ansatz des High Court of Justice [2017] EWHC 987 (Pat) Rn. 63 ff., abrufbar unter http://eplaw.org/wp-content/uploads/2017/05/UK-Sandoz-v-Searle-judgment.docx (letzter Zugriff am 28.03.2024).

384 Singer/Stauder-*Brückner*, EPÜ, Art. 63 Rn. 9.

385 *Stief/Bühler*, Supplementary Protection Certificates (SPC), S. 14.

386 *Stief/Bühler*, Supplementary Protection Certificates (SPC), S. 15.

außer Acht gelassen werden.[387] Dies gilt auch im Hinblick auf die jeweiligen Patentkategorie, denn je nach Patentart (Erzeugnis-, Verwendungs- oder Herstellungspatent) wird naturgemäß der Schutz in divergierendem Umfang ausgeprägt sein.[388]

Andersherum können, sofern die weiteren Erteilungsvoraussetzungen erfüllt sind, mehrere unterschiedliche Erzeugnisse als solche durch ein einziges Grundpatent geschützt sein, sodass der Patentinhaber für jedes der Erzeugnisse jeweils ein Zertifikat erhält.[389] Zum einen ließe der Wortlaut von Art. 3 b) und c) VO (EG) 469/09 dieses Ergebnis zu, da er die Anzahl der Erzeugnisse nicht auf ein Grundpatent begrenzt. Zum anderen werde wiederum so der verordnungsimmanente Zweck, wirtschaftliche Einbußen kompensieren zu können, erreicht.[390] Die vielbeachtete *Biogen*[391]-Entscheidung, wonach bloß ein *SPC* pro Grundpatent erteilt werden kann, steht dem nicht entgegen.[392]

#### cc) Gültige Arzneimittelzulassung

Zweitens ist das Bestehen einer gültigen humanarzneimittelrechtlichen[393] Zulassung nach den Vorschriften der RL (EG) 2001/83[394] am Anmeldetag notwendig, vgl. Art. 3 b), 7 VO (EG) 469/09. Mithin ist das *SPC* auch zur arzneimittelrechtlichen Genehmigung akzessorisch.[395] Die Zulassung wird für das „Erzeugnis als Arzneimittel“ und folglich nicht für das Erzeugnis selbst, sondern das den Wirkstoff beinhaltende Arzneimittel erteilt.[396] Im Rahmen der Zulassung sind mehrere Verfahren gangbar, Art. 6 Abs. 1 RL (EG) 83/01, wobei ggf. ein bestimmtes Verfahren obligatorisch durchzuführen ist.

---

387 Fuhrmann/Klein/Fleischfresser-*Markgraf*, Arzneimittelrecht, § 30 Rn. 163.

388 *Stief/Bühler,* Supplementary Protection Certificates (SPC), S. 15 m. w. N.

389 EuGH, GRUR Int. 2014, 160; GRUR Int. 2014, 153, 156.

390 EuGH, GRUR 2014, 160, 162.

391 EuGH, GRUR Int. 1997, 363.

392 Explizit EuGH, GRUR Int. 2014, 160, 160, 161; zustimmend *Schmidt-Wudy*, PharmR 2014, 45, 47, der unter unter Hinweis auf EuGH, GRUR Int. 2014, 153 zu bedenken gibt, dass die Biogen-Entscheidung zu Art. 3 c) VO 469/09 ergangen ist und die Erteilung mehrerer Zertifikate für mehrere Erzeugnisse, die an ein einziges Grundpatent anknüpfen, nicht verbiete.

393 Für Tierarzneimittel gilt die RL (EG) 2001/82; ABl. EU L-311 vom 28.11.2001, S. 1; in Kraft getreten am 18.12.2001.

394 unter Aufhebung aller vorherigen Richtlinien (insb. der RL (EWG) 65/65, ABl. EWG L-22 vom 09.02.1965, S. 369) am 18.12.2001 in Kraft getreten, ABl. EU L-311 vom 28.11.2001, S. 67.

395 *Fackelmann,* Patentschutz und ergänzende Schutzinstrumente für Arzneimittel im Spannungsfeld von Wettbewerb und Innovation, S. 226.

396 Busse/Keukenschrijver-*Maute*, PatG, Anhang § 16a Rn. 64.

Zunächst gilt das nationale Zulassungsverfahren (in Deutschland nach §§ 21 ff. AMG) lediglich für solche Arzneimittel, die nicht schon unter das zentrale Verfahren fallen. Zuständig sind in Deutschland das Bundesinstitut für Impfstoffe und biomedizinische Arzneimittel sowie das Bundesinstitut für Arzneimittel und Medizinprodukte für die bundesweit gültige Zulassung.[397]

Daneben existieren das Verfahren der Gegenseitigen Anerkennung, sowie das zentrale und das dezentrale Zulassungsverfahren. Im Verfahren der gegenseitigen Anerkennung gem. Art. 28 Abs. 1 RL (EG) 2001/83 hat der Antragsteller schon eine nationale Arzneimittelgenehmigung erhalten und beantragt nunmehr auf dieser Grundlage die Anerkennung und subsequente Zulassung in den von ihm ausgewählten Mitgliedstaaten.[398] Nur ausnahmsweise kann die Anerkennung bei Gefahren für die öffentliche Gesundheit, die Gesundheit von Mensch und Tier oder die Umwelt verweigert werden, Art. 7a Abs. 2 RL (EWG) 65/65, Art. 18 RL (EG) 83/01.[399] Die Zuständigkeit hinsichtlich Belangen der öffentlichen Gesundheit liegt gem. Art. 2, 6 Abs. 1 RL 83/01 bei den mitgliedstaatlichen Behörden.

Im sog. zentralen Zulassungsverfahren[400] wird die Zulassung vor der Europäischen Kommission (unter Beteiligung der europäischen Arzneimittelagentur EMA) angestrengt. Für manche Arzneimittel ist dieses Verfahren zwingend[401] vorgesehen, andere sind hingegen nur optional[402] hiernach zuzulassen. Auch für Generika zentral zugelassener Originalpräparate besteht die Möglichkeit, das zentrale Genehmigungsverfahren zu wählen.[403] Da ihre Entscheidung in allen Mitgliedstaaten Wirkung entfaltet, ist sie eine Genehmigung im Sinne von Art. 3 VO (EG) 469/09.[404]

Durch das sog. dezentrale Zulassungsverfahren gem. Art. 27 ff. RL (EG) 2001/83 kann – anders als im Verfahren der gegenseitigen Anerkennung – für ein noch nicht zugelassenes Arzneimittel in mehreren Mitgliedstaaten

397 *Meier et al.*, Pharmarecht, § 3 Rn. 50 ff.

398 *Meier et al.*, Pharmarecht, § 4 Rn. 168 ff.

399 Nicht erfasst werden die in Art. 3 RL (EG) 2001/83 genannten Sonderfälle von Arzneimitteln, bspw. solche, die für Versuche in der Forschung und Entwicklung bestimmt sind oder einzelne radioaktive Arzneimittel.

400 VO (EWG) 2309/93 v. 22.07.1993, in Kraft getreten am 01.01.1995, ABl. EG L-214 vom 24.08.1993, S. 1; mittlerweile ersetzt durch die VO (EG) 726/04 v. 31.03.2004, ABl. EG L-136 vom 30.04.2004, S. 1.

401 Gem. Art. 3 Abs. 1 VO 726/04 die im Anhang selbiger VO aufgeführten Arzneimittel, darunter bspw. solche, die mit Hilfe bestimmter biotechnischer Verfahren hergestellt werden (etwa rekombinierte DNS), vgl. *Meier et al.*, Pharmarecht, § 3 Rn. 120.

402 Art. 3 Abs. 2 VO 726/04 i. V. m. Anhang selbiger VO, bspw. wenn die unionsweite Erteilung im Patienteninteresse liegt.

403 *Meier et al.*, Pharmarecht, § 3 Rn. 126.

404 Benkard-*Grabinski*, EPÜ, Art. 63 Rn. 49.

die Zulassung erlangt werden.[405] Nachdem ein ausgewählter Referenzstaat das Arzneimittel (positiv) beurteilt hat und daraufhin das Einverständnis aller beteiligten Mitgliedstaaten festgestellt wurde, ergehen innerhalb von 30 Tagen nationale Zulassungsentscheidungen.[406]

#### dd) Kein vorheriges Zertifikat

Weiterhin darf gem. Art. 3 c) VO 469/09 für das Erzeugnis nicht bereits ein Zertifikat erteilt worden sein. Zentrale Bedeutung kommt der Frage der Inhaberschaft und der durch den EuGH determinierten Auslegung an.

##### (1) Inhaberschaft

Gem. Art. 3 c) VO 469/09 darf für das Erzeugnis nicht bereits ein Zertifikat erteilt worden sein. Angesichts des eng gefassten Wortlauts konnte die Vorschrift ihrem eigentlichen Zweck jedoch nicht gerecht werden und sah sich daher vielfacher Kritik ausgesetzt.[407] Art. 3 c) VO 469/09 steht nur bereits *erteilten* Zertifikaten entgegen, wobei der maßgebliche Beurteilungszeitpunkt der Tag der Zertifikatsanmeldung ist.[408] Vom Wortlaut ausgehend ließen sich mithin mehrere Zertifikate für ein Erzeugnis erhalten, indem man darauf mehrere Zertifikate in zeitlichem Abstand auf unterschiedliche Grundpatente anmeldet, von denen aber noch keines erteilt worden ist.[409] Jene Zertifikatshäufung widerspräche allerdings der Intention der Verordnung, einen maximalen Schutzzeitraum von fünf Jahren zu gewähren.[410] Infolge dessen wurde im Rahmen der pflanzenschutzmittelrechtlichen Parallelvorschrift der Art. 3 Abs. 2 VO (EG) 1610/96 per Verweis im 17. Erwägungsgrund der VO 1610/96 auch im Rahmen der VO 1768/92, nunmehr VO 469/09, für anwendbar erklärt.[411] Gem. Art. 3 Abs. 2 **S. 1** VO 1610/96

---

405 Kügel/Müller/Hofmann-*Kortland*, AMG, § 25b Rn. 33.

406 Art. 28 Abs. 5 RL (EG) 2001/83; Kügel/Müller/Hofmann-*Kortland*, AMG, § 25b Rn. 33 ff.

407 Busse/Keukenschrijver-*Maute*, PatG, Anhang § 16a Rn. 70 f.; *Fackelmann,* Patentschutz und ergänzende Schutzinstrumente für Arzneimittel im Spannungsfeld von Wettbewerb und Innovation, S. 227.

408 *Kühnen,* Die Erteilung mehrerer ergänzender Schutzzertifikate für dasselbe Erzeugnis an unterschiedliche Inhaber und die Konsequenzen bei der Verfolgung von Rechtsverletzungen, in: FS 50 Jahre BPatG, S. 363.

409 *Schennen*, GRUR Int. 1996, 102, 105; Busse/Keukenschrijver-*Maute*, PatG, Anhang § 16a Rn. 70 ff.

410 Vgl. Erwägungsgrund 10 und Art. 13 Abs. 2 VO (EG) 469/09.

411 Der naheliegende Umkehrschluss, Art. 3 Abs. 2 VO (EG) 1610/96 solle gerade nicht für die VO 469/09 anwendbar sein, weil mit deren Kodifizierung keine gleichartige Passage hinzugefügt worden ist, ließe den rein deklaratorischen Charakter der VO (EG) 469/09 außer Acht, vgl. Erwägungsgrund 1 VO (EG) 469/09; *Kühnen,* Die Ertei-

darf dem Inhaber eines Patents auf ein Erzeugnis nicht mehr als ein Zertifikat erteilt werden. Etwas anderes gilt nach **S. 2** nur, wenn mehrere Zertifikatsanmeldungen auf unterschiedliche Patente für dasselbe Erzeugnis aus der Hand verschiedener Patentinhaber vorliegen. Dann ist jedem Inhaber ein Zertifikat für das Produkt zu erteilen. Dementsprechend korrelieren mit dem Begriff der Personenverschiedenheit nicht zuletzt die Umgehungsmöglichkeiten des Art. 3 Abs. 2 **S. 1** VO 1610/96.

Teilweise werden formale Gesichtspunkte in den Vordergrund gestellt, wonach rein juristische Personenverschiedenheit zur Anwendung von Art. 3 Abs. 2 S. 2 VO 1610/96 ausreiche.[412] Zur Begründung verweist *Kühnen* darauf, nach Erhalt könne der Patentinhaber das Zertifikat ohnehin frei übertragen und somit auch mehrere Zertifikate gleichzeitig halten. Zudem werde im Erteilungsverfahren keine materielle Prüfung der Inhaberschaft vorgenommen, um etwa gesellschaftsrechtliche Beteiligungs- und Einflussstrukturen aufzudecken. Etwas anderes soll allenfalls für – praktisch selten nachweisbare – Missbrauchskonstellationen gelten, insbesondere bei Benutzung von Strohmanngesellschaften.[413]

Andererseits wird teilweise eine wirtschaftliche Betrachtung nach gesellschaftsrechtlichen Maßstäben vorgeschlagen.[414] Juristisch eigenständige Gesellschaften „unter dem Mantel" einer Konzernmutter oder an Beteiligungsverhältnissen gemessen fremdbeherrschte Gesellschaften würden demnach unter wirtschaftlichen Gesichtspunkten keine unterschiedlichen Patentinhaber darstellen.[415] Nach dem Zweck der Verordnung ist jedoch nicht ersichtlich, dass ein „Bündelungsverbot" begründet werden soll.[416] Zudem erscheint angesichts des limitierten Prüfungsumfangs im Erteilungsverfahren unter Effektivitätsgesichtspunkten eine formale Herangehensweise vorzugswürdig. Liegt ein Missbrauchsfall vor, läuft der missbrauchende Anmelder stets Gefahr, dass seine Verflechtungen von Dritten enthüllt und

lung mehrerer ergänzender Schutzzertifikate für dasselbe Erzeugnis an unterschiedliche Inhaber und die Konsequenzen bei der Verfolgung von Rechtsverletzungen, in: FS 50 Jahre BPatG, S. 365; vgl. auch *Kraßer/Ann,* Patentrecht, § 26 Rn. 45.

412 *Kühnen,* Die Erteilung mehrerer ergänzender Schutzzertifikate für dasselbe Erzeugnis an unterschiedliche Inhaber und die Konsequenzen bei der Verfolgung von Rechtsverletzungen, in: FS 50 Jahre BPatG, S. 366.

413 *Kühnen,* Die Erteilung mehrerer ergänzender Schutzzertifikate für dasselbe Erzeugnis an unterschiedliche Inhaber und die Konsequenzen bei der Verfolgung von Rechtsverletzungen, in: FS 50 Jahre BPatG, S. 366; so auch Schulte-*Schell*, § 16a Rn. 35.

414 Vgl. Busse/Keukenschrijver-*Maute*, PatG, Anhang § 16a Rn. 71 m. w. N.; dagegen Schulte-*Schell*, § 16a Rn. 35; *Kühnen*, Die Erteilung mehrerer ergänzender Schutzzertifikate für dasselbe Erzeugnis an unterschiedliche Inhaber und die Konsequenzen bei der Verfolgung von Rechtsverletzungen, in: FS 50 Jahre BPatG, S. 366.

415 Vgl. Busse/Keukenschrijver-*Maute*, PatG, Anhang § 16a Rn. 71.

416 Busse/Keukenschrijver-*Maute*, PatG, Anhang § 16a Rn. 71.

gem. Art. 15 Abs. 1 a) VO (EG) 469/09 im Nichtigkeitsverfahren berücksichtigt werden.[417]

(2) Mehrere Zertifikate auf dasselbe Grundpatent?

Für forschende Pharmaunternehmen ist es besonders reizvoll, einen geschützten Wirkstoff mit einem oder mehreren anderen in Kombination zu bringen und jeweils ein neues Zertifikat dafür zu erhalten. Unter welchen Voraussetzungen dies möglich ist, hängt wiederum primär von den Konturen des Erzeugnisbegriffs ab, wie die vom EuGH entschiedenen Fälle *Actavis/Sanofi*[418] und *Georgetown*[419] verdeutlichen:

In der Rechtssache *Actavis/Sanofi* stand die Frage im Fokus, ob für eine Wirkstoffkombination ein *SPC* erteilt werden kann, wenn für einen der (beiden) Wirkstoffe bereits ein *SPC* anhand desselben Grundpatents erteilt worden war. Der EuGH geht davon aus, dass es unzulässig ist, dem Inhaber auf Grundlage desselben Patents, aber einer späteren Genehmigung für das Inverkehrbringen eines anderen Arzneimittels, das den genannten Wirkstoff zusammen mit einem anderen, *als solchen* durch das Patent *nicht geschützten* Wirkstoff enthält, ein zweites *SPC* für diese Wirkstoffzusammensetzung zu erteilen.[420] Denn der Inhaber habe bereits durch das erste *SPC* eine Amortisierungschance bekommen; andernfalls sei die Gefahr von sog. *evergreening*, also der ständigen Verlängerung von Schutzrechten, gegeben. Im Übrigen schütze jenes *SPC* gegen Inverkehrbringen generischer Kombinationswirkstoffe mit demselben Wirkstoff.[421]

Anders liegt es, wie bereits im Hinblick auf den Erzeugnisbegriff erörtert, wenn durch ein Grundpatent *mehrere* unterschiedliche Erzeugnisse *als solche geschützt* werden. Ist folglich dem Patentinhaber bereits ein Zertifikat für eine Wirkstoffzusammensetzung erteilt worden, so kann er außerdem ein *SPC* für einen dieser Wirkstoffe, der *einzeln als solcher* durch dasselbe Grundpatent geschützt wird, beantragen.[422] Die im Hinblick auf Art. 3 Abs. 2 S. 2 VO 1610/96 konstruierbaren Umgehungsmöglichkeiten dürften

417 Einhellig Busse/Keukenschrijver-*Maute*, PatG, Anhang § 16a Rn. 71; *Kühnen,* Die Erteilung mehrerer ergänzender Schutzzertifikate für dasselbe Erzeugnis an unterschiedliche Inhaber und die Konsequenzen bei der Verfolgung von Rechtsverletzungen, in: FS 50 Jahre BPatG, S. 367.

418 EuGH, GRUR Int. 2014, 153.

419 EuGH, GRUR 2014, 160.

420 EuGH, GRUR Int. 2014, 153.

421 EuGH, GRUR Int. 2014, 153, 156.

422 EuGH, GRUR 2014, 160.

verstärkt eine wettbewerbsrechtliche, insbesondere kartellrechtliche Dimension erlangen.[423]

### ee) Erste Arzneimittelzulassung für das Produkt

Schließlich muss die erteilte Genehmigung für das Inverkehrbringen die erste für das Erzeugnis als Arzneimittel sein, vgl. Art. 3 d) VO 469/09. Bislang kam es darauf an, dass der Wirkstoff überhaupt zum ersten Mal zugelassen wird; insoweit erfolgt die Auslegung nach Art. 1 b) VO 469/09 auf den Wirkstoff bezogen. Dementsprechend begründen Hilfsstoffe, andere Dosierungen und Derivate keine neuen Erzeugnisse.[424] Folglich würde grundsätzlich auch jede Zweitindikation desselben Wirkstoffs an der fehlenden Erstzulassung scheitern.[425] Im Fall *Neurim* scheint der EuGH unter Berufung auf den Hauptzweck der VO, nämlich der Förderung der Volksgesundheit durch Schutz innovativer Forschung, nunmehr davon abgerückt zu sein. Er entschied, dass die Erteilung eines Zertifikats für eine zweite Verwendung (als Humanarzneimittel) eines (bekannten) Erzeugnisses, für das eine Zulassung erteilt wurde, nicht bereits deshalb ausscheidet, weil für eine andere Indikation dieses Erzeugnisses schon eine Zulassung als Tierarzneimittel (als erste Verwendung) erteilt worden ist, sofern die frühere Verwendung im Schutzbereich des Grundpatents der zweiten, neuen *SPC*-Anmeldung liegt.[426] Der Bruch zur bisherigen Rechtsprechung beruht auf der (systemwidrigen) Vermengung der in Art. 1 b) VO 469/09 postulierten Definition des Erzeugnisses mit der materiell-rechtlichen Erteilungsschranke des 3 d) VO 469/09 andererseits und schafft einen neuen ambivalenten Begriff, der einerseits stoffbezogen, andererseits auf das Grundpatent bezogen ausgelegt wird.[427] Um diesen Bruch zu vermeiden, schlägt *Schell* unter teleologischer Heranziehung des ursprünglichen Verordnungsvorschlags der Kommission

---

423 *Stief/Bühler,* Supplementary Protection Certificates (SPC), S. 21; EuGH, GRUR Int. 2013, 837; zu verschiedenen Altfällen *Fackelmann,* Patentschutz und ergänzende Schutzinstrumente für Arzneimittel im Spannungsfeld von Wettbewerb und Innovation, S. 240 ff. m. w. N.; siehe zu Zertifikaten im Lichte des EU-Kartellrechts auch *Ibánez Colomo,* Article 82 EC as a „Built-in" Remedy in the System of Intellectual Property, The Example of Supplementary Protection for Pharmaceuticals in Italy, in: Govaere/Ullrich, Intellectual Property, Market Power and the Public Interest, S. 119 ff.

424 Busse/Keukenschrijver-*Maute*, PatG, Anhang § 16a Rn. 81; EuGH, PharmR 2014, 98.

425 EuGH, Mitt. 2007, 308.

426 EuGH, GRUR 2012, 910.

427 *Schell*, GRUR Int. 2013, 509, 511; a. A. *Brückner*, GRUR Int. 2012, 1097, 1101 f., der berechtigterweise darlegt, dass Erzeugnis und Wirkstoff nicht per se identisch sein müssen; sondern vielmehr nur dann identisch sind, wenn das Grundpatent auf den Wirkstoff als solchen gerichtet ist; Busse/Keukenschrijver-*Maute*, PatG Anhang § 16a Rn. 22 f., 83, spricht von „patentrechtlicher (Rück-)Korrektur" des Erzeugnisbegriffs.

sowie über den Rechtsgedanken der Pflanzenschutzmittel-Verordnung[428] eine Korrektur im Rahmen von Art. 1 b) VO 469/09 selbst vor.[429] Davon abgesehen wurde die Erteilbarkeit von *SPC*s auf Zweitindikationen, die forschenden Pharmaunternehmen den Rücken stärken wird, in Anbetracht der *ratio* der VO 469/09 im Ergebnis von der aktuellen Literatur wohlwollend aufgenommen.[430]

### b) Schutzgegenstand und -wirkung

Gem. Art. 5 Abs. 1 VO 469/09 gewährt das Zertifikat vorbehaltlich des Art. 4 dieselben Rechte wie das Grundpatent und unterliegt denselben Einschränkungen und Verpflichtungen. Folglich ist der Schutzbereich des *SPC* stark an den des jeweiligen nationalen Patents angelehnt. Art. 4 definiert den Schutzgegenstand, wonach sich in den Grenzen des durch das Grundpatent gewährten Schutzes der durch das Zertifikat gewährte Schutz allein auf das Erzeugnis, das von der Genehmigung für das Inverkehrbringen des entsprechenden Arzneimittels erfasst wird, und zwar auf diejenigen Verwendungen des Erzeugnisses als Arzneimittel, die vor Ablauf des Zertifikats genehmigt wurden, erstreckt.

Nichtsdestotrotz kann angesichts des Wortlauts von Art. 4 VO 469/09 nicht von Schutzbereichskongruenz von *SPC* und Grundpatent ausgegangen werden.[431] Insofern ergeben sich zwei Einschränkungen hinsichtlich des Zertifikats: Erstens wird der Schutz auf die jeweilige Patentkategorie des Grundpatents limitiert.[432] Zweitens führt die in der Arzneimittelzulassung beschriebene Indikation zur Zweckgebundenheit des Schutzbereichs.[433] Allerdings beschränkt das *SPC* sich nach Art. 4 VO 469/09 nur auf den Schutz-

---

428 VO (EG) Nr. 1610/96 des Europäischen Parlaments und des Rates vom 23.7.1996 über die Schaffung eins ergänzenden Schutzzertifikats für Pflanzenschutzmittel, ABl. EG L-198 vom 08.08.1996, S. 30; Gem. 17 PSM-VO gilt Erwägungsgrund 14 PSM-VO auch für die VO 469/09, wonach Stoffderivate einzeln geschützt werden können, wenn sie durch ein Grundpatent besonders beansprucht werden, also eigene arzneiliche Wirkung entfalten.

429 *Schell*, GRUR Int. 2013, 509, 513.

430 *Schell*, GRUR Int. 2013, 509, 513; *Brückner*, GRUR Int. 2012, 1097, 1102; *Kraßer/Ann*, Patentrecht, § 26 Rn. 59 f.; kritisch zu dieser Konstellation äußert sich *Fackelmann*, Patentschutz und ergänzende Schutzinstrumente für Arzneimittel im Spannungsfeld von Wettbewerb und Innovation, S. 231 f.

431 Singer/Stauder-*Brückner*, EPÜ, Art. 63 Rn. 10.

432 Busse/Keukenschrijver-*Maute*, PatG, Anhang § 16a Rn. 89; Schulte-*Schell* § 16a Rn. 47.

433 *Brändel*, GRUR 2001, 875, 877; Busse/Keukenschrijver-*Maute*, PatG, Anhang § 16a Rn. 90; *Fackelmann*, Patentschutz und ergänzende Schutzinstrumente für Arzneimittel im Spannungsfeld von Wettbewerb und Innovation, S. 235 m. w. N.

gegenstand des Erzeugnisses, nicht dessen Schutzwirkungen.[434] Daher schützt ein *SPC* für einen Einzelwirkstoff gegen eine Wirkstoffzusammensetzung, die auch den Einzelwirkstoff enthält.[435] In Bezug auf Derivate (insbesondere Salze und Ester) erstreckt sich der Schutz im oben beschriebenen Umfang einzelfallabhängig auch über Derivate, da sich die organische Verbindung oft nicht ändert.[436]

Seit Einführung des *SPC* hatte die EU gegenüber Drittländern einen substanziellen Standortnachteil, da Firmen mit Sitz in der EU ihre Erzeugnisse während der Geltungsdauer eines *SPC* auf dem Hoheitsgebiet eines Mitgliedstaats nicht zu jedem beliebigen Zweck herstellen konnten, besonders um sie in Drittländermärkte auszuführen, in denen Patent- oder *SPC*-Schutz ausgelaufen ist oder nie bestanden hat. Folglich konnten EU-Generika nicht schon direkt mit „Tag 1" des Schutzablaufs, sondern erst vergleichsweise spät auf den Binnenmarkt sowie andere Märkte strömen. Mit der Intention, die Wettbewerbsfähigkeit der (EU-)Branche für Generika und Biosimilars, (indes ohne dadurch die Marktexklusivität zu unterlaufen, die gemäß *SPC*-System auf geschützten Märkten gewährleistet wird) sowie Erschwinglichkeit von und Zugang zu Medikamenten zu fördern, wurde Art. 5 Abs. 2 VO (EG) 469/09 n. F. durch VO (EU) 933/2019[437] eingefügt, der in Ausnahme zu Abs. 1 nunmehr die Produktion und Lagerung für Exporte ab sechs Monate vor *SPC*-Ablauf gestattet (sog. *SPC-manufacturing-waiver*).

#### c) Berechnung und Dauer

##### aa) Grundsatz

Auf das Ende der Laufzeit des Grundpatents folgt die Laufzeit des *SPC*.[438] Sie entspricht dem zwischen Patentanmeldetag und Arzneimittelzulassung liegenden Zeitraum, abzüglich einer Pauschale von fünf Jahren.[439] Maximal jedoch darf der Schutz fünf Jahre nicht überschreiten.[440] (Etwas anderes gilt ausnahmsweise für pädiatrische Studien, wodurch weitere sechs Monate Schutz generiert werden können, s. sogleich unter bb)). Weiterhin darf bei der Laufzeitkombination von Patent und Zertifikat die addierte Schutzdau-

---

434 EuGH, EuZW 2012, 431 m. Anm. *Seitz*; *Brückner*, GRUR Int. 2012, 1097, 1100.

435 EuGH, EuZW 2012, 431.

436 Busse/Keukenschrijver-*Maute*, Anhang § 16a Rn. 90, 94; ausführlich dazu *Stief/Bühler*, Supplementary Protection Certificates (SPC), S. 27 f.

437 Verordnung (EU) 2019/933 des Europäischen Parlaments und des Rates vom 20.05.2019 zur Änderung der Verordnung (EG) Nr. 469/2009 über das ergänzende Schutzzertifikat für Arzneimittel, ABl., L-153 S. 1, v. 11.06.2019.

438 Vgl. Art. 13 Abs. 1 VO 469/09.

439 Vgl. Art. 13 Abs. 1 VO 469/09.

440 Vgl. Art. 13 Abs. 2 VO 469/09.

er insgesamt höchstens 15 Jahre betragen.[441] Zertifikate mit sog. „negativer Laufzeit" (also solche *SPC*s, deren Zulassungsverfahren unter fünf Jahre dauert und deren Gewährung folglich nach der VO 469/09 keine (positive) Laufzeit hätten) lässt der EuGH zu, um den Zweck der VO 1901/06 nicht zu gefährden.[442]

#### bb) Ausnahme für pädiatrische Studien

Ausnahmsweise kann mittlerweile als Forschungsanreiz und -Honorierung das Zertifikat einmalig verlängert werden, wenn zielgruppenspezifische Studien durchgeführt worden sind, vgl. Art. 13 Abs. 3 VO 469/09; Art. 36, 52 VO (EG) 1901/06.[443] Der Anwendungsbereich erstreckt sich auf pädiatrische Studien. Für diese Fälle ermöglicht das EU-Recht eine Verlängerung um bis zu sechs Monate.[444] Voraussetzung ist, dass alle Ergebnisse eines gebilligten Prüfkonzepts vorgelegt werden, wobei es auf die tatsächliche Wirksamkeit des Mittels bei Kindern nicht ankommt.[445] Honoriert wird somit bereits die Forschungstätigkeit als solche, mit dem Ziel, Kindern den Zugang zu sicheren, risikoarmen Arzneimittel zu erleichtern.[446]

### d) Erlöschen, Nichtigkeit und Widerruf

Der Schutz von *SPCs* kann auch entfallen. Gem. Art. 14 VO 469/09 erlischt das Zertifikat entweder nach Zeitablauf, bei Verzicht durch dessen Inhaber, bei verspäteter Entrichtung der Jahresgebühr oder infolge des Widerrufs der Zulassung für das Erzeugnis nach der RL (EG) 83/01.[447]

Nichtig ist das *SPC* nach Art. 15 Abs. 1 VO (EG) 469/09, wenn es entgegen Art. 3 erteilt wurde, das Grundpatent vorzeitig erloschen, für nichtig erklärt oder soweit eingeschränkt wurde, dass das *SPC* in den Ansprüchen des

---

441 Vgl. Erwägungsgrund 9 der VO 469/09.

442 EuGH, GRUR Int. 2012, 146, 149.

443 Verordnung des Europäischen Parlaments und des Rates vom 12.12.2006 über Kinderarzneimittel, ABl. EG L-378 vom 27.12.2006, S. 1; Neben pädiatrischen Studien erfasst die Verordnung auch erweiternden (Unterlagen-)Schutz für pädiatrische Studien zu seltenen Leiden (sog. Orphan-Drugs), indem sie deren Marktexklusivität von 10 auf 12 Jahre anhebt, vgl. Art. 37 Abs. 1 VO (EG) 1901/06, Art. 8 Abs. 1 VO (EG) 141/00.

444 Art. 36 VO (EG) 1901/06 und Art. 13 Abs. 3 VO 469/09.

445 Art. 36 VO 1901/06; Busse/Keukenschrijver-*Maute*, PatG, Anhang § 16a Rn. 191.

446 Erwägungsgrund 3 und 4 VO (EG) 1901/06.

447 Dem Wortlaut des Art. 14 d) nach erlischt das Zertifikat, „wenn und solange" das Erzeugnis infolge Widerrufs nicht in Verkehr gebracht werden darf. Über die technische Bedeutung dessen besteht Streit. Zum Streitstand s. Busse/Keukenschrijver-*Maute*, PatG, Anhang § 16a Rn. 164 m. w. N.; Schulte-*Schell*, § 16a Rn. 66; *Brändel*, GRUR 2001, 875, 878.

Grundpatents nicht mehr genannt wird, oder sofern nach Grundpatentanlauf Nichtigkeitsgründe vorliegen, die die Nichtigkeitserklärung oder Einschränkung rechtfertigen würden.

Im Hinblick auf pädiatrische Verlängerungen kann das *SPC* gem. Art. 16 Abs. 1 VO (EG) 469/09 widerrufen werden, sofern es im Widerspruch zu Art. 36 VO (EG) 1901/06 steht.

#### e) *Bolar*-Ausnahme[448]

Art. 10 Abs. 6 RL (EG) 83/01; Art. 13 Abs. 6 RL (EG) 82/01 sehen eine unter Art. 30 TRIPs fallende Ausnahmeregel zum *SPC*-Schutz vor. Danach dürfen Generikahersteller, noch während das *SPC* in Kraft ist, erforderliche Tests und Studien und alle sich daraus ergebenden praktischen Anforderungen hinsichtlich des patentgeschützten Erzeugnisses durchführen, um den Markteintritt von Generika schneller realisieren zu können. Hierin liegt keine Verletzung der nach dem *SPC* (oder Patent) gewährten Rechte. Die Ausnahme folgt zwar amerikanischem Vorbild, eröffnet im Vergleich dazu aber in Anbetracht ihrer Entstehungsgeschichte einen eher engen Anwendungsbereich.[449]

#### f) Legislative Genese des *SPC*

##### aa) Außereuropäische Einflüsse

Der Ursprung von Patentschutzverlängerungen für Arzneimittel liegt außerhalb Europas, nämlich in Japan[450] und den USA;[451] in Amerika war seit Beginn der 1980er Jahre darüber diskutiert worden.[452] Seit dem Jahr 1938

---

448 Der Name rührt von dem US-Rechtsstreit Roche Products Inc. *vs.* Bolar Parmaceuticals Co., GRUR Int. 1984, 769, weiterführend *Gassner*, GRUR Int. 2004, 983, 989 und bezeichnet die Situation, in der die Benutzung des Originalpatents zum Zwecke der Forschung und Datensammlung für Generika bereits vor dessen Auslaufen nicht als Verletzungen gelten.

449 *Gassner*, GRUR Int. 2004, 983, 990 f.

450 Vgl. JapPatG i. d. F. d. Gesetzes Nr. 91 v. 1988; s. Art. 67 Abs. 2 ff. JapPatG in Verbindung mit § 1 der Kabinetts-VO des japPatG, hierzu ausführlich unter Abdruck der VO *Niioka,* Klinische Versuche im Patentrecht, S. 95 m. w. N.; für die unverbindliche Übersetzung des japanischen Patentgesetzes durch das japanische Justizministerium s. http://www.japaneselawtranslation.go.jp/law/detail/?ft=1&re=02&dn=1&co=01&ia=03&x=0&y=0&ky= patent+law&page=49 (zuletzt abgerufen am 28.03.2024).

451 Vgl. Pub. L. No. 98 – 417.

452 Gleichwohl datieren generelle Patentverlängerungen in den USA bis nach 1836 zurück, und in Japan bis in das Jahr 1921. Die Idee wurde also bloß aufgegriffen und sektorbezogen konkretisiert, vgl. *Lietzan*, Seton Hall Law Review 2018, 53, 71 ff. m. w. N.; *Niioka,* Klinische Versuche im Patentrecht, S. 95 m. w. N.

musste dort für innovative Medikamente vor Inverkehrbringen deren Sicherheit für den Menschen nachgewiesen werden.[453] Verschiedene Gesetzesänderungen[454] hatten seit dem Jahr 1962 erheblich höhere Hürden[455] für das Inverkehrbringen von Generika geschaffen und infolgedessen generischen Zulassungsaufwand stark erhöht, sodass sich – wenn auch erst mittelfristig – im Lichte der marktbedingten Verfügbarkeit und Preisgestaltung von (innovativen) Medikamenten die Notwendigkeit einer politikbasierten Korrektur dahingehend abzeichnen sollte, den Markteintritt für Generika zu stärken.[456]

Zunächst aber forderten die (agro)chemische und die pharmazeutische Industrie, nachdem sie die Effektivität ihres Patentschutzes vor dem Hintergrund zeitaufwendiger Zulassungen sukzessiv hatten schwinden sehen, in der zweiten Hälfte der 1970er Jahre Patentverlängerungen nicht bloß für ihre speziellen, sondern für sämtliche, einer behördlichen Genehmigung unterliegenden Produkte.[457] Diesbezüglich überreichten sie zudem bereits vorformulierte Gesetzesvorschläge an den Kongress.[458] Im Zuge wirtschaftspolitischer Rekalibrierung durch den damaligen parteidemokratischen US-Präsidenten J. Carter wurde zum Ende der 1970er Jahre schließlich auch aus Regierungskreisen vorgeschlagen, Pharmazeutika – neben anderen der behördlichen Zulassung unterliegenden Produkten – einem anreizbasierten, patentrechtsindizierten Kompensationsmechanismus für zulassungsverfahrensbedingte Verzögerungen zuzuführen.[459] Die Arbeit des mit der Umsetzung betrauten Ausschusses für geistiges Eigentum verdichtete sich in der Empfehlung, Patentlaufzeitverlängerungen einzuführen.[460] Mehrere Befassungen beider legislativer Kammern, die kompromissweise maximale Patentverlängerungen von sieben Jahren vorsahen, mündeten schließlich

453 Vgl. *Anderson,* American Intellectual Property Law Association Quarterly Journal 1980, 340, 343; *Stotland Weiswasser/Danzis*, Antitrust Law Journal 2003, 585, 587.

454 Vgl. Pub.L. No. 87-781, 76 Stat. 780 (kodifiziert in 21 U.S.C. §§ 321, 331-32, 348, 351-53, 355, 357-60, 372, 374, 376, 381).

455 Generikahersteller mussten nunmehr neben der Sicherheit auch die Wirksamkeit ihres Produktes nachweisen, vgl. *Mossinghoff*, Food and Drug Law Journal 1999, 187.

456 Vgl. *Mossinghoff*, Food and Drug Law Journal 1999, 187 m. w. N.; umfassend *Lietzan*, Seton Hall Law Review 2018, 53, 92 ff., 102.

457 Vgl. *Reich*, GRUR Int. 1986, 765, 767; *Lietzan*, Seton Hall Law Review 2018, 53, 69 ff., beide terminieren den Vorstoß auf das Ende der 1970er Jahre; *Hilken,* Innovation und Patentschutz auf dem EG-Arzneimittelmarkt, S. 124, der den Zeitpunkt auf die Mitte der 1970er Jahre datiert.

458 Vgl. *Reich*, GRUR Int. 1986, 765, 767, Fn. 12.

459 Vgl. *Lietzan*, Seton Hall Law Review 2018, 53, 70 f.; *Mossinghoff*, Food and Drug Law Journal 1999, 187, 188.

460 Vgl. *Mossinghoff*, Food and Drug Law Journal 1999, 187, 188.

in einem finalen Gesetzesvorschlag, der letztlich jedoch nicht die benötigte Mehrheit erzielen konnte.[461]

Daraufhin zum Handeln veranlasst, aber kaum einheitlich organisiert, konnten zum Ende des Jahres 1981 besonders Vertreter der generischen Pharmaindustrie und Verbraucherverbände an politischem Einfluss gewinnen. Beachtlicherweise störten sich offenbar jene generischen Industrien weniger an einer Patentverlängerung als solcher, ließen sie sich doch zumindest früh von dessen grundsätzlicher Berechtigung überzeugen. Ihr Anliegen beschränkte sich vielmehr primär darauf, die Versuchsdaten der Originalhersteller zugunsten schnellerer[462] Zulassungen und niedriger Produktpreise in Referenz nehmen zu können.[463] Dieser Ansatz nahm jene seit den 1960er Jahren herrschenden Debatten auf und traf in der Öffentlichkeit[464] ebenso sowie im US-Kongress[465] auf Zustimmung. Nichtsdestotrotz erlitten die Interessenvertreter von Generika bis ins Jahr 1983 wiederholt politische Niederlagen, was sich erst ab Mitte des Jahres 1983 änderte, nachdem sie sich zu einer effektiveren politischen Einheit reorganisiert und mit Kongressabgeordneten Henry Waxman einen einflussreichen Fürsprecher gefunden hatten.[466]

Unter maßgeblichem Einfluss von Henry Waxman sowie des ebenfalls namensspendenden Senators Orrin Hatch, wurde nunmehr ein Gesetzesentwurf ausgearbeitet und nach einigen Änderungen schließlich im Jahr 1984 als sog. *Hatch-Waxmann Act* verabschiedet.[467] Die ursprünglich intendierte, einseitige Stärkung von forschungsbasierten Pharmaunternehmen war somit schließlich einem Kompromiss gewichen:[468] Einerseits konnten für

---

461 Vgl. *Mossinghoff*, Food and Drug Law Journal 1999, 187, 188; *Reich*, GRUR Int. 1986, 765, 767 unter Verweis auf *Lourie*, Journal of the Patent and Trademark Office Society 1984, 526; *Chrocziel*, GRUR Int. 1984, 735, 737; Detailliert dazu *Lietzan*, Seton Hall Law Review 2018, 53, 89 ff.

462 Zentrales Element bildete hier die Abbreviated New Drug Application (ANDA), die Generikaherstellern erlaubt, im Rahmen der Anmeldung auf (vor)klinische Daten des Originalherstellers zu verweisen.

463 Vgl. *Reich*, GRUR Int. 1986, 765, 767.

464 Vgl. *Lietzan*, Seton Hall Law Review 2018, 53, 59.

465 Vgl. *Reich*, GRUR Int. 1986, 765, 767.

466 Vgl. *Lietzan*, Seton Hall Law Review 2018, 53, 83 ff.

467 Vgl. *Mossinghoff*, Food and Drug Law Journal 1999, 187, 188 ; Zum Gesetzgebungsprozess siehe auch *Chrocziel*, GRUR Int. 1984, 735, 737 f.; *Reich*, GRUR Int. 1986, 765, 767 unter Verweis auf *Lourie*, Journal of the Patent and Trademark Office Society 1984, 526, 532; *Hilken,* Innovation und Patentschutz auf dem EG-Arzneimittelmarkt, S. 123 f.; *Lourie*, Food, Drug and Cosmetic Law Journal 1985, 353.

468 Vgl. *Mossinghoff*, Food and Drug Law Journal 1999, 187; *Bhat*, Pharmaceuticals Policy and Law 2005, 109, 111 ff.; zur Einschätzung dieses Kompromisses *Karbalai,* The Hatch-Waxman (Im)Balancing Act, https://dash.harvard.edu/handle/1/10015297 (zuletzt abgerufen am 28.03.2024); *Avery*, The Hastings Law Journal 2008, 171; *Lietzan*,

Originalpräparate Patentschutzverlängerung bis zu fünf Jahre (und Datenexklusivität) in Anspruch genommen werden, während andererseits Generikahersteller auf die Erhebung (vor)klinischer Daten unter Umständen verzichten und die Erstanmelderdaten heranziehen konnten, um schneller auf den Markt gelangen zu können.[469] Der *Hatch-Waxman Act* sollte den (vermeintlichen) Schlusspunkt einer politisch-wirtschaftlichen Kontroverse zwischen forschenden Pharmaunternehmen und Generikaherstellern um deren arzneimittelschutzimmanente Interessenkollision markieren.[470]

### bb) Innereuropäische Strömungen[471]

Nationalstaatliches Recht war kaum präexistent. Als erste europäische Nation hat Frankreich mit dem Gesetz Nr. 90-510 vom 25.06.1990[472] schutzzeitverlängernde Zertifikate für Arzneimittel eingeführt und Italien folgte kurz darauf im Jahr 1991,[473] obwohl zu dieser Zeit allerdings schon ein Verordnungsentwurf[474] der EU-Kommission existierte. Hinsichtlich seiner Voraussetzungen glich das französische Gesetz jenen, später von der EU beschlossenen.[475] Die Laufzeit betrug dort zunächst, anders als in der EU, bis zu sieben Jahre nach Ablauf der Patentschutzfrist, aber in Addition mit dem Patent maximal 17 Jahre nach Vermarktungsgenehmigung. Mit in Krafttreten der EU-Verordnung verlor das Gesetz kurz darauf seine individuelle Relevanz.

Seton Hall Law Review 2018, 53, 105; *Lourie*, Journal of the Patent and Trademark Office Society 1984, 526, 550; *Acquah*, International Review of Intellectual Property and Competition Law 2014, 256, 260 ff.

469 Bis zu diesem Zeitpunkt fielen Zulassungsdaten in den USA, wie auch in der EU, unter den Schutzbereich der Betriebsgeheimnisse und waren somit nicht offenbarungspflichtig.

470 Zu den politischen Einzelheiten ausführlich *Lietzan*, Seton Hall Law Review 2018, 53, 71 ff.; Zu den Auswirkungen für die Industrie *Ryan*, Food, Drug and Cosmetic Law Journal 1985, 345; *Johnstone*, Food, Drug and Cosmetic Law Journal 1985, 339. Zum Inhalt des Acts ausführlich *Stotland Weiswasser/Danzis*, Antitrust Law Journal 2003, 585, 590 ff.

471 Zu den *SPC*-relevanten Rechtsaspekten in vielen EU-Staaten s. *Max Planck Institute for Innovation and Competition,* Study on the Legal Aspects of Supplementary Protection Certificates in the EU – Annex I: National Reports EU.

472 Veröffentlicht im „Journal Officiel“ vom 27.06.1990.

473 Per Gesetz Nr. 349 vom 19.10.1991, übersetzt in BiPMZ 1993, 121 ff.

474 ABl. EG C-114 vom 08.05.1990, S. 10; Zu Unterschieden des Gesetzes zum damaligen Kommissionsentwurf (dieser hatte beispielsweise ursprünglich eine zehn-jährige Schutzdauer enthalten) s. *Portal*, GRUR Int. 1991, 89, 91 f.

475 *Portal*, GRUR Int. 1991, 89 ff.

### cc) Unionale Genese

Alternativ zum *SPC* wäre (theoretisch) eine Verlängerung der Patentlaufzeit selbst in Betracht gekommen. Jedoch bildete in diesem Fall die zwanzigjährige Patentlaufzeit von Art. 63 Abs. 1 EPÜ (1973) ein wesentliches Hindernis, das zeitaufwendig hätte revidiert werden müssen, vgl. Art. 172 EPÜ (1973). Da *sui generis* Schutzsysteme jedoch rechtlich betrachtet ein *aliud* zum Patent darstellen, verhielt sich diese Vorgehensweise EPÜ-konform und zeitnah umsetzbar.[476]

#### (1) Motivlage

Den Erwägungen zur damaligen VO (EG) 1768/92 offenbart sich eine vierdimensionale, aus patentrechtlichen, ökonomischen, gesundheits-/sozialpolitischen und – prädominant – wettbewerbsrechtlichen Facetten gespeiste Motivationslage. Im Ausgangspunkt stand pharmazeutische Forschung als Vehikel der Bevölkerungsgesundheit. Angesichts der strukturellen Gegebenheiten im pharmazeutischen Sektor zulasten forschender Pharmaunternehmen war unter Einbeziehung der maßgeblichen Umstände der Patentschutz aber als inadäquat beurteilt worden.[477] Denn die Forschungskosten drohten, nicht durch spätere Erlöse gedeckt werden zu können,[478] was den Forschungsmehrwert aus wirtschaftlicher Perspektive innerhalb der EU in Frage stellen würde. Durch Bereitstellung adäquaten Schutzniveaus sollte die Entwicklung von Medikamenten mit vorausgehender kostenintensiver Forschung außerhalb der EU verhindert werden.[479] Zwischenzeitlich hatte sich nämlich die Gefahr manifestiert, dass forschungsbasierte Pharmaunternehmen in Länder außerhalb der EU mit höheren Schutzstandards abwandern und in Ermangelung angenäherter innereuropäischer Standards die Warenverkehrsfreiheit im Binnenmarkt behindern würden.[480]

Insbesondere die USA hatten mit dem *Patent Term Restoration Act* von 1984 Patentverlängerungen für Arzneimittel implementiert und somit For-

---

476 *Max Planck Institute for Innovation and Competition,* Study on the Legal Aspects of Supplementary Protection Certificates in the EU – Final Report, S. 41; *Aufzeichnungen des Bundesjustizministeriums vom 15.10.1990,* GRUR Int. 1991, 32, 35, 39 f.; zum Streit um den Verstoß gegen Art. 63 EPÜ s. statt aller *Kunz-Hallstein*, GRUR Int. 1991, 351.

477 Vgl. Erwägungsgründe 6, 9 und 10 der VO 1768/92.

478 Vgl. Erwägungsgrund 3 der VO 1768/92.

479 Vgl. Erwägungsgrund 2 der VO 1768/92.

480 Vgl. Erwägungsgründe 5 und 6 der VO 1768/92; Die Notwendigkeit einer Verordnung wurde auf Art. 100a EG-Vertrag gestützt.

schungsanreize geschaffen, wodurch Handlungsdruck auf die EU entstanden war, um international wettbewerbsfähig zu bleiben.[481]

Insofern integrierte das europäische *SPC* ein jungen, international aufgekommenen Mechanismus. Mit Schutzzeiten von bis zu fünf Jahren orientiert sich die VO 1768/92 am internationalen Stand. Verglichen mit ihrem amerikanischen Vorbild fällt allerdings eine ideologische Disparität ins Auge: Das *SPC* bietet keinen Interessenausgleich. Während der *Patent Term Restoration Act* auf dem dualistischen Ansporn gründete, Generikahersteller zugunsten einer Marktöffnung zu stärken, aber gleichzeitig forschungsbasierte Unternehmen zu kompensieren, fundiert sein europäisches Pendant im Gegenteiligen, *ergo* nur der Kompensation von Erstanmeldern.[482] Entsprechend beinhaltete die VO 1768/92 keine positiv-rechtliche Regel zugunsten von Generikaherstellern (etwa durch verkürzte Anmeldungen); sie sind lediglich über Reduktionen der Schutzdauer berücksichtigt worden.

(2) Kommissionsvorschlag und Reaktionen

Besagter Kommissionsvorschlag basiert letztlich auf Initiativen der *European Federation of Pharmaceutical Industries and Associations* (EFPIA), dem Dachverband der forschungsbasierten, europäischen, pharmazeutischen Industrie, und des Bundesverbandes der Pharmazeutischen Industrie (BPI), deren Forderungen sich die Kommission in den Erwägungsgründen zur VO (EG) 1768/92 inhaltlich zu eigen gemacht hat.[483] Im Kern sollte nach Art. 8 des Kommissionsvorschlages das Zertifikat für eine Dauer, die dem Zeitraum zwischen der Einreichung der Anmeldung für das Grundpatent und dem Zeitpunkt der ersten Genehmigung für das Inverkehrbringen in der Gemeinschaft entspricht, abzüglich eines Zeitraums von vier Jahren währen, insgesamt jedoch höchstens zehn Jahre. Damit übertraf der Vorschlag den internationalen Status quo um das Doppelte. Dies drohte das komplexe und sensible Gleichgewicht zwischen forschungsbasierten und generikafabrizierenden Unternehmen nachhaltig zu verschieben. Das EU-Parlament billigte den Vorschlag ohne signifikante Änderungen, bestand allerdings im Rahmen der maximalen Laufzeit des *SPC* darauf, neben dem Interesse der Volksgesundheit explizit das der Verbraucher und Krankenkassen zu berück-

481 Vgl. Erwägungsgrund 7 VO 1610/96 zu agrochemischen Produkten; angesichts der strukturellen Ähnlichkeit hinsichtlich langer Zulassungsverfahren (vgl. Erwägungsgrund 4 VO 1610/96) sind keine Anhaltspunkte gegen die Übertragung jenes Grundes auf pharmazeutische Erzeugnisse ersichtlich.

482 So auch *Niioka,* Klinische Versuche im Patentrecht, S. 146.

483 *Aufzeichnungen des Bundesjustizministeriums vom 15.10.1990*, GRUR Int. 1991, 32, 33.

sichtigen.[484] Deutlicher mahnte der Wirtschafts- und Sozialausschuss an, die Interessen der Generikahersteller und deren Marktfunktion derart einzubeziehen, dass die Balance zwischen Arzneimittelpreisen und -forschung erhalten bleibe.[485] Deshalb sei die Dauer des Zertifikatsschutzes im Lichte der Angemessenheit den Laufzeiten der USA und Japan anzugleichen.[486] Die Kommission hat diese Erwägungen in die VO (EG) 1768/92 aufgenommen.

#### g) Zwischenfazit

In den USA hatte neben (intern) wirtschaftspolitischen sowie branchenspezifischen Interessenwahrnehmung die zunehmende Regulierung des Zulassungsrechts tradierte Gesetzesstrukturen refokussiert, wodurch sich Patentverlängerungen mangels nennenswerten Widerstandes etablieren konnten. Der dadurch auf Europa entstandene, extern generierte wettbewerbspolitische und intern industriebedingt steigende wirtschaftspolitische Druck mündete zeitnah in einer strukturell ähnlichen Reaktion. Allerdings verlor sich hier der breitere, kompromissbasierte Ansatz des US-Vorbildes im europäischen Umsetzungseifer.

Obwohl – oder gerade weil – die einschlägigen Rechtsgrundlagen eher rudimentär gestaltet sind, haben sie erhebliche Rechtsunsicherheit provoziert und werden insofern den praktischen Branchenbedürfnissen kaum gerecht. Der EuGH hatte sich vielfach in substanziellen Fragen zur Verordnung äußern müssen; sein (mitunter kryptisches bzw. widersprüchliches) *case law* bestimmt und erschwert mittlerweile eine unionseinheitliche Erteilungspraxis. Der EuGH hat die verordnungsgeberische Intention in zentralen Punkten entwertet, sodass aktuelle Bestreben der Analyse und Rebalancierung die Gesetzesmaterie korrigierend weiter im Fluss halten werden.

### 3. Zertifikate für Pflanzenschutzmittel

Die Pflanzenschutzmittelindustrie unterliegt gleichfalls strenger Regulierung und ihre Produkte sind aus der Landwirtschaft nicht wegzudenken, da sie – je nach Pflanze – Ertragssteigerungen zwischen 25 % und 75 % und bedeuten können.[487] Die Zulassungsbedürftigkeit von Pflanzenschutzmitteln ergibt sich aus der Notwendigkeit des Gesundheitsschutzes von Mensch und

484 *EU-Parlament*, ABl. EG C-19 vom 28.01.1991, S. 94; und ABl. EG C-150 vom 15.06.1992, S. 34, 84.

485 ABl. EG C-69 vom 18.03.1991, S. 22, 23.

486 Für die USA galten gem. dem *Hatch-Waxman Act* max. fünf Jahre Patentverlängerung, in Summe mit dem Patent ab Zulassung maximal vierzehn Jahre; In Japan galt eine Zertifikatsverlängerung auf bis zu fünf Jahre.

487 *Freshwater*, Estey Centre Journal of International Law and Trade Policy 2003, 32, 36 m. w. N.

Tier sowie des Umweltschutzes. Forschung und Entwicklung von Pflanzenschutzmitteln dienen ihrerseits der suffizienten, sicheren, erschwinglichen und qualitativ hochwertigen Nahrungsversorgung der Bevölkerung.[488] Allerdings haben auch hier die Kosten stetig zugenommen: Brancheninternen Studien zufolge sind die durchschnittlichen Forschungs- und Entwicklungskosten von 152 Millionen im Jahr 1995 auf 286 Millionen US-Dollar zwischen den Jahren 2010 und 2014 angestiegen.[489]

### a) Einführung in der EU

Obschon bereits im Diskurs der VO (EG) 1768/92 ergänzende Zertifikate für Pflanzenschutzmittel unter selbigen Schutzerwägungen beleuchtet worden waren,[490] legte die Kommission erst am 12.12.1994 einen entsprechenden Vorschlag für Pflanzenschutzmittel-*SPC*s vor.[491] Zuvor hatte es – im Vergleich zur VO 1768/92 – an substanziellen Studiendaten darüber gemangelt, in welchem Umfang auch Pflanzenschutzmittelpatente infolge langwährender Zulassungsprozeduren ihre effektive Laufzeit einbüßten.[492] Trotz eingereichter Erhebungen der Pharmaindustrie, die effektive Laufzeiten von (nur) zehn Jahren belegt hatten, und dem Dafürhalten einzelner Mitgliedstaaten,[493] fehlte auf europäischer Ebene zunächst der politische Wille zur Kreation entsprechenden Sektorschutzes für Pflanzenschutzmittel – wie *Schennen* resümiert.[494] Die deutsche Regierung hatte das von ihr ausgewertete Datenmaterial schon 1990 als ausreichend überzeugend anerkannt und daraufhin ihren Standpunkt formuliert, Zertifikate seien aufgrund der sektoralen Parallelproblematik für beide Produktgruppen gleichermaßen erforderlich; daneben hatte die agrochemische Industrie bereits im Jahr 1990 *SPC*s für ihre Produkte verlangt.[495]

---

488 Vgl. Erwägungsgrund 1 VO (EG) 1610/96.

489 *Phillips McDougall,* The Cost of New Agrochemical Product Discovery, Development and Registration in 1995, 2000, 2005-8 and 2010 to 2014, S. 13.

490 Vgl. *Schennen*, GRUR Int. 1996, 102, 103 unter Hinweis auf *Mühlens*, Mitteilungen 1993, 213, 214 f.; *Aufzeichnungen des Bundesjustizministeriums vom 15.10.1990*, GRUR Int. 1991, 32, 35 f.

491 Vgl. Vorschlag für eine Verordnung (EG) des Europäischen Parlamentes und des Rates über die Schaffung eines ergänzenden Schutzzertifikats für Pflanzenschutzmittel, ABl. EG C-390 vom 31.12.1993, S. 21.

492 Vgl. *Schennen*, GRUR Int. 1996, 102, 103 unter Verweis auf das unveröffentlichte Memorandum Nr. 3 der International Group of National Associations of Manufacturers of Agrochemical Products (GIFAP) vom März 1992.

493 Vgl. *Aufzeichnungen des Bundesjustizministeriums vom 15.10.1990*, GRUR Int. 1991, 32, 36.

494 Vgl. *Schennen*, GRUR Int. 1996, 102, 103.

495 *Aufzeichnungen des Bundesjustizministeriums vom 15.10.1990*, GRUR Int. 1991, 32, 35 ff.

Letztlich gelang es der deutschen Regierung innerhalb des Rates durchzusetzen, die Kommission (begleitend zur Arzneimittel betreffenden VO (EG) 1768/92) auch um einen Verordnungsvorschlag für Pflanzenschutzmittel zu bitten, welchen diese – entgegen weiterhin kritischer Stimmen – schließlich am 12.12.1994 vorlegte.[496] Der Verordnungsvorschlag, der sich konzeptionell ganz maßgeblich am Vorbild der VO (EG) 1768/92 orientiert hatte, wurde schon kurz darauf mit wenigen Änderungen als VO (EG) 1610/96 verabschiedet.[497]

Mit der maßgeblichen Erwägung des Verordnungsgebers, zulassungsbedingte Verzögerungen zu kompensieren, intendierte er, durch Anpassung wettbewerblicher Rahmenbedingungen internationale Wettbewerbsfähigkeit zurück zu gewinnen, die mit der Japans und Nordamerikas vergleichbar sein würde.[498] Paradoxerweise hatte die Rechtsordnung der USA zum damaligen Zeitpunkt aber grundsätzlich keine Patentextensionen oder Schutzzertifikate für Pflanzenschutzmittelpatente vorgesehen.[499] In Japan hingegen waren zum 01.01.1988 Patentextensionen u.a. für Pflanzenschutzmittel eingeführt worden.[500]

### b) Schutzumfang und -voraussetzungen

Auch diese Verordnung räumt dem Grundpatentinhaber bis zu fünf Jahre verlängerten Schutz ein, begrenzt auf den sich aus Patent und Zertifikat additiv ergebenden Schutzzeitraum auf 15 Jahre ab Erteilung der ersten Genehmigung.[501] Weitere Verlängerungen, wie sie die VO (EG) 469/09 für pädiatrische Tests kennt, sind nicht vorgesehen.

Das ergänzende Schutzzertifikat folgt grundsätzlich den gleichen materiellen Erteilungsvoraussetzungen, die auch für Arzneimittel gelten. Daher bedarf es eines gültigen Grundpatentes auf das Erzeugnis sowie einer Genehmigung für das Inverkehrbringen (sei es auch nur eine vorläufige,[502]

---

496 Vgl. *Schennen*, GRUR Int. 1996, 102, 104.

497 Verordnung (EG) Nr. 1610/96 des Europäischen Parlaments und des Rates vom 23. Juli 1996 über die Schaffung eines ergänzenden Schutzzertifikats für Pflanzenschutzmittel, ABl. EG L-198 vom 08.08.1996, S. 30; Zu den Änderungen s. Schennen, GRUR Int. 1996, 102, 104 ff.

498 Vgl. Erwägungsgrund 7 VO (EG) 1610/96.

499 Vgl. *Schennen*, GRUR Int. 1996, 102, 104.

500 Vgl. Art. 67 ff. JapPatG, für die unverbindliche Übersetzung des japanischen Patentgesetzes durch das japanische Justizministerium s. http://www.japaneselawtranslation.go.jp/law/detail/?ft=1&re=02&dn= 1&co=01&ia=03&x=0&y=0&ky=patent+law&page=49 (zuletzt abgerufen am 28.03.2024); vgl. *Schennen*, GRUR Int. 1996, 102, 104.

501 Vgl. Art. 13 und Erwägungsgrund 11 VO (EG) 1610/96.

502 Vgl. EuGH, GRUR 2011, 213.

nicht jedoch bei einer Notgenehmigung[503]), die gleichzeitig die erste Genehmigung darstellt.[504] Außerdem darf nicht bereits ein Zertifikat auf das Erzeugnis erteilt worden sein.[505] Auch Schutzbereich und -wirkungen sowie Erlöschen und Nichtigkeit verlaufen parallel. Nur der pflanzenschutzmittelrechtliche Erzeugnisbegriff verhält sich extensiver als der arzneimittelrechtliche – beinhaltet Ersterer doch auch Zubereitungen (Gemenge, Lösungen und Gemische) aus mehreren Stoffen, von denen mindestens einer ein Wirkstoff ist.[506]

Mit Auslegungsfragen hat sich der EuGH bis dato weit überwiegend bezüglich Arzneimitteln konfrontiert gesehen. Da beide Branchenverordnungen weitestgehend identisch sind, kann insoweit grundsätzlich die obig erörterte Rechtsprechung des EuGH auch im Bereich der Pflanzenschutzmittel herangezogen werden.[507] Um Gleichklang bemüht, erklärt Erwägungsgrund 17 VO (EG) 1610/96[508] die Modalitäten vereinzelter Artikel und Erwägungsgründe als auslegungsrelevant für die VO (EG) 1768/92 und gilt gleichermaßen für die VO (EG) 469/09.[509] So hat der Verordnungsgeber in Erwägungsgrund 14 VO (EG) 1610/96 postuliert, dass auch Derivate eines Erzeugnisses selbstständig Gegenstand eines Zertifikats werden können, sofern diese Derivate in einem Patent besonders beansprucht werden. Die hinsichtlich Arzneimitteln erörterte Frage, ob einem (Grund-)Patentinhaber mehrere Zertifikate bei ebenso mehreren, für dasselbe Erzeugnis vorliegenden, Patenten erteilt werden können, negiert der Verordnungsgeber hier ausdrücklich, gesteht jedoch bei mehreren Anmeldungen durch *verschiedene* Patentinhaber für dasselbe Erzeugnis auch entsprechend jedem Patentinhaber ein Zertifikat zu.[510] Diese vereinzelten semantischen Divergenzen zwischen den Verordnungstexten relativieren sich nun im Lichte des diktierten Auslegungstransfers auf die VO (EG) 469/09. Die Diskussion darum, was nun als Erzeugnis gilt, entschärft sich hiesig vor dem Hintergrund, dass

503 Vgl. EuGH, GRUR Int. 2013, 1129.
504 Art. 3 Abs. 1 VO (EG) 1610/96.
505 Art. 3 Abs. 1 VO (EG) 1610/96.
506 Art. 1 Nr. 1 und 4 VO (EG) 1610/96.
507 Busse/Keukenschrijver-*Maute*, Anhang § 16a Rn. 194, 211; Singer/Stauder-*Brückner*, EPÜ, Art. 63 Rn. 16 ff.; umfassend *Max Planck Institute for Innovation and Competition,* Study on the Legal Aspects of Supplementary Protection Certificates in the EU – Final Report, S. 471 ff.
508 Nach Erwägungsgrund 17 VO (EG) 1610/96 gelten die in den Erwägungsgründen 12, 13 und 14 sowie in Art. 3 Abs. 2, Art. 4, Art. 8 Abs. 1 c) und Art. 17 Abs. 2 vorgesehenen Modalitäten gelten sinngemäß auch für die Auslegung insbesondere des Erwägungsgrunds 9 und der Art. 3 und 4, des Art. 8 Abs. 1 c) und des Art. 17 der VO (EG) 1768/92.
509 Siehe obige Ausführungen zur Inhaberschaft bei Arzneimittel-*SPC*s; *Kraßer/Ann,* Patentrecht, § 26 Rn. 45.
510 Art. 3 Abs. 2 VO (EG) 1610/96.

die VO (EG) 1610/96 diesbezüglich präzisere Maßgaben als die VO (EG) 469/09 bereithält.[511]

### 4. Adoption in EU-FTAs

Nachdem in der ersten Hälfte der 1990er Jahre *SPC*s – geschaffen als wettbewerbsfördernde Institute – ihren „Export" auf Welthandelsebene versäumt hatten, rückten bilaterale Vereinbarungen in den Fokus.

Mittlerweile erfahren sich Patentlaufzeitverlängerungen für Arznei- und Pflanzenschutzmittel als regelmäßige Bestandteile europäischer Freihandelsabkommen. Entscheidend ist hierbei anzumerken, dass die EU solche Patentlaufzeitverlängerungen nicht explizit als *SPC* nach ihrem eigenen Vorbild ausgestaltet. *SPC*s stellen vielmehr nur eine von mehreren rechtstechnischen Optionen dar, patentfähige Gegenstände aufgrund ihrer besonders anerkannten Schutzbedürftigkeit nach Ablauf der eigentlichen bzw. erstmaligen Patentlaufzeit immaterialgüterrechtlich weiterhin zu schützen. Neben den Schutzzertifikaten kann dies beispielsweise durch formale Verlängerung des Patentes selbst geschehen.

Zumindest arzneimittelrelevante Bestimmungen finden sich im Grunde in jedem Freihandelsabkommen der neuen Generation wieder. Verglichen hiermit sind Pflanzenschutzmittelbestimmungen seltener anzutreffen, wenngleich sie dann ihren Pendants aber in Umfang und Tiefe entsprechen.

#### a) Präsenz in älteren Abkommen

Seitdem auf WTO-Ebene letztlich keine Einigung darüber erzielt worden konnte, Patente weitergehende Patentverlängerungen (insbesondere durch schutzzeitverlängernde Zertifikate) in TRIPs mit einzubeziehen, forciert die EU deren Implementierung in anderen Staaten per bilateraler Abkommen.

Die Handelsabkommen in den 1990er Jahren begnügten sich – im Vergleich zu heutigen Abkommen – damals noch mit sehr oberflächlicher Erwähnungen geistigen Eigentums. In aller Regel beinhaltete das jeweilige Abkommenswerk nicht mehr als einen Artikel, der gänzlich indifferent den Schutztenor im ganzen Bereich des geistigen Eigentums vorgab.[512] Ein beigefügtes

---

511 Nach Art. 1 Nr. 3 VO (EG) 1610/96 sind Wirkstoffe „Wirkstoffe" Stoffe und Mikroorganismen, einschließlich Viren, mit allgemeiner oder spezifischer Wirkung gegen Schadorganismen, auf Pflanzen, Pflanzenteile oder Pflanzenerzeugnisse.

512 Vgl. beispielsweise Art. 33 des Assoziierungsabkommens mit den palästinensischen Autonomiegebieten („Palästina"), als ein Teilnehmer des sog. Barcelona-Prozesses. Dabei handelt es sich um eine Reihe von Handels- und Partnerschaftsabkommen, die die EU um die Jahrtausendwende im Mittelmeerraum abgeschlossen hat. Hierzu zählen unter anderen auch Jordanien, Tunesien und Marokko.

Annex beschrieb ergänzend, innerhalb welches Zeitraumes nach Inkrafttreten des Abkommens das Partnerland der EU bestimmten internationalen Übereinkünften zum Schutz des geistigen, gewerblichen und kommerziellen Eigentums beitreten bzw. welchen schon beigetretenen Abkommen besondere Bedeutung eingeräumt wird.[513] Außerdem formulierten die Vertragspartner gemeinsame Erklärungen darüber, was sie unter dem Begriff „Geistiges Eigentum" verstanden (hierauf wird sogleich noch zurückzukommen sein).[514]

Dabei traten um die Jahrtausendwende herum, je nach Abkommensart, zweierlei Formulierungen auf: Einerseits bemaß sich der Schutz „nach strengsten internationalen Normen"[515] oder andererseits hatte eine „Angleichung an das europäische Schutzniveau" zu erfolgen.[516] Erstere Vorgehensweise nutzten die Vertragspartner vornehmlich innerhalb der Euro-Mittelmeerabkommen zwischen 1997 und 2004 per Standardklausel. So heißt es beispielsweise gem. Art. 39 Abs. 1 Israel-AA:

> „Nach den Bestimmungen dieses Artikels und des Anhangs VII gewährleisten die Vertragsparteien einen angemessenen und wirksamen Schutz der Rechte an geistigem, gewerblichem und kommerziellem Eigentum nach den **strengsten internationalen Normen**; dazu gehören auch wirksame Mittel zur Durchsetzung dieser Rechte" (Hervorhebungen durch den hiesigen Verfasser).

Die Vertragspartner verzichteten insofern auf detaillierte Eigengestaltungen, sodass sich dadurch in rechtstechnischer Hinsicht nicht nur faktisch der Ansatzpunkt von den Vertragspartnern selbst auf unbestimmte, anderweitig existierende Normen verschob, sondern auch die internationale Ebene als Maßstab für das Schutzniveau *inter partes* assimiliert wurde. Nicht eindeu-

513 Vgl. beispielsweise Anhang 7 Tunesien-AA, Anhang 7 Marokko-AA; Anhang 7 Israel-AA.

514 Vgl. statt aller nur die Gemeinsame Erklärung zum geistigen, gewerblichen und kommerziellen Eigentum zu Art. 33 Palästina-AA: „Für die Zwecke dieses Abkommens umfaßt der Begriff „geistiges, gewerbliches und kommerzielles Eigentum" **insbesondere** folgendes: Urheberrecht einschließlich Urheberrecht an Computerprogrammen und verwandte Schutzrechte, Patente, gewerbliche Muster, geographische Angaben einschließlich Ursprungsbezeichnungen, Handels- und Dienstleistungsmarken, Topographien integrierter Schaltkreise sowie Schutz gegen unlauteren Wettbewerb im Sinne des Artikels 10bis der Pariser Verbandsübereinkunft zum Schutz des gewerblichen Eigentums in der Stockholmer Fassung von 1967 und Schutz nicht offenbarter Informationen über Know-how." (Hervorhebungen durch den Verfasser).

515 Vgl. Art. 33 Palästina-AA 1997; Art. 46 Abs. 1 Südafrika-FTA; Art. 39 Marokko-AA; Art. 39 Abs. 1 Israel-AA; Art. 12 Mexiko-GA; Art. 56 Jordanien-AA; Art. 37 Ägypten-AA: Art. 44 Abs. 2 Algerien-AA; Art. 168 Chile-AA.

516 Insbesondere bei Partnerschafts- und Kooperationsabkommen wie z. B. Art. 42 Abs. 1 Aserbaidschan-PCA Art. 42 Abs. 1 Armenien-PCA.

tig ist, ob der Anwendungsbereich dieser Klausel bereits durch bilaterale Abkommen eröffnet ist, oder ob für die Etablierung eines internationalen Standards mehr als ein Abkommen zwischen zwei Vertragspartnern nötig sind.[517] Sofern man die Anwendbarkeit bereits ab zwei Vertragspartnern für anwendbar hält, würde auch Art. 1709 Abs. 12 NAFTA als Standard heranzuziehen sein. Nach Art. 1709 Abs. 12 S. 1 NAFTA müssen die Parteien Patentschutzzeiten von mindestens 20 Jahren vom Tag der Anmeldung oder 17 Jahre vom Tag der Zulassung bereitstellen. Nach Art. 1709 Art. 12 S. 2 NAFTA kann eine Partei in geeigneten Fällen den Patentschutz verlängern, um Verzögerungen infolge behördlicher Zulassungsverfahren auszugleichen.[518] Schutzzeitverlängernde Zertifikate können konzeptionell als Rechte des geistigen Eigentums gewertet werden, da sie die gleichen Rechte wie Patente verleihen. Obschon die EU ihre Definitionskataloge nicht explizit mit dem *SPC*s gespeist hat, werden sie auch nicht ausgeschlossen („insbesondere").

Hiervon abgesehen entspricht es jedenfalls seit dem Jahre 1995 insbesondere im Rahmen von Partnerschafts- und Kooperationsabkommen sowie mittlerweile auch den aktuellen Stabilisierungs- und Assoziierungsabkommen dem unionalen *modus operandi*, die Angleichung[519] an das europäische Schutzniveau zu gewährleisten.[520] Dies geschieht mit Hilfe der gleichen, in den besagten Abkommen fast identischen Standardklausel. Im Mazedonien-SAA etwa bestimmt Art. 71 Abs. 2, dass „[…] Mazedonien […] die Maßnahmen trifft, die notwendig sind, um spätestens fünf Jahre nach Inkrafttreten dieses Abkommens für Rechte an geistigem und gewerblichem Eigentum ein Schutzniveau zu gewährleisten, das dem der Gemeinschaft vergleichbar ist; dazu gehören auch wirksame Mittel der zur Durchsetzung dieser Rechte". Mangels eindeutiger Erklärung ist aus rechtstechnischer Perspektive nicht offensichtlich, ob es sich bei diesen Verweisungen um statische (auf

517 Hierzu *Keim,* TRIPS-plus Patentschutzklauseln in bilateralen Freihandelsabkommen der EU, S. 89 ff. m. w. N.

518 Art. 1709 Abs. 12 NAFTA lautet in der englischen Originalfassung „Each Party shall provide a term of protection for patents of at least 20 years from the date of filing or 17 years from the date of grant. A Party may extend the term of patent protection, in appropriate cases, to compensate for delays caused by regulatory approval processes." Text abrufbar unter https://www.nafta-sec-alena.org/Home/Texts-of-the-Agreement/North-American-Free-Trade-Agreement?mvid=1&secid=b6e715c1-ec07-4c96-b18e-d762b2ebe511#A1709 (letzter Zugriff am 28.03.2024).

519 Angesichts der insoweit eindeutigen Formulierungen der deutschen Fassungen ist „Angleichung" im Sinne von „Vergleichbarkeit" oder „Harmonisierung", nicht aber von „Kongruenz" zu verstehen, vgl. nur Art. 73 Abs. 2 Albanien-AA.

520 Art. Annex 8 Art. 2 Türkei-CU; Art. 42 Abs. 1 Armenien-PCA; Art. 42 Abs. 1 Aserbaidschan-AA; Art. 42 Abs. Kasachstan-PCA, Art. 71 Abs. 2 Mazedonien-SAA; Art. 73 Abs. 2 Albanien-AA 2009; Art. 73 Abs. 3 Bosnien Herzegowina-SAA; Art. 75 Abs. 3 Montenegro-SAA.

zum Zeitpunkt des jeweiligen Abkommens bestehende Normen) oder dynamische (also perpetuell bestandsaktualisierende) handeln soll, weshalb jedes Abkommen einzeln per Auslegung zu untersuchen wäre.

### b) „Next generation"-Abkommen

Während die jüngeren Stabilisierungs- und Assoziierungsabkommen mit den Westbalkanstaaten (wie insbesondere Montenegro, Serbien, Bosnien-Herzegowina), die zwischen den Jahren 2010 und 2015 in Kraft getreten sind, nicht mehr als Angleichungsklauseln beinhalten, ist die EU seit dem Jahre 2006 parallel dazu übergegangen, zunehmend Freihandelsabkommen auszuhandeln. In diesem Zusammenhang ist sie von den soeben beschriebenen Klauseln technisch und inhaltlich abgerückt, indem sie mittlerweile eigene Artikel zur Verlängerung der Patentlaufzeit aufbietet. Anders als etwa in Bezug auf den Unterlagenschutz,[521] sind diese Bestimmungen für Arzneimittel und Pflanzenschutzmittel nicht stets separat voneinander postuliert, sondern in aller Regel in einem Artikel zusammengezogen. Manche Abkommen beinhalten jedoch ausschließlich Passagen bezüglich Patentschutzverlängerungen für Arzneimittel und lassen Pflanzenschutzmittel gänzlich unberücksichtigt. Dazu zählen neben CETA auch die Abkommen mit Kolumbien/Peru/Ecuador, Vietnam und mit Singapur.[522] Besonderes Augenmerk verdient allen voran jedoch CETA. Denn CETA enthält mit Abstand die bisher detailliertesten Vereinbarungen zu Arzneimittelpatenten innerhalb der europäischen Freihandelsabkommen. Es sieht sogar explizit einen *sui generis*-Schutz vor, der augenscheinlich europarechtlichem Vorbild im Sinne eines *SPC* folgen soll. CETAs Art. 20.27 beinhaltet beispielsweise, neben Definitionen in Abs. 1, auch die schutzbegründenden Tatbestandsvoraussetzungen (Abs. 2), Ausschlussfristen (Abs. 3), Ausnahmen beim Export (Abs. 9) und Erlöschensgründe (Abs. 7 und 10). Auch die Verhandlungen mit Australien und Neuseeland belegen eine inhaltlich und strukturell eklatante Nähe zu den entsprechenden Klauseln der DCFTAs. Sie betrafen außerdem Pflanzenschutzmittel- wie Arzneimittelpatente.[523]

---

521 Der Begriff „Unterlagenschutz" ist im Folgenden im weiten Wortsinn als Oberbegriff für die Datenexklusivität einerseits und die Marktexklusivität andererseits zu verstehen.

522 Vgl. 230 Abs. 4 Kolumbien/Peru/Ecuador-FTA; Art. 11.31 Singapur-FTA; Art. 20.27 CETA; Art. 12.40 Vietnam-FTA.

523 Art. X.41, X.42 Australien-FTA draft v. 13.06.2018; Art. X.41, X.42 Neuseeland-FTA draft v. 13.06.2018.

#### aa) Anerkennung des Zulassungsverfahrens

Einleitend erkennen die Vertragspartner regelmäßig an, dass für Arznei- (und ggf. Pflanzenschutzmittel) ein der Vermarktung vorausgehendes, behördliches Zulassungsverfahren vorgesehen sein kann.[524] Nach Art. 12.40 Abs. 1 Vietnam-FTA wird darüber hinausgehend gegenseitig anerkannt, dass die entsprechenden Produkte grundsätzlich ein Zulassungsverfahren zu durchlaufen haben. Das Südkorea-FTA formuliert dies ähnlich, als dass die patentgeschützten Mittel vor ihrem Inverkehrbringen ein behördliches Genehmigungs- oder Eintragungsverfahren durchlaufen *müssen*.[525] Die nachgelagerte Frage nach einem Kompensationsmechanismus ist damit indes noch nicht tangiert.

Nach den meisten[526] Freihandelsabkommen der EU ist erforderlich, dass dem zuzulassenden Arznei- oder Pflanzenschutzmittel ein (wirksames) Patent zugrunde liegt. Bei unbedachter Auslegung könnte man hieraus im Umkehrschluss missverständlich auf den ersten Blick ableiten, dass dort, wo für ein Produkt kein Patentschutz besteht, demgemäß auch kein Zulassungsverfahren für relevant erachtet wird. Für Generikahersteller könnte sich folglich prinzipiell der Schluss ziehen lassen, dass generische Produkte keiner Zulassung bedürften. Allerdings muss diese Formulierung vorrangig unter Berücksichtigung des Zwecks der Patentschutzverlängerung verstanden werden. Danach soll gerade eine Kompensation der zulassungsbedingt verkürzten Patentlaufzeit bewirkt werden – und nicht etwa die Zulassung als solche entfallen. Die innervertragsparteilichen Zulassungsverfahren für sämtliche Arznei- und Pflanzenschutzmittel bleiben mithin unberührt.

In den DCFTAs mit Georgien, Moldawien und der Ukraine erkennen die Parteien außerdem an, dass sich „der Zeitraum zwischen der Einreichung einer Patentanmeldung und der Erstzulassung auf ihrem jeweiligen Markt nach Maßgabe des internen Rechts die Dauer des tatsächlichen Patentschutzes verringern kann."[527] Andere Abkommen weisen dieselbe oder auch nur ähnliche Formel hingegen nicht auf. Dem Stil der DCFTAs entspricht das

524 Vgl. Art. 230 Abs. 3 Kolumbien/Peru/Ecuador-FTA; Art. 220 Abs. 1 Ukraine-DCFTA; Art. 314 Abs. 1 Moldawien-DCFTA; Art. 186 Abs. 1 Georgien-DCFTA; Art. 11.31 Singapur-FTA; Art. 251 Abs. 1 Großbritannien-FTA.

525 Vgl. Art. 10.35 Abs. 1 Südkorea-FTA.

526 So beispielsweise in Art. 10.35 Abs. 1 Südkorea, Art. 314 Abs. 1 Moldawien, Art. 220 Abs. 1 Ukraine, Art. 186 Abs. 1 Georgien; Art. 11.31 Singapur.

527 Art. 314 Abs. 1 S. 2 Moldawien-FTA; Art. 186 Abs. 1 S. 2 Georgien-FTA; Art. 220 Abs. 1 S. 2 Ukraine-FTA, der in der englischen Fassung lautet: „They recognise that the period that elapses between the filing of the application for a patent and the first authorisation to place the product on their respective market, as defined for that purpose by the relevant legislation, may shorten the period of effective protection under the patent."

Großbritannien-FTA und die Verhandlungspositionen der EU mit Australien und Neuseeland,[528] sodass diesbezüglich eine Priorität seitens der EU erkennbar ist.

#### bb) Freiwilligkeit oder Verpflichtung zur kompensatorischen Laufzeitverlängerung

Das Kolumbien/Peru/Ecuador-Handelsabkommen sieht die Implementierung eines Kompensationsmechanismus für zulassungsbedingte Patentschutzverkürzungen als fakultativ vor. Wörtlich lautet Art. 230 Abs. 4:

> „Im Hinblick auf durch Patente geschützte Arzneimittel **kann** jede Vertragspartei im Einklang mit ihren internen Rechtsvorschriften einen **Mechanismus bereitstellen**, der es dem Patentinhaber gestattet, einen **Ausgleich** für eine unangemessene Verkürzung der tatsächlichen Schutzdauer zu erhalten, die aus der ersten Zulassung für das Inverkehrbringen dieses Erzeugnisses in der betreffenden Vertragspartei resultiert." (Hervorhebungen durch den Verfasser).

Von diesem einzelnen Freihandelsabkommen einmal abgesehen, stellen die Übrigen obligatorische Schutzmechanismen auf[529] und werden auch aktuell standardmäßig so verhandelt.[530] Beispielsweise gibt Art. 10.35 Abs. 2 Südkorea-FTA vor, dass

> „die Vertragsparteien [...] auf Antrag des Patentinhabers eine Verlängerung der Dauer der Rechte aus dem Patentschutz [gewähren], um für den Patentinhaber einen Ausgleich für die Verkürzung der effektiven Schutzfrist zu schaffen, die aus der ersten Genehmigung für das Inverkehrbringen des Produkts auf ihren jeweiligen Märkten resultiert."

Ganz ähnlich verhält sich auch der Wortlaut von Art. 11.31 S. 2 Singapur-FTA. Prägnanter geben sich hingegen die DCFTAs, die den Kompensationsgedanken im Wege eines Verweises auf den vorangehenden „Anerkennungsabsatz" einbeziehen:

> „Jede Vertragspartei **sieht** für ein Arznei- oder Pflanzenschutzmittel, das durch ein Patent geschützt ist und ein behördliches Zulassungsverfahren durchlaufen hat, eine **zusätzliche Schutzdauer vor**, die dem in Absatz 1

---

528 Art. X.41 Abs. 1 S. 2 Australien-FTA und Neuseeland-FTA drafts v. 13.06.2018; Art. 251 Abs. 1 Großbritannien-FTA.

529 Vgl. Art. 14.35 JEFTA; Art. 10.35 Abs. 2 Südkorea-FTA; Art. 220 Abs. 2 Ukraine-DCFTA; Art. 314 Abs. 2 Moldawien-DCFTA; Art. 186 Abs. 2 Georgien-DCFTA; Art. 20.27 Abs. 2 CETA; Art. 11.31 S. 2 Singapur-FTA; Art. 12.40 Abs. 2 S. 1 Vietnam-FTA; Art. 251 Abs. 2 Großbritannien-FTA.

530 Art. X.41 Abs. 2 Australien-FTA und Neuseeland-FTA drafts v. 13.06.2018.

Satz 2 genannten Zeitraum […] entspricht."[531] (Hervorhebungen durch den Verfasser).

Über diese im Grunde faktischen Schutzanordnungen hinaus verwendet das Vietnam- Abkommen ein extensives Element: Nach dessen Wortlaut ist ein **adäquater** und **effektiver** Kompensationsmechanismus sicherzustellen.[532] Letzteres dreht sich also weniger um den bloßen „Ausgleich (**un**angemessener) Verkürzungen", als vielmehr um deren **angemessenen** Ausgleich. Letztere Formulierung löst sich vom engen Blickwinkel der formalen „Verkürzung" ab und rückt das Angemessenheitskriterium des Ausgleichsmechanismus als Bezugsgröße in den Vordergrund. Insofern werden Qualitätsanforderungen an Art und Anforderungen der ausgewählten Kompensation gestellt. Dieser breitere Ansatz wiederum schafft Spielraum zur Umsetzung bzw. Grenzziehung; beispielsweise könnten bestimmte Parameter wie (hypothetische) Gewinnspannen mitberücksichtigt werden. Dies gilt ebenfalls für das Großbritannien-FTA, das wörtlich von einer „Entschädigung" spricht.[533]

### cc) Konzeptionelle Ausgestaltung des Schutzes

Nachdem in den Verhandlungen um das TRIPs-Abkommen letzten Endes kein Konsens für die Einbeziehung von *SPC*s erzielt worden war und sie folglich nicht im finalen Vertragstext kodifiziert wurden, fehlt es aus welthandelsrechtlicher Sicht an jeglichen Vorgaben für zulassungsbezogene Kompensationsmechanismen im Patentrecht.

Da die EU hier *sui generis*-Schutz über *SPC*s generiert, liegt ihrerseits der „Export" in ihre Vertragspartnerterritorien nahe. Wie bereits erwähnt, lassen die verhandelten Vertragstexte indes Interpretationsspielräume (fast ausschließlich) offen, ob erstens der Schutz durch ein *SPC* erfolgen muss und zweitens auf welcher dogmatischen Grundlage es fußen soll. Insoweit rekurriert die EU auf die weiten, nicht zuletzt in TRIPs-Abkommen ankernden, Optionen. Nach den Rechtsangleichungsklauseln insbesondere der jüngsten Assoziierungsabkommen[534] ist die Implementierung eines *sui generis*-Systems nicht zwingend, weil Zulassungskompensationen auch auf anderem Weg, naheliegenderweise durch patentrechtliche Annexe des Patentschut-

531 Art. 220 Abs. 2 Ukraine-DCFTA, Art. 314 Abs. 2 Moldawien-DCFTA; Art. 186 Abs. 2 Georgien-DCFTA.

532 Vgl. Art. 12.40 Abs. 2 S. 1, der lautet: „Jede Vertragspartei **sieht einen angemessenen und wirksamen Mechanismus vor**, um dem Patentinhaber einen Ausgleich für die Verkürzung der effektiven Patentlaufzeit durch unangemessene Verzögerungen bei der Erteilung der Erstzulassung in ihrem jeweiligen Gebiet zu gewähren." (Hervorhebung durch den hiesigen Verfasser).

533 Art. 251 Abs. 2 Großbritannien-FTA.

534 Vgl. beispielsweise Art. 73 Abs. 2 Albanien-AA; Art. 75 Abs. 3 Serbien-SAA.

zes selbst, zulässige Optionen darstellen. Nicht anders kann das Südkorea-FTA verstanden werden, dessen 2011 im Amtsblatt der EU veröffentlichter Art. 10.35 die „Verlängerung der Dauer der Rechte aus dem Patentschutz" zum Gegenstand hat; ebenso das 2013 paraphierte Singapur-FTA. Ganz ähnlich liegt es beim 2012 im Amtsblatt der EU kommunizierten Kolumbien/Peru/Ecuador-FTA.

Seit 2014 zeichnen die Freihandelsabkommen mit Moldawien, Georgien und der Ukraine eine Wendung ab, indem sie die hiesigen Bestimmungen unter die Artikelüberschrift „Ergänzendes Schutzzertifikat" stellen. Bei umfassender Betrachtung unter Einbeziehung der Überschrift liegt daher, obwohl der Klauselinhalt selbst keine Hinweise auf ergänzende Schutzzertifikate gibt, die konkrete Implementierungspflicht eines *SPC*-Systems hier jedenfalls nahe.

Einen „Rückschritt" in dieser Hinsicht bildet das Vietnam-FTA ab; der betreffende Artikel ist mit „Behördliche Zulassung" überschrieben, skizziert inhaltlich einen adäquaten und effektiven Kompensationsmechanismus, der gem. Kap. 12, Art. 8.3 S. 3 mithilfe einer Laufzeitverlängerung der mit dem Patentschutz gewährten Rechte umgesetzt werden *kann*. Insofern bestehen Parallelen zu den Abkommen mit Singapur und Südkorea. An letztgenannte erinnert zudem auch JEFTA stark, dessen Art. 14.35 die „Verlängerung der Schutzfrist von Patenten für pharmazeutische Erzeugnisse und agrochemische Erzeugnisse" vorsieht, gleichzeitig aber ein *sui generis*-System nicht zwingend erfordert. Ebenso verhält es sich nun beim Großbritannien-FTA.[535]

CETA bietet die vergleichsweise präziseste dogmatische Vorgabe auf, indem es Artikel 20.27 deutlich mit „Sui-generis-Schutz für Pharmazeutika" betitelt und daraufhin u. a. in Abs. 2 bestimmt, dass die Vertragsparteien einen *sui generis*-Schutzzeitraum festzulegen haben. Inhaltlich folgt CETA damit sehr eng europarechtlichen Vorgaben.

#### dd) Schutzperioden und ihre Berechnung

Die vereinbarten Schutzzeitverlängerungen lassen überwiegend eine einheitliche Linie erkennen. Hier sind zwei wesentliche Elemente zu unterscheiden: Erstens die maximale Zeitspanne der Patentlaufzeitverlängerung und zweitens deren Berechnungsmethode. Hierbei kommt teilweise auch der Zweck der Verlängerung als Interpretationshilfe zum Ausdruck.

535 Überschrift von Art. 251 Großbritannien-FTA.

Die maximale Zeitspanne beträgt regelmäßig, aber nicht ausnahmslos, bis zu fünf Jahre.[536] So formuliert etwa das Südkorea-Abkommen in Art. 10.35 Abs. 2 a. E.:

> „Die Verlängerung der Dauer der Rechte aus dem Patentschutz beträgt höchstens fünf Jahre“,

während es etwa beim Art. 314 Abs. 3 Moldawien bzw. Art. 186 Abs. 3 Georgien-DCFTA heißt:

> „Ungeachtet des Absatzes 2 darf die zusätzliche Schutzdauer höchstens fünf Jahre betragen.“

Aber nicht alle Abkommen beinhalten explizit eine starre Maximallaufzeitverlängerung. Erstaunlicherweise ist beispielsweise im Ukraine-DCFTA auf eine Maximalfestsetzung der Schutzzeitverlängerung verzichtet worden, was insoweit eine Anomalie im Kanon der drei aktuellen DCFTAs darstellt. Auch das Kolumbien/Peru/Ecuador-Abkommen grenzt sich insofern ab, als dass es keine Schutzperioden festsetzt, sondern dies den Vertragspartnern überlässt, indem es in Art. 230. Abs. 4 konstatiert, dass

> „[...] jede Vertragspartei [kann] im Einklang mit ihren internen Rechtsvorschriften einen Mechanismus bereitstellen, der es dem Patentinhaber gestattet, einen **Ausgleich für eine unangemessene Verkürzung der tatsächlichen Schutzdauer** zu erhalten, die aus der ersten Zulassung für das Inverkehrbringen dieses Erzeugnisses in der betreffenden Vertragspartei resultiert.“ (Hervorhebungen durch den hiesigen Verfasser).

Ähnlich das Singapur-FTA. Nach dessen Fußnote 27 bestimmen sich die Voraussetzungen und Verfahren der Patentlaufzeitverlängerung nach den Vorschriften der jeweiligen Vertragspartner.[537] Eine solch starke Berücksichtigung der (supra-)nationalen Vorschriften bietet auch das Großbritannien-FTA.[538]

CETA gewährt – und dies ist ungewöhnlich – einen variablen Zeitraum: Dort ist eine Laufzeit zwischen zwei und maximal fünf Jahren vorgeschrieben, wobei die Partner innerhalb dieser Parameter einen Wert wählen dürfen.[539]

Über jene Wahlmöglichkeit hinsichtlich des Verlängerungszeitraums hinaus sieht das Abkommen mit Vietnam mehrere Umsetzungsoptionen in Form

---

536 Vgl. 10.35 Abs. 2 a. E. Südkorea-FTA; Art. 314 Abs. 3 Moldawien-DCFTA; Art. 186 Abs. 3 Georgien-DCFTA; Art. 14.35 a. E. JEFTA. Anders in Art. 11.31 Singapur-FTA.

537 Fn. 27 bei Art. 11.31 Singapur-FTA, die im englischen Original lautet: „**The conditions and procedures for the provision of the extension of the patent term shall be determined by the respective legislations of the Parties.** This is without prejudice to a possible extension for paediatric purposes, if provided for by either Party.“ (Hervorhebungen durch den hiesigen Verfasser).

538 Art. 251 Abs. 2 Großbritannien-FTA.

539 Art. 20.27 Abs. 6 CETA.

einer als „hybrid“ zu bezeichnenden Struktur vor. Dort kann nämlich zwischen zwei alternativen Umsetzungsoptionen, die in ihren Tatbestandsvoraussetzungen allerdings divergieren, ausgewählt werden: Entweder möge die maximale Schutzdauer (bloß) zwei Jahre betragen, oder andererseits ein System entwickelt werden, welches maximal fünf Jahre verlängerten Schutz bietet.[540] Neben den Schutzperioden besteht zwischen beiden Varianten ein beträchtlicher Unterschied: Nach dem Wortlaut gilt die zweijährige Verlängerung im Rahmen eines Systems, das sich die effektive Patentlaufzeit infolge unangemessener Verzögerungen („*unreasonable delays*“) verkürzt. Dies wirft die sukzessive Frage auf, ab welchem Grad eine Verzögerung als unangemessen einzustufen ist.[541] Hierbei bedarf es im Allgemeinen stets einer einzelfallabhängigen Bewertung, wobei konkret der FTA-Vertrag in Fußnote 63 in Art. 12.40 Abs. 2 die eingehende Bewertungsgrundlage vorgibt: Danach liegt eine „unangemessene Verzögerung“ vor,

> „[…] wenn sich die erste **Antwort an den Antragsteller** um **mehr als zwei Jahre** nach dem Tag der Einreichung des Zulassungsantrags **verzögert hat**. Verzögerungen bei der Erteilung einer Zulassung aufgrund von Zeiträumen, die dem Antragsteller **zuzurechnen** sind, oder Zeiträumen, die sich der Kontrolle der Zulassungsbehörde entziehen, brauchen bei der Feststellung einer solchen Verzögerung nicht berücksichtigt zu werden.“ (Hervorhebungen durch den Verfasser).

Demnach gilt eine Verzögerung erst ab zwei Jahren als relevant, welche allerdings mit Bedacht auf die gewöhnlicherweise lange Zulassungsverfahrensdauer stets weit übertroffen werden dürfte. Im Rahmen der Berechnung sind zwei Ausschlusstatbestände zu berücksichtigen: Verzögerungen aus

---

540 Art. 12.40 Abs. 2 und 3 Vietnam-FTA, die lauten „(2) Jede Vertragspartei sieht einen angemessenen und wirksamen Mechanismus vor, um dem Patentinhaber einen Ausgleich für die Verkürzung der effektiven Patentlaufzeit durch unangemessene Verzögerungen bei der Erteilung der Erstzulassung in ihrem jeweiligen Gebiet zu gewähren. Ein solcher Ausgleich kann in Form einer Verlängerung der Geltungsdauer der Patentrechte gewährt werden, die dem Zeitraum entspricht, um den die in der Fußnote zu diesem Absatz genannte Frist überschritten wird. Die **Höchstdauer dieser Verlängerung darf zwei Jahre nicht überschreiten.**
(3) **Als Alternative zu Absatz 2** kann eine Vertragspartei eine **Verlängerung der Geltungsdauer der Patentrechte um höchstens fünf Jahre** vorsehen, um dem Patentinhaber einen Ausgleich für die Verkürzung der effektiven Patentlaufzeit aufgrund des Marktzulassungsverfahrens zu gewähren. Die Verlängerung wird mit Ablauf der gesetzlichen Laufzeit des Patents für eine Dauer wirksam, die dem Zeitraum zwischen dem Tag der Einreichung der Patentanmeldung und dem Tag der Erstzulassung für das Inverkehrbringen in der Vertragspartei entspricht, abzüglich eines Zeitraums von fünf Jahren.“ (Hervorhebungen durch den hiesigen Verfasser).

541 Ebenso *Handler/Mercurio,* Intellectual Property, in: Lester/Mercurio/Bartels, Bilateral and Regional Trade Agreements, S. 348; *Keim,* TRIPS-plus Patentschutzklauseln in bilateralen Freihandelsabkommen der EU, S. 160.

der Sphäre des Antragstellers und solche außerhalb der Behördenkontrolle. Während erstere bezweckt, Missbrauch seitens des Antragstellers zu verhindern, eröffnet Letztere einen engen Anwendungsbereich auf (nur) behördlicherseits kontrollierbare Umstände. Angesichts dessen kommen nur wenige Umstände in Betracht, welche für die Verfahrensdauer außer Acht zu lassen sind.

Das System nach Art. 12.40 Abs. 3 Vietnam-FTA operiert indes unabhängig von diesen „unangemessenen“ Verzögerungen als Tatbestandsvoraussetzung; zur Erlangung der Extension ist hier einzig entscheidend, dass die effektive Patentlaufzeit per Zulassungsverfahren beschnitten wurde.

Insgesamt überwiegt demgemäß (noch) die Postulation fester Höchstgrenzen bei der Schutzverlängerung. Demgegenüber eine Ausnahme bildet das Singapur-FTA, wonach fünf Jahre auch überschritten werden könnten („may“).[542] Die Verhandlungspositionen der EU gegenüber Australien und Neuseeland schlugen ebenfalls bloße „kann“-Vorschriften („may“) vor. Dort hieß es beispielsweise:

> „[...] the duration of such further protection **may not** exceed [...] years.“[543] (Hervorhebungen durch den Verfasser).

Anhand dieser „kann“-Vorschrift („may“) wird die Begrenzungsfunktion der FTA-Klausel aufgehoben bzw. erheblich relativiert, sodass die Vertragspartner auch über fünf Jahre hinausgehende Schutzperioden implementieren dürfen. Dem Wortlautverständnis nach soll hierin zwar die Ausnahme liegen. Gleichwohl lassen sich unschwer Umstände bzw. Argumente für längere Schutzzeiten finden, insbesondere vor dem Hintergrund des Entschädigungszwecks. Dadurch kann das balancierende Element der Patentschutzextension zulasten des Schutzes der öffentlichen Gesundheit geschwächt werden.

Somit existieren grundsätzlich drei Kategorien: erstens feste Höchstgrenzen, zweitens soll-Grenzen und drittens keine bzw. (supra-)nationale Grenzen. Mittlerweile lässt sich eine Tendenz der EU dahingehend beobachten, dass sie sich nunmehr jedenfalls vom festen Höchststandard loszulösen scheint.

Ungeachtet dessen besteht ferner im Zusammenhang mit der Laufzeit aus europarechtlicher Perspektive die Option, über dortig „normalen“ fünf Jahre Schutzzeit hinaus ausnahmsweise eine weitere Verlängerung zu erhalten, wenn pädiatrische Studien durchgeführt worden sind. Auch in völkerrechtlicher Hinsicht sehen einige Abkommen im Falle solcher pädiatrischen Studien eine Verlängerungsoption vor (hierzu sogleich unter **(ff)**).

542 Art. 11.31 S. 3 Singapur-FTA.

543 Art. X.41 Abs. 3 Australien-FTA und Neuseeland-FTA drafts v. 13.06.2018.

Weiterführend konkretisieren die meisten FTAs auch die Berechnungsmethode des zu verlängernden Zeitraumes, wobei nur leichte Varianzen auszumachen sind. Sie kann – je nach Wahl der Parameter – maßgeblichen Einfluss auf die Läge des Schutzes erlangen und ist daher von besonderer Signifikanz. Während die Berechnungsmethode zwar keinen Einzug in die Abkommen mit Südkorea sowie Kolumbien/Peru/Ecuador gefunden hat, bezieht das Singapur-Abkommen per Fußnote 27 zu Art. 11.31[544] die Berechnung nach der jeweiligen internen Rechtslage mit ein. Diesem Ansatz ist auch das Großbritannien-FTA gefolgt.[545] Die anderen Freihandelsabkommen postulieren entsprechende Passagen, die zwar nicht nach einer standardisierten Klausel erfolgen, aber dennoch letztlich technisch übereinstimmen. So ist nach den DCFTAs eine Schutzdauer vorzusehen, die dem Zeitraum, der zwischen der Einreichung einer Patentanmeldung und der Erstzulassung auf ihrem jeweiligen Markt nach Maßgabe des internen Rechts die Dauer des tatsächlichen Patentschutzes verringern kann, entspricht – abzüglich von fünf Jahren.[546] Nach Art. 20.27 Abs. 5 CETA sorgt „[…] jede Partei […] dafür, dass der *sui generis*-Schutzzeitraum der Zeitspanne entspricht, die zwischen der Anmeldung des Grundpatents und der Erstzulassung verstrichen ist, abzüglich fünf Jahre." Art. 12.40 Abs. 3 S. 2 Vietnam-FTA bestimmt ausführlicher:

> „Die Verlängerung wird mit Ablauf der gesetzlichen Laufzeit des Patents für eine Dauer wirksam, die dem **Zeitraum** zwischen dem **Tag der Einreichung** der Patentanmeldung und dem **Tag der Erstzulassung** für das Inverkehrbringen in der Vertragspartei entspricht, abzüglich eines Zeitraums von fünf Jahren."

In dem fünfjährigen Pauschalabzug manifestiert sich ein potenzieller zeitlicher Vorsprung zugunsten von Folgeanmeldern. Denn für den Fall, dass eine Zulassung besonders schnell erfolgen sollte, kann der Abzug dazu führen, dass das Originalprodukt nicht die maximale Schutzzeit erreicht. Folgeanmelder würden sodann diesbezüglich keine Verletzungshandlungen mehr begehen und können gegebenenfalls schneller auf den Markt drängen.

Die angesprochene, freihandelsrechtlich verwirklichte Berechnungsmethode basiert derweil auf europäischen Vorgaben: Nach Art. 13 VO (EU) 469/09 gleicht das *SPC* in Europa dem Zeitraum zwischen grundpatentlicher Anmeldung und der ersten Verkehrsgenehmigung aus, unter Subtraktion von fünf Jahren. Gleichzeitig gilt eine doppelte Begrenzung: zum einen

544 Wie bereits dargestellt, gibt das Abkommen zwar keine Berechnungsmethode vor, verweist aber auf die innerparteiliche Rechtsetzung.

545 Vgl. Art. 251 Abs. 2 Großbritannien-FTA.

546 Vgl. Art. 314 Abs. 2, Abs. 1 S. 2 Moldawien-DCFTA; Art. 186 Abs. 2, Abs. 1 S. 1 Georgien-DCFTA; Art. 220 Abs. 2, Abs. 2 S. 1 Ukraine-DCFTA; Vgl. ebenso die EU-Verhandlungspositionen in Art. IP.40 Abs. 2 Großbritannien-FTA, Art. X.41 Abs. 2 Australien-FTA und Neuseeland-FTA drafts v. 13.06.2018.

schützt das Zertifikat (allein) maximal fünf Jahre, während die kumulierende Schutzzeit von Patent und Zertifikat nach Erwägungsgrund 9 VO (EU) 469/09 grundsätzlich *in summa* 15 Jahre betragen darf, wobei gem. Art. 36 Abs. 1 VO (EG) 1901/06, Art. 13 Abs. 3 VO (EU) 469/09 für pädiatrische Studien eine Extension um bis zu sechs Monaten erfolgen kann.

Weit überwiegend entsprechen die Abkommensinhalte mithin bezüglich ihrer isolierten Maximallaufzeit und des Berechnungsmodus dem fünfjährigen, europarechtlichen Status quo. Über die EU-Regeln hinausgehende, abkommensimmanente Verpflichtungen sind nicht ersichtlich. Außerdem bieten CETA, das Vietnam- und das Großbritannien-FTA durch Verweise auf die jeweiligen Vorschriften der Vertragspartner sowie Auswahllaufzeiten flexible Umsetzungsvarianten auf. Im Übrigen bleiben Vorgaben hinsichtlich der kumulierenden Schutzzeiten für Patent und dessen Verlängerung gänzlich außen vor. Insgesamt bleiben den Vertragspartnern der EU hierbei gewisse legislative Spielräume unbenommen.

#### ee) Voraussetzungen

Die breite Masse der EU-Freihandelsabkommen diktiert für die Gewährung von Patentlaufzeitverlängerungen nur eine Tatbestandsvoraussetzung: Das zuzulassende Arznei- oder Pflanzenschutzmittel muss auf einem Grundpatent fußen. Indes fehlt es gleichzeitig an einer Definition des Grundpatents. Nur nach CETA ist ein Grundpatent definiert als „ein Patent, das ein Erzeugnis als solches, ein Verfahren zur Herstellung eines Erzeugnisses oder eine Verwendung eines Erzeugnisses schützt, und das vom Inhaber eines Patents, welches als Grundpatent dienen kann, als Grundpatent zum Zwecke der Gewährung des Sui-generis-Schutzes bestimmt wurde“. Damit entspricht die Definition fast wörtlich der europäischen in Art. 1 c) VO (EU) 469/09.

CETA bietet in dieser Hinsicht überdies eine Besonderheit, da es daneben weitere Tatbestandsvoraussetzungen vorgibt, allerdings *expressis verbis* ausschließlich nur Arzneimittel. Nach Art. 20.27 Abs. 2 CETA sind neben dem Vorliegen eines Erzeugnisses, für das es ein gültiges Grundpatent gibt, auch folgende Bedingungen kumulativ zu erfüllen:

> „a) Es wurde eine Genehmigung zum Inverkehrbringen des Erzeugnisses als pharmazeutisches Erzeugnis auf dem Markt dieser Vertragspartei erteilt (in diesem Artikel „Zulassung“),
>
> b) für das Erzeugnis galt nicht bereits ein Sui-generis-Schutzzeitraum und
>
> c) bei der Zulassung nach Buchstabe a handelt es sich um die erste Zulassung des Erzeugnisses als pharmazeutisches Erzeugnis auf dem Markt dieser Vertragspartei.“

Auffälligerweise entsprechen die Erteilungsvoraussetzungen fast wörtlich den in Art. 3 VO (EU) 469/09, wohingegen die übrigen Abkommen nicht ansatzweise derart konkrete Voraussetzungen einbeziehen. Insofern orientiert sich die Frage, wie weit der Anwendungsbereich von Arzneimittelpatentextensionen in der EU völkerrechtlich determiniert wird, zurzeit an CETA. Ob des fast identisch übertragenen Wortlauts der VO (EU) 469/09 sind keine Anhaltspunkte für europarechtliche Verstöße gegen CETA ersichtlich.

ff) Ausnahmsweise Verlängerung des Schutzzeitraums

Von der maximal fünfjährigen Schutzzeitraumextension sehen die meisten Abkommen im Zusammenhang mit der Gesundheit von Kindern bzw. deren besonderer Schutzwürdigkeit eine Ausnahme vor. So kommen bei Forschungen betreffend die Wirkung bei Kindern weitere Patentschutzverlängerungen in Betracht. Aber auch hier divergiert die technische sowie inhaltliche Umsetzung.

Nach Fußnote 66 zu Art. 10.35 Abs. 2 a. E. Südkorea-FTA ist eine Laufzeitverlängerung optional für „[…] Kinderarzneimittel, „falls eine solche von den Vertragsparteien vorgesehen wird.“ Der Wortlaut („Kinderarzneimittel“) legt nahe, dass bereits zuvor eine Zulassung für eine pädiatrische Indikation erteilt worden sein muss, um eine solche Verlängerung in Anspruch nehmen zu können. Nach EU-Recht ist aber eine Zulassung für pädiatrische Indikationen nicht Voraussetzung für die pädiatrische Schutzzeitextension. Vielmehr ist gem. Art. 36 Abs. 1 UAbs. 2 VO (EG) 1901/06 schon die Durchführung relevanter Studien anhand eines gebilligten pädiatrischen Prüfkonzepts ausreichend, um den Schutz zu generieren.[547] Dies gilt nach Abs. 1 UAbs. 2 auch, wenn die Ausführung des gebilligten pädiatrischen Prüfkonzepts nicht zur Genehmigung einer pädiatrischen Indikation führt, die Studienergebnisse jedoch in der Zusammenfassung der Merkmale des Arzneimittels und gegebenenfalls in der Packungsbeilage des betreffenden Arzneimittels wiedergegeben werden. Insofern honoriert der Verordnungsgeber qualifizierte Forschungstätigkeiten als solche, nicht erst den Forschungserfolg.[548] Folglich wären, bezogen auf den Wortlaut den Abkommens, Ausnahmen wie die EU sie mit ihrer VO (EG) 1901/06 vorsieht, eine dem Abkommen entgegen-

547 Art. 36 Abs. 1 VO (EG) 1901/06 lautet „Beinhaltet ein Genehmigungsantrag nach Artikel 7 oder 8 die Ergebnisse sämtlicher Studien, die entsprechend einem gebilligten pädiatrischen Prüfkonzept durchgeführt wurden, so wird dem Inhaber des Patents oder des ergänzenden Schutzzertifikats eine sechsmonatige Verlängerung des Zeitraums nach Artikel 13 Absätze 1 und 2 der Verordnung (EWG) Nr. 1768/ 92 gewährt.“

548 Vgl. Erwägungsgrund 28 der VO (EG) 1901/06; so im Übrigen auch *Buck,* Die Kinderarzneimittelverordnung der Europäischen Gemeinschaft, S. 189; *Fackelmann,* Patentschutz und ergänzende Schutzinstrumente für Arzneimittel im Spannungsfeld von Wettbewerb und Innovation, S. 246 m. w. N.

stehende Ausnahme. Um Kompatibilität des europäischen Systems mit diesem Abkommen zu gewährleisten, wird der Terminus „Kinderarzneimittel“ dahingehend weit auszulegen sein, als dass es nicht auf die zugelassene Indikation als solche, sondern auf den Zulassungsantrag ankommt. Der Zulassungsantrag muss nämlich auch nach EU-Recht jene pädiatrischen Studien enthalten, vgl. Art. 7 Abs. 1 a) VO (EG) 1901/06.

Da das Kolumbien/Peru/Ecuador-Abkommen keine Schutzzeiten vorgibt, sondern nur einen Mechanismus, der die Zeitverluste der ersten Zulassung kompensiert, wird auch hiernach eine Nutzung pädiatrischer Ausnahmen – sogar über die Verlängerung von sechs Monaten hinaus – nicht ausgeschlossen sein.

Weiterführend gewähren die DCFTAs per eigenständigem Absatz sowie das Vietnam-Abkommen und auch JEFTA per Fußnote sechs Monate Schutzextension, sofern für die pädiatrische Studien durchgeführt wurden, deren Ergebnisse sich in den Produktinformationen widerspiegeln.[549] Inhaltlich orientiert sich die Klausel somit nahe den Vorgaben der VO (EG) 1901/06.

CETA lässt einen divergierenden Ansatz erkennen, indem dessen Art. 20.27 Abs. 6 CETA eine „[…] Verlängerung des Sui-generis-Schutzzeitraums durch eine Partei als Anreiz zu oder Honorierung von Forschungsarbeiten innerhalb bestimmter Zielgruppen, beispielsweise Kinder […]“ postuliert. Auffälligerweise fehlt es nicht nur an einem konkreten Verlängerungszeitraum, vielmehr wird die Motivation für derartige Extensionen – Erwägungsgrund 28 der VO (EG) 1901/06 entsprechend – klar hervorgehoben. Weiterhin schränkt sich diese Ausnahmeregelung, anders als die übrigen Abkommen und der europarechtlich determinierte Status quo, nicht (nur) auf Kinder. Denn Kinder werden dort *expressis verbis* nur exemplarisch als Zielgruppe aufgeführt. Zu denken ist hier allem voran an Medikamente gegen seltene Leiden[550] (sog. *orphan drugs*), für die allerdings auf europäi-

549 Vgl. Art. 314 Abs. 4 Moldawien-DCFTA; Art. 220 Abs. 3 Ukraine-DCFTA; Art. 186 Abs. 4 Georgien-DCFTA; Fußnote 64 in Art. 12.40 Vietnam-FTA; Fußnote 3 zu Art. 14.35 JEFTA.

550 Darunter sind Krankheiten zu verstehen, die selten auftreten und daher die Erforschung und Entwicklung von Medikamenten für Pharmaunternehmen nicht kostendeckend wäre; dementsprechend wäre die pharmazeutische Industrie unter normalen Umständen nicht bereit, solche Arzneimittel zu entwickeln, vgl. Erwägungsgrund 1 VO (EG) 141/00. Die Kriterien für die Ausweisung als Arzneimittel für seltene Leiden erörtert Art. 3 VO (EG) 141/00: „Ein Arzneimittel wird als Arzneimittel für seltene Leiden ausgewiesen, wenn der Investor nachweisen kann, daß
a) das Arzneimittel für die Diagnose, Verhütung oder Behandlung eines Leidens bestimmt ist, das lebensbedrohend ist oder eine chronische Invalidität nach sich zieht und von dem zum Zeitpunkt der Antragstellung in der Gemeinschaft nicht mehr als fünf von zehntausend Personen betroffen sind, oder das Arzneimittel für die Diagnose, Verhütung oder Behandlung eines lebensbedrohenden Leidens, eines zu schwerer In-

scher Ebene derzeit keine Zertifikatsextensionen, wohl aber im Rahmen des Unterlagenschutzes eine zehnjährige Marktexklusivitätsperiode nach Art. 8 Abs. 1 VO (EG) 141/00,[551] zur Verfügung steht.

Außerdem ist anzumerken, dass die Fußnote 27 S. 2 zu Art. 11.31 des Singapur-Abkommens die Möglichkeit einer Verlängerung für pädiatrische Zwecke konstatiert, wenn die Vertragspartner dies nach internem Recht vorsehen. Auch hier gibt es keine Anhaltspunkte in zeitlicher Hinsicht.

Wie bereits dargestellt, beträgt nach europäischem Recht die maximale Zertifikatslaufzeit fünf Jahre, wobei selbige im Falle pädiatrischer Studien um sechs Monate verlängert werden kann, vgl. Art. 36 VO (EG) 1901/06 i. V. m. Art. 13 VO 1768/92. Insgesamt gibt diese Verlängerungsmöglichkeit weder eine homogene Formulierung, noch nennenswerte Regelungstiefe her. Mehr als andere, orientieren die DCFTAs, JEFTA und das Vietnam-Abkommen erkennbar stark am europäischen Status quo. Diese Tendenz lässt sich ebenfalls innerhalb aktueller Vertragsverhandlungen beobachten,[552] sodass diese pädiatrisch indizierte Schutzverlängerungen mittlerweile als fester Kernbestandteil der EU zu bewerten sind. Auch bei den Verhandlungen mit Groß-

validität führenden oder eines schweren und chronischen Leidens in der Gemeinschaft bestimmt ist und
b) daß das Inverkehrbringen des Arzneimittels in der Gemeinschaft ohne Anreize vermutlich nicht genügend Gewinn bringen würde, um die notwendigen Investitionen zu rechtfertigen, in der Gemeinschaft noch keine zufriedenstellende Methode für die Diagnose, Verhütung oder Behandlung des betreffenden Leidens zugelassen wurde oder daß das betreffende Arzneimittel — sofern eine solche Methode besteht — für diejenigen, die von diesem Leiden betroffen sind, von erheblichem Nutzen sein wird."

551 Verordnung (EG) Nr. 141/2000 des Europäischen Parlaments und des Rates vom 16. Dezember 1999 über Arzneimittel für seltene Leiden, ABl. EG L-18 vom 22.1.2000, S. 1; Art. 8 Abs. 1 VO (EG) 141/00 lautet: „Wurde nach der Verordnung (EWG) Nr. 2309/93 eine Genehmigung für das Inverkehrbringen eines Arzneimittels für seltene Leiden erteilt oder haben alle Mitgliedstaaten eine Genehmigung für das Inverkehrbringen dieses Arzneimittels nach den in den Artikeln 7 und 7a der Richtlinie 65/65/EWG oder in Artikel 9 Absatz 4 der Richtlinie 75/319/EWG des Rates vom 20. Mai 1975 zur Angleichung der Rechts- und Verwaltungsvorschriften über Arzneispezialitäten (1) vorgesehenen Verfahren für die gegenseitige Anerkennung — unbeschadet der Vorschriften über geistiges Eigentum oder anderer Vorschriften des Gemeinschaftsrechts — erteilt, so werden die Gemeinschaft und die Mitgliedstaaten während der nächsten zehn Jahre weder einen anderen Antrag auf Genehmigung für das Inverkehrbringen eines ähnlichen Arzneimittels für dasselbe therapeutische Anwendungsgebiet annehmen noch eine entsprechende Genehmigung erteilen noch einem Antrag auf Erweiterung einer bestehenden Genehmigung stattgeben." Nach Abs. 2 kann der Zeitraum auf sechs Jahre verkürzt werden, wenn nach fünf Jahren die Voraussetzungen des Art. 3 nicht mehr gegeben sind.

552 Art. X.41 Abs. 4 Australien-FTA und Neuseeland-FTA drafts v. 13.06.2018.

britannien war ein entsprechender Passus vorgesehen worden, er konnte sich indes in der finalen Fassung nicht durchsetzen.[553]

#### gg) Akzeptanz von zulassungsrechtlichen Koppelungssystemen (*patent linkage*)

In einigen Ländern, darunter Singapur, Vietnam, Kanada, Indien und insbesondere den USA, sieht das Rechtssystem eine Verknüpfung von Patent- und Zulassungsrecht, hier zwischen dem Zulassungsverfahren regulierter Erzeugnisse und dem tangierten Patentstatus vor (sog. *patent linkage*). Generikahersteller sind im Rahmen ihrer Zulassungsbestrebungen dem Originalhersteller verpflichtet darzustellen, dass dessen Patente nicht durch das Generikum verletzt werden.[554] Hält daraufhin der Originalhersteller sein(e) Patent(e) für beeinträchtigt, hat er Klage zu erheben. Dadurch ruht die Zulassung des Generikums automatisch über einen bestimmten Zeitraum, in den USA beispielsweise 30 Monate. Mithin wird mithilfe von Patentverletzungsrechtsstreits die Zulassung von Nachahmerpräparaten blockiert. Die USA, auf deren Legislation diese *patent linkage* ursprünglich zurückgeht, haben diesem Mechanismus seit den 1990er Jahren über eine Reihe von Freihandelsabkommen in andere Länder „exportiert“, obwohl die daraus resultierende jeweilige innerstaatliche Umsetzung in diesen Ländern teilweise große Unterschiede aufweist.[555] Obwohl das amerikanische Verknüpfungsmodell auch Anreize für Generikaproduzenten birgt,[556] belegen Studien einen Zusammenhang zwischen *patent linkage* und Markteintrittsverzögerungen generischer Erzeugnisse.[557]

Zu derselben Auffassung ist auch die EU-Kommission in ihrer Pharmasektoruntersuchung aus dem Jahr 2009 gelangt und hat diesbezüglich eine opponierende Haltung eingenommen.[558] In der Untersuchung hat die EU-Kommission auch klargestellt, dass ihrer Ansicht nach Patentverknüpfungs-

553 Vgl. Art. IP.40 Abs. 2 S. 2 Großbritannien-FTA (draft) einerseits und Art. 251 in der finalen Fassung andererseits.

554 *Ferriter,* Linkages Between Generic Approval and the Patent System in the United States, S. 16.

555 *Wu,* Asian Journal of WTO & International Health Law and Policy 2010, 141, 154 ff.; Zum Status quo in den verschiedenen Jurisdiktionen *Bhardwaj/Raju/Padmavati,* Journal of Intellectual Property Rights 2013, 316, 318 ff.; in Bezug auf Kanada und Australien *Faunce/Lexchin,* Aust New Zealand Health Policy 2007, 1.

556 Beispielsweise erhält der Generikahersteller ein 180-tägiges Exklusivvermarktungsrecht, wenn er erfolgreich ein Patent des Originalherstellers angreift, welches infolge dessen für ungültig erklärt wird.

557 *Bhardwaj/Raju/Padmavati,* Journal of Intellectual Property Rights 2013, 316 m. w. N.

558 *Europäische Kommission,* Pharmaceutical Sector Inquiry, S. 313 ff.

mechanismen, wie sie die Rechtsordnungen vereinzelte Mitgliedstaaten[559] zu jener Zeit vorsahen, gegen geltendes europäisches Recht verstoßen.[560] Von zentraler Bedeutung sind hier Art. 81 Abs. 2 VO (EG) 726/04[561] und Art. 126 Abs. 1 RL (EG) 83/01. Beide beschränken die Entscheidungsgründe im Zulassungsverfahren auf diejenigen in den beiden EU-Rechtsakten vorgesehenen.[562] Da aber der Patentstatus des Originalpräparats keinen dieser Gründe darstellt, darf keine Patentverknüpfung vorgenommen werden.[563] Weiterhin versteht die EU-Kommission das Zulassungsverfahren funktional primär als Mittel des öffentlichen Gesundheitsschutzes, in dessen Rahmen der Status eines Referenzpatents keine Relevanz beanspruchen dürfe.[564]

Daneben argumentiert die EU Kommission auch mit Zulassungsverzögerungen für Generika: Im Jahr 2012 überschritt Italien diesbezüglich die europäischen Umsetzungsfristen; es hielt national an einer Variante der *patent linkage* fest. Das Gesetz hatte vorgesehen, Generikaherstellern erst ab einem Jahr vor Patentschutzauslauf des Referenzpräparats die Anmeldung ihres Produkts zu erlauben.[565] Daraus würden unter Berücksichtigung der dar-

---

559 Hierzu zählten Ungarn, Italien, Portugal und die Slowakei, vgl. *Europäische Kommission,* Pharmaceutical Sector Inquiry, S. 316.

560 *Europäische Kommission,* Pharmaceutical Sector Inquiry, S. 130 und 315; zusammengefasst in *Europäische Kommission,* Zusammenfassung des Berichts über die Untersuchung des Arzneimittelsektors, S. 26, wo es heißt „Die Kommission wird auch künftig das geltende Gemeinschaftsrecht konsequent durchsetzen und z. B. gegen „Patent Linkage" vorgehen, da nach dem Gemeinschaftsrecht Marktzulassungsbehörden den Patentstatus des Originalpräparats nicht berücksichtigen dürfen, wenn sie über die Marktzulassung von Generika entscheiden."

561 Verordnung (EG) Nr. 726/2004 des Europäischen Parlaments und des Rates vom 31. März 2004 zur Festlegung von Gemeinschaftsverfahren für die Genehmigung und Überwachung von Human- und Tierarzneimitteln und zur Errichtung einer Europäischen Arzneimittel-Agentur, ABl. EG L-136 vom 30.04.2004, S. 1.

562 Art. 81 VO (EG) 726/04 lautet: „ (1) Jede Entscheidung zur Erteilung, Versagung, Änderung, Aussetzung, Rücknahme oder zum Widerruf einer Genehmigung für das Inverkehrbringen, die aufgrund dieser Verordnung getroffen wird, ist eingehend zu begründen. Die Entscheidung wird der betreffenden Partei mitgeteilt.
(2) Eine Genehmigung für das Inverkehrbringen eines unter diese Verordnung fallenden Arzneimittels **darf nur entsprechend den in dieser Verordnung festgelegten Gründen und Verfahren** erteilt, versagt, geändert, ausgesetzt, zurückgenommen oder widerrufen werden." Art. 126 Abs. 1 RL (EG) 83/01 lautet: „Die Genehmigung für das Inverkehrbringen darf **nur aus den in dieser Richtlinie aufgeführten Gründen** versagt, ausgesetzt oder widerrufen werden." (Hervorhebungen durch den Verfasser).

563 *Europäische Kommission,* Pharmaceutical Sector Inquiry, S. 130.

564 *Europäische Kommission,* Pharmaceutical Sector Inquiry, S. 315.

565 *Europäische Kommission,* Pharmaceuticals: Commission call on Italy to comply with EU rules on marketing authorisation of generic drugs. Beispielhaft führte die Kommission dort aus „For example, if a patent on a reference product has a 10 year lifetime; manufacturers will need to wait at least 9 years before they are allowed to submit their request for marketing authorisation."

auffolgenden Zulassungsdauer (auch) Wettbewerbsnachteile für die Generikaanmelder resultieren.[566] Die Kommission sah die RL (EG) 81/03, nach der Status des Originalpatent keinen Einfluss auf die Generikazulassung hat, verletzt und forderte Italien in diesem Aspekt zur Umsetzung der RL (EG) 83/01 innerhalb von zwei Monaten auf, andernfalls würde vor dem Europäischen Gerichtshof ein Vertragsverletzungsverfahren angestrengt werden. Letztlich ist Italien den Vorgaben der Kommission gefolgt.

Obwohl dem EU-Recht *patent linkage* unbekannt ist und sogar nach Ansicht der EU-Kommission gegen geltendes Recht verstößt, ist dieser Mechanismus auch in einem europäischen Freihandelsabkommen vorzufinden. Paradoxerweise war es im Falle CETAs sogar die EU-Kommission, die im Laufe der Verhandlungen mit Kanada auf eine Regelung zur *patent linkage* bestanden hatte[567] und somit Einflüsse auf die (ausgeprägte) kanadische Generikaindustrie sowie Kostensteigerungen im dortigen Gesundheitssystem provoziert. Insofern hat die EU-Kommission die *patent linkage* als wirtschaftspolitisches Mittel instrumentalisiert, indem diese Maßnahme eine Stärkung der europäischen forschenden Pharmaindustrie bezweckt. Hingegen ist es diesbezüglich in Abkommen mit anderen Ländern, die ebenfalls über Patentverknüpfungsmechanismen verfügen und zu Zeiten der Verhandlungen verfügten (wie beispielsweise Chile, Singapur und Südkorea), zu keinerlei betreffenden Passage gekommen. Dies mag einerseits durch konkretes Verhandlungsgeschick bzw. die Verhandlungspotenz bedingt sein. Unter Einziehung der zeitlichen Komponente – CETA ist nämlich das jüngste EU-Abkommen, bei dem mindestens ein Vertragspartner mit *patent linkage* operiert[568] – könnte die Regelung aber gleichwohl darauf hindeuten, dass die EU-Kommission als Verhandlungsführerin auch zukünftig *patent linkage*-Standards im Sinne von Art. 20.28 CETA benutzen wird. Kanada hatte bereits im Zusammenhang mit den NAFTA-Verhandlungen ein *patent linkage*-System im Jahr 1993 implementiert.[569] Mithin ist Art. 20.28 nur für Kanada von rechtlicher Relevanz. Nach Art. 20.28 CETA hat jede Vertragspartei, **sofern** sie auf Mechanismen der Patentverknüpfung („*patent*

566 Übersetzt durch den Verfasser; im Originaltext lautet die Pressemitteilung auszugsweise: „As a result of this law, and of the lengthy procedure to secure the authorisation for marketing, manufacturers of generic products are placed at a disadvantage on the market.“

567 *Lexchin/Gagnon,* CETA and Intellectual Property: The debate over pharmaceutical patents, https://labs.carleton.ca/canadaeurope/wp-content/uploads/CETD-Policy-Brief_CETA-and-pharmaceutical-patents_MG_JL.pdf, S. 5 (zuletzt abgerufen am 28.03.2024).

568 Im kürzlich ausgehandelten Abkommen mit Japan ist keine *patent linkage*-Regelung miteinbezogen worden. Dies wohl, weil auch Japan – entgegen einer Vielzahl asiatischer Staaten – bislang über keinen Patentverknüpfungsmechanismus verfügt.

569 *Bhardwaj/Raju/Padmavati*, Journal of Intellectual Property Rights 2013, 316, 318.

*linkage*“) zurückgreift, wobei die Erteilung der Zulassung (oder die Konformitätsmitteilung („notice of compliance“) oder vergleichbare Konzepte) bei generischen pharmazeutischen Erzeugnissen davon abhängig ist, sicher zu stellen, dass allen Streitparteien hierbei „gleichwertige, wirksame Rechtsbehelfe“ zur Verfügung stehen. Eine Implementierungsverpflichtung für die EU ergibt sich aus Art. 20.28 CETA demnach nicht. Vielmehr waren besonders im kanadischen Raum seither Diskussionen darüber entbrannt, auf welche Art „gleichwertige, wirksame Rechtsbehelfe“ in nationales Recht umzusetzen sind bzw. welche Konsequenzen daraus erwachsen. In Kanada haben Generikahersteller bei ihrer Medikamentenanmeldung zu belegen, dass sie keine Patente verletzen. Der (vermeintlich) in seinen Patentrechten verletzte Patentinhaber, in aller Regel ein Originalhersteller, kann er hiergegen Widerspruch einlegen, woraufhin das Genehmigungsverfahren automatisch zwei Jahre lang ruht. Sollte sein Widerspruch verworfen werden, hatten ihm bislang keine weiteren Rechtsschutzmöglichkeiten zur Verfügung gestanden – anders als dem Zweitanmelder.[570] Einer Interpretation dahingehend, dass dem Widerspruchsführer nunmehr ebenfalls weitere Rechtsschutzoptionen zur Seite gestellt werden, steht Art. 20.28 CETA nicht entgegen. Hierdurch, so wird angenommen, könnte sich der Markteintritt von Nachahmerprodukten weiter signifikant verzögern.[571]

Im Jahr 2017 sind die in Kanada bestehenden *linkage*-Regelungen erheblichen Änderungen unterzogen, die zumindest teilweise durch CETA notwendig geworden waren.[572] Entgegen der zunehmenden nationalen Einführung von *patent linkage* im Zuge der internationalen Patentharmonisierungsbestrebungen bleibt deren Einführung innerhalb der EU – zumindest zurzeit – nicht ersichtlich. Dagegen spricht insbesondere das Vorhandensein uneinheitlicher Verfahren. Zum einen können Zulassungen nicht nur per dezentralisiertes Verfahren (dessen Zulassung für alle Mitgliedstaaten wirken kann), sondern auch im dezentralisierten und im MRP-Verfahren, deren Zulassungen für selektive Mitgliedstaaten erlangt werden. Mithin würde die Etablierung eines einheitlichen und allgemeingültigen sog. Orange-Books[573] praktisch eine große Herausforderung bedeuten.[574] Daneben wäre angesichts der nicht automatisch EU-weit Schutz bewirkenden Bündelpatente und Zer-

---

570 *Lexchin/Gagnon,* CETA and PharmaceuticalsImpact of the trade agreement between Europe and Canada on the costs of patented drugs, S. 4 (letzter Zugriff am 16.03.2020).

571 *Lexchin/Gagnon,* CETA and PharmaceuticalsImpact of the trade agreement between Europe and Canada on the costs of patented drugs, S. 4 (letzter Zugriff am 16.03.2020).

572 *Lipkus/White,* The first steps taken at the Canadian pharmaceutical patent dance.

573 Sog. *Orange-Book*, in dem Präparaterstanmelder ihre Patentnummern eintragen müssen, auf welche dann durch Generikazulassungsanmelder Bezug zu nehmen ist.

574 *Drew,* EU unlikely to follow US with ‚Patent linkage‘ system.

tifikatserteilungen (vgl. oben) auch hier praktisch schwierig, eine umfassende und stets aktuelle Patentliste für Arzneimittelzulassungen zu betreiben.[575]

Diese praktischen Bedenken könnten relativiert werden, sobald das europäische Patent mit einheitlicher Wirkung in allen Mitgliedstaaten und eine entsprechende Regelung für *SPC*s, an der die EU-Kommission momentan arbeitet,[576] in Kraft tritt.[577] Dessen ungeachtet verbleibt allerdings die gesundheitsrechtliche Argumentation durchschlagend, sodass in dieser Hinsicht ein Paradigmenwechsel erforderlich wäre, wofür jedoch innerhalb der Unionsorgane eine Anhaltspunkte bestehen.

#### hh) Schutzrestringierende Tatbestände

Neben Tatbestandsvoraussetzungen für seine Gewährung haben grundsätzlich diejenigen für den Verlust des Schutzes gesteigerte Bedeutung. Das einzige Freihandelsabkommen, das diesbezüglich Ausführungen macht, ist CETA. Dessen Art. 20.27 Abs. 7 S. 1 beinhaltet eine fakultative Regelung für das Auslaufen des Schutzzeitraums. Sie gilt zum einen bei Verzicht auf den Schutz oder zum anderen, sofern die Verwaltungsgebühren nicht gezahlt werden.[578] Insoweit sind diese Tatbestände auch europarechtlich in Art. 14 b) bzw. c)[579] VO (EG) 469/09 verankert, wobei nach Art. 14 a) und d) VO (EG) 469/09 zudem der Ablauf des Fünf-Jahres-Zeitraums sowie der (teilweise) Widerruf der Zulassung zum Erlöschen führen. Daneben erlaubt Art. 20.27 Abs. 7 S. 2 CETA den Vertragsparteien, den Schutzzeitraum im Falle ungerechtfertigter Verzögerungen entsprechend zu verkürzen, wenn diese auf Untätigkeit des Antragstellers beruhen.

Mit Art. 20.27 Abs. 9 CETA hat die kanadische Regierung eine für seine exportorientierte Generikaindustrie günstige Regelung durchsetzen können.[580] Abs. 9 ermöglicht nämlich Ausnahmen vom *SPC*-Schutz für beispielsweise

---

575 *Drew,* EU unlikely to follow US with ‚Patent linkage' system.

576 Vgl. https://ec.europa.eu/growth/industry/intellectual-property/patents/supplementary-protection-certificates_en (letzter Zugriff am 28.03.2024).

577 *Drew,* EU unlikely to follow US with ‚Patent linkage' system.

578 Wörtlich lautet Art. 20.27 Abs. 7 S. 1 CETA: „Jede Vertragspartei kann vorsehen, dass der Sui-generis-Schutzzeitraum ausläuft, a) wenn der Schutzberechtigte auf den Sui-generis-Schutz verzichtet oder b) wenn vorgeschriebene Verwaltungsgebühren nicht entrichtet werden."

579 Bezüglich der Verwaltungsgebühren handelt es sich um Jahresgebühren, die die Mitgliedstaaten nach Art. 12 VO (EG) 469/09 vorsehen können. Deutschland hat durch § 16a Abs. 1 S. 2 PatG von dieser Möglichkeit Gebrauch gemacht.

580 *Buchanan et al.,* Patent Term Extensions and Adjustments, https://permanent.fdlp.gov/gpo85791/2016-013312.pdf, S. 6 (zuletzt abgerufen am 28.03.2024).

das Herstellen oder Verkaufen von zum Export bestimmten Erzeugnissen,[581] sodass generische Arzneimittel unter erleichterten Bedingungen auf internationalen Märkten angedient werden können. Damit bestimmt CETA einen Bereich, der europarechtlich, etwa über Art. 5 VO (EG) 469/09, nicht erfasst wird. Nichtsdestotrotz handelt es sich auch hier um eine fakultative Bestimmung.

Art. 20.27 Abs. 10 CETA bestimmt, dass das Schutzzertifikat widerrufen werden kann, wenn es nichtig ist.[582] Als ersten Beispielstatbestand benennt CETA das vorzeitige Erlöschen des Grundpatents und entspricht dem Art. 15 Abs. 1 b) VO (EG) 469/09. Daneben kann die Nichtigkeit des *SPC* insoweit (teilweise) beschränkt oder widerrufen werden, als das Erzeugnis nicht mehr von den Grundpatentansprüchen, auf denen es beruht, gedeckt ist. Als Parallelvorschrift dient Art. 15 Abs. 1 c) VO (EG) 469/09, dessen Anwendungsbereich allerdings auch Fälle umfasst, in denen nach Erlöschen des Grundpatents Gründe eintreten, die dessen Nichtigkeit bzw. Beschränkung gerechtfertigt hätten.

Außerdem kann der Entzug der Zulassung, aber ebenso jede *SPC*-Gewährung entgegen jener in Art. 20.27 Abs. 2 CETA niedergelegten Erteilungsvoraussetzungen zum Widerruf führen. Letzterer Nichtigkeitsgrund ist auch mit Art. 15 Abs. 1 a) VO (EG) 469/09 deckungsgleich, während der Verlust der Genehmigung(en) nach Art. 14 d) VO (EG) 469/09 zum Zertifikatserlöschen führt. Hierbei ist zu beachten, dass aus dem Wortlaut des Art. 14 d) VO (EG) 469/09 („Genehmigung oder Genehmigungen“) ein restriktiver Anwendungsbereich dahingehend abgeleitet wird, als dass gar keine Genehmigung für das Inverkehrbringen mehr vorliegen darf.[583] Weitere Genehmigungen können etwa nach den RL (EG) 83/01 und RL (EG) 82/01 erforderlich sein, beispielsweise preisrechtliche Genehmigungen. Auf eine ebenso restriktive Anwendungsintention deutet auch CETA hin, indem dort vom Entzug von „Zulassung(en)“ die Rede ist. Mithin dürfte nach CETA

581 In Art. 20.27 Abs. 9 CETA heißt es: „Ungeachtet der Absätze 1 bis 8 kann jede Vertragspartei ferner die Reichweite des Schutzes begrenzen, indem sie Ausnahmen für das Herstellen, Verwenden, Feilbieten, Verkaufen oder Einführen von Erzeugnissen zum Zwecke der Ausfuhr im Schutzzeitraum vorsieht.“

582 Der Artikel lautet: „Jede Vertragspartei kann das Sui-generis-Schutzrecht aus Gründen der Nichtigkeit des Grundpatents widerrufen, insbesondere wenn dieses Patent vor Ablauf seiner gesetzlichen Laufzeit erloschen ist oder insoweit widerrufen oder beschränkt wurde, als das Erzeugnis, dem der Schutz gewährt wurde, nicht mehr durch die Grundpatentansprüche geschützt ist, oder aus Gründen des Entzugs der Zulassung(en) für den jeweiligen Markt oder aus Gründen der Schutzgewährung entgegen den Bestimmungen des Absatzes 2.“

583 Busse/Keukenschrijver-*Maute*, PatG, Anhang § 16a Rn. 163; *Stief/Bühler*, Supplementary Protection Certificates (SPC), S. 51.

das Zertifikat bestehen bleiben können, solange (irgend-)eine Genehmigung das Inverkehrbringen gestattet.[584]

### c) Zusammenfassung

Patentlaufzeitverlängerungen sind mittlerweile absoluter Kernbestandteil jedes Freihandelsabkommens mit Beteiligung der EU. Sie spielen für Arzneimittel in der völkerrechtlichen Abkommenspraxis eine weitaus zentralere Rolle als für Pflanzenschutzmittel. Dort, wo eine Zulassungsbedürftigkeit jener Produkte nach der nationalen Rechtordnung besteht, beinhalten die Abkommen unter Aufgriff des Kompensationsgedankens grundsätzlich verpflichtende Passagen zeitlicher Ausdehnung des Patentschutzes. Deren Berechnungsschlüssel folgt einer kohärenten Linie; ihre Dauer beträgt regelmäßig maximal fünf Jahre. Allerdings bleibt angesichts aktuellster Entwicklungen fraglich, ob diese übliche Maximallaufzeit auch künftig erhalten bleiben wird. Es sind nämlich Tendenzen zur Möglichkeit noch längerer Schutzzeiten ersichtlich. Daneben sind materiell-rechtlich konkretisierte Standards bzw. Tatbestände selten, CETA bildet dabei eine Ausnahme. Zudem bleibt meist offen, ob der Schutz *sui generis* oder in Form einer klassischen Patentverlängerung oder auf andere Weise zu gewähren ist. Bemerkbar häufiger finden sich inzwischen sondertatbestandliche Schutzzeitverlängerungen für pädiatrische Studien, die allerdings bislang optional umsetzbar sind.

## 5. Stellungnahme

Aus wettbewerbspolitischem Handlungszwang heraus auf supranationaler Ebene integriert, hat die EU innerhalb ihrer Kontrakte mit Drittstaaten ihre Patentlaufzeitverlängerungen zunächst nur indirekt und generell über Verweis auf den internationalen Status quo und Angleichungsklauseln adressiert. Obwohl sich dieser integrative Stil teilweise in SAAs fortsetzt, setzt die neue Handelsstrategie von 2006 Schutzzeitverlängerungen seit dem Südkorea-FTA (2011) eigenständig und in konkretisierterer Weise um, die, mit geringem Transfergrad auf bestimmte Kernelemente reduziert, dem Maßstab von EU-Recht folgt. Obwohl – oder gerade weil – die europäischen Vorgaben ihrerseits angesichts weitreichender Deutungsschwierigkeiten für die Praxis nach wie vor massiv auf EuGH-Kasuistik aufbauen, bieten die FTAs anhand unspezifischer Termini, fehlender Tatbestandsvoraussetzungen oder einseitig die EU bindender Bestimmungen bisher weitreichende interpretatorische Spielräume für Vertragspartner hinsichtlich der Umsetzung jener Vorgaben. Während Arzneimittel durchweg Gegenstand der FTAs

584 Vgl. Busse/Keukenschrijver-*Maute*, PatG, Anhang § 16a Rn. 163.

sind, bleiben Pflanzenschutzmittel regelmäßig außer Acht. Bei Ersteren geht es im Rahmen der FTAs maßgeblich um das „Ob“ der Patentverlängerung; ihr „Wie“ erschöpft sich in der Maßgabe der maximalen Schutzdauer und folgt ansonsten den jeweils internen nationalen Gegebenheiten. Wenngleich CETA vergleichsweise weit ins Detail geht, bildet es dennoch keinen inhaltlichen Ausgangspunkt für Folgeabkommen mit Singapur, Vietnam und JEFTA. Patentlaufzeitbezogene Passagen der neuen FTA-Generation haben insoweit als solche (grundsätzlich) keine materiell-rechtlichen Ausweitungen in die Tiefe erfahren bzw. durchgesetzt. Allerdings eröffnen mehrere (DC)FTAs über ihren Kernanwendungsbereich hinaus seit jeher „in die Breite“ fakultativ (!) die Option zur weiteren Schutzzeitverlängerung für pädiatrische Studien oder vereinzelt gar *orphan drugs*. Zusammengenommen weisen die EU-Abkommen der neue Generation selbst unter Berücksichtigung der kategorischen Spielarten innerhalb der Europäischen Nachbarschaftspolitik einen nicht unbedeutenden Grad an Individualität auf. Dadurch werden konstant voranschreitende Ausweitungen der Bestimmungen zu Patentlautzeitextensionen überlagert.

## II. Unterlagenschutz[585]

Die zweite tragende Säule sektoraler Schutzextensionen bildet der Unterlagenschutz für produktzulassungsbedingt erhobene Test- und Versuchsdaten.

### 1. Zweck und systematische Relevanz

Nach EU-Recht können sich Hersteller von Nachahmerpräparaten (sog. Generika) – sei es für Pflanzenschutzmittel oder Arzneimittel – bei Inverkehrbringen unter bestimmten Voraussetzungen auf Zulassungsunterlagen des zuvor forschenden Originalherstellers berufen und ihre Produkte dadurch resourceneffizienter auf den Markt bringen. Dies betrifft insbesondere die in den Zulassungsunterlagen befindlichen, spezifisch erhobenen (vor-)klinischen Testdaten. Um dem daneben abzuwägenden Schutzinteresse des Originalherstellers gerecht zu werden, obliegt dem Testdatenbenutzer im

585 Der Begriff „Unterlagenschutz“ ist im Folgenden im weiten Wortsinn als Oberbegriff für die Datenexklusivität einerseits und die Marktexklusivität andererseits zu verstehen. So ebenfalls *EU-Generaldirektion Gesundheit und Lebensmittelsicherheit,* Notice to Applicants, Volume 2A, Procedures for Marketing Authorisation, S. 40; *Meier et al.,* Pharmarecht, § 4 Rn. 186; *Fackelmann,* Patentschutz und ergänzende Schutzinstrumente für Arzneimittel im Spannungsfeld von Wettbewerb und Innovation, S. 253. Manche EU-Abkommen bedienen sich des Begriffs „Datenschutz“ als Synonym für Unterlagen- und/oder Marktexklusivität. Diese Begriffsauslegung wird hier ebenfalls stellenweise aufgrund seiner diesbezüglichen Üblichkeit übernommen, darf in diesem Zusammenhang jedoch nicht mit dem „klassischen Datenschutz“-Begriff nach dem BDSG, der DSGVO oder ähnlichen Gesetzen verwechselt werden.

Gegenzug eine Zeitspanne, innerhalb derer er Unterlagenschutz genießt. Ein Nachahmer kann sich zeitweise nicht auf die relevanten Daten berufen, sondern muss ggf. eigens erhobene Testdaten einreichen (sog. Datenexklusivität oder Verwertungsschutz) und nachgelagert sein Produkt zeitlich begrenzt nicht auf den Markt bringen (sog. Marktexklusivität).[586] Insofern vereint der Unterlagenschutz im weitesten Sinne als Oberbegriff zwei ihrer Schutzwirkung nach voneinander zu trennende Mechanismen: Zum einen die Datenexklusivität bzw. den Verwertungsschutz und zum anderen die Marktexklusivität.[587] Unterlagenschutz ist als Rechtsinstrument nicht an den Patentschutz als solchen geknüpft, sondern besteht davon unabhängig und ist einzig an die Arzneimittelzulassung gebunden.[588] Ausgelöst werden die Schutzwirkungen *ipso iure* mit der Arzneimittelzulassung und verpflichten die jeweilige Zulassungsbehörde zur Nichtberücksichtigung, wobei keine Rechtsschutzmöglichkeiten des nachahmenden Produzenten bestehen.[589] Wird gegen das Schutzverbot verstoßen, kann der Referenzarzneimittelinhaber unter Geltendmachung der Verletzung drittschützender Normen[590] rechtlich dagegen vorgehen.[591]

Obschon die Schutzzeit grundsätzlich hinter dem der Patentlaufzeitverlängerungen wie schutzzeitverlängernden Zertifikaten zurückbleibt, gewinnt der Unterlagenschutz besonders dort an Relevanz, wo ein Patent durch einen Mitbewerber angegriffen wird[592] oder von vornherein gar kein Patent für ein Arzneimittel besteht. Außerdem können für Patente unter gewissen Voraussetzungen ausnahmsweise Zwangslizenzen erteilt werden, wohingegen der Unterlagenschutz davon naturgemäß unberührt bleibt. Selbst wenn also eine Zwangslizenz für ein pharmazeutisches Patent erteilt werden würde – was in der Regel bei essenziellen Medikamenten[593] besonders bedeutsam

---

586 Vgl. Art. 10 Abs. 1 und UAbs. 1 RL (EG) 83/01.

587 *Meier et al.*, Pharmarecht, § 4 Rn. 186; *EU-Generaldirektion Gesundheit und Lebensmittelsicherheit,* Notice to Applicants, Volume 2A, Procedures for Marketing Authorisation, S. 40; a. A. *Yunko*, GRUR Int. 2012, 23, 24

588 Der Wortlaut des Art. 10 Abs. 1 RL (EG) 83/01 gibt die Unabhängigkeit des Patentschutzes eindeutig vor, indem er das Unterlagenverwertungsverbot „unbeschadet des Rechts über den Schutz des gewerblichen und kommerziellen Eigentums“ gewährt; vgl. hierzu auch *Gassner*, GRUR Int. 2004, 983, 984.

589 *Fackelmann,* Patentschutz und ergänzende Schutzinstrumente für Arzneimittel im Spannungsfeld von Wettbewerb und Innovation, S. 251; 268.

590 Vgl. OVG Berlin, Urt. v. 18.04.1996, PharmR 1997, 14 f.; in dieselbe Richtung tendiert das VG Köln, Beschl. v. 21.12.2000, PharmR 2001, 68 f.

591 Vgl. zu den Rechtsschutzfragen im Detail *Meier et al.,* Pharmarecht, § 4 Rn. 205.

592 *Fackelmann,* Patentschutz und ergänzende Schutzinstrumente für Arzneimittel im Spannungsfeld von Wettbewerb und Innovation, S. 268.

593 Nach der Definition der World Health Organization (WHO) sind unter essentiellen Medikamenten solche zu verstehen, die die dringlichsten medizinischen Bedürfnisse der Bevölkerung befriedigen. Sie werden hinsichtlich ihrer Relevanz für die öffentli-

wird – blieben die zulassungsrelevanten Testdaten zunächst unzugänglich. Hierdurch verzögert sich aufgrund notwendiger und aufwendiger eigener Forschungsbemühungen der Markteintritt des Medikaments mit lizensiertem Patent substanziell. Zudem wird derjenige, der sowohl das Patent eines *SPC* als auch das Referenzprodukt innehat, davor geschützt, dass ein Generikahersteller zwar dessen Patent nicht verletzt, aber trotzdem ein bioäquivalentes Produkt entwickelt hat.[594]

Insofern fungiert der Unterlagenschutz in Bezug auf den Patent- und Zertifikatsschutz zwar konzeptionell parallel, muss darüber hinaus aber auch als ergänzende Schutzkonzeption eingeordnet werden, die patentrechtliche Unsicherheiten auffangen kann.

### 2. Unterlagenschutz für Arzneimittel

#### a) Provenienz aus den USA

Wie bereits erörtert, bedarf es aus offensichtlichen Gründen des Gesundheitsschutzes zum Inverkehrbringen eines (neuen) Arzneimittels umfangreicher pharmakologischer, vorklinischer und klinischer Tests. Gerade aufgrund ihres stetig steigenden Umfangs bildeten jene mitunter langjährigen Prozeduren ganz wesentliche Kosten- und Zeitfaktoren, sodass amerikanische und europäische forschende Pharmaunternehmen in den frühen 1980er Jahren verstärkt begannen, Kompensation hierfür einzufordern.[595] Amerika betreffend vervielfachte sich der Testaufwand zwischen den Jahren 1950 und 1965 auf durchschnittlich sieben Jahre – zum Ende der 1960er Jahre war die effektive Patentlaufzeit auf 13,9 Jahre und bis 1979 auf 9,5 Jahre abgesunken.[596]

Soweit ein anderes (nachgeahmtes) Arzneimittel, das die gleiche Wirkung wie jenes ausführlich getestete Referenzarzneimittel aufweist, zugelassen werden kann, rückt bei (bio)äquivalenter Wirkung unter der Prämisse gesicherten Gesundheitsschutzes die Notwendigkeit (neuerlicher) umfangreicher Tests in den Hintergrund. Diese Erwägung hatte sich erstmals im amerikanischen *Hatch-Waxman Act* von 1984 anhand verkürzter Referenzzulassungen manifestiert.[597] Auf der anderen Seite konnte der pharmazeuti-

---

che Gesundheit, nachgewiesener Wirkung und Sicherheit und ihres Kosten-Nutzen-Verhältnisses ausgewählt, vgl. *World Health Organization, WHO Model List of* Essential medicines; (Übersetzung durch den Verfasser).

594 Vgl. *Fackelmann*, Patentschutz und ergänzende Schutzinstrumente für Arzneimittel im Spannungsfeld von Wettbewerb und Innovation, S. 269 f.

595 Vgl. *Acquah*, International Review of Intellectual Property and Competition Law 2014, 256, 260 ff. m. w. N.

596 *Lietzan*, Seton Hall Law Review 2018, 53, 68 m. w. N.

597 Vgl. die obigen Ausführungen bei Teil 2 B. 2. f) aa).

sche Erstanmelder bis zu fünf Jahre Unterlagenschutz auf neue chemische Substanzen und bis zu drei Jahre für einen neuen Anwendungsbereich geltend machen.[598]

Fast zeitgleich begann auch die EU, sich mit dem Unterlagenschutz auseinanderzusetzen. Bis dato waren Testdaten nach den allgemeinen Vorschriften zum Schutz von Betriebs- und Geschäftsgeheimnisse geschützt.[599] Nachdem die ursprüngliche RL (EWG) 65/65 keinen derartigen Schutz gewährt hatte, sondern lediglich bei Anmeldung bereits allgemein medizinisch verwendeter Arzneimittel ein für Zweitanmelder verkürztes Zulassungsverfahren vorsah (indem es Verweise auf wissenschaftliche Veröffentlichungen gestattete bzw. ausreichen ließ), erkannte die EU-Kommission diese Zulassungsmethode als für die forschende Arzneimittelindustrie nachteilig.[600] Andererseits sollten die Daten auch nicht dauerhaft unzugänglich bleiben. Um einen Kompromiss bemüht, stieß sie sodann im Jahr 1984 eine Reform an, die einen zehnjährigen Sperrzeitraum für die Bezugnahme auf Erstanmelderunterlagen für Genehmigungsverfahrensvarianten vorsah.[601]

Nach intensiven Diskussionen[602] über die Schutzdauer[603] hat schließlich der Rat – auch unter enormer Einflussnahme durch forschende Pharmaunternehmen[604] – das Schutzinstrument legislatorisch aufgegriffen und mit der RL (EWG) 21/87[605] unter Abänderung der RL (EWG) 65/65 den Unterlagenschutz[606] von Ergebnissen vorklinischer und klinischer Versuche für sechs[607]

598 Vgl. 21 U.S.C. 355, § 505 (j)(D)(ii-iv). Hierzu *Feldman*, Columbia Journal of Law & the Arts 2016, 53, 72.
599 *Acquah*, International Review of Intellectual Property and Competition Law 2014, 256, 264.
600 *Gassner*, GRUR Int. 2004, 983, 984.
601 *Gassner*, GRUR Int. 2004, 983, 984 ff.
602 *Gassner*, GRUR Int. 2004, 983, 984.
603 *Gassner*, GRUR Int. 2004, 983, 984.
604 *Acquah*, International Review of Intellectual Property and Competition Law 2014, 256, 264.
605 Richtlinie des Rates vom 22.12.1986 zur Änderung der Richtlinie 65/65/EWG zur Angleichung der Rechts- und Verwaltungsvorschriften über Arzneispezialitäten, ABl. EG L-15 vom 17.01.1987, S. 36.
606 Synonym findet fälschlicherweise auch der Begriff „Verwertungsschutz" Gebrauch, wobei übersehen wird, dass das Verbot der Verwertung und das Verbot der Vermarktung strikt voneinander zu trennen sind.
607 Übernommen von den Staaten AT, DK, FI, IE, PT, ES, EL, PL, CZ, HU, LT, LV, SE, SK, MT, EE, CY, BG, RO, IS, (NO, LI), vgl. *Frias,* Data exclusivity, market protection and paediatric rewards, S. 4.

bzw. zehn[608] Jahre implementiert,[609] woraufhin – richtlinienimmanent – divergierende mitgliedstaatliche Umsetzung einsetzte. Im Gegenzug konnten Zweitanmelder von mehreren umfangsreduzierten Zulassungsverfahren, nämlich dem konsensualen, bibliografischen, generischen sowie dem hybriden Verfahren profitieren.[610]

Nichtsdestotrotz befürchtete die Kommission, wegen der weiterhin bestehenden unionalen Rechtszersplitterung aus dem internationalen Wettbewerb verdrängt zu werden. Ihre darauffolgenden Versuche zur weiteren supranationalen und (hinsichtlich des Schutzzeitraumes) internationalen Harmonisierung konnte sie im richtliniengebenden Verfahren mit Unterstützung privatwirtschaftlicher Akteure schließlich weitgehend durchsetzen.[611] Mit der die RL (EG) 83/01 (aktuell in der Fassung vom 16.11.2012) ändernden RL (EG) 27/04[612] sind die Schutzvoraussetzungen weiter harmonisiert, strukturelle Schwächen eliminiert[613] und die Exklusivitätszeiträume verlängert (dazu sogleich).

### b) Voraussetzungen und Schutzdauer

Gem. Art. 10 Abs. 1, 3 RL (EG) 83/01 ist der Antragsteller eines Nachahmerpräparats nicht verpflichtet, die Ergebnisse der vorklinischen und kli-

608 Von den Staaten BE, DE, FR, IT, NL, SE, UK, LU übernommen, vgl. *Frias,* Data exclusivity, market protection and paediatric rewards, S. 4; davon abgesehen konstatierte die Richtlinie nur für technologisch hochwertige Arzneimittel i. S. d. Anhang A und B RL (EG) 22/87 und zentral zugelassene biotechnologische Arzneimittel eine verpflichtende eine zehn-Jahres-Schutzpflicht.

609 Vgl. Art. 1 a) iii) RL (EG) 21/87.

610 Die konsensuale Zulassung sah die Heranziehung von Zulassungsunterlagen des Erstanmelders vor, wenn dieser seine Zustimmung gegeben hatte; die bibliografische Zulassung gestattete für allgemein medizinisch verwendete Arzneimittel die Bezugnahme auf wissenschaftliches Material; um generisch zugelassen werden zu können, bedarf es der wesentlichen Gleichheit von Referenz- und Nachahmerpräparat. Zur Definition der wesentlichen Gleichheit s. grundlegend EuGH, EWS 1999, 230. Das hybride Verfahren verlangt die Vorlage nur solcher Daten, die in der therapeutischen Verwendung, Dosierung oder Verabreichungsart im Vergleich zu einem bereits gehandelten Arzneimittel erforderlich erscheinen. S. hierzu *Gassner*, GRUR Int. 2004, 983, 985 ff. Die Verfahren sind aktuell in Art. 10 RL (EG) 83/01 kodifiziert.

611 Hierzu ausführlich *Adamini et al.*, J Health Polit Policy Law 2009, 979, 989 ff.

612 Richtlinie des Europäischen Parlaments und des Rates vom 31.03.2004 zur Änderung der Richtlinie 2001/83/EG zur Schaffung eines Gemeinschaftskodexes für Humanarzneimittel, ABl. EG L-136 vom 30.04.2004, S. 34; Umfassend zur Reform s. *Gassner*, GRUR Int. 2004, 983, 988 ff.

613 Art. 1 a) iii) a. E. RL (EWG) 87/21 hatte den Mitgliedstaaten die Option offen gelassen, Unterlagenschutz nur solange zu gewähren, wie das Patent zum Schutz des ursprünglichen Erzeugnisses noch nicht abgelaufen war. In der RL (EWG) 04/27 war diese Möglichkeit nicht mehr gegeben.

nischen Daten vorzulegen, wenn er nachweisen kann, dass es sich bei dem Arzneimittel um ein Generikum[614] eines Referenzarzneimittels[615] handelt, das seit mindestens acht Jahren in einem Mitgliedstaat oder in der Gemeinschaft genehmigt ist oder wurde. Darüber hinaus darf das Generikum nicht vor Ablauf von zehn Jahren nach Genehmigung des Referenzpräparats in Verkehr gebracht werden.[616] Kann hingegen die Bioäquivalenz[617] nicht nachgewiesen werden oder sind Änderungen des Wirkstoffes oder der Wirkstoffe, der Anwendungsgebiete, der Stärke, der Darreichungsform oder des Verabreichungsweges gegenüber dem Referenzarzneimittel vorgenommen, bedarf es der Vorlage (vor)klinischer Versuchsergebnisse.[618] Abweichendes kann sich hinsichtlich Arzneimitteln für seltene Leiden, sog. *orphan drugs*, aus der VO (EG) 141/01 und Art. 37 VO (EG) 1901/06 ergeben, wonach bis zu zwölf Jahre Schutz in Anspruch genommen werden kann.[619]

Unter besonderen Umständen ist außerdem ein über diese zehn Jahre hinausgehender Unterlagenschutz europarechtlich vorgesehen.[620]

Erstens kann der Schutzzeitraum um ein weiteres Jahr erhöht werden, sodass prinzipiell bis zu elf Jahre Marktschutz gewährt werden, wenn der Inhaber der Genehmigung für das Inverkehrbringen des Originalpräparats innerhalb der ersten acht Jahre die Genehmigung eines oder mehrerer neuer Anwendungsgebiete erwirkt.[621] Voraussetzung ist jedoch, dass diese Anwendungsgebiete bei der wissenschaftlichen Bewertung vor ihrer Genehmigung als

---

614 Der Begriff wird in Art. 10 Abs. 2 b) RL (EG) 83/01 definiert als ein Arzneimittel, das die gleiche qualitative und quantitative Zusammensetzung aus Wirkstoffen und die gleiche Darreichungsform wie das Referenzarzneimittel aufweist und dessen Bioäquivalenz mit dem Referenzarzneimittel durch geeignete Bioverfügbarkeitsstudien nachgewiesen wurde. Die verschiedenen Salze, Ester, Ether, Isomere, Mischungen von Isomeren, Komplexe oder Derivate eines Wirkstoffs gelten als ein und derselbe Wirkstoff, es sei denn, ihre Eigenschaften unterscheiden sich erheblich hinsichtlich der Sicherheit und/oder Wirksamkeit.

615 Als Referenzarzneimittel gilt gem. Art. 6, 10 Abs. 2 a) ein in Übereinstimmung mit Art. 8 RL (EG) 83/01 genehmigtes Arzneimittel.

616 Vgl. Art. 10 Abs. 1 UAbs. 1 RL (EG) 83/01.

617 Bioäquivalenz meint – vereinfacht formuliert – die graduelle Wirkungsgleichheit zweier wirkstoffgleicher Arzneimitteln auf den Körper.

618 Vgl. Art. 10 Abs. 3 RL (EG) 83/01.

619 Übersichtlich hierzu *von Falck/Slopek/Thiermann*, GRUR 2015, 1050, 1058 f.

620 Vgl. insoweit auch überblicksartig *EU-Generaldirektion Gesundheit und Lebensmittelsicherheit,* Notice to Applicants, Volume 2A, Procedures for Marketing Authorisation, S. 44 ff.

621 Vgl. Art. 10 Abs. 1 UAbs. 4 RL (EG) 83/01, diese einjährige Verlängerung ist gemäß Art. 2 RL (EG) 27/04 und Art. 89 RL (EG) 27/04 auf Referenzarzneimittel nach der RL (EG) 27/04 sowie der RL (EG) 27/04 beschränkt.; zu den Übergangsfristen für ältere Arzneimittel s. *Meier et al.,* Pharmarecht, § 4 Rn. 195 f.

von bedeutendem klinischen Nutzen im Vergleich zu den bestehenden Therapien betrachtet werden.

Genauso liegt es zweitens für den in Art. 10 Abs. 5 RL (EG) 83/01 aufgenommenen Fall, dass für einen bereits gut etablierten Wirkstoff[622] eine neue Indikation zugelassen wird, sofern für diese neue Indikation bedeutende (vor-)klinische Studien vorgenommen worden sind.

Drittens wird in der Praxis in aller Regel versucht, das einst auf den Markt gebrachte Arzneimittel zu optimieren. In diesem Zusammenhang stellt sich die Frage, ob Veränderungen an dem Mittel, wie etwa dessen Stärke oder Darreichungsform, erneuten Unterlagenschutz provozieren können. Art. 6 Abs. 1 UAbs. 2 RL (EG) 83/01 stellt insofern klar, dass nach Ersterteilung auch alle weiteren Stärken, Darreichungsformen, Verabreichungswege und Verabreichungsformen sowie alle Änderungen und Erweiterungen genehmigt oder in die Erstgenehmigung für das Inverkehrbringen einbezogen werden. Daher gelten nachträgliche Änderungen als Teil der Erstgenehmigung und fallen unter deren Schutzzeitraum (sog. Prinzip der globalen Marktzulassung).

Viertens kann dem Referenzmittelinhaber nach Art. 74a RL (EG) 83/01 ein weiteres Schutzjahr zugestanden werden, wenn er sein verschreibungspflichtiges Arzneimittel in ein verschreibungsfreies umstufen lassen will und zu diesem Anlass umfangreiche (vor-)klinische Studien unternommen hat.

Ausnahmen vom Unterlagenschutz, wie sie beispielsweise für Patente im Falle des Öffentlichkeitsschutzes existieren, bildet das EU-Recht indes nicht ab.

Diese sog. „8+2+1-Regel“ verkörpert den legislatorischen Ausfluss widerstreitender Interessen. Ursprünglich hatte die EU-Kommission zugunsten forschender Unternehmen einheitlich zehn Jahre vorgesehen (ggf. um ein weiteres Jahr verlängert), wohingegen Generikainteressenvertreter an den damals üblichen sechs Jahren festhalten wollten.[623]

622 *Meier et al.*, Pharmarecht, § 4 Rn. 202 definieren den Begriff im Zusammenhang mit Art. 10a RL (EG) 83/01, wonach für mindestens zehn Jahre in der Gemeinschaft allgemein medizinisch verwendet worden sein und eine anerkannte Wirksamkeit sowie einen annehmbaren Grad an Sicherheit gemäß den Bedingungen des Anhangs I (Teil II Ziffer 1 a)) aufweisen muss.

623 Vgl. *Gassner*, GRUR Int. 2004, 983, 988 ff. m. w. N.

#### c) Adoption in Handelsabkommen

##### aa) Genese in älteren Abkommen

Das allererste Mal überhaupt implementierten die USA im NAFTA-Abkommen einen Passus, der die Vertragspartner ausdrücklich zu Datenexklusivität über eine Zeitspanne von grundsätzlich fünf Jahren verpflichtete.[624] Die EU-Abkommen bedienten sich hingegen innerhalb der Definition des Abkommensgegenstandes allenfalls kryptischer Verweise, zum einen auf die PVÜ, zum anderen auf den „Schutz nicht offenbarter Informationen" über *Know-how*.

Zum Ende der 1990er Jahre – nach Inkrafttreten des TRIPs-Abkommens – sollte zunächst das unionale Assoziierungsabkommen mit Palästina ausweislich seiner per gemeinsamer Erklärung postulierten Definition unter anderem auch den generellen Schutz gegen unlauteren Wettbewerb in Sinne des Artikels 10*bis* der Pariser Verbandsübereinkunft (PVÜ) in der Stockholmer Fassung von 1967 enthalten.[625] Ob unter Art. 10*bis* PVÜ (Schutz vor unlauterem Wettbewerb) auch branchenspezifische Datenexklusivitätskonzepte fallen, ist nicht eindeutig, sondern vielmehr zweifelhaft. Denn angesichts ihres Wortlauts können lediglich die Abs. 2 und 3 von Art. 10*bis* PVÜ als selbstausführende („*self-executing*") Normen angesehen werden, sodass die Beurteilung, ob über Abs. 1 des Art. 10*bis* PVÜ auch Daten- und Marktexklusivität erfasst werden sollen, beim jeweiligen Mitgliedstaat selbst liegt und insbesondere auch seit damals sonst kein kohärentes internationales

---

624 Vgl. Art. 1711 Abs. 5 und 6 NAFTA-Abkommen, abrufbar unter https://www.nafta-sec-alena.org/Home/Texts-of-the-Agreement/North-American-Free-Trade-Agreement?mvid=1&secid=b6e715c1-ec07-4c96-b18e-d762b2ebe511#A1711 (Zugriff am 28.03.2024). Dort heißt es auszugsweise „Each Party shall provide that […] no person other than the person that submitted them may, without the latter's permission, rely on such data in support of an application for product approval during a reasonable period of time after their submission. For this purpose, a reasonable period shall normally mean not less than five years from the date on which the Party granted approval […]".

625 Vgl. Gemeinsame Erklärung zu Art. 33 Palästina-AA; Formulierung wurde fortan in der Gemeinsamen Erklärung zu Art. 37 und Annex VI Ägypten-AA; Gemeinsame Erklärung zu Art. 42 Kasachstan-PCA; Gemeinsame Erklärung zu Art- 33 Palästina-AA; Art. 46 Abs. 7 Südafrika-FTA; Gemeinsame Erklärung zu Art. 39 und Anhang VII Israel-AA; Art. 12 Abs. 1 Mexiko-GA; Gemeinsame Erklärung zu Art. 37 und Anhang VI Ägypten-AA; Gemeinsame Erklärung zu Art. 44 Algerien-AA; Art. 169 Chile-AA; Art. 139 Abs. 3 CARIFORUM-EPA; Gemeinsame Erklärung zu Art. 73 Albanien-AA aufgenommen.

Schutzkonzept existierte.[626] Fast alle Abkommen[627] haben außerdem erklärt, den Schutz nicht offenbarter Informationen über ***Know-how*** zu regeln. Hierunter können angesichts des augenscheinlich weiten Anwendungsbereichs auch besagte Test- und Studienunterlagen einbezogen werden.

Abgesehen vom Palästina-Assoziierungsabkommen haben sich im Rahmen der Partnerschafts- und Kooperationsabkommen die Vereinbarungen zum geistigen, gewerblichen und kommerziellen Eigentum zunächst darauf beschränkt, das Schutzniveau des Partnerstaates schrittweise derart zu verbessern bzw. zu erhöhen, bis es mit dem der EU vergleichbar ist.[628]

Eine Erweiterung beinhaltete das Südafrika-Freihandelsabkommen aus dem Jahr 1999. Es postulierte, dass die Vertragsparteien einen angemessenen und wirksamen Schutz der Rechte an geistigem Eigentum gemäß den strengsten internationalen Normen zu gewährleisten haben (die Bedeutung und Auslegung dieser Klausel werden unter **VII.** näher erläutert).[629] Somit verschob sich nicht nur der faktische Ansatzpunkt von den Vertragspartnern selbst auf unbestimmte, anderweitig existierende Normen (seien sie nun bi-, poly- oder multilateral vereinbart worden), sondern außerdem wurde die internationale Ebene als Maßstab für das Schutzniveau *inter partes* herangezogen. Diese Klausel ist in den Folgejahren (insbesondere von 2000 bis 2005) für eine Reihe unterschiedlicher Abkommen verwendet worden.[630] Sofern man NAFTA als unter diese Klausel fallendes Abkommen anerkennt, wird man u. a. auch eine Verpflichtung zum fünf-jährigen Unterlagenschutz für maßgeblich erachten müssen, der seither von der EU und ihren Vertragspartnern zu gewährleisten wäre.

Einen von dieser Praxis abweichenden Schritt bildeten die Stabilisierungs- und Assoziierungsabkommen mit Montenegro, Serbien und Bosnien-Herzegowina (aus den Jahren 2010, 2013 und 2015). Sie griffen das bereits erwähnte Harmonisierungspostulat wieder auf, wonach die drei Staaten

626 Vgl. *Bodenhausen,* Guide to the Application for the Paris Convention on the Protection of Industrial Property, S. 143 ff.

627 Vgl. Gemeinsame Erklärung zu Art. 33 Palästina-AA; Gemeinsame Erklärung zu Art. 37 und Annex VI Ägypten-AA; Gemeinsame Erklärung zu Art. 42 Kasachstan-PCA; Gemeinsame Erklärung zu Art- 33 Palästina-AA; Art. 46 Abs. 7 Südafrika-FTA; Gemeinsame Erklärung zu Art. 39 und Anhang VII Israel-AA; Art. 12 Abs. 1 Mexiko-GA; Gemeinsame Erklärung zu Art. 37 und Anhang VI Ägypten-AA; Gemeinsame Erklärung zu Art. 44 Algerien-AA; Art. 169 Chile-AA; Art. 139 Abs. 3 CARIFORUM-EPA; Gemeinsame Erklärung zu Art. 73 Albanien-AA.

628 Vgl. Art. 42 Abs. 1 Armenien-PKA; Art. 42 Abs. 1 Aserbaidschan-PKA; Art. 42 Abs. 1 Kasachstan-PKA; später so auch in Art. 73 Abs. 2 Albanien-AA; Art. 75 Abs. 3 Montenegro-SAA und Art. 75 Abs. 3 Serbien-SAA übernommen.

629 Vgl. Art. 46 Abs. 1 Südafrika-FTA.

630 Vgl. Art. 39 Abs. 1 Marokko-AA; Art. 39 Abs. 1 Israel-AA; Art. 12 Mexiko-GA; Art. 56 Jordanien-AA; Art. 44 Abs. 1 Algerien-AA; Art. 37 Ägypten-AA.

ihre Schutzstandards für geistiges und gewerbliches Eigentum auf ein mit der EU vergleichbares Niveau zu bringen hatten.[631] Das Novum lag jedoch darin, dass die gemeinsamen Erklärungen einen erweiterten Anwendungsbereich des Abkommens für das gewerbliche Eigentum, insbesondere den Schutz vertraulicher Informationen, vorsahen. Demnach sollten die Abkommen ausdrücklich neben dem Schutz gegen unlauteren Wettbewerb nach Art. 10*bis* PVÜ auch den Schutz vertraulicher Informationen im Sinne des Art. 39 TRIPs erfassen. Jedenfalls nach Auffassung der EU, die den Unterlagenschutz als von Art. 39 TRIPs gedeckt erachtet,[632] lässt sich hieraus eine Pflicht zur Schaffung eines entsprechenden Schutzsystems ableiten, auch wenn damit noch keine inhaltlichen Mindeststandards vorgegeben werden.

#### bb) „Next generation"-Abkommen

Als erstes (bisher vorläufig in Kraft getretenes) Freihandelsabkommen der neuen Generation, das explizit mit ausführlichen inhaltlichen Schutzstandards versehen worden ist, gilt das Abkommen mit Südkorea, ihm folgte das Peru/Kolumbien/Ecuador-FTA.

Aber auch die anderen Freihandelsabkommen jüngerer Zeit mit Vietnam, Ukraine, Kanada, Singapur, Südkorea, Japan, Moldawien, Georgien und Großbritannien greifen mittlerweile alle ausdrücklich das Daten- und/oder Marktexklusivitätskonzept – wenn auch in variierendem Umfang, wie noch zu erkennen sein wird – auf. Strukturell folgt der Aufbau jedoch weitgehend einem einheitlichen Schema:

Stets im Kapitel zum geistigen Eigentum verortet, vereinbaren die meisten Vertragsparteien ihre Rahmenbedingungen zum Unterlagenschutz innerhalb des Abschnitts zum Patentrecht.[633] Dies ist in Anbetracht seiner vom Patentrecht autonomen Funktion zwar zumindest dogmatisch verfehlt ist, lässt sich aber aufgrund seiner faktisch patentschutzergänzenden Funktion rechtfertigen. Alternativ werden jene entsprechenden Inhalte vereinzelt im separaten „Datenschutz"-Abschnitt postuliert,[634] was bei extensiver Auslegung des Datenschutzbegriffs, wie ihn etwa die EU in diesem Zusammenhang vornimmt, zumindest sachgerechter erscheint.

Präziser weist JEFTA die Materie dem Unterabschnitt 7 für „Geschäftsgeheimnisse und nicht offengelegte Test- oder sonstige Daten" zu.[635] Darü-

631 Art. 75 Abs. 3 Montenegro-SAA; Art. 75 Abs. 3 Serbien-SAA; Art. 73 Abs. 3 Bosnien-Herzegowina-SAA.

632 Vgl. oben bei Teil 1 Kap. 3 A. II. 1.

633 Vgl. vor Art. 10.36 Südkorea-FTA; Vor Art. 222 Ukraine-DCFTA; Vor Art. 187 Georgien-DCFTA; Vor Art. 315 Moldawien-DCFTA.

634 Vgl. vor Art. 20.29 CETA.

635 Vgl. vor Art. 14.37 JEFTA; Ähnlich vor Art. 12.41 Vietnam-FTA.

ber hinaus enthält das Peru/Kolumbien/Ecuador-Freihandelsabkommen einen gänzlich eigenen Abschnitt über „Datenschutz für bestimmte regulierte Erzeugnisse",[636] und ähnelt dadurch dem Singapur-Freihandelsabkommen („Schutz von Testdaten"[637]). Die übersichtliche Verortung unter einem eigenen (Unter-)Abschnitt scheint künftig angezeigt, wie und das Abkommen mit Neuseeland und auch das Großbritannien-FTA durch „Schutz der mit Antrag auf Zulassung von Arzneimitteln vorgelegten Daten" bestätigen.[638]

Bisweilen tritt darüber hinaus das vertragsimmanente Verständnis des Unterlagenschutzes als Umsetzung des TRIPs-Abkommens nach außen hervor. Im Rahmen der einschlägigen Passagen wird nämlich eingangs meistens Bezug auf Art. 39 TRIPs, der seinerseits im Zusammenhang mit Art. 10*bis* PVÜ zu lesen ist, genommen und das Daten- und Marktexklusivitätskonzept als dessen „Umsetzung"[639] und gleichzeitig als legale Gestaltungsgrenze auf nationaler Ebene festgelegt.[640] Dass der Unterlagenschutz im Sinne der Markt- bzw. Datenexklusivität indes nicht zwingende Vorgabe des TRIPs-Abkommens ist, wurde hiesig bereits dargelegt.

Ferner folgt auf diesen eingänglichen Verweis auf TRIPs der Zweiklang vom „Ob" und „Wie" der Daten- und Marktexklusivität – also dass ein entsprechendes Schutzregime vorhanden sein muss welche konkretisierenden Konfigurationsparameter dafür gelten sollen.

### (1) Etablierung eines Unterlagenschutzkonzepts

Mit denjenigen Vertragspartnern, die (Test-)Daten im Rahmen der Arzneimittelzulassung bis dato noch keinem Unterlagenschutzregime unterworfen hatten, handelt die EU die Implementierung eines solchen Mechanismus aus. Grundvoraussetzung ist einzig, dass der jeweilige Vertragspartner über

636 Vgl. vor Art. 231 Peru/Kolumbien/Ecuador-FTA, der neben pharmazeutischen auch agrochemische Erzeugnisse erfasst.

637 Vgl. vor Art. 11.33 Singapur-FTA.

638 Überschrift zu Art. 253 Großbritannien-FTA; s. auch Art. 18.43 Neuseeland-FTA.

639 Beispielsweise heißt es in Art. 12.41 Abs. 1 Vietnam-FTA: „**Zur Durchführung des Artikels 39 des TRIPS-Übereinkommens** und im Zuge der Gewährleistung eines wirksamen **Schutzes gegen unlauteren Wettbewerb nach Artikel 10*bis* der Pariser Verbandsübereinkunft** schützt jede Vertragspartei vertrauliche Informationen und Regierungen oder Regierungsstellen vorgelegte Daten nach diesem Artikel" (Hervorhebung durch Verfasser).

640 Vgl. Art. 231 Abs. 1 Kolumbien/Peru/Ecuador-FTA; In Art. 20.36 Abs. 2 Südkorea-FTA heißt es: „[…] die Vertragsparteien [stellen] in ihren jeweiligen Rechtsvorschriften sicher, dass im **Einklang** mit Artikel 39 des TRIPS-Übereinkommens Daten über Sicherheit und Wirksamkeit, die von einem Antragsteller erstmals mit einem Antrag auf Zulassung eines neuen Arzneimittels im Gebiet einer Vertragspartei vorgelegt werden, nicht für die Erteilung einer anderen Arzneimittelzulassung verwendet werden […]" (Hervorhebung durch Verfasser).

ein behördliches Arzneimittelzulassungsverfahren verfügt, in dessen Verlauf (Test-)Daten einzureichen sind. Dies ist faktisch fast überall auf der Welt der Fall. Nachdem Art. 39 Abs. 3 TRIPs kein spezielles Schutzkonzept für den pharmazeutischen Testdatenschutz vorgibt,[641] stellt der Unterlagenschutz prinzipiell (nur) eine valide Option dar. Allerdings waren diesbezüglich in die EU-Abkommen auch nach Inkrafttreten des TRIPs-Abkommens zunächst keine spezifischen Regelungen integriert worden. Daraufhin folgten Verweise allein auf die Umsetzung des Art. 39 TRIPs,[642] bis schließlich erstmals die Vertragsparteien im Südkorea-Freihandelsabkommen den Unterlagenschutz, dort konkret in Form von Datenexklusivität, verpflichtend als maßgebliches Schutzkonzept aufgenommen haben.[643] Seither adressieren fast[644] alle EU-Abkommen, darunter auch ihre sämtlichen Freihandelsabkommen der neuen Generation, unterlagenschutzrechtliche Vorgaben.[645] Auch die EU-Verhandlungsposition beinhaltet zurzeit entsprechende Passagen.[646] Das MERCOSUR-FTA jedoch enthält weder Unterlagenschutz noch Laufzeitverlängerungen für Patente. Obwohl die EU bis in die finale Phase ihrer Vertragsverhandlungen auf beide Mechanismen gedrängt hatte, konnten die MERCOSUR-Staaten argumentativ mithilfe von Studien[647] zu den gesundheitssystematischen Auswirkungen jener Mechanismen sowie der Unterstützung durch verschiedene Organisationen letztlich den Ausschluss der entsprechenden TRIPs-Plus Klauseln erreichen.[648] Stattdessen beinhaltet das MERCOSUR-FTA eine Passage zum allgemein lauterkeitsrechtlichen Schutz von Geschäfts- und Betriebsgeheimnissen (sog. „trade secrets“), dessen Anwendungsbereich grundsätzlich auch Studien- und Testunterlagen umfassen kann. Hierbei handelt es sich indes offenbar um eine Ausnahme; das seit dem Jahr 2021 geltende Großbritannien-FTA beinhaltet wieder ausführliche Klauseln zum Unterlagenschutz; ebenso das Neuseeland-FTA.[649]

641 *Fellmeth*, Harvard International Law Journal 2004, 443, 467.

642 Vgl. obige Ausführung m. w. N.

643 S. Art. 10.36 Abs. 1 und 2 Südkorea-FTA.

644 Nicht explizit wird der Unterlagenschutz im Zentralafrika-EPA, dem Bosnien-Herzegowina-SAA sowie dem SADC-EPA benannt, sondern (u. a.) bloß auf die Umsetzung des TRIPs-Abkommens Bezug genommen.

645 Art. 231 Kolumbien/Peru/Ecuador-FTA; Art. 222 Ukraine-DCFTA; Art. 315 Moldawien-DCFTA; Art. 187 Georgien-DCFTA; Art. 20.29 CETA; Art. 11.33 Singapur-FTA; Art. 12.41 Vietnam-FTA; Art. 14.37 JEFTA; Art. 253 Großbritannien-FTA.

646 Vgl. Art. X.45 Australien-FTA und Neuseeland-FTA drafts v. 13.06.2018.

647 *Chaves/Gaspar/Vieira,* Mercosur-EU Free Trade Agreement: Impact analysis of TRIPS-plus measures proposed by the EU on public purchases and domestic production of HIV and Hepatitis C medicines in Brazil.

648 *Ermert,* Groups Target EU-Mercosur FTA To Advance Access To Health In Trade Deals, https://www.healthpolicy-watch.org/eu-mercosur-fta-seen-best-chance-advance-access-health-trade-deals/ (letzter Zugriff am 28.03.2024).

649 Art. 253 f. Großbritannien-FTA; Art. 18.42 ff. Neuseeland-FTA

### (2) Schutzgegenstand

Vom Wortlaut der Abkommen ausgehend, variiert der Gegenstand des Unterlagenschutzes nicht unerheblich. Dies betrifft allen voran Bestimmungen über die Art der vorzulegenden Daten (*in concreto*, welche Testdatensätze des gesamten einzureichenden Konvoluts nicht veröffentlicht bzw. weitergegeben werden dürfen) sowie den Arzneistoff.

Erstens formulieren teilweise die Verträge weitreichend, dass Unterlagenschutz für sämtliche im Rahmen der Zulassung übermittelten Daten bzw. Informationen – ungeachtet ihrer Notwendigkeit für die Genehmigung – zu gewähren ist[650] und gehen somit substanziell über den Mindeststandard des Art. 39 TRIPs hinaus. Restriktiver setzt das Vietnam-Abkommen einen für die Gewinnung der erforderlichen Daten erheblichen Aufwand voraus[651] und findet insoweit seine Entsprechung in Art. 39 Abs. 3 TRIPs. Wiederum andere FTAs verlangen, dass nur diejenigen Daten, die für eine Beurteilung der Arzneimittelsicherheit und -wirksamkeit von Bedeutung sind, unter „Verschluss" gehalten werden müssen.[652] Einzig CETA stellt insoweit eine Anomalie dar, als dass dort beide letztgenannten Anforderungen kumulativ umzusetzen sind.[653] Diese Besonderheit dürfte indes der Tatsache geschuldet sein, dass Kanada längst über das NAFTA-Abkommen an bestimmte Schutzvoraussetzungen gebunden ist. Insofern erklärt sich auch, warum CETA und NAFTA diesbezüglich den fast identischen Wortlaut aufweisen.[654] Ungleich umfassender schützt daneben das Großbritannien-FTA

650 Art. 14.37 Abs. 1 JEFTA; Art. 187 Abs. 1 und 2 Georgien-DCFTA; Art. 315 Abs. 1 und 2 Moldawien-DCFTA.

651 Art. 12.41 Abs. 2 Vietnam-FTA.

652 Vgl. Art. 11.33 Singapur-FTA; Art. 10.26 Abs. 2 Südkorea-FTA; Art. 222 Abs. 2 Ukraine-DCFTA; Kolumbien/Peru/Ecuador-FTA.

653 Vgl. Art. 20.29 Abs. CETA: „[…] Daten […], die erforderlich sind, um festzustellen, ob die Verwendung dieser Erzeugnisse sicher und wirksam ist, so schützt die Vertragspartei diese Daten […], wenn für die Gewinnung dieser Daten ein beträchtlicher Aufwand erforderlich ist […]".

654 Vgl. einerseits Art. 20.29 CETA: „If a Party requires, as a condition for authorising the marketing of pharmaceutical products that utilise new chemical entities (referred to as „authorisation" in this Article) the submission of undisclosed test or other data necessary to determine whether the use of those products is safe and effective, the Party shall protect such data against disclosure, if the origination of such data involves considerable effort, except where the disclosure is necessary to protect the public or unless steps are taken to ensure that the data are protected against unfair commercial use." und andererseits Art. 1711 Abs. 5 NAFTA: „If a Party requires, as a condition for approving the marketing of pharmaceutical or agricultural chemical products that utilize new chemical entities, the submission of undisclosed test or other data necessary to determine whether the use of such products is safe and effective, the Party shall protect against disclosure of the data of persons making such submissions, where the origination of such data involves considerable effort, except where the disclosure is

„vertrauliche gewerbliche Informationen“, die zwecks Zulassung eingereicht werden.[655] Hierunter können grundsätzlich sämtliche Informationen, die entfernten bzw. mittelbaren Bezug zur Zulassung haben, fallen.

Zweitens wird durch Art. 39 Abs. 3 TRIPs (nur) der Schutz vor Offenlegung auf Zulassungsverfahren vorgegeben, in denen „neue chemische Stoffe“ (engl. „*new chemical entities*“) verwendet werden; die USA hatten bereits in NAFTA Unterlagenschutz für neue chemische Stoffe festgehalten.[656] Diese gegenüber dem bloßen „Arzneimittel“ als Tatbestandseinschränkung wirkende, weitere Schutzvoraussetzung, ist keine konstante, sondern wurde (nur) in die Freihandelsabkommen mit Kolumbien/Peru/Ecuador und – mit einer Besonderheit[657] – in CETA mitaufgenommen. Nachdem selbst auf welthandelsrechtlicher Ebene bisher nicht abschließend geklärt ist, was unter einem neuen chemischen Stoff im Sinne des TRIPs-Abkommens zu verstehen ist,[658] bestehen auch diesbezüglich weite (supra-)nationale Gestaltungsspielräume,[659] die von der EU und ihren Vertragspartnern auf völkerrechtlichem Bankett *inter partes* bestimmt worden sind, um Klarheit zu schaffen. Als Beispiel dient das Kolumbien/Peru/Ecuador-FTA. Nach dessen Art. 231 Abs. 3 „[…] bezeichnet der Ausdruck „neuer chemischer Stoff“ einen Stoff, der im Gebiet der Vertragspartei zuvor nicht nach ihren internen Rechtsvorschriften für seine Verwendung in einem Arzneimittel oder agrochemischen Erzeugnis zugelassen wurde.“ Hierbei handelt es sich um den auf ein abgegrenztes Gebiet beschränkten und somit relativen Neuheitsbegriff. Entscheidend ist dabei, ob das Arzneimittel bereits zuvor auf dem (Staats-)Gebiet zugelassen worden ist. Dieses Neuheits-Verständnis

---

necessary to protect the public or unless steps are taken to ensure that the data is protected against unfair commercial use.“

655 Art. 253 Abs. 1 Großbritannien-FTA.

656 Art. 1711 Abs. 5 NAFTA.

657 Darüber hinaus enthält Art. 20.29 Abs. 1 CETA die datenschutzbezogene klarstellende Fußnote (1), „dass die Bezeichnung „chemische Substanz“ in Kanada auch ein Bio- oder Radiopharmakon einschließt, das als neues Arzneimittel den lebens- und arzneimittelrechtlichen Vorschriften Kanadas (Food and Drug Regulations of Canada) unterliegt.“

658 Unterschieden wird zwischen einer weiten und einer engen Begriffsbestimmung; die weite Definition umfasst „chemische Verbindungen bzw. Kombinationen chemischer Verbindungen, „die in der angemeldeten Form zuvor noch nicht als Arzneimittel zugelassen wurden““, während die enge Definition lediglich „chemische Substanzen, die zuvor für kein Medikament zugelassen wurden“ einschließt, zit. n. Busche/Stoll/Wiebe
-*Strauch/Wiebe*, TRIPs, Art. 39 Rn. 43, die ihrerseits *Kohler/Pfister*, sic! 2008, 395, 397 zitieren; S. zum Streitstand, Busche/Stoll/Wiebe-*Strauch/Wiebe*, TRIPs, Art. 39 Rn. 40 ff.; *Fellmeth*, Harvard International Law Journal 2004, 443, 465 ff.; *Yunko*, GRUR Int. 2012, 23, 24; *Kohler/Pfister*, sic! 2008, 395, 397, jeweils m. w. N.

659 Vgl. *Yunko*, GRUR Int. 2012, 23, 24.

begünstigt tendenziell den Schutz von Originalpräparaten, weil der Bereich dessen, was „neu“ ist, vergleichsweise weit gefasst wird. Denselben relativen Neuheitsbegriff haben die USA in zahlreichen Freihandelsabkommen festgeschrieben.[660] CETA stellt zumindest klar, dass als chemische Stoffe jedenfalls auch Bio- und Radiopharmazeutika zu verstehen sind, sofern sie unter den kanadischen Vorschriften als neu gelten. Hingegen finden sich in den Handelsabkommen mit der Ukraine, Moldawien, Georgien sowie Vietnam und Singapur gar keine Hinweise dazu, was ein „neuer chemischer Stoff“ sein soll. Über Art. 14.37 Abs. 1 JEFTA werden nur solche Erzeugnisse geschützt, die „neue pharmazeutische Wirkstoffe“ enthalten – weitere Erläuterungen fehlen auch dort. Bei unvoreingenommener Wortlautinterpretation und unter Vergleich mit den anderen Klauseln erfassen sie (zumindest aus Sicht der EU) jedwede Zulassungsanmeldung mit (un-)bekannten Stoffen, ergo Erst- und Folgeindikationen.[661] Das Großbritannien-FTA löst sich von der vorangegangenen Thematik, indem es einzig darauf abstellt, dass ein „Arzneimittel“ erstzuzulassen ist. Hierin schafft das FTA durch Abkehr vom Erfordernis eines „neuen chemischen Stoffs“ einen vergleichsweise sehr umfassenden Schutzgegend.

Gleichzeitig legt die EU ersichtlich Wert auf die Bestimmung des „Arzneimittels“ als solches, was die Tatbestandsreichweite ebenfalls nach Maßgabe dieser Abkommen dahingehend tangiert, als dass grundsätzlich sämtliche für die Zulassung eines „Arzneimittels“ einzureichenden Unterlagen vom Unterlagenschutz umfasst werden können. Überwiegend ist versucht worden, der Rechtsunsicher- und ungleichheit dadurch entgegenzuwirken, gemeinsame Definitionen des Arzneimittelbegriffs (!) zu vereinbaren.[662] Andernorts gibt die EU zeitweise an, dass für sie ihr binnenmarktinterner Arzneimittelbegriff im Sinne einer Selbstbindung maßgeblich sei, sodass dort primär die jeweilige nationalstaatliche Arzneimitteldefinition frei zugrunde gelegt werden kann.[663] Der Begriff des „Arzneimittels“ umfasst in

660 Dazu ausführlich unter Teil 3 B. II. 2. a) bb) (1); im Übrigen Art. 15.10 Abs. 1 (c) CAFTA; Art. 15.10 Abs. 1 US-Marokko-FTA; Art. 14.9 Abs. 1 (c) US-Bahrain-FTA; Hierzu auch *Musungu/Oh,* The Use of Flexibilities in TRIPs by Developing Countries: Can They Promote Access to Medicines?, S. 57 ff.

661 So auch *Keim,* TRIPS-plus Patentschutzklauseln in bilateralen Freihandelsabkommen der EU, S. 127.

662 Vgl. Fußnote 67 in Art. 10.36 Abs. 1 Südkorea-FTA i. V. m. Art. 6 Abs. 1 Anhang 2-D; Fußnote 1 in Art. 315 Abs. 1 Moldawien-DCFTA; ferner Fußnote 71 zu Art. 231 Abs. 1 Kolumbien/Peru/Ecuador-FTA. Nun auch wieder Art. 251 Abs. 3 Großbritannien-FTA.

663 In Fußnote 25 in Art. 11.31 des Singapur-Abkommens haben die Vertragspartner die Arzneimitteldefinition ausdrücklich der (supra-)nationalstaatlichen Gestaltung zugewiesen. Die Fußnote lautet „For the purposes of this Article and Article 11.33 (Protection of Test Data Submitted to Obtain an Administrative Marketing Approval to put a Pharmaceutical Product on the Market), the term „pharmaceutical product“ shall be defined for each Party, by the respective legislations of the Parties as at the date of sig-

der EU chemische sowie biologische Arzneimittel. Seit Beginn ihrer neuen Abkommensgeneration hat sich die EU nachdrücklich bemüht, beide Präparatgruppen explizit aufzunehmen.

Ein echtes Novum in klauselartechnischer Hinsicht beinhaltet daneben JEFTA. Es weist in Art. 14.37 Abs. 1 die Besonderheit auf, Unterlagenschutz dem Wortlaut nach (nur) für solche Arzneimittel zu gewähren, die neue pharmazeutische Wirkstoffe enthalten (engl. „*new active pharmaceutical ingredient*“).[664] Die bis dahin gängige Wendung „*chemical*“ wurde hierbei durch „*pharmaceutical*“ ersetzt und greift als erstes EU-FTA die ursprünglich in der Uruguay-Runde vorgeschlagene Wendung wortgleich auf. Zweierlei Deutungen erscheinen auf den ersten Blick plausibel: Erstens könnte die Substitution den Zweck verfolgen, pharmazeutische funktional von agrochemischen Produkten zu unterscheiden. Dagegen spricht allerdings schon, dass diese Unterscheidung dort bereits eingangs hinsichtlich des pharmazeutischen Produkts gemacht wird und „*agrochemicals*“ im darauffolgenden Absatz adressiert wurden. Daher ist zweitens die Einführung des Wortes „*pharmaceutical*“ zumindest aus europäischer Freihandelsperspektive als Loslösung vom (vergleichsweise engen) Anwendungsbereich des „chemischen“ Stoffes zu verstehen. Daher erreicht JEFTA einen extensiveren Anwendungsbereich auf „pharmazeutische“ Wirkstoffe. Davon umfasst werden dementsprechend insbesondere biologische Arzneimittel.

### (3) Schutzzeiten als Mindeststandards

Die ausgehandelten Schutzzeiten variieren von Abkommen zu Abkommen und stehen unter der Prämisse, dass der Inhaber die Verwendung seiner Daten nicht gestattet. Angesichts der immensen wirtschaftlichen Bedeutung für forschende Originalhersteller haben selbige regelmäßig keine Motivation dafür, ihre Versuchsergebnisse freiwillig einem Generikaproduzenten – und damit einem Konkurrenten – zur Verfügung zu stellen. Inhaltlich folgen die Handelsabkommen fast[665] ausschließlich dem Prinzip des verbindlichen

---

nature of this Agreement. In the case of the Union, the term „pharmaceutical product“ refers to „medicinal product“.“

664 Art. 14.37 Abs. 1 JEFTA lautet auszugsweise: „Jede Vertragspartei verhindert, dass sich Antragsteller, die die Marktzulassung für pharmazeutische Erzeugnisse mit **neuen pharmazeutischen Wirkstoffen** beantragen, auf nicht offengelegte Test- oder sonstige Daten stützen oder beziehen, die ihrer zuständigen Behörde von dem ersten Antragsteller übermittelt wurden, und zwar während eines bestimmten Zeitraums, der ab dem Tag berechnet wird, an dem diesem Antrag stattgegeben wurde.“ (Hervorhebungen durch den Verfasser).

665 Einen Maximalstandard setzt dagegen beispielsweise das Assoziierungsabkommen zwischen der EFTA und Ägypten in Annex V Art. 3e).

Mindestschutzes: Vereinbart wird eine Zeitspanne, innerhalb derer die Dateninbezugnahme bzw. das Inverkehrbringen gar nicht erlaubt sein soll.[666]

Hiervon wird teils dahingehend abgewichen, als vereinbart wird, eine bestimmte Schutzperiode solle nur **normalerweise**, **üblicherweise** oder **in der Regel** nicht unter- (oder über-)schritten werden.[667] Somit können alle Vertragsparteien ungehindert Abweichungen nach oben wie nach unten vornehmen. Unter welchen Voraussetzungen von der festgelegten Schutzzeit abgewichen werden kann, wird allerdings nicht bestimmt und ermöglicht dementsprechend prinzipiell weite Gestaltungsspielräume in der (supra-)nationalstaatlichen legislativen Umsetzung. Das Großbritannien-FTA nennt gar keine Mindestzeiten, sondern verweist auf die jeweiligen Rechtsordnungen;[668] für Großbritannien ergibt sich somit die Option, von seinem bisherigen EU-*acquis* geprägten Rechtsstand abzurücken.

Der Schutzzeitraum beginnt ab dem Zeitpunkt zu laufen, in dem die Referenzarzneimittelgenehmigung für das Inverkehrbringen erteilt wird. Er beträgt meist mindestens fünf Jahre, so etwa die Freihandelsabkommen mit Vietnam, Singapur, Peru/Kolumbien/Ecuador, Tunesien und Südkorea. Innerhalb der neusten Abkommen verzeichnen die Schutzzeiten allerdings längere Perioden: In JEFTA und dem Georgien-DCFTA beträgt der Schutzzeitraum nunmehr nicht weniger als sechs Jahre, zuvor schon beim Moldawien-DCFTA mindestens sieben, in CETA sogar mindestens acht Jahre. Die Verhandlungen mit Australien und Neuseeland bestätigen diesen Trend. Sie lassen Bemühungen um acht Jahre Inbezugnahmeverbot und um zehn Jahre Marktexklusivität erkennen – mit ggf. einem weiteren Jahr für neue therapeutische Indikationen.[669] Durchgesetzt hat sich die EU in Art. 18.43 Abs. 2 Neuseeland-FTA aber letztlich nur mit „mindestens fünf Jahren".

Allerdings wäre es zu kurz gegriffen, den Maßstab effektiven Schutzes des Unterlagenschutzes *per se* aus seiner Schutzdauer als solcher abzuleiten: Entscheidend ist vielmehr auch der inhaltliche Bezugspunkt des Unterlagenschutzes, d. h., ob mit Ablauf jenes Zeitraumes bloß die **Berufung** auf (vor-)klinische Testdaten oder bereits das **Inverkehrbringen** des Generi-

---

666 Vgl. Art. 20.29 Abs. 2 a) und b) CETA („[…]rely on such data in support of an application for an authorisation during a period of not less than six years […]" sowie „shall not grant an authorisation to any person who relies on such data during a period of not less than eight years"); Art. 222 Abs. 2 Ukraine-DCFTA; Art. 315 Abs. 2 Moldavien-DCFTA; Art. 187 Abs. 3 Georgien-DCFTA; Art. 11.33 Singapur-FTA.

667 Vgl. Art. 10.36 Abs. 3 Südkorea-FTA; Art. 231 Abs. 2 Peru/Kolumbien/Ecuador-FTA, („[…] that Party shall grant an exclusivity period **normally** of five years […]"); Art. 12.41 Abs. 3 Vietnam-FTA („[…] Zeitraum beträgt **in der Regel** nicht weniger als fünf Jahre […]") (Hervorhebungen jeweils durch den Verfasser).

668 Vgl. Art. 253 Großbritannien-FTA.

669 Vgl. Art. X.45 Abs. 2 ff. Australien-FTA und Neuseeland-FTA drafts v. 13.06.2018.

kums ermöglicht werden. Im ersten Fall kann erst im Anschluss das Zulassungsverfahren (sei es ein abgekürztes Verfahren) durchgeführt werden, was wiederum weitere Zeit in Anspruch nimmt und konsequent den Markteintritt von Nachahmerpräparaten aufschiebt. Bei gleicher Schutzlaufzeit – seien es beispielsweise fünf Jahre – birgt letztere Variante für Originalhersteller also in der Regel einen zeitlich längeren Monopolschutz (Auf der anderen Seite mangelt es Referenzarzneimittelherstellern diesbezüglich an einer rechtlichen Handhabe, sofern Nachahmer eigene Forschungsdaten erheben, auf die sie ihre Zulassung stützen). Hingegen kann im letzteren Fall das Zulassungsverfahren zwecks Inverkehrbringen eines Generikums schon zuvor angestoßen werden. Somit kommt es für die Beurteilung der effektiven Schutzzeit nicht nur auf den Zeitraum als solchen, sondern auch auf darauf an, auf welchen Verbotsinhalt Bezug genommen wird.

Aus europarechtlicher Warte ist zwischen dem Zeitpunkt, ab dem sich ein Generikaproduzent auf die Testdaten des Referenzarzneimittels berufen kann, und dem Zeitpunkt, bis zu dem er die Versuchsdaten zwar bereits zur Vorlage nutzen, aber sein Nachahmerprodukt noch nicht auf den Markt bringen darf, zu unterscheiden. Die Daten- und Marktexklusivitätsperioden beginnen zeitgleich und laufen parallel nebeneinander, wobei der Vermarktungsschutz zeitlich länger (nämlich zehn Jahre) andauert.

Innerhalb der Handelsabkommen findet sich dieser Zweiklang grundsätzlich nicht wieder, denn fast immer wird lediglich ein einziges zeitliches Verbot festgelegt. Entweder steht am Ende des spezifischen Sperrzeitraumes (nur) die Aufhebung des Verbotes, sich auf bereits durch andere erhobene Versuchsdaten zu *berufen*,[670] oder aber es wird stattdessen (nur) die Aufhebung des Inverkehrbringungsverbots nach Zeitablauf ausgehandelt[671] – woraus sich jeweils die entsprechend erörterten Konsequenzen ergeben.

Einen kombinierten Ansatz nach innereuropäischem „Vorbild" zeigt bislang neben den jüngsten Freihandelsabkommen mit Georgien, Ukraine und Moldawien insbesondere CETA: Ab Marktzulassungsgenehmigung des Originalpräparats darf die Nutzung fremderhobener Versuchsdaten mindestens sechs Jahre lang nicht erfolgen; das Generikum darf mindestens acht Jahre nicht auf den Markt gebracht werden (wiederum ab Marktzulassung des Originals).[672] Die Verhandlungsposition der EU gegenüber Australien und Neuseeland spiegelte die europarechtlichen Bestimmungen mit acht bzw. zehn Jahren (und sogar einem weiteren Jahr für neue therapeutische Verwendungen) wider.[673] Eine solche Differenzierung zwischen Daten- und

670 Art. 12.41 Abs. 3 Vietnam-FTA; 10.36 Abs. 2 Südkorea-FTA; Art. 14.37 Abs. 1 JEFTA.

671 Art. 231 Abs. 2 a. E. Peru/Kolumbien/Ecuador-FTA; Art. 222 Abs. 2 Ukraine-DCFTA; Art. 11.33 Singapur-FTA.

672 Art. 20.29 Abs. 2 CETA.

673 Vgl. Art. X.45 Abs. 2 ff. Australien-FTA und Neuseeland-FTA drafts v. 13.06.2018.

Marktexklusivität gelang nun auch im Großbritannien-FTA – allerdings ohne feste Mindestschutzzeiten.[674]

Abgesehen von den Mindestschutzzeiträumen sehen mittlerweile einzelne Abkommen die Möglichkeit vor, den Zeitraum um regelmäßig noch ein weiteres Jahr zu verlängern. Die Abkommen mit Moldawien und Georgien erhöhen den Zeitraum auf höchstens sieben bzw. acht Jahre, wenn eine oder mehrere neue therapeutische Indikationen zugelassen werden, die im Vergleich zu den bestehenden Therapien von bedeutendem klinischen Nutzen sind.[675] Seine europarechtliche Entsprechung ist im Wesentlichen Art. 10 Abs. 1 UAbs. 4 RL (EG) 83/01[676] entnehmbar (vgl. oben). Weitere der in Art. 10 UAbs. RL (EG) 83/01 vorgesehenen Verlängerungstatbestände kennt die Abkommenspraxis der EU hingegen nicht. Da ansonsten allerdings stets nur Mindestschutzzeiten verankert worden sind, stehen sie den europarechtlichen Verlängerungstatbeständen nicht entgegen.

Eine Abkehr von festen Mindestschutzzeiten ist bislang hinsichtlich der EU nicht indiziert. Jedoch scheinen neuere EFTA-Abkommen Aufweichungen dieser stringenten „Mindestschutz-Linie“ anzudeuten. Obwohl einige von ihnen ebenfalls Zeiträume von bis zu acht Jahren festschreiben,[677] beinhalten andere bloß ungenaue Rahmenvorgaben. Das EFTA-Korea-FTA beispielsweise bestimmt in Art. 7.1 i. V. m. Annex XIII Art. 3:

> „The Parties shall protect undisclosed information in accordance with Article 39 of the TRIPS Agreement. The Parties shall prevent applicants for marketing **approval for pharmaceuticals and agricultural chemical products from relying** on undisclosed test or other undisclosed data, the origination of which involves a considerable effort, submitted by the first applicant to the competent authority for marketing approval for pharmaceuticals and agricultural chemical products, utilising new chemical entities, **for an adequate number of years** from the date of approval, except where approval is sought for original products. Any Party may instead allow in their national legislation applicants to rely on such data if the first applicant is adequately compensated.“ (Hervorhebungen durch den Verfasser).

674 Vgl. Art. 253 Abs. 2 und 3 Großbritannien-FTA.

675 Art. 315 Abs. 3 Moldawien-DCFTA, Art. 187 Abs. 4 Georgien-DCFTA.

676 Art. 10 UAbs. 4 RL (EG) 83/01 lautet „Der in Unterabsatz 2 vorgesehene Zeitraum von zehn Jahren wird auf höchstens elf Jahre verlängert, wenn der Inhaber der Genehmigung für das Inverkehrbringen innerhalb der ersten acht Jahre dieser zehn Jahre die Genehmigung eines oder mehrerer neuer Anwendungsgebiete erwirkt, die bei der wissenschaftlichen Bewertung vor ihrer Genehmigung als von bedeutendem klinischen Nutzen im Vergleich zu den bestehenden Therapien betrachtet werden.“

677 Annex XII, Art. 4 Abs 2 EFTA-Hong Kong-FTA; Annex VI, Art. 5 Abs. 2 EFTA-Serbien; Annex VI, Art. 6 Abs. 2 EFTA-Montenegro; Annex XII. Art. 4 Abs. 2 EFTA-Chile-FTA, das für pharmazeutische Produkte noch mindestens fünf Jahre vorgibt.

Nach dortiger Fußnote 2 entscheiden die Parteien eigenständig über die Angemessenheit des Zeitraums nach ihren jeweiligen gesetzlichen Vorgaben.[678] Dadurch können sie Faktoren wie insbesondere die nationale Zulassungsdauer (die auch maßgeblich vom Umfang der einzureichenden Tests bzw. Studien beeinflusst wird, der international variiert) und die Struktur der Gesundheitsversorgung einbeziehen. Strukturell schwach versorgte Länder können sich mit kürzeren Schutzzeiten behelfen; im Falle drohender gesundheitlicher Krisen kann mithilfe der Kompensationszahlungen Unterlagenmonopolen begegnet werden, die ansonsten der Gewähr von Zwangslizenzen im Wege stehen könnten. Unter diesem Aspekt gewonnene Flexibilität hinsichtlich des Zugangs zu Medikamenten wird innerhalb des Unionsrechts nicht gewährt; Ausnahmen der Schutzlaufzeiten gibt es zugunsten von Zwangslizenzvergaben nicht.[679] Eine Ausnahme gilt unter mannigfaltigen Voraussetzungen für Fälle, in denen die Zwangslizenz zum Inverkehrbringen ausschließlich außerhalb der EU erteilt werden soll: Nach der Verordnung (EG) Nr. 816/2006,[680] die auf die Doha-Erklärungen zurückgeht, bestehen für jene Antragsteller gem. Art. 18 der Verordnung Möglichkeiten, den Unterlagenschutz zu umgehen; insbesondere nach Abs. 3 ist der Antragsteller unter anderem nicht an die Schutzzeiten (acht bis zehn Jahre) der Art. 10 Abs. 1 und 5 RL (EG) 83/2001 gebunden.[681]

cc) Ausnahmen

Von den soeben erläuterten Schutzmechanismen gelten teilweise Ausnahmen:

(1) Zustimmung des Referenzarzneimittelinhabers

Den zentralen Ausnahmetatbestand bildet die Zustimmung zur Unterlagennutzung durch den Referenzarzneimittelinhaber, also den Originalhersteller.

Danach darf sich ein Generikahersteller ausnahmsweise im Zuge seines Genehmigungsantrages bereits vor Ablauf der Schutzperiode auf Versuchsdaten berufen, wenn der originalpräparatherstellende Unterlageninhaber der

678 Im Wortlaut: „The number of years shall be determined by the relevant laws and regulations of the Parties"

679 Zur Konsequenz dessen für Rumänien, das im Jahr 2016 keine Zwangslizenz auf Hepatitis-C Medikamente erteilen konnte, s. *t'Hoen/Boulet/Baker*, J Pharm Policy Pract 2017, 19, 22.

680 Verordnung (EG) Nr. 816/2006 des Europäischen Parlaments und des Rates vom 17. Mai 2006 über Zwangslizenzen für Patente an der Herstellung von pharmazeutischen Erzeugnissen für die Ausfuhr in Länder mit Problemen im Bereich der öffentlichen Gesundheit, ABl. EG L-157 vom 09.06.2006, S. 1.

681 *t'Hoen/Boulet/Baker*, J Pharm Policy Pract 2017, 19, 23.

Benutzung zugestimmt bzw. diese (ausdrücklich) erlaubt hat.[682] Dieses – für Generikaproduzenten potenziell ökonomisch profitable – Postulat findet im Rahmen von Art. 39 Abs. 3 TRIPs keine Entsprechung. Trotzdem ist diese Möglichkeit in alle aktuellen Freihandelsabkommen mitaufgenommen worden, wobei sich die Formulierungen als inkonsistent darstellen: Zumeist ist der „Konsens“[683] oder die Zustimmung[684] des Referenzarzneimittelinhabers erforderlich. Das Südkorea-FTA verlangt darüber hinaus sogar „einen Nachweis der ausdrücklichen Zustimmung des Zulassungsinhabers“.[685] Bereits hier lässt sich fragen, welche qualitativen Voraussetzungen an einen solchen „Nachweis“ tatbestandlich zu stellen sein könnten. In der Praxis dürfte sich daraus jedoch insoweit dieselbe Konsequenz ergeben, nämlich dass der Zulassungsbehörde letztlich bereits aus Beweiszwecken in jedem Fall eine schriftliche Bestätigung über die erfolgte Zustimmung zu erbringen sein wird.

Entsprechend der obigen Darstellung kommen als Anknüpfungspunkt dieses Ausnahmetatbestandes drei Varianten in Betracht: beide Spielarten des Unterlagenschutzes separat oder – sofern geregelt – ihre Kombination. Die Datenexklusivität kennen die Handelsabkommen mit Vietnam und Südkorea, nicht hingegen JEFTA, während die Abkommen mit Kolumbien/Peru/Ecuador, Singapur, Ukraine und Georgien bei Zustimmung des Erstanmelders die Vermarktungsexklusivität entfallen lassen. Die Abkommen mit Georgien, Moldawien, Ukraine sowie CETA, die beide Schutzvarianten kombinieren, heben den gewährten Schutz auch jeweils für beide Mechanismen.

Auf EU-Ebene kann gem. Art. 10c RL (EG) 83/01 der Inhaber nach Erteilung der Genehmigung für das Inverkehrbringen darin einwilligen, dass zur Prüfung nachfolgender Anträge für andere Arzneimittel mit derselben qualitativen und quantitativen Wirkstoffzusammensetzung und derselben Darreichungsform auf die pharmazeutischen, vorklinischen und klinischen Unterlagen zurückgegriffen wird, die in dem Dossier des Arzneimittels enthalten sind (sog. konsensuale Zulassung). Mithilfe der konsensualen Zulassung kann ein Generikahersteller frühzeitig auf die vorgelegten Daten des Erstanmelders Bezug nehmen, um sein Produkt möglichst zeitnah nach Marktexklusivitätsende an den Kunden zu bringen. Faktisch kann sich dadurch die Zeitspanne reduzieren, die ein Generikum nach Ablauf der Marktexklusivi-

---

682 Vgl. Art. 231 Abs. 2 a. E. Peru/Kolumbien/Ecuador-FTA; Art. 12.41 Abs. 3 Vietnam-FTA; Art. 20.29 Abs. 1 CETA; Art. 11.33 a. E. Singapur-FTA; Art. 222 Abs. 1 Ukraine-DCFTA; Art. 253 Abs. 2, 3 Großbritannien-FTA. Vgl. ferner Art. X.41 der FTA-drafts vom 13.06.2018 mit Australien sowie Neuseeland, sowie Art. 18.42 Abs. 2 Neuseeland-FTA.

683 Art. 11.33 Singapur-FTA.

684 Art. 12.41 Abs. 3 Vietnam-FTA; Art. 20.29 Abs. 2 a) CETA.

685 Art. 10.36 Abs. 2 a. E. Südkorea-FTA.

tätsperiode braucht, um auf den Markt zu kommen, da die Daten nicht eigens zeit- und resourcenintensiv erhoben werden müssen. Dementsprechend wird, wie schon erwähnt, ein Referenzarzneimittelhersteller unter ökonomischen Gesichtspunkten kaum Anreize haben, seine Daten ohne weiteres einem generikaproduzierenden Unternehmen als Bezugnahmequelle zugänglich zu machen. Immerhin begünstigt Ersterer so den Wettbewerbseintritt seines Konkurrenten. Sobald er seine Einwilligung nach Art. 10c RL (EG) 83/01 gegeben hat, entfällt der Unterlagenschutz. Dass hingegen auch die Marktexklusivitätsperiode (10 Jahre Schutz nach Genehmigung) entfällt, ist angesichts von Wortlaut und Systematik der RL (EG) 83/01 nicht anzunehmen. So ermöglicht Art. 10c RL (EG) 83/01 nicht mehr als den „Rückgriff" auf Daten; von einer Aufhebung der Sperre des Art. 10a Abs. 1 UAbs. 2 (Marktexklusivität) ist nicht die Rede. Zudem stehen Art. 10c (EG) 83/01 UAbs. 1 und 2 unabhängig zueinander, sodass die bloße Regelung für „Rückgriffsfälle" die Vermarktungsexklusivitätsperiode nicht berührt. Ob eine Zustimmung vorliegt oder nicht, ist also für den gesetzlich festgelegten zehnjährigen Schutzzeitraum nicht relevant. Eine ähnliche, wenngleich alternative Konzeptausnahme stellt in diesem Zusammenhang das Inaussichtstellen einer adäquaten Kompensation beim Verzicht auf Unterlagenschutz dar (vergleiche hierzu unter **(6)**).

(2) Öffentlichkeitsschutz

Die EU und ihre Vertragspartner haben diese Möglichkeit, abgesehen von den Verträgen mit Südkorea und Singapur, umgesetzt – wenn auch auf unterschiedlich formulierte Weise. Während CETA und das Vietnam-FTA den Wortlaut des Art. 39 Abs. 3 S. 2 TRIPs weitgehend übernommen haben,[686] wurde im Singapur-FTA auf derlei Ausnahme verzichtet.[687] Über den rei-

686 Art. 12.41 Abs. 2 Vietnam-FTA; Art. 20.29 Abs. 1 CETA, der lautet: „Schreibt eine Vertragspartei als Voraussetzung für die Zulassung pharmazeutischer Erzeugnisse mit neuen chemischen Substanzen (new chemical entities – NCE)(in diesem Artikel „Zulassung") die Vorlage nicht offengelegen Test- oder sonstiger Daten vor, die erforderlich sind, um festzustellen, ob die Verwendung dieser Erzeugnisse sicher und wirksam ist, so schützt die Vertragspartei diese Daten vor Offenlegung, wenn für die Gewinnung dieser Daten ein beträchtlicher Aufwand erforderlich ist, es sei denn, die Offenlegung ist zum Schutz der Öffentlichkeit notwendig, oder es werden Maßnahmen zur Gewährleistung des Schutzes der Daten vor unlauterem gewerblichen Gebrauch ergriffen."

687 Vgl. Art. 11.33 Singapur-FTA. Allerdings erklärt der vorangegangene Art. 11.30 Singapur-FTA bei der Auslegung und Umsetzung des Datenexklusivitätskonzepts die Doha-Erklärung der WTO-Ministerkonferenz als verbindlichen Gestaltungsrahmen. Ungewöhnlich ist dabei nicht etwa die Inbezugnahme auf die Doha-Erklärung, sondern vielmehr die Verortung des Öffentlichkeitsschutzes außerhalb der Regelungen zur Datenexklusivität.

nen Schutz der Öffentlichkeit hinausgehend, reichen innerhalb des Kolumbien/Peru/Ecuador-FTAs bereits Gründe des öffentlichen **Interesses** aus, um Ausnahmevorschriften auf nationaler Ebene generieren zu können.[688] Hierbei wird aus dem Wortlaut heraus folglich eine niedrigere Tatbestandsschwelle indiziert. Aufklärende Präzisierungen oder Beispiele beinhalten die FTAs hingegen nicht.

(3) Verkürzte Zulassungsverfahren

Wie bereits dargestellt, hat die EU mehrere Arten verkürzter Zulassungsverfahren geschaffen. Diese grundsätzliche Möglichkeit sichert die EU nunmehr auch im Rahmen ihrer Handelsabkommen ab. Gem. Art. 20.29 Abs. 2 b) S. 2 CETA „wird keine Partei daran gehindert, verkürzte Zulassungsverfahren für derartige Erzeugnisse auf der Grundlage von Bioäquivalenz- und Bioverfügbarkeitsstudien einzuführen." Freilich deckt CETA damit nur eine von allen in der EU gangbaren verkürzten Zulassungsarten ab.

Daneben überlässt das Kolumbien/Peru/Ecuador-Abkommen nach Art. 231 Abs. 4 b) den Vertragsparteien verkürzte Zulassungsverfahren zu etablieren, „die sich auf eine von einer anderen Vertragspartei erteilte Genehmigung für das Inverkehrbringen stützen." Dies betrifft aus europäischer Sicht neben dem Verfahren der gegenseitigen Anerkennung auch das dezentralisierte Verfahren. Für den Beginn des Unterlagenschutzes kommt es hierbei, in Übereinstimmung mit der unionalen Rechtspraxis, auf den Zeitpunkt der ersten Genehmigung an.

(4) Nationaler Notstand

Das Kolumbien/Peru/Ecuador-FTA operiert außerdem mit dem Begriff des „nationalen Notstandes".[689] Für den nationalen Notstand sind demnach die Vertragspartien befugt, Ausnahmevorschriften zu gestalten, ohne dass diesbezüglich Rahmenbedingungen oder eine Definition ausdrücklich vorgegeben sind. Unter den ausfüllungsbedürftigen Begriff „nationalen Notstand" lassen sich mannigfaltige Sachverhalte subsumieren. Deshalb besteht bei derartigen Klauseln prinzipiell die Gefahr, dass auf nationaler Ebene das Schutzniveau bedeutend abgesenkt werden könnte, insbesondere um nationale wirtschaftliche Interessen zu bedienen. Durch den Missbrauch dieser Möglichkeit könnte der Unterlagenschutz völlig ausgehöhlt werden und somit letztlich in einem Verstoß gegen den völkerrechtlichen Freihandelsvertrag resultieren. Im Gegensatz zum GATT und GATS enthält TRIPs keinen allgemeinen Notstandstatbestand, der Unterlagenschutz beschränken könn-

688 Vgl. Art. 231 Abs. 4 a) Kolumbien/Peru/Ecuador-FTA.
689 Vgl. Art. 231 Abs. 4a) Kolumbien/Peru/Ecuador-FTA.

te; im Patentrecht geben Art. 30 und 31 in diesen Fällen Handlungsspielräume, während die anderen Schutzrechte grundsätzlich kaum denkbare Notstandskonstellationen begründen können.[690] Somit gestattet dieser Tatbestand – bis zur Missbrauchsgrenze – flexible national-rechtliche Optionen zur Einschränkung des Unterlagenschutzes. Relevant wird dies nicht nur für den effektiven Gebrauch von Zwangslizenzen, sondern auch für den Zugang zu nichtpatentgeschützten, gleichwohl aber Unterlagenschutz genießenden Medikamenten.[691]

In diesem Zusammenhang sei schließlich erwähnt, dass ein nationaler Notstand zu einer dem Öffentlichkeitsschutz dienenden Maßnahme führen kann.[692]

#### (5) Äußerste Dringlichkeit

Ebenfalls im Kolumbien/Peru/Ecuador-FTA möglichen „Umstände von äußerster Dringlichkeit" Ausnahmeregelungen durch die Vertragspartner; wiederum ein kaum inhaltlich eruierbarer Tatbestand. In Abgrenzung zu den übrigen Ausnahmen darf man allerdings annehmen, dass es in geographischer Hinsicht weder auf die Erstreckung über den gesamten oder zumindest wesentlichen Teil des Staatsgebiet noch auf eine Notlage ankommt. Daneben beschränken sich die Gründe nicht auf (gesundheitsbezogenen) Öffentlichkeitsschutz, sondern auf jegdliche Art schützenswerter Interessen oder Rechtsgüter. „Äußerste Dringlichkeit" indiziert die Notwendigkeit zeitnahen Handels, regelmäßig zur Abwendung unmittelbar drohender Nachteile. Wird dieser qualitativen Hürde genügt, können als Umstände von äußerster Dringlichkeit quantitativ relativ flexible Sachverhalte eingestuft werden.

#### (6) Adäquate Kompensation

Einen Anreiz, eine Inbezugnahme zu gestatten, hätte ein Erstanmelder ggf. dann, wenn ihm ein monetärer Ausgleich in Aussicht stünde. Daher postulieren die Assoziationsabkommen der Europäischen Freihandelsassoziation (EFTA) mit Tunesien (in Kraft getreten am 01.07.2005) und auch dem Libanon (In Kraft getreten am 01.07.2007) in ihren Annexen V Art. 4, dass ausnahmeweise von fünf- bzw. sechsjähriger Datenexklusivität abgesehen werden kann, sofern der erste Anmelder adäquat entschädigt wird.[693] Hier-

---

690 *Slonina,* Gesundheitsschutz contra geistiges Eigentum? Aktuelle Probleme des TRIPS-Übereinkommens, S. 26 m. w. N.

691 *t'Hoen/Boulet/Baker*, J Pharm Policy Pract 2017, 19, 23 f. zuzüglich der Benennung eines Beispiels für Peru.

692 So wohl auch Busche/Stoll/Wiebe-*Strauch/Wiebe*, TRIPs, Art. 39 Rn. 47.

693 Vgl. auch *Roffe/Spennemann*, International Journal of Intellectual Property Management 2006, 75, 82; *El Said,* Public health related TRIPS-plus provisions in bilateral

durch können Zweitanmelder früher an den von ihnen zur Produktzulassung benötigten Testunterlagen teilhaben; Produkte ggf. schneller auf den Markt gebracht werden. Da der Erstanmelder in der Regel zuvor enorme Kosten für jene Tests hatte aufbringen müssen, kann er selbige durch Kompensationszahlungen (ggf. anteilig) amortisieren.

Die Assoziierungs- und Freihandelsabkommen der Europäischen Union beinhalten diese Ausnahmeregelung hingegen nicht. Insbesondere ist eine solche Kompensationsvariante europarechtlich hier nicht vorgegeben. Insofern ist im Übrigen auch nicht ersichtlich, dass das EU-Recht anderweitig einer solchen privatrechtlichen Vereinbarung *a priori* entgegensteht. Denn auch im Falle der Verweisung auf fremde Testdaten im Rahmen der Zweitanmeldung findet keine tatsächliche Benutzung im Sinne einer physischen Einreichung oder Vorlegens statt, sondern lediglich ein Verweis auf die relevanten, unter Verschluss liegenden Erstanmelderdaten. Die Daten, auf die der Zweitanmelder Bezug nimmt, bekommt er also grundsätzlich nie zu Gesicht. Somit schützt die Datenexklusivität dem Zweck nach nur Inbezugnahmen, hingegen nicht die tatsächliche Benutzung durch physisches Einreichen.[694] Da Adressat des Unterlagenschutzes die Zulassungsbehörde ist, steht die privatrechtlich fundierte Weitergabe entsprechender relevanter Testdaten durch den Referenzarzneimittelhersteller gegen eine vereinbarte Kompensation (in aller Regel eine Geldsumme) zu seiner Disposition. Der Generikahersteller würde hierdurch detaillierte Einblicke in Versuchsaufbau und Messparameter erhalten; mit diesem Wissen könnte er leicht eigene Versuchsdaten generieren und deren Ergebnisse als eigene bei der Zulassungsbehörde einreichen. In der Praxis wird die Bestimmung der Entschädigungshöhe allerdings von einer Vielzahl einzubeziehender Parameter abhängen, ähnlich wie etwa die vergleichbare aktuelle Diskussion um komplizierte FRAND[695]-Patentlizenzwertberechnungen bezeugt.[696] Daher könnten sich

---

trade agreements, S. 138; *Handler/Mercurio,* Intellectual Property, in: Lester/Mercurio/Bartels, Bilateral and Regional Trade Agreements, S. 350.

694 So u. a. auch *Fackelmann,* Patentschutz und ergänzende Schutzinstrumente für Arzneimittel im Spannungsfeld von Wettbewerb und Innovation, S. 254.

695 Bei sog. FRAND-Patenten handelt es sich um Patente, die einen branchenweiten (Industrie-)Standard verkörpern (sie sind „standard-essentiell") und somit von allen Marktteilnehmern als Grundlage genutzt werden. Im Spannungsfeld von Patent- und Kartellrecht stellt sich hier die gewichtige Frage, ob Zwangslizenzen zu vergeben und wie sie zu vergüten sind. Letztere bemisst sich danach, ob sie ***fair, reasonable and non-discriminatory*** (FRAND) ist. Einen (rechtsvergleichenden) Überblick gibt *Cotter*, University of Minnesota Law School 2014, 311.

696 Umfassend *Kleindienst,* Die Bestimmung angemessener Gebühren für FRAND-Lizenzen an standardessentiellen Patenten; Berechnungsansätze, wie sie für die USA in Frage kommen, sind dargestellt bei *Fellmeth*, Harvard International Law Journal 2004, 443, 479 ff.; *Sidak*, Journal of Competition Law and Economics 2013, 931 ff.; Zur Kompensation im Rahmen agrochemischer Daten in den USA *Coll*, Columbia

Rahmenbestimmungen in Form einer Verordnung als zielführend erweisen. Grundsätzliche Gedanken diesbezüglich existieren in der EU. Zumindest im Hinblick auf Arzneimittel-Zwangslizenzen sind gekappte Gewinnmargen bereits für Fälle der Ausfuhr in Länder mit Problemen bei der öffentlichen Gesundheit vorgesehen.[697] Dort beispielsweise setzt die zuständige Behörde in Fällen des Art. 31*bis* TRIPs höchstens 4 % des Gesamtpreises als Gewinn für den Patentinhaber an. Andernfalls erfolgt die Festsetzung unter Berücksichtigung des wirtschaftlichen Wertes der den betreffenden einführenden Ländern im Rahmen der Lizenz zugestandenen Nutzung sowie der humanitären oder nichtkommerziellen Umstände, Art. 10 Abs. 9 VO (EG) 816/2006. Zwar ist dieser patentrechtliche Ansatz nicht ohne weiteres auf Unterlagenschutzgesichtspunkte übertragbar, könnte aber als ideelle Grundlage für entsprechende Rechtsmechanismen dienen.

Hiervon einmal abgesehen, bietet die in Rede stehende Ausnahme prinzipiell eine effektive Maßnahme, den beschleunigten Markteintritt für Generika zu flankieren, gleichzeitig aber auch die Investitionskosten des Erstanmelders (teilweise) zu amortisieren.

TRIPs beinhaltet diesbezüglich keine Regel über Kompensationen, obwohl dies ursprünglich vereinzelt vorgeschlagen worden war.[698] Allerdings konnten sich diese in der Finalfassung nicht durchsetzen. Als interessenbalancierender Mechanismus wäre bei derartigen Regelungen auch kein TRIPs-Verstoß angezeigt.

### (7) Internationale Übereinkünfte

Das Großbritannien-FTA sieht schließlich erstmals vor, dass der Unterlagenschutz entfallen kann bzw. darf, wenn internationale Übereinkünfte, denen die Vertragsparteien angehören, andere Regelungen vorsehen.[699] Hierbei bleibt nicht nur ungeklärt, ob es sich bei diesen Übereinkünften um bi-, poly- oder multilaterale Vereinbarungen handeln muss, um als „international“ qualifiziert werden zu können. Allenfalls der Terminus „angehören“ lässt ein über das bilaterale Level hinausgehendes Verständnis anklingen. Naheliegend, wenngleich keineswegs zwingend, erscheint ferner, dass EU

Journal of Environmental Law 1986, 193 ff.; *Oberdick*, University of Pittsburgh Law Journal 1986, 247 ff. Zur Geschichte von FRAND-Patenten *Contreras*, Antitrust Law Journal 2015, 39 ff.

697 Verordnung (EG) Nr. 816/2006 des Europäischen Parlaments und des Rates vom 17. Mai 2006 über Zwangslizenzen für Patente an der Herstellung von pharmazeutischen Erzeugnissen für die Ausfuhr in Länder mit Problemen im Bereich der öffentlichen Gesundheit, ABl. EG L-157 vom 09.06.2006, S. 1.

698 Busche/Stoll/Wiebe-*Strauch/Wiebe*, Art. 39 TRIPS Rn. 47, unter Verweis auf die einschlägigen GATT-Dokumente.

699 Art. 253 Abs. 2, 3 Großbritannien-FTA.

und Großbritannien kumulativ Partei der Übereinkunft sein müssen. Im Wesentlichen ist daneben unklar, ob andere Regelungen ausdrücklich im Sinne einer Kollision entgegenstehen müssen oder ob es bereits ausreicht, dass sie im bloßen Regelungszusammenhang mit dem Unterlagenschutz bestimmte Ausnahmetatbestände zugestehen (wie vornehmlich den Schutz der öffentlichen Gesundheit). Legt man letztes zugrunde, könnte jedenfalls Art. 39 Abs. 3 S. 2 TRIPs-Abkommen herangezogen werden, der den Schutz der öffentlichen Gesundheit ermöglicht. In diesem Fall würde konsequenterweise der Unterlagenschutz zurücktreten. Durch eine derartige Öffnung des Großbritannien-FTA für anderweitige völkervertragsrechtliche Wertungen lassen sich insoweit – zumindest in bestimmtem Umfang – die dort angelegten Korrektive zugunsten der Gesundheitsversorgung berücksichtigen.

#### (8) Zusammenfassung

Es bleibt festzuhalten, dass die Ausnahmen zum Unterlagenschutz über die Mindestanforderungen in Art. 39 Abs. 3 TRIPs hinausgehen. Hierbei steht die Zustimmung des Unterlageninhabers im Zentrum – und damit maßgeblich zu dessen Disposition. Damit sind Ausnahmen vom Unterlagenschutz primär dem Kalkül forschender Unternehmen, die keinerlei Anreize zur Zustimmung haben, unterworfen. Zwar kommt daneben dem Öffentlichkeitsschutz tragende Bedeutung zu und es finden sich vereinzelt auch andere, zum Teil im Interesse schneller Generikavermarktung erfolgversprechende Maßnahmen. Nichtsdestotrotz entbehren die verschiedenen Abkommen in dieser Hinsicht einem einheitlichen Ausnahmenkanon. Im Übrigen fehlt es an einer stringenten Umsetzung der den Abkommen zugrundeliegenden europarechtlichen Normen. Zudem fällt ins Auge, wie vage die vereinbarten Tatbestände formuliert wurden und daher vielschichtigen Interpretationsansätzen zugänglich sind.

### dd) Zwischenfazit

Die Umsetzung des Unterlagenschutzkonzepts erfolgte in den 1990er Jahren zunächst sehr zögerlich bzw. oberflächlich, erfuhr dann aber mit dem wirtschaftspolitischen Strategiewechsel der EU seit dem Jahr 2006 einen substanziellen Wandel. Dessen Implementierung versteht die EU als Umsetzung des in Art. 39 Abs. 3 TRIPs postulierten Schutzgebots. Alle neueren Abkommen beinhalten nun Unterlagenschutz-Passagen – wenn auch in variierendem Umfang. Von CETA und einzelnen Assoziierungsabkommen abgesehen, wird entweder Daten- oder Vermarkungsexklusivität vereinbart, wohingegen innerhalb der EU beide Varianten parallel zur Anwendung kommen. Die Schutzzeiten, bisweilen ausgestaltet als Mindeststandards, liegen grundsätzlich bei fünf Jahren, während CETA, JEFTA, das Georgien-

DCFTA sowie Moldawien-DCFTA mit sechs bis acht Jahren darüber hinausgehen. Angesichts dessen und vor dem Hintergrund erst kürzlicher EU-FTA-Verhandlungen, welche acht bzw. zehn und gegebenenfalls bis zu elf Jahre Unterlagenschutz fordern,[700] beweist die EU eine Tendenz zur künftigen Loslösung vom Fünf-Jahres-Zeitraum. Dies wird dem Grunde nach auch durch das Großbritannien-FTA bestätigt, indem es auf die nationalen Rechtsordnungen verweist. Insgesamt deutet sich hier zumindest langfristig eine graduelle und massive Schutzausweitung an (obwohl sich dies zumindest im Neuseeland-FTA nicht final niedergeschlagen hat). Allerdings ist bereits jetzt eine Qualität bzw. Intensivierung des Unterlagenschutzes ersichtlich, der für sich betrachtet eine neue Stufe erreicht.

Meist werden entweder nur Daten- oder Marktexklusivitätsbestimmungen vereinbart; von der Wahl der Variante hängt die Verzögerung des Generikamarkteintritts ab. Problematisch ist nicht nur der abkommensabhängig deutlich divergierende Schutzgegenstand, sondern darüber hinaus auch dessen Definition. Selbiges gilt für die kaum inhaltlich konkretisierbaren Ausnahmetatbestände, sodass die Vertragsstaaten über umfangreiche Implementierungsspielräume verfügen.

#### d) Zusammenfassung

Der Unterlagenschutz bildet neben Patentlaufzeitextensionen den wesentlichsten Aspekt im freihandelsrechtlichen Schutzkanon für Arzneimittel. Zunächst nur durch „höchste internationale Standards“-Klauseln gedeckt, finden sich die fundamentalsten Elemente, wie Schutzzeiten und deren Verlängerung, Schutzgegenstand und ggf. Ausnahmefälle, in den jüngeren Abkommen wieder. Da aber auch sie einer Profiltiefe und -schärfe entbehren, spiegeln die geregelten Inhalte insgesamt – und vor dem Hintergrund ihrer europarechtlichen Basis nicht mehr als rudimentäre, wenngleich signifikante – Elemente des unionalen Status quo dieses Schutzkonzeptes wieder. Somit bleiben den Vertragspartnern mannigfaltige Umsetzungsoptionen vorbehalten.

---

700 Vgl. Art. X.45 Abs. 2 ff. Australien-FTA und Neuseeland-FTA drafts v. 13.06.2018. Dass die Verhandlungen mit Großbritannien diese Positionen nicht beinhalteten, erklärt sich wohl dadurch, dass dort bereits aufgrund der früheren Zugehörigkeit zur EU die seinerzeit gesetzten Schutzzeiträume gewährleistet wurden.

### 3. Unterlagenschutz[701] für Pflanzenschutzmittelzulassungen

#### a) Entwicklung und Motivlage in Europa

Neben Arzneimitteln unterliegen insbesondere auch Pflanzenschutzmittel einem Zulassungsverfahren. Pflanzenschutzmittel dienen direkt der Ertragssicherung von (Nutz-)Pflanzen, indem sie Schadorganismen eliminieren. Sie tragen somit substanziell zur Steigerung der landwirtschaftlichen Produktion,[702] letztlich also vor allem der direkten oder indirekten Nahrungsversorgung der Bevölkerung, bei. Insofern besteht schon angesichts global steigender Gesamtbevölkerungszahlen großes Interesse am flächendeckenden und effektiven Einsatz dieser Mittel. Gleichzeitig beinhalten Pflanzenschutzmittel aber Wirkstoffe, die nicht nur partikuläre Schädlinge ausmerzen, sondern zudem negative Einflüsse auf Menschen, Tiere und die Umwelt haben (können). Um den potenziellen Risiken und Gefahren für die Gesundheit von Mensch und Tier sowie die Umwelt zu begegnen, bedarf es ihrer Überprüfung durch staatliche Zulassungsverfahren. Da diese Zulassungsverfahren innerhalb der Mitgliedstaaten – soweit vorhanden – unterschiedlich gehandhabt worden sind, stellten sie gleichzeitig Handelshemmnisse für Pflanzenschutzmittel (und subsequent Pflanzenerzeugnisse) im europäischen Binnenmarkt dar. Insbesondere aus diesen Erwägungen heraus hat der Rat der europäischen Wirtschaftsgemeinschaft im Jahr 1978 die

701 Im Zusammenhang mit Pflanzenschutzmitteln referieren die Verordnungs- und Richtliniengeber unter dem Begriff des „Datenschutzes". Aber auch in diesem Zusammenhang ist der Begriff „Datenschutz" im Sinne eines Unterlagenexklusivitätszeitraumes für Studien- und Testunterlagen zu verstehen, innerhalb dessen Folgeanmelder die Daten des Erstanmelders nicht nutzen kann. Nach der Definition des Art. 3 Nr. 21 VO (EG) 1107/09 bedeutet „Datenschutz" das zeitlich begrenzte Recht des Eigentümers eines Versuchs- oder Untersuchungsberichts zu verhindern, dass dieser Bericht zugunsten eines anderen Antragstellers verwendet wird. Obwohl es sich bereits aus den Überschriften und dem Wortlaut der relevanten Passagen bezüglich Unterlagenexklusivität ergibt, definieren auch einige EU-Abkommen sie explizit als „Datenschutz", vgl. bspw. Art. 223 Abs. 2 a. E. Ukraine-DCFTA, Art. 10.37 Abs. 2 S. 2 Südkorea-FTA, Art. 254 Abs. 1 a. E. Großbritannien-FTA.

702 Vgl. Erwägungsgrund 2 der Richtlinie des Rates vom 21. Dezember 1978 über das Verbot des Inverkehrbringens und der Anwendung von Pflanzenschutzmitteln, die bestimmte Wirkstoffe enthalten (79/117/EWG), ABl. EWG L-33 vom 08.02.1979, S. 36.; mittlerweile aufgehoben zum 13.06.2011 durch die Verordnung (EG) Nr. 1107/2009 des Europäischen Parlaments und des Rates vom 21. Oktober 2009 über das Inverkehrbringen von Pflanzenschutzmitteln und zur Aufhebung der Richtlinien 79/117/EWG und 91/414/EWG des Rates, ABl. EG L-309 vom 24.11.2009, S. 1; ebenso Erwägungsgrund 4 Richtlinie des Rates vom 15. Juli 1991 über das Inverkehrbringen von Pflanzenschutzmitteln (91/414/EWG), ABl. EG L-230 vom 19.08.1991, S. 1); RL (EG) 414/91 ist am 13.06.2011 außer Kraft getreten und durch die VO (EG) 1107/09 ersetzt worden.

RL (EWG) 117/79[703] erlassen und den Mitgliedstaaten im Wesentlichen die Zulassung bestimmter, im Anhang der Richtlinie gelisteter Wirkstoffe verweigert, wobei allerdings umfangreiche Ausnahmen zugestanden wurden.[704]

Im Jahr 1991 hat der Rat der Europäischen Gemeinschaft durch die RL (EG) 414/91[705] neben der harmonisierten Verwendung und Überwachung eine allgemeine Zulassungspflicht für Pflanzenschutzmittel nach einheitlichen Voraussetzungen statuiert, vgl. insbesondere Art. 4 RL (EG) 414/91. Dabei griff ein zweistufiges Verfahren: Während die Gemeinschaft die *Wirkstoffe* prüfte und ggf. auf einer Positivliste als zulassungsfähig eintrug, verblieb die Zulassungszuständigkeit für die Pflanzenschutzmittelprodukte bei den jeweils einzelnen Mitgliedstaaten, wobei ausnahmsweise die Möglichkeit einer Anerkennungszulassung in Art. 10 RL (EG) 414/91 vorgesehen wurde. Im Rahmen der Zulassung mussten Antragsteller umfangreiche[706] Testdatendossiers anfertigen und einreichen, weshalb ihnen Art. 13 RL (EG) 414/91 kompensierend den Schutz dieser eingereichten Zulassungsdaten gegenüber anderen Antragstellern zwischen fünf und zehn Jahren zubilligte.[707] Obschon

703 Richtlinie des Rates vom 21. Dezember 1978 über das Verbot des Inverkehrbringens und der Anwendung von Pflanzenschutzmitteln, die bestimmte Wirkstoffe enthalten, ABl. EWG L-33 vom 08.02.1979, S. 36; mittlerweile aufgehoben zum 13.06.2011 durch die VO (EG) 1107/09.

704 Vgl. etwa Art. 4 Abs. 1 oder Art. 7 Abs. 1, der den Mitgliedstaaten die Möglichkeit einräumt, bei einer unvorhergesehenen Gefahr den Einsatz von Pflanzenschutzmitteln mit listengemäß verbotenen Wirkstoffen bis zu 120 Tage lang zu gestatten.

705 Vgl. für Biozidprodukte im Besonderen RL (EG) 8/98 des Europäischen Parlaments und des Rates vom 16. Februar 1998 über das Inverkehrbringen von Biozid-Produkten, ABl. EG L-123 vom 24.04.1998, S. 1 (außer Kraft gesetzt am 01.09.2013 durch die Verordnung (EU) 528/12 des Europäischen Parlaments und des Rates vom 22. Mai 2012 über die Bereitstellung auf dem Markt und die Verwendung von Biozidprodukten, ABl. EU L-167 vom 27.06.2012, S. 1), die jene Biozide einem einheitlichen Prüfungs- und Bewertungssystem unterworfen hat und ähnlich der RL (EG) 414/91 konzipiert worden ist, wobei Art. 12 den Umfang der geschützten Daten definiert; Für die Beurteilung der Richtlinienumsetzung der RL (EG) 414/91 durch die Kommission siehe *Kommission der Europäischen Gemeinschaften,* Bericht der Kommission an das Europäische Parlament und den Rat – Beurteilung der Wirkstoffe von Pflanzenschutzmitteln (vorgelegt gemäß Artikel 8 Absatz 2 der Richtlinie des Rates 91/414/EWG über das Inverkehrbringen von Pflanzenschutzmitteln).

706 Üblicherweise umfassten derartige Unterlagen damals schon rund 50.000 Seiten, *Kommission der Europäischen Gemeinschaften,* Bericht der Kommission an das Europäische Parlament und den Rat – Beurteilung der Wirkstoffe von Pflanzenschutzmitteln (vorgelegt gemäß Artikel 8 Absatz 2 der Richtlinie des Rates 91/414/EWG über das Inverkehrbringen von Pflanzenschutzmitteln), S. 3.

707 Art. 13 VO (EG) 414/91 unterscheidet verfahrensgemäß zwischen dem Wirkstoff und dem Pflanzenschutzmittelprodukt: Nach Art. 13 Abs. 3 VO (EG) 414/91 galt Unterlagenschutz für neue Wirkstoffe für zehn Jahre nach der ersten Aufnahme des Wirkstoffs in Anhang 1; bis zu zehn Jahre nach einzelstaatlichem Recht für Wirkstoffe, die zwei Jahre vor Bekanntgabe der Richtlinie im Handeln waren; bis zu fünf Jahre für erfor-

nicht aus den Erwägungsgründen der Richtlinie, geht jedoch bereits aus der Stellungnahme des Wirtschafts- und Sozialausschusses zum Vorschlag der Kommission im Rahmen des Rechtsetzungsverfahrens deutlich hervor, dass seiner Ansicht nach die Exklusivitätszeiträume eingereichter Daten hinsichtlich Art. 13 RL (EG) 414/91 durch hohe Investitionsvolumina in Zulassungen gerechtfertigt und forschende Pflanzenschutzmittelunternehmen vor nachahmenden Konkurrenten zu schützen seien.[708]

Mittlerweile ist die RL (EG) 414/91 durch eine Verordnung, nämlich die VO (EG) 1107/09,[709] ersetzt worden, welche unter Beibehalt des zweistufigen Verfahrens eine Ergänzung um Zulassungsverfahren durch zonale[710] Genehmigungen weiter harmonisiert wirkt. Nichtsdestotrotz lässt weiterhin jeder Mitgliedstaat grundsätzlich seine Pflanzenschutzmittel eigenständig zu.[711]

Gleichzeitig scheint sich eine motivbedingte Paradigmenergänzung vollzogen zu haben: Ausweislich der VO-Erwägungsgründe tragen neben dem Gedanke zur Schaffung eines „barrierefreien“ Binnenmarktes zwar nach wie vor der Schutz von Tier, Mensch und Umwelt die Rechtfertigung jener harmonisierenden Verordnung. Daneben berufen sich die Organe der EU aber nunmehr auch explizit auf die Sicherstellung der „Wettbewerbsfähigkeit der Landwirtschaft der Gemeinschaft“,[712] was angesichts des Wortlauts (auch) ein Interesse an der Wettbewerbsfähigkeit der EU gegenüber ande-

derliche, nachgereichte Daten für die erste Aufnahme in Anhang 1 oder Änderungen hierfür. Art. 13 Abs. 4 VO (EG) 414/91 betraf dagegen die Pflanzenschutzmittelzulassung: Schutz bestand für zehn Jahre nach der ersten Zulassung des Produktes und höchstens zehn Jahre nach einzelstaatlichem Recht nach Erstzulassung eines Pflanzenschutzmittels, wenn die Zulassung vor Aufnahme eines darin enthaltenen Wirkstoffes in Anhang 1 erfolgt ist.

708 Vgl. *Europäischer Wirtschafts- und Sozialausschuss*, ABl. EG C-56 vom 03.07.1990, S. 3 ff., S. 7.

709 VO (EG) Nr. 1107/2009, ABl. EG L-309 vom 24.11.2009, S. 1, derzeit in der konsolidierten Fassung vom 28.08.2017. Außerdem wurde der Anhang 1 durch die Durchführungsverordnung (EU) Nr. 540/2011 der Kommission vom 25. Mai 2011 zur Durchführung der Verordnung (EG) Nr. 1107/2009 des Europäischen Parlaments und des Rates hinsichtlich der Liste zugelassener Wirkstoffe, ABl. EU L-153 vom 11.06.2011, S. 1, ersetzt.

710 Gemäß Art. 3 Nr. 17, Anhang I VO (EG) 1107/09 kann eine Zulassung für eine bestimmte unionale Zone erfolgen. Zone A (Norden) fasst die Mitgliedstaaten Dänemark, Estland, Finnland, Lettland, Litauen und Schweden; Zone B (Mitte) die Staaten Belgien, Deutschland, Irland, Luxemburg, Niederlande, Österreich, Polen, Rumänien, Slowakei, Slowenien, Tschechische Republik, Ungarn, Vereinigtes Königreich; Zone C (Süden) die Staaten Bulgarien, Frankreich, Griechenland, Italien, Malta, Portugal, Spanien und Zypern zusammen.

711 Ausnahmen ergeben sich aus den Art. 28 Abs. 2 a) – e); Art. 40; Art. 52; Art. 53 VO (EG) 1107/09.

712 Vgl. Erwägungsgrund 8 VO (EG) 1107/09.

ren, externen Agitatoren und Märkten „nach außen" andeutet.[713] Insofern kumulieren jetzt Gesundheits-, Umwelt- und (in- und auswärts gewandter) Wettbewerbsschutz im Rahmen des pflanzenschutzrechtlichen Zulassungsverfahrens.

Außerdem führen die Verordnungsgeber die innerhalb des Unterlagenschutzes maßgeblichen Motivparameter erstmals explizit an, was Erwägungsgrund 39 aufzeigt. Hierbei präsentiert sich der Unterlagenschutz als Produkt ausdifferenzierter Abwägung. Um Forschung zu fördern, schützt der Unterlagenschutz zentral die erheblichen Investitionen in die erforderlichen Studien und Tests. Im Interesse funktionsfähigen Wettbewerbs soll der Schutz jedoch zeitliche Grenzen erfahren. Weiterhin sind nur für die Beurteilung der Zulassung zwingend erforderliche Unterlagen vor Offenbarung zu schützen, um Missbrauch (durch Schutzdauerverzögerungen mithilfe unnötiger Tests) vorzubeugen. Nach den Erwägungsgründen 17 und 30 VO (EG) 1107/09 bedarf es für geringfügig riskante sowie Pflanzenschutzmittel mit geringfügigem Verwendungsbereich besonderer Regelungen.

### b) Gegenstand und Dauer des Unterlagenschutzes

Die wesentlichen Bestimmungen zum Unterlagenschutz für Versuchs- und Studiendaten[714] in Bezug auf dessen Schutzgegenstand und Dauer gibt zurzeit insbesondere Art. 59 VO (EG) 1107/09 vor. Dabei beschränkt sich der hiesige Schutz auf Teile der eingereichten Testunterlagen; ein Marktexklusivitätszeitraum wird – anders als im Arzneimittelbereich – nicht gewährt.

713 Der Wortlaut („der Gemeinschaft") anstelle von „*in* der Gemeinschaft" suggeriert, dass der Gemeinsame Markt nun weniger isoliert aus intraeuropäischer Perspektive, sondern als einheitliche Bezugsgröße zu anderen, externen Märkten in Beziehung gestellt wird. Dies unterstreicht auch der Vergleich mit den vorherig ergangenen Rechtsakte für Pflanzenschutzmittel: Sie begnügten sich mit der „Errichtung und dem Funktionieren des gemeinsamen Binnenmarktes" in Bezug auf die Harmonisierungsnotwendigkeit, vgl. Erwägungsgründe 6 und 7 RL (EWG) 117/79; Erwägungsgrund 5 RL (EG) 414/91. Weiterhin adressiert Erwägungsgrund 8 VO (EG) 1107/09 den Harmonisierungsgedanken nicht. Schließlich hat auch der Wirtschafts- und Sozialausschuss bereits im Rechtsetzungsverfahren den mangelnden Fokus auf Wettbewerbsgesichtspunkten moniert und auf wachsende Anforderungen an die Wertschöpfungskette infolge steigender Nachfrage nach qualitativ hochwertigen Produkten verwiesen. Pflanzenschutzmittel seien dafür unerlässlich. Siehe hierzu *Europäischer Wirtschafts- und Sozialausschuss*, ABl. EG C-175 vom 27.07.2007, S. 44.

714 Art. 3 Nr. 23 VO (EG) 1107/09 definiert „Versuche und Studien" als Untersuchungen oder Experimente, deren Zweck es ist, die Eigenschaften und das Verhalten eines Wirkstoffs oder von Pflanzenschutzmitteln zu ermitteln, Prognosen zur Exposition gegenüber Wirkstoffen und/ oder deren relevanten Metaboliten abzugeben, Werte für unbedenkliche Exposition zu ermitteln und die Bedingungen für die unbedenkliche Verwendung von Pflanzenschutzmitteln festzulegen.

Geschützt werden durch den Anmelder übermittelte Informationen zu dem Wirkstoff, Safener[715] oder Synergisten, Zusatzstoff und dem Pflanzenschutzmittel, sofern sie für die Zulassung oder deren Änderung[716] **notwendig** waren und mit den Grundsätzen der **guten Laborpraxis** oder **guten experimentellen Praxis** übereinstimmen. Ausnahmen dieses Schutzes bilden Art. 59 Abs. 2, Art. 62 sowie Art. 80 VO (EG) 1107/09 für Zulassungen von Pflanzenschutzmitteln, Safenern, Synergisten und Zusatzstoffen, wenn der (Folge-)Antragsteller eine Zugangsbescheinigung[717] vorlegt, der Schutzzeitraum abgelaufen ist, Testdaten von Wirbeltierversuchen erhoben worden sind oder besondere Übergangsvorschriften für die RL (EG) 414/91 greifen.

Um Unterlagenschutz generieren zu können, ist gem. Art. 59 Abs. 3 VO (EG) 1107/09 außerdem erforderlich, dass der Anmelder alle erforderlichen Daten vorlegt und bestätigt, dass für die Daten noch kein Schutzzeitraum gewährt worden bzw. dieser noch nicht abgelaufen sei. Anders als noch unter der RL (EG) 414/91, welche grundsätzlich alle eingereichten Versuchsdaten vom Unterlagenschutz umfasst hatte, obliegt es jetzt dem Anmelder, nach Art. 7 Abs. 3, 63 VO (EG) 1107/09 den Schutz eingereichter Versuchsdaten zu beantragen. Hierbei hat er einen nachprüfbaren Beweis vorzulegen, aus dem hervorgeht, dass die Offenlegung dieser Informationen seine kommerziellen Interessen oder den Schutz seiner Privatsphäre und seine Integrität beeinträchtigen könnte; Abs. 2 listet hierfür exemplarische Vermutungstatbestände auf.[718]

---

715 Safener sind chemische Verbindungen, die die Herbizidtoleranz von Kulturpflanzen erhöhen, ohne gleichzeitig die Wirkungen des Pflanzenschutzmittels gegen das Unkraut zu schmälern, s. *Kraßer/Ann*, Patentrecht, § 26 Rn. 52; nach EuGH, GRUR 14, 756 kann im Übrigen auf einen Safener ein *SPC* erteilt werden, wenn der Safener eigene toxische, phytotoxische oder pflanzenschützende Wirkung(en) entfaltet.

716 Änderungen sind nur hinsichtlich der Verwendung einer anderen Kulturpflanze erfasst.

717 Dabei handelt es sich gem. Art. 3 Nr. 12 VO (EG) 1107/09 um ein Originaldokument, mit dem der Eigentümer von Daten, die gemäß der vorliegenden Verordnung geschützt sind, der Nutzung dieser Daten durch die zuständige Behörde für die Zwecke der Zulassung eines Pflanzenschutzmittels oder der Genehmigung eines Wirkstoffs, Synergisten oder Safeners zugunsten eines anderen Antragstellers unter den spezifischen Voraussetzungen und Bedingungen zustimmt.

718 Eine Beeinträchtigung wirtschaftlicher Interessen liegt in der Regel bei Offenlegung von: a) dem Herstellungsverfahren; b) den Angaben zu Verunreinigungen des Wirkstoffs, mit Ausnahme von Verunreinigungen, die als toxikologisch, ökotoxikologisch oder ökologisch relevant angesehen werden; c) Ergebnissen zu hergestellten Wirkstoffchargen, einschließlich Verunreinigungen; d) Analysenmethoden für Verunreinigungen in dem Wirkstoff so wie er hergestellt wird, mit Ausnahme von Analysenmethoden für Verunreinigungen, die als toxikologisch, ökotoxikologisch oder ökologisch relevant angesehen werden; e) Beziehungen zwischen einem Hersteller oder Importeur und dem Antragsteller oder dem Zulassungsinhaber; f) Angaben zur vollständi-

Art. 59 Abs. 1 UAbs. 4 f. definieren die Schutzzeiträume unter Einbeziehung bestimmter Ausnahmen. Nach Art. 59 Abs. 1 UAbs. 4 beträgt die Datenexklusivität grundsätzlich zehn Jahre ab dem Datum der Erstzulassung in dem jeweiligen Mitgliedstaat. Ausnahmen gelten naheliegenderweise für den Fall der Zustimmung durch den Erstanmelder bzw. nach Ablauf des Schutzzeitraums. Da die damalige Europäische Gemeinschaft Pflanzenschutzmittel mit geringem Risiko[719] begünstigen wollte, schuf sie Anreize für die Verwendung solcher Pflanzenschutzmittel. Dieses Ansinnen wurde nicht zuletzt dadurch umgesetzt, als dass jene Mittel, die unter Art. 47 VO (EG) 1107/09 fallen, einen privilegierenden Schutzzeitraum von höchstens 13 Jahren genießen.

Die soeben genannten Zeiträume können wiederum verlängert werden, wenn der sachliche Geltungsbereich einer Zulassung für geringfügige Verwendungen[720] angemeldet wird, vgl. Art. 59 Abs. 1 UAbs. 5, Art. 51 VO (EG) 1107/09. Sofern diese Zulassung spätestens fünf Jahre nach dem Datum der Erstzulassung von deren Inhaber in diesem Mitgliedstaat beantragt wird (und auch nicht auf Extrapolation[721] beruht), gewährt die zuständige Behörde pro Ausweitung eine dreimonatige Extension, wobei maximal 13 Jahre Gesamtschutz zulässig sind. Der Gesamtschutzzeitraum für Pflanzenschutzmittel mit geringem Risiko im Sinne von Art. 47 VO (EG) 1107/09 darf sich auf höchstens 15 Jahre belaufen.

Weiterhin erfahren Studien, die für die Erneuerung oder Überprüfung einer Zulassung benötigt worden sind, einen Datenschutzzeitraum von 30 Monaten, vgl. Art. 59 Abs. 1 UAbs. 7.[722]

---

gen Zusammensetzung eines Pflanzenschutzmittels; g) Namen und Anschriften der Personen, die an den Versuchen mit Wirbeltieren beteiligt sind, vor.

719 Art. 47 Abs. 1 VO (EG) 1107/09 wird als Pflanzenschutzmittel mit geringem Risiko ein solches bezeichnet, dessen sämtliche Wirkstoffe solche mit geringem Risiko gemäß Artikel 22 sind, und aufgrund einer Risikobewertung keine spezifischen Maßnahmen zur Risikominderung erforderlich sind. Darüber hinaus müssen die in ihm enthaltenen Wirkstoffe, Safener und Synergisten mit geringem Risiko gemäß Kapitel II genehmigt worden sein, es darf keine bedenklichen Stoffe enthalten; es muss hinreichend wirksam sein, es darf bei den zu bekämpfenden Wirbeltieren keine unnötigen Leiden oder Schmerzen verursachen und schließlich muss es Artikel 29 Absatz 1 Buchstaben b, c und f bis i entsprechen.

720 Art. 3 Nr. 26 VO (EG) 1107/09 definiert „geringfügige Verwendung“ als die Verwendung eines Pflanzenschutzmittels in einem bestimmten Mitgliedstaat auf Pflanzen oder Pflanzenerzeugnissen a) mit geringer Verbreitung in diesem Mitgliedstaat oder b) mit großer Verbreitung, wenn eine außergewöhnliche Notwendigkeit des Pflanzenschutzes besteht.

721 Extrapolation ist der Rückschluss von bisherigen Werten/Daten auf nachfolgende Werte. Siehe *Wermke/Kunkel-Razum/Scholze-Stubenrecht* (Hrsg.), Duden, S. 389.

722 Die Unterabsätze 1 – 4 von Art. 59 Abs. 1 VO (EG) 1107/09 finden hier entsprechende Anwendung, vgl. Art. 59 Abs. 1 UAbs. 7 S. 2 VO (EG) 1107/09.

### c) Ausnahmen: Versuchs- und Studiendaten für Wirbeltiere; übergeordnetes öffentliches Interesse an der Offenbarung

Art. 59 VO (EG) 1107/09 schließt Art. 62 aus seinem Anwendungsbereich aus, um Tierversuche auf ein Minimum zu beschränken.[723] Nach Art. 62 besteht daher kein Unterlagenschutz für vorgeschriebene Versuchsdaten, die anhand von Tests an Wirbeltieren generiert worden sind, um unnötige Wiederholungen derselben Tierversuche durch jeden nachfolgenden Anmelder zu verhindern. Vielmehr muss der Erstanmelder aktiv alle Anstrengungen unternehmen, um jene Versuchsdaten für Andere nutzbar zu machen. Im Gegenzug erhält er für die Versuchsdatennutzung einen Kostenausgleich (in gerechter, transparenter und nicht diskriminierender Weise) vom jeweiligen Folgeanmelder, vgl. Art. 62 Abs. 3 und 6[724] VO (EG) 1107/09. Kommt keine Einigung über die Kompensationshöhe zustande, kann die Behörde die Versuchsdaten des Erstanmelders im Rahmen der Folgeanmeldung nutzen, vgl. Art. 62 Abs. 4 UAbs. 2 VO (EG) 1107/09.

Außerdem kann ein übergeordnetes öffentliches Interesse an den gem. Art. 63 VO (EG) 1107/09 vertraulichen Versuchsdaten die Schutzwirkungen entfallen lassen, vgl. Art. 7 Abs. 3; 10; 16 VO (EG) 1107/09. Davon erfasst sind im Wirkstoffzulassungs- und Erneuerungsverfahren sämtliche Informationen, die im Rahmen der Veröffentlichung eines Kurzdossiers eigentlich nicht offenbart werden dürften.

Schließlich können Folgeanmelder einen Antrag auf Zugang zu Informationen stellen, wobei der Mitgliedstaat entscheidet, welche der zuvor durch den Erstanmelder übermittelten Informationen vertraulich zu behandeln sind, vgl. Art. 7 Abs. 3 VO (EG) 1107/09.

### d) Adoption in Freihandelsabkommen der EU

Im Laufe der Zeit hat die EU Unterlagenschutzstandards für Versuchs- und Studiendaten von Pflanzenschutzmitteln bzw. deren Wirkstoffen in ihre Freihandelsabkommen integriert.

#### aa) Ältere Abkommen

Die älteren Freihandelsabkommen entbehren konkreter Passagen über Schutzstandards hinsichtlich Pflanzenschutzmitteltestunterlagen. Allerdings sind die Schutzstandards dort über die Angleichungs- und Höchststandard-

723 Vgl. Erwägungsgrund 40 VO (EG) 1107/09.

724 Hierbei kann die zuständige Behörde zur Klärung der Kompensationsfrage per Schiedsverfahren auffordern. Daneben vermögen auch die Gerichte angerufen werden. Zu berücksichtigen bleibt, dass die Schieds- und Gerichtsverfahren auf nationaler Ebene durchgeführt werden.

Klauseln erfasst, wo – parallel zu Testdaten für Arzneimittel – der Unterlagenschutz vom jeweiligen Abkommen per dortiger Definition unter den Begriff des geistigen, gewerblichen und kommerziellen Eigentums fallen kann. Daneben kommt, wie bereits erörtert, den Völkerrechtssubjekten bei Bezugnahme[725] auf Art. 10bis PVÜ in der Stockholmer Fassung von 1967 ein eigener legislativer Spielraum zu, wonach es ihnen selbst obliegt, Testunterlagen besonders über das Lauterkeitsrecht zu schützen.

### bb) Aktuelle Freihandelsabkommen

Mittlerweile integriert die Europäische Union neben Arzneimitteln auch konkrete Unterlagenschutzstandards eigens für Pflanzenschutzmittelzulassungen in ihre Freihandelsabkommen. Diese stellen, nachdem sie erstmals im Jahr 2011 im Südkorea-FTA einbezogen worden waren, seitdem grundsätzlich obligatorisch[726] einzuführende Standards dar.

Als Kernelemente thematisieren die Kontrakte neben dem Schutzgegenstand insbesondere die Exklusivitätslaufzeit. Für deren Verlängerung behandeln manche Abkommen spezifische Tatbestände, wie etwa für Zulassungen mit geringfügigen Risiko. Darüber hinaus sehen fast alle dieser Verträge Ausnahmetatbestände vom Unterlagenschutz – wenn auch in unterschiedlichem Umfang – vor (bspw. die ausdrückliche Zustimmung des datengenerierenden Erstanmelders). Vereinzelt verpflichten sich die Vertragsparteien eingangs der Passagen gegenseitig, nach eigenem Ermessen Sicherheits- und Wirksamkeitsanforderungen an die Zulassungsprüfung festzulegen.[727]

#### (1) Schutzgegenstand

Bei der Marktzulassung agrochemischer Erzeugnisse, in denen neue chemische Stoffe verwendet werden, schützt TRIPs nach seinem Art. 39 Abs. 3

---

725 Vgl. Gemeinsame Erklärung zu Art. 42 Kasachstan-PCA; Gemeinsame Erklärung zu Art- 33 Palästina-AA; Art. 46 Abs. 7 Südafrika-FTA; Gemeinsame Erklärung zu Art. 39 und Anhang VII Israel-AA; Art. 12 Abs. 1 Mexiko-GA; Gemeinsame Erklärung zu Art. 37 und Anhang VI Ägypten-AA; Gemeinsame Erklärung zu Art. 44 Algerien-AA; Art. 169 Chile-AA; Art. 139 Abs. 3 CARIFORUM-EPA; Gemeinsame Erklärung zu Art. 73 Albanien-AA.

726 Vgl. Art. 10.37 Abs. 2 Südkorea-FTA; Art. 231 Abs. 1, 2 Kolumbien/Peru/Ecuador-FTA; Art. 223 Abs. 2 Ukraine-DCFTA; Art. 316 Abs. 2 Moldawien-DCFTA; Art. 188 Abs. 2 Georgien-DCFTA; Art. 20.30 Abs. 1 CETA; Art. 12.41 Abs. 2, 3 Vietnam-FTA; Art. 254 Abs. 1 Großbritannien-FTA; fakultativer Natur sind nur Art. 11.34 Abs. 1 Singapur-FTA; Art. 37 Abs. 2 JEFTA; Art. 18.44 Neuseeland-FTA; so auch die damalige Verhandlungsposition der EU mit Australien sowie Neuseeland (je Art. X.46 Abs. 1 der FTA-drafts vom 13.06.2018).

727 Vgl. Art. 10.37 Abs. 1 Südkorea-FTA; Art. 223 Abs. 1 Ukraine-DCFTA; Art. 188 Abs. 1 Georgien-DCFTA; Art. 20.30 Abs. 2 CETA.

nicht offenbarte Test- oder sonstige Daten, deren Erstellung beträchtlichen Aufwand verursacht, vor unlauteren gewerblichem Gebrauch bzw. vor Offenbarung. Zwar betreffen alle hiesigen Abkommen im Ausgangspunkt die Zulassung des Pflanzenschutzmittels also solches (und somit nicht etwa die Zulassung darin enthaltener Wirkstoffe selbst), nichtsdestotrotz divergiert ihr jeweiliger Schutzgegenstand bisweilen nicht unerheblich:

Das Südkorea-FTA schützt sämtliche, erstmalig eingereichte Testberichte und Studienergebnisse, aber auch bloße Informationen und gewährt daher vergleichsweise umfangreichen Schutz.[728]

Dem entsprechen weitestgehend das Ukraine-DCFTA und auch CETA, indem sie lediglich „Informationen" aus ihrem Schutzgegenstand ausklammern.[729] Die anderen DCFTAs fügen ihrerseits restriktivere Merkmale hinzu: Nach Art. 188 Abs. 2, 3 Georgien- bzw. Art. 316 Abs. 3 Moldawien-DCFTA hat der entsprechende Datensatz die Zulassung oder die Änderung einer Zulassung im Hinblick auf die Verwendung bei anderen Kulturpflanzen zu betreffen (bzw. muss dazu notwendig sein[730]) und mit den Grundsätzen der guten Laborpraxis oder guten experimentellen Praxis übereinzustimmen. Hierin spiegelt sich Art. 59 Abs. 1 UAbs. 2 VO (EG) 1107/09 wieder.

Manche Abkommen adressieren als alternatives Element die Sicherheits- und Wirksamkeitsrelevanz der Daten. Das Singapur-FTA und das Großbritannien-FTA schützen per Art. 11.34 Abs. 1 bzw. Art. 254 Abs. 1 deshalb (nur) solche Test- und Versuchsdaten, die die Sicherheit und Wirksamkeit des Pflanzenschutzmittels betreffen. Dies zeigt ebenfalls das Kolumbien/Peru/Ecuador-FTA, mäßigt aber seinerseits den Gegenstand auf solche agrochemische Erzeugnisse, die neue chemische Stoffe enthalten.[731]

Das Vietnam-FTA offeriert eine anderweitige Referenz zu Art. 39 Abs. 3 TRIPs; es sichert alle Daten, deren Erstellung einen beträchtlichen Aufwand verursacht, gegen unlauteren Gebrauch und Offenbarung ab.[732]

JEFTA kombiniert die beiden letztgenannten Elemente, indem es sich im Rahmen der Zulassung für agrochemische Erzeugnisse, die neue chemische Substanzen enthalten, auf alle Daten erstreckt, die beträchtlichen Aufwand bei ihrer Erstellung provozierenden.[733] Somit rezitiert JEFTA als einziges EU-FTA alle Tatbestandsmerkmale des Art. 39 Abs. 3 TRIPs. Die übrigen Abkommen gehen – in variierendem Umfang – über TRIPs hinaus.

---

728 Vgl. Art. 10.37 Abs. 2 Südkorea-FTA.

729 Vgl. Art. 20.30 Abs. 2 CETA; Art. 223 Abs. 2 Ukraine-DCFTA.

730 Ähnlich auch Art. 20.30 Abs. 3 CETA, wobei es sich hier allerdings um eine (nur) fakultative Bestimmung handelt.

731 Vgl. Art. 231 Abs. 1, 2 Kolumbien/Peru/Ecuador-FTA.

732 Art. 12.41 Abs. 2 Vietnam-FTA.

733 Art. 14.37 Abs. 2 JEFTA.

In jüngsten Verhandlungen bemühte sich die EU, den Schutzgegenstand auf sämtliche „Test- oder Studienberichte" zu erstrecken, die erstmals bei der Behörde eingereicht werden – letztlich erfolgreich.[734] Diese vergleichsweise weitgehende Position konnte sich im Großbritannien-FTA nur bedingt durchsetzen, da in dessen Art. 254 Abs. 1 S. 1 eine Einschränkung auf solche Berichte erfolgte, die im Zusammenhang mit der Sicherheit und Wirksamkeit eines Stoffes eingereicht werden.

(2) Schutzwirkung

Das Südkorea-FTA verbietet jede Verwendung durch Dritte sowie durch die zuständigen Behörden zugunsten anderer Anmelder.[735] Es generiert mithin ein Inbezugnahmeverbot, welches die darauffolgenden FTAs und DCFTAs ebenfalls weiterführen.[736] Ihre Schutzzeiträume knüpfen *ergo* nicht an Marktexklusivitätsregeln an, welche das europäische Pflanzenschutzmittelrecht – anders als das europäische Arzneimittelrecht (mit seiner „8+2+1"-Regel) – im Übrigen nicht kennt. Obwohl die FTAs mit Kolumbien/Peru/Ecuador und Singapur in dieser Hinsicht missverständlich formuliert worden sind („[...] nur dann auf den Markt bringen [...]"), geben auch sie Inbezugnahmeverbote vor. Die dortige Wendung lässt sich vor dem Hintergrund erklären, als dass jene FTAs Arzneimittel- und Pflanzenschutzmittelunterlagenschutz zusammen in einem Artikel abhandeln und das die eine Rechtsmaterie die andere aus Versehen „überlagert" zu haben scheint.

Die DCFTAs und CETA artikulieren einheitlich, keine Verwendung durch andere Anmelder zu gestatten und stehen semantisch dem Südkorea-FTA nahe,[737] wobei Art. 59 Abs. 3 VO (EG) 1107/09 ersichtlicherweise als Blaupause herangezogen werden konnte. Dem nähert sich auch JEFTA an, indem von jeder Inbezugnahme durch andere Anmelder abzusehen ist.[738] Im Vergleich zu Art. 39 Abs. 3 TRIPs, der nur unlauteren gewerblichen Gebrauch sowie Offenbarung verbietet, bilden all diese FTAs weitgehendere Schutzwirkungen. Dabei ist zu beachten, dass dem „Verwenden", „Inverkehrbringen" und „Bezugnehmen" unterschiedliche Konstellationen immanent sind. Das Verbot schließt nämlich bereits rein faktische Verhaltensweisen ein und greift deshalb schon eher ein als Art. 39 Abs. 3 TRIPs: Die

734 Vgl. Art. X.46 Abs. 1 Australien-FTA und Neuseeland-FTA drafts v. 13.06.2018; ferner Art. IP.45 Abs. 1 Großbritannien-FTA draft; Art. 18.44 Abs. 1 Neuseeland-FTA (final).

735 Art. 10.37 Abs. 2 Südkorea-FTA.

736 Art. 231 Abs. 2 HS. 2 Kolumbien/Peru/Ecuador-FTA; Art. 223 Abs. 2 Ukraine-DCFTA; Art. 316 Abs. 2 S. 2 Moldawien-DCFTA; Art. 11.34 Abs. 1 Singapur-FTA; Art. 14.37 Abs. 2a) JEFTA; Art. 254 Abs. 1 Großbritannien-FTA.

737 Vgl. Art. 223 Abs. 2 Ukraine-DCFTA; 316 Abs. 2 S. 2 Moldawien-DCFTA; Art. 188 Abs. 2 Georgien-DCFTA; Art. 20.30 Abs. 2 CETA.

738 Art. 14.37 Abs. 2a) JEFTA.

Abkommen schützen dem Wortlaut nach auch vor der juristischen Kategorie des lauterem oder sonstig gearteten Gebrauchs, sei er im Übrigen gewerblich oder nicht. Insofern ist auch irrelevant, ob die Daten tatsächlich offenbart sind oder nicht, solange sie sich als Teil der Zulassung wiederfinden. Die Konturen des Art. 39 TRIPs hat diesbezüglich bislang lediglich das Vietnam-FTA kopiert.[739]

Aus den Verhandlungspositionen der EU geht hervor, dass die EU eine weitere Schutzfacette fokussiert: Sie versucht durchzusetzen, dass der Unterlagenschutz auch Anwendung findet, wenn die geschützten Informationen der Öffentlichkeit bekannt werden.[740] In Art. 254 Abs. 4 Großbritannien-FTA hat sich diese Position nun erstmals durchgesetzt. Dort heißt es:

> „Jede Vertragspartei stellt sicher, dass die für die Zulassung zuständigen öffentlichen Stellen die […] genannten Informationen **unabhängig davon, ob sie für die Öffentlichkeit verfügbar** sind, **nicht** zugunsten späterer Antragsteller für nachfolgende Zulassungen **verwenden**.“ (Hervorhebungen durch den Verfasser).

Hierdurch dehnt sich der Schutzbereich weiter zugunsten von Originalanmeldern im Vergleich zu Art. 39 Abs. 3 TRIPs aus. Nach Art. 39 Abs. 3 TRIPs muss nämlich nur gegen Offenbarung der Daten geschützt werden, wobei norminterpretatorisch vertreten worden ist, dass bereits offenbarte bzw. öffentliche Informationen der *public domain* zugeordnet werden können und somit aus TRIPs-Perspektive keine Schutzpflicht mehr bestünde.[741] Demgemäß wären Folgeanmelder nicht gehindert, sich im Rahmen eigener Zulassungen auf die Erstanmelderdaten zu beziehen. Vorbehaltlich anderweitiger Anhaltspunkte im Einzelfall lassen sich FTAs angesichts ihres offenen Wortlauts ebenso interpretieren – mit entsprechender Wirkung für die jeweiligen nationalen Rechtsordnungen. Die völkervertragliche Klarstellung per FTA vermag derartige Norminterpretationen innerhalb desselben FTA hingegen zu beeinflussen, indem zulasten von Folgeanmeldern der Unterlagenschutz auch für öffentliche Informationen anzuwenden ist.

#### (3) Schutzzeitraum und dessen Verlängerung

Bei Betrachtung des jeweils ausgehandelten Schutzzeitraums fällt unweigerlich deren Homogenität ins Auge. Sieht man einmal vom Vietnam-Abkommen ab, dessen Datenexklusivität einen „in der Regel nicht weniger als fünf Jahre“ ab dem Zeitpunkt der Zulassung beträgt,[742] setzen die übrigen

739 Vgl. Art. 12.41 Abs. 2 Vietnam-FTA.

740 Vgl. Art. X.46 Abs. 6 Australien-FTA und Neuseeland-FTA drafts v. 13.06.2018; Art. IP.45 Abs. 4 Großbritannien-FTA draft.

741 *Correa*, Chicago Journal of International Law 2002, 69, 73.

742 Vgl. Art. 12.41 Abs. 3 Vietnam-FTA.

Freihandelsabkommen weitaus längere Zeiträume voraus. Während nur das Kolumbien/Peru/Ecuador-Abkommen die Schutzdauer bei „üblicherweise“ zehn Jahren ab dem Tag der Vermarktungsgenehmigung ansetzt und somit Unterschreitungen zulässt,[743] fixieren die weiteren Abkommen übereinstimmend eine Dauer von *mindestens* zehn Jahren.[744] Diese zehn-Jahres-Zeiträume einzelner Abkommen relativieren sich teils dort, wo sie sich explizit (nur) als Sollvorschriften darstellen.[745] Überwiegend ist der Mindestschutzzeitraum von zehn Jahren allerdings verbindlicher Natur – JEFTA formuliert zum Beispiel:

> „Verlangt eine Vertragspartei als Voraussetzung für die Marktzulassung agrochemischer Erzeugnisse mit neuen chemischen Substanzen die Übermittlung nicht offengelegter Test- oder sonstiger Daten, deren Gewinnung mit erheblichem Aufwand verbunden ist, so stellt diese Vertragspartei sicher, dass Antragsteller, die die Marktzulassung beantragen, nach ihren Gesetzen und sonstigen Vorschriften entweder
>
> (a) daran gehindert sind, sich auf solche Daten zu stützen oder zu beziehen, die ihrer zuständigen Behörde von dem ersten Antragsteller übermittelt wurden, und zwar während eines Zeitraums von **mindestens 10 Jahren**, der ab dem Tag berechnet wird, an dem diesem Antrag stattgegeben wurde, oder
>
> (b) grundsätzlich verpflichtet sind, einen vollständigen Satz von Testdaten zu übermitteln, auch wenn vorher bereits ein Antrag für dasselbe Erzeugnis gestellt wurde, und zwar während eines Zeitraums von **mindestens 10 Jahren**, der ab dem Tag berechnet wird, an dem dem vorherigen Antrag stattgegeben wurde.“[746] (Hervorhebungen durch den Verfasser).

---

743 s. Art. 231 Abs. 2 Kolumbien/Peru/Ecuador-FTA: „Schreibt eine Vertragspartei als Voraussetzung für die Vermarktung von Arzneimitteln oder *agrochemischen Erzeugnissen*, die neue chemische Stoffe enthalten, die Vorlage nicht offengelegter Testdaten oder sonstiger die Sicherheit und Wirksamkeit betreffender Daten vor, so gewährt diese Vertragspartei in Übereinstimmung mit Absatz 1 und vorbehaltlich des Absatzes 4 einen Exklusivitätszeitraum, der üblicherweise für Arzneimittel fünf Jahre und für *agrochemische Erzeugnisse 10 Jahre* ab dem Tag der Genehmigung für das Inverkehrbringen im Gebiet dieser Vertragspartei beträgt; […]“.

744 Vgl. Art. 10.37 Abs. 3 Südkorea-FTA; Art. 223 Abs. 2 Ukraine-DCFTA; Art. 316 Abs. 4 Moldawien-DCFTA; Art. 188 Abs. 4 Georgien-DCFTA; Art. 20.30 Abs. 4 CETA; Art. 11.34 Singapur-FTA; Art. 14.37 Abs. 2 JEFTA; Art. 254 Abs. 3 Großbritannien-FTA; Art. 18.44 Abs. 3 Neuseeland-FTA.

745 Vgl. Art. 10.37 Abs. 3 Südkorea-FTA, Art. 223 Abs. 4 Ukraine-DCFTA.

746 Art. 14.37 Abs. 2 JEFTA. Hervorhebungen durch den Verfasser – der englische Originaltext lautet: „Each Party, when requiring, as a condition for approving the marketing of agricultural chemical products which utilize new chemical entities, the submission of undisclosed test or other data, the origination of which involves a considerable effort, shall ensure that, in accordance with its relevant laws and regulations, applicants for marketing approval are either:

Gleichzeitig überlässt JEFTA – anders als die übrigen Freihandelsabkommen – den Parteien zweierlei Gestaltungsoptionen: entweder zehn Jahre Unterlagenschutz oder zehn Jahre zwingend eigene Unterlageneinreichung. Ihre Wirkung ist letztlich identisch. Erstere Alternative entspricht dem Status quo innerhalb der Europäischen Union. Bei der zweiten Alternative handelt es sich im Grunde um, so könnte man sagen, *umgekehrten* Unterlagenschutz. Der theoretische Ansatz besteht hier nämlich in einem positiven Datenerhebungsgebot statt in dem klassischen Bezugnahmeverbot. Insofern besteht auch nur bedingte Vergleichbarkeit zu dem in Art. 231 Abs. 2 a. E. Kolumbien/Peru/Ecuador-FTA auffindbaren Passus, der die Vorlage eigener Testdaten (nur) als Ausnahme des Datenschutzes erlaubt. Denn der „klassische“ Unterlagenschutz verbietet generell nicht, eigene Testdaten zu erheben und einzureichen.

Wie die bisherige Untersuchung in Bezug auf die europäischen Regeln gezeigt hat, bedarf es nach Auffassung der legislativ zuständigen EU-Organe privilegierter Einzelfälle für Pflanzenschutzmittel mit geringem Risiko, bei Erweiterung der Zulassungen mit geringfügigen Verwendungen sowie Zulassungsänderungen/Erneuerungen. Die im voranstehenden Absatz auf allgemein völkerrechtlicher Ebene erörterten Mindeststandards ermöglichen ohne weiteres die Implementierung bzw. den Erhalt längerer Schutzperioden für solche privilegierte Teilbereiche. Für einzelne Fallgestaltungen gewähren manche Abkommen allerdings explizit längere Schutzfristen, wie CETA und die DCFTAs mit Moldawien und der Ukraine beweisen. Nach Art. 20.30 Abs. 4 CETA kann die Schutzdauer „verlängert werden, um die Zulassung von Pflanzenschutzmitteln mit geringem Risiko und geringfügigen Verwendungen zu fördern.“ Bestimmte Perioden sind hier nicht festgesetzt; die Vertragspartner entscheiden folglich selbst darüber. Präziser verfahren die soeben genannten DCFTAs, indem sie konkrete Zeiträume angeben: Für Pflanzenschutzmittel mit geringem Risiko kann die Schutzperiode statt zehn auf insgesamt dreizehn Jahre verlängert werden.[747]

Aber auch innerhalb der DCFTAs, die zeitgleich verhandelt worden waren, besteht eine divergierende Detailtiefe. Art. 223 Abs. 5 Ukraine-DCFTA gesteht den Parteien fakultativ zu, bei Ausweitungen des Geltungsbereichs

---

(a) prevented from relying on or from referring to such data submitted to its competent authority by the first applicant for a period of at least ten years counted from the date of approval of that application; or

(b) required generally to submit a full set of test data, even in cases where there was a prior application for the same product, for a period, counted from the date of approval of a prior application, of at least ten years.“

747 Vgl. Art. 316 Abs. 4 Moldawien-DCFTA; Art. 223 Abs. 4 Ukraine-DCFTA. Vgl. auch Art. X.46 Abs. 3 Australien-FTA und Neuseeland-FTA drafts v. 13.06.2018. Durchgesetzt im Neuseeland-FTA hat sich dies nicht.

einer Zulassung für geringfügige Verwendungen (bei normalen Pflanzenschutzmitteln) die Schutzperioden von zehn auf maximal 13 Jahre, bei Pflanzenschutzmitteln mit geringem Risiko sogar auf 15 Jahre zu erhöhen.[748] Diese Parameter bestimmt auch Art. 316 Abs. 5 Moldawien-DCFTA, wenngleich hier obligatorisch. Darüber hinaus verlangt das Moldawien-DCFTA, dass diese bestimmten Zulassungen innerhalb der ersten fünf Jahre nach dem Tag der Erstanmeldung zu beantragen sind und entspricht somit beinahe vollständig dem Anwendungsbereich von Art. 59 Abs. 1 UAbs. 5, Art. 51 VO (EG) 1107/09.

Auch Art. 59 Abs. 1 UAbs. 7 VO (EG) 1107/09 findet sich teilweise in den Abkommen wieder. So erlegen Art. 223 Abs. 6 Ukraine-DCFTA und Art. 316 Abs. 6 Moldawien-DCFTA den Vertragspartnern für Versuchs- und Studienberichte, die für die Erneuerung oder Überprüfung einer Zulassung gebraucht worden ist, 30 Monate währenden Datenschutz auf. Art. 20.30 Abs. 5 CETA befindet unverbindlich, für Zulassungserneuerungen oder -änderungen eigene Datenschutz- und Vergütungsanforderungen aufzustellen.

Die DCFTAs beinhalten demzufolge die tatbestandlich detailliertesten Regelungen für Pflanzenschutzmittel sowie gleichzeitig die längstmöglichen Schutzzeiten. Diese Bestimmungen vertrat die EU weitestgehend ebenfalls in den FTA-Verhandlungen mit Australien und Neuseeland.[749]

### (4) Ausnahmen

Nichtsdestotrotz beinhalten fast alle Handelsabkommen[750] potenziell weitreichende Ausnahmen vom „Datenschutz".

#### (aa) Zustimmung des Erstanmelders

Zunächst können sich Folgeanmelder, wie auch in Europa gem. Art. 59 Abs. 2 VO (EG) 1107/09, die geschützten Datensätze des Erstanmelders zu Nutze machen, sofern sie die Zustimmung desselben bei der zuständigen Behörde vorlegen.[751] Nach Art. 10.37 Abs. 2 Südkorea-FTA, Art. 20.30 Abs. 2 CETA, Art. 231 Abs. 2 a. E. Kolumbien/Peru/Ecuador-FTA und Art. 254 Abs. 1 Großbritannien-FTA bedarf es eines Nachweises (!) der aus-

748 Vgl. Art. 223 Abs. 5 Ukraine-DCFTA.

749 Vgl. Art. X.46 Abs. 3 f. Australien-FTA und Neuseeland-FTA drafts v. 13.06.2018.

750 Unter denjenigen, den Datenschutz adressierenden Freihandelsabkommen mangelt es nur im aktuellsten, nämlich JEFTA an Ausnahmevorschriften.

751 Vgl. Art. 231 Abs. 2 Kolumbien/Peru/Ecuador-FTA; Art. 10.37 Abs. 2 Südkorea-FTA; Art. 316 Abs. 2 Moldawien-DCFTA; Art. 223 Abs. 2 Ukraine-DCFTA; Art. 20.30 Abs. 2 CETA; Art. 11.34 Abs. 1 Singapur-FTA; Art. 12.41 Abs. 3 Vietnam-FTA; Art. 254 Abs. 1 Großbritannien-FTA.

drücklichen Zustimmung des Erstantragstellers zur Verwendung der Daten. Die DCFTAs und das Singapur-FTA setzen übereinstimmend nur eine „ausdrückliche Zustimmung" voraus.[752] Ungeachtet dieser sprachlichen Feinheiten wird die zuständige Behörde Erstanmeldertestdaten demnach wohl stets nur nach Vorlage dessen schriftlicher Zustimmung preisgeben.

(bb) Testdaten von Versuchen an Wirbeltieren

Wenn auch nicht in allen Abkommen,[753] gelten im Interesse des Tierschutzes grundsätzlich besondere Vereinbarungen für Tests an Wirbeltieren, die der Produktzulassung notwendigerweise vorausgehen.[754] Dies betrifft primär die wiederholte Durchführung des gleichen, und daher prinzipiell nicht notwendigen, Versuchs. Das Kolumbien/Peru/Ecuador-FTA gestattet den Vertragspartnern fakultativ, Verfahren vorzusehen, die es ermöglichen, auf die aus Versuchen mit Wirbeltieren und Studien über Wirbeltiere hervorgegangenen, nicht offengelegten Informationen über Sicherheit und Wirksamkeit zu verweisen oder Bezug zu nehmen;[755] Im Wesentlichen ähnlich liegt es im Singapur-FTA, wonach Folgeanmelder ihr Pflanzenschutzmittel in diesem Fall auf Grundlage der Erstanmelderdaten auf den Markt bringen dürfen.[756] Nach CETA und dem Ukraine-DCFTA müssen die Parteien Doppelversuche an Wirbeltieren durch Vorschriftenerlass vermeiden, wobei insbesondere der Folgeanmelder in die Pflicht genommen wird, die eventuelle Existenz von Studienergebnissen zu prüfen. Außerdem haben dort alle beteiligten Anmelder die gemeinsame Nutzung dieser Testdaten anzustrengen.[757] Nach Sinn und Zweck verlangen die Passagen eine Kommunikation bzw. Dialog zwischen Erst- und Zweitanmelder. Naheliegend wird der Folgeanmelder beim Dateninhaber deren Nutzung erfragen, wobei die Einbeziehung der zuständigen Behörde möglich ist. Im Gegensatz zu den vorgenannten FTAs bleibt

752 Art. 316 Abs. 2 Moldawien-DCFTA; Art. 188 Abs. 2 Georgien-DCFTA; Art. 223 Abs. 2 Ukraine-DCFTA.

753 Diesbezügliche Regelungen fehlen im Abkommen mit Südkorea.

754 Vgl. Art. 231 Abs. 5 Kolumbien/Peru/Ecuador-FTA; Art. 223 Abs. 7 f. Ukraine-DCFTA; Art. 20.30 6 ff. CETA; Art. 11.34 Abs. 2 Singapur-FTA; Vgl. ebenfalls Vgl. Art. X.46 Abs. 7 Australien-FTA und Neuseeland-FTA drafts v. 13.06.2018; Art. 254 Abs. 5 Großbritannien-FTA; Art. 18.44 Abs. 4 Neuseeland-FTA

755 Vgl. Art. 231 Abs. 5 Kolumbien/Peru/Ecuador-FTA.

756 Vgl. Art. 11.34 Abs. 2 Singapur-FTA, der lautet: „Schreibt eine Vertragspartei bei agrochemischen Erzeugnissen Maßnahmen und Verfahren zur Vermeidung von Wiederholungsversuchen an Wirbeltieren vor, so kann sie die Bedingungen und Voraussetzungen festlegen, unter denen Dritte dieselben oder gleichartige Erzeugnisse aufgrund der Marktzulassung in den Verkehr bringen dürfen, die der Partei erteilt wurde, welche die Testdaten oder Studien vorgelegt hatte.".

757 Vgl. Art. 20.30 Abs. 6 und 7 CETA; Art. 223 Abs. 7 und 8 Ukraine-DCFTA; die weiteren DCFTAs beinhalten hierzu keine Passagen.

das Großbritannien-FTA in Art. 254 Abs. 5 sehr undeutlich. Es verpflichtet nur zur Aufstellung bestimmter Regeln zur Vermeidung von solchen Doppelversuchen, begründet aber dem Wortlaut nach weder eine Inbezugnahmemöglichkeit für Folgeanmelder noch Nachforschungspflichten.[758]

Gleichzeitig mit der gemeinsamen Nutzung sollen diejenigen Erstanmelder, durch die Offenlegung bzw. gemeinsame Nutzung ihrer Wirbeltierversuchsdaten eines erheblichen Wettbewerbsvorteils beschnitten, Kostenbeteiligung erfahren. Gemäß Art. 231 Abs. 5 Kolumbien/Peru/Ecuador-FTA muss der Datenbenutzer während der Schutzdauer eine Entschädigung an den Studieninhaber gewähren. Sie ist der Höhe nach auf faire, nichtdiskriminierende, gerechte und transparente Weise zu bemessen. Allerdings erlischt das Entschädigungsrecht hier mit Ablauf des Datenschutzzeitraums.

Die übrigen einschlägigen Verträge[759] sehen ebenfalls eine Kostenbeteiligung[760] vor, welche sich, abgesehen vom Tatbestandsmerkmal „fair", auch nach den soeben genannten Kriterien bemisst. Einschränkend hat dort der Datennutzer jedoch nur Kosten für solche zwingend vorzulegenden Informationen mit zu tragen. Die Passagen entsprechen Art. 62 Abs. 3 VO (EG) 1107/09. Ergänzend inkorporieren CETA und das Ukraine-DCFTA diesbezüglich konkrete „Anspruchsgrundlage",[761] die im Übrigen dem Grunde nach auf Art. 62 Abs. 6 S. 1 VO (EG) 1107/09 zurückgeht.

In Anbetracht des praktisch erheblichen Datenwertes für die beteiligten Unternehmen liegen Dispute über das „Ob" der Nutzung nicht fern. Erstaunlicherweise erwähnt ausschließlich das Ukraine-DCFTA diese – offensichtlich dem Art. 62 Abs. 4 VO (EG) 1107/09 nachgeahmte – Konstellation. So vermögen die Vertragsparteien vorzusehen, in diesem Fall besagte Daten für Zweitanmelder nutzbar zu machen.[762] Dabei handelt es sich dem Wortlaut[763] nach nicht um eine Herausgabe der entsprechenden Daten an den Folgean-

---

758 Art. 254 Abs. 5 Großbritannien-FTA.

759 Vgl. Art. 20.30 Abs. 7 CETA; Art. 223 Abs. 8 Ukraine-DCFTA.

760 Semantische Varianzen zwischen „Entschädigung" und „Kostenbeteiligung" sind offenbar der uneinheitlichen offiziellen Übersetzung des in der englischen Version verwendeten Wortes „compensation" geschuldet.

761 Vgl. Art. 223 Abs. 10 Ukraine-DCFA; Art. 20.30 Abs. 8 S. 1 CETA, der lautet: „Der oder die Inhaber der einschlägigen Zulassung *haben* für die Kosten, die ihnen mit dem für die Zulassung erforderlichen Versuchs- oder Studienbericht entstanden sind, **Anspruch** auf eine angemessene Kostenbeteiligung seitens eines Antragstellers, der sich bei seinem Zulassungsantrag für ein neues Pflanzenschutzmittel auf derartige Versuchs- und Studienberichte stützt." (Hervorhebungen durch den Verfasser).

762 Vgl. Art. 223 Abs. 10 Ukraine-DCFTA.

763 In Art. 223 Abs. 10 Ukraine-DCFTA heißt es: „Wird keine Einigung erzielt, so bleibt es der betreffenden Vertragspartei unbenommen, die Berichte über Versuche und Studien mit Wirbeltieren für die Zwecke der Bewertung des Antrags des neuen Antragstellers zu nutzen.".

melder, sondern eine behördeninterne Heranziehung der nicht offenbarten Daten im Rahmen der Zulassungsprüfung.

Sofern nachgelagert zwischen den beteiligten Anmeldern keine Einigung hinsichtlich adäquater Kostenbeteiligung erzielt werden konnte, eröffnen CETA und das Ukraine-DCFTA den Vertragspartnern die Option, Anmelderstreitigkeiten dieser Art vor nationalen Schiedsgerichten zu lösen.[764] Obwohl im Gegensatz zum Ukraine-DCFTA, wo die Vertragspartei (letztlich also die zuständige Behörde) lediglich auffordern kann, die Behörden nach CETA den Weg vor die Schiedsgerichte gar anzuordnen vermögen, bedienen sich beide englische Vertragsfassungen des Wortes (to) „direct". Daher ist insofern unklar, ob die Vertragspartner aus dem jeweiligen Abkommen verbindliche Weisungsrechte ableiten können. Die Lesart des Oxford-Wörterbuchs legt einen verbindlichen Weisungscharakter des englischen Wortes „direct" nahe, weil dessen erste Wortbedeutung als „manage to govern" und die 3. Wortbedeutung konkret juristisch als „give (someone) an official order or authoritative instruction" angezeigt werden.[765]

#### (cc) Öffentlichkeitsschutz

Eine weitere Ausnahme bildet der Öffentlichkeitsschutz. Art. 39 Abs. 3 S. 2 TRIPs gibt vor, dass mitgliedstaatlicherseits Daten offenbart werden dürfen, wenn es zum Schutz der Öffentlichkeit notwendig ist.[766] Auffälligerweise machen die hier untersuchten Abkommen von diesem Ausnahmetatbestand kaum Gebrauch: Unter erkennbarer Anlehnung an den Wortlaut des Art. 39 Abs. 3 S. 2 TRIPs involviert lediglich das Vietnam-FTA fakultativ die Datenoffenbarung als Notwendigkeit zum Öffentlichkeitsschutz.[767] Dabei obliegt es den Vertragspartnern, den Tatbestand inhaltlich auszufüllen.

#### (dd) Öffentliches Interesse

Das Kolumbien/Peru/Ecuador-FTA[768] eröffnet den Vertragspartnern die Möglichkeit, Datenschutzzeiträume im öffentlichen Interesse zu verkürzen oder gar aufzuheben. Da aus der systematischen Stellung des Abs. 4 dessen Anwendbarkeit für den gesamten Artikel 231 folgt, gilt er nämlich auch hinsichtlich der in Abs. 1 und 2 beschriebenen Geheimhaltungstatbestände. Ohne weitere Klarstellung scheint dieser Tatbestand an geringe Hürden ge-

764 Vgl. Art. 20.30 Abs. 8 S. 2 CETA; Art. 223 Abs. 11 Ukraine-DCFTA.

765 S. https://en.oxforddictionaries.com/definition/direct (letzter Zugriff am 28.03.2024).

766 Für den in Art. 39 Abs. 3 S. 1 TRIPS postulierten unlauteren gewerblichen Gebrauch gilt diese Ausnahme jedoch nicht, was schon anhand der Systematik und des Wortlauts naheliegt, vgl. auch Stoll/*Wiebe/Strauch,* TRIPS, Art. 39 Rn. 47.

767 Vgl. Art. 12.41 Abs. 2 Vietnam-FTA.

768 Vgl. Art. 231 Abs. 4a) Kolumbien/Peru/Ecuador-FTA.

knüpft zu sein, lässt sich doch ein – irgendwie geartetes – öffentliches **Interesse** allzu leicht begründen. Insbesondere im Wortlautvergleich zu den Ausnahmetatbeständen des nationalen Notstandes, der äußersten Dringlichkeit dürfte hier ein weiter Anwendungsbereich intendiert gewesen sein. Gleichzeitig steigt damit das Risiko missbräuchlichen Gebrauchs zur Datenschutzaushöhlung. Auf europäischer Ebene können bei Kurzdossiers und Erneuerungsanträgen die eingereichten Daten im Falle übergeordnetem öffentlichen Interesses offengelegt werden.

#### (ee) nationaler Notstand

Das Kolumbien/Peru/Ecuador-FTA operiert außerdem mit dem Begriff des „nationalen Notstandes".[769] Für den nationalen Notstand sind demnach die Vertragspartien befugt, Ausnahmevorschriften zu gestalten, ohne dass diesbezüglich Rahmenbedingungen oder eine Definition ausdrücklich vorgegeben worden sind. Zwar kann nationaler Notstand zu einer dem Öffentlichkeitsschutz dienenden Maßnahme führen, muss es aber nicht. Es erscheint also vertragskonform, auch im nicht gesundheits-, nahrungsversorgungs- oder umweltbezogenen Notstandsfall Unterlagenschutz „abzuschaffen". Weiterhin lassen sich unter den ausfüllungsbedürftigen Begriff „nationalen Notstand" mannigfaltige Sachverhalte subsumieren. Einzig anhand des Wortes „national" kommt ein staatsgebietsbezogenes Moment zum Tragen. Davon abgesehen besteht bei derartigen Klauseln prinzipiell die Gefahr, dass auf nationaler Ebene das Schutzniveau substanziell abgesenkt werden könnte,[770] insbesondere um nationale wirtschaftliche Interessen zu bedienen. Durch missbräuchliche Benutzung dieser Möglichkeit würde der Unterlagenschutz völlig ausgehöhlt werden und somit letztlich unter Heranziehung des Telos in einem Verstoß gegen den völkerrechtlichen Freihandelsvertrag gipfeln können. Allerdings bietet das konkrete Abkommen mit dem zuvor diskutierten Tatbestand des „öffentlichen Interesses" das naheliegendere Einfallstor für potenziellen Missbrauch.

#### (ff) Äußerste Dringlichkeit

Ebenfalls im Kolumbien/Peru/Ecuador-FTA möglichen „Umstände von äußerster Dringlichkeit" Ausnahmeregelungen durch die Vertragspartner; wiederum ein kaum inhaltlich eruierbarer Tatbestand. Dem Wortlaut entspringt ein zeitliches Element und indiziert Handlungsbedarf. Als „Umstände" kann grundsätzlich jedweder Ereigniseintritt begriffen werden. Den restriktiven Faktor bildet demnach die „äußerste Dringlichkeit". Angesichts dessen

769 Vgl. Art. 231 Abs. 4a) Kolumbien/Peru/Ecuador-FTA.
770 Busche/Stoll/Wiebe-*Brand*, TRIPs, Art. 39 Rn. 47.

scheint auch dieser Ausnahmetatbestand über der Anwendungsschwelle des „öffentlichen Interesses“ zu stehen.

(gg) Zwischenergebnis

Zwischen den Abkommen unterscheiden sich die Ausnahmeregelungen zum Teil erheblich: Insbesondere das Kolumbien/Peru/Ecuador-FTA zeigt vergleichsweise umfangreiche, aber konkretisierungsbedürftige Ausnahmen, während die vorherigen sowie auch nachfolgenden EU-FTAs Datenschutzausnahmen nur bei Erstanmelderzustimmung oder Doppelversuchen mit Wirbeltieren festhalten. Diese bilden teils verhältnismäßig umfangreiche Passagen, etwa Kostenausgleichsmechanismen oder (schieds-)gerichtliche Zuweisungen, entbehren aber einer konsistenten Evolution, wie insbesondere die neuen FTAs, JEFTA und das Großbritannien-FTA, andeuten.

e) Zwischenfazit

Ein detailliertes und ausgewogenes Pflanzenschutzmitteldatenschutzsystem, das mit dem europarechtlichem Umfang vergleichbar wäre, weisen die Freihandelsabkommen entgegen dem Europarecht nicht auf, sondern beschränken sich auf rudimentäre Kernaspekte des unionalen Status quo (wie insbesondere Schutzgegenstand, Schutzzeitraum und Schutzwirkung). Insofern ist eine Parallele zu Arzneimitteln gegeben. Losgelöst von ihrem europarechtlichem Fundament entbehren diese Elemente in EU-FTAs für sich betrachtet bezüglich mehrerer Parameter eines übereinstimmenden Gehalts. Dies zeigt sich besonders hinsichtlich beständiger Unregelmäßigkeiten beim Schutzgegenstand. Graduelle Gemeinsamkeiten bieten dagegen Laufzeiten von grundsätzlich zehn Jahren und die Ausnahmeregelungen auf. Einzelne Kontrakte lassen den Einfluss der EU zwar deutlich durchscheinen: CETA und die DCFTAs unter Führung des Ukraine-DCFTA beziehen sich partiell auf unionale Rechtsakte, wie insbesondere Schutzverlängerungsmöglichkeiten für bestimmte Zulassungen auf bis zu 15 Jahre oder Ausnahmen vom Datenschutz. Allerdings betreffen sie – aus EU-Perspektive – immer nur Fragmente ihres eigentlich profunderen Regelungszusammenhangs. Vereinzelte Inhalte, wie die nicht auf Wirbeltierversuche beschränkte Ausnahme zur Offenbarung und Kompensation im Ukraine-DCFTA oder die Marktexklusivität als Anknüpfungspunkt für Schutzwirkungen, stellen aus unionaler Sicht in dieser Form Fremdkörper dar. Insgesamt weichen die FTAs in wesentlichem Regelungsumfang voneinander ab bzw. setzen unterschiedliche inhaltliche Schwerpunkte. Vielfach überwiegen sie durch ausdifferenziertere Passagen die ansonsten bestehende inhaltliche Balance zu Arzneimitteln.

### 4. Schutz von Betriebs- und Geschäftsgeheimnissen (*trade secrets*)

Was sich in Art. 14.36 JEFTA und den Verhandlungen mit Australien und Neuseeland bereits angedeutet hatte, verdichtet sich nun durch die MERCOSUR-, Neuseeland- und Großbritannien-FTAs: Der Schutz von Betriebs- und Geschäftsgeheimnissen („*trade secrets*“) findet in konkreter Form Eingang in die europäische Freihandelspraxis. Er stellt im Vergleich zum Unterlagenschutz eine etwas allgemeinere lauterkeitsrechtliche Schutzform dar. Supranational basiert er auf der Richtlinie (EU) 2016/943 des Europäischen Parlaments und des Rates vom 8. Juni 2016 über den Schutz vertraulichen *Know-hows* und vertraulicher Geschäftsinformationen (Geschäftsgeheimnisse) vor rechtswidrigem Erwerb sowie rechtswidriger Nutzung und Offenlegung.[771] Substanzielle Teile dieser Richtlinie hat die EU wortgleich in ihre Verhandlungsposition aufgenommen.

Diese Schutzform steht in engem Zusammenhang mit dem Unterlagenschutz, denn marktzulassungsrelevante Test- und Studiendaten stellen nicht allgemein zugängliche Datensätze dar und verkörpern immensen wirtschaftlichen Wert. Ihr Schutz nach betriebsgeheimnisbezogenen Gesichtspunkten liegt daher nahe.

Darüber hinaus ist der Anwendungsbereich verglichen mit dem sektorspezifischen Unterlagenschutz sehr weit. Er kann auch solche Unterlagen erfassen, die qualitativ nicht (mehr) unter den speziellen Testunterlagenschutz fallen. Insofern erfahren Unterlagen, die im Zusammenhang mit dem Zulassungsverfahren eingereicht werden, durch den Geschäftsgeheimnisschutz in weitem Umfang rechtlichen Schutz. Obschon sich sodann abweichende Rechtsfolgen ergeben, erfüllt der lauterkeitsrechtliche Schutz von *trade secrets* eine bedeutsame Ergänzungsfunktion für den sektorspezifischen Unterlagenschutz. Er kann sich darüber hinaus aber auch auf bloßes Wissen (*Know-how*) erstrecken, das zur Herstellung von Arznei- oder Pflanzenschutzmitteln erforderlich ist.[772] Die für *trade secrets* anzulegenden Parameter legt die EU innerhalb ihrer FTA-Verhandlungsposition gegenwärtig innerhalb einer Art „Muster“-Klausel zugrunde:

> „1. In **fulfilling its obligation** to comply with the TRIPS Agreement, and in particular **paragraphs 1 and 2 of Article 39 of the TRIPS Agreement**, each Party shall provide for appropriate civil judicial procedures and remedies for any trade secret holder to prevent, and obtain redress

---

771 Richtlinie (EU) 2016/943 des Europäischen Parlaments und des Rates vom 8. Juni 2016 über den Schutz vertraulichen Know-hows und vertraulicher Geschäftsinformationen (Geschäftsgeheimnisse) vor rechtswidrigem Erwerb sowie rechtswidriger Nutzung und Offenlegung, ABl. EU L-157 vom 15.06.2016, S. 1. Die deutsche Umsetzung erfolgte durch das GeschGehG v. 18.04.2019, BGBl. (2019) I S. 466.

772 Vgl. *Hauck*, GRUR-Prax 2021, 333.

for, the acquisition, use or disclosure of a trade secret whenever carried out in a manner **contrary to honest commercial practices**.

2. For the purpose of this sub-section:

(a) 'trade secret' means information that:

i) is secret in the sense that it is **not**, as a body or in the precise configuration and assembly of its components, **generally known** among **or readily accessible** to persons within the circles that normally deal with the kind of information in question;

ii) has **commercial value because it is secret**; and

iii) has been subject to **reasonable steps** under the circumstances, by the person lawfully in control of the information, **to keep it secret**

(b) 'trade secret holder' means any natural or legal person lawfully controlling a trade secret.

3. For the purpose of this sub-section, **at least** the following conducts shall be **considered contrary to honest commercial practices**:

(a) the **acquisition** of a trade secret without the consent of the trade secret holder, whenever carried out by unauthorised access to, appropriation of, or copying of any documents, objects, materials, substances or electronic files, lawfully under the control of the trade secret holder, containing the trade secret or from which the trade secret can be deduced:

(b) the **use or disclosure** of a trade secret whenever carried out, **without the consent of the trade secret holder**, by a person who is found to meet any of the following conditions:

i) having acquired the trade secret in a manner referred to in point (a);

ii) being in breach of a confidentiality agreement or any other duty not to disclose the trade secret; or

iii) being in breach of a contractual or any other duty to limit the use of the trade secret.

(c) the acquisition, use or disclosure of a trade secret whenever carried out by a person who, at the time of the acquisition, use or disclosure, knew or ought, under the circumstances, to have known that the trade secret had been obtained directly or indirectly from another person who was using or disclosing the trade secret unlawfully within the meaning of point (b).

4. Nothing in this subsection shall be understood as requiring any Party to consider any of the following conducts as contrary to honest commercial practices:

(a) independent discovery or creation;

(b) reverse engineering of a product by a person who is lawfully in possession of it and who is free from any legally valid duty to limit the acquisition of the relevant information;

(c) acquisition, use or disclosure of information required or allowed by the relevant domestic law;

(d) use by employees of their experience and skills honestly acquired in the normal course of their employment.

5. Nothing in this subsection shall be understood as restricting freedom of expression and information, including media freedom as protected in the jurisdiction of each of the Parties."[773] (Hervorhebungen durch den Verfasser).

Abgesehen vom ersten Absatz mit seinen Bezügen zu Art. 39 TRIPs-Abkommen wurde diese Passage nunmehr im Grunde wortgleich in Art. 252 Großbritannien-FTA aufgenommen.

Diese *trade secrets*-Musterklausel trägt zwei wesentliche Komponenten: eine materiell-rechtliche und eine verfahrensrechtliche. Ausweislich ihres ersten Absatzes wird die Klausel nicht nur als Umsetzung von Art. 39 Abs. 1 und 2 TRIPs verstanden, sondern dient funktional dazu, effektiven Rechtsschutz für Geheimnisinhaber zu garantieren („appropriate civil judicial procedures and remedies"). Diese Klarstellung bzw. TRIPs-Referenz beeinflusst die tatbestandliche Interpretation der Klausel maßgeblich. Hierbei ist insbesondere der mit „civil judicial procedures and remedies of trade secrets" überschriebene Folgeartikel[774] mitzuberücksichtigen, der nähere Vorgaben dazu ausführt. Die in Absatz 2 der oben zitierten Klausel basierende Definition des Geschäftsgeheimnisses entspricht wortgenau jener in Art. 39 Abs. 2 TRIPs. Hieraus ergeben sich drei Kernmerkmale: Die Information darf nicht allgemein bekannt oder ohne Weiteres zugänglich sein, sie muss daher von wirtschaftlichem Wert sein und muss Geheimhaltungsbestrebungen unterliegen. Obwohl man andenken könnte, inwiefern zulassungsrelevante Testunterlagen angesichts ihrer Offenbarung gegenüber der Zulassungsbehörde marktzulassungsrechtlich überhaupt noch als geheim gelten würden, erscheint es unter Verweis auf Zweck und Charakter des Ge-

773 Art. X.43 Neuseeland-FTA bzw. Australien-FTA drafts v. 13.06.2018, abrufbar unter https://trade.ec.europa.eu/doclib/docs/2018/july/tradoc_157204.pdf, sowie unter https://trade.ec.europa.eu/doclib/ docs/2018/july/tradoc_157190.pdf (letzter Zugriff jeweils am 28.03.2024), die finale Fassung des Neuseeland-FTA s. Art. 18.41; Fast identisch war der Art. IP.42 Großbritannien-FTA draft, abrufbar unter https://ec.europa.eu/info/sites/info/files/200318-draft-agreement-gen.pdf (letzter Zugriff am 28.03.2024). Zum fast identischen, endgültigen Text des Großbritannien-FTA s. dort Art. 252.

774 Art. X.44 Neuseeland-bzw. Australien-FTA drafts v. 13.06.2018.

heimnisschutzes überzeugend, auch Test- bzw. Studienunterlagen als *trade secrets* zu qualifizieren. Ebenfalls im Schutzbereich dürfte das Wissen um die Produktion von Arznei- oder Pflanzenschutzmitteln liegen.

Der Absatz 3 besteht aus einem Mindestkatalog an unlauteren Tatbeständen; er stärkt das Unlauterkeitsrecht in materiell-rechtlicher Hinsicht. Auch diesbezüglich lässt sich die Inbezugnahme durch Folgeanmelder auf Daten von Erstanmeldern als unlauter subsumieren. Da es sich um einen Mindeststandard handelt, wäre der Schutz somit obligatorisch. Gleichzeitig wäre indes ebenfalls zu erwägen, inwieweit sich eine der in Absatz 4 postulierten Ausnahmen, insbesondere unter lit. c), als einschlägig erweisen könnte.

Insgesamt ergeben sich vor dem Hintergrund des Zulassungsrechts in interpretatorischer Hinsicht mannigfaltige Detailfragen bezüglich des genaueren Anwendungsbereichs von *trade secrets*. Da eine tiefgründige Analyse indes den adäquaten Rahmen der hiesigen Untersuchung weit überziehen würde, wird an dieser Stelle auf weiterführende Ausführungen verzichtet. Festzuhalten bleibt jedenfalls primär die schutzergänzende Funktion der *trade secret*-Klausel zugunsten von Unterlageninhabern, welche im FTA-Kontext in dieser Qualität als neu zu bezeichnen ist.

### 5. Stellungnahme

Der unionale Unterlagenschutz entspringt nicht nur ideell, sondern auch in vielen und wesentlichen Konzeptionspunkten jeweils amerikanischem Vorbild. Nichtsdestotrotz setzt die EU eigene materielle Schwerpunkte, deren Detailreichweite durch umfangreiche europäische Rechtsprechung geformt wird. Obschon sowohl Pflanzenschutzmittel- als auch Arzneimittelunterlagenschutz darauf abzielen, Erstanmelder für ihre *investments* zu kompensieren, fügen sie sich in ihr jeweils nur eingeschränkt miteinander vergleichbares, eigenen Statuten unterworfenes EU-Zulassungssystem. Während das Arzneimittelsystem seit längerer Zeit europaweite Harmonisierungsbemühungen erfahren hat, „hinkt" der Pflanzenschutzmittelbereich dort noch hinterher. Beide Zulassungssysteme verfolgen fast identische Schutzzwecke: Gesundheits- bzw. Lebensschutz von Mensch (und Tier), Verwirklichung des Binnenmarktes sowie der EU-Wettbewerbsfähigkeit; bei Pflanzenschutzmitteln addiert sich der Umweltschutz hinzu.

Die daraus resultierenden Marktzulassungsverzögerungen bedürfen der Kompensation. Während für Arzneimittel Marktexklusivitätsbestimmungen und Verwertungsverbote existieren, kennen Pflanzenschutzmittel nur letztere. Weiterhin profitieren Pflanzenschutzmittel von weitaus längeren Mindestschutzperioden (zehn Jahre) und, im Rahmen unterschiedlicher Tatbestände als besonderen Forschungsanreiz von weiteren Extensionen auf bis zu 15 Jahre. Gleichzeitig jedoch durchbricht der Offenlegungsgedanke den

Unterlagenschutz für Pflanzenschutzmittel weitgreifender, was etwa hinsichtlich Wirbeltierversuchsdaten und bei Vorliegen besonderen öffentlichen Interesses deutlich wird. Kompensationstatbestände für die Verwendung von Erstanmelderdaten beinhaltet hingegen der Arzneimittelsektor nicht, was angesichts der erklärten Balance-Suche zwischen Originalpräparat und Generikum, Innovationssicherung und Zugang zu Medikamenten, durchaus überrascht.

Zumindest Teile ihrer jeweils EU-rechtlichen Rahmenbedingungen erfahren erst seit wenigen Jahren Berücksichtigung innerhalb der Handelsabkommen. Mochte man um das Jahr 2000 ihren Einbezug allenfalls über Generalklauseln in EU-FTAs hinein- und aus dem CARIFORUM-Abkommen von 2008 noch aus gänzlich diffusen Spurenelementen herauslesen, enthalten die FTAs seit dem Jahr 2011 eigenständige Passagen für Unterlagenschutz. Die dortigen Bestimmungen beschränken allerdings auf die wesentlichsten Kernaspekte der innerunionalen Gesetzeslage; am Gesamtumfang des supranationalen EU-Rechts gemessen, bleibt deren Anteil nach wie vor sehr gering. Es werden aber Schutzgegenstand, -dauer und -wirkung ebenso aufgegriffen wie Verlängerungsoptionen und Offenlegungstatbestände. Dabei folgen sie nur bedingt einem Muster und verkörpern vielmehr eine selektive Natur, indem sie in Art und Umfang oft variieren. Dies betrifft Pflanzenschutzmittel stärker als Arzneimittel. In Bezug auf Pflanzenschutzmittel bilden die DCFTAs und insbesondere das Ukraine-DCFTA eine auffallende Ausnahme. Letzteres beinhaltet zur Rechtsangleichung relativ detaillierte Passagen mit offensichtlich unionalen Systematiken. Allerdings geht das Ukraine-DCFTA insoweit über EU-Recht hinaus, als dass dort Kompensationszahlungen nicht auf Wirbeltierversuche beschränkt werden. Auch unterschiedliche FTA-Verhandlungen weisen derzeitig auf einen insgesamt zunehmenden Regelungsumfang mit einer erkennbaren Nähe zu europarechtlichen Strukturen hin.

Beim Vergleich beider Sektoren miteinander fällt außerdem auf, dass tendenziell weitergreifende Vereinbarungen über Pflanzenschutzmittel getroffen werden. Für beide Sektoren gleichermaßen wird Unterlagenschutz hinsichtlich des „ob" überwiegend als verbindlich integriert, sofern sie einem Zulassungsverfahren unterworfen sind. In Bezug auf die Schutzzeiten bieten Arzneimittel jedoch die kürzeren Perioden (meist fünf Jahre im Vergleich zu zehn Jahren), wobei beide Sektoren parallel fast einhellig Mindestzeiten statuieren, von denen nicht nach unten abgewichen werden kann. Bezüglich Arzneimittelunterlagen lässt sich seit neuestem allerdings die Tendenz steigender Periodenzeiträume auf beispielsweise sechs oder acht Jahre erkennen, um sich dem EU-*acquis* anzunähern. Diese Tendenz bestätigt sich in aktuellen FTA-Verhandlungen der EU, welche über die „8+2+1-Regel" Schutzzeiträume von prinzipiell bis zu elf Jahren ermöglichen würden. Diese Tendenz könnte sich alsbald regelmäßig in FTAs manifestieren.

Unterlagenschutztatbestände als spezielle Forschungsstimulatoren wurden dem Grunde nach erst in den jüngsten Abkommen miteinbezogen, gemessen am unionalen Status quo allerdings nur durch jeweils selektive Vorgaben. Hinsichtlich ihrer Schutzgegenstände schreiben beide Sektoren jeweils nicht unerhebliche Varianzen fest. Gleichermaßen verhält es sich mit Ausnahmen vom Unterlagenschutz. Insofern bietet keins der vorliegenden Abkommen nur Vorgaben zugunsten des Erst- oder Folgeanmelders an. Vielmehr adressieren sie beide Antipoden im augenscheinlichen Bemühen um Ausgeglichenheit ihrer jeweiligen Interessen. Besonders durch Verzicht auf die Definition unbestimmter Rechtsbegriffe hinsichtlich der (Ausnahme-) Tatbestandsmerkmale und die Betonung der Maßgabe des jeweils eigenen Rechtssystems, verbleiben den Vertragspartnern weite Gestaltungsspielräume vorbehalten. Im Hinblick auf Art. 39 Abs. 3 TRIPs ist festzustellen, dass die Freihandelsvereinbarungen weit konkreteren Charakter haben; nur das MERCOSUR-FTA bildet die Ausnahme hierzu.

Im Hinblick auf Patentlaufzeitextensionen ist ferner festzuhalten, dass die EU im Vergleich zu deren Regelungsumfang qualitativ und quantitativ mehr Unterlagenschutzaspekte vereinbart als dies noch vor einigen Jahren der Fall war. Insoweit hat die EU ihren Unterlagenschutz ungleich intensiver weiterentwickelt als Patentlaufzeitverlängerungen. Der Einwand, dies sei durch die Parallelität von Patentverlängerungen für beide Sektoren bedingt, sodass beide auch bloß einer einzigen, zusammengefassten Passage bedürften, verfängt nicht. Denn auch für jeden Sektor separat betrachtet überwiegt der Unterlagenschutz jene Patentextensions-Klauseln.

## III. (Keine) Erweiterung der Patentierbarkeit

Durch Einschränkung von nichtpatentierbaren Bereichen dehnt sich spiegelbildlich der Umfang patentierbarer Erfindungen aus. Die Grenzen dessen, was patentierbar sein soll, bestimmt der nationale Gesetzgeber (ggf. in Umsetzung einer völkerrechtlichen Vorgabe). Im Ausgangspunkt gelten die Vorschriften der Art. 27 Abs. 2 und 3 TRIPs, wonach die Mitglieder bestimmte Bereiche vom Patentschutz ausklammern können. Nach Abs. 2 können Mitglieder im Wesentlichen Erfindungen von der Patentierbarkeit ausnehmen, wenn es zum Schutz der öffentlichen Ordnung oder der guten Sitten notwendig ist. Für exportorientierte Nationen bietet die bilateral vereinbarte, restriktive Auslegung der Schutzschranke einen Ansatzpunkt zur Absicherung bestimmter Wirtschaftssektoren – insbesondere, weil hiesige Begriffsbestimmungen wie die *ordre public* oder die *guten Sitten* in TRIPs nicht vorgenommen worden sind.[775] Konkret von dieser grundsätzlich validen (fakultativen) Möglichkeit hat die EU allerdings keinen Gebrauch gemacht. Viele ihrer Mitgliedstaaten sind ohnehin an den geringfügig restriktiveren Art. 53 c) EPÜ gebunden.[776] Ohne eine der soeben genannten Optionen aufgegriffen zu haben, hat die EU einen zeitlich begrenzten Ausschluss mit der Türkei dahingehend ausgehandelt, dass Letztgenannte im Patentrecht ausnahmsweise für pharmazeutische Produkte keinen Produkt- und Verfahrensschutz vorsehen muss; Pflanzenschutzmittelpatente hingegen mussten dort *expressis verbis* umfänglich geschützt werden.[777] Festzuhalten bleibt insoweit, dass die EU für die hier interessierenden Sektoren Einengungen auf bilateraler Ebene bislang unterlässt.

## IV. Definition des Regelungsgegenstandes

Um Rechtssicherheit zu begünstigen, definieren die neuen Abkommen zunehmend den Regelungsgegenstand ihres jeweiligen Vertragsinhalts hinsichtlich Arznei- sowie Pflanzenschutzmittel. Inhalt und Grenzen gibt TRIPs mangels eigener Bestimmungen nicht vor, sodass diesbezüglich *a priori* weite Gestaltungsoptionen gegeben sind, auch wenn diese – wie zu erkennen sein wird – im Grunde nicht genutzt werden. Denn das jeweilige Begriffs-Verständnis bedingt direkt den Anwendungsbereich immaterialgüterrechtlicher Schutzmaßnahmen, indem er ihn auf bestimmte Produktkategorien erweitert oder verengt.

### 1. Definition des Arzneimittels

TRIPs selbst definiert weder was als ein pharmazeutisches Erzeugnis noch was als ein Arzneimittel verstanden werden soll. Allerdings hat im Rahmen der *access to medicines*-Diskussion der Allgemeine Rat der WTO in seiner Erklärung zur Umsetzung des *paragraph-6-problems* unter einem pharmazeutischen Erzeugnis „[…] jedes patentierte Erzeugnis oder mithil-

775 Busche/Stoll/Wiebe-*Saint-André/Tasdelen*, TRIPS, Art. 27 Rn. 61 ff., die zu den Begriffsbestimmungen jeweils die zu Art. XX GATT ergangenen WTO-Entscheidungen heranziehen.

776 Art. 53 c) S. 2 EPÜ beinhaltet Patentausnahmen, die über das Mindestmaß von Art. 27 Abs. 2 und 3 TRIPs hinausgehen. Demnach sind Erzeugnisse (insb. Stoffe bzw. Stoffgemische) patentierbar, selbst wenn sie in einem nicht patentfähigen Verfahren angewendet werden.

777 Annex 8 Art. 4 Abs. 2 Türkei-CU sieht vor: „ Before the entry into force of this Decision, Turkey shall adopt domestic legislation in the following areas which is equivalent to the legislation adopted in the Community or its Member States: […] Patent legislation which notably provides for […] patentability of all inventions, other than pharmaceutical products and processes for human and animal health but including agrochemical products and processes […]“. Vgl. zudem Art. 6 desselben Annexes.

fe eines patentierten Prozesses hergestellte Erzeugnis im pharmazeutischen Sektor, das benötigt wird, um Probleme der öffentlichen Gesundheit [...] anzugehen“[778] verstanden. Es stellt sich die Frage, ob die dortige, durchaus weite Definition ebenfalls für das TRIPs-Abkommen selbst heranzuziehen ist. Dafür spricht, dass die Erklärung nach der hier vertretenen Auffassung bei der Auslegung von TRIPs für alle WTO-Staaten verbindlich ist. Andererseits deuten Wortlaut und Telos der Erklärung auf das Gegenteil hin: Der Definition vorangehend vermerkten die Verfasser *„for the purpose of this decision“*. Eine weitertragende Berücksichtigung haben sie demgemäß offenbar nicht intendiert. Eine Anwendung käme also nur in Betracht, soweit die Erklärung explizit Schutzzertifikate oder Unterlagenschutzaspekte beträfe. Die Umsetzung des Paragraph-6-Problems kann jedoch schon deshalb zumindest nicht den über Zertifikate (o. ä.) generierten *sui generis*-Schutz betreffen, weil TRIPs in dieser Hinsicht keine Vorgaben für Arznei- und Pflanzenschutzmittel beinhaltet. Daneben erschöpft sich die Erklärung im Kontext mit (grenzüberschreitenden) Zwangslizenzen für Patente nach Art. 31, Art. 31*bis* TRIPs für (Entwicklungs-)Länder ohne (hinreichende) Produktionskapazitäten. Unterlagenschutz als eigenständige Kategorie ist auch hier nicht angesprochen. Obschon damit alles gegen die Relevanz der Definition nach der 2003-Entscheidung spricht, kann die Ausgangsfrage letztlich dahinstehen. Die Definition jener Erklärung ist nämlich derartig weit gefasst, dass sie über sämtliche in Freihandelsabkommen aufgenommenen Begriffsbestimmung hinausgeht.

Vereinzelte EU-Abkommen haben Arzneimitteldefinitionen im Interesse der Rechtssicherheit aufgenommen. Unter Verweis auf Anhang-2 D, dort in dessen Art. 6 Abs. 1 UAbs. 2, definiert das Südkorea-FTA (für Patentverlängerung und Datenschutz) Arzneimittel als

> „**Stoff oder eine Stoffzusammensetzung**, der (die) als Mittel zur medizinischen Diagnose, **Behandlung oder Verhütung menschlicher Krankheiten** verabreicht oder zur Wiederherstellung, Besserung oder Beeinflussung der Körperfunktionen angewandt wird. Beispiele für Arzneimittel sind **chemische Arzneimittel**, **Biologika** (Impfstoffe, (Anti-) Toxine, Blut, Blutbestandteile, Blutprodukte), pflanzliche Arzneimittel, Radiopharmazeutika, rekombinante Arzneimittel, Gentherapeutika, Zell-

---

778 *WTO-General Council,* Implementation of paragraph 6 of the Doha Declaration on the TRIPS Agreement and public health, Nr. 1a) lautet: „For the purposes of this Decision: (a) „pharmaceutical product“ means any patented product, or product manufactured through a patented process, of the pharmaceutical sector needed to address the public health problems as recognized in paragraph 1 of the Declaration. It is understood that active ingredients necessary for its manufacture and diagnostic kits needed for its use would be included[...]“.

therapeutika und Produkte aus Gewebszüchtungen.“[779] (Hervorhebungen durch den Verfasser).

Im Gegensatz zur europarechtlichen Definition beschränkt sich der hiesige Anwendungsbereich auf Arzneimittel für Menschen, nicht auch auf Tiere. Dem entsprechen inhaltlich die Ausführungen im Moldawien-DCFTA, wenngleich sie sich hinsichtlich des Datenschutzes erschöpfen.[780] Im Gegensatz dazu beschränkt sich das Kolumbien/Peru/Ecuador-FTA auf die datenschutzbezogene Anmerkung, für Kolumbien und die EU seien auch biologische und biotechnologische Erzeugnisse als Arzneimittel zu interpretieren; was daneben zusätzlich als Arzneimittel gilt, bleibt indessen ungewiss.[781] Das Singapur-FTA weist den Vertragsparteien die Bestimmung selbst zu, wobei für die Union ihr Arzneimittelbegriff greift.[782] Allerdings entbehren die einschlägigen EU-Legislationen zum Datenschutz bzw. zum *SPC* einer einheitlichen Arzneimitteldefinition – wenn auch sie sich einander weitestgehend decken.[783] Während beispielsweise RL (EG) 83/01 zum Unterlagenschutz sich nur auf die Heilung (i. w.S.) von menschlichen Krankheiten bezieht, umfasst die zertifikatsrelevante VO (EG) 469/09 gleichermaßen auch tierische Krankheiten. Übertragen auf das oben erwähnte Südkorea-FTA folgen daraus divergierende Arzneimittelbegriffe in Bezug auf Schutzzertifikate, die der Synchronisierung bedürften.

Art. 20.6 CETA definiert ein pharmazeutisches Erzeugnis als

> „ein Erzeugnis, einschließlich eines **chemischen oder biologischen** Arzneimittels, eines Impfstoffs oder eines Radiopharmakons, das hergestellt, verkauft oder als Mittel ausgelobt wird a) zur Stellung einer ärztlichen **Diagnose, zur Behandlung, Milderung oder Verhütung einer Krankheit,** einer Störung oder eines ungewöhnlichen physiologischen Zustandes oder ihrer Symptome oder b) zur Wiederherstellung, Besserung oder Veränderung der physiologischen Funktionen.“ (Hervorhebungen durch den Verfasser).

CETA verzichtet auf exemplarische Auflistungen, umfasst allerdings Human- und Tierarzneimittel gleichermaßen, sodass Patentlaufzeitverlängerungen auch auf Tiermedikamente erhältlich sind.

JEFTA differenziert, wie auch bei Pflanzenschutzmitteln, begrifflich zwischen Unterlagenschutz (dort „Datenschutz“) und Patentverlängerung. Im Rahmen des *SPC* ist für die EU ausdrücklich die VO (EG) 469/09 (hier

---

779 Art. 6 Abs. 1 UAbs. 2 Anhang 2-D Südkorea-FTA.

780 Vgl. Fn. 1 zu Art. 315 Abs. 1 Moldawien-DCFTA.

781 Vgl. Fn. 72 zu Art. 231 Abs. 1 Kolumbien/Peru/Ecuador-FTA.

782 Vgl. Fn. 25 zu Art. 11.31 Singapur-FTA. Die dortigen Ausführungen gelten ausdrücklich für Patentlaufzeitverlängerung und Unterlagenschutz gemeinsam.

783 Vgl. Art. 1 Nr. 2 RL (EG) 83/01 einerseits und Art. 1 a) VO (EG) 469/09 andererseits.

Art. 1 a)) maßgeblich, während für den „Datenschutz" allgemein auf „den" Arzneimittelbegriff der EU verwiesen wird.[784] Unter Berücksichtigung des Regelungszusammenhangs wird die EU auch hier jene in Art. 1 Nr. 2 RL (EG) 83/01 niedergelegte Definition anwenden.

Insgesamt bewegen sich die Abkommen innerhalb des europarechtlichen *acquis communautaire*.

Derzeit schlägt die EU innerhalb ihrer FTA-Verhandlungsposition folgende Bestimmung vor:

> „For the purpose of this Title, medicinal product shall mean: (a) any **substance or combination** of substances presented as having properties for **treating or preventing disease in human beings or animals**; or (b) any substance or combination of substances which may be used in or **administered to human beings or animals** either with a view to restoring, correcting or modifying physiological functions by exerting a pharmacological, immunological or metabolic action, or to making a medical diagnosis."[785] (Hervorhebungen durch den Verfasser).

Diese Definition ist vergleichsweise allgemein gehalten. Im Gegensatz zu den bereits oben genannten Definitionen, die beispielhaft chemische oder biologische Stoffe, Blutprodukte oder Zelltherapeutika ausdrücklich einbeziehen, enthält der voranstehende Wortlaut nämlich nur wenige konkrete Hinweise auf die Konturen seines Anwendungsbereich. Gleichwohl ist zu bedenken, dass die weiteren Vertragsverhandlungen gegebenenfalls noch zu Konkretisierungen führen könnten. In Art. 251 Abs. 3 Großbritannien-FTA wurde die soeben zitierte Definition wortlaugetreu eingefügt.

---

784 Vgl. Fn. 1 Art. 14.35 JEFTA; Fn. 1 Art. 14.37 Abs. 1 JEFTA; wörtlich ist vom „pharmazeutischen Erzeugnis" die Rede – Die EU übersetzt diesen Begriff ins Deutsche mitunter als „Arzneimittel". Siehe hierzu die deutsche bzw. englische Version der RL (EG) 83/01.

785 Fn. 10 zu Art. X.41 Australien-FTA und Neuseeland-FTA drafts v. 13.06.2018; In Art. 251 Abs. 3 Großbritannien-FTA hat diese Definition inhaltsgleich ihren Niederschlag gefunden. Auf Deutsch lautend umfasst sie „a) alle Stoffe oder Stoffzusammensetzungen, die als Mittel mit Eigenschaften zur Heilung oder zur Verhütung von Krankheiten bei Menschen oder Tieren bestimmt sind oder b) alle Stoffe oder Stoffzusammensetzungen, die im menschlichen oder tierischen Körper verwendet oder einem Menschen oder Tier verabreicht werden können, um entweder die physiologischen Funktionen durch eine pharmakologische, immunologische oder metabolische Wirkung wiederherzustellen, zu korrigieren oder zu beeinflussen oder eine medizinische Diagnose zu erstellen"; Im Neuseeland-FTA verweist Fußnote 93 auf die jew. Parteiregelungen.

## 2. Definition des Pflanzenschutzmittels

In der EU koexistieren zwei fast kongruente Pflanzenschutzmittelbegriffe, jeweils einer für schutzzeitverlängernde Zertifikate und einer im Rahmen des Unterlagenschutzes. Nach Art. 1 Nr. 1 VO (EG) 1610/96 (schutzzeitverlängernde Zertifikate) werden umfasst:

> „**Wirkstoffe und Zubereitungen**, die **einen oder mehrere Wirkstoffe** enthalten, in der Form, in welcher sie an den Anwender geliefert werden, und die **dazu bestimmt** sind, a) Pflanzen und Pflanzenerzeugnisse vor Schadorganismen **zu schützen** oder ihrer Einwirkung vorzubeugen, insoweit diese Stoffe oder Zubereitungen im Folgenden nicht anders definiert werden; b) in einer anderen Weise als ein Nährstoff die Lebensvorgänge von Pflanzen **zu beeinflussen** (z. B. Wachstumsregler); c) Pflanzenerzeugnisse zu konservieren, soweit solche Stoffe oder Zubereitungen nicht besonderen Vorschriften des Rates oder der Kommission über konservierende Stoffe unterliegen; d) **unerwünschte Pflanzen zu vernichten** oder e) Pflanzenteile zu vernichten, ein unerwünschtes Wachstum von Pflanzen zu hemmen oder einem solchen Wachstum vorzubeugen“ (Hervorhebungen durch den Verfasser).

Die VO (EG) 1107/09 für Pflanzenschutzmittel(-unterlagen) weicht insofern davon ab, als dass sie anstatt „Zubereitungen“ speziell *safener* und Synergisten sowie eine geringfügig ergänzte Zweckbestimmung einbezieht.[786]

Die erstmals im Südkorea-FTA beigebrachte pflanzenschutzmittelrechtliche Definition in dessen Fußnote 65 zu Art. 10.35 Abs. 1 wurde in identischer Form der VO (EG) 1107/09 (Unterlagenschutz) entnommen, obwohl besagte Fußnote paradoxerweise im Regelungszusammenhang mit schutzzeitverlängernden Zertifikaten steht. Diese Definition gilt – anders als beispielsweise im Kolumbien/Peru/Ecuador-FTA – für alle Vertragsparteien.

---

786 Vgl. Art. 2 Nr. 1 VO (EG) 1107/09: „Diese Verordnung gilt für Produkte in der dem Verwender gelieferten Form, die aus Wirkstoffen, Safenern oder Synergisten bestehen oder diese enthalten und für einen der nachstehenden Verwendungszwecke bestimmt sind: a) Pflanzen oder Pflanzenerzeugnisse vor Schadorganismen zu schützen oder deren Einwirkung vorzubeugen, **soweit es nicht als Hauptzweck dieser Produkte erachtet wird, eher hygienischen Zwecken als dem Schutz von Pflanzen oder Pflanzenerzeugnissen zu dienen**; b) in einer anderen Weise als Nährstoffe die Lebensvorgänge von Pflanzen zu beeinflussen (z. B. Wachstumsregler); c) Pflanzenerzeugnisse zu konservieren, soweit diese Stoffe oder Produkte nicht besonderen Gemeinschaftsvorschriften über konservierende Stoffe unterliegen; d) unerwünschte Pflanzen oder Pflanzenteile zu vernichten, **mit Ausnahme von Algen, es sei denn, die Produkte werden auf dem Boden oder im Wasser zum Schutz von Pflanzen ausgebracht**; e) ein unerwünschtes Wachstum von Pflanzen zu hemmen oder einem solchen Wachstum vorzubeugen, **mit Ausnahme von Algen, es sei denn, die Produkte werden auf dem Boden oder im Wasser zum Schutz von Pflanzen ausgebracht**.“ (Hervorhebungen durch den Verfasser).

Letzteres FTA bezieht sich inhaltlich auf „agrochemische Produkte", was die EU offenbar dazu bewogen hat, den Begriff für sich (selbst) skizzieren[787] und dies seither stets tut. Anders als im erstgenannten FTA umfassen das Hiesige und wortgleich das Singapur-FTA neben nicht weiter nennenswerten Abweichungen[788] Wirkstoffe und „Zubereitungen", worunter Gemische mit Safenern und Synergisten, aber zusätzlich auch jedem anderen Stoff o. ä. verstanden werden können.

Präziser – und aus Unionsperspektive dogmatisch konsistent – erklärt JEFTA bezüglich Schutzzertifikaten und Unterlagenschutz für agrochemische Erzeugnisse den in der VO (EG) 1610/96 gewählten Pflanzenschutzmittelbegriff für anwendbar.[789] Insofern überträgt es das Verständnis eines „agrochemischen Erzeugnisses" („*agrochemical product*") des Abkommenstextes für die EU in den ihr geläufigen Rechtsjargon der „Pflanzenschutzmittel" („*plant protection product*"). Aus diesem Kontext heraus liegt auf Seiten der EU nahe, hier inhaltlich Art. 2 Abs. 1 VO (EG) 1107/09 heranzuziehen. Das Großbritannien-FTA überlässt nunmehr die jeweilige Definition den Vertragsparteien.[790]

### 3. Stellungnahme

Trotz ihrer elementaren Steuerungswirkung adressieren bislang die wenigsten Abkommen ihre Regelungsgegenstände. Der aktuelle Trend allerdings zeugt besonders bei JEFTA von Bemühungen der EU, innerunionale Transparenz und systemkonsistente Rechtssicherheit zu schaffen. Dass sich die EU (nur) selbst an ihre Definitionen bindet, ermöglicht ihren Kontraktpartnern eigene, auf ihr Rechtssystem passende Definitionen bei der Rechtsum-

---

787 Vgl. Fn. 71 zu Art. 230 Abs. 3 Kolumbien/Peru/Ecuador-FTA: „ […] der Ausdruck „agrochemische Erzeugnisse" [bezeichnet] für die EU-Vertragspartei Wirkstoffe und Zubereitungen, die einen oder mehrere Wirkstoffe enthalten, in der Form, in welcher sie an den Anwender geliefert werden, und die dazu bestimmt sind: a) Pflanzen und Pflanzenerzeugnisse vor Schadorganismen zu schützen oder ihrer Einwirkung vorzubeugen, insoweit diese Stoffe oder Zubereitungen im Folgenden nicht anders definiert werden, b) in einer anderen Weise als ein Nährstoff die Lebensvorgänge von Pflanzen zu beeinflussen (z. B. Wachstumsregler), c) Pflanzenerzeugnisse zu konservieren, soweit solche Stoffe oder Zubereitungen nicht besonderen Vorschriften des Rates oder der Kommission über konservierende Stoffe unterliegen, d) unerwünschte Pflanzen zu vernichten oder e) Pflanzenteile zu vernichten oder ein unerwünschtes Wachstum von Pflanzen zu hemmen bzw. einem solchen Wachstum vorzubeugen." Zum quasi identischem Wortlaut siehe auch Fn. 1 zu Art. 10.34 Singapur-FTA.

788 Vgl. jeweils a), d) und e) in Fn. 71 zu Art. 230 Abs. 3 Kolumbien/Peru/Ecuador-FTA bzw. Fn. 1 zu Art. 10.34 Singapur-FTA sowie Fn. 65 zu Art. 10.35 Abs. 1 Südkorea-FTA.

789 Fn. 2 bei Art. 14.35 JEFTA.

790 Vgl. Fußnote Nr. 1 zu Art. 251 Abs. 1 Großbritannien-FTA.

setzung zu berücksichtigen. Tendenziell hat die EU unter diesem Aspekt ihre FTAs liberalisiert. Gleichzeitig bezwecken die verankerten Definitionen weite Anwendungsbereiche, sodass entsprechend viele Sachverhalte unter den Anwendungsbereich fallen. Hervorzugehen sind hier etwa biologische Arzneimittel, auf die in Bezug auf die amerikanische Freihandelspraxis noch näher einzugehen sein wird.

## V. (Keine) Einengung von Zwangslizenzen

Obwohl Art. 31 und Art. 31*bis* TRIPs zwar umfangreiche Voraussetzungen für Zwangslizenzerteilungen vorsehen, können bilaterale Vereinbarungen den Anwendungsbereich wiederum einengen, beispielsweise durch restriktive Begriffsauslegung.

Entsprechende Vereinbarungen schrieb bzw. schreibt die EU für Arznei- und Pflanzenschutzmittel zwar nicht in ihren Abkommen fest; einzig das Ukraine-DCFTA enthält einen Passus zu Zwangslizenzen, dort jedoch nur hinsichtlich biotechnologischer Erfindungen, vgl. dort Art. 221 Abs. 11. Nichtsdestotrotz bleibt zu beachten, dass Unterlagenschutzbestimmungen faktisch die Markteinführung zwangslizenzierter Produkte verzögern, indem sie strukturell losgelöst vom Patentschutz oder dessen Aufhebung wirken: Selbst wenn eine Zwangslizenz auf ein Patent erteilt wird, bleiben dennoch die zur Zulassung des entsprechenden Generikums erforderlichen Test- und Studiendaten bis zum Auslauf der Exklusivitätsperiode unter Verschluss. In Bezug auf Pflanzenschutzmittel ließe sich aus europarechtlicher Sicht die Freigabe eingereichter Daten, zumindest des Kurzdossiers, mit übergeordnetem öffentlichen Interesse begründen; für Arzneimittel mangelt es in der EU seit je her an abhelfenden Vorgaben.

## VI. Erst- und Zweitindikationen (neue Verwendungen)

Erst- und Folgeindikationen entfalten ihre enorme ökonomische Relevanz unter drei Aspekten: Erstens hinsichtlich ihrer allgemeinen Patentfähigkeit, zweitens ihrer Schutzfähigkeit durch Patentlaufzeitverlängerungen und drittens des Schutzes von Zulassungsdaten für Produkte, denen ein solches Patent zugrunde liegt. Nicht nur in vielen nationalen Legislationen, sondern auch hinsichtlich EPÜ und TRIPs wird die Patentfähigkeit bzw. Zulässigkeit von Erst- und Zweitindikationen als rechtskonform anerkannt. TRIPs gibt in Art. 27 Abs. 1 den Schutz von Erfindungen und Verfahren, vorbehaltlich deren Neuheit (u. a.), vor. Um dieser Voraussetzung auch für Verwendungen eines Stoffes gerecht werden zu können (der Stoff als solcher ist im eigentlichen Sinne nicht mehr „neu“), wurde das Neuheitserfordernis im Hinblick auf die (bis dahin unbekannte) Verwendung bezogen, Art. 54 Abs. 4 und 5 EPÜ (2000).

Obwohl die Diskussionen um Patente grundsätzlich über Arzneimittel geführt werden, können weitere Bereiche betroffen sein – inklusive Pflanzenschutzmittel. Wie bereits ausgeführt, betreffen Erstindikationen an sich schon bekannte Stoffe (und mithin nicht „neue" im Sinne der Patentrechtsordnungen), deren Anwendbarkeit überhaupt erstmalig auf medizinischem/agrochemischem Gebiet entdeckt wird. Zweit- bzw. Folgeindikationen beschreiben neu entdeckte (therapeutische) Anwendungsbereiche auf medizinischem/agrochemischem Gebiet, auf dem sie bereits anderweitig eingesetzt werden (beispielsweise ein blutdrucksenkendes Mittel wird jetzt als effektives Schmerzmittel angewendet; ein Wachstumsregulator findet als Fungizid Verwendung[791]). Auch wenn das Patent auf einen Wirkstoff abgelaufen sein sollte, können Patentinhaber mithilfe von Verwendungspatenten erneut ausschließenden Schutz – diesmal beschränkt auf den neu entdeckten spezifischen Anwendungsbereich – generieren. Darüber hinaus erstreckt sich der zweckgebundene Schutz von Erstindikationen auf alle Verwendungen im Rahmen der Behandlung über die im Patentanspruch genannten hinaus, wohingegen Folgeindikationen auf die spezielle, in den Patentansprüchen genannte Verwendung beschränkt sind.

Die Europäische Union hat sich dieser nationalstaatlichen Praxis freihandelsrechtlich (noch) nicht angeschlossen. Wie schon ausgeführt, integriert sie grundsätzlich keine materiell-rechtlichen Patentierbarkeitsvoraussetzungen.

Allerdings können nach europäischem Recht *SPC*s prinzipiell auch auf Erzeugnisse erteilt werden, deren Grundpatent in einem Verwendungspatent besteht, vgl. Art. 3 a), 1 c) VO (EG) 469/09. Die (kryptische) Rechtsprechung des EuGH in dieser Frage wird dahingehend gedeutet, dass im europäischen Binnenraum Schutzzertifikate auf Erst- und Zweitverwendungen erteilbar sind.[792] Dafür spricht aus EU-wirtschaftspolitischer Sicht, dass der Sache nach – auch zur Entdeckung neuer Indikationen – hoher Forschungsaufwand betrieben werden muss und die Zertifikatsgewährung somit wirtschaftlich gerechtfertigt erschiene.[793] Hinzu kommt, dass vom medizinischen/agrochemischen Standpunkt aus betrachtet die Wirkung des Arznei- oder Pflanzenschutzmittels unabhängig von der Art des ihm zu-

791 EPA, T-231/85 v. 8.12.1986, ABl. (EPA) 1989, 74; ähnlich die Große Beschwerdekammer des EPA, T-0208/88 v. 28.02.1990. Ein Patentanspruch für Erstindikationen wäre üblicherweise zu fassen; „Produkt mit Wirkstoff X als Arzneimittel" und für Folgeindikationen typischerweise: „Wirkstoff X als Antiallergikum".

792 Zur Rechtsprechung und deren Bewertung *Stief/Bühler,* Supplementary Protection Certificates (SPC), S. 29, welche die *Neurim*-Entscheidung (EuGH, GRUR Int. 2012, 910) in diese Richtung verstehen; ebenfalls *Kraßer/Ann,* Patentrecht, § 26 Rn. 58 f.

793 *Kraßer/Ann,* Patentrecht, § 26 Rn. 59 f.; *Stief/Bühler,* Supplementary Protection Certificates (SPC), S. 29.

grundliegenden Patents einsetzt. Verwendungspatentierte Arzneimittel müssen demnach zur Heilung einer bestimmten Krankheit nicht weniger effektiv sein als erzeugnispatentierte.

Zu fragen bleibt daher, wie vor dem Hintergrund der Freihandelsabkommen Patentlaufzeitextensionen auf jene weiteren Verwendungen zu bewerten sind, die an Patente anknüpfen. Das heißt also, ob sie Vorgaben für die Erteilung von Schutzzertifikaten über Erstindikationen hinaus auf weitere medizinische oder pflanzenschutzmittelbezogene Verwendungen einer Erfindung machen. Während *Acquah*[794] im Umkehrschluss zum Fehlen von „Ein-*SPC*-pro-Erzeugnis"-Regeln Folgeindikationen für erfasst hält, stellt *Keim*[795] (europarechtlich basierte) Interdependenzen von Wirkstoff und Erzeugnis in den Vordergrund und verneint Folgeindikationen.

Die Vertragstexte geben diesbezüglich tatsächlich keine direkten Vorgaben für oder gegen die Zulässigkeit ab. Im Ausgangspunkt definiert einzig CETA das Grundpatent für Arzneimittel (!), welches nach Art. 20.27 Abs. 1

> „[…] ein Patent, das ein Erzeugnis als solches, ein Verfahren zur Herstellung eines Erzeugnisses **oder eine Verwendung eines Erzeugnisses** schützt, und das vom Inhaber eines Patents, welches als Grundpatent dienen kann, als Grundpatent zum Zwecke der Gewährung des Sui-generis-Schutzes bestimmt wurde" (Hervorhebungen durch den Verfasser).

darstellt. Verwendungspatente erfüllen dort zunächst einmal grundsätzlich die Anforderung als legitime Grundpatente für die Patentverlängerung fungieren zu können. Inhaltlich korrespondiert die Passage sehr eng mit Art. 1 c) VO (EG) 469/09. Auch die Erteilungsvoraussetzungen entsprechen unionalen Vorgaben, vgl. Art. 3 VO (EG) 469/09. Primär ist die erste Genehmigung für das „Produkt" maßgeblich, sodass in Parallele zum EU-Recht die Zulässigkeit von Zweitindikationen argumentativ entweder über die „erste Zulassung" oder aber über die entsprechende Interpretation des Erzeugnisbegriffs begründet werden könnte.[796] Erstgenannte Möglichkeit scheint allerdings im Hinblick auf Wortlaut und Systematik des Art. 20.27 Abs. 2 CETA, der ausdrücklich nicht mehr als ein Zertifikat pro Erzeugnis zulässt, kaum vertretbar. Es liegt hier nahe, begrifflich zu bestimmen, was als „Erzeugnis" zu verstehen ist. Gem. Art. 20.27 Abs. 1 CETA meint ein Erzeugnis den Wirkstoff oder die Wirkstoffzusammensetzung eines pharmazeutischen Erzeugnisses/Produkts. Der Schutzumfang des *SPC* bezieht sich darüber hinaus gem. Art. 20.27 Abs. 8 CETA auf das zugelassene Erzeugnis und seine

794 *Acquah*, International Review of Intellectual Property and Competition Law 2014, 256, 276.

795 *Keim*, TRIPS-plus Patentschutzklauseln in bilateralen Freihandelsabkommen der EU, S. 162.

796 *Stief/Bühler*, Supplementary Protection Certificates (SPC), S. 29; *Keim*, TRIPS-plus Patentschutzklauseln in bilateralen Freihandelsabkommen der EU, S. 162.

etwaigen Verwendungen als pharmazeutisches Erzeugnis. Hinsichtlich des Wortlautes können beide Textpassagen systematisch gelesen durchaus dahingehend verstanden werden, dass der Wirkstoff und seine (medizinischen) Verwendungen die Möglichkeit mehrerer Zertifikate ausschließt. Nichtsdestotrotz ist derlei aus CETA nicht klar zu entnehmen, da selbst die Definition dessen, was einen Wirkstoff darstellt, von nationalstaatlicher Gesetzesinterpretation abhängt, wie es die aktuellen Diskussionen innerhalb der EU aufgezeigt haben.

Das Singapur-FTA sowie JEFTA wiederum verzichten gänzlich darauf, eine „erste Zulassung" zur Voraussetzung zu machen, sodass der Wortlaut Patentverlängerungen für Folgeindikationen zumindest nicht entgegensteht. Dabei haben die Vertragspartner ausweislich des Wortlauts von Art. 14.35 JEFTA ihre internen Rechtsvorschriften zu berücksichtigen, die ggf. jenen Schutz vorsehen.

Festzuhalten bleibt, dass Patentextensionen auf weitere Verwendungen durch die FTAs weder ausdrücklich vorgeschrieben noch verboten worden sind. Mangels vertragsimmanenter Anhaltspunkte bleibt die nationalstaatliche Umsetzung bzw. deren gerichtliche Interpretation entscheidend. Es muss im Übrigen bezweifelt werden, dass – zumindest von Seiten der EU – weitere Verwendungen (zurzeit) bewusste Bestandteile ihrer aktiven *SPC*-Freihandelsagenda darstellen sollen. Hierfür spricht, dass dieser Themenbereich vom EuGH erst im Jahr 2012 in der o. g. *Neurim*-Entscheidung adressiert und in der anschließenden rechtsliterarischen Auseinandersetzung vor dem Hintergrund der einschlägigen EU-Verordnungen kaum konsensual erschlossen werden konnte. Insbesondere hat der EuGH infolge seiner als ausufernd rezensierten *Neurim*-Entscheidung nunmehr seit 2019 seine Linie im Fall *Abraxis Bioscience*[797] korrigiert, nachdem nicht zuletzt der Generalanwalt des EuGH tiefgreifende Zweifel an der rechtlichen Zulässigkeit von Folgeindikationen bekundet hatte. Dabei hob der EuGH explizit die unionsgesetzgeberisch intendierte Balance widerstreitender Interessen hervor. Zwar bleiben dort Zweitindikationen nach wie vor zulässig, allerdings nur noch unter restriktiveren Voraussetzungen.

Im Hinblick auf Testunterlagen entfaltet das europäische Arznei- und Pflanzenschutzmittelrecht Schutz für erstpatentgeschützte Produkte sowie Folgeindikationen gleichermaßen. Diese Linie hat die EU nicht einheitlich in ihre Freihandelspraxis transferiert, sondern vielmehr einzelfallabhängig umgesetzt. Anfangs hatte sie den Anwendungsbereich noch anhand des Wortlauts („Zulassung eines neuen Arzneimittels" bzw. „neuer chemischer

797 EuGH, GRUR Int. 2019, 711. In demselben Zusammenhang sind dem EuGH weitere Fragen mit potenziell signifikantem Einfluss auf den künftigen Rechtsrahmen vorgelegt worden, s. C-354/19 und C-673/18.

Stoff") im Südkorea-FTA oder dem Kolumbien/Per/Ecuador-FTA eng gehalten und Datenschutz für arzneimittelbezogene Folgeindikationen somit ausgeschlossen.[798] Während die DCFTAs diese Beschränkungen aufgrund ihrer intendierte Rechtsangleichung an die EU nicht beinhalten, nimmt CETA wiederum darauf Bezug, vgl. Art. 20.29 Abs. 1 CETA. Die Singapur- und Vietnam-Kontrakte lassen Datenschutz für Folgeindikationen hingegen zu und bilden somit einen Gegenpol zum aktuellen JEFTA („neue pharmazeutische Wirkstoffe").[799]

Abweichendes gilt hinsichtlich Pflanzenschutzmitteln: Hier sind Folgeverwendungen wortlautbedingt mit weitaus höherer Kontinuität beim Datenschutz möglich, deren Genesis im Südkorea-FTA liegt. Dem haben sich (fast) alle Verträge angeschlossen – bis auf Kolumbien/Peru/Ecuador-FTA und JEFTA.[800] Einschränkend ist indes zu beachten, dass hier tatbestandlich nur solche Studienberichte erfasst sind, die nicht vorher schon einmal vorgelegt worden sind. Demgemäß erschöpft sich die Relevanz der Bestimmungen in konkreten, für die spezielle Verwendung erhobenen (Teil-)Daten.

Trotz ihrer immensen Bedeutung nimmt die EU kaum konkreten Bezug auf Folgeindikationen, was auch maßgeblich der unsicheren internen Rechtslage geschuldet ist. Während sich bei Arzneimitteln keine klare Tendenz abzeichnet, ermöglichen Pflanzenschutzmittel häufiger entsprechenden Unterlagenschutz.

## VII. *Highest international standards*-Klauseln

Wie schon zuvor dargestellt, hat sich die EU – gleichfalls wie die USA[801] – in älteren Abkommen zwischen den Jahren 1998 und 2005 mit einigen Mittelmeerstaaten und Anderen zum Schutz des geistigen Eigentums nach „strengsten internationalen Standards" verpflichtet; im Globalabkommen mit Mexiko aus dem Jahr 2000 ist von „höchsten internationale[n] Standards" die Rede, der entsprechende Kontrakt mit Ägypten benennt „geltende internationale Standards" als Maßstab.[802] Ähnlich erkennen die Parteien

798 So auch *Keim,* TRIPS-plus Patentschutzklauseln in bilateralen Freihandelsabkommen der EU, S. 126.

799 Einerseits Art. 11.33 Singapur-FTA; Art. 12.41 Abs. 2, 3 Vietnam-FTA; Andererseits Art. 14.37 Abs. 1 JEFTA.

800 Einerseits Art. 10.37 Abs. 2 Südkorea-FTA; Art. 223 Abs. 2 Ukraine-FTA; Art. 316 Abs. 2 Moldawien-FTA; Art. 188 Abs. 2 Georgien-FTA; Art. 20.30 Abs. 2 CETA; Art. 11.34 Singapur-FTA; Art. 12.41 Abs. 2, 3 Vietnam-FTA, und andererseits Art. 231 Abs. 2 Kolumbien/Peru/Ecuador-FTA; Art. 14.37 Abs. 2 JEFTA.

801 Hierzu *Mercurio,* TRIPS-Plus Provisions in FTAs: Recent Trends, in: Bartels/Ortino, Regional Trade Agreements and the WTO Legal System 2006, S. 223 f.

802 Insb. Art. 55 g) i. V. m. 168 Chile-FTA; Art. 44 Abs. 1 Algerien-AA; Art. 33 Abs. 1 Palästina-AA; Art. 46 Abs. 1 Südafrika-FTA; Art. 39 Abs. 1 Marokko-AA; Art. 39 Abs. 1

des Cotonou-Abkommen die Notwendigkeit des Schutzes geistigen Eigentums „nach internationalen Standards“ an.[803] Problematisch ist dabei allerdings, dass nicht feststeht, was darunter zu verstehen ist, also konkret, ob bereits bi- oder erst poly- bzw. multilaterale Abkommensinhalte, wie das WTO-Abkommen, einen „internationalen“ und somit relevanten Standard begründen.[804] Daneben ergibt sich bei der konkreten Rechtsanwendung unweigerlich die Frage, ob sich die Abkommen statisch auf den bei ihrem Inkrafttreten bestehenden Status quo oder aber dynamisch auf den jeweils höchsten aktuellen Standard nach diesem Zeitpunkt beziehen.[805]

Was die „Internationalität“ der Standards angeht, so muss angesichts des Wortlauts davon ausgegangen werden, dass zumindest völkerrechtliche Vereinbarungen gemeint sind, und nicht schon jedwede nationale Bestimmung. *Keim* hingegen versteht den Wortlaut in extensiver Auslegung dahingehend, dass auch nationale Regeln, sofern sie im internationalen Vergleich die strengsten sind, als maßgeblich zu beachten seien.[806] Hiergegen spricht allerdings neben dem eindeutigen Wortlaut auch aus systematischer Sicht, dass – wie es die o. g. Abkommen[807] vorsehen – die Integration eines Kataloges zum Beitritt zu (nur) individuell bestimmten, unterschiedlichen internationalen Abkommen obsolet wäre, wenn sowieso jedweder Standard herangezogen werden könnte.[808] Im Übrigen besticht die Erwägung, dass es für die Kontraktparteien ein Leichtes gewesen wäre, aus Klarstellungsgründen von „nationalen und/oder internationalen“ Standards zu sprechen. Die semanti-

Israel-AA, Art. 56 Abs. 1 Jordanien-AA, Art. 12 Abs. 1 Mexiko-GA, vgl. Übersicht mit weiteren Abkommen bei *Bartels et al.,* Promoting Access to Medical Technologies and Innovation, S. 188.

803 Art. 46 Abs. 1 Cotonou-EPA, das über die Anerkennung hinaus keine Verpflichtung zum entsprechenden Schutz gewährt.

804 Hierzu *Correa,* Bilateral Investment Agreements: Agents of new global standards for the protection of intellectual property rights?, S. 20 ff.; *Chu,* The Evolution of US and EU Approaches to Intellectual Property Provisions Related to Public Health in Free Trade Agreements: Are They Responding to Public Health Concerns?, S. 48.

805 *Alemann,* Impact of TRIPS-Plus Obligations in Economic Partnership- and Free Trade Agreements on international IP Law, in: Drexl/Grosse Ruse-Khan/Nadde-Phlix, EU Bilateral Trade Agreements and Intellectual Property: For Better or Worse?, S. 77; *Mercurio,* TRIPS-Plus Provisions in FTAs: Recent Trends, in: Bartels/Ortino, Regional Trade Agreements and the WTO Legal System 2006, S. 223 m. w. N.; *El Said,* Public health related TRIPS-plus provisions in bilateral trade agreements, S. 97 m. w. N.; *Drahos,* Journal of World Intellectual Property 2001, 791, 803, der auch speziell das Mexiko-GA als dynamisch einordnet; a. A. bzgl. des Mexiko-GA *Keim,* TRIPS-plus Patentschutzklauseln in bilateralen Freihandelsabkommen der EU, S. 92 ff.

806 *Keim,* TRIPS-plus Patentschutzklauseln in bilateralen Freihandelsabkommen der EU, S. 90.

807 Vgl. beispielsweise Anhang 7 zum Marokko-AA.

808 So auch *Keim,* TRIPS-plus Patentschutzklauseln in bilateralen Freihandelsabkommen der EU, S 97.

sche Ambivalenz hatte die EU selbst auch erkannt; ihre kurz darauf angekündigte, neue Handelsstrategie lässt auf ein bis dahin enges und statisches Normverständnis der *highest international standards*-Klausel schließen:[809] Dort hatte sich die EU dahingehend positioniert, „[...] strengere Bestimmungen [...]" in ihre nachfolgenden Abkommen integrieren zu wollen.[810] Wie *Keim* hieraus folgerichtig ableitet, wäre dieser Schritt nicht nötig gewesen, wenn die EU ihrerseits von einer dynamischen und weit zu interpretierenden Klausel ausgegangen wäre, weil in diesem Fall keine strengeren Standards existieren würden.[811] Außerdem ist kein Interesse ersichtlich, dass die EU sich selbst zu Standards verpflichten würde, die über ihre eigenen hinausgehen. Dies mag nicht zuletzt der seit jeher intern schleppenden Harmonisierung in der Pflanzenschutz- und Arzneimittelbranche (wie obig am Beispiel der VO 1107/09 und ihrer Vorgängerrichtlinie deutlich geworden ist) geschuldet sein. Hinsichtlich CETAs ließe sich dies auf den ersten Blick insoweit bezweifeln, als dass die EU – erfolgreich – darauf gedrängt hatte, Regeln zur *patent linkage* einzufügen, obwohl ein solcher Mechanismus EU-intern weder existent noch legal ist.[812] Mit der Pflicht zur Unterhaltung „gleichwertiger und wirksamer Rechtsbehelfe" innerhalb der *patent linkage* gehen einerseits in tatsächlicher Hinsicht Verzögerungen in der Generikaverfügbarkeit in Kanada einher. Andererseits erscheint die Forderung unter rechtsstaatlichen Gesichtspunkten legitim. Weiterhin betrifft hier die Standardsetzung kein das *acquis communautaire* überschreitende Maß. Denn nicht die EU, sondern lediglich Kanada trifft diese Verpflichtung – solange und soweit Kanada an seinem *patent linkage*-System festhält.

In systematischer bzw. zweckgerichteter Hinsicht bleiben daneben die vielfach innerhalb der einzelnen Abkommen angezeigten Gedanken der nachhaltigen Entwicklung als begrenzende Auslegungsleitlinie zu berücksichtigen.[813] Ein solches „Kooperationsverhältnis" stellt sich neben dem Ko-

---

809 *Keim,* TRIPS-plus Patentschutzklauseln in bilateralen Freihandelsabkommen der EU, S. 95 ff, unter Verweis auf *EU-Kommission,* Strategy for the enforcement of intellectual property rights in third countries, S. 5, die a. a. O. ausführt: „It is also envisaged to make the enforcement clauses in future bilateral or bi-regional agreements **more operational and to clearly define what the EU regards as the highest international standards** in this area and what kind of efforts it expects from its trading partners." (Hervorhebungen durch den Verfasser); s. auch *EU-Kommission,* Ein wettbewerbsfähiges Europa in einer globalen Welt, S. 12.

810 *EU-Kommission,* Ein wettbewerbsfähiges Europa in einer globalen Welt, S. 12.

811 *Keim,* TRIPS-plus Patentschutzklauseln in bilateralen Freihandelsabkommen der EU, S. 97.

812 Vgl. die obigen Ausführungen und Art. 20.28 CETA.

813 *Abbott,* Trade Costs and Shadow Benefits: EU Economic Partnership Agreements as Models for Progressive Development of International IP Law, in: Drexl/Grosse Ruse-Khan/Nadde-Phlix, EU Bilateral Trade Agreements and Intellectual Property: For Better or Worse?, S. 162; *Maskus,* Assessing the Development Promise of IP Provisions in

lumbien/Peru/Ecuador-FTA[814] beispielsweise im Südafrika-FTA dar. Dessen Präambel und Art. 1 b), c), e) zielen auf die Umsetzung (nur) der TRIPs-Minimalstandards sowie vielfältige Unterstützung Südafrikas bei wirtschaftlichen und sozialen Wandlungsprozessen ab, wobei angesichts der dortigen gesundheitspolitischen Brisanz insbesondere Patentrechte zu berücksichtigen sind. Art. 46 Abs. 6 statuiert eine gemeinsame Ausarbeitungsagenda entsprechender Rechts- und Durchsetzungsvorschriften. Die automatische Übernahme „fremd" vereinbarter Standards würde dem Normzweck widersprechen, da diese Standards direkt und ohne individuelle Ausarbeitung bzw. Einflussnahme zu übernehmen wären. Speziell unter dem Ziel nachhaltiger Entwicklung erschiene es nämlich sinnwidrig, ohne Rücksicht auf den aktuellen individuellen Entwicklungsstand (und zukünftiges Entwicklungspotenzial) hohe, von (irgendwelchen) anderen Völkerrechtssubjekten vereinbarte Standards einzubeziehen, die im Zweifel nicht oder kaum auf den konkreten Vertragspartner inhaltlich anwendbar wären. Der nachhaltigen Entwicklung wird man umgekehrt nur gerecht, sofern man ein *a priori* festgesetztes Normprogramm vereinbart und so die Kontrolle über jene individuellen Entwicklungsprozesse behält. Unter diesem Gesichtspunkt spricht allgemein Einiges für eine enge und statische Auslegung der *highest international standards*-Klausel, soweit sich aus dem konkreten Vertrag keine anderweitigen Gesichtspunkte ergeben.

Zum Jahr 2005 ist die EU von der Nutzung dieses „highest international standards" abgerückt,[815] wie die hiesige Analyse bereits obig veranschaulicht. Alle seit 2006 verhandelten Freihandelsabkommen beinhalten konkret vereinbarte Schutzvorschriften, was diesbezüglich einen signifikanten Schritt zu Rechtssicherheit.

Ähnliche Fragen ergeben sich im Zusammenhang mit artverwandten Rechtsangleichungsklauseln. Stabilisierungs- und Assoziierungsabkommen,

---

EU Economic Partnership Agreements, in: Drexl/Grosse Ruse-Khan/Nadde-Phlix, EU Bilateral Trade Agreements and Intellectual Property: For Better or Worse?, S. 171 ff.; *Keim,* TRIPS-plus Patentschutzklauseln in bilateralen Freihandelsabkommen der EU, S. 95; anzutreffen sind diese Tendenzen beispielsweise Art. 1 Abs. 2 Israel-FTA; Art. 1 Abs. 2, Art. 2 Chile-FTA; Art. 1 Abs. 2 Spiegelstrich 3 Marokko-FTA/ Tunesien-FTA.

814 Art. 4 j) i. V.m Art. 197 Abs. 1 und 2Kolumbien/Peru/Ecuador-FTA, weiterführend, *Abbott,* Trade Costs and Shadow Benefits: EU Economic Partnership Agreements as Models for Progressive Development of International IP Law, in: Drexl/Grosse Ruse-Khan/Nadde-Phlix, EU Bilateral Trade Agreements and Intellectual Property: For Better or Worse?, S. 161 f.; *Maskus,* Assessing the Development Promise of IP Provisions in EU Economic Partnership Agreements, in: Drexl/Grosse Ruse-Khan/ Nadde-Phlix, EU Bilateral Trade Agreements and Intellectual Property: For Better or Worse?, S. 176 f.

815 So auch *Mayne,* Regionalism, Bilateralism, and „TRIPS Plus" Agreements: The Threat to Developing Countries, S. 11.

auch aus der Zeit nach dem Jahr 2005, beispielsweise mit Bosnien und Herzegowina (2015), enthalten Rechtsangleichungsmechanismen auf ein dem Rechtsstand der EU entsprechendes Niveau.

### VIII. *Dispute Settlement*-Klauseln

Viele EU-FTAs beinhalten heutzutage Regelungen für den Fall, dass zwischen den Vertragspartnern Streit über spezifische Rechte oder Pflichten innerhalb des entsprechenden Freihandelsabkommen aufkommt (sog. *dispute settlement-clauses*); seit dem Südafrika-FTA und dem Globalabkommen mit Mexiko ist die Anzahl der Streitbeilegungsklauseln stetig angestiegen. In den vergangenen Jahren ist vielfältig über derartige *dispute settlement*-Klauseln in bilateralen (Investment-)Verträgen diskutiert worden.[816]

Der hiesige Befund soll sich von der allgemeinen Diskussion lösen und (nur) partikulär jene Vereinbarungen zur Streitschlichtung aufgreifen, die im direkten Kontext zu Pflanzenschutz- und Arzneimittelvorschriften stehen. Für letztere finden sich innerhalb der speziellen Passagen keine Hinweise. Ohnehin kommt diesbezüglichen Formulierungen klar Seltenheitscharakter zu: Die Materie hinsichtlich Pflanzenschutzmittel adressieren nur Art. 20.30 Abs. 8 CETA und Art. 223 Abs. 11 Ukraine DCFTA.

Art. 20.30 Abs. 8 S. 1 CETA gewährt dem Zulassungsinhaber einen Anspruch auf Kostenbeteiligung an den erforderlichen Versuchs- und Studienberichten gegenüber einem Zweitanmelder, der sich auf Unterlagen stützt.[817]

---

816 Auszugsweise etwa von *Busch*, Global Organizations 2007, 735; *Claussen*, Georgia Journal of International and Comparative Law 2018, 611-634; *Davey,* Dispute Settlement in the WTO and RTAs: A Comment, in: Bartels/Ortino, Regional Trade Agreements and the WTO Legal System 2006, S. 343; *Bercero,* Dispute Settlement in European Union Free Trade Agreements: Lessons Learned?, in: Bartels/Ortino, Regional Trade Agreements and the WTO Legal System, S. 383; *R. Ziegler*, Dispute Settlement in Bilateral Trade Agreements: The EFTA Experience, in: Bartels/ Ortino, Regional Trade Agreements and the WTO Legal System 2006, S. 407; *Hillman*, Cornell International Law Journal 2009, 193; *Luo,* Dispute Settlement in the Proposed East Asia Free Trade Agreement: Lessons Learned From the ASEAN, the NAFTA and the EU, in: Bartels/Ortino, Regional Trade Agreements and the WTO Legal System 2006, S. 359; *Smith*, International Organization 2000, 137; *Crochet,* Dispute Settlement Mechanisms in Free Trade Agreements, https://www.tradelab.org/single-post/2018/03/02/Dispute-Settlement-Mechanisms-in-Free-Trade-Agreements; ferner *Holbein*, Case Western Reserve Journal of International Law 1993, 531; *Klopschinski,* Der Schutz geistigen Eigentums durch völkerrechtliche Investitionsverträge, S. 93 ff.; *United Nations Conference on Trade and Development,* Intellectual Property Provisions in International Investment Arrangements; zu Dispute-settlement in TRIPs als Chance für *flexibilities Land*, Michigan Journal of International Law 2012, 433.

817 Nicht eindeutig ist, ob die Bestimmung auf Datensätze zu Wirbeltierversuchen beschränkt ist oder sich auf sämtliche Studiendaten bezieht: Da die Absätze 6 und 7 aus-

Nach Satz 2 kann jede Vertragspartei anordnen, dass sie beteiligten Parteien etwaige Streitfragen im Wege eines verbindlichen Schiedsverfahrens nach ihrem Recht klären. Ähnlich postuliert Art. 223 Abs. 11 Ukraine DCFTA vor demselben Hintergrund, dass die Vertragspartei die Streitenden auffordern kann, ein förmliches und verbindliches Streitschlichtungsverfahren gemäß den nationalen Rechtsvorschriften durchzuführen. Bei beiden Passagen handelt es sich um fakultative Bestimmungen; ein Zwang zur Streitlösung vor der Schiedsgerichtsbarkeit ist hieraus nicht abzuleiten.

Obschon diejenigen Rechtsfolgenparameter („angemessene" Beteiligung nach CETA bzw. fairer Anteil an den entstandenen Kosten nach Art. 223 Abs. 11 Ukraine-DCFTA) des ggf. unter die Schiedsgerichtsbarkeit fallenden Kostenbeteiligungsanspruchs semantisch suggerierte Ähnlichkeit mit völkerrechtlichen Restitutionsstandards für Enteignungen bei ausländischen Direktinvestitionen (sog. „foreign direct investments" – „FDI") aufweisen („fair and equitable treatment"- und nach *Hull* „prompt, adequate and effective compensation"-Klauseln), handelt es sich hierbei um privatrechtliche Schiedsvorgaben vor den nationalen Schiedsgerichten des jeweiligen Vertragspartners.

Das Ukraine-DCFTA räumt der betreffenden Partei ein, die Berichte über Versuche und Studien mit Wirbeltieren für die Zwecke der Bewertung des Antrags des neuen Antragstellers zu nutzen, wenn zuvor keine Einigung über die Kompensationshöhe erzielt werden konnte. (*De facto*-)Enteignungen, wie sie durch behördliche Nutzung von Erstanmeldertestdaten für Folgeanmelder ohne Genehmigung in Betracht kommen können, folgen den allgemeinen bzw. vertraglichen völkerrechtlichen Vorgaben[818] und sind von der hiesig relevanten Thematik getrennt im Einzelfall unter FDI-Gesichtspunkten zu betrachten.

---

drücklich (nur) Kompensationsparameter für Versuche und Studien mit **Wirbeltieren** adressieren, der Absatz 8 eine solch deutlich Einschränkung aber nicht enthält, ließe sich ein weiter Anwendungsbereich auf alle Testdaten vertreten. Hiergegen spricht jedoch, dass sich Abs. 8 S. 1 a. E. auf „derartige" Versuchs- und Studienberichte bezieht und so die Verbindung zu den beiden vorangestellten Absätzen herstellt, weil die Wortverwendung „derartig" obsolet wäre, wenn es sich nicht nur auf einen Teil aller erforderlichen Berichte (nämlich wirbeltierbezogene) bezöge. Dem steht die Systematik nicht entgegen: Während Abs. 7 S. 3 den (Zweit-)Antragsteller zur Kostenbeteiligung verpflichtet, überführt Abs. 8 diese Wertung positiv in eine Anspruchsgrundlage zugunsten des Erstanmelders.

818 Zu den völkergewohnheitsrechtlichen Enteignungsvorgaben s. *Herdegen,* Völkerrecht, § 54 Rn. 1 ff.

## IX. *Effective and adequate protection*-Klausel

Schon NAFTA hatte eingänglich im Kapitel für geistiges Eigentum bestimmt, dass jenes „effektiven und angemessenen Schutz" („effective and adequate protection") zu erfahren habe.[819] Dasselbe betont TRIPs eingangs.[820] Hinsichtlich der EU sind es ältere Abkommen, insbesondere mit Völkerrechtssubjekten im Mittelmeerraum, die – im Kontext ihrer *highest international standards*-Klauseln – zu angemessenem und wirksamem Schutz geistigen Eigentums verpflichten.[821] Die Klausel scheint aus der TRIPs-Präambel entlehnt zu sein und birgt ähnliche Schwierigkeiten wie die *highest international standards*-Klausel hinsichtlich ihrer Konturierung. Auf die TRIPs-Präambel ist in den vergangenen Jahren mehrfach auf deren Funktion als *balance* bzw. *ceiling* im Rahmen der Grenzen von FTA-Standards hingewiesen worden.[822] Freilich ist dieser Befund nicht auf die FTAs übertragbar und im Ergebnis auch nicht aus den Freihandelsabkommen ableitbar. Nach dem Oxford-Wörterbuch wird das Wort „angemessen" allgemein als „befriedigend oder akzeptabel in Qualität oder Quantität" verstanden.[823] Der Wortbedeutung ist also ein abwägendes Element innewohnend. Unionsintern wurde infolge einer Abwägung zwischen erfinderischen Belohnungs- und gesundheitspolitischen Interessen die Laufzeitbegrenzung schutzzeitverlängernder Zertifikate auf maximal 15 Jahre (in Kombination mit dem Patentschutz) als „adequate effective protection" bewertet.[824] Die deutsche – gleichrangige – Verordnungsfassung spricht von „ausreichendem tatsächlichem Schutz", was ein Abwägungsgefälle zugunsten gesundheitspolitischer Aspekte zu erkennen gibt. Allerdings steht die Klausel stets im Zusammenhang mit dem Schutz nach höchsten internationalen Standards. Ihnen „gemäß" ist angemessener und effektiver Schutz zu gewährleisten. Eine (statischen bzw. dynamischen, bi- oder multilateralen) Einbeziehung der immer weitreichendsten, zur Verfügung stehenden Standards setzt weder zwingend irgendeinen, im konkreten Standard manifesten Interessen-

---

819 Vgl. Art. 1701 Abs. 1 NAFTA.

820 S. TRIPs-Präambel; „Ministerial Declaration on The Uruguay Round of Multilateral Trade Negotiations" vom 20.09.1986, abrufbar unter https://www.jus.uio.no/lm/wto.gatt.ministerial.declaration.uruguay.round
.1986/d.html#71, Rn. 72 (letzter Zugriff am 28.03.2024).

821 Art. 31 Abs. 1 Türkei-CU; Art. 12 Abs. 1 Mexiko-GA; Art. 46 Abs. 1 Cotonou-EPA; Art. 33 Abs. 1 Palästina-AA; Art. 39 Abs. 1 Marokko-AA; Art. 39 Abs. 1 Israel-AA; Art. 56 Abs. 1 Jordanien-AA; Art. 46 Abs. 1 Südafrika-FTA; Art. 56 Abs. 1 Jordanien-FTA; Art. 37 Abs. 1 Ägypten-AA; Art. 168 Chile-FTA.

822 S. oben bei Teil 1 Kap. 3 A. IV.

823 S. Oxford-Wörterbuch, abrufbar unter https://en.oxforddictionaries.com/definition/adequate (letzter Zugriff am 28.03.2024), wörtlich auf Englisch „Satisfactory or acceptable in quality or quantity".

824 VO (EG) 1768/92 Erwägungsgrund 8.

ausgleich voraus, noch bildet es eine Interessenabwägung zwischen den Vertragspartnern des standardeinbeziehenden Abkommens ab. Die offensichtliche Lesart legt vielmehr nahe, dass die Anwendung höchster internationaler Standards stets angemessenen Schutz geistigen Eigentums bezweckt. Daher handelt es sich bei der Klausel mehr um eine inhaltlose Floskel als um eine geeignete Schutzgrenze.

Gegenteiliges indiziert das Cotonou-Abkommen in Art. 46 Abs. 1: Dort besteht nur das Bekenntnis zum Schutz im Einklang mit internationalen Standards; dass dies die höchsten sein müssten, ist nicht erwähnt. Weiterhin beschränkt sich der Schutz darauf, „Verzerrungen und Hemmnisse im bilateralen Handel zu verringern." Geht man davon aus, dass (zu) weitgehende Standards ab einem gewissen Punkt letztlich handelshemmend wirken können und somit aus sich selbst heraus Grenzen setzen,[825] kann der Zweck des Cotonou-Abkommens für jenen Punkt als Maximalstandard fungieren.

Letztlich verblasst die Relevanz dieser Frage allerdings vor dem Hintergrund, dass die Europäische Union mittlerweile – wohl auch angesichts der Auslegungsschwierigkeiten – von der Verwendung in Freihandelsabkommen der neuen Generation abgerückt ist.

## X. Inbezugnahme der *Public Health*-Problematik

Im Anschluss an die Doha-Erklärung von 2001 nehmen die bilateralen Kontrakte der EU eingangs der Patentrechtssektion auf selbige sowie die „Paragraph-6"-Entscheidung von 2003 Bezug und betonen die Notwendigkeit von Erwägungen hinsichtlich der öffentlichen Gesundheit. Diesbezüglich ist auch zu ermitteln, inwieweit die Doha-Erklärung zur Interpretation der Patentstandards herangezogen werden kann, um *safeguards* für *flexibilities* zu begründen.[826] Die EU-Abkommen wählen dabei unterschiedliche Ansätze.

Das CARIFORUM-Abkommen erkennt die Bedeutung der o. g. Erklärung bzw. Entscheidung an und lässt alle nötigen Schritte zur Annahme des Protokolls vom 6.12.2005 zur Änderung von TRIPs durchführen, vgl. Art. 147 B. Darüber hinaus erklärt es zwecks Schutz der öffentlichen Gesundheit – indes ohne konkreten Bezug auf die Doha-Erklärung – die in Artikel 8 TRIPs festgelegten Grundsätze für anwendbar. Es stellt außerdem

---

825 *Xiong*, Journal of World Trade 2012, 155, 171, 174, u. a. verweisend auf *Gervais,* The TRIPS Agreement: Drafting History and Analysis, S. 37; Busche/Stoll/Wiebe-*Lüers*, TRIPs, Art. 1 Rn. 20 f.; *Grosse Ruse-Khan*, American University International Law Review 2011, 645, 657, unter Verweis auf *Correa,* Trade Related Aspects of Intellectual Property Rights: A Commentary on the TRIPs Agreement, S. 25.

826 Die interpretatorische Reichweite hängt schon im Ausgangspunkt von der strittigen Frage ab, ob den Erklärungen rechtverbindlicher Charakter zuzugestehen ist, vgl. Teil 1 Kap. 3 A. III. am Ende.

fest, dass Angemessenheit und Wirksamkeit der Patentrechtsdurchsetzung am Entwicklungsstand des jeweiligen CARIFORUM-Mitglieds zu messen seien und ein „[…] ausgewogenes Verhältnis zwischen Rechtsinhabern und Benutzern bieten […]“ müsse. Darüber hinaus ist das Abkommen explizit „[…] nicht dahin auszulegen, dass es die Vertragsparteien daran hindern, den Zugang zu Arzneimitteln zu fördern.“[827] Der bloße Hinweis auf die Erklärung *per se* trägt erst im Zusammenhang mit den postulierten Abkommenszielen (bzw. Zielen innerhalb der Kapitel zum geistigen Eigentum) substanziellen Nährwert für rechtsmethodische Auslegung. Allerdings ist daneben die Wortlautähnlichkeit zur Doha-Erklärung selbst erkennbar: Der Vertrag verleiht mithin insbesondere für CARIFORUM-Mitglieder die Option, extensiver Standardauslegung entgegenzuwirken und im Rahmen von Streitschlichtungsverfahren (gegen die EU) erfolgreich gegen vermeintliche Patentstandardverletzungen zu verteidigen.[828] Mangels bilateral vereinbarter materieller Patentstandards ergibt sich die Relevanz besonders hinsichtlich der Implementierung von TRIPs-Vorgaben (und weiteren betreffenden, internationalen Übereinkünften).

Während in den Balkan-Abkommen[829] auf Doha-Referenzen verzichtet worden ist, brachte das Zentralamerika-AA einen weiteren substanziellen Schritt zugunsten der *Public Health*- Erwägungen, indem es sie explizit zur Auslegungsmaxime erhob: Gem. Art. 229 Abs. 2 a) sind die dortigen *safeguards* in Form der Doha-Erklärung im Rahmen der Auslegung und Wahrnehmung der vertraglichen Patent-)Rechte einzuhalten:

> „Die Vertragsparteien **erkennen** die Bedeutung der am 14. November 2001 von der Ministerkonferenz der Welthandelsorganisation verabschiedeten Erklärung von Doha betreffend das TRIPs-Übereinkommen und die öffentliche Gesundheit **an. Bei der Auslegung und Wahrnehmung der Rechte und Pflichten** aus diesem Titel **gewährleisten die Vertragsparteien die Vereinbarkeit** mit dieser Erklärung.“ (Hervorhebungen durch den Verfasser).

Dem Grunde nach haben alle darauffolgenden Kontrakte diese Passage fast wörtlich übernommen,[830] sodass sich der ansonsten teilweise hervortretende individuelle Verhandlungscharakter der EU-FTAs hier (fast) nicht wiederspielgelt. Daneben sollen die wirtschaftliche Lage, soziale und kulturelle Bedürfnisse die Angemessenheit und Wirksamkeit des Patentschutzes mit-

827 Art. 139 Abs. 2 CARIFORUM-EPA.

828 *Grosse Ruse-Khan*, Journal of Intellectual Property Law 2011, 1, 33 plädiert unter Hinweis auf diese Inkorporation des Doha-Ziele für ein noch weitergehendes Verständnis und konkludiert den Vorrang gesundheits- und nahrungsrelevanter Erwägungen vor sämtlichen entgegenstehenden Vertragspassagen.

829 Vgl. Albanien-AA; Montenegro-SAA; Serbien-SAA; Bosnien-Herzegowina-SAA.

830 Zuletzt etwa in Art. 250 Abs. 1 Großbritannien-FTA.

bestimmen, Art. 228 a). Gesundheitliche Belange können als „soziale Bedürfnisse" aufgefasst werden und insofern der individualstaatlichen Situation Rechnung tragen.

Seitdem weichen die Freihandelsabkommen davon allenfalls nur leicht ab: Art. 10.34 Abs. 1 Südkorea-FTA **berechtigt** die Parteien, sich im Rahmen der Auslegung und Wahrnehmung ihrer vertragsinternen Regelungen auf die Doha-Erklärung zu berufen; eine Einhaltungs*pflicht* soll sie *e contrario* nicht treffen. Vielmehr legt die Wortwahl eine Defensivfunktion nahe, die im Rahmen potentieller Streitigkeiten über zu weitreichende *safeguards* und *flexibilities* entgegengehalten werden kann, und weniger als eine konkrete Selbstverpflichtung. Nach Abs. 2 des FTAs sind aber die Bestimmungen der *paragraph-6*-Entscheidung und Änderung zu TRIPs einzuhalten. Allerdings ergeben sich die vorgenannten Pflichten bereits aus TRIPs selbst.[831]

Ebenfalls im Kolumbien/Peru/Ecuador-FTA ist die TRIPs-Erklärung einzuhalten; es bezeichnet zudem die Doha-Erklärung als Auslegungsgrenze für seine Patentbestimmungen; hierbei darf jede Partei alle ihr aus multilateralen Übereinkünften zustehenden Ausnahmen und Flexibilitäten nutzen, wobei – und darauf kommt es angesichts deren Unbestimmtheit an – besonders das Gleichgewicht zwischen Individual- und Gemeininteressen zu wahren ist, vgl. Art. 196 Abs. 3, Art. 197 Abs. 1.[832]

Die DCFTAs mit Moldawien bzw. Ukraine proklamieren die Einhaltung der Doha-Erklärung und „respektieren" die *paragraph-6*-Entscheidung; spiegelverkehrt gibt es das Georgien-DCFTA vor.[833] Keines gibt indes weitere Hinweise auf besondere Auslegungsparameter zugunsten öffentlicher Gesundheit.[834]

CETA gewährleistet per Art. 20.3 die Einhaltung der Doha-Erklärung und Beachtung der WTO Ratsentscheidung von 2003. Hatten die meisten vorangegangenen Abkommen die Doha-Erklärung uneingeschränkt für das gesamte immaterialgüterrechtliche Kapitel für anwendbar erklärt, schränkt das Singapur-FTA dessen Anwendbarkeit auf Patente bzw. Zertifikate und

---

831 Dies gilt zumindest solange, wie man der Doha-Erklärung rechtsverbindlichen Charakter beimisst, vgl. Teil 1 Kap. 3 A. III. am Ende.

832 Vgl. *Maskus,* Assessing the Development Promise of IP Provisions in EU Economic Partnership Agreements, in: Drexl/Grosse Ruse-Khan/Nadde-Phlix, EU Bilateral Trade Agreements and Intellectual Property: For Better or Worse?, S. 175; *Grosse Ruse-Khan,* Journal of Intellectual Property Law 2011, 1, 32 proklamiert insoweit, mithilfe dieser Formulierungen könnten bei Bedarf die *data exclusivity*-Passagen des Abkommens neutralisiert werden.

833 Art. 219 Ukraine-DCFTA; Art. 313 Moldawien-DCFTA; Art. 185 Georgien-DCFTA.

834 Vgl. vielmehr die Ziele der Kapitel für geistiges Eigentum, wonach „angemessenes und wirksames Schutzniveau" aufgebaut werden soll, s. Art. 277 b) Moldawien-DCFTA.

Unterlagenschutz ein, vgl. dort Art. 11.30. Auswirkungen dessen sind daher theoretisch denkbar, wo andere Immaterialgüterrechte jene in Doha erklärten Maßnahmen/Rechte beschneiden.

Das Vietnam-FTA hingegen nimmt in Art. 12.39 Abs. 1 den defensiv konzipierten Wortlaut des Südkorea-FTAs auf. JEFTA ist inhaltsgleich mit dem Zentralamerika-AA, sodass die Parteien die Vereinbarkeit mit der Doha-Erklärung gewährleisten müssen.[835] Für JEFTA gelten dort darüber hinaus „Die in Teil I des TRIPS-Übereinkommens und insbesondere in den Artikeln 7 und 8 festgelegten Grundsätze und Ziele [...] sinngemäß für dieses Kapitel".[836] Folglich ergeben sich im Rahmen der Rechtsumsetzung auch aus TRIPs direkte Grenzen, insbesondere dort, wo Art. 7 und 8 TRIPs als *ceilings* fungieren (können). Da „Ob" und „Wie" dieser *ceiling*-Funktion höchst umstritten sind, birgt der Verweis auf Art. 7 und 8 TRIPs weiterhin kaum Rechtssicherheit, was wiederum tendenziell zugunsten extensiver Standardsetzung wirkt. Denn Maßnahmen mit ansteigender Restriktivität (und ergo steigender Effektivität für Medikamentenzugang) tragen die proportional höhere Gefahr von Schiedsverfahrenseröffnungen inne. In diesem Zusammenhang ist daneben Art. 14.1 Abs. 2 JEFTA zu lesen, wonach die Parteien strengere als die vereinbarten Schutzstandards umsetzen können, solange sie nicht den kapitelinternen Vorschriften zuwider laufen. Schutzrestringierende Passagen enthält das Patentkapitel, abgesehen von der Doha-Referenz, kaum.

Die vorgenannten Abkommen beinhalten Interpretationsleitlinien zugunsten der öffentlichen Gesundheit anhand von TRIPs-Flexibilitäten, wobei die Art der Formulierung Einfluss auf den Grad der interpretatorischen Signifikanz nimmt: Je konkreter gefasst, desto effektiver fungieren sie als *safeguards* gegen extensive Standards innerhalb des jeweiligen Abkommens.[837] Nur unwesentlich weiter als die „Anerkennung" der Ziele Dohas im Rahmen der Rechtsumsetzung, gehen jene Abkommen, die sich auf Art. 7 bzw. 8 TRIPs beziehen. Auch wenn nämlich die Einbeziehung jener Passage theoretisch den Medikamentenzugang zu begünstigen könnte, lassen sich daraus – wenn überhaupt – nicht ohne signifikanten Begründungsaufwand konkrete Leitlinien ableiten. Qualitativ und effektiv weitergehend – insbesondere in potenzieller Funktion als Konfliktnorm[838] – verhält es sich mit Vereinbarungen, welche die „Einhaltung" Dohas sicherstellen und/oder den individuellen Entwicklungsstatus (ggf. unter Berücksichtigung sozialer und gesundheitlicher Aspekte) als Prämisse forcieren. Mit Ausnahme JEFTAs haben die jüngsten Freihandelsabkommen diesen Fokus jedoch wieder verloren, so-

835 Art. 12.39 Vietnam-FTA; Art. 14.34 Abs. 1 JEFTA.

836 Art. 14.1 Abs. 4 JEFTA.

837 So auch *Grosse Ruse-Khan*, Journal of Intellectual Property Law 2011, 1, 31, 33 f.

838 *Grosse Ruse-Khan*, Journal of Intellectual Property Law 2011, 1, 31 ff.

dass sich ihre Referenzen als vergleichsweise ineffizient zur Kontrolle konkreter Schutzstandards darstellen. In ihren Verhandlungen mit Australien und Neuseeland vertrat die EU hingegen wieder eine Formulierung, die den Schutz der öffentlichen Gesundheit zu stärken vermag.[839] Konkret zur Umsetzung von Artikel 31*bis* TRIPs (inkl. des Anhanges und der Anlage dazu) verpflichtet nun das Großbritannien-FTA in einem eigenen Passus, ebenso das Neuseeland-FTA.[840]

## XI. Annexe und *side letters*

Freihandelsabkommen enthalten – in Ergänzung ihrer sehr rudimentär gefassten eigentlichen Inhalte – regelmäßig Annexe und Begleitbriefe, sog. *side letters*, für patentbezogene Vorgaben. Dabei handelt es sich speziell um die Anerkennung bestimmter Abkommen, begrifflicher Definition des Geistigen Eigentums und Übergangsfristen. Insbesondere sind allerdings auch im Kontext der *Public Health*-Debatte *side letters* vereinbart worden.

Die EU bedient sich seither Annexen und Abkommensanhängen (bisweilen in Verbindung mit gemeinsamen Erklärungen) zur Integration geistigen Eigentums, wobei es sich jedoch fast ausschließlich um Ratifizierungszeiträume und die Umsetzung bzw. den Beitritt zu bestimmten (multilateralen) Übereinkünften handelt. Eine Besonderheit bildet hier das Abkommen über die Zollunion mit der Türkei, welchem außerdem noch Vorschriften zur Rechtsangleichung auf EU-Niveau angehängt sind – die normalerweise jedoch nach europäischer Praxis innerhalb ihrer Abkommen verortet werden. Auch die Verträge mit den Mittelmeerstaaten enthalten entsprechende Annexe. Ins Auge fällt das EU-Jordanien-FTA, wonach Jordanien verpflichtet wird,

> „[…] zum Zeitpunkt seines Beitritts zur WTO, spätestens jedoch Ende des dritten Jahres nach Inkrafttreten dieses Abkommens, für einen **geeigneten und effizienten Schutz der Patente** für **chemische und pharmazeutische Erzeugnisse gemäß den Artikeln 27 bis 34** des WTO-Übereinkommens über handelsbezogene Aspekte der Rechte an geistigem Eigentum zu sorgen.“[841] (Hervorhebungen durch den Verfasser).

Beschränkungen für die unter TRIPs garantierten Rechte zulasten Jordanien sind daraus indes nicht ersichtlich, insbesondere wird der Unterlagenschutz nach Art. 39 TRIPs ausgeklammert.

Auch Assoziierungs- und Stabilisierungsabkommen der vergangenen Jahre bedienen sich nach wie vor Anhängen das geistige Eigentum im Allgemei-

839 Vgl. Art. 40 Australien-FTA und Neuseeland-FTA drafts v. 13.06.2018; Art. 39 Großbritannien-FTA draft, s. aber die nun finale Umsetzung in Art. 250 Abs. 1.

840 Art. 250 Abs. 2 Großbritannien-FTA; Art. 18.7 Neuseeland-FTA.

841 Annex VII Nr. 3 EU-Jordanien-FTA.

nen betreffend.[842] Hinsichtlich der Doha-Erklärung sind es die Freihandelsabkommen i.e.S., die entsprechende Referenzen im Vertragstext selbst einbringen.

Die Rechtsverbindlichkeit von *side letters* ist nicht unumstritten und hinsichtlich der Kollision extensiver Schutzstandards wie Datenexklusivität mit Doha-*flexibilities* im *side letter* relevant. Nach der herrschenden Meinung dürfte aus rechtstechnischer Perspektive (im Unterschied zu Annexen) jenen *side letters*, die keine Abkommensbestandteile darstellen, grundsätzlich keine (gewichtige) interpretatorische Bedeutung nach der WVK zukommen (vgl. Art. 31 Abs. 2 und 3, Art. 32 WVK),[843] wobei etwas anderes gelten könnte, sofern die Parteien den *side letter* explizit als integralen Teil des Abkommens vereinbart haben.[844] Einigkeit besteht jedenfalls insoweit, als dass die Ergebnisfindung eines einbezogenen Streitschlichtungsorgans über den rechtlichen Status von *side letters* in Bezug auf das eigentliche Abkommen erhebliche Schwierigkeiten bzw. Ungewissheiten in sich birgt.[845] Dieser Umstand kann faktisch die Implementierung umfassender *flexibilities* behindern, zumal die wirtschaftlichen Folgen im Fall des Unterliegens weitreichende Konsequenzen haben können. In der europäischen Freihandelspraxis stellen sich – im Gegensatz zu den USA – die o.g. Interpretationsschwierigkeiten mangels Verortung in *side letters* nicht und firmieren ergo die Rechtssicherheit mit den Umgang mit TRIPs-*flexibilities*.

### XII. Erschöpfung vom Patentschutz und Parallelimporte

Der patentrechtliche Erschöpfungsgrundsatz, der dogmatisch als Schutzrechtsschranke und Einrede einzuordnen ist, gelangt aus Freihandelspers-

---

842 S. beispielsweise Albanien-AA (2009); Montenegro-SAA (2010), Bosnien Herzegowina-SAA (2015).

843 *Abbott/Reichman*, Journal of International Economic Law 2007, 921, 963; *Abbott*, American Journal of International Law 2005, 317, 352 f.; *Mitchell/Voon*, Journal of World Trade 2009, 571, 954; *Lee*, Putting Health on the Fast Track, S. 21.

844 *Xiong*, Journal of World Trade 2012, 155, 178.

845 Hierzu *Handler/Mercurio*, Intellectual Property, in: Lester/Mercurio/Bartels, Bilateral and Regional Trade Agreements, S. 359; *Mayne*, Regionalism, Bilateralism, and „TRIPS Plus" Agreements: The Threat to Developing Countries, S. 7 f. m. w. N.; Fink/Reichenmiller, Tightening TRIPS: Intellectual Property Provisions of U. S. Free Trade Agreements, in: Newfarmer, Trade, Doha, and Development, S. 295, die auf divergierende Positionen innerhalb der US-Regierung hinweisen, m. w. N.; *Xiong*, Journal of World Trade 2012, 155, 178, unter Verweis auf *Mitchell/Voon*, Journal of World Trade 2009, 571, 594; *Lee*, Putting Health on the Fast Track, S. 18; *Musungu/Oh*, The Use of Flexibilities in TRIPs by Developing Countries: Can They Promote Access to Medicines?, S. 27 ff.

pektive im Hinblick auf Parallelimporte[846] in seiner nationalen Ausgestaltung[847] zu Relevanz, da er jene zu behindern vermag. Die Rechte eines Rechtsinhabers sind dann nämlich nur in dem Staat erschöpft, in dem er seine Produkte (Medikamente und Pflanzenschutzmittel) selbst das erste Mal wissentlich in Verkehr gebracht (verkauft und übereignet) hat. Er behält hingegen seine Rechte (und somit die Preis- und Marktkontrolle) am patentgeschützten Produkt in dem (Dritt-)Staat, in den ein Produktkäufer importieren möchte (sofern er auch dort die entsprechenden Patente inne hat); im Falle regionaler und internationaler Erschöpfung hingegen verliert der Patentinhaber seinen schutzrechtlichen Einfluss hinsichtlich des jeweiligen Gebiets.[848] Da Parallelimporte insbesondere für Entwicklungsländer bedeutsame *flexibilities* darstellen, weil sie die Einfuhr kostengünstiger Medikamente ermöglichen, sind sie auf Welthandelsebene seit langem im Lichte des Zugangs zu Medikamenten und Zwangslizenzen vielfältig diskutiert worden.[849] TRIPs überlässt in Art. 6 nach der herrschenden

---

846 Parallelimport bedeutet die Einkauf von beispielsweise Medikamenten in einem Niedrigpreisland und deren Import in ein Hochpreisland, um diese dort günstiger am Markt anbieten zu können. S. hierzu auch, *Correa*, Implications of the Doha Declaration on the TRIPs Agreement and Public Health, https://iris.who.int/bitstream/handle/10665/67345/WHO_EDM_PAR_2002.3.pdf?sequence=1&isAllowed=y (zugegriffen am 28.03.2024), S. 17 f., der den Welthandelsaspekt umreißt und auf die legislatorischen Umsetzungsschwierigkeiten hinweist; Busche/Stoll/Wiebe-*Saint-André/Tasdelen*, TRIPs, Art. 30 Rn. 35 f.; Busche/Stoll/Wiebe-*Busche*, TRIPs, Einleitung 2 Rn. 9 f.

847 Erschöpfung ist der Verlust der Verfügungsberechtigung eines Rechtsinhabers nach erstmaligem freiwilligem Inverkehrbringen des geschützten Gegenstandes. Nationale Erschöpfung bedeutet, dass das Inverkehrbringen nur für die jeweilige Rechtsordnung schutzrechtserschöpfend wirkt; Dem steht dialektisch die sog. internationale Erschöpfung entgegen, wonach das Inverkehrbringen weltweit (oder im Falle der EU regional) den Patentschutz erschöpft. Vgl. Busche/Stoll/Wiebe-*Busche*, TRIPs, Einleitung 2 Rn. 9 f.; Busche/Stoll/Wiebe-*Höhne*, TRIPs, Art. 6 Rn. 2.

848 Busche/Stoll/Wiebe-*Busche*, TRIPs, Einleitung 2 Rn. 9 f.; Busche/Stoll/Wiebe-*Saint-André/Tasdelen*, TRIPs, Art. 30 Rn. 35 f.; Busche/Stoll/Wiebe-*Höhne*, TRIPs, Art. 6 Rn. 2.; *UNCTAD/ICTSD*, Resource Book on TRIPS and Development: An Authoritative and practical guide to the TRIPS Agreement, S. 92 ff.; *Clugston*, Beijing Law Review 2013, 95 ff.

849 S. auszugsweise *Correa*, Implications of the Doha Declaration on the TRIPs Agreement and Public Health, https://iris.who.int/bitstream/handle/10665/67345/WHO_EDM_PAR_2002.3.pdf?sequence=1&isAllowed=y (zugegriffen am 28.03.2024), S. 17 f.; *Chiappeta*, Michigan Journal of International Law 2000, 333, 340 ff.; ferner *Clugston*, Beijing Law Review 2013, 95; *Sykes*, University of Chicago Law & Economics, Olin Working Paper No. 140 2002; ferner *Barrett*, Northern Kentucky Law Review 2000, 911, 949 ff.; *El Said,* Public health related TRIPS-plus provisions in bilateral trade agreements, S. 146 ff.; *UNCTAD/ICTSD,* Resource Book on TRIPS and Development: An Authoritative and practical guide to the TRIPS Agreement, S. 93 f.;

Meinung[850] den Mitgliedstaaten selbst, die von ihnen präferierte Art von Schutzrechtserschöpfung zu implementieren, wie sich außerdem in Art. 5 d) der Doha-Erklärung wiederspiegelt.[851] Bisher hat die EU, abgeleitet aus der in Art. 34 AEUV postulierten Warenverkehrsfreiheit, innerhalb ihres Binnenmarktes regionale Erschöpfung praktiziert[852] und noch keinen – verpflichtenden – Gebrauch von nationalen Erschöpfungsvorschriften in ihren Freihandelsabkommen gemacht. Stattdessen – so stellt Art. 10.4 Südkorea-FTA fest – steht es den Vertragsparteien frei, ihre eigenen Regeln für die Erschöpfung von Rechten des geistigen Eigentums aufzustellen. Diese Wendung ist in den Folgeabkommen um den Rekurs auf TRIPs ergänzt worden und hat sich in dieser Form als Standardklausel etabliert: Nunmehr „steht es vorbehaltlich der Bestimmungen des TRIPS-Übereinkommens [jeder Vertragspartei] frei, ihre eigenen Regeln für die Erschöpfung von Rechten des geistigen Eigentums festzulegen."[853] Der WTO-Rekurs irritiert insofern, als dass umstritten ist, inwieweit TRIPs und das GATT überhaupt die Schutzrechtserschöpfung regeln und diesbezüglich tauglicher Gegenstand rechtlicher Ableitungen sein können.[854] Verneint man dies konsequent mit der herrschenden Meinung, so liegt nahe, dass jene Freihandelsabkommen eigentlich auf die im Zusammenhang mit der *access to medicines* stehende Parallelimportproblematik der Art. 6, 28, 31 und 31*bis*

---

Eine umfassende Literaturauswertung der vertretenen Meinungen findet sich bei *Kraack,* TRIPs oder Patentschutz weltweit, S. 57 f.

850 *Heath*, GRUR Int. 1996, 1169, 1180; *Heath*, Recht der internationalen Wirtschaft 1997, 541, 549; *Kunz-Hallstein*, GRUR 1998, 268, 269; *Joller*, GRUR Int. 1998, 751, 758; *Pacón*, GRUR Int. 1995, 875, 878; *Soltysinski*, GRUR Int. 1996, 316, 319; *Ullrich*, GRUR Int. 1995, 623, 635; a. A. *Straus*, GRUR Int. 1996, 179, 193; *Kraack,* TRIPs oder Patentschutz weltweit, S. 76, der für eine national-regionale Regelung plädiert; im Überblick Busche/Stoll/Wiebe-*Höhne*, TRIPs, Art. 6 Rn. 8 ff.; *Musungu/Oh,* The Use of Flexibilities in TRIPs by Developing Countries: Can They Promote Access to Medicines?, S. 27.

851 Umfassend zu Entstehung und Reichweite von Art. 6 TRIPs *UNCTAD/ICTSD,* Resource Book on TRIPS and Development: An Authoritative and practical guide to the TRIPS Agreement, S. 92 ff.

852 Erschöpfung (für alle EU-Staaten) tritt mithin ein, sofern ein immeraterialgüterrechtlich geschütztes Produkt das erste Mal (rechtsinhaberauthorisiert) in einem Mitgliedstaat in Verkehr gebracht wird, EuGH, GRUR Int. 1974, 454; für Nicht-EU-Staaten tritt dagegen keine Erschöpfung ein, sondern dies verbietet sich sogar, EuGH, GRUR Int. 1998, 695. Wird das Produkt außerhalb der EU das erste Mal in Verkehr gebracht, schöpften sich die Schutzrechte für keinen anderen Staat, *Clugston*, Beijing Law Review 2013, 95, 97; Busche/Stoll/Wiebe-*Höhne*, TRIPs, Art. 6 Rn. 2; ferner *Kroher,* Importe von Originalware nach neuem Markenrecht, in: FS Beier, S. 256.

853 Art. 10.3 Singapur-FTA; inhaltlich der Sache nach identisch Art. 200 Kolumbien/Peru/Ecuador-FTA; Art. 232 Zentralamerika-FTA.

854 Eine Meinungsübersicht dazu gibt *Kraack,* TRIPs oder Patentschutz weltweit, S. 57 f.

TRIPs abzielen. Demnach kann die Passage als *safeguard* interpretiert werden, um legislative Handlungsspielräume zu erhalten.

Nichtsdestotrotz hat die EU unlängst den Versuch unternommen, entsprechende nationale Regelungen in aktuelle noch verhandelte Freihandelsabkommen aufzunehmen: Im Vorschlag aus dem Jahr 2016 zum Kapitel des geistigen Eigentums hat sie gegenüber den beteiligten Mercosur-Staaten die Implementierung einer nationalen oder regionalen Erschöpfungsregelung vorgelegt, eine Ausnahme sollte fußnotengetreu nur für Teile des Urheberrechts gelten.[855] Inzwischen ist dies allerdings wieder revidiert; nach dem subsequenten Vertragsentwurf vom 07.07.2017 können die Vertragspartner Fragen der Erschöpfung selbstständig im Einklang mit TRIPs regeln.[856] Diese Formulierung wurde in die unterschriebene Fassung aufgenommen, Art. X.7 MERCOSUR-FTA. Der Wortlaut („provision") deutet den Bezug auf Art. 6 TRIPs an. Zusätzlich kann hier Art. 5 d) der Doha-Erklärung herangezogen werden, wonach allein den Mitgliedstaaten die Beurteilung der Patentrechtserschöpfung zusteht.[857] Zwischenzeitlich waren zum 12.07.2018 wiederum teilweise Änderungen vorgenommen worden, die allerdings Ausnahmen nur im Urheberrechtsbereich weiter ausdifferenzierten.[858]

Eine Kombination dieser Klauselofferten unterbreitete die EU kürzlich ihrem voraussichtlich künftigen FTA-Partner Australien. Darin schlug sie vor:

> „Each Party shall provide for a regime of **national or regional exhaustion** of intellectual property rights.

---

855 Art. 3 des IP-Kapitels im MERCOSUR-FTA i. d. F. v. 2016 lautete: „Each Party shall provide for a regime of national or regional exhaustion of intellectual property rights." Die ergänzende Fußnote lautete dazu „In the area of copyright and related rights, this Article only applies to the distribution right.", abrufbar unter http://trade.ec.europa.eu/doclib/docs/2016/november/tradoc_155070.pdf (letzter Zugriff am 28.03.2024).

856 Art. 6 IP-Kapitel EU-MERCOSUR-FTA i. d. F. v. 2017 postulierte: „1. Each Party shall be free to establish its own regime for exhaustion of intellectual property rights subject to the provision of the TRIPS Agreement. 2. In the area of copyright and related rights, the Exhaustion Principle does not apply in the digital environment.", abrufbar unter https://trade-leaks.org/mercosur-leaks/intellectual-property-rights-3/ (letzter Zugriff am 28.03.2024).

857 Zur Auslegung des Art. 6 TRIPs hinsichtlich der Doha-Erklärung von 2001 auch Busche/Stoll/Wiebe-*Höhne*, TRIPs, Art. 6 Rn. 11, unter Hinweis auf *Hestermeyer*, GRUR Int. 2004, 194.

858 Art. 6 IP-Kapitel MERCOSUR-FTA i. d. F. v. 2018: „Each Party shall be free to establish its own regime for exhaustion of intellectual property rights subject to the provision of the TRIPS Agreement. In the area of copyright and related rights, exhaustion of rights applies only to the distribution to the public by sale or otherwise of the original of tangible works or tangible copies thereof.", abrufbar unter https://www.bilaterals.org/IMG/pdf/20180829124921.pdf. (letzter Zugriff am 28.03.2024).

> In the area of **copyright and related rights**, exhaustion of rights applies only to the distribution to the public by sale or otherwise of the original of tangible works or of tangible copies thereof."[859] (Hervorhebungen durch den Verfasser).

Im Falle der Mercosur-Staaten, die ihrerseits einen Binnenmarkt bilden, dürfte die Wahl einer regionalen Erschöpfungsregel aus Gründen der üblichen Handelspraxis naheliegen. Das Großbritannien-FTA gewährt nunmehr wieder den Vertragsparteien die freie Entscheidung über die Bedingungen der Erschöpfung.[860]

## XIII. Einbezug multilateraler Patentverträge

Traditionell nehmen bilaterale auf internationale Abkommen Bezug. So verpflichten sich die Vertragspartner zur Achtung, dem Beitritt oder zumindest allen zumutbaren Anstrengungen (dazu) zu multilateralen Verträgen u. a. das Patentrecht betreffend. Für Staaten, mit denen im jeweiligen bilateralen Abkommen keinerlei patentrechtliche Standards integriert sind, bedeutet der obligatorische Beitritt zum multilateralen Abkommen unweigerlich auch die Pflicht zur Umsetzung jener Verpflichtungen. Daraus kann sich im Einzelfall eine notwendige Erhöhung nationaler Schutzstandards ergeben, ohne dem individuellen Entwicklungsstand gerecht zu werden (Beispielsweise im Falle des Pflichtbeitritts zu TRIPs eine zwanzig-jährige Patentschutzdauer oder gesonderter Unterlagenschutz für Pharmazie- und Pflanzenschutzmittelprodukte (zumindest) nach Lauterkeitsrecht).[861] Abgesehen von TRIPs sind materielle Standards zu vernachlässigen, nichtsdestotrotz vermögen sich formelle Vorschriften ebenso auszuwirken. Beispielsweise birgt der PCT, welcher fast weltweit vergleichsweise schnelle und kostengünstige Patentanmeldungen ermöglicht, infrastrukturelle Schwierigkeiten für Entwicklungsländer. *El Said* führt an, dass vielerorts nur ungenügende Ressourcen, seien es Personal, Ausstattung oder *Know-how*, für die Bearbeitung der umfangreichen Prüfparameter (etwa in Bezug auf das Neuheitsmerkmal) zur Verfügung stehen.[862] Die Spielarten moderner Patentmechanismen überstrapazieren ggf. ihre tatsächlichen Kapazitäten. Andererseits zöge auch die Nichtmitgliedschaft PCT weniger Patentanmeldungen nach sich.[863]

---

859 Art. X.3 Australien-FTA draft v. 13.06.2018.

860 Art. 223 Großbritannien-FTA.

861 So auch *El Said,* Public health related TRIPS-plus provisions in bilateral trade agreements, S. 181.

862 *El Said,* Public health related TRIPS-plus provisions in bilateral trade agreements, S. 182.

863 *Ho,* Access to Medicine in the Global Economy: International Agreements on Patents and Related Rights, S. 229.

Aus Sicht des TRIPs bleibt nicht zu vergessen, dass zurzeit mehr als 160 Staaten der WTO und somit TRIPs zugehörig sind. TRIPs inkorporiert seinerseits verschiedene multilaterale Abkommen. Gem. Art. 2 Abs. 1 gelten für die Teile II – IV die Art. 1 – 12 und Art. 19 der PVÜ. Darüber hinaus beziehen sich spezielle Vorschriften, wie beispielsweise Art. 39 Abs. 1 TRIPs, auf Einzelnormen der PVÜ (hier Art. 10*bis*). Diese Bestimmungen sind somit schon über die Bindung an TRIPs zu befolgen.

Seit jeher beinhalten alle hier untersuchten EU-Abkommen Rekurse auf Patentübereinkünfte. Neben TRIPs werden auch der PCT, der PLT (2000), das Straßburg-Übereinkommen, EPÜ in Gänze oder zumindest Teilen integriert.[864]

Eingangs fällt dabei bezüglich der älteren Abkommen auf, dass sie diese Frage in Annexe übertragen haben.[865] Hierbei sind meist zweierlei Abschnitte zu unterscheiden: In einem Abschnitt listen sich die vereinzelten Patentabkommen unter Fristnennung zum Beitritt; verglichen mit Übereinkünften anderer gewerblicher Schutzrechte und Urheberrecht betreffend, nehmen sie quantitativ eine untergeordnete Rolle ein. Fast alle Abkommen zwischen 1995 und 2006 (inklusive Türkei, die mediterranen und ostwärts orientierten Staaten und) verpflichten die jeweiligen Partnerländer einseitig, dem PCT (von 1970 in der geänderten Fassung von 1984) beizutreten.[866] Die Beitrittsfristen bewegen sich – ohne dass eine Tendenz zu kürzeren Fristen erkennbar wäre – zwischen null und sieben Jahren, wobei meist vier oder fünf Jahre gewährt werden. Obligatorischen Beitritt zur PVÜ hingegen verzeichnet nur die Türkei-CU.[867] Eine Ausnahme bildet das Cotonou-Abkommen, das sich im Hinweis auf die Notwendigkeit des Beitritts zu TRIPs sowie der dort in Teil I aufgeführten Abkommen (s. o.) unter Berücksichtigung ihres Entwicklungsstandes erschöpft.[868]

Für gewöhnlich im zweiten Abschnitt sodann verortet, befinden sich – unverbindliche – Absichtserklärungen und Bekundungen über Wert und Be-

---

864 Viele Abkommen adressieren zudem den Budapester Vertrag über die internationale Anerkennung der Hinterlegung von Mikroorganismen zum Zwecke von Patentverfahren (vom. 28.04.1977, geändert am 26.09.1980), der mangels Relevanz innerhalb dieser Untersuchung indes außen vor bleiben soll.

865 Eine Ausnahme gilt für das Südafrika-FTA, vgl. dort Art. 46 Abs. 3.

866 Annex 8, Art. 3 Türkei-CU; Anhang 7 Abs. 1 Tunesien-AA; Anhang II Abs. 1 Armenien-PCA; Anhang II Abs. 1 Aserbaidschan-PCA; Anhang 7 Abs. 1 Marokko-AA; Anhang VII Abs. 1 Israel-AA; Annex 7 Abs. 2 Jordanien-AA; Anhang 6 Abs. 1 Ägypten-AA; Art. 170 b) iv) Chile-FTA.
nicht hingegen im Palästina-AA; Annex III Abs. 3 Kasachstan-PCA; Gemeinsame Erklärung zu Art. 12 Mexiko-GA; Anhang 7 Abs. 1 Mazedonien-SAA; Anhang 6 Abs. 1 Algerien-AA.

867 Annex 8, Art. 3 Türkei-CU.

868 Art. 46 Abs. 2, 3 Cotonou-Abkommen.

deutung oder Einhaltung weiterer Abkommen, wie vornehmlich der PVÜ (in der Stockholmer Fassung von 1967, geändert 1979),[869] vereinzelt aber auch dem PCT[870] und TRIPs.[871]

Abgesehen von den Balkan-SAAs, haben besagte Vorschriften in die meisten *next generation*-Freihandelsabkommen Einzug in die jeweiligen Passagen des Vertragstextes selbst gefunden.

Das CARIFORUM-Abkommen zeigt ein ausdifferenziertes System zwischen den Pflichten der EU und denen der CARIFORUM-Staaten. Art. 139 Abs. 1 S. 1 formuliert zunächst das allgemeine Bekenntnis, dass sich alle Vertragspartner die Durchführung sämtlicher ihrer ratifizierten internationalen Übereinkommen gewährleisten. Nach Art. 147 Abs. 1 verpflichtet sich die EU zur Erfüllung des PCT sowie des PLT; die CARIFORUM-Staaten treten gem. Abs. 2 dem PCT bei und bemühen sich um den Beitritt zum PLT. Alle Balkan-SAAs beziehen mehr internationale Verträge mit ein: Ist ein Partnerland noch nicht beigetreten, wird selbiger vereinbart; ansonsten schreiben sie im tradierten Stil (s. o.) die Einhaltung aller jeweils eingegangenen Vorschriften vor. Sie bekräftigen, je nach individuellem Stand, ihre Aufnahme zu mehreren Patentrechtsverträgen, wie im Falle Montenegros und Serbiens dem WIPO-Übereinkommen, der PVÜ, dem PCT, dem PLT, dem Straßburger Abkommen, dem EPÜ und TRIPs.[872] Albanien, das bereits Mitglied dieser Übereinkünfte ist, greift die bereits bestehenden Verpflichtungen abermals auf, insbesondere die PVÜ, den PCT, PLT, das EPÜ und TRIPs.[873] Zentralamerika und die SADC-Staaten wiederum haben sich lediglich zur Einhaltung von TRIPs und Bemühungen zum Betritt zum PLT (2000) bzw. ihrer bestehenden Verpflichtungen aus internationalen Übereinkünften verpflichtet.[874]

Die aktuellsten Freihandelsankommen wiederum verlieren den Fokus auf internationale Übereinkünfte. Da Südkorea nicht Teil des PLT ist, bezieht

869 Anhang 7 Abs. 3 Tunesien-AA; Anhang II Abs. 3 Armenien-PCA; Anhang II Abs. 3 Aserbaidschan-PCA; Annex III Abs. 3 Kasachstan-PCA; Anhang 7 Abs. 3 Marokko-AA; Anhang VII Abs. 3 Israel-AA; Gemeinsame Erklärung zu Art. 12 Mexiko-GA; Annex VII Abs. 5 Jordanien-AA; Anhang VII Abs. 2 Mazedonien-SAA; Annex VI Abs. 2 Ägypten-AA; Anhang 6 Abs. 2 Algerien-AA; Art. 168 a) ii) Chile-FTA.

870 Anhang 2 Bas. 3 Armenien-PCA; Anhang 2 Abs. 3 Aserbaidschan-PCA; Annex 3 Abs. 3 Kasachstan-PCA; Art. 146 Abs. 3 c) Südafrika-FTA; Anhang 6 Abs. 2 Algerien-AA.

871 Art. 46 Abs. 1 Cotonou-EPA.

872 Art. 75 Abs. 4 i. V. m. Anhang VII Montenegro-SAA; Art. 75 Abs. 4 i. V. m. Anhang VII Serbien-SAA; Mit Einschränkungen auch Art. 73 Abs. 4 i. V. m. Anhang VII Abs. 1 Bosnien-Herzegowina-SAA.

873 Anhang V Abs. 2 Albanien-SAA; Mit Einschränkungen auch Art. 73 Abs. 4 i. V. m. Anhang VII Abs. 2 Bosnien-Herzegowina-SAA.

874 Art. 229 Abs. 1, Art. 258 Zentralamerika-AA; Art. 16 Abs. 1, Abs. 2 SADC-EPA.

das Freihandelsabkommen (nur) die Art. 1 – 16 des PLT (2000) auf freiwilliger Basis mit ein;[875] ähnlich verhält es sich im Kolumbien/Peru/Ecuador-FTA.[876] Die DCFTAs mit Moldawien und Georgien binden den PCT gänzlich mit ein, ebenso wie das Singapur-FTA.[877] Letzteres strengt zudem fakultativ die Art. 1 – 16 PLT (2000) an; daneben bemüht CETA (unverbindlich) aus dem PLT (2000) die Art. 1 – 14 und 22.[878] Im Vietnam-FTA bestätigen die Partner ihre aus dem PCT erwachsenden Pflichten[879]; JEFTA nennt über den PCT hinaus die PVÜ und TRIPs und strengt den Beitritt zum PLT (2000) bis zum Inkrafttreten JEFTAs an.[880] Im Großbritannien-FTA wurde sogar auf Referenzen zu internationalen Patentverträgen verzichtet.

Während – zusammenfassend – noch viele der Abkommen alter Generation den Breitritt zum PCT innerhalb bestimmter Fristen zwingend vorgesehen haben, standen die PVÜ und TRIPs außerhalb des Fokusses. Deren eher schematische Integration änderte sich mit der neuen Abkommensgeneration in Anknüpfung an „Cotonou“ dahingehend, als dass individuellere Absprachen getroffen worden sind, die weit mehrheitlich nicht obligatorisch ausgeformt waren, sondern als Ziel Anstrengungen zum Beitritt formulierten. Das ermöglicht es, den Entwicklungsstand des jeweiligen Landes bzw. der Region nicht mit zwingenden Standards zu konterkarieren. Vereinzelt verpflichtet sich die EU auch einseitig. Dort, wo Rechtsangleichung als Mittel der Assoziation und Stabilität im Vordergrund steht, sind allerdings umfangreichere, den (auch regionalen) Mitgliedschaften der EU entsprechende Übereinkünfte zu ratifizieren und einzuhalten. Jüngst werden sogar nur selektierte Abkommensteile inkludiert. Dass sich die EU hinsichtlich des PLT (2000) zurückhaltend verhält, liegt in der Tatsache begründet, dass viele ihrer Mitgliedstaaten (noch) nicht beigetreten sind oder gar Ratifizierungsprozesse initiiert haben.

---

875 Art. 10.33 Südkorea-FTA.

876 Art. 230 Abs. 2 Kolumbien/Peru/Ecuador-FTA. Danach unternehmen die Andenstaaten alle zumutbaren Anstrengungen zum Beitritt zum PLT.

877 Art. 312 Moldawien DCFTA; Art. 184 Georgien-DCFTA.

878 Art. 11.29 Singapur-FTA; Art. 20.26 CETA. Trotz Ausklammerung bleiben alle wesentlichen materiell-rechtlichen und formellen patentbezogenen Inhalte des Abkommens (Art. 1 – 14) verbindlich, die Art. 16 – 22 sind nämlich PLT-organisatorischer Natur. Der Ausschluss von Art. 15 PLT durch Kanada erschließt sich nicht, da er die Einhaltung der PVÜ adressiert, Kanada jedoch Mitglied der PVÜ und mithin direkt daran gebunden ist.

879 Art. 12.38 Vietnam-FTA.

880 Art. 14.3 Abs. 2, 3 JEFTA. Nach zugehöriger Fußnote 1 zu Art. 14.3. Abs. 3 bedeutet dies für die EU Bemühungen zur Ratifizierung des PLT durch ihre Mitgliedstaaten. Für Japan gilt der PLT (2000) seit dem 11.06.2016, vgl. https://www.wipo.int/treaties/en/ShowResults.jsp?lang=en&treaty_id=4 (letzter Zugriff am 28.03.2024).

Obschon internationale Übereinkünfte als „Druckmittel" fungieren können, ist eine Abkehr der europäischen Abkommen von zwingenden zu überwiegend fakultativen Regelungen offenbar. Anhand dessen sind Ausweitungen der Schutzstandards jedenfalls nach der neuen Abkommensgeneration in ihrem Druckeffekt grundsätzlich zu vernachlässigen.

## XIV. Übergangsfristen[881]

Zur individuellen, rechtskonformen Umsetzung des TRIPs-Abkommens blieben den (Industrie- und Schwellen-)Ländern gem. Art. 65 Abs. 1 und 2 TRIPs grundsätzlich ein Jahr; Entwicklungsländer stehen vier weitere Jahre zur Verfügung. Für die Neueinführung von Stoffpatenten, insbesondere auf Pharma- und Chemieerfindungen, die es in vielen Nationen bis dato nicht gab, galt nach Art. 65 Abs. 4 TRIPs zugunsten von Entwicklungsländern eine weitere Fristverlängerung um fünf Jahre.[882] Bilateral kann Abweichendes bestimmt werden, dementsprechend also auch kürzere Fristen, wodurch Druck zur Implementierung im Zweifel höherer Standards appliziert werden kann, der auf WTO-Ebene in der Form nicht gegeben wäre.

Schon im Türkei-Abkommen verpflichtete sich selbige, vor dessen Inkrafttreten ihre inländische Gesetzeslage im Patentbereich insoweit der EU anzupassen, als dass neben Zwangslizenzen (mindestens auf TRIPs-Niveau) und zwanzig Jahren Patentlaufzeit insbesondere Erfindungen in allen Bereichen der Technik zu schützen sind. Während davon explizit auch agrochemische Erfindungen erfasst waren, wurden human- und tierpharmazeutische Erfindungen von dieser Verpflichtung ausgeklammert und stattdessen mit einer verlängerten Anpassungsfrist von zwei Jahren nach Inkrafttreten oder dem 01.01.1999 versehen.[883] Allerdings hatte die Türkei gegenüber der WTO ihre Selbsteinstufung als Entwicklungsland im Sinne von Art. 65 TRIPs vollzogen,[884] was ihr gem. Art. 65 Abs. 4, Abs. 2 bezüglich der TRIPs-Umsetzung bis zum Jahr 2000 bzw. zur Einführung von Stoffpatenten auf pharmazeutische Produkte bis zum Jahr 2006 Zeit gegeben hätte. Die bilaterale Verpflichtung zur Einführung pharmazeutischen Stoffschutzes bis

881 Umfassend hierzu *UNCTAD/ICTSD,* Resource Book on TRIPS and Development: An Authoritative and practical guide to the TRIPS Agreement, S. 705 ff.

882 Zum Verhältnis von Art. 65 zu Art. 70 Abs. 8 und 9 TRIPs s. WTO-Doc. WT/DS79/R v. 24.08.1998 (*India – Patent Protection for Pharmaceuticals and Agricultural Chemical Products*), S. 58 ff. Der *Appellate Body* befand die Transitphasen nur für Patentschutz anwendbar, was sie im pharmazeutischen und agrochemischen Bereich zu besonderer Relevanz gelangen lässt.

883 Annex 8 Art. 4 Abs. 2, Art. 6. Türkei-CU.

884 s. *WTO,* Developing countries' transition periods, https://www.wto.org/english/tratop_e/trips_e/ factsheet_pharm04_e.htm (letzter Zugriff am 28.03.2024).

01.01.1999 hat insofern jene von der WTO gewährten Fristen unterschritten, mit der Folge, dass entsprechender Schutz schon früher zu gewähren war.

Das Jordanien-FTA statuiert speziell für chemische Patente privilegierende Vorgaben: Nach Annex 7 Abs. 3 (i. V. m. Art. 56) verpflichtet sich Jordanien, bis zum WTO-Beitritt, spätestens aber drei Jahre nach Inkrafttreten des Freihandelsabkommens, für geeigneten und effizienten Schutz der Patente für chemische und pharmazeutische Erzeugnisse gemäß den Artikeln 27 bis 34 TRIPs zu sorgen. Jordanien ist am 11.04.2000 der WTO beigetreten; das FTA mit der EU ist 2002 in Kraft getreten. Mit dem WTO-Beitritt war Jordanien seinen Verpflichtungen gem. Art. 27 – 34 TRIPs gesetzesinhaltlich nachgekommen.[885] Insofern haben auch jene bilateralen Vorgaben die Übergangsphase (letztlich) nicht verkürzt.[886] Darauffolgende Abkommen enthalten ebenfalls Übergangszeiträume zu ihrer eigenen Umsetzung[887] (oder ihrem Beitritt zu anderen Übereinkünften[888]) – im Übrigen beziehen sie sich allerdings nicht speziell auf chemische Patente.

Mit Algerien im Jahr 2005 hat die EU den Betritt zu TRIPs vereinbart – „unter Berücksichtigung der in Art. 65 [TRIPs] vorgesehenen Übergangszeit für Entwicklungsländer.“[889]

Die Bedeutung von Umsetzungsfristen ist ohnehin angesichts der mittlerweile weit zurückliegenden TRIPs-Fristen von schwindender Bedeutung. Zugunsten am wenigsten entwickelter Länder sind die Übergangsfristen jedoch wiederum von 2016 bis 01.01.2033 verlängert worden, sodass derzeit (nur) für Haiti die im CARIFORUM-Abkommen getroffenen Umsetzungsperioden relevant werden könnten.[890] Dabei handelt es sich lediglich um den

885 *Malpani*, Journal of Generic Medicines 2009, 206, 207; *Abualghanam,* The Protection of Pharmaceutical Patents and Data under TRIPS and US-Jordan FTA: Exploring the Limits of Obligations and Flexibilities: A Study of the Impacts on the Pharmaceutical Sector in Jordan, S. 149; s. auch die Stellungnahme Jordaniens zum WTO-Beitritt in WTO-Dok. WT/ACC/JOR/33; WT/MIN(99)/9, 03.12.1999 Rn. 209-219.

886 a.A. *El Said,* Public health related TRIPS-plus provisions in bilateral trade agreements, S. 130, der den Zeitpunkt des Inkrafttretens (wohl irrtümlich) auf das Jahr 1997 datiert.

887 Vgl. beispielsweise Art. 139 Abs. 4, Art. 140 CARIFORUM-FTA; Art. 73 Abs. 2 Albanien-AA; Art. 75 Abs. 3 Montenegro-SAA; Art. 75 Abs. 3 Serbien-SAA; Art. 73 Abs. 3 Bosnien-Herzegowina-SAA.

888 S. hierzu im Detail unter XIII. dieses Teils.

889 Anhang 6 Abs. 1 Spiegelstrich 3 Algerien-AA.

890 *Keim,* TRIPS-plus Patentschutzklauseln in bilateralen Freihandelsabkommen der EU, S. 105 f., unter Verweis auf die Liste aller LDCs, abrufbar unter https://www.un.org/development/desa/dpad/least-developed-country-category/ldcs-at-a-glance.html (letzter Zugriff am 28.03.2024); Zu den Übergangsphasen s. WTO-Dok. IP/C/25 vom 01.07.2002; WTO-Dok. WT/L/478 vom 12.07.2002; WTO-Dok. IP/C/W/583 vom 05.11.2012; WTO-Dok. IP/C/40 vom 29.11.2013; WTO-Dok. IP/C/64 vom 12.06.2013; WTO-Dok. IP/C/73 vom 06.11.2015.

Beitritt zum PLT 2000 und dem PCT, nicht jedoch um individuelle materiell-rechtliche Standards *inter partes*. Nach Art. 140 CARIFORUM-FTA gelten für am wenigsten entwickelten Länder jene in TRIPs und den einschlägigen Beschlüssen des *TRIPs-Councils* festgelegten Fristen bzw. speziell für Pharmapatente bis zum 01.01.2021. *Keim* unterstellt a. a. O. letztlich wohl zu Recht, dass die EU voraussichtlich Haiti mehr Zeit einräumen würde, um sämtliche notwendigen Patentvorschriften zu erlassen und anzupassen. Dafür sprechen nicht zuletzt die mit der ökonomisch vergleichsweise unbedeutenden Rolle Haitis einhergehenden Handelsauswirkungen. Rechtliche Sicherheiten bieten sich indes hierbei nicht, sodass rechtstechnisch die Tatsache bestehen bleibt, dass TRIPs-seits für Haiti eingeräumte Fristen per FTA verkürzt worden sind. Aktuellere Verträge sind bisher nicht mit Entwicklungsländern bzw. LDC-Ländern geschlossen worden. Die Einbeziehung entsprechender Klauseln im Rahmen der *next generation*-Strategie ist daher kaum befundet; die Verträge mit den afrikanischen SADC- und ECOWAS/WAEMU-Staaten erklären die TRIPs-Vereinbarungen für maßgeblich.[891] Im Falle künftiger Freihandelsverträge mit gleichartigen Ländern können über solche TRIPs-Verweise (vorzugsweise inklusive der begleitenden Entscheidungen des TRIPs-Rates oder eigene Vereinbarungen, die den TRIPs-Spielräumen entsprechen) angemessene Übergangsfristen berücksichtigt werden. Die Angemessenheit beurteilt sich hier am realistischen Zeitaufwand zur Schaffung der benötigten rechtlichen, kapazitären, regulatorischen und gesundheitssystematischen Umstände.

## XV. Stellungnahme

Der gesonderte Schutz spezifischer Sektoren entstand in der EU in den 1980er Jahren primär als innen- und außenpolitisch notwendige Reaktion auf sich global umformende wettbewerbspolitische Strömungen. Ihre bi- und polylaterale Metamorphose *post*-TRIPs hat ungleich länger gedauert, denn noch lange Zeit nach ihrer supranationalen Einführung und Inkrafttreten von TRIPs hatte die EU (ähnlich wie Japan[892]) darauf verzichtet, konkretisierte sektorspezifische Patentbestimmungen in ihre Freihandelspraxis zu integrieren. Sie verfolgte vielmehr einen indirekten Ansatz,[893] dessen

891 S. Art. 16 Abs. 1 SADC-EPA. Hierbei ist überdies zu beachten, dass beide Verträge keine eigenständigen patent- oder unterlagenschutzrechtlichen Bestimmungen enthalten.

892 Ausführlich zum japanischen Freihandelsansatz *Ono,* Japan´s Approach to FTAs and IP, in: Antons/Hilty, Intellectual Property and Free Trade Agreements in the Asia-Pacific Region , S. 211 ff., der japanische TRIPs-*plus* Standards ab Ende 2005 nachweist.

893 *Chu,* The Evolution of US and EU Approaches to Intellectual Property Provisions Related to Public Health in Free Trade Agreements: Are They Responding to Public Health Concerns?, S. 43 ff.; *Pugatch,* A transatlantic divide? The US and EU's ap-

„Schutz nach höchsten internationalen Normen“ sowie insbesondere die Rechtsangleichung auf das *acquis communautaire* durchaus – wenn auch keineswegs zwingend – die Interpretation zuließ, Unterlagenschutz und Patentverlängerungen zu umfassen. Diese waren allerdings seit dem CARIFORUM-Vertrag regelmäßig an der Doha-Erklärung bzw. -Entscheidung zu messen. Die Früchte des „*next generation*“-Ansatzes trägt allerdings erst das Südkorea-FTA, indem es insbesondere eigens Patentverlängerungen und Unterlagenschutz materiell-rechtlich reglementiert und die seitdem den Kern des Sektorpatentschutzes mit TRIPs-Plus Inhalten bilden. Die Konstruktion thematisch einschlägiger Passagen in EU-Freihandelsabkommen findet demgemäß erst seit wenigen Jahren statt (was jedenfalls hinsichtlich des Unterlagenschutzes innerunionalen Harmonisierungserfordernissen geschuldet sein dürfte). Ihre partneradaptierte Flexibilität und Individualität haben umfassende Beitrittspflichten zu diversen internationalen Patentverträgen als zweitrangig verdrängt. Verpflichtende Bestimmungen zur Patentlaufzeitextension befinden sich in ihrem Regelungsumfang auf konstantem Niveau, wobei die Kernvorschrift ergänzende Regelungen mit extensivem Schutzcharakter (wie die Ausdehnung auf pädiatrische Studien) zwar existent, indes nicht obligatorischer Natur sind. Im Rahmen des Patentlaufzeitausgleichs liegt der Fokus auf Arzneimitteln, wohingegen Pflanzenschutzmittel vergleichsweise vernachlässigt werden. Daneben verfügen alle FTAs der neuen Generation über individuell leicht variierende Unterlagenschutzbestimmungen (während aktuelle SAAs und EPAs diese ausklammern), deren zwischenzeitlich punktuelle und besonders Pflanzenschutzmittel betreffende Erweiterungen in CETA gipfelten, sich seitdem jedoch wieder reduziert haben. Die Schutzperioden für Arzneimittelunterlagen haben sich allerdings kürzlich tendenziell (von fünf Jahren auf sechs, bzw. sieben oder acht Jahre) verlängert; anhand derzeitiger Vertragsverhandlungen soll sich diese Tendenz aus Sicht der EU verfestigen. Daher deutet sich für künftige FTAs an, dass ihre Schutzzeiträume standardmäßig länger werden. Für Pflanzenschutzmittel gelten nach wie vor regelmäßig noch zehn Jahre, wobei auch hier einzelne Verlängerungen nun Einzug gefunden haben. Als Vorbild gelten für beide Sektoren die europarechtlich einschlägigen Perioden. Im EU-Freihandelsrecht wäre damit indes eine neue, prägende Dimension erreicht.

Da sowohl Patentlaufzeitverlängerungen als auch Unterlagenschutz zu Lasten der Generikaverfügbarkeit fungieren, bindet die EU teils konkret aus-

proach to the international regulation of intellectual property trade-related agreements, S. 10; *Fink,* Intellectual Property Rights, in: Chauffour/Maur, Preferential Trade Agreement Policies for Development, S. 398; *Jaeger,* The EU Approach to IP Protection in Partnership Agreements, in: Antons/Hilty, Intellectual Property and Free Trade Agreements in the Asia-Pacific Region, S. 173.

geprägte *Public Health*-Bezüge als Interpretationsparameter ein. Weiterhin überlässt sie ihren Vertragspartnern einige Gestaltungsspielräume und die Möglichkeit bei der Umsetzung, bei der Rechtsintegration das jeweilige nationale Rechtsgefüge zu berücksichtigen. Darüber hinaus bemüht sich die EU augenscheinlich mittlerweile darum, zumindest bedingt Rechtssicherheit zu schaffen, indem sie (zumindest mit Wirkung gegen sie selbst) Definitionen und Erläuterungen einbezieht. Davon abgesehen verzichtet die EU auf eine Reihe weiterer existenter Schutzmechanismen mit den Medikamentenzugang erschwerender Funktion. Insgesamt versucht die EU, ihre wettbewerbspolitischen Interessen mit partnerbedingten *policy spaces* innerhalb der jeweiligen Rechtsordnungen zu balancieren.

# Teil III – Analyse patentrechtlicher Bestimmungen in US-FTAs

Auf multilateraler Ebene konnten die USA viele ihrer, im Rahmen der Uruguay-Runde eingebrachten, Rechtsvorschläge nicht realisieren. Agrochemische und besonders pharmazeutische Patente begegneten im Hinblick auf nationale Pandemien in einigen Entwicklungsländern unüberwindbaren Widerständen. Aus amerikanischer Sicht stellt TRIPs deshalb nur insofern einen Erfolg dar, als dass „wenigstens" einzelne ihrer ursprünglichen Forderungen nunmehr zum Welthandelsstandard erhoben worden sind. Da diese Standards nach wie vor aus Sicht der USA kein hinreichend hohes und breites Niveau erfahren hatten, verlagerten auch sie ihre Bestrebungen in alternative Foren: bilaterale und polylaterale Freihandelsabkommen. Als ihr erstes, im Hinblick auf patentrechtliche Inhalte nennenswertes Freihandelsabkommen gilt NAFTA.[894] Daraufhin folgten Freihandelsabkommen mit diversen Handelspartnern und immer umfangreicheren Kapiteln zum geistigen Eigentum. Sie beinhalten z. T. umfangreiche TRIPs-Plus Klauseln, insbesondere Datenexklusivität, Patentverlängerungen, *patent linkage*, Patentierbarkeitserweiterungen und unterschiedliche Maßnahmen zur Einengung von TRIPs-*flexibilities*. Diese werden im Folgenden hinsichtlich ihrer progressiven Evolution[895] in Art, Reichweite, Umfang und Wirkung detailliert analysiert. Zum umfassenden Verständnis ist zuvor allerdings notwendig, die amerikanischen Handelsmotive zu durchdringen.

## A. Amerikanische Patentpolitik im bilateralen Handel

Wie bereits skizziert, hat die US-amerikanische internationale Handelspolitik im Bereich des geistigen Eigentums, einschließlich agrochemischen und pharmazeutischen Bezugs, seit den 1980er Jahren rasant an Intensität gewonnen. Politisch propagierte Marktliberalisierungstendenzen und Erschließung ausländischer Absatzmärkte in den 1970er Jahren hatten dem Innovationsexporteur die Schwäche des immaterialgüterrechtlichen Territorialitätsprin-

---

894 So auch *Fink,* Intellectual Property Rights, in: Chauffour/Maur, Preferential Trade Agreement Policies for Development, S. 387.

895 Unter Zugrundelegung des jeweiligen *signing date* ergibt sich folgende Reihenfolge: Israel, NAFTA, Jordanien, Singapur, Chile, Australien (AUSFTA), Zentralamerika und Dominikanische Republik (CAFTA-DR), Marokko, Bahrain, Oman, Peru, Kolumbien, Panama, Südkorea (KORUS), USMCA (NAFTA 2). Da das Israel-FTA keine hiesig interessierenden Passagen enthält, bleibt es für die Betrachtung außen vor. Ausführlich zum Israel-FTA s. *Rosen,* Free Trade Agreements as Foreign Policy Tools: The US-Israel and US-Jordan FTAs, in: Schott, Free Trade Agreements: US Strategies and Priorities, S. 52 ff.

zips offenbart: Ungenügende Schutzstandards vieler Handelspartner ließen Bestrebungen gegen die grassierende Produktpiraterie aufkommen, um weiterhin Absatzmärkte zu sichern.[896] Nachdem die Revision der WIPO-überwachten Pariser Vertragsübereinkunft mangels Konsens über Zwangslizenzen gescheitert war[897] und auch im Rahmen der Tokyo-Runde des GATT keine Ergebnisse zum geistigen Eigentum errungen werden konnten, besannen sich die USA auf verstärkte bilaterale Interessendurchsetzung,[898] deren Fokus zumindest auch in der Stärkung forschender Pharmaindustrie lag.[899] Insbesondere sollte der bilaterale Fokus Druck auf die schwierigen bzw. stagnierenden multilateralen Verhandlungen ausüben.[900] Nachdem sie weder mithilfe des *Special 301* noch der starken lobbyistischen Aktivitäten durch Akteure des konsolidierten Originalarzneimittelherstellermarktes[901] TRIPs in zufriedenstellender Weise formen konnten, wandten sich die USA in Abkehr von multilateralen Foren wiederum bi- und polylateralen Freihandelsabkommen zu.[902] Die Bedeutung der FTAs als interessenwahrendes Werkzeug beschrieb das immaterialgüterrechtlich beratende Gremium IFAC-3 im Jahr 2003 mit den Worten:

> „[…] FTA negotiations provide the most effective approach currently available to the United States for improving global intellectual property protection. The negotiation of an individual FTA provides the opportuni-

896 Ausführlich *Sell*, Cardozo Journal of International and Comparative Law 2002, 79, 81 ff.

897 *Drahos*, Journal of World Intellectual Property 2002, 765, 769.

898 *Abbott*, Vanderbilt Journal of Transnational Law 1989, 689, 707 f.; *Sell,* Power and Ideas: North-South Politics of Intellectual Property and Antitrust, S. 33; ferner auch *Lutz,* Linking Trade, Intellectual Property and Investment in the Globalizing Economy: The Interrelated Roles of FTAs, IP and the United States, in: Antons/Hilty, Intellectual Property and Free Trade Agreements in the Asia-Pacific Region, S. 162.

899 *Wilson*, The Transnational Lawyer 1988, 437 f.; *Roffe,* Bilateral agreements and a TRIPS-plus world: the Chile-USA Free Trade Agreement, S. 4 m. w. N., der das US-Kanada Abkommen (in Kraft getreten 1989) als Mittel zur Begrenzung von Zwangslizenzvergaben anführt.

900 *Schott,* Assessing US FTA Policy, in: ders., Free Trade Agreements: US Strategies and Priorities, S. 361; *Rosen,* Free Trade Agreements as Foreign Policy Tools: The US-Israel and US-Jordan FTAs, in: Schott, Free Trade Agreements: US Strategies and Priorities, S. 52.

901 Hierzu *Sell*, Liverpool Law Review 2007, 41, 50 ff.; *Sell*, Review of International Political Economy 2010, 762, 770 ff.; *Helfer,* Pharmaceutical Patents and the Human Right to Health, The Contested Evolution of the Transnational Legal Order on Access to Medicines, in: Halliday/Shaffer, Transnational Legal Orders, S. 315 f.; *Drahos/Braithwaite*, Wisconsin International Law Journal 2002, 451, 463 ff.

902 *Drahos*, Journal of World Intellectual Property 2001, 791, 793.

ty to deal with specific intellectual property concerns that U. S. industry may have in the particular negotiating partner."[903]

Strategisch favorisierte Freihandelspartner sind solche mit großen aufstrebenden Märkten[904] und weder ökonomisch vergleichbarer Stärke noch solche, in denen vermehrt Produktfälschungen auftreten.[905] Die USA forcieren insofern asymetrische Verträge, indem sie – wie die EU teilweise auch – ökonomisch unterlegene Partner auswählen und ihnen Marktzugang im Gegenzug für erweiterte Patentschutzstandards gewähren.[906] Daneben spielen Sicherheitsbedürfnisse, politische Einflussnahmeerwägungen innerhalb einer bestimmten Region sowie Reformfreudigkeit zentrale Rollen bei der Partnerauswahl.[907]

Nach dem *Trade Preferences Extension Act* aus dem Jahr 2015 griff US-Präsident Obama die sog. *fast track authority* wieder auf,[908] die dem US-Präsidenten die Kompetenz zu Verhandlungen von Freihandelsabkommen zuweist (welche er seinerseits auf den *United States Trade Representative* (USTR) delegiert hat) und zeitintensive Teiländerungen im Kongress verhindert. Der Kongress hat so bloß 90 Tage Zeit, um dem Abkommen zuzustimmen oder es in Gänze zu ändern. Der USTR verfolgt eine strenge Agenda zugunsten hoher Schutzstandards, während gesundheitsbezogene Erwägungen vernachlässigt werden.[909] Beraten wird er dabei von Gremien (sog. *Trade Advisory Committees*), in denen in der Vergangenheit Repräsentanten IP-intensiver Industrien wie vornehmlich der pharmazeutischen, dominiert haben.[910] Die Verhandlungen innerhalb eines Abkommens folgen

903 *Industry Functional Advisory Committee on Intellectual Property Rights for Trade Policy Matters,* The U. S.-Australia Free Trade Agreement (FTA): The Intellectual Property Provisions, S. 4 f.

904 *Schott,* Assessing US FTA Policy, in: ders., Free Trade Agreements: US Strategies and Priorities, S. 361.

905 *Morin,* The Journal of World Intellectual Property 2009, 175, 176 m. w. N.

906 *Correa,* Case Western Reserve Journal of International Law 2004, 79, 80 f.

907 *Schott,* Assessing US FTA Policy, in: ders., Free Trade Agreements: US Strategies and Priorities, S. 363 ff.

908 Die *fast track authority* wurde dem Präsidenten vom US-Kongress untertragen und galt zwischenzeitlich von 1974-1994 (verankert im *Trade Act* 1972) und von 2002-2007 (*Bipartisan Trade Promotion Authority Act* 2002).

909 *Abbott,* Intellectual Property Provisions of Bilateral and Regional Trade Agreements in light of US Federal Law, S. 1.

910 *Weissman,* University of Pennsylvania Journal of International Economic Law 1996, 1069, 1076 f.; *Mayne,* Regionalism, Bilateralism, and „TRIPS Plus" Agreements: The Threat to Developing Countries, S. 8 f.; *Sell,* Cardozo Journal of International and Comparative Law 2002, 79, 83 ff.; *Sell,* Liverpool Law Review 2007, 41. Vgl. auch die aktuellen Besetzungen der Komitees 3 und 13 (vormals 15), abrufbar unter https://www.trade.gov/itac/ (letzter Zugriff am 28.03.2024).

inhaltlich den/der Vorangegangenen.[911] Erklärtes Ziel ist hierbei, mithilfe bilateraler Verträge Patentstandards letztlich innerhalb einer ganzen wirtschaftlich verflochtenen Region zu etablieren, ergo anzuheben, um sodann Allianzen für die eigene Verhandlungsposition in multilateralen Foren zu formieren. 2002 markierte den Auftakt zur ersten intensiv verdichteten Freihandelsphase, die bis 2007 neun Freihandelsabkommen hervortrug. Die Prämissen sahen vor:

> "(A) to further promote adequate and effective protection of intellectual property rights, including through—
>
> > (i)(I) **ensuring accelerated and full implementation of the Agreement on Trade-Related Aspects of Intellectual Property Rights** referred to in section 101(d)(15) of the Uruguay Round Agreements Act (19 U.S.C. 3511(d)(15)), particularly with respect to meeting enforcement obligations under that agreement; and (II) ensuring that the provisions of any multilateral or **bilateral trade agreement governing intellectual property rights that is entered into by the United States reflect a standard of protection similar to that found in United States law**;
> >
> > (ii) **providing strong protection for new and emerging technologies** and new methods of transmitting and distributing products embodying intellectual property;
> >
> > (iii) preventing or eliminating discrimination with respect to matters affecting the availability, acquisition, scope, maintenance, use, and enforcement of intellectual property rights;
> >
> > (iv) ensuring that standards of protection and enforcement keep pace with technological developments, and in particular ensuring that rightholders have the legal and technological means to control the use of their works through the Internet and other global communication media, and to prevent the unauthorized use of their works; and
> >
> > (v) **providing strong enforcement of intellectual property rights**, including through accessible, expeditious, and effective civil, administrative, and criminal enforcement mechanisms;
>
> (B) to secure fair, equitable, and nondiscriminatory market access opportunities for United States persons that rely upon intellectual property protection; and
>
> (C) to **respect the Declaration on the TRIPS Agreement and Public Health**, adopted by the World Trade Organization at the Fourth Minis-

911 *Drahos*, Journal of World Intellectual Property 2001, 791, 794.

terial Conference at Doha, Qatar on November 14, 2001."[912] (Hervorhebungen durch den Verfasser).

Dementsprechend sollten *post*-TRIPs Freihandelsabkommen weitreichende Standards ohne besondere Aufmerksamkeit für *flexibilities* beinhalten. Mit der „New Trade Policy for America" im Jahr 2007 schwenkte die damalige Bush-Regierung nach Kompromissschließung mit dem nun von Demokraten beherrschten US-Kongress auf eine moderatere Außenhandelslinie ein,[913] die sich punktuell per nachträglicher Textänderungen noch in den FTAs mit Peru, Kolumbien, Panama und Südkorea verdeutlicht hat. Gleichzeitig lief das *fast track*-Verfahren (parallel zur nationalen Popularität des Freihandels insgesamt[914]) aus. Dessen Wiedereinführung im Jahre 2015 unterstützte Präsident Obama im Rahmen seiner als rebalanciert proklamierten Freihandelsagenda. Die bis kürzlich noch praktizierte Handelsagenda unter dem *slogan* „America first" vom nunmehrigen Ex-Präsidenten Donald Trump hatte sich nicht zuletzt darin niedergeschlagen, dass Abkommen mit (vermeintlich) negativen Effekten bzw. ungenügend vorteilsbehafteten Vereinbarungen für die US-Wirtschaft einer Revision unterzogen wurden.[915] So sind die USA beispielsweise aus dem Transatlantischen Partnerschaftsabkommen (TPP) ausgestiegen und haben eine inhaltliche Morphose vom trilateralen NAFTA zum nunmehrigen USMCA durchgesetzt. Daneben führen die USA Nachverhandlungen unter anderem mit Südkorea, Australien und kündigten Änderungen bzw. Neuverhandlungen des Israel-FTAs (1985), dem ersten US-FTA überhaupt, an. Dies legt den Schluss nahe, dass auch weitere Abkommen Revisionen unterzogen werden könnten und mit tendenziell extensiven Schutzstandards ausgestattet werden. In welchem Umfang die US-Handelsagenda unter US-Präsident Biden aus der Partei der Demokraten seit dem Frühjahr 2021 dies nun allerdings aktiv weiterverwirklichen wird, bleibt wiederum noch abzuwarten, da bisher in dieser Hinsicht kaum Aktivitäten festzustellen sind.

Vor diesem Hintergrund ist nun im Wege einer dezidierten Analyse zu untersuchen, wie sich die verschiedenen Schutzstandards bzw. *flexibilities* der

---

912 US-section 2101(b)(4), abrufbar unter https://www.govinfo.gov/content/pkg/BILLS-107hr3009enr/pdf/BILLS-107hr3009enr.pdf (letzter Zugriff am 28.03.2024).

913 S. „New Trade Policy for America" vom 10.05.2007, s. hierzu *Schmidt*, Indiana International Law and Comparative Law Review 2009, 167, 172 ff.; *Vivas-Eugui,* A Shift in Intellectual Property Policy in US FTAs?; *Cosby,* Brave New Deal? Assessing the May 10th U. S. Bipartisan Compact on Free Trade Agreements 2007, S. 1 ff.

914 *Schmidt*, Indiana International Law and Comparative Law Review 2009, 167, 183 ff.

915 US-Handelsagenda 2018, abrufbar unter https://ustr.gov/about-us/policy-offices/press-office/reports-and-publications/2018/2018-trade-policy-agenda-and-2017; Zur Handelsagenda 2019 s. https://ustr.gov/sites/default/files/2019_Trade_Policy_Agenda_and_2018_Annual_Report.pdf (letzter Zugriff jeweils am 28.03.2024).

US-Freihandelsabkommen seit NAFTA in Art und Umfang bis heute entwickelt haben und welches Ausmaß sie aktuell entfalten.

## B. Entwicklung patentbezogener Standards

Bis dato haben die USA Freihandelsabkommen mit vielen Nationen ausgehandelt, darunter mit Kanada, Mexiko, Jordanien, Vietnam, Chile, Singapur, Australien, Bahrain, Marokko, Oman, Peru, Kolumbien, Panama und Südkorea. Das erste Freihandelsabkommen, abgeschlossen mit Israel im Jahr 1985, beschränkt sich in seinem Art. 14 noch auf die Bestätigung beider Parteien, ihre bi- und multilateralen Pflichten aus Abkommen, die sie beide gezeichnet haben, einzuhalten. Kurz darauf folgte NAFTA; seither beinhalten alle FTAs konkrete pharmazeutische bzw. agrochemische Schutzbestimmungen – in variierender Art und Weise.

### I. *Patent term extension*

Die Patentlaufzeitverlängerung (engl.: *patent term extention*) wird ausschließlich für pharmazeutische Produkte gewährt. Sie gewährt kein Recht *sui generis*, sondern knüpft sich an die reguläre Patentlaufzeit an und verlängert diese. Sie folgt aus § 156 *US-Patent Act* (nachfolgend nur *Patent Act*) und setzt – im Wesentlichen gleich dem europäischen Recht – neben einem verlängerungsfähigen Patent ferner voraus, dass der aktive Bestandteil erstmals zugelassen wurde, es sich um die erste Patentverlängerung handelt und eine gültige Arzneimittelzulassung besteht.[916] Ihre maximale Laufzeit beträgt fünf Jahre, darf aber in Kombination mit der Patentlaufzeit nach Arzneimittelzulassung nicht mehr als vierzehn Jahre erreichen, vgl. § 156 (g), (c) *Patent Act*. Pädiatrische Indikationen werden ggf. nach 21 U.S.C. § 355a mit sechs Monaten Schutz belegt, der allerdings *vom Patent unabhängig* besteht.

Streng hiervon zu trennen sind die als *patent term* ***adjustment*** bekannten und unter § 154 *Patent Act* fallenden Verzögerungstatbestände durch das *United States Patent and Trademark Office* (USPTO) im Rahmen regulärer Patentanmeldungen. Diese passen die Patentlaufzeit an, beschränken sich aber nicht auf pharmazeutische Produkte. § 156 *Patent Act* fußt dagegen (nur) auf dem Zeitaufwand der umfangreichen Zulassung als (kommerzi-

916 s. 35 U.S. Code § 156; Zu § 156 *Patent Act* umfassend *Max Planck Institute for Innovation and Competition,* Study on the Legal Aspects of Supplementary Protection Certificates in the EU – Annex II: International Reports, S. 78 ff.; *Fackelmann,* Patentschutz und ergänzende Schutzinstrumente für Arzneimittel im Spannungsfeld von Wettbewerb und Innovation, S. 287 ff. und S. 358 ff.; *Niioka,* Klinische Versuche im Patentrecht, S. 77 ff.

eller) Ausgleich für vereinfachte Generikazulassungen aufgrund des *Hatch-Waxman Acts*. Nach amerikanischem Recht stehen § 154 und § 156 *Patent Act* nebeneinander, sodass sich Arzneimittelpatentinhaber kumulativ auf beide Schutzinstrumente berufen können, vgl. § 154(a) *Patent Act*. In dem Fall folgt auf das normale Patent erst die Verlängerung nach § 154 und sodann nach § 156 *Patent Act*.

Mangels eigener besonderer Bestimmungen folgen Pflanzenschutzmittel den grundsätzlich allen Patenten offenstehende Laufzeitanpassungen (*patent term adjustments*) nach § 154 *Patent Act*. Kompensationsfähig sind schuldhaft verzögerte Mitwirkungshandlungen des USPTO, Andauer des Anmeldeverfahrens über drei Jahre hinaus und bestimmte Streitigkeiten um das Patent, vgl. § 154 (B)(1)(A)-(C) *Patent Act*. Die Verzögerung entspricht der Verlängerungsdauer in Tagen, wobei die maximale Verlängerung fünf Jahre beträgt.

### 1. Arzneimittel

Schon auf den ersten Blick wird offensichtlich, wie die Abkommen dem amerikanischen Zweiklang von § 154 bzw. 156 *Patent Act* folgen; die Trennung allgemeiner Patentanpassungen und konkreter Sonderregeln für Arzneimittel zieht sich (*post*-NAFTA) – obschon begrifflich unsauber, jedoch inhaltlich konsistent[917] – durch die Freihandelsabkommen. Der Untersuchungsgegenstand konzentriert sich hierbei auf jene Sonderbestimmungen.

#### a) Fakultative oder verpflichtende Implementierung

NAFTA stellt den Parteien frei, die Patentlaufzeit bei durch die Zulassungsbehörde verursachten Verzögerungen zu verlängern. Mit Ausnahme von Peru, Kolumbien und Panama bilden alle Freihandelsabkommen seit dem auf NAFTA folgenden Jordanien-FTA verpflichtende *patent term extensions* ab. Die vorgenannten süd- bzw. mittelamerikanischen Länder hatten ursprünglich ebenfalls verpflichtende Vereinbarungen getroffen; diese wurden im Anschluss an die „New Trade Policy for America" im Mai 2007 jedoch noch in fakultative Bestimmungen abgeändert.

---

917 Nach amerikanischem Recht betreffen „adjustments" den § 154 *US-Patent Act* und „extensions" den § 156 *Patent Act*. Zeitweilen lösen sich diese Begrifflichkeiten im völkerrechtliche Kontext von ihrem inhaltlichen Zusammenhang, beispielsweise benutzen Art. 17.9.8(b) AUSFTA und Art. 20.46.2 USMCA „adjustments", betreffen dabei allerdings inhaltlich Bestimmungen nach § 156 *Patent Act*. Trennschärfe beweist hingegen die Zuordnung von „delay" zu § 154 bzw. „curtailment" zu § 156 *Patent Act*.

### b) Schutzzeitraum und dessen Berechnung

Für Patentlaufzeiten als solche schreibt (nur) NAFTA siebzehn bzw. zwanzig Jahre (ab Erteilung bzw. Anmeldung) Schutz vor (Ersteres entsprechend damaliger US-Rechtslage). In allen Folgeabkommen haben die Parteien auf Patentlautzeitregelungen gänzlich verzichtet, was dem Inkrafttreten von TRIPs geschuldet sein dürfte, wonach Patente für (mindestens) zwanzig Jahre zu gewähren sind, vgl. Art. 33 TRIPs. Da es sich hierbei um einen Minimalstandard handelt, wären demnach grundsätzlich längere Schutzzeiträume des Patents als solchem national festsetzbar. Dies entspricht jedoch nicht der weltweiten Handlungspraxis. Materiell-rechtlich durchgesetzt haben sich dagegen an zusätzliche Tatbestandsvoraussetzungen gebundene *patent term extensions*.

Für Maximalverlängerungen (etwa in Höhe von fünf Jahren) entbehrten bislang alle Abkommen ebenso konkreter Vorgaben, wie bei der Berechnung derselben. Weder die im US-amerikanischen Recht geltende, komplizierte Berechnungsmethode[918] zur Schutzdauer noch die Maximallaufzeit von Patent und dessen Verlängerung auf 14 Jahre[919] finden sich im US-Wirtschaftsvölkerrecht wieder. Die erstmalige Ausnahme macht nun teilweise CHIUS, wonach China erlaubt wird, die Maximalverlängerung (*patent term extension*) auf fünf Jahre sowie die kombinierte Maximalschutzlaufzeit von Patent und dessen Verlängerung auf 14 Jahre zu beschränken.[920] Insofern ermöglichen die USA China eine Anpassung an die inneramerikanische Rechtsrealität.

Der regelmäßig gewählte Wortlaut („restoration [...] to compensate [...] resulting from the marketing approval [...]") deutet im Einklang mit Sinn und Zweck darauf hin, Verzögerungen der Arzneimittelgenehmigungsbehörde im Verhältnis 1:1 als Verlängerung an die Patentlaufzeit anzuhängen, da nur so dem Wiederherstellungserfordernis („restoration") effektiv entsprochen wird. Dort, wo von „Verlängerung" die Rede ist, ergibt sich unter vornehmlicher Beachtung des Kompensationsgedankens im Sinne eines Ausgleichs kein anderes Ergebnis. Mangels „Kappung" der Extension (auf beispielsweise fünf Jahre) als solcher oder kombiniert mit der effektiven Patentlaufzeit (auf beispielsweise insgesamt vierzehn Jahre) verschiebt sich das Risiko steigender Genehmigungsverfahrensdauer auf den Endverbraucher bzw. die nationalen Gesundheitssysteme als Kostenträger.[921]

---

918 S. im Detail *Niioka,* Klinische Versuche im Patentrecht, S. 80 f.

919 Vgl. § 156(c), (g) *US-Patent Act.*

920 Vgl. Art. 1.12.2(b) S. 3 CHIUS.

921 *Keim,* TRIPS-plus Patentschutzklauseln in bilateralen Freihandelsabkommen der EU, S. 160 f.

### c) Schutzgegenstand und -voraussetzungen

Der Schutzgegenstand betrifft das (oder ein) zu verlängernde(s) (Grund-) Patent, welches dem Arzneimittel zugrunde liegt. („patent **covering** a pharmaceutical product"/„pharmaceutical product that is subject to a patent"). Schutzgegenstand sind mithin Erzeugnispatente.[922] Allerdings schließt der Wortlaut nicht aus, dass auch Herstellungsverfahrenspatente erfasst werden, sofern sich ihr Schutzbereich auf das dadurch produzierte Arzneimittel selbst erstreckt.[923] Um ausschließlich Erzeugnispatente zu regeln, hätte näher gelegen, sich des aus dem amerikanischen Recht entlehnten, eindeutigeren Fachterminus „patent that **claims** a pharmaceutical product" zu bedienen.

Mittlerweile haben das Oman-FTA, KORUS und CHIUS den Schutzgegenstand erweitert, indem Ersteres neben Erzeugnissen explizit Verwendungspatente („method of use") und Letztere zuzüglich Herstellungsverfahrenspatente („method of making") mitumfassen.[924] Das Oman-FTA schließt somit im Umkehrschluss wohl Herstellungsverfahrenspatente von Schutzzeitextensionen aus. USMCA wiederum bedient sich der tradierten Formulierung (s. o.), kehrt insofern zum restriktiveren Schutzgegenstand zurück.

#### aa) Unangemessene Verkürzung

Als Schutzvoraussetzung nennt NAFTA lediglich Verzögerungen („delays") in der Marktzulassung, bevor sich danach für Arzneimittel terminologisch die Wendung „unangemessene Verkürzung" („unreasonable curtailment") durchgesetzt hat (im Unterschied zu allgemeinen Patentanpassungsregelungen, wo nach wie vor von „delays" gesprochen wird).[925] Was als **unangemessene** Verkürzung gilt, bleibt ungeregelt und somit vage. Es fragt sich daher, ob sich die Wertungen der **allgemeinen** Erteilungsverzögerungen auf Arzneimittel anwenden lassen; dort finden sich nämlich Parteivereinbarungen. Art. 16.7.7 Singapur-FTA definiert als erstes für alle Bereiche außerhalb der Arzneimittelpatente ein „unreasonable delay" – parallel zu § 154 *Patent Act* – mindestens

> „[…] a delay in the issuance of the patent of more than **four years from the date of filing** of the application with the Party, or **two years after a request for examination** of the application has been made, whichever is

922 *Gleeson/Lopert*, Journal of Law, Medicine and Ethics 2013, 199, 203.

923 S. hierzu anhand des Beispiels Deutschland Teil 1 Kap. 1 A. I. 3.

924 Art. 15.8.6(b)(i) Oman-FTA; Art. 18.8.6(b) KORUS; s. außerdem zum US-Vorschlag für TPP *Flynn et al.*, American University International Law Review 2012, 105, 160 f.

925 Art. 1710.12 NAFTA; Art. 4.23(a) Jordanien-FTA; Art. 16.8.4(a) Singapur-FTA; Art. 17.10.2(a) Chile-FTA; Art. 16.9.6(b) Peru-FTA; Art. 15.8.6(a) Oman-FTA; Art. 16.9.6(b) Kolumbien-FTA; Art. 15.9.6(b) Panama-FTA; Art. 18.8.6(a) KORUS.

later, provided that periods attributable to actions of the patent applicant need not be included in the determination of such delays." (Hervorhebungen durch den Verfasser).

Die unmittelbaren Folgeabkommen bezeichnen zwischen vier bis fünf Jahre vom Anmeldetag („date of filing") bzw. 2-3 Jahren vom Antrag auf Prüfung („request for examination") als unangemessen.[926] Nichtsdestotrotz sprechen die systematische Position, nämlich ihre von Arzneimitteln mit eigenständigen Regeln getrennte Stellung, und die Wortlautdifferenzen zwischen „delay" bei allgemeinen Patenten und „curtailment" bei Pharmapatenten gegen eine Anwendbarkeit auch auf effektive genehmigungsbedingte Pharmapatentlaufzeitverkürzungen. Dieser Befund bestätigt sich vor dem Hintergrund, dass die USA im Peru-FTA trennscharf den Begriff „delay" hinsichtlich Pharmapatenten auf patenterteilungsverfahrensbedingte Verzögerungen (im Sinne des § 154 *Patent Act*) und für Markteintrittsverzögerungen durch Genehmigungsverfahren „curtailment" anwenden, vgl. Art. 16.9.6 (b) bzw. (c). Im Übrigen präsentiert auch Art. 62 Abs. 2 TRIPs keine Leitlinien.[927]

Daher lassen sich für Letztere keine durch Patenterteilungsverzögerungen entstehenden Mindestverzögerungen ableiten.

Wortlautgestützt lässt sich zwar anbringen, des Wortes „unangemessen" hätte es nicht bedurft, wenn schon die Verzögerung *per se* genügte. Insofern lägen Verlängerungen um eine bestimmte Anzahl an Jahren nahe. Unter Erwägung des Telos, den vorschriftsimmanenten Kompensationsgedanken effektiv zu verwirklichen, ließe sich gar weitergehen und das Zulassungsverfahren schon als solches als unangemessene Verkürzung effektiver[928] Patentlaufzeiten zu betrachten. Ansonsten würde zudem die patentrechtliche Belohnungsfunktion leer zu laufen drohen. Daneben ist nicht ersichtlich, warum – im Vergleich zur Patenterteilungen – davon abgesehen wurde, Mindestverzögerungen zu definieren. NAFTA ausgenommen, wonach sich Verlängerungen auf „appropriate cases" beschränken, kann mithin

926 Vgl. Art. 17.9.6 Chile-FTA; Art. 17.9.8(a) AUSFTA; Art. 15.9.6(a) CAFTA-DR-FTA; Art. 15.9.7 Marokko; Art. 14.8.6(a) Bahrain-FTA; Art. 15.8.6(a) Oman-FTA; Art. 15.9.6(b) Panama-FTA. Vier bzw. 3 Jahre sieht CHIUS vor.

927 Art. 62 Abs. 2 TRIPs lautet „Where the acquisition of an intellectual property right is subject to the right being **granted or registered**, Members shall ensure that the procedures for grant or registration, subject to compliance with the substantive conditions for acquisition of the right, permit the granting or registration of the right **within a reasonable period of time** so as to **avoid unwarranted curtailment of the period of protection**." (Hervorhebungen durch den Verfasser).

928 Anfängliche Freihandelsabkommen bezogen sich nur auf den „patent term"; seit AUSFTA wird aus Klarstellungsgründen „effective" addiert und teils definiert. Per Genehmigungsverfahren wird nämlich nicht die Patentlaufzeit formal als solche verkürzt, sondern faktisch der investitionsamortisierende Zeitraum zwischen Markteintritt und Ablauf des Patentschutzes.

tatbestandlich zunächst einmal nur die Tatsache als ausreichend angesehen werden, dass Arzneimittel überhaupt einem Zulassungsverfahren unterworfen sind. Verbeispielt an dieser weiten Auslegung bleibt der Kern des Problems die Rechtsunsicherheit mit ihren potenziell massiven Auswirkungen für Entwicklungsländer, deren Zulassungsbehörden (und auch Patentämter) ohnehin fachlich und personell bedingt zu längeren Bearbeitungszeiten tendieren.[929]

### bb) Erste kommerzielle Nutzung

Seit dem CAFTA-DR-FTA beschränken fast alle Vertragstexte ihre Patentextension außerdem auf die erstmalige kommerzielle Benutzung des pharmazeutischen Erzeugnisses im Gebiet der Vertragspartner („first commercial use in that party").[930] Dadurch bleibt den Nationalstaaten im Umkehrschluss verboten, mehr als eine *patent term extension* pro Erzeugnis vorzusehen, sodass sich letztlich unbegrenzt viele *extentions* für kleine Änderungen im Erzeugnis verbieten und Generika eher auf den Markt drängen könnten. Gleichzeitig rückt somit der Erzeugnisbegriff in den Vordergrund. Sofern Zweit- und weitere Folgeindikationen eines Medikaments nach nationalstaatlichen Gesetzen zulässig sind, muss es in der Regel auch eigens für besagte Folgeindikation zugelassen werden. Mithin verbieten sich Schutzverlängerungen auf patentierte Zweitindikationen, sofern es sich nach der Definition des „Erzeugnisses" um dasselbe Erzeugnis handelt wie bei der Erstzulassung. „Exportiert" haben die USA damit § 156(a)(5)(A) *Patent Act*. USMCA hingegen sieht – wie NAFTA – von diesem Erfordernis ab, Art. 20.46.2 USMCA, sodass Zeit- und Folgeindikationen dem Wortlaut folgend keinen Beschränkungen unterliegen. Ob sich hiermit insgesamt eine Trendwende in Richtung vereinfachter Zweitindikationen andeutet, oder aber USMCA als „NAFTA 2" diesbezüglich nur keine Aktualisierung auf amerikanische Freihandelsstandards erfahren sollte (oder konnte), bleibt derzeit noch ungewiss, bis weitere Verhandlungsergebnisse hinsichtlich der unter Revision stehenden Verträge vorliegen. Insbesondere die angezeigten Revisionen von KORUS und AUSFTA werden anzeigen, ob ihre „first commercial use"-Klausel Bestand haben bzw. zukünftig gestrichen oder geändert werden soll. Zumindest in CHIUS ist sie enthalten.[931]

---

929 *Mercurio*, TRIPS-Plus Provisions in FTAs: Recent Trends, in: Bartels/Ortino, Regional Trade Agreements and the WTO Legal System 2006, S. 230.

930 Art. 15.9.6(b) CAFTA-DR-FTA; Art. 14.8.6(b)(i) Bahrain-FTA; Art. 15.8.6(b)(i) Oman-FTA; Art. 16.9.6(c) Peru-FTA; Art. 16.9.6(c) Kolumbien-FTA; Art. 15.9.6(c) Panama-FTA, welches „use" durch „marketing" ersetzt; Art. 18.8.6(b) KORUS; Art. 1.12.2(b) CHIUS. Ausnahmen bilden das Marokko-FTA und USMCA.

931 Vgl. Art. 1.12.2(b) CHIUS.

### d) Schutzbereich und -wirkungen

Konkretisierungen bezüglich der Schutzwirkungen sind erstmalig ins Kolumbien-FTA eingeflossen. Nach dessen Art. 16.9.6(c) S. 2 gewährt die Extension sowohl die gleichen Exklusivitätsrechte, als auch Begrenzungen und Ausnahmen wie das ursprüngliche Patent. KORUS erklärt selbiges *expressis verbis* für alle Patentkategorien.[932] Die Passagen stellen sich als rein deklaratorischen Charakters dar, da beide Abkommen Laufzeitverlängerungen an „das Patent oder seine Rechte“ knüpfen. Insoweit wird verständlich, dass die aktuellsten Freihandelsabkommen wiederum auf bestimmte Schutzbereichsvorgaben verzichten.

Hinsichtlich des Schutzbereichs bleibt anzumerken, dass keine Pflichten zur Zweckbindung des extendierten Schutzes festgesetzt werden. Mithin steht den Vertragspartnern frei, den Schutzgegenstand des extendierten Patents kongruent mit dem ursprünglichen Patentschutz oder bloß zweckbezogen auf die Arzneimittelzulassung (bzw. die dort genannte Indikation) auszurichten. Die meisten Industrienationen folgen indes dem zweckgebundenen Schutz, so auch die USA. Gem. § 156 (b) *Patent Act* etwa beschränkt sich selbiger – im Gegensatz zu § 154 *Patent Act* – auf Benutzung, Anwendung oder das Herstellungsverfahren des von der Arzneimittelgenehmigung gedeckten (Grund-)Patents.

### e) Alternativsysteme

Verpflichtungen zu Patentlaufzeitverlängerungen („shall make available an extension/restoration of the patent term“) betreffen ausweislich des Wortlauts keine *sui generis*-Systeme, obwohl sie letztlich deckungsgleich wirken. Hinsichtlich Singapurs und Südkoreas, welche gleichzeitig mit der EU mit deren *sui generis*-System kontraktieren, ergeben sich keine Schutzsystemkollisionen, da der Wortlaut des EU-Abkommens beide Schutzarten eröffnet.[933]

Nichts anderes ergibt sich im Ergebnis für Peru und Kolumbien, da sowohl die amerikanischen als auch europäischen Kontrakte diesbezüglich überhaupt nicht verpflichten.

Neuerdings ergänzen die USA ihre Standardformulierung um den Hinweis, dass alternativ zur *patent term extension* auch *sui generis*-Schutz implemen-

---

932 Art. 18.8.6(b) S. 2 KORUS.

933 Art. 11.31 S. 2 Singapur-EU-FTA lautet „The Parties shall make available an extension of the duration of the rights conferred by the patent […]“. Der Schutz knüpft mithin an die aus dem Patent folgenden Rechte, nicht jedoch das Patent selbst. Siehe auch Art. 10.35 Abs. 2 Südkorea-EU-FTA.

tiert werden kann, vgl. Fn. 39 zu Art. 20.46.2 USMCA.[934] Der Zusatz schafft Klarheit für Kanada, welches im Rahmen CETA´s ein *sui generis*-System vorzusehen hat. Hierin deutet sich die amerikanische Bereitschaft an, beide Mechanismen zu akzeptieren, solange der Schutz effektiv und faktisch konform verläuft.

### f) Zwischenergebnis

Pharmapatente genießen als einzige explizite Branchenpatente Patentschutzverlängerungen zum Ausgleich der Zulassungsverfahrensdauer und sind vom (allgemeinen) Patenterteilungsverfahrensausgleich zu unterscheiden. Die US-Freihandelsabkommen fokussieren sich auf das „Ob“ der Verlängerung, überlassen dessen „Wie“ weitestgehend den Partnerländern zur Disposition. Mithin halten die Vorschriften wenig materiell-rechtliche Voraussetzungen vor. Wie auch für diese Voraussetzungen bieten mangels ausdrücklicher Maximallaufzeiten und deren Berechnung Diskrepanzen zwischen Wortlaut und Telos Auslegungsspielräume für die nationalstaatliche Umsetzung. Allein CHIUS bestimmt nun zugunsten Chinas die Option, die Schutzlaufzeit der *patent term extention* und seiner Kombination mit der Patentlaufzeit zu beschränken.

Standardmäßige Beschränkungen auf die erste gewerbliche Benutzung seit CAFTA-DR wirken ggf. zugunsten von Generikaverfügbarkeit. Neben ihrem eigenen Schutzsystem lassen die USA *sui generis*-Systeme zu, was wiederum obigen Befund hinsichtlich des „Ob“ stützt. Es ist davon auszugehen, dass, selbst wenn die USA *sui generis*-Systeme nicht explizit zulassen würden, sie diese dennoch aufgrund ihrer Wirkung zumindest dulden würden. Daher ist insgesamt wenig „Druck“ für *patent term extensions* ersichtlich. Neben diesen arzneimittelgenehmigungsbezogenen Sonderregelungen finden die Passagen zu allgemeinen Patenterteilungsverzögerungen grundsätzlich[935] Anwendung (dazu sogleich).[936] Den Abkommen mit Peru, Kolumbien und Panama kommt insoweit eine Sonderrolle zu, als dass sie weder zu Verlängerungen im Patenterteilungs- noch im Arzneimittelgenehmigungsverfahren verpflichten.

---

934 A. a.O. heißt es „For greater certainty, a Party may **alternatively** make available a period of additional **sui generis protection** to compensate for unreasonable curtailment of the effective patent term as a result of the marketing approval process. The sui generis protection **must confer the rights conferred by the patent**, subject to any conditions and limitations pursuant to paragraph 3.“ (Hervorhebungen durch den Verfasser).

935 Zu beachten bleibt freilich, dass arzneimittelbezogene Bestimmungen teilweise bloß fakultativer Natur sind, vgl. Art. 16.9.6(b) S. 2 Kolumbien-FTA, Art. 15.9.6(b) S. 2 Panama-FTA, 16.9.6(b) S. 2 Peru-FTA.

936 Weder schließt der Wortlaut Arzneimittel aus, noch deuten Telos oder Systematik auf gegenteilige Anhaltspunkte hin.

## 2. Pflanzenschutzmittel

Wenngleich sich Pflanzenschutzmittelpatentextensionen noch ohne weiteres unter den Wortlaut von 1709.12 NAFTA fassen ließen, wurde ihr branchenspezifisch privilegierter Zulassungsschutz daraufhin aus den US-FTAs ausgeklammert. Dementsprechend gelten seitdem (nur) die allgemeinen Parameter für Verzögerungen im Patenterteilungsverfahren (welche im Übrigen mangels Ausschluss ebenfalls auf Arzneimittel anwendbar sind und die folgende Ausführungen somit auch für selbige gelten), welche sich seit kurz nach der Jahrtausendwende durch das Singapur-FTA stets als obligatorisch etabliert haben und bis heute mit im Grunde unverändertem Wortlaut besteht:

> „Each Party, at the request of the patent owner, shall extend the term of a patent to **compensate for unreasonable delays that occur in granting the patent**. For the purposes of this paragraph, an unreasonable delay shall at least include a delay in the issuance of the patent of **more than four years from the date of filing** of the application with the Party, or **two years after a request for examination** of the application has been made, whichever is later, provided that **periods attributable to actions of the patent applicant** need not be included in the determination of such delays." (Hervorhebungen durch den Verfasser).

Weder zur Zeitspanne noch zu deren Berechnungskriterien äußern sich die Vertragstexte. Wortlaut („compensate"/„restore") und Telos legen wiederum qualitativ substanzielle Laufzeitanpassungen „1:1" nahe, sobald sie besagte Zeitintervalle überschreiten. Dauert ein Erteilungsverfahren beispielsweise sechseinhalb Jahre, beträgt die unangemessene Verzögerung zweieinhalb Jahre; um diesen Zeitraum würde die Patentlautzeit angepasst werden. Andererseits bleiben restriktivere Interpretationsansätze nicht *a priori* ausgeschlossen.

Auffälliger Weise grenzen die Abkommen Laufzeitanpassungen nicht etwa für den Fall ein, dass der Patentinhaber nicht mitwirkt, indem er benötigte Dokumente zurückhält. Entsprechende Bestimmungen unterliegen somit nationalstaatlicher Rechtsgestaltung; nach amerikanischem Recht wird die Anpassung um den Zeitraum vermindert, den der Patentinhaber über insgesamt drei Monate hinaus dafür benötigt, im Rahmen von Ablehnung, Widerspruch, Streitigkeiten oder Anträgen im Patenterteilung/-prüfungsverfahren gegenüber dem Patentamt mitzuwirken, vgl. § 154 (b)(2)(C) *Patent Act.*

### a) Schutzvoraussetzungen

Zur Laufzeitanpassung bedarf es zunächst einer unangemessenen Verzögerung, die als Mindestverzögerung einerseits ab dem Anmeldetag oder andererseits ab dem Prüfantrag über die Patentierbarkeit gemessen werden kann. Entscheidend ist hier der Eintritt des späteren Ereignisses. Von KORUS und CHIUS abgesehen nennen alle Abkommen entweder vier bzw. zwei oder fünf und drei Jahre Mindestverzögerung seit Anmeldetag bzw. Prüfantrag.[937] Durch Klage des Patentinhabers bedingte Verzögerungen müssen nicht berücksichtigt werden.

USMCA schlägt eine andere Richtung ein. Es erlaubt den Parteien, sämtliche außerhalb des Prüf- oder Anmeldeverfahrens oder außerhalb der direkten behördlichen Kontrolle/Weisung oder beim Patentanmelder gründende Verzögerungen außer Acht zu lassen, vgl. Art. 20.44.4 S. 2. Im Gegensatz zur bisherigen Praxis („unreasonable delays that occur") benennt USMCA erstmals genauere Parameter dafür, was tatbestandlich als (un)angemessen qualifiziert werden kann. Bislang wurde das Unangemessenheitskriterium teilweise aufgrund abkommensinterner „best efforts"-Klauseln umfänglich auf sämtliche Verzögerungen der Risikosphäre der Erteilungsbehörde bezogen.[938] USMCA verdeutlicht, wie die Vertragspartner Verantwortung der Erteilungsbehörde auf deren direktes „Versagen" beschränken; dem steht die „best efforts"-Klausel des Art. 20.46.1 USMCA nicht entgegen, sondern erfährt Konkretisierung. Damit einher gehen quantitativ weniger Laufzeitanpassungen, welche gewährt werden müssen; Nachahmerpräparaten kann somit öfter schnellerer Marktzugang gelingen.

#### b) Schutzgegenstand und -wirkung

Der Schutzgegenstand unterliegt ebenso wenig Einschränkungen, wie dessen Wirkungen und entsprechen mithin denen des Patents. Hinsichtlich der USA entsprechen sie dem Status quo hinsichtlich des § 154 *Patent Act*, welcher, anders als § 156 *Patent Act*, mit dem Patent gleichläuft.

#### c) Zwischenergebnis

Seit seiner Einbeziehung im Singapur-FTA avancierten allgemeine Laufzeitanpassungen zum (meist obligatorischen) Kernstandard, auch für Pflanzenschutzmittelpatente. Zulassungsbezogene Sonderregeln für Pflanzenschutz-

937 Art. 16.7.7 Singapur-FTA; Art. 17.9.6 Chile-FTA; Art. 17.9.8a AUSFTA; Art. 15.9.6a CAFTA; Art. 15.9.7 Marokko-FTA; Art. 14.8.6a Bahrain-FTA; Art. 15.8.6a Oman-FTA; Art. 16.9.6b Peru-FTA; Art. 16.9.6b Kolumbien-FTA; Art. 15.9.6b Panama-FTA; Art. 20.44.4 USMCA; Art. 18.8.6a KORUS bzw. Art. 1.12.2(a) CHIUS setzen vier und 3 Jahre voraus.

938 *Keim,* TRIPS-plus Patentschutzklauseln in bilateralen Freihandelsabkommen der EU, S. 160 f.; Nach „best efforts"-Klauseln haben sich die die Parteien zu bemühen, die Patenterteilung möglichst schnell und effektiv zu organisieren, vgl. Art. 15.9.6(a) Panama-FTA.

mittel existieren – bedingt durch deren Inexistenz im US-Recht – indes nicht. Trotz diverser Gelegenheiten, Laufzeitanpassungen tatbestandlich weiter zu konkretisieren, zeigt sich die Klausel bis heute insgesamt quasi unverändert. Angesichts ihrer Abstraktheit bestehen interpretatorische Spielräume bezüglich der nationalen Umsetzung. Die Tatsache, dass USMCA als Revision von NAFTA die altbekannten Vorgaben nicht ausgedehnt, sondern tendenziell eingeschränkt hat, deutet auf eine nach wie vor vergleichsweise zu vernachlässigende strategische Funktion im Kanon aller Schutzstandards hin. Dies bestätigt sich auch in CHIUS, welches ebenfalls keine inhaltliche Weiterbildung dieser Klausel beinhaltet.

#### 3. Zwischenergebnis

Die US-Abkommen differenzieren zwischen arzneimittelbezogenen *patent term extensions* und den allgemein geltenden *patent term adjustments.* Letztere sind auch auf Pflanzenschutzmittelzulassungen anwendbar. Beide bezwecken den Ausgleich für verkürzte effektive Patentlaufzeiten. Inhaltlich sind sie vergleichsweise abstrakt gefasst und geben kaum konkrete Vorgaben zur Ausgestaltung. Sie stellen zwar seit Beginn dieses Jahrtausends *de facto* Kernbestandteile der Freihandelsabkommen dar, entbehren aber weitestgehend evolvierender Merkmale. Im Gegensatz zu mancherorts Arzneimitteln mit ihren *extensions* stellen die allgemeinen *adjustments* keine Ausnahmen hinsichtlich des „Ob“ des Schutzes dar. Auch wenn USMCA jetzt detailliertere Umstände der „Unangemessenheit“ nennt, forcieren die USA diesbezüglich keine weiterreichenden Schutzrechtsextensionen.

### II. Unterlagenschutz

#### 1. Grundlagen nationaler Genese

Bevor sich die Untersuchung der amerikanischen Freihandelspraxis zuwendet, sollen zuvor die wesentlichsten nationalen Grundlagen des Unterlagenschutzes skizziert werden. Nachdem Arzneimittel diesbezüglich bereits umfänglich behandelt worden sind,[939] bedarf es hiesig allein der pflanzenschutzmittelrechtlichen Betrachtung.

Die Einführung eines Unterlagenschutzregimes 1978 war für Pflanzenschutzmittel in den USA das erste überhaupt. Andere Bereiche, wie insbesondere Arzneimittel, folgten erst Anfang der 1980er Jahre. Das Aufkommen der modernen Agrochemie in den 1940er Jahren brachte 1947 den *Federal Insecticide, Fungicide, and Rodenticide Act* (*FIFRA*) hervor, der

939 S. hierzu Teil 2 B. II. 2. a).

Tests und Studien zur Zulassung eines bestimmten Pestizids anordnete.[940] Davor hatten nicht mehr als Etikettierungs- und Verlaufsauflagen für Pestizide existiert. *FIFRA* verbot jedwede Offenlegung von Daten über die chemische Struktur des Pestizids, schwieg aber zu Folgezulassungen und gesundheits- bzw. sicherheitsrelevanten Datensätzen.[941] Daher diskutierte der Senat mögliche Anpassungen, wobei naturgemäß gegenläufige Interessen aufeinander stießen. Der Ausschuss für Landwirtschaft und Forstwesen propagierte den kompletten Ausschluss von Zweitanmeldern für eingereichte Daten mit Argumenten, die von forschungsbasierten Unternehmen entlehnt waren: Könnten Folgeanmelder die kostenintensiv erhobenen Daten frei nutzen, entfiele der Forschungsanreiz und Mitbewerber würden gestärkt. Nach Ansicht des Handelsausschusses sollten hingegen sämtliche Daten frei verfügbar sein, weil ansonsten Handelsbarrieren geschaffen und eigene Forschung von Zweitanmeldern den Belohnungsgedanken *ad absurdum* führen würde – immerhin bediene bereits das Originalprodukt den exklusiv Bedarf am Markt.[942] Schließlich einigten sich beide Lager auf einen Kompromiss:[943] Vom Jahr 1972 an mussten unter anderem sämtliche Unterlagen eines Erstanmelders bei Bedarf für weitere Anmelder nutzbar gemacht werden (die Behörde entschied, welche Daten einer anderen Anmeldung förderlich sein könnten), es sei denn, sie wurden als Betriebsgeheimnisse deklariert (diese Daten durfte die zuständige Behörde nicht weitergeben). Für jene offengelegten Daten konnte dann der Erstanmelder, sofern sich ein Zweitanmelder auf die Datensätze berief, seinerseits „adäquate Kompensation“ einfordern. Allerdings gingen Erstanmelder dazu über, weite Teile ihrer Studien als Betriebsgeheimnisse zu deklarieren, und unterminierten dadurch den gesetzesimmanenten Offenlegungs- und Kompensationsgedanken.[944] Daraufhin wurde das Gesetz – infolge umfangreicher Detaildiskussionen – im Jahre 1978 kompromissbildend geändert, sodass[945] Erstanmelderdaten zehn Jahre lang (nach Zulassung) nicht ohne Zustimmung für Zweitanmeldungen genutzt werden konnten.[946] An diese zehnjährige Unterlagenexklusivität schlossen sich fünf Jahre „entschädigungsbewährter“ Zugriff an, vgl.

940 Zu dessen Schwächen s. *Miller*, Colorado Journal of International Environmental Law and Politics 1995, 201, 206 f.

941 *Coll*, Columbia Journal of Environmental Law 1986, 193, 196.

942 Zu beiden Positionen *Coll*, Columbia Journal of Environmental Law 1986, 193, 206 f. m. w. N.

943 Die Änderungen erfolgten durch den Federal Environmental Pesticide Control Act, Pub. L. No. 92-516,

86 Stat. 973 (1972).

944 *Coll*, Columbia Journal of Environmental Law 1986, 193, 198.

945 Die Änderungen erfolgten durch Ergänzungen im Federal Pesticide Act, Pub. L. No. 95-396, § 2(a), 92 Stat. 820 (1978).

946 Umfassend *Coll*, Columbia Journal of Environmental Law 1986, 193, 209 ff.; *Heled*, Ohio State Law Journal 2015, 319, 330.

7 U.S.C. § 136a(c)(1)(F)(iii). Zudem wurde die Deklaration von Geschäftsgeheimnissen für gesundheits-, umwelt- und sicherheitsbezogene Daten eingeschränkt.[947] Entschädigungs-Streitigkeiten unterfielen nunmehr nicht den ordentlichen Gerichten, sondern der Schiedsgerichtsbarkeit.

Bis heute sind diese Kernelemente im Wesentlichen dieselben geblieben, vgl. *FIFRA section* 3(c)(1)(F)(i) und 3(c)(1)(F)(iii).[948] So erfahren Daten für neue aktive Bestandteile eines Pestizids oder neue Anwendungsbereiche zehn Jahre nach Registrierung Unterlagenschutz, sofern der Inhaber nicht sein schriftliches Einverständnis zu deren Nutzung gegeben hat.[949] Auch jenes 5-jährige Kompensationspostulat infolge zehn-jährigen Schutzes besteht nach wie vor, vgl. 7 U.S.C § 136a(c)(1)(F)(iii). Bei Anmeldungen für geringfügige Verwendungen[950] innerhalb der ersten sieben Jahre nach Beginn des Unterlagenschutzes kann der Zeitraum – pro drei angemeldete Verwendungen – um ein Jahr fortgeschrieben werden, dies bis zu dreimal.[951] Mithin stehen bis zu 13 Jahre Unterlagenschutz zur Verfügung. Der Supreme Court stuft die gesetzlichen Vorgaben als verfassungsgemäß ein: Testdaten stellen demnach zwar nach dem fünften Verfassungszusatz zu schützende Eigen-

947 *Coll*, Columbia Journal of Environmental Law 1986, 193, 200.

948 S. 7 US.C. § 136a(c)(1)(F)(i) und (iii); vgl. zudem *Carroll*, Pest Management Science 2016, 1631, 1631 ff. mit weiteren Zulassungsdetails, auch in Gegenüberstellung zur EU; konkret zu Änderungen in der Wiederzulassung bereits zugelassener Pestizide *Perlis*, Natural Resources and Environment 1990, 6 ff.

949 Davon ausgenommen sind Daten, die erst auf Anfrage der zuständigen Behörde eingereicht worden sind, dem sog. *data call in* (sog. CDI), vgl. *FIFRA* section 3(c)(2)(B).

950 Als „geringfügige Verwendungen“ (*minor use*) definiert 7 U.S.C. § 136 (II): „The term „minor use“ means the use of a pesticide on an animal, on a commercial agricultural crop or site, or for the protection of public health where (1)the total United States acreage for the crop is less than 300,000 acres, as determined by the Secretary of Agriculture; or (2) the Administrator, in consultation with the Secretary of Agriculture, determines that, based on information provided by an applicant for registration or a registrant, the use does not provide sufficient economic incentive to support the initial registration or continuing registration of a pesticide for such use and—
(A) there are insufficient efficacious alternative registered pesticides available for the use;
(B) the alternatives to the pesticide use pose greater risks to the environment or human health;
(C) the minor use pesticide plays or will play a significant part in managing pest resistance; or
(D) the minor use pesticide plays or will play a significant part in an integrated pest management program.
The status as a minor use under this subsection shall continue as long as the Administrator has not determined that, based on existing data, such use may cause an unreasonable adverse effect on the environment and the use otherwise qualifies for such status.“

951 S. 7 US.C. § 136a(c)(1)(F)(ii).

tumspositionen dar, die durch den Zweitanmelder beschränkt würden. Jedoch sei hierin keine Enteignung zu sehen, weil der Erstanmelder aufgrund der Zustimmungsklausel und des Kompensationsgebots vernünftigerweise nicht die Geheimhaltung erwarten dürfe.[952]

## 2. Freihandelspraxis

Neben universellen Bestimmungen zum Schutz von Betriebs- und Geschäftsgeheimnissen in Art. 1711 NAFTA, setzt dessen Abs. 5 – 7 als erstes Freihandelsabkommen überhaupt besondere Datenexklusivitätsbestimmungen für pharmazeutische und agrochemische Produkte fest:

> „5. If a Party requires, as a condition for approving the **marketing of pharmaceutical or agricultural chemical products** that utilize **new chemical entities**, the submission of undisclosed test or other data **necessary** to determine whether the use of such products is safe and effective, the Party **shall protect against disclosure** of the data of persons making such submissions, where the origination of such data involves considerable effort, **except** where the **disclosure is necessary to protect the public or** unless steps are taken to ensure that the **data is protected against unfair commercial use**.
>
> 6. Each Party shall provide that for data subject to paragraph 5 that are submitted to the Party after the date of entry into force of this Agreement, **no person** other than the person that submitted them may, **without the latter's permission, rely on such data** in support of an application for product approval **during a reasonable period** of time after their submission. For this purpose, a **reasonable period shall normally mean not less than five years** from the date on which the Party granted approval to the person that produced the data for approval to market its product, taking account of the nature of the data and the person's efforts and expenditures in producing them. Subject to this provision, there shall be no limitation on any Party to implement **abbreviated approval procedures** for such products on the basis of bioequivalence and bioavailability studies.
>
> 7. Where a Party relies on a marketing approval granted by another Party, the reasonable period of exclusive use of the data submitted in connection with obtaining the approval relied on shall begin with the date

952 U. S. Supreme Court, 467 U. S. 986 (1984) (*Ruckelshaus v. Monsanto Co.)*; besprochen bei *Bauer*, GRUR Int. 1984, 649; *Chrocziel*, GRUR Int. 1985, 489 ff.; richtigerweise gibt *Niioka* zu bedenken, dass die Entscheidung nicht unmittelbar auf Arzneimittelunterlagen übertragbar ist (dort bestehen nämlich strukturelle Diskrepanzen hinsichtlich der Entschädigung und des Umfangs der Offenlegung), *Niioka,* Klinische Versuche im Patentrecht, S. 169 Fn. 495; s. auch *Correa*, Chicago Journal of International Law 2002, 69, 79 f.; ferner zum US-verfassungsrechtlichen Status von Geschäftsgeheimnissen *Janka*, The University of Chicago Law Review 1987, 334 ff.

of the first marketing approval relied on.“ (Hervorhebungen durch den Verfasser)

Seitdem bildet Datenexklusivität den zentralen immateriellen Sektorschutzmechanismus in allen amerikanischen Freihandelsabkommen. Die aufgrund dessen mittlerweile verfügbare Literatur konzentriert sich auf Arzneimittel, wohingegen Pflanzenschutzmittel weniger Beachtung gefunden haben.[953] Aus US-nationalstaatlicher Perspektive mag dies zunächst paradox erscheinen, da Unterlagenschutz für Pestizide zeitlich vor Arzneimitteln gesetzlich verankert worden war (vgl. 7 U.S.C. § 136 ff.). Allerdings betreffen nach US-Recht die meisten Unterlagenschutzregeln verschiedene Bereiche des Arzneimittelrechts. Beide Systeme versuchen, die Interessen von Original- und Nachahmerherstellern auszubalancieren.

### a) Arzneimittel

Nachdem NAFTA den Unterlagenschutz noch als Teilmaterie unter Handels- und Geschäftsgeheimnissen adressiert hatten, räumen ihm die Freihandelsabkommen seit dem Singapur-FTA einen eigenständigen Abschnitt für „Maßnahmen bezüglich (bestimmter) regulierter Produkte“ ein und unterstreichen so dessen inhaltliche Signifikanz.

953 Vornehmlich erwähnt seien *Abbott,* Intellectual Property Provisions of Bilateral and Regional Trade Agreements in light of US Federal Law; *Abbott*, The Evolution of Public Health Provisions in Preferential Trade and Investment Agreements of the United States, in: Roffe/Seuba, Current Alliances in International Intellectual Property Lawmaking: The Emergence and Impact of Mega-Regionals, S. 45; *Acquah*, International Review of Intellectual Property and Competition Law 2014, 256; *Armouti/Nsour*, Oregon Review Of International Law 2016, 259; *Cartagena/Attaran*, Health Law Journal 2009, 269; *Clift,* Data Protection and Data Exclusivity in Pharmaceuticals and Agrochemicals, in: *Krattiger/Mahony/Nelson/et al., Intellectual Property Management in Health and Agricultural Innovation* , S. 431; *Cook,* Regulatory Data Protection in Pharmaceuticals and Other Sectors, in: Krattiger/Mahony/Nelson/et al., Intellectual Property Management in Health and Agricultural Innovation S. 437; *Feldman*, Columbia Journal of Law & the Arts 2016, 53; *Pérez Rojas,* Legal protection of pharmaceutical test data in developing countries: Is there a need to amend exclusivity regimes?; *Correa,* Protection of Data Submitted for the Registration of Pharmaceuticals: Implementing the Standards of the TRIPS Agreement; *Ragavan*, Connecticut Law Review 2018, 1; *Spina Alí*, European Intellectual Property Review 2016, 744; *Andanda*, SECO/WTI Academic Cooperation Project Working Paper Series 4/2012 2012; *Abualghanam,* The Protection of Pharmaceutical Patents and Data under TRIPS and US-Jordan FTA: Exploring the Limits of Obligations and Flexibilities: A Study of the Impacts on the Pharmaceutical Sector in Jordan; *Yu*, Chicago-Kent Law Review 2010, 777; konkret zu Pflanzenschutzmitteln *Carroll*, Pest Management Science 2016, 1631; *Miller*, Colorado Journal of International Environmental Law and Politics 1995, 201; *Freshwater*, Estey Centre Journal of International Law and Trade Policy 2003, 32; *Perlis*, Natural Resources and Environment 1990, 6.

aa) Verpflichtung bei Genehmigungsverfahren

Alle Freihandelsabkommen[954] seit NAFTA bestimmen einhellig für den Fall, dass im Staatsgebiet einer Nation Arzneimittel vor ihrem Inverkehrbringen ein Zulassungsverfahren durchlaufen müssen, Unterlagenschutzbestimmungen zwingend vorzusehen sind.

bb) Voraussetzungen

(1) Neue chemische Stoffe

Nach Art. 1711.5 NAFTA bedingt der Unterlagenschutz für Arzneimittel, dass diese neue chemische Stoffe enthalten („pharmaceutical chemical product that utilizes new chemical entites"). Da der Neuheitsbegriff grundsätzlich sowohl relativ als auch absolut ausgestaltet werden kann, präzisiert das Jordanien-FTA, dass auch neue Verwendungen bekannter chemischer Stoffe als „neu" gelten.[955] Das darauffolgende Singapur-FTA macht dazu keinerlei Vorgaben, sodass prinzipiell sowohl alte als auch neue Stoffe und Stoffgemische Unterlagenschutz zugänglich sind, vgl. dort Art. 16.8.1. Von der ursprünglichen Terminologie abrückend zu einem ausdrücklich relativen Neuheitsbegriff hin, beziehen sich die Folgeabkommen auf ein neues pharmazeutisches „Produkt". Dies ist nunmehr *per definitionem* ein Erzeugnis, das keine chemischen Bestandteile enthält, die zuvor im Territorium der Partei zugelassen worden sind.[956] Ergo gelten im Ausland möglicherweise seit vielen Jahren zugelassene Stoffe im Inland als neu, solange sie dort zuvor nicht zugelassen wurden.[957] Seit dem Bahrain-FTA geht die Bestimmung noch weiter, indem sich die erstmalige Zulassung zusätzlich auf das **pharmazeutische Gebiet** beschränkt; erst USMCA verzichtet wieder darauf.[958] Diesbezügliche Ausdehnungen des Neuheitsbegriffs begünstigen Schutzmöglichkeiten für Unterlageninhaber, die in aller Regel Originalpräparate anmelden. Da die Freihandelsabkommen explizit (nur) Mindeststandards

954 Beachte CHIUS, das – zumindest in seiner jetzigen ersten Phase – technisch kein Freihandelsabkommen ist, und keinen speziellen Unterlagenschutz gewährt, sondern in seinen Art. 1.3 ff. allgemeine Vorgaben zu *trade secrets* macht (freilich können auch Zulassungsunterlagen darunter fallen).

955 Fn. 10 zu Art. 4.22 Jordanien-FTA; *Correa*, Case Western Reserve Journal of International Law 2004, 79, 87 f.

956 Art. 17.10.1(a), (d) AUSFTA; Art. 15.10(a), (c) CAFTA; Art. 15.10.1 S. 2 Marokko-FTA; Art. 14.9.1(a), (c) Bahrain-FTA (zzgl. der weiteren Beschränkung auf keine vorherige pharmazeutische Verwendung); Art. 15.9.1(a), (c) Oman-FTA (zzgl. der Beschränkung auf keine vorherige pharmazeutische Verwendung).

957 *Correa*, Case Western Reserve Journal of International Law 2004, 79, 87.

958 Art. 14.9.1(c) Bahrain-FTA; 15.9.1(c) Oman-FTA; Art. 16.10.2(d) Peru-FTA; Art. 16.10.2(d) Kolumbien-FTA; Art. 15.10.2(d) Panama-FTA; 18.9.1(c) KORUS; Art. 20.50 USMCA.

abbilden sollen, könnte umfangreicherer Schutz, etwa für bereits zugelassene Stoffe, national umgesetzt werden. Daher grenzen sich die Kontrakte mit Peru, Kolumbien und Panama wiederum terminologisch ab, indem sie negativ formulieren, dass die Parteien die Unterlagenschutzvorschriften nicht anwenden müssen, sofern das Erzeugnis einen zuvor im Parteiterritorium (auf pharmazeutischem Gebiet) zugelassenen chemischen Stoff enthält. Aus dieser Abgrenzung folgt für die Rechtsanwendung im Umkehrschluss, dass davon abweichende Arzneimittel nicht zwingend geschützt werden müssen. KORUS und USMCA andererseits greifen den Wortlaut der vorherigen, nicht unter Einfluss des US-Kongresses revidierten Klauseln wieder auf.[959]

Nachdem all jene Kontrakte chemische Stoffe zur Voraussetzung haben, enthält USMCA außerdem ein Novum, indem es ausdrücklich neben chemischen auch Biopharmazeutika[960] (sog. *biologics*) unterlagenschutzrechtlich reguliert. Auch CHIUS bezieht *biologics* dem Grunde nach mit ein, ist aber gleichwohl unterlagenschutzrechtlich nicht erwähnenswert.[961] Im Kern grenzen sich biologische Arzneimittel dadurch von chemischen ab, dass sie bzw. ihre Wirkstoffe nicht chemisch synthetisiert worden sind, sondern ihnen biologisches Material zugrunde liegt.

Nach Art. 20.49 USMCA haben die Parteien Arzneimittel, welche neue biologische Präparate sind oder enthalten, nach den Vorschriften (vgl. Art. 20.48.1 und 3) für Arzneimittel mit neuen chemischen Stoffen zu schützen. Die Vertragspartner müssen dies ausdrücklich nicht anwenden auf Zweit- und Folgezulassungen eines solchen Erzeugnisses oder wenn das Biopharmazeutikum als solches oder dessen biologischer Inhalt bereits zuvor zugelassen worden ist. Damit greift USMCA aktuelle Branchenwandlungen auf: Da mittlerweile immer öfter forschende Unternehmen – meist im Anschluss an Kosten/Nutzen-Risikoanalysen – davon absehen, patentierbare niedermolekulare chemische Moleküle zu erfinden, gelten Biologika als vergleichsweise junger, aber wachsender zukunftsorientierter Wachstumsmarkt. Für forschende Unternehmen vorteilhaft wirken sich dort neben ausgeglichenerer Risikoverteilung, erschwerter Nachahmbarkeit (Generika[962] bzw. Biosimilars) und quantitativ mehr Gewinnchancen durch

959 Art. 18.9.1(a), (c) KORUS; Art. 20.48. i. V. m. Art. 20.50 USMCA.

960 Nach Definition der Arzneimittelkommission der deutschen Ärztekammer sind Biologische Arzneimittel (Biologika, Biopharmazeutika) Arzneimittel, deren Wirkstoffe entweder biologische Stoffe sind, biologischen Ursprungs sind oder aus biologischem Ursprungsmaterial erzeugt werden, s. *Arzneimittelkommission der deutschen Ärzteschaft,* Biosimilars, S. 13.

961 Vgl. Art. 1.11.1 CHIUS, der zum einen den Unterlagenschutz nicht vorschreibt, sondern nur für den Fall seines Bestehens regelt („If China permits"), und zum anderen die *patent linkage* betrifft.

962 Begrifflich beziehen sich Generika auf chemische Arzneimittel. Da Biologika auch auf biologischer Basis nachgeahmt werden, entsprechen sie sich nicht in Gänze, son-

„Blockbuster"-Patente auch eine bislang unvoreingenommenere (und somit großzügigere) Patenterteilungspraxis aus.[963]

Flankierend ist erst im Jahr 2010 das US-Recht mit dem *Biologics Price Competition and Innovation Act of 2009*[964] (*BPCIA*) um neue Vorschriften hinsichtlich abgekürzter Zulassungen für Biosimilars ergänzt worden, die wesentlich dem *Hatch-Waxman Act* nachempfunden sind. Dieses auf Ausgleich zwischen Innovation(-sförderung) und Verbraucherinteressen gerichtete Verfahren berücksichtigt dabei die im Vergleich zu chemischen Pharmazeutika höheren Forschungs-, Entwicklungs-, Zulassungs- und Vermarktungskosten, indem Original-Biologika grundsätzlich zwölf Jahre[965] (statt fünf Jahre für chemische Pharmazeutika) Datenexklusivität[966] ab der ersten Genehmigung genießen; auf der anderen Seite gelangen Verbraucher durch abgekürzte Zulassungsverfahren schneller an ihre benötigten Medikamente.[967]

Die wesentlichsten Kernelemente exportiert USMCA nun, indem es mithilfe seiner verpflichtenden Schutzstandards Biologika in bestehende wirtschaftsvölkerrechtliche Strukturen einfügt. Vorherige Versuche seitens Teilen der Pharmabranche während der KORUS-Verhandlungen, Biologika in den Vertrag einfließen zu lassen, waren zuvor letztlich gescheitert[968] und fanden sich erst in der *Trans-Pacific Partnership* (TPP), Art. 18.52 TPP. Angesichts der (globalen) Entwicklungen im Biopharmazeutika-Markt bleibt zu erwarten, dass zukünftige US-Abkommen diesen Aspekt zumindest dem Grunde nach im Rahmen des Immaterialgüterschutzes berücksichtigen werden, sei es zunächst auf chemische Arzneimittel verweisend, früher oder später jedoch durch spezifische Passagen. Dabei seien zweierlei Kernpunkte erwähnt: Eine Definition des Biologikums ist zur Bestimmung des Anwendungsbereichs ebenso unerlässlich wie streitbeladen und wird sich innerhalb der US-Freihandelsabkommen wahrscheinlich am nationalen US-Recht orientieren. Innerhalb von TPP hatten sich die Parteien nur rudimentär einigen

---

dern unterliegen (minimalen) Schwankungen (sog. Mikroheterogenität), s. *Arzneimittelkommission der deutschen Ärzteschaft,* Biosimilars, S. 13. Dementsprechend gelten sie technisch nicht als „Generika", sondern als Biosimilars, obwohl sie als Nachahmerpräparate eine identische Marktfunktion einnehmen.

963 *Wong*, Nature Biotechnology 2009, 293 f.

964 S. Titel VII, Untertitel A, Public Law 111–148, §§ 7001-03, 124 Stat. 119, zur Änderung von Section 351 des Public Health Service Act, 42 U.S.C. § 262. Letzter abrufbar unter https://www.law.cornell.edu/uscode/text/42/262 (letzter Zugriff am 28.03.2024).

965 42 U.S.C. § 262 (k)(7)(A).

966 Hierzu *Schacht/Thomas,* Follow-On Biologics: The Law and Intellectual Property Issues, S. 6 f.

967 Umfassend hierzu *Kogan*, Global Trade and Customs Journal 2011, 513 ff.; *Field/Boat* (Hrsg.), Safe and Effective Medicines for Children, S. 64 ff.

968 Hierzu *Kogan*, Global Trade and Customs Journal 2011, 513, 515, 530 ff.

können, wohingegen USMA sehr viel näher am US-Recht liegt. Der *BPCIA* definiert ein Biologikum als

> „a virus, therapeutic serum, toxin, antitoxin, vaccine, blood, blood component or derivative, allergenic product, protein (except any chemically synthesized polypeptide), or analogous product, or arsphenamine or derivative of arsphenamine (or any other trivalent organic arsenic compound), applicable to the prevention, treatment, or cure of a disease or condition of human beings."[969]

USMCA konstruiert, wie TPP, Minimalanforderungen; Art. 20.49.2 USMCA definiert Biologikum als (mindestens) unter Einsatz biotechnologischer Prozesse hergestelltes Produkt, welches ein Virus, ein therapeutisches Serum, ein Toxin, Antitoxin, Impfstoff, Blut (oder dessen Komponente oder Derivat), ein (Anti-)Allergikum, ein Protein, oder ein analoges Produkt darstellt oder beinhaltet und zur Anwendung an Menschen zur Prävention, Behandlung oder Heilung einer Krankheit oder eines Zustandes dient. In Differenz zum amerikanischen Recht schließt USMCA Arsphenamine[970] nicht mit ein, macht andererseits aber keine Einschränkungen hinsichtlich chemisch synthetisierten Polypeptiden.[971] Ergo fallen sie in den völkerrechtlichen Anwendungsbereich hinein und bilden somit einen US-*Plus*-Standard.

Schließlich stellt sich die Frage nach Ausnahmetatbeständen bzw. Sonderfälle wie Unterlagen für pädiatrische Studien sowie *orphan drugs* oder Folgeindikationen.[972] Auffälliger Weise entbehren bislang die US-Abkommen eines korrespondierenden Befundes. Gleichwohl sind diesbezügliche Ergänzungen – in Abhängigkeit der politischen Kräfteverteilung – absehbar.

#### (2) (Nicht offengelegte) Daten bzw. Informationen

Nach NAFTA und Jordanien-FTA sind, gleich Art. 39 Abs. 3 TRIPs, nicht offengelegte Test- und sonstige Daten zu schützen. Art. 4.22 (i. V. m. Fußnote 11) Jordanien-FTA stellt klar, dass neben inländisch auch ausländisch eingereichte Daten gleichermaßen zu schützen sind.[973] Nachdem sich daraufhin der Terminus im Singapur- und Chile-FTA zu „Informationen" gewandelt

---

969 42 U. S. C. § 262 (i)(1).

970 Dabei handelt es sich um arsenhaltige Substanzen insb. zur Verwendung in der Chemotherapie.

971 Polypeptide sind Teile von Proteinen oder bilden selbige.

972 Vgl. 42 U. S. C. § 262 (m)(2)(A), wonach sechs Monate längerer Schutz für pädiatrische Studien vorgesehen ist; Zu *orphan drugs* s. 42 U. S. C. § 262 (m)(2)(B).

973 Der Zusatz war notwendig, um Interpretationsstreitigkeiten hinsichtlich der Reichweite von Art. 39 TRIPs abzuwenden. Hierzu *Armouti/Nsour*, Oregon Review Of International Law 2016, 259, 275 f., verweisend auf *Skillington/Solovy*, Northwestern Journal of International Law & Business 2003, 1, 24 f.; *Correa*, Chicago Journal of International Law 2002, 69, 73.

hatte, greifen AUSFTA, CAFTA und das Marokko-FTA „Daten“ wieder auf.[974] Sodann ist in den Bahrain- und Oman-FTAs von Informationen, wiederum mit Peru, Kolumbien und Panama von Daten die Rede.[975] Der terminologische Wechsel setzt sich in KORUS und USMCA fort.[976] Obwohl die technische Konnotation des Begriffs „Daten“[977] den Informationsbegriff als (noch) weiter erscheinen lässt, sind keine Anhaltspunkte ersichtlich, die die scheinbar synonyme Verwendung beider Begriffe als nicht bezweckt erscheinen lassen.

Die überwiegende Zahl der Vertragstexte beschränkt den Tatbestand auf „nicht offenbarte“ Informationen. Nur die Verträge mit Singapur, Bahrain, Marokko, dem Oman und nun KORUS unterbrechen regelmäßig diesen seit NAFTA üblichen Ansatz.[978] Öffentlich zugängliche Informationen müssen daher *e contrario* nicht in den Tatbestand fallen, was vereinzelt singulär klargestellt wird.[979] Allerdings müssen in AUSFTA und CAFTA nicht offenbarte Informationen, die zwecks Genehmigung eingereicht wurden und daraufhin an die Öffentlichkeit gelangen, vor unlauterem Wettbewerb (im Sinne der *regulatory data protection*) geschützt werden.[980] Diese Fiktion hat sich in den Folgeabkommen nicht durchgesetzt, sodass dort sämtliche öffentlichen Informationen aus dem Unterlagenschutz herausfallen.

---

974 Art. 16.8.1 Singapur-FTA; Art. 17.10.1 Chile-FTA; Art. 17.10.1(a) AUSFTA; Art. 15.10.1(a) CAFTA; Art. 15.10.1(a) Marokko-FTA.

975 Art. 14.9.1(a) Bahrain-FTA; Art. 15.9.1(a) Oman-FTA; Art. 16.10.2(a) Peru-FTA, Art. 16.10.2(a) Kolumbien-FTA; 15.10.2(a) Panama-FTA.

976 Art. 18.9.1(a) KORUS; 20.48.1(a) USMCA.

977 Nach dem Oxford-dictionary gelten Daten in erster Linie als „Facts and statistics collected together for reference or analysis“ bzw. „The quantities, characters, or symbols on which operations are performed by a computer, which may be stored and transmitted in the form of electrical signals and recorded on magnetic, optical, or mechanical recording media“, s. https://en.oxforddictionaries.com/definition/data (letzter Zugriff am 28.03.2024).

978 Einerseits Art. 1711.5 NAFTA; Art. 4.22 Jordanien-FTA; Art. 17.10.1 Chile-FTA; Art. 17.10.1 AUSFTA; Art. 15.10.1(a) CAFTA; Art. 16.10.2(a) Peru-FTA; Art. 16.10.2(a) Kolumbien-FTA; Art. 15.10.1(a) Panama-FTA; Art. 20.48.1(a) USMCA; andererseits Art. 16.8.1 Singapur-FTA; Art. 15.10.1 Marokko-FTA; Art. 14.9.1(a) Bahrain-FTA; Art. 15.9.1(a) Oman-FTA; Art. 18.9.1(a) KORUS.

979 Art. 15.10.1(d) CAFTA, „ […] **no Party may consider information accessible within the public domain as undisclosed data.** […]“ (Hervorhebungen durch den Verfasser). Hierzu *Correa*, Case Western Reserve Journal of International Law 2004, 79, 88.

980 Art. 17.10.1(e) AUSFTA, wo „**If any undisclosed information concerning the safety or efficacy of a product submitted to a government entity**, or entity acting on behalf of a government, for the purposes of obtaining marketing approval is disclosed by a government entity, or entity acting on behalf of a government, each Party **is required to protect such information from unfair commercial use** in the manner set forth in this Article.“ (Hervorhebungen durch den Verfasser). „Set forth in this Article“ bezieht sich auf das stipulierte Unterlagenschutzregime.

(3) Notwendigkeit für Sicherheits- und Effizienzprüfung

Gemäß NAFTA, Art. 39 Abs. 3 TRIPs gleichend, müssen nur für die Sicherheits- und Effizienzprüfung notwendige Daten geschützt werden. Alle weiteren, im Zuge des Genehmigungsverfahrens einzureichenden Daten hingegen nicht. Das Tatbestandsmerkmal der „Notwendigkeit" ist bereits mit dem nachfolgenden Jordanien-FTA entfallen. Schutzbegründend reichte nunmehr aus, dass Informationen bzw. Daten bezüglich („concerning") der Sicherheits- und Effizienzprüfung eingereicht wurden – ungeachtet ihrer „Notwendigkeit".[981] Peru, Kolumbien und Panama kehren zur Notwendigkeitsbestimmung zurück, dem KORUS und USMCA wiederum nicht folgen.[982] USMCA stellt außerdem klar, dass „Sicherheit und Effizienz" alternativ zu verstehen sind, also auch Daten zu schützen sind, die sich entweder nur der Sicherheit oder nur der Effizienz zuordnen lassen.[983]

(4) Erhebliche Anstrengung

Gemäß NAFTA und dem Jordanien-FTA unterfallen nur solche Daten dem Unterlagenschutz, wenn ihre Erhebung erhebliche Anstrengungen erfordert hatte.[984] Abgesehen von Peru, Kolumbien, Panama und (beachtlicher Weise) KORUS,[985] verzichten alle darauffolgenden Verträge auf dieses Erfordernis, wie zuletzt USMCA. Keiner erheblichen Anstrengungen bedarf die Verwendung öffentlich zugänglichen Daten der sog. *public domain,* sodass diese nicht unter den Schutzbereich fallen.[986]

cc) Schutzzeitraum und -berechnung

NAFTA und das Jordanien-FTA legen keine Schutzzeiträume oder deren Berechnung zugrunde. Seit dem Singapur-FTA, dort Art. 16.8.1),müssen mindestens fünf Jahre Vermarktungsschutz ab dem Tag der Arzneimittelgenehmigung gewährt werden; (letzteres macht allerdings eine Ausnahme für den Fall, dass ein Vertragspartner vor Inkrafttreten von TRIPs bereits ein entsprechendes Unterlagenschutzsystem angewendet hatte. Dieses Sys-

---

981 Art. 4.23 Jordanien-FTA; Art. 17.10.1(a) AUSFTA; Art. 15.10.1(a) CAFTA; Art. 15.10.1(a) Marokko-FTA; Art. 14.9.1(a) Bahrain-FTA; 15.9.1(a) Oman-FTA.

982 Art. 16.10.2(a) Peru-FTA; Art. 16.10.2(a) Kolumbien-FTA; Art. 18.9.1(1) KORUS; Art. 20.48.1(a) USMCA.

983 Fn. 40 zu Art. 40.481(a) USMCA. Die Vorschrift gilt für chemische und biologische Präparate.

984 Art. 1711.5 NAFTA; Art. 4.22 Jordanien-FTA.

985 Art. 16.10.2(a) Peru-FTA; Art. 16.10.2(a) Kolumbien-FTA; Art. 15.10.2(a) Panama-FTA; Art. 18.9.1(a) KORUS.

986 *García,* Intellectual Property in the US-Peru Trade Promotion Agreement, S. 12.

tem darf – auch mit kürzeren Schutzzeiten als fünf Jahre – beibehalten werden[987]).

In Art. 17.10.1 Chile-FTA wurde keine entsprechende Ausnahme übernommen, sondern ebenfalls fünf Jahre Mindestschutz festgeschrieben. Mit AUSFTA folgte die Einschränkung darauf, dass es sich um die erste Genehmigung **in dem Staat** handeln muss. Bis zu den Peru- , Kolumbien- und Panama-FTAs setzte AUSFTA damit den Standard, den die Folgeabkommen *unisono* übernommen haben:

> „If a Party requires, as a condition of approving the marketing of a new pharmaceutical product, the submission of undisclosed test or other data concerning safety or efficacy of the product, the Party shall not permit third persons, without the consent of the person who provided the information, to market the same or a similar product on the basis of that information, or the marketing approval granted to the person who submitted such information, for **at least five years from the date of marketing approval by the Party**."[988] (Hervorhebungen durch den Verfasser).

Moderater weisen dagegen Kolumbien, Peru und Panama einen Schutzzeitraum von **normalerweise** fünf Jahren ab Arzneimittelgenehmigung aus, wobei die Art der Daten sowie auch ihr Erhebungsaufwand und Produktionsaufwendungen zu berücksichtigen sind.[989] Im Umkehrschluss bleibt den Parteien im Wege eines nicht unerheblichen Spielraumes überlassen, für bestimmte Medikamente kürzere Schutzperioden vorzusehen. Diese Spielräume für Ausnahmetatbestände und Verhältnismäßigkeitserwägungen zugunsten von Generika finden in KORUS und USMCA hingegen keine Entsprechung mehr; USMCA stellt aber klar, dass als „mindestens" fünf Jahre auch ein Schutzzeitraum von exakt fünf Jahren zulässig ist.[990] Insoweit ist einer eventuell weiten Interpretation, dass nämlich mehr als fünf Jahre Schutz suggeriert sein könnten, entgegen gewirkt worden.

Für Biologika bestimmt USMCA zehn Jahre Mindestschutzlaufzeit und bleibt damit hinter dem US-Recht (dort zwölf Jahre) zurück. Innerhalb amerikanischer Freihandelspraxis setzt USMCA für Arzneimittel jedoch neue Maßstäbe und gleicht diesbezüglich das Schutzniveau agrochemischen Produkten an (dazu sogleich). Ausweislich des Kontraktes handelt es sich hierbei um Vermarktungsverbote, obwohl die nationale Rechtslagen diesbezüglich nicht eindeutig geklärt ist. Dem US-Recht zufolge wird innerhalb der ersten vier Jahre nach Zulassung des Originals das Inverkehrbringen ent-

---

987 Fn. 16-14 zu Art. 16.8.1 Singapur-FTA.

988 Art. 17.10.1.(a) AUSFTA; vgl. auch Art. 15.10.1(a) CAFTA; Art. 15.10.1 Marokko-FTA; Art. 14.9.1(a) Bahrain-FTA; Art. 15.9.1(a) Oman-FTA.

989 Art. 16.10.2(b) Peru-FTA; Art. 16.10.2(b) Kolumbien-FTA; Art. 15.10.2(b) Panama-FTA.

990 Art. 18.9.1(a) KORUS; Art. 20.48.1(a) a. E. (inkl. dortiger Fußnote) USMCA.

sprechender *biosimilars* blockiert und die Vermarktung von Nachahmerpräparaten erst ab zwölf Jahre nach Erstzulassung des Originalpräparats gestattet.[991] In Anbetracht der gesundheitssystematischen Auswirkungen haben einige Kongress-Abgeordnete Klarstellung dahingehend verlangt, dass mit der Regelung *data exclusivity* anstelle der weiterreichenden *market exclusivity* gemeint sei.[992] Obwohl der Wortlaut („**approval** of an application under this subsection may **not be made effective**") sowie der Vergleich zum chemischen Pendant eher für den Charakter einer Vermarktungsexklusivitätsbestimmung sprechen, interpretiert die US-Zulassungsbehörde in Reaktion auf die Stimmen aus dem Kongress jene Passage als Inbezugnahmeverbot.[993]

dd) Ausnahmen

Die US-Unterlagenschutzkonzepte sehen insgesamt drei verschiedene, meist nur singulär integrierte Ausnahmen vor.

(1) Zustimmung des Inhabers

Mit Ausnahme des Jordanien-FTAs beinhalten seit NAFTA sämtliche Abkommen einen Passus, wonach mit Zustimmung des Inhabers Studiendaten von Folgeanmeldern genutzt werden dürfen.[994] Berechnungsparameter zur Kompensation für die Benutzung sind nirgends enthalten.

(2) Schutz der Öffentlichkeit

Ebenso wenig bedarf es – in deutlicher Parallele zu Art. 39 Abs. 3 TRIPs – nach NAFTA und Art. 4.22 Jordanien-FTA des Schutzes, wenn sein Verzicht zum Schutz der Öffentlichkeit notwendig ist. Ins Singapur-Abkommen wurde der Passus nicht aufgenommen, findet sich indes zwischenzeitlich in Art. 17.10.1 Chile-FTA (mit Unterbrechung durch AUSFTA) und Art. 17.10.1(d) CAFTA wieder, um sodann in Marokko, Bahrain und Oman unberücksichtigt zu bleiben. Peru, Kolumbien und Panama adressieren den Schutz der Öffentlichkeit wieder,[995] KORUS und USMCA dagegen nicht.

991 42 U.S.C. § 262(k)(7)(A); § 262(k)(7)(B).

992 Hierzu *Schacht/Thomas,* Follow-On Biologics: The Law and Intellectual Property Issues, S. 6 f.; *Thomas,* Regulatory Exclusivity Reform in the 115th Congress, S. 7.

993 *Schacht/Thomas,* Follow-On Biologics: The Law and Intellectual Property Issues. S. 7 m. w. N.

994 Art. 1711.6 NAFTA; Art. 16.8.1 Singapur-FTA; Art. 17.10.1 Chile-FTA, Art. 17.10.1.(a) AUSFTA; Art. 15.10(a)CAFTA; Art. 15.10.1 Marokko-FTA; Art. 14.9.1(a) Bahrain-FTA; Art. 15.9.1(a) Oman-FTA; Art. 16.10.2(b) Peru-FTA; Art. 16.10.2(b) Kolumbien-FTA; Art. 15.10.2(b) Panama-FTA; Art. 18.9.1(a) KORUS; Art. 20.48.1(a) USMCA.

995 Art. 16.10.2(a), (b) Peru-FTA; Art. 16.10.2(a), (b) Kolumbien-FTA; Art. 15.10.2(a), (b) Panama-FTA.

Auslegungsregeln hinsichtlich dessen, was als „notwendig“ anzusehen ist, definieren die Parteien nicht.

(3) Schutz vor unlauterem Gebrauch

NAFTA gewährt für den Fall, dass Testdaten nach nationalem Recht vor unlauterem Gebrauch geschützt werden, die Möglichkeit, von einem Unterlagenschutzsystem abzusehen. Diesen auch aus Art. 39 Abs. 3 TRIPs abgeleiteten Gedanken greifen daneben nur die FTAs mit Peru, Kolumbien und Panama auf.[996]

(4) Zwischenergebnis

Die US-Kontrakte stellen wenige Ausnahmen bereit. Zustimmungsvorbehalte liegen in der Hand des Dateninhabers, der seine Wettbewerbsvorteile in aller Regel nicht aufgeben wird. Ihre praktische Anwendung dürfte mithin primär hypothetischer Natur sein. Alternativschutz vor unlauterem Gebrauch ist selten (immerhin widerspricht sie dem Ansinnen, Unterlagenschutz als Schutzkonzept zu „exportieren“) und offenkundig überhaupt nur aufgrund innenpolitischer Einflussnahme in US-Abkommen vorhanden. Ausnahmen zum Schutz der Öffentlichkeit finden sich unregelmäßig – sie scheinen stark den individuellen Verhandlungsdynamiken zu unterliegen.

Mangels (subjektiv) hinreichender Ausnahmetatbestände haben einige Länder diese selbstständig implementiert. Die Gefahr darin zeigt sich am Beispiel Chiles: Chile hatte *post*-FTA umfangreiche Ausnahmen vom Arzneimittelunterlagenschutz implementiert, wie beispielsweise für Beschränkungen des freien Wettbewerbs, Zwangslizenzerteilung auf das einschlägige Patent oder aus Gründen der öffentlichen Gesundheit.[997] Daraufhin hatte der amerikanische Verband forschender Arzneimittelhersteller (*Pharmaceutical Research and Manufacturers of America – PhRMA*) Zweifel an deren FTA-Konformität geäußert und der USTR Chile unter Anwendung des „Special 301“ auf die *priority watch list* gesetzt. Obwohl die USA letztlich offiziell keine Verletzungen geltend gemacht haben, verursachten sie jedenfalls politische Spannungen und Rechtsunsicherheit.[998]

996 Art. 16.10.1(a) Peru-FTA; Art. 16.10.1(a) Kolumbien-FTA; Art. 15.10.2(b) Panama-FTA.

997 S. *Fink,* Intellectual Property Rights, in: Chauffour/Maur, Preferential Trade Agreement Policies for Development, S. 394.

998 *Fink,* Intellectual Property Rights, in: Chauffour/Maur, Preferential Trade Agreement Policies for Development, S. 394.

#### ee) Schutzwirkung

Hinsichtlich ihrer Schutzwirkungen sind Vermarktungs- von Inbezugnahmeverbote zu unterscheiden.[999] Nach US-Recht Generikaanmeldungen dürfen für neue chemische Stoffe innerhalb des Schutzzeitraums nicht zur Genehmigungsprüfung angenommen werden (solange sie nicht auf eigenen Testdaten beruhen) und somit Datenexklusivitätsbestimmungen gleichkommen.[1000]

NAFTA hatte noch (vergleichsweise generikamarkteintrittsbegünstigende) Inbezugnahmeverbote enthalten, fast alle Vertragstexte danach stellen hingegen Inverkehrbringungsverbote („prevent from marketing") auf.[1001] Lediglich die Abkommen mit Peru, Kolumbien und Panama schreiben zwischenzeitlich Inbezugnahmeverbote („prevent from **relying**" (Hervorhebung durch den Verfasser)) fest.[1002] Letztere Partnerländer sind mithin – anders als dies bei Marktexklusivität der Fall wäre – nicht gehindert, Zweitanmeldungen zuzulassen, die auf selbstständig erhobenen Testunterlagen basieren. Dies gilt zumindest für nicht patentgeschützte Arzneimittel. Anderenfalls richtet sich die Effektivität der Bestimmung nach dem (Nicht-)Vorhandensein einer nationalen *Bolar*-Ausnahme, welche beispielsweise in den USA keine Anwendung findet. KORUS und USMCA beziehen sich daraufhin wieder auf *market exclusivity.*[1003]

#### ff) Schutz aufgrund Zulassung in Drittland

Fast alle Abkommen schaffen daneben fünfjährige Mindestexklusivitätsperioden im Inland für Daten, welche zwecks Produktzulassung in Drittländern generiert werden. Ihrem Zweck nach basiert die Klausel auf dem im Zusammenhang mit Fußnote 11 zu Art. 4.22 Jordanien-FTA konkretisierten

999 S. Teil 2 B. II. 1.

1000 Für sog. ANDA-Anmeldungen s. 21 USC § 355 (j)(5)(F)(i)-(v), wo es beispielsweise unter (ii) heißt: „[…] no application may be submitted before the expiration of five years from the date of the approval of the application […]"; Für sog. NDA-Anmeldungen s. 21 USC § 355 (c)(3)(E)(i)-(v); *Clift,* Data Protection and Data Exclusivity in Pharmaceuticals and Agrochemicals, in: *Krattiger/Mahony/Nelson/et al., Intellectual Property Management in Health and Agricultural Innovation*, S. 433; *Thomas,* Regulatory Exclusivity Reform in the 115th Congress, S. 4; *Hathaway/Manthei/Scherer*, Food and Drug Law Journal 2009, 34, 35.

1001 Art. 1711.6 NAFTA; Art. 16.8.1 Singapur-FTA; Art. 17.10.1 Chile-FTA; Art. 17.10.1(a) AUSFTA; Art. 15.10.1)a) CAFTA; Art. 15.10.1 Marokko-FTA; Art. 14.9.1(a) Bahrain-FTA; Art. 15.9.1(a) Oman-FTA; Art. 18.9.1(a) KORUS.

1002 Art. 16.10.2(b) Peru-FTA; Art. 16.10.2(b) Kolumbien-FTA; Art. 15.10.2.(b) Panama-FTA.

1003 Art. 18.9.1(a) KORUS; Art. 20.48.1(a) USMCA.

(extensiven) Verständnis von Art. 39 Abs. 3 TRIPs.[1004] Die genaueren Umstände haben sich gewandelt: Früher galt, wenn beispielsweise inländische Zulassungsbehörden ausländische Zulassungen auch für den inländischen Markt anerkennen sollten, dass auch im Inland Unterlagenexklusivität ab Genehmigung zugestanden wurde.[1005] Seit AUSFTA knüpfen Kontrakte unabhängig von etwaigen Anerkennungsverfahren bereits an bloße Unterlagen an, die zuvor in einem beliebigen Drittstaat zwecks Zulassung eingereicht worden sind:

> „If a Party permits, as a condition of approving the marketing of a new pharmaceutical or agricultural chemical product, third persons to **submit evidence concerning the safety or efficacy of a product that was previously approved in another territory**, such as evidence of prior marketing approval, **the Party shall not permit** third persons, without the consent of the person who previously submitted information concerning safety or efficacy, **to market** the same or a similar product on the basis of evidence of prior marketing approval in another territory, or information concerning safety or efficacy that was previously submitted to obtain marketing approval in another territory, **for at least five years**, and ten years for agricultural chemical products, from the date of marketing approval by the Party, or the other territory, whichever is later." (Hervorhebungen durch den Verfasser).

Somit qualifizieren sich alle Studiendaten (unabhängig vom Bestehen eines Zulassungsanerkennungsverfahrens) für fünf Jahre währenden Unterlagenschutz.[1006] (Art. 15.10.1(b) S. 2 CAFTA ergänzt fakultativ, dass eine Partei vorsehen darf, den Schutz nur zuzusprechen, sofern der Dateninhaber innerhalb von fünf Jahren (nach Zulassung im Ausland) die Zulassung im Inland beantragt.[1007]) Darüber hinaus fallen auch Datensätze, die im Inland eigent-

---

1004 Zum Streit, ob Art. 39 Abs. 3 TRIPs (nur) inländische oder auch ausländische Studiendaten erfasst, s. *Armouti/Nsour*, Oregon Review Of International Law 2016, 259, 275 f. m. w. N.

1005 Art. 16.8.2 Singapur-FTA. Im Chile-FTA gibt es keine entsprechende Regelung.

1006 Art. 17.10.1(c) AUSFTA; Art. 15.10.1(b) CAFTA; Art. 15.10.1(b) Marokko-FTA; Art. 14.9.1(b) Bahrain-FTA; Art. 15.9.1(b) Oman-FTA; Art. 18.9.1(b) KORUS; Art. 20.48.1(b) USMCA. Zu CAFTA s. *Correa*, Case Western Reserve Journal of International Law 2004, 79, 85 ff.

1007 Das englische Original lautet a. a. O.: „In order to receive protection under this subparagraph, a Party may require that the person providing the information in the other territory seek approval in the territory of the Party within five years after obtaining marketing approval in the other territory." Die Auffassung von *Clift*, Data Protection and Data Exclusivity in Pharmaceuticals and Agrochemicals, in: *Krattiger/Mahony/Nelson/et al. (Hrsg.), Intellectual Property Management in Health and Agricultural Innovation*, S. 435, und *Correa*, Case Western Reserve Journal of International Law 2004, 79, 87, die Vorschrift würde insgesamt zehn Jahre Unterlagenschutz gewähren,

lich nicht schutzwürdig wären, aber innerhalb der ausländischen Zulassung eingereicht worden sind, unter die Vereinbarung.

Diese geübte Praxis unterbrechen lediglich die Vertragswerke mit Peru, Kolumbien und Panama zwischenzeitlich. In diese FTAs wurde eine Anerkennungsklausel aufgenommen, wonach inländischen Genehmigungen, die auf vorheriger Genehmigung im Partnerland beruhen und innerhalb von sechs Monaten nach ihrer Anmeldung erteilt wurden, ein angemessener Schutzzeitraum (beginnend mit dem Zeitpunkt der zugrundeliegenden Genehmigung im Partnerland) zu gewähren ist.[1008] Zur Bestimmung eines „angemessenen Zeitraums von normalerweise fünf Jahren“ enthält sich die Klausel. Insofern müssen die präzisierenden Abwägungsparameter der vorangegangenen Klausel nicht zwingend herangezogen werden, können aber gleichwohl zur Interpretation dienen, um den Gleichlauf beider Perioden zu gewährleisten.[1009] Der Vorteil für Generikahersteller im Zweitland liegt nämlich in der Fiktion eines vorgelagerten Zeitpunkt des Exklusivitätsbeginns auf den Zeitpunkt der Genehmigung im Erstland. Wird ein Produkt in Land A zugelassen und sodann innerhalb von sechs Monaten auch in Land B, so beginnt die Exklusivitätsperiode in Land B ab dem Zeitpunkt der Zulassung in Land A zu laufen. *In summa* bedeutet dies Verkürzungen der Exklusivitätsperiode im Zweitland um bis zu sechs Monate.

---

ist dahingehend zu verstehen, dass die Zulassungen territorial getrennt zu betrachten sind und pro Territorium maximal fünf Jahre vorsehen.

1008 Art. 16.10.2(c) Peru-FTA; Art. 16.10.2(c) Kolumbien-FTA; Art. 15.10.2(c) Panama-FTA, die lauten: „Where a Party relies on a marketing approval granted by the other Party, and grants approval within six months of the filing of a complete application for marketing approval filed in the Party, the **reasonable period of exclusive use** of the data submitted in connection with obtaining the approval relied on **shall begin with the date of the first marketing approval relied on.**“ (Hervorhebungen durch den Verfasser).

1009 Wortlaut und Zweck legen nahe, dass die auf Grundlage der ersten Genehmigung später (!) erteilte Genehmigung Daten faktisch kürzer schützen soll, weil der Beginn des Schutzzeitraums bereits an den Zeitpunkt der ersten (!) Genehmigung anknüpft. Da die Klausel ansonsten ihren Sinngehalt einbüßen würde, wollten die Parteien insoweit augenscheinlich den Gleichlauf beider Zeiträume bewirken. Unklar ist hinsichtlich der Bewertung der Angemessenheit nur, ob die präzisierenden Angaben der vorausgehenden Klauseln der Art. 16.10.2(b) bzw. Art. 15.10.2(b)) von „[…] normally five years […] taking account of the nature of the data and person´s efforts and expenditures in producing them“ herangezogen werden müssen. Gegen die verpflichtende Heranziehung spricht rechtstechnisch, dass die Parteien Unterabsatz a) und b) per Verweis inhaltlich verknüpft haben, aber nicht auch mit dem inhaltlich eigenständigen Unterabsatz c), obwohl dies unter Nutzung derselben Bezugstechnik nahegelegen hätte, wenn sie dies gewollt hätten. Nichtsdestotrotz ließe sich ihm Rahmen der jedenfalls gebotenen Abwägung, sei sie auch allgemeiner formuliert, zum gleichen Ergebnis kommen.

### gg) Schutz bekannter chemischer Substanzen und neuer Verwendungen

Schließlich dürfen Zweitanmelder solche Unterlagen nicht verwerten, welche die ursprünglich zur Genehmigung eines (an sich nicht mehr neuen) chemischen Stoffs eingereichten Unterlagen nur ergänzen. Frühere Verträge gewährten in Ausnahme zu den Fünfjahresschutzbestimmungen für neue chemische Stoffe per Fußnote fakultativen Bestandsschutz für lauterkeitsrechtliche Regeln hinsichtlich bereits bekannter Stoffe, deren Schutzzeitraum unter fünf Jahren liegt.[1010] Hintergrund dessen waren US-national dreijährig gewährte Exklusivitätsperioden, die die USA schon früh passiv abzusichern versuchten.[1011] Mittlerweile wird auf diesen deklaratorischen Zusatz verzichtet und stattdessen aktiv und direkt auf neue (Teil-)Studien zugelassener chemischer Stoffe ausgerichtet, beispielsweise für neue Dosierungen oder Anwendungen. Jene Daten unterliegen – in Umsetzung des amerikanischen nationalen Rechts[1012] – einem dreijährigen Schutzzeitraum und können insoweit parallel zum Neuproduktschutz begehrt werden. Dieses tendenziell Originalherstellern dienende Instrument hat AUSFTA zuerst aufgenommen, vgl. Art. 17.10.2, und ist mit dem Bahrain, Marokko und dem Oman, jeweils unter leichten Modifikationen weitervereinbart worden:[1013] So erstreckt sich das Bahrain-FTA sogar auf den Schutz für in Drittstaaten im Rahmen des Zulassungsverfahrens geschützte, neue Unterlagen. Selbiger beschränkt sich indes im Marokko-FTA explizit auf neue Informationen, deren Erstellung erheblichen Aufwand verursacht hatten. Die Kontrakte mit Peru, Kolumbien und Panama klammern dieses Element aus,[1014] es findet sich jedoch in Art. 18.9.2(a) KORUS und Art. 20.48.2(a) USMCA wieder. Letzteres erweitert den Anwendungsbereich von neuen Verwendungen außerdem auf neue Formulierungen und Verabreichungsmethoden.

### hh) (Dis-)Konnexität von Patent- und Unterlagenschutz

Darüber hinaus differenzieren fast alle Kontrakte zwischen der Marktexklusivität und dem Patentschutz (inkl. *patent term extensions*), wobei zwei Ansätze zu separieren sind: Erstens werden Feststellungen zur Unabhängigkeit beider Schutzlaufzeiten voneinander getroffen. Zweitens wird der Einbezug patentrechtlicher Fragestellungen in den Zulassungsprozess geregelt (ergo

1010 Fn. 16-14 zu Art. 16.8.1 Singapur-FTA; Fn. 25 zu Art. 17.10.1 Chile-FTA; Fn. 17-19 zu Art. 17.10.2 AUSFTA; Fn. 15 zu Art. 15.10.1(a) CAFTA.

1011 *Correa*, Case Western Reserve Journal of International Law 2004, 79, 87 f.

1012 12 U.S.C. § 355(j)(5)(D)(iii).

1013 Art. 14.9.2(a) Bahrain-FTA; Art. 15.10.2 Marokko-FTA; Art. 15.9.2(a) Oman-FTA.

1014 Im Umkehrschluss aus Art. 16.10.2(d) Peru-FTA; Art. 16.10.2(d) Kolumbien-FTA; Art. 15.10.2(d) Panama-FTA. Darüber hinaus enthalten sie nur fakultative weiterführende Vorschriften, Art. 16.10.4 Peru-FTA; Art. 16.10.4 Kolumbien-FTA; Art. 15.10.4 Panama-FTA.

*patent linkage*). Bei dieser *patent linkage* sind Generikahersteller im Rahmen ihrer Zulassungsbestrebungen dem Originalhersteller verpflichtet darzustellen, dass dessen Patente nicht durch das Generikum verletzt werden.

Bezüglich Ersterem verhindern fast alle Kontrakte Zusammenhänge zwischen der Marktexklusivität und Patentschutz (inkl. *patent term extensions*),[1015] indem sie verbieten, dass die Laufzeit des Unterlagenschutzes vom Erlöschen der Laufzeit des Patents abhängig gemacht wird. Dies bewirkt, dass der Unterlagenschutz in seinen Wirkungen jedenfalls intakt bleibt, obwohl für das Produkt, etwa infolge eines Nichtigkeitsverfahrens, kein Patent (mehr) existiert. Dies gilt beispielsweise nach Art. 18.6.3 Singapur-FTA:

> „Where a product is **subject to a system of marketing approval** pursuant to paragraph 1 or 2 and is **also subject to a patent** in the territory of that Party, the Party shall not alter the term of protection that it provides pursuant to paragraph 1 or 2 in the event that the **patent protection terminates on a date earlier than the end of the term of such protection.**“ (Hervorhebungen durch den Verfasser).

Seit dem Peru-FTA steht diese Bestimmung stets unter den Vorhalt, keinen nationalen Maßnahmen zum Schutz der öffentlichen Gesundheit zuwiderzulaufen, welche im Einklang mit allen unter TRIPs gewährten *flexibilities* stehen.[1016] TRIPs-konforme Zwangslizenzen hingegen bleiben hiervon jedoch unberührt, da Zwangslizenzen nicht die Patentlaufzeit tangieren, sondern (nur) Durchbrechungen der Schutzwirkung darstellen.

USMCA erweitert schließlich den Anwendungsbereich des Unterlagenschutzes auf Biologika.

In der oben angesprochenen zweiten Konstellation verbinden schon sehr frühe Vertragswerke das Produktzulassungsverfahren und dem Patentstatus. Man spricht von *patent linkage*. Eine ausführliche Behandlung soll unter **V.** dieses Teils vorbehalten bleiben.

---

1015 Art. 16.8.3 Singapur-FTA; Art. 17.10.3 AUSFTA; Fn. 12 S. 2 zu Art. 15.10.1 Marokko-FTA; Art. 14.9.3 Bahrain-FTA; Art. 15.9.3 Oman-FTA; Art. 16.10.5 Peru-FTA; Art. 16.10.5 Kolumbien-FTA; Art. 15.10.5 Panama-FTA; Art. 18.9.4 KORUS; Art. 20.52 USMCA.

1016 Beispielhaft verweist Art. 16.10.5 auf den einschlägigen Art. 16.10.2(e) Peru-FTA „Notwithstanding subparagraphs (a), (b), and (c), a Party may take measures to protect public health in accordance with: (i) the Declaration on the TRIPS Agreement and Public Health **(WT/MIN(01)/DEC/2)** (the „Declaration“); (ii) **any waiver of any provision of the TRIPS Agreement** granted by WTO Members in accordance with the WTO Agreement to implement the Declaration and in force between the Parties; and (iii) **any amendment of the TRIPS Agreement to implement the Declaration** that enters into force with respect to the Parties.“ (Hervorhebungen durch den Verfasser).

#### ii) Zusammenfassung

NAFTA und das Jordanien-FTA bilden praktisch das Firmament amerikanischen Unterlagenschutzes, der seitdem ihre Freihandelsabkommen beherrscht. Deren Wortlaute haben die nachfolgenden Abkommen in weiten Bereichen eher zugunsten von Originalherstellerinteressen konkretisiert und daneben zusätzliche tiefgreifende zulassungssystematische Teilmechanismen integriert. Diesbezüglich hat das Singapur-FTA zentrale Maßstäbe gesetzt, wie Mindestlaufzeiten von fünf Jahren sowie die Kopplung von Arzneimittelzulassungen in Drittländern mit dem inländischen Schutzregime. AUSFTA überwand außerdem vorherige Varianten hinsichtlich des Neuheitsbegriffs hin zu dessen relativen Verständnis, welches seit dem Bahrain-FTA wiederum erweitert wurde. Außerdem hat AUSFTA Schutzverpflichtungen hinsichtlich neuer (Teil-) Studien für bereits zugelassene Produkte als Standard begründet. Anfängliche schutzrestringierende Tatbestandsmerkmale, wie Beschränkungen auf zur Sicherheits- und Effizienzprüfung notwendige Daten oder die Erheblichkeit der getroffenen Anstrengungen, finden mittlerweile (fast) keine Berücksichtigung mehr. Darüber hinaus sind Schutzausnahmen – abgesehen vom Zustimmungstatbestand – vornehmlich in den ältesten Kontrakten präsent und verlieren sich regelmäßig ganz.

Die Peru-, Kolumbien- und Panama-Abkommen initiierten einen Einschnitt dieser bis zum Oman-FTA fortgesetzten Praxis. Sie griffen in Reflektion US-innenpolitischer Machtverschiebungen auf einige der gemäßigten „Ursprungselemente" des US-Freihandelsrechts zurück. Die äußerte sich beispielsweise dahingehend, dass tatbestandlich die Notwendigkeit der Daten und deren Erheblichkeit nötig war, oder keine festen, sondern selbstständig abzuwägende Schutzzeiten ausreichten, oder mehr Ausnahmen vom Unterlagenschutz ermöglicht wurden. Mit KORUS hat sich der Fokus wieder hin zu extensiven Schutzstandards gewendet; obschon auch hier Nachverhandlungen betrieben worden waren, haben sich diese lediglich in Bezug auf *patent linkage* durchsetzen können.[1017] Zwar beinhaltet es ebenfalls tatbestandlich minimale Einschränkungen, knüpft aber davon abgesehen weitgehend an die bis zum Oman-FTA integrierten Passagen an.

USMCA nimmt in diesem Zusammenhang eine Sonderrolle ein, indem es einerseits aufgrund seiner formalen Nähe zu NAFTA im Vergleich zu den dazwischenliegenden Abkommen teilweise quantitativ abfallende Schutzstandards aufweist, jedoch andererseits auch Biologika miteinbezieht. Biologika stellen dem Grunde und der Schutzdauer nach in der amerikanischen Freihandelspraxis eine Neuheit dar. Vor dem Hintergrund der absehbaren Entwicklungen im Pharmazeutikamarkt bleiben gleichartige Pos-

1017 *Schott,* KORUS FTA 2.0: Assessing the Changes, S. 2.

tulate in zukünftigen Freihandelsabkommen zu erwarten. Da USMCA den Biologikaschutz technisch per Verweis weitestgehend jenen für chemische Arzneimittel geltenden Vorschriften angeglichen hat, deuten unter Verwendung derselben Rechtstechnik zukünftig schnelle Schutzextensionen, etwa hinsichtlich neuer Verwendungen oder Schutz bei Drittlandszulassungen, an.[1018] Dass dies per USMCA noch nicht eingeführt worden ist, dürfte (nur) im Fehlen umfassenderer Vereinbarungen für chemische Stoffe begründet liegen.

Bemerkenswerterweise berücksichtigt kein Kontrakt Sondervorschriften für weitere Schutzmöglichkeiten wie insbesondere pädiatrischer Studien oder solcher für seltene Leiden.[1019] Angesichts der Tatsache, dass nach amerikanischem Recht eine Vielzahl verschiedener Unterlagenschutztatbestände existieren,[1020] fällt deren völkerrechtliche Integration aus nationalrechtlicher US-Perspektive somit quantitativ gering aus. Gleichwohl bilden biologische und chemische neue Stoffe zwei der drei längsten Schutzperioden nach US-Recht.

Dass CHIUS keine spezifischen Unterlagenschutzbestimmungen aufweist, dürfte neben grundsätzlich geringer konsensfähiger Schnittmengen beider Nationen bei innovationsbezogenen Schutzrechten auch am Charakter CHIUS‘ als „Phase One"-Trade Agreement begründet liegen.

### b) Pflanzenschutzmittel

Für Pflanzenschutzmittelzulassungen gelten vergleichbare Bestimmungen wie für Arzneimittel. In der Tat hatten NAFTA und das Jordanien-FTA beide Sektoren identisch behandelt. Sporadisch stellen Pflanzenschutzmittelregelungen jedoch abweichende tatbestandliche Anforderungen. Sie unterliegen außerdem insgesamt quantitativ weniger ausführlichen Regeln als Arzneimittel.

#### aa) Voraussetzungen

Die Voraussetzungen für Pflanzenschutzmittel haben sich fast identisch mit denen zu Arzneimitteln entwickelt, sodass auf dortige Ausführungen verwiesen wird. Eine Ausnahme bildet AUSFTA (Art. 17.10.1(b)), das im Gegen-

---

1018 Aus der Sonderrolle von USMCA als revidiertes, aber neues Abkommen abgeleitet, gilt das zumindest für solche Abkommen, die erst erstmals in Zukunft ausgehandelt werden werden, sowie solche, die zwar einer Revision unterzogen werden, aber die entsprechenden Standards bereits für chemische Stoffe gewähren.

1019 Umfassend zu pädiatrischen Studien *Field/Boat*, Safe and Effective Medicines for Children.

1020 *Thomas,* Regulatory Exclusivity Reform in the 115th Congress, S. 1.

satz zu Arzneimitteln in den Begriff des neuen chemischen Stoffes dessen neue Verwendungen miteinschließt. Im Übrigen definiert sich ein neues (agrochemisches) Produkt als ein solches, das keinen in dem Vertragspartnerland zuvor genehmigten chemischen Stoff enthält, wobei seit dem Bahrain-Abkommen die weitere Einschränkung auf eine Genehmigung des Stoffes auf agrochemischem Gebiet besteht.[1021] Konsequent gelten mehr Produkte als „neu“ und können geschützt werden. Hinsichtlich der Verträge mit Peru, Kolumbien und Panama grenzen sich die Passagen zu jenen (moderaten) der Arzneimittel dahingehend ab, als dass sie Unterlagenschutz zum einen verpflichtend vorgeben und zum anderen dessen Voraussetzungen weiter fassen: Weder beschränken sie sich auf die Erforderlichkeit, Geheimheit oder erheblichen Erstellungsaufwand der Studiendaten noch bieten sie (nur) Daten- anstatt Marktexklusivität.[1022] Auch im Übrigen bestehen alle unter US-Kongresseinfluss durchgeführten (Arzneimittel-)Schutzrelativierungen nicht hinsichtlich Pflanzenschutzmitteln. In Abkehr zur übrigen jüngeren Abkommenspraxis kehrt USMCA nunmehr zu höheren Tatbestandsvoraussetzungen zurück, wie sie bis CAFTA standardisiert waren.

bb) Schutzzeitraum

NAFTA verpflichtet zum Schutz über einen angemessenen Zeitraum, der mindestens fünf Jahre beträgt, vgl. Art. 1711.6 NAFTA, während sich das Jordanien-FTA einer Feststellung enthält. Seit Singapur-FTA beträgt der Schutzzeitraum mindestens zehn Jahre ab Genehmigung im Territorium der Vertragspartei; arzneimittelrechtliche Ausnahmen im Rahmen der Peru-, Kolumbien- und Panama-Verträge wurden nicht übernommen.[1023] USMCA stellt in Fußnote 38 zu Art. 20.45.1 klar, dass die Zeitspanne auch exakt zehn Jahre betragen kann.

cc) Ausnahmen

Dass der Unterlagenschutz unter Zustimmungsvorbehalt des Testdateninhabers steht, hat sich seit dem Singapur-FTA standardisiert. Den (notwendi-

1021 Art. 17.10.1(d) AUSFTA; Art. 15.10(c) CAFTA; Art. 15.10.1 a. E. Marokko-FTA. Beschränkungen auf Zulassungen auf agrochemischem Gebiet hat zuerst das Bahrain-FTA statuiert, s. Art. 14.9.1(c). Im Gegensatz zur arzneimittelrechtlichen Parallelvorschrift des Art. 20.50 USMCA verzichtet Art. 20.45.3 USMCA für Pflanzenschutzmittel **nicht** darauf, den relativen Neuheitsbegriff auszuweiten.

1022 Art. 16.10.1(a) Peru-FTA; Art. 16.10.1(a) Kolumbien-FTA; Art. 15.10.1(a) Panama-FTA.

1023 Art. 16.8.1 Singapur-FTA; Art. 17.10.1 Chile-FTA; Art. 17.10.1(b) AUSFTA; Art. 15.10.1(a) CAFTA; Art. 15.10.1 Marokko-FTA; Art. 14.9.1(a) Bahrain-FTA; Art. 15.9.1(a) Oman-FTA; Art. 16.10.1(a) Peru-FTA; Art. 16.10.1(a) Kolumbien-FTA, Art. 15.10.1(a) Panama-FTA; Art. 18.9.1(a) KORUS; Art. 20.45.1 USMCA.

gen) Schutz der Öffentlichkeit hatten NAFTA und das Jordanien-FTA vorgegeben, er wurde danach jedoch nur noch in Art. 17.10.1 Chile-FTA sowie jeweils in Art. 15.10.1(d) CAFTA und Panama-FTA aufgenommen (insbesondere die artverwandten Kontrakte mit Peru und Kolumbien haben darauf verzichtet). Schutz vor unlauterem Gebrauch gewährleisten NAFTA, Jordanien-FTA, CAFTA und das Panama-FTA.[1024]

dd) Schutzumfang

Hinsichtlich des Schutzumfangs liegen seit dem Singapur-FTA ausschließlich Marktexklusivitätsbestimmungen zugrunde.

ee) Schutz bekannter chemischer Stoffe bzw. neuer Verwendungen

Der Schutz neuer Verwendungen, der in der Pflanzenschutzmittelpraxis hohe Relevanz einnimmt, wurde – unter Ausdehnung der Neustoffdefinition – zunächst in der Fußnote 10 zu Art. 4.22 Jordanien-FTA mit einer Schutzdauer von drei Jahren aufgenommen und danach in Art. 17.10.1(b) AUSFTA auf (mindestens) zehn Jahre taxiert. Nachdem CAFTA und das Marokko-FTA diesbezüglich Folgeindikationen ausschließen,[1025] wurde daraufhin per Art. 14.9.2(c) Bahrain-FTA ein eigener Unterartikel eingeführt, auf dessen Basis ebenfalls Folgeverträge basieren:

> „If a Party requires or permits, as a condition of granting marketing approval, for **a new use**, for an **agricultural chemical product** that **has been previously approved** in the Party, the submission of safety or efficacy information, the Party shall not, without the consent of a person that previously submitted such safety or efficacy information to obtain marketing approval in the Party, authorize another to market a same or a similar product for that use based on:
>
> (i) the submitted safety or efficacy information; or
>
> (ii) evidence of the marketing approval for that use;
>
> **for at least ten years** from the date of the original marketing approval of the agricultural chemical product in the Party.“ (Hervorhebungen durch den Verfasser).

1024 Art. 1711. 5 NAFTA, Art. 4.22 Jordanien-FTA; Art. 15.10.1(d) CAFTA, Art. 15.10.1(d) Panama-FTA.

1025 Beide knüpfen nämlich an nicht zuvor zugelassene (agro-)chemisch basierte Produkte an, s. Art. 15.10.(a)-(c) CATFA; Art. 15.10.1 Marokko-FTA. Hinsichtlich des Marokko-FTA gilt überdies der Umkehrschluss zu Art. 15.10.2, welcher Folgeindikationen für Arzneimittel explizit regelt.

Während das Oman-FTA[1026] diesen Wortlaut übernommen hat, klammern die Peru, Kolumbien und Panama Kontrakte diesen Aspekt gänzlich aus. Art. 18.9.2(c), (d) KORUS knüpft seinerseits an das Oman-FTA an, setzt jedoch einschränkend voraus, dass die Erhebung der Studieninformationen für solche Verwendungen erheblichen Aufwand erfordert haben; USMCA spart diesen Schutz wiederum über Art. 20.45.1 gänzlich aus.

### ff) Schutz bei Genehmigung in Drittländern

Daten, die zuvor in Drittländern zwecks dortigen Erhalts einer Pflanzenschutzmittelgenehmigung eingereicht worden sind, qualifizieren sich (parallel zu Arzneimitteln) für zehn Jahre Unterlagenschutz. Die anfänglich auf Fälle nach dem Anerkennungsverfahren zugeschnittene Vereinbarung, vgl. Art. 16.8.2 Singapur-FTA, steht seit AUSFTA davon entkoppelt.[1027] Dies kann teilweise – in Übernahme des Wortlauts von Art. 15.10.1(b) S. 2 CAFTA – nach nationalem Ermessen dahingehend beschränkt werden, dass die Inlandsanmeldung innerhalb von fünf Jahren nach Drittlandsgenehmigung erfolgen muss.[1028]

Eine im Vordringen befindliche Klausel weitet Drittlandszulassungen zudem auf neue Verwendungen für bekannte Produkte aus und gewährt Schutzperioden in Höhe von zehn Jahren im Inland.[1029] In USMCA wurde die Klausel dagegen nicht hinein verhandelt.

---

1026 Art. 15.9.2(c) Oman-FTA.

1027 Art. 17.10.1(c) AUSFTA; Art. 15.10.1(b) CAFTA; Art. 15.10.1(b) Marokko-FTA; Art. 14.9.1(b) Bahrain-FTA; Art. 15.9.1(b) Oman-FTA; Art. 16.10.1(b) Peru-FTA; Art. 16.10.1(b) Kolumbien-FTA; Art. 15.10.1(b) Panama-FTA; Art. 18.9.1(b) KORUS; Art. 20.45.2 USMCA.

1028 Art. 16.10.1(b) S. 2 Peru-FTA; Art. 16.10.1(b) S. 2 Kolumbien-FTA; Art. 15.10.1(b) S. 2 Panama-FTA.

1029 Vgl. Art. 14.9.2(d) Bahrain-FTA; Art. 15.9.2(d) Oman-FTA; Art. 18.9.2(d) KORUS, die konstatieren: „If a Party requires or permits, in connection with granting marketing **approval, for a new use**, for an agricultural chemical product that has been previously approved in the Party, the submission of evidence concerning the safety or efficacy of a **product that was previously approved in another territory for that new use, such as evidence of prior marketing approval for that new use**, the Party shall not, without the consent of the person that previously submitted the safety or efficacy information to obtain marketing approval in the other territory, authorize another to market a same or a similar product based on: (i) the safety or efficacy information submitted in support of the prior marketing approval for that use in the other territory; or (ii) evidence of prior marketing approval in another territory **for that new use for at least ten years** from the date of the original marketing approval granted in the Party." (Hervorhebungen durch den Verfasser).

gg) Zusammenfassung

Hinsichtlich ihrer Voraussetzungen haben sich (auch) für Pflanzenschutzmittel früh extensive Schutztendenzen herauskristallisiert und diese Position im Gegensatz zu Arzneimitteln ohne zwischenzeitliche Relativierungen (beispielsweise zur Geheimheit oder Erhebungsaufwand) beibehalten. Der Schutzzeitraum betrug ursprünglich fünf Jahre; seit dem Singapur-FTA hält er sich – der amerikanischen Rechtslage folgend – konstant bei zehn Jahren ab dem Zeitpunkt der Erstgenehmigung. Abweichungen zugunsten kürzerer Schutzdauern, wie sie Peru, Kolumbien und Panama für Arzneimittel aufgenommen hatten, sind hier nicht enthalten. Daneben werden manchmal neue Verwendungen von Produkten geschützt – dann allerdings ebenfalls für (mindestens) zehn Jahre und insoweit bedeutend länger als Arzneimittelverwendungen. Ihre Anwendung erfolgt mittlerweile vereinzelt und inkonstant auch auf Drittlandszulassungen. USMCA spart diese aus und greift somit insgesamt wieder gemäßigtere und quantitativ weniger Bestimmungen hinsichtlich der altbewährten Schutzelemente für Pflanzenschutzmittelunterlagen auf.

Daneben unterliegen Pflanzenschutzmittelbestimmungen wenigen und unregelmäßig postulierten Ausnahmen, insbesondere zum Schutz der Öffentlichkeit.

**III. Erweiterung der Patentierbarkeit**

Die USA haben Erweiterungen der Patentierbarkeit in drei Dimensionen vorgenommen: Erstens durch Einschränkungen der in Art. 27 Abs. 2 und 3 TRIPs rudimentär kodifizierten Patentierbarkeitsausnahmen, zweitens durch Absicherung bestimmter Erfindungen und drittens anhand begrenzter Möglichkeiten zum Patentwiderruf. Dadurch verbessern sich für Innovatoren die Chancen, ihre Produkte immaterialgüterrechtlich zu schützen.

1. Umsetzung der TRIPs-Ausnahmen nach Art. 27 Abs. 2 und 3

Da bis zum Inkrafttreten von TRIPs jeder Staat Pflichten zur Patentierung chemischer Substanzen eigenständig bestimmen konnte, zwingt nur NAFTA zur (Erzeugnis-)Patentierbarkeit pharmazeutischer und agrochemischer Produkte. Nachdem dieser Zusatz durch TRIPs obsolet geworden war, haben die USA anderweitig die Grenzen der Patentierbarkeit hinsichtlich Art. 27 Abs. 2 und 3 TRIPs beschnitten. Nach Art. 27 Abs. 3 TRIPs zählen etwa (a) therapeutische, diagnostische, chirurgische und biologische Verfahren ebenso wie (b) Pflanzen und Tiere (Rückausnahme bilden Mikroorganismen, also besonders Antibiotika), als optional nicht patentbierbar. Dahinter steht die insbesondere von einigen Entwicklungsländer im Zuge der Verhandlungen bekundete Erwägung, ihre Bevölkerungen ungehindert medizinisch und mit Nahrung versorgen zu können.[1030] Praktisch betroffen werden besonders biotechnologische Erfindungen (vornehmlich lebende Materie wie Zellen oder Gene), die auch medizinische und agrochemische Anwendungsbereiche aufweisen können. Diskussionen im Rahmen der Vorschrift konzentrieren sich allerdings hinsichtlich der Patentierung von Pflanzen als solchen und ihrer Gene und das Problem der Grenzziehung von Patentschutz im vieldimensionalen Spannungsfeld von Technik, Natur und Ethik.[1031] Diese eigenständige Thematik braucht hier nicht umfänglich dargestellt werden. Zu erwähnen bleibt daher nur exkursorisch, dass auch die USA *post*-TRIPs durch die Einschränkung jener Patentierbarkeitsausnahmen besonders die Patentfähigkeit von Pflanzen(arten) als solche in ihren FTA-Fokus gerückt haben: Manche bilaterale Abkommen rezitieren Art. 27 Abs. 2 und 3a) TRIPs, lassen aber Art. 27 Abs. 3 b) TRIPs aus, sodass Pflanzen und Tiere grundsätzlich unter Patentschutz fallen.[1032] Nur wenige Kontrakte, wie beispielsweise CAFTA, verpflichten hingegen nicht dazu. Nach Art. 15.9.2 S. 2 CAFTA gilt:

> „[…] any Party that does not provide **patent protection for plants** by the date of entry into force of this Agreement **shall undertake all reasonable efforts to make such patent protection available**. Any Party that provides patent protection for plants or animals on or after the date of entry into force of this Agreement shall maintain such protection." (Hervorhebungen durch den Verfasser).

Diese Klausel lässt dahingehend Spielräume, als dass die Vertragspartner (nur) ernsthafte Versuche zu unternehmen haben, Pflanzen der Patentierbarkeit zuzuführen. Sie ist später in den Abkommen mit Peru, Kolumbien und Panama fast identisch übernommen worden und bildet insofern den einheitlichen Mindeststandard im amerikanischen Verhandlungsrepertoire ab.[1033]

---

1030 Busche/Stoll/Wiebe-*Saint-André/Tasdelen*, TRIPS, Art. 52 Rn. 77 f.; zu den unterschiedlichen Entwürfen Stoll/Busche/Arend-*Reyes-Knoche*, TRIPs, Art. 27 Abs. 3 b) Rn. 1.

1031 Hierzu im Überblick *Marchant,* Genomics, Ethics, and Intellectual Property, in: Krattiger/Mahony/Nelson/et al., Intellectual Property Management in Health and Agricultural Innovation: A Handbook of Best Practices, S. 29 ff.

1032 Art. 4.18 Jordanien-FTA; Art. 16.7.1 S. 3 Singapur-FTA; Art. 17.9.2 AUSFTA, Art. 14.8.1 Bahrain-FTA; Art. 18.8.2 KORUS. Regelungstechnisch anders Art. 15.9.2 Marokko-FTA; 15.8.2 Oman-FTA; Art. 20.36.3 USMCA, die Art. 27 Abs. 2 und 3 TRIPs unter Streichung des Wortes „Pflanze" wiedergeben. Ein einheitlich evolvierender Ansatz existiert *ergo* nicht, so auch *Roffe,* Bilateral agreements and a TRIPS-plus world: the Chile-USA Free Trade Agreement, S. 20.

1033 Art. 16.9.2 Peru-FTA; Art. 16.9.2 S. 2 f. Kolumbien-FTA; Art. 15.9.2 f. Panama-FTA. Diesbezüglich zum Peru-FTA s. *García,* Intellectual Property in the US-Peru Trade Promotion Agreement, S. 10.

## 2. Erfindungsarten

Während gem. Art. 27 Abs. 1 TRIPs zwar Patentschutz auf Erfindungen für „Erzeugnisse und Verfahren“ zu gewähren ist, fehlen entsprechende Hinweise zur Patentierung von an sich bereits bekannten (also an sich ggf. nicht dem Neuheitserfordernis entsprechenden) Erfindungen. Aufgrund ihrer Auswirkungen auf Zweit- und weitere Folgeindikationen haben die USA diesbezüglich bestimmte Erfindungen explizit dem Patentschutz zugeführt, wie sogleich unter **VI.** eruiert wird.

## 3. Patentwiderruf

Zudem reglementieren FTAs seit dem Singapur-FTA die Voraussetzungen, unter denen Patente widerrufen werden können. Art. 16.7.4 Singapur-FTA formuliert:

> „Each Party shall provide that a patent may **only be revoked** on **grounds that would have justified a refusal to grant** the patent, **or** that pertain to the **insufficiency of or unauthorized amendments** to the patent specification, **non-disclosure** or misrepresentation of prescribed, material particulars, **fraud, and misrepresentation**.“ (Hervorhebungen durch den Verfasser).

Daraufhin sind die Widerrufsgründe weiter auf solche Umstände verengt worden, die eine Patentnichterteilung gerechtfertigt hätten: Nachdem das Chile-FTA über Betrug („fraud“) hinaus keine spezifischen Widerrufsgründe angibt, addiert AUSFTA zum Betrug Falschdarstellung („misrepresentation“) und ungerechtes Verhalten („inequitable conduct“).[1034] CAFTA, mit offenkundig inhaltlicher Nähe zu AUSFTA, repräsentiert sodann die Etablierung des seitdem praktizierten Standardwortlauts:

> „Without prejudice to Article 5.A(3) of the Paris Convention, each Party shall provide that a patent may be revoked or cancelled **only on grounds that would have justified a refusal** to grant the patent. However, a Party **may** also provide that **fraud, misrepresentation, or inequitable conduct** may be the basis for revoking, cancelling, or holding a patent unenforceable.“[1035] (Hervorhebungen durch den Verfasser).

---

1034 Art. 17.9.5 AUSFTA; Art. 17.9.5 Chile-FTA konstatiert schlicht: „A Party may revoke or cancel a patent only when grounds exist that would have justified a refusal to grant the patent“. Die dazugehörige Fußnote ergänzt Betrug („fraud“) **fakultativ** als solchen Grund.

1035 Art. 15.9.4 CAFTA; außerdem (und vereinzelt **ohne** Hinweis auf die PVÜ) Art. 15.9.5 Marokko-FTA; Art. 14.7.4 Bahrain-FTA; Art. 15.8.4 Oman-FTA; Art. 16.9.4 Peru-FTA; Art. 16.9.4 Kolumbien-FTA; Art. 15.9.4 Panama-FTA; Art. 18.8.4 KORUS; Art. 20.38 USMCA.

Demgemäß gelten die Widerrufstatbestände der jeweiligen nationalen Rechtsordnungen und sollen Art. 5A Abs. 3 PVÜ nicht vorgreifen, der den Patentverfall nur dann als legitime Maßnahme gegen Patentmissbrauch anerkennt, sofern Zwangslizenzen nicht ausreichen würden. Zu beachten ist außerdem, dass die o. g. Tatbestände nicht zwingend umgesetzt werden müssen, sodass bei genauerer Betrachtung die Vertragspartner unvermindert ihre politischen Agenden umzusetzen vermögen, welche nicht zuletzt die Entscheidung über *ex nunc*- oder *ex tunc*-Wirkung des Widerrufs beinhalten.

In diesem Zusammenhang verbieten einige jüngere FTAs mit Marokko, Bahrain, Oman und Südkorea (im Gegensatz zu beispielsweise noch AUSFTA) es Dritten, also in der Regel Konkurrenten, vor Patenterteilung gegen selbiges juristisch vorzugehen.[1036] Derartige Angriffsoptionen werden gleichwohl als notwendig erachtet, um früh und somit effektiv gegen unberechtigte oder zweckwidrige Anmeldungen vorgehen zu können.[1037] USMCA wiederum beinhaltet in dieser Hinsicht keinerlei Beschränkung.

## IV. Anwendungsbereich des Regelungsgegenstandes

Mit dem Jordanien-Abkommen ist erstmalig ein „neuer" chemischer Stoff im Sinne eines Arznei- bzw. Pflanzenschutzmittels definiert worden. Nach kurzzeitigen Variationen ist die Definition standardmäßig konsolidiert zu einem Produkt, das einen chemischen Stoff enthält oder daraus besteht, der zuvor noch nicht im Territorium der jeweiligen Vertragspartei zugelassen wurde. Was daneben allerdings das Produkt in die Kategorien der **Pharmazeutik** bzw. **Agrochemie** einordnet, regeln sie nicht und belassen somit nationale Handlungsoptionen. Als „drugs" definieren die USA innerhalb ihrer Rechtsordnung

> „[…] articles **intended for** use in the diagnosis, cure, mitigation, treatment, or prevention of disease in man or other animals; and (C) articles (other than food) **intended to affect** the structure or any function of the body of man or other animals […]"[1038] (Hervorhebungen durch den Verfasser).

Gleichartige Zweckbestimmungen sind bislang lediglich hinsichtlich Biologika auf US-Freihandelsebene diffundiert. Diesbezüglich konkretisiert USMCA den Anwendungsbereich, indem es deren Herstellungsart (biotechnologisch), Material (z. B. Blut), Wirkungszweck (z. B. Toxin) und Anwendungsart (beispielsweise zur Verhinderung einer Krankheit), regelt, vgl.

---

1036 Art. 15.9.5 Marokko-FTA; Art. 14.7.4 Bahrain-FTA; Art. 15.8.4 Oman-FTA; Art. 18.8.4 KORUS.

1037 *Gleeson/Lopert*, Journal of Law, Medicine and Ethics 2013, 199, 203 m. w. N.

1038 21 U.S.C. § 321 (g)(1).

Art. 20.49.2.[1039] *E contrario* lässt sich wenigstens für USMCA ableiten, welche Moleküle nicht als chemisches Produkt gelten. Eine Angrenzung beider Produktarten (chemisch oder biologisch) gebietet sich bereits zwecks unterschiedlicher Schutzzeiten. Anhand von Biologika erweitert USMCA insgesamt den Schutzbereich von Arzneimitteln.

Auch Pestizide können, anstatt chemisch, auf biologischer Basis wirken – beispielsweise durch Bakterien oder Viren. Da agrochemische Produkte auf Freihandelsebene bislang gedanklich ausschließlich mit einer chemischen Wirkweise verbunden werden, überdies nicht zum „use in human beings" gedacht sind und somit aus der o. g. Definition herausfallen, gelten für sie (noch) keine (Schutz-)Verpflichtungen. Gleichwohl könnte hier – parallel zum Arzneimittel – langfristig ein Paradigmenwechsel angezeigt sein. Hierfür spricht jedenfalls, dass zumindest nach amerikanischem Recht biologische Wirkformen als geschützte Pestizide gelten können.[1040]

## V. *Patent linkage*

Rechtliche Verknüpfungen zwischen dem Zulassungsverfahren eines Arzneimittels und dessen Patentstatus fundieren auf dem *Hatch-Waxman Act* und haben sich mittlerweile in mehrere Jurisdiktionen übertragen.[1041] Danach sind Generikahersteller im Rahmen ihrer Zulassungsbestrebungen dem Originalhersteller insbesondere verpflichtet darzulegen, dass dessen Patente nicht durch das Generikum verletzt werden. Infolge der *Hatch-Waxman*-Bestimmungen sind einer Studie der US-*Federal Trade Commission* zufolge bis zum Jahr 2002 zwar ca. 75 % aller durch Originalhersteller angestrengten Patentverletzungsklagen gegen Generikaanmeldungen erfolglos geblieben, sie haben jedoch den Markteintritt jener Generika hinausgezögert.[1042] Dies gilt trotz der Tatsache, dass US-Gerichte oft im Sinne einer faktischen Vermutung zugunsten von Patenten von deren Validität ausgehen.[1043]

In völkerrechtlicher Hinsicht erstreckten sich Patentverknüpfungen anfänglich auf reine Personaldatenweitergabe: Während der Patentlaufzeit war der

---

1039 S. hierzu bereits Teil 3 B. II. 1. a) bb) (1).

1040 Zur US-amerikanischen Definition s. 21 U.S.C. § 321 (q)(1)(A) ff.

1041 Überblickweise *Bhardwaj/Raju/Padmavati*, Journal of Intellectual Property Rights 2013, 316, 317 ff.

1042 *Faunce/Lexchin*, Australia and New Zealand Health Policy 2007, 1, unter Verweis auf *Federal Trade Commission,* Generic Drug Entry Prior to Patent Expiration, S. viii; zu den sog. „*paragraph IV*"-Anmeldungen, mit denen Generikahersteller Patente in Originalpräparaten angreifen können, s. *Hemphill/Sampat*, Journal of Health Economics 2012, 327.

1043 *Correa*, Case Western Reserve Journal of International Law 2004, 79, 91, unter Verweis auf *Federal Trade Commission,* To Promote Innovation: The Proper Balance of Competition and Patent Law and Policy, S. 8.

Patentinhaber über die Identität jedes die Zulassung begehrenden Folgeanmelders zu informieren,[1044] sodass Ersterer daraufhin ggf. vermeintliche Patentverletzungen (gerichtlich) geltend machen konnte. Dabei kann es sich dem Wortlaut nach sowohl um natürliche als auch juristische Personen handeln.

Die Singapur- und Chile-FTAs fügten den zentralen *linkage*-Mechanismus hinzu, dass Folgeanmeldern im Sinne einer „automatischen Blockade" keine Zulassung gewährt werden darf, solange das Patent, welches dem Originalarzneimittel zugrunde liegt, noch nicht abgelaufen ist (Abweichendes gilt nur, sofern der Inhaber seine Zustimmung erteilt hat).[1045] Daraus folgt gleichzeitig eine Prüfpflicht der Zulassungsbehörde über den Patentstatus. Tatbestandlich greift die Vorschrift bereits, sobald eine Partei die Inbezugnahme von Originalherstellerunterlagen erlaubt. Dass Originalherstellern, wie zwar üblich, im Gegenzug Exklusivitätsperioden zugestanden werden, ist indes ausweislich des Wortlautes nicht erforderlich.

Dass AUSFTA den Auftakt zu (noch)umfangreicheren Bestimmungen markiert, verdeutlicht sich schon daran, dass sie seither einen eigenen, viel detaillierteren Absatz einnehmen. Art. 17.10.4 AUSFTA präzisiert alle bisherigen Vorgaben, indem die *patent linkage* zum einen explizit auf inländische wie ausländische Zulassungen und zum anderen nicht nur auf betroffene Erzeugnis-, sondern ebenfalls Verwendungspatente Anwendung findet. Diese Differenzierungen greift auch Art. 15.10.2 CAFTA – unter insgesamt semantischen Änderungen – auf, dessen Wortlaut die USA seither standardmäßig freihandelsrechtlich implementieren:

> „Where a **Party permits**, as a condition of approving the marketing of a pharmaceutical product, persons, other than the person originally submitting safety or efficacy information, to **rely on evidence or information** concerning the safety and efficacy of a **product that was previously approved, such as evidence of prior marketing approval in the territory of a Party or in another country**, that Party:
>
> (a) shall **implement measures** in its marketing approval process to **prevent such other persons from marketing a product covered by a patent claiming the previously approved product or its approved use** during the term of that patent, **unless by consent** or acquiescence of the **patent owner**; and

---

1044 Art. 4.23(b) Jordanien-FTA.

1045 Art. 16.8.4(b), (c) Singapur-FTA; Art. 17.10.2(b), (c) Chile-FTA, die lauten „With respect to pharmaceutical products that are subject to a patent, each Party shall: [...] (b) make available to the patent owner the identity of any third party requesting marketing approval effective during the term of the patent; and (c) not grant marketing approval to any third party prior to the expiration of the patent term, unless by consent or acquiescence of the patent owner."

> (b) shall provide that the **patent owner shall be informed of the request and the identity** of any such other person who requests approval to enter the market during the term of a patent identified as claiming the approved product or its approved use." (Hervorhebungen durch den Verfasser).

Die Verträge mit Marokko, Bahrain, Oman und KORUS schließen sich dem inhaltsgleich an.[1046]

Entgegen diesem ansonsten vorherrschenden konkreten Schutzmodell sind Kolumbien, Peru und Panama lediglich – in grundlegender bzw. allgemeiner Form[1047] – dazu verpflichtet, **schnelle** Urteile bei (gerichtlichen oder behördlichen) Verfahren und (vorläufigen) Rechtschutz für Streitigkeiten über den Bestand oder die Verletzung eines (Erzeugnis- oder Verwendungs-) Patents, das einem zugelassenen Arzneimittel zugrunde liegt, zu gewährleisten. Außerdem haben sie ein transparentes System zur Notifizierung des Patentinhabers darüber, dass ein Dritter während der (Erzeugnis- oder Verwendungs-)Patentlaufzeit Zulassung begehrt, einzurichten. Zusätzlich sind dem Patentinhaber vor Zulassung des Generikums ausreichend Zeit und Gelegenheit einzuräumen, um von Rechtsschutzoptionen Gebrauch machen zu können.[1048] Hieraus lässt sich allerdings weder eine automatische Blockade der Zweitzulassung bis zum Patentablauf des Originalpräparats noch eine zulassungsbehördliche Patentvaliditätsprüfungspflicht ableiten. Vielmehr sind Patentstreits nach klassischem Vorbild bei Gerichten und Patentämtern angesiedelt. Anders als ursprünglich vereinbart, sind die Nationen zu

---

1046 Art. 15.10.2 CAFTA; Art. 15.10.4 Marokko-FTA, das zwar von „**any** pharmaceutical product that is **subject to a patent**" alle Patentkategorien eröffnet, aber über Fußnote 14 den Anwendungsbereich fakultativ auf Erzeugnis- und Verwendungspatente eingrenzt (Hervorhebungen durch den Verfasser); Art. 14.10.4 Bahrain-FTA; Art. 15.9.4 Oman-FTA; Art. 18.9.5 KORUS.

1047 Dass es sich hierbei im jeweiligen Abs. 3 um einen grundlegenden Ansatz handelt, wird im semantischen bzw. systematischen Zusammenhang deutlich, indem Abs. 4 mit dem Hinweis, „the Party may implement the provisions of paragraph 3 by: […]", konkrete Vorgaben hinsichtlich der Zulassungssperre bei Inbezugnahmen nennt.

1048 Art. 16.10.3 Peru-FTA; Art. 16.10.3 Kolumbien-FTA; Art. 15.10.3 Panama-FTA, Übersetzung durch den Verfasser. In der englischen Vertragsfassung lauten die Passagen „Each Party shall provide: (a) **procedures**, such as judicial or administrative proceedings, **and remedies**, such as preliminary injunctions or equivalent effective provisional measures, for the expeditious adjudication of disputes concerning the validity or infringement of a patent with respect to patent claims that cover an approved pharmaceutical product or its approved method of use; (b) a transparent system to provide **notice to a patent holder** that another person is seeking to market an approved pharmaceutical product during the term of a patent covering the product or its approved method of use; and (c) **sufficient time and opportunity for a patent holder** to seek, prior to the marketing of an allegedly infringing product, available remedies for an infringing product." (Hervorhebungen durch den Verfasser).

konkreten Verknüpfungsvorgaben in Bezug auf Unterlagenschutz im Besonderen mithin nicht verpflichtet.[1049] Allerdings können sie entsprechende Regelungen treffen, die denen der oben genannten Verträge grundsätzlich entsprechen.[1050] Insofern kommen jedoch zwei Ergänzungen zugunsten von Zweitanmeldern zum Tragen: Erstens müssen dem Zweitanmelder gerichtliche oder behördliche Verfahren zur Verfügung stehen, das Patent des Originalherstellers anzugreifen und zweitens – im Falle seines Obsiegens – hierfür eine „Belohnung" gewähren.[1051]

Diese gleichen Elemente[1052] übernimmt USMCA, anstatt sich am vorangegangenen KORUS[1053] zu orientieren. Allerdings kombiniert es beide bis dahin streng voneinander separierten Modelle: Einerseits beschränkt es im Sinne von AUSFTA den Tatbestand gem. Art 20.51.1 auf Fälle der Bereitstellung von Inbezugnahmeoptionen durch Zweitanmelder. Andererseits greift USMCA sodann die Inhalte der Abkommen mit Peru, Kolumbien und Panama auf, wonach „gerichtliche oder behördliche Verfahren" etc. zu implementieren sind, aber **keine** Zulassungssperre. Fast identisch verhält es sich ebenfalls in Art. 1.11.1 CHIUS.[1054]

---

1049 *García,* Intellectual Property in the US-Peru Trade Promotion Agreement, S. 12.

1050 Art. 16.10.4(a),(b) Peru-FTA; Art. 16.10.4(a),(b) Kolumbien-FTA; Art. 15.10.4(a),(b) Panama-FTA.

1051 Art. Art. 16.10.4(c),(d) Peru-FTA; Art. Art. 16.10.4(c),(d) Kolmbien-FTA; Art. Art. 15.10.4(c),(d) Panama-FTA. In Verbindung mit der jeweiligen Fußnote kann eine solche Belohnung insb. in einer Exklusivitätsperiode für den Zweitanmelder liegen, sodass weitere Folgeanmelder zeitweise am Inverkehrbringen ihrer Generika gehindert werden. Das US-Recht gewährt hier 180-Tage *exclusivity.*

1052 Dies gilt hinsichtlich Art. 16.10.4(a),(b) Peru-FTA; Art. 16.10.4(a),(b) Kolumbien-FTA; Art. 15.10.4(a),(b) Panama-FTA. Dortige Zweitanmelderprivilegien wurden in USMCA hingegen nicht vereinbart.

1053 Nachverhandlungen in KORUS betrafen auch Patentverknüpfungen, allerdings nicht materiell-rechtlich. Südkorea bekam 36 Monate Zeit zur Umsetzung, anstatt ursprünglich 18 Monaten, *Schott,* KORUS FTA 2.0: Assessing the Changes, S. 2.

1054 Art. 1.11.1 CHIUS lautet: „If China permits, as a condition of approving the marketing of a pharmaceutical product, including a biologic, persons, other than the person originally submitting the safety and efficacy information, to rely on evidence or information concerning the safety and efficacy of a product that was previously approved, such as evidence of prior marketing approval by China or in another territory, China shall provide: (a) **a system** to provide **notice to a patent holder, licensee, or holder of marketing approval**, that such other person is seeking to market that product during the term of an applicable patent claiming the approved **product** or its approved **method of use**; (b) adequate **time and opportunity** for such a patent holder **to seek**, prior to the marketing of an allegedly infringing product, **available remedies** in subparagraph (c); and (c) procedures for **judicial or administrative proceedings** and expeditious remedies, such as preliminary injunctions or equivalent effective provisional measures, for the timely resolution of disputes concerning the

Sollte sich eine Partei gegen diese Vorgaben entscheiden, so muss sie **alternativ** dazu gem. Art. 20.51.2 USMCA (vorbehaltlich der Zustimmung des Patentinhabers) eine Zulassungsblockade während der Patentlaufzeit vorsehen. Schließlich stellt der Vertrag klar, dass „Patentinhaber" auch ein Lizenznehmer oder der Inhaber der Arzneimittelgenehmigung sein können. Damit passen sich USMCA und CHIUS an praktische Erwägungen zur Sicherstellung vereinfachten Rechtsverkehrs an. In Relation gesetzt, weicht USMCA die beiden o. g. geläufigen Standardinhalte auf und rückt somit qualitativ insgesamt zwischen das einerseits seit AUSFTA eingebundene Modell und das restriktive Modell der Verträge mit Peru, Kolumbien und Panama andererseits.

Nach den Verhandlungen zu KORUS hat sich zwischen den Parteien Uneinigkeit darüber erhoben, ob die dort vereinbarte *patent linkage* neben chemischen Arzneimitteln auch auf Biologika anzuwenden sei. Der Definition nach muss das pharmazeutische Produkt nur einen chemischen Bestandsteil enthalten, Art. 18.9.5 i. V. m. 18.9.1(c) KORUS, was nach Ansicht der USA nicht ausschließe, dass insgesamt ein Biologikum Gegenstand der Klausel sei.[1055] Allerdings spricht die Vertragssystematik gegen eine solche Annahme: Andernorts, nämlich in Kapitel 5 KORUS, wird als pharmazeutisches Produkt ein „pharmaceutical, biological, medical device, or diagnostic product" definiert. Diese Definition lässt sich ausweislich Art. 5.8 KORUS jedoch nicht für das Kapitel 18 – wo die *patent linkage* verortet ist – heranziehen.[1056] Schließlich deutet die offensichtliche Diskrepanz zwischen „pharmaceutical" und „biological" eine bei den Vertragsparteien gegebene, sachgedankliche Trennung beider Produkte an.[1057] Diese Trennung findet sich im Übrigen in der globalen, einschlägigen Fachliteratur sowie der Politik wieder. Bezüglich der *patent linkage* war während der Verhandlungen außerdem stets von „generics" gesprochen worden,[1058] im Falle von Biologika hätte es fachlich korrekt und amerikanischem Recht entsprechend „biosimiliars" heißen müssen.

validity or infringement of an applicable patent claiming an approved pharmaceutical product or its approved method of use." (Hervorhebungen durch des Verfasser).

1055 Vgl. Brief vom 17.02.2017 des US-Botschafters in Südkorea an den südkoreanischen Minister für Gesundheit und Arzneimittelsicherheit, abrufbar unter https://docs.google.com/file/d/0B_JKlVyrXR0taG91Y19CbXpfeW8/edit (letzter Zugriff am 228.03.2024).

1056 *Laurenza*, European Journal of Risk Regulation 2015, 439, 440.

1057 *Laurenza*, European Journal of Risk Regulation 2015, 439, 440. Dieses Verständnis zieht sich im Übrigen durch sämtliche einschlägigen Freihandelsabkommen der USA und hat letztlich auch in USMCA seinen Ausfluss gefunden, s. Art. 20.49 USMCA.

1058 *Kogan*, Global Trade and Customs Journal 2011, 513, 532 m. w. N.

Nach Verdeutlichung der Erwartungen von amerikanischer Seite[1059] hat Südkorea kurz darauf *patent linkage* für nachgeahmte chemische Arzneimittel sowie Biologika eingeführt; beide folgen nun einheitlich denselben Voraussetzungen bzw. Rechtsfolgen der *linkage*.[1060] In den USA hingegen gelten im Rahmen der Patentverknüpfung für nachgeahmte Biologika weitaus weniger gesetzliche Pflichten als für chemische Generika, sodass zweifelhaft ist, inwieweit bezüglich Biologika überhaupt noch von (effektiver) *patent linkage* gesprochen werden kann.[1061] Insofern haben die USA auf US-Plus-Bestimmungen zulasten Südkoreas hingewirkt, mit der Folge, dass Südkorea KORUS wohl umfangreicher implementiert hat, als es vertraglich dazu verpflichtet gewesen wäre. Demgemäß entfaltet die *patent linkage* ihre marktzugangshindernde Wirkung auf dem südkoreanischen Markt auch bezüglich Biologika.

## VI. Erst- und Zweitindikationen (neue Verwendungen)

In einigen ihrer Handelsabkommen haben die USA unter dem Stichwort erste/weitere medizinische Indikation („new use") die Patentierbarkeit solcher neuen/weiteren Verwendungen gegenüber Australien, Marokko, Oman, Bahrain, Südkorea, Kanada und Mexiko abgesichert.[1062] Dabei kommt zum Tragen, dass immer weniger Arzneimittelpatente tatsächlich stofflich neu sind; vielmehr handelt es sich bei Patentierungen mittlerweile meist um neu erforschte Anwendungsbereiche für bekannte Stoffe.[1063] Obwohl dadurch bekannte Substanzen „mehrfach", nämlich zur Behandlung unterschiedlicher (Human- oder Phyto-)Krankheiten oder Symptome, schutzfähig werden, rechtfertigt sich ihre Existenz vor dem Hintergrund, dass auch sie (hohen) Forschungsaufwand verursachen und substanziellen Allgemeinnutzen tragen können. AUSFTA bestimmt in Art. 17.9.1 S. 2:

> „[…] each Party confirms that **patents** shall be **available for any new uses or methods of using a known product**." (Hervorhebungen durch den Verfasser).

Dem eindeutigen Wortlaut („any") nach sind nicht nur erste (medizinische) Verwendungen, sondern auch weitere Verwendungen („uses") und daneben deren Verfahren („methods") patentfähig. Erfasst werden hierdurch Arz-

---

1059 Vgl. Brief vom 17.02.2017 des US-Botschafters in Südkorea an den Minister für Gesundheit und Arzneimittelsicherheit, abrufbar unter https://docs.google.com/file/d/0B_JKlVyrXR0taG91Y19CbXpfeW8/edit (letzter Zugriff am 28.03.2024).

1060 *Laurenza*, European Journal of Risk Regulation 2015, 439, 441.

1061 Hierzu *Laurenza*, European Journal of Risk Regulation 2015, 439, 441.

1062 Art. 17.9.1 AUSFTA; Art. 15.9.2 S. 2 Marokko-FTA; Art. 14.8.2 Bahrain-FTA; Art. 15.8.1(b) Oman-FTA; Art. 18.8.1 KORUS; Art. 20.36.2 USMCA.

1063 *El Said,* Public health related TRIPS-plus provisions in bilateral trade agreements, S. 158 m. w. N.

nei- und Pflanzenschutzmittel gleichermaßen. Im Gesamtbild erfolgt die Formulierung weitgehend einheitlich, wurde (einzig) hinsichtlich des Marokko-FTA allerdings um die Klarstellung ergänzt, dass die Vorschrift gleichermaßen innerhalb der Human- und Tiermedizin anzuwenden ist;[1064] das Bahrain- bzw. Oman-FTA stellen fest, dass besagte Patentierungen jedenfalls auch im Rahmen der Behandlung medizinischer Zustände gelten. KORUS bedient sich der ursprünglichen Fassung, wogegen gem. Art. 20.36.2 USMCA die Parteien wählen können, in welcher der Patentkategorien[1065] sie Patentschutz auf bekannte Produkte (Arznei- oder Pflanzenschutzmittel) vorsehen möchten, mindestens jedoch für eine. Somit erscheint USMCA an sich aufgrund der Anzahl der Patentkategorien am weitreichendsten, wobei sich sein Anwendungsbereich wiederum durch die Möglichkeit der Auswahl nur einer Kategorie relativiert und deshalb letztlich doch moderateren Schutz vorweist, als beispielsweise KORUS. Insgesamt hat diese schon frühzeitig berücksichtigte Klausel zwar unter Wortlautgesichtspunkten keine massiven Änderungen vollzogen, gleichwohl haben diese aber direkte Effekte auf die Schutzoptionen von Arznei- und (teils) Pflanzenschutzmitteln. Allerdings haben die USA sie nicht mit demselben Nachdruck wie anderweitige Schutzinstrumente – beispielsweise dem Unterlagenschutz – forciert. Dementsprechend hat sie in die Kontrakte mit Peru, Kolumbien und Panama gar keinen, und über USMCA lediglich in moderaterer Form ihre Niederschrift gefunden.

## VII. Einengung von Zwangslizenztatbeständen

Obwohl die USA – neben anderen Industrienationen – ihrerseits lange und intensiv Zwangslizenzen (weniger zum allgemeinen als zum Nutzen Privater) gebrauchen,[1066] weist ihre Freihandelspraxis zu Beginn der 2000er Jahre Einengungstatbestände für Zwangslizenzgewährungen auf.[1067] Dadurch wird Handelspartnern die Nutzung bzw. Erteilung von Zwangslizenzen erschwert bzw. verhindert und sie wirken sich in aller Regel zu Lasten benötigter Arzneimittel aus. In den 1990er Jahren verhandelte Jordanien sowohl seinen Beitritt zur WTO als auch das Freihandelsabkommen mit den USA.[1068] Bereits im Zuge des WTO-Beitritts hatte Jordanien sein Pa-

1064 Art. 15.9.2 Marokko-FTA.

1065 Dabei handelt es sich um neue Verwendungen eines Produktes, neue Verfahren zur Verwendung oder neue Herstellungsverfahren bekannter Produkte, vgl. Art. 20.36.2 USMCA.

1066 *Reichman/Hasenzahl,* Non-voluntary Licensing of Patented Inventions, S. 19, 21 f.

1067 So auch *Böttger*, GRUR Int. 2008, 879, 882. Zudem wird auf Art. 1709 Abs. 10 NAFTA hingewiesen, an dessen Voraussetzungen Art. 31 TRIPs anlehnt.

1068 Zur amerikanischen Haltung bezüglich Zwangslizenzen (in Abgrenzung zu Kanada) s. *Reichman/Hasenzahl,* Non-voluntary Licensing of Patented Inventions, S. 19 ff.

tentrecht abgeändert, das in zentralen Bereichen der Zwangslizenzvergaben über den TRIPs-Schutzstandard hinaus ging[1069] und letztlich den Vorschriften des Jordanien-FTA inhaltlich großteils entsprach.[1070] Das Jordanien-Abkommen konstatiert in Art. 4.20:

> „Neither Party shall permit the use of the subject matter of a patent without the authorization of the right holder **except in the following circumstances**:
>
> (a) to **remedy a practice determined** after judicial or administrative process to be **anti-competitive**;
>
> (b) in cases of **public non-commercial use** or in the **case of a national emergency or other circumstances of extreme urgency, provided that such use is limited to use by government** entities or legal entities acting under the authority of a government; or
>
> (c) on the ground of **failure to meet working requirements**, provided that **importation shall constitute working.**
>
> Where the law of a Party allows for such use pursuant to sub-paragraphs (a), (b) or (c), the Party shall respect the provisions of Article 31 of TRIPS and Article 5A(4) of the Paris Convention.“ (Hervorhebungen durch den Verfasser).

Danach sind Zwangslizenzen nur in vier Fällen – bei wettbewerbswidrigem Verhalten, öffentlicher nichtkommerzieller Nutzung sowie bei nationalem Notstand oder fehlender Erfindungsbenutzung (sog. working

---

1069 Ausführlich *Abualghanam,* The Protection of Pharmaceutical Patents and Data under TRIPS and US-Jordan FTA: Exploring the Limits of Obligations and Flexibilities: A Study of the Impacts on the Pharmaceutical Sector in Jordan, S. 148 ff., insb. S. 150 mit Abdruck von Art. 22 a. F. des jordanischen PatG (1999) in Fußnote 10, der auszugsweise lautet: „Minister may grant a license to use a patent to third parties without obtaining the patentee's consent in any of the following cases exclusively:
A. If the use of the patent by the state authorities or licensed third parties is **a necessity for national defense or emergency or for noncommercial public good** provided that the patentee is notified as soon as it becomes possible.
B. 1. If the **patentee doesn't exploit it** or exploits it insufficiently before the elapse of 4 years as of the application date or 3 years as of the granting date, the period to be applied is the one that elapses later. However, the Minister may grant the patentee an additional grace period if he deems that reasons beyond the control of the patentee have prevented exploitation.
2. For the purposes of item (1) of this paragraph, and without prejudice to the provisions of the related International Conventions, importation of the subject goods of the patent to the kingdom shall be deemed utilization of the patent.
C. If the patentee exercises his rights in such a way as to **prevent others from competing fairly**.“ (Hervorhebungen durch den Verfasser).

1070 *Abualghanam,* The Protection of Pharmaceutical Patents and Data under TRIPS and US-Jordan FTA: Exploring the Limits of Obligations and Flexibilities: A Study of the Impacts on the Pharmaceutical Sector in Jordan, S. 150 (Fn. 10), 152, 182.

requirement[1071]) zulässig. Dadurch werden konsequent TRIPs-gegebene Spielräume beschnitten, weil sich TRIPs nicht in den o. g. Tatbeständen erschöpft.[1072] Die Auswirkungen auf Jordanien wurden (insbesondere hinsichtlich des *working requirements)* ausführlich von *Abualghanam* analysiert. Er ist zu dem Schluss gelangt, dass schwächere bzw. mildere als die unter dem FTA getroffenen patentrechtlichen Anpassungen keine sozio-ökonomischen Kosten verursacht hätten. Zudem hätte umfangreiche, *non-working* basierte Zwangslizenzen für Jordanien positive Effekte gehabt. Aufgrund der Benutzungsfiktion durch Import, vgl. Art. 4.20(c) Jordanien-FTA, werden diese Effekte indes weitgehend ausgehebelt.[1073]

Auch Art. 16.7.6 Singapur-FTA bzw. Art. 17.9.7 AUSFTA beinhalten fast identische Klauseln, weichen allerdings insoweit ab, als dass sie auf die Vorgabe zum *working requirement* gem. Art. 4.20.c) Jordanien-FTA verzichten. Sie setzen aber hinsichtlich a) und b) voraus, dass der Patentinhaber für die Benutzung angemessen entschädigt wird und keine nichtoffengelegten Informationen und *Know-how* zur Verfügung stellen muss.[1074] Die oben genannten Tatbestände hatten die USA im Rahmen der WTO-Beratungen über die Umsetzung von Paragraph 6 der Doha-Erklärung vorgeschlagen, letztendlich aber dort nicht durchsetzen können.[1075]

Obwohl Zwangslizenzen aus welthandelsrechtlicher Perspektive traditionell mit Arzneimitteln in Verbindung gebracht werden, machen die FTAs keine Einschränkungen auf selbige. Insofern gelten die o. g. Tatbestände gleichermaßen für Pflanzenschutzmittelpatente.

---

1071 Das „working requirement" sieht vor, dass eine Erfindung, sofern sie nicht (kommerziell) genutzt bzw. das ihr zugrunde liegende Produkt im Inland hergestellt wird, mit Zwangslizenz belegt werden kann. Umfassend hierzu im amerikanischen und internationalen Kontext *Trimble*, University of California Irvine Law Review 2016, 483 ff.

1072 *Ho,* Access to Medicine in the Global Economy: International Agreements on Patents and Related Rights, S. 125 ff., 238; *Sell*, Liverpool Law Review 2007, 41, 62; *Abualghanam,* The Protection of Pharmaceutical Patents and Data under TRIPS and US-Jordan FTA: Exploring the Limits of Obligations and Flexibilities: A Study of the Impacts on the Pharmaceutical Sector in Jordan, S. 182 f.

1073 *Abualghanam,* The Protection of Pharmaceutical Patents and Data under TRIPS and US-Jordan FTA: Exploring the Limits of Obligations and Flexibilities: A Study of the Impacts on the Pharmaceutical Sector in Jordan, S. 252.

1074 Art. 17.9.7(b)(i)-(iii) AUSFTA lautet: „[…] (i) the Party shall limit such use to use by the government or third persons authorised by the government; (ii) the Party shall ensure that the **patent owner is provided with reasonable compensation** for such use; and (iii) the Party **may not require** the patent owner **to provide undisclosed information or technical know-how** related to a patented invention that has been authorised for use in accordance with this paragraph." (Hervorhebungen durch den Verfasser).

1075 *Sell*, Liverpool Law Review 2007, 41, 62.

Inzwischen – und hier hatte die Doha-Erklärung von 2001 (bzw. 2003) ebenso entscheidenden Ausschlag für gegeben, wie die Umbesetzung des US-Kongresses[1076] – verzichten die USA auf diese Passage; als aktiver Standard ist sie mithin nunmehr hinfällig.

## VIII. *Public Health*-Erwägungen

Die Debatte von öffentlicher Gesundheit und Patentschutz, bei der besonders Zwangslizenzen nach Art. 31 TRIPs im Mittelpunkt stehen, hat sich direkt und indirekt in der amerikanischen Freihandelspraxis niedergeschlagen – zunächst in *side letters* und *understandings* zu den jeweiligen Verträgen, sodann direkt darin inkorporiert. Ausschlaggebend hierfür waren Interventionen von US-Kongressabgeordneten und Nichtregierungsorganisationen gewesen, weil die in den FTAs adressierten Patentschutzmechanismen, insbesondere Unterlagenschutz und *patent linkage* mit ihrem Zustimmungsvorbehalt, angesichts ihres offenen Wortlauts Einschränkungen für Zwangslizenzvergaben befürchten ließen.[1077]

### 1. *Side letters/understandings*

Es sind zwei Arten von *side letters/understandings* zu unterscheiden: Solche zur Bestätigungen von Umsetzungspflichten in Bezug auf Arzneimittelpatentbestimmungen einerseits und andererseits solche zugunsten von *Public Health.*

Im Kontext des Jordanien-FTAs verständigten sich beide Nationen konkret über den Umgang mit arzneimittelbetreffenden Marktzulassungen, wonach als integraler Abkommensbestandteil gelten soll:

> „1. With regard to the processing of the pending applications for marketing approval of pharmaceutical products in the Jordanian Ministry of Health, the Government of the Hashemite Kingdom of Jordan affirms that **no marketing approval for pharmaceutical products shall be granted unless the application for such marketing approval is in full conformity with the requirements of the Agreement.**
>
> 2. The Government of the Hashemite Kingdom of Jordan further affirms that the Jordanian **Ministry of Health will process** within 30 days of the entry into force of the Agreement the **pending applications for marketing approval using the standards established** in the Agreement as the basis for acting on these applications." (Hervorhebungen durch den Verfasser).

---

1076 So auch *Böttger*, GRUR Int. 2008, 879, 882.

1077 *Abbott/Reichman*, Journal of International Economic Law 2007, 921, 963.

Jordaniens Mitteilung trägt sichtlich dem Motiv Rechnung, die Absicht zur Erfüllung seiner aus dem FTA erwachsenen Pflichten (insbesondere Unterlagenschutz) noch einmal nachdrücklich zu versichern. Besonders hervorgehoben wurde dabei, dass Zulassungen schnell initiiert, aber nur bei voller Entsprechung mit dem FTA erteilt werden können. Während sowohl Original- als auch Folgeanmelder von der zeitnahen Bearbeitung ihrer Anträge profitieren, werden Originalhersteller dennoch bevorteilt. Denn die inhaltlich zu treffenden hohen Anforderungen an die Genehmigung („full conformity") vermögen jene Folgeanmelder hinzuhalten. Die Vereinbarung soll dagegen ihrem Wortlaut nach nicht primär *flexibilities* absichern. Damit besteht ein wesentlicher Unterschied zum Singapur-FTA. Denn das Singapur-FTA stellt zugunsten Singapurs klar, dass Beschränkungen von Importlizenzen nicht für Generika gelten sollten.[1078] Widerum gibt AUSFTA zulasten Australiens restringierende Exportbestimmungen bei unter der *patent term extension* stehenden Produkten vor.[1079] Diese ambivalente Praxis änderte sich zumindest teilweise, nachdem kurz darauf die Doha-Erklärung bzw. der Paragraph-6-Entscheidung[1080] zustande kamen.

Seitdem haben die Vertragspartner mehrfach per *side letter* die besondere Bedeutung der Doha-Erklärung hervorgehoben. Im „Understanding regarding certain public health measures" vom 05.08.2004 bestätigten die zuständigen Minister bezüglich CAFTA beispielsweise:

> „The obligations of Chapter Fifteen **do not affect a Party's ability to take necessary measures to protect public health by promoting access to medicines** for all, **in particular** concerning cases such as HIV/AIDS, tuberculosis, malaria, and other epidemics as well as **circumstances of extreme urgency or national emergency**.
>
> In recognition of the commitment to access to medicines that are supplied in accordance with the Decision of the General Council of 30 August 2003 on the Implementation of Paragraph Six of the Doha Declaration on the TRIPS Agreement and public health (WT/L/540) and the WTO General Council Chairman's statement accompanying the Decision (JOB(03)/177, WT/GC/M/82) (collectively the „TRIPS/health so-

1078 Art. 4 des *side letter* v. 06.05.2003 des Singapur-FTA, abrufbar unter (https://ustr.gov/sites/default/files/uploads/agreements/fta/singapore/asset_upload_file983_4064.pdf.

1079 Art. 1 des *side letters* vom 18.05.2004 AUSFTA, abrufbar unter https://ustr.gov/sites/default/files/uploads/agreements/fta/australia/asset_upload_file948_3913.pdf (letzter Zugriff jeweils am 28.03.2024).

1080 Zur US-Position während der Verhandlungen s. *Lee,* Putting Health on the Fast Track, S. 6 f.; umfassend *Abbott*, Journal of International Economic Law, 469 ff.

lution"), **Chapter Fifteen does not prevent the effective utilization of the TRIPS/health solution.**"[1081] (Hervorhebungen durch den Verfasser).

Die Verträge mit Bahrain, Marokko und Oman enthalten ganz ähnliche *side letters*;[1082] im Vergleich zu Art. 4 der Doha-Erklärung ergeben sich allerdings einige Abweichungen in Form von Einschränkungen. Hinsichtlich des Briefwortlauts wies schon *Mayne* zu Recht darauf hin, dass ausschließlich Maßnahmen getroffen werden können, die zum Schutz der öffentlichen Gesundheit „notwendig" sind, was der Doha-Erklärung jedoch keineswegs als Vorgabe zu entnehmen ist.[1083] Zwar können die Partner Inhalt und Grenzen der „Notwendigkeit" festlegen, welche sich zu einer engen ebenso wie zur weiten Interpretation durch die Parteien eignet. Allerdings handelt es sich trotzdem um ein zusätzliches Tatbestandsmerkmal, dessen Anforderungen ggf. im Streitschlichtungsverfahren in Frage gestellt werden und angesichts diesbezüglicher Rechtsunsicherheiten die Einführung oder den Nutzungsumfang von *flexibilities* verhindern könnten.[1084]

Aus der Wendung „in particular" leitet *Abbott* aus der Wortbedeutung (und in Kenntnis der amerikanischen Verhandlungsposition während der Doha-Verhandlungen, wo die USA eine Beschränkung auf nur jene Krankheiten gefordert hatten) eine restriktive Lesart dahingehend ab, dass die Partner alle nötigen Maßnahmen ausschließlich hinsichtlich der genannten Krankheiten vornehmen können.[1085] Bei liberalerem Wortverständnis im Sinne von „besonders/insbesondere" würden die genannten Krankheiten lediglich

1081 Das „Understanding regarding certain public health measures" in CAFTA vom 05.08.2004, abrufbar unter https://ustr.gov/sites/default/files/uploads/agreements/cafta/asset_upload_file697_3975.pdf (letzter Zugriff jeweils am 25.01.2019).

1082 *Side letter* im Bahrain-FTA v. 14.09.2004 zum 14. Kapitel (geistiges Eigentum), abrufbar unter https://ustr.gov/sites/default/files/uploads/agreements/fta/bahrain/asset_upload_file447_6296.pdf; *side letter* im Marokko-FTA vom 15.06.2004, abrufbar unter https://ustr.gov/sites/default/files/uploads/agreements/fta/morocco/asset_upload_file258_3852.pdf; Begleitbrief des Oman-FTA vom 19.01.2006, abrufbar unter https://ustr.gov/sites/default/files/uploads/agreements/fta/oman/asset_upload_file44_8808.pdf (letzter Zugriff jeweils am 28.03.2024).

1083 *Mayne,* Regionalism, Bilateralism, and „TRIPS Plus" Agreements: The Threat to Developing Countries, S. 7 f.; so auch *Mercurio,* TRIPS-Plus Provisions in FTAs: Recent Trends, in: Bartels/Ortino, Regional Trade Agreements and the WTO Legal System 2006, S. 234 f.

1084 *Mayne,* Regionalism, Bilateralism, and „TRIPS Plus" Agreements: The Threat to Developing Countries, S. 7 f. teils m. w. N.; *Abbott,* American Journal of International Law 2005, 317, 353; *Mitchell/Voon,* Journal of World Trade 2009, 571, 594; *Mercurio,* TRIPS-Plus Provisions in FTAs: Recent Trends, in: Bartels/Ortino, Regional Trade Agreements and the WTO Legal System 2006, S. 234.

1085 *Abbott,* American Journal of International Law 2005, 317, 352 f. In Übereinstimmung mit dem Wörterbuch entspreche „in particular" der Wendung „specifically", also dt. „namentlich", vgl. dort Fn. 256.

beispielhaften Charakter präsentieren – wenn auch ggf. vorrangig vor anderen. Ein solches Verständnis liegt jedenfalls innerhalb der Doha-Erklärung gewählten Fassung „especially" („besonders/insbesondere") nahe.[1086] In Abweichung davon ist insofern der Versuch einer engen Auslegung der oben genannten Art durch die USA naheliegend.

Davon abgesehen bleibt angesichts der bereits erörterten Zweifel an der Rechtsverbindlichkeit von Doha-Referenzen in *side letters* folgerichtig zu befürchten, dass nach den allgemeinen Regeln der WVK weniger Möglichkeiten verbleiben, dem jeweiligen Abkommen im Lichte der Doha-Erklärung umfassende *flexibilities* rechtsverbindlich zu eröffnen bzw. zuzusichern und sodann durchzusetzen.[1087] Anlässlich vielfach geübter Kritik haben die USA „ausgegliederte" Doha-Referenzen ausdrücklich als integrale Abkommensbestandteile erklärt, sodass sich hinsichtlich Arzneimitteln in den FTAs mit Jordanien, Australien oder Marokko stärkere Argumente für die (intendierte) Rechtsverbindlichkeit entsprechender Bestimmungen ableiten lassen. Die dortigen Formulierungen („do not affect", „does not prevent", „shall constitute") legen zumindest den Schluss nahe, die Erklärungen sollten nach Auffassung ihrer Unterzeichner zumindest in diesen Fällen als nachfolgende Übereinkünfte der Auslegung durch die WVK zugänglich sein.[1088] Nach Auffassung des *United States Trade Representatives* jedoch sind *side letters* – entgegen gleichzeitiger gegenteiliger Bekundungen[1089] – indes nicht in der Lage, abkommensinterne Bestimmungen zu überschreiben.[1090]

---

1086 *Abbott*, American Journal of International Law 2005, 317, 352 (Fn. 256).

1087 *Mitchell/Voon*, Journal of World Trade 2009, 571, 594; *Roffe/Spennemann*, International Journal of Intellectual Property Management 2006, 75, 86.

1088 *Xiong*, Journal of World Trade 2012, 155, 178; *Mitchell/Voon*, Journal of World Trade 2009, 571; a. A. *Abbott*, American Journal of International Law 2005, 317, 352 f.

1089 *Fink/Reichenmiller*, Tightening TRIPS: Intellectual Property Provisions of U. S. Free Trade Agreements, in: Newfarmer, Trade, Doha, and Development , S. 295 zitieren die Antwort des USTR auf einen Brief vom US-Kongress-Abgeordneten Sander Levin bezüglich des Marokko-FTA: „If circumstances ever arise in which a drug is produced under a compulsory license, and it is necessary to approve that drug to protect public health or effectively utilize the TRIPS/health solution, the data protection provision in the FTA would not stand in the way [...] As stated in the side letter, the letter constitutes a formal agreement between the Parties. It is, thus, a significant part of the interpretive context for this agreement and not merely rhetorical. According to Article 31 of the Vienna Convention on the Law of Treaties, which reflects customary rules of treaty interpretation in international law, the terms of a treaty must be interpreted „in their context," and that „context" includes „any agreement relating to the treaty which was made between all the parties in connection with the conclusion of the treaty."

1090 *Fink/Reichenmiller*, Tightening TRIPS: Intellectual Property Provisions of U. S. Free Trade Agreements, in: Newfarmer, Trade, Doha, and Development , S. 295 m. w. N.; *Abbott*, American Journal of International Law 2005, 317, 352; *Abbott/Reichman*, Journal of International Economic Law 2007, 921, 963.

Trotz dieser Bekundungen enthalten zeitlich nach der Doha-Erklärung unterschriebene Freihandelsabkommen, wie AUSFTA,[1091] an vertragsinternen Passagen weitreichende und konkrete Regelungen für pharmazeutische (und agrochemische) Mittel, wie u. a. Datenexklusivität, Patentverlängerungen und ähnliche Mechanismen. Diese wirken dem Zweck Dohas diametral entgegen. In Umfang und Tiefe überwiegen sie *Public Health*-Bekundungen, sodass FTAs tendenziell zu Gunsten schneller und effektiver Umsetzung von jenen Schutzstandards, welche den Generikamarkteintritt verzögern, wirken.

## 2. Inkorporation in den Freihandelsvertrag

Seit dem Peru-FTA werden die soeben geschilderten Rechtsunsicherheiten dadurch vermindert, dass die FTAs das einschlägige Thema direkt in den jeweiligen Abkommenstext aufnehmen und sich somit (auch aus Sicht der VWK) klarere Leitlinien für *flexibilities* zugunsten des Zugangs zu Medikamenten ergeben.[1092] Dies geschieht an zwei Textstellen: Erstens – und fast wortlautidentisch mit den *side letters* – kommen die Parteien einleitend zum Patentrechts-Kapitel überein, dass die Immaterialgütervorschriften zugunsten des Schutzes der öffentlichen Gesundheit zu interpretieren sind.[1093]

---

1091 Begleitbrief vom 18.05.2004 zum 17. Kapitel (geistiges Eigentum), abrufbar unter https://ustr.gov/sites/default/files/uploads/agreements/fta/australia/asset_upload_file948_3913.pdf (letzter Zugriff am 28.03.2024).

1092 Art. 16.10.2(e) Peru-FTA; Art. 16.10.2(e) Kolumbien-FTA; Art. 15.10.2(e) Panama-FTA; Art. 18.9.3 KORUS; Art. 20.48.3 USMCA. Zur verschiedener FTA-Formulierungen s. *Grosse Ruse-Khan*, Journal of Intellectual Property Law 2011, 1 ff.

1093 Art. 16.13.1 f. Peru-FTA; Art. 16.13.1 f. Kolumbien-FTA; Art. 15.12.1 f. Panama-FTA; Art. 18.11.1 f. KORUS lauten: „1. The Parties **affirm their commitment to the Declaration on the TRIPS Agreement and Public Health** (WT/MIN(01)/DEC/2).
2. The Parties have reached the following understandings regarding this Chapter.
(a) The **obligations of this Chapter do not and should not prevent a Party from taking measures to protect public health** by promoting access to medicines for all, in particular concerning cases such as HIV/AIDS, tuberculosis, malaria, and other epidemics as well as circumstances of extreme urgency or national emergency. Accordingly, while reiterating their commitment to this Chapter, the Parties affirm that **this Chapter can and should be interpreted and implemented in a manner supportive of each Party's right to protect public health** and, in particular, to promote access to medicines for all.
(b) In recognition of the commitment to access to medicines that are supplied in accordance with the Decision of the General Council of 30 August 2003 on the Implementation of Paragraph Six of the Doha Declaration on the TRIPS Agreement and Public Health (WT/L/540) and the WTO General Council Chairman's statement accompanying the Decision (JOB(03)/177, WT/GC/M/82) (collectively, the „TRIPS/health solution"), this **Chapter does not and should not prevent the effective utilization of the TRIPS/health solution**.

Durch die fragmentarische Wortlautübernahme des „Doha-Textes“ erheben sie selbigen Passus zum direkten Abkommensbestandteil und somit gleichwertigen Auslegungsparameter.[1094]

Darüber hinaus gliedern sich zweitens ebenfalls konkrete Bezüge auf „Doha“ nicht erst in KORUS und USMCA,[1095] sondern bereits in den FTAs mit Peru, Kolumbien und Panama direkt an die konkreten Passagen zum Unterlagenschutz für Arzneimittel an. Ihre systematische Stellung legt dabei nahe, dass sie ausschließlich für jene Passagen gelten sollen. Sie bestimmen:

> „**Notwithstanding** subparagraphs (a), (b), and (c), a Party **may take measures to protect public health** in accordance with:
>
> (i) **the Declaration** on the TRIPS Agreement and Public Health (WT/MIN(01)/DEC/2) (the „Declaration“);
>
> (ii) **any waiver of any provision of the TRIPS Agreement** granted by WTO Members in accordance with the WTO Agreement **to implement the Declaration** and in force between the Parties; and
>
> (iii) **any amendment of the TRIPS Agreement to implement the Declaration** that enters into force with respect to the Parties.“ (Hervorhebungen durch den Verfasser).

Der Wortlaut „notwithstanding“ bereitet insoweit Schwierigkeiten, als dass er sowohl mit „ungeachtet/unbeschadet“, aber auch „abweichend (von etw.)/trotz“ übersetzt[1096] wird und daher je nach Verständnis im Verhältnis zwischen Unterlagenschutz und dem Bekenntnis zur Doha-Erklärung dem einen oder dem anderen Belang Vorrang einräumt werden kann. Zwar sprechen zumindest teleologische Gründe dafür, *Public Health*-Erwägungen gegenüber Unterlagenschutz als prädominant zu betrachten, da sie ansonsten ohne jeglichen Effekt blieben.[1097] Andererseits hieße das konsequent, umgekehrt

(c) With respect to the aforementioned matters, if an amendment of the TRIPS Agreement enters into force with respect to the Parties and a Party's application of a measure in conformity with that amendment violates this Chapter, the Parties shall immediately consult in order to adapt this Chapter as appropriate in the light of the amendment.“ (Hervorhebungen durch den Verfasser).

USMCA bezieht darüber hinaus die WTO-Dokumente (WT/L/641) und (JOB(05)/319 and Corr. 1, WT/GC/M/100) in die „TRIPS/health solution“ mit ein, Art. 20.6 USMCA.

1094 *Grosse Ruse-Khan*, Journal of Intellectual Property Law 2011, 1, 34.

1095 USMCA bezieht sich dort außerdem explizit auf Biologika, sodass auch dort *Public Health*-Erwägungen zu berücksichtigen sind.

1096 https://dict.leo.org/englisch-deutsch/notwithstanding (letzter Zugriff am 28.03.2024). Nach dem Oxford-dictionary ist als Synonym vorrangig „in spite of“, zu dt. „trotz“, zu verwenden, https://www.lexico.com/en/definition/notwithstanding (letzter Zugriff am 28.03.2024).

1097 *Keim,* TRIPS-plus Patentschutzklauseln in bilateralen Freihandelsabkommen der EU, S. 147, unter Verweis auf i. Erg. *Abbott/Reichman*, Journal of International Eco-

den Unterlagenschutz seines Zwecks zu entsagen. Aus den Vertragsverhandlungen geht hervor, dass Peru gegen die ursprüngliche Position der USA, den Unterlagenschutz von *Public Health*-Gesichtspunkten gänzlich loszulösen, interveniert hatte. Auf Geheiß der Demokraten im US-Kongress war daraufhin sowohl die konkret dem Unterlagenschutz angegliederte Passage (Art. 16.10.2(e)) als auch die allgemeine, kapitelweite Interpretationsmaxime „*Public Health*" eingefügt worden (vgl. Art. 16.13).[1098] Der Einfluss besagter Erwägungen auf den Unterlagenschutz war somit von beiden Parteien gewollt (und lässt sich auch für die späteren Abkommen unterstellen). Um die divergierenden Interessen zweckerhaltend in Ausgleich bringen zu können, bietet sich *Grosse Rhuse-Khans* Vorschlag als praktikabel an, die Nutzung von *flexibilities* innerhalb der interpretatorisch gestatteten Grenzen der Unterlagenschutztatbestandsmerkmale zu vollziehen. Im Übrigen lassen sich hierfür die allgemeinen, zur „TRIPs/*Public Health*-solution" in das FTA integrierten Interpretationsparameter, heranziehen.

### 3. Zusammenfassung

Zusammenfassend betrachtet haben *side letters* anfangs Klarstellung hinsichtlich der konkreten Auslegung einzelner Vorschriften gebracht; dabei handelte es sich überwiegend um Pflichten zugunsten strenger Patentstandards. Infolge der Doha-Erklärung bzw. Entscheidung haben sie stattdessen *Public Health*-Erwägungen einbezogen und – entgegen des ihnen innewohnenden Zwecks – im Laufe der Zeit die Gestaltungsfreiräume der Doha-Erklärung, wenn auch nur leicht, so doch kontinuierlich, inhaltlich eingeschränkt. Mit dem Peru-FTA konnten sich *Public Health*-Gesichtspunkte als *safeguards* fest im Vertragskorpus etablieren, wiederum geringfügige Ausdehnung erfahren und als Interpretationsdirektiven fungierend die Rechtssicherheit für *flexibilities* erheblich steigern.

Für Unterlagenschutz von Arzneimitteln kann dies zwar nur bedingt gelten, da insoweit Auslegungsschwierigkeiten verbleiben. Im generellen Kontext von Zwangslizenzen unterfallen jedoch mittlerweile alle neben dem Unterlagenschutz stehenden Schutzmechanismen einem allgemeinen Interpretationsinstrumentarium zur Berücksichtigung der regulierenden Schutzintention „Dohas" im Sinne des Zugangs zum Medikamenten.

---

nomic Law 2007, 921, 964; wohl gegen dieses Vorrangverhältnis *Grosse Ruse-Khan*, Journal of Intellectual Property Law 2011, 1, 32, der die Nutzung von *flexibilities* allenfalls innerhalb der interpretatorisch gestatteten Tatbestandsgrenzen des Unterlagenschutzes für zulässig erachtet, und so eher einen balancierten Ausgleich favorisiert.

1098 *García*, Intellectual Property in the US-Peru Trade Promotion Agreement, S. 11.

Dieses Instrumentarium würde sich im Übrigen auch im Anwendungsbereich von Pflanzenschutzmitteln als Handlungsoptionen anbieten, wo sich artgleiche Grundproblematiken ergeben können.[1099] Nicht zuletzt die Entscheidung des Allgemeinen Rates der WTO beinhaltet seinem Wortlaut nach nämlich eine Reihe klarstellender Elemente für über Arzneimittel hinausgehende Patentregeln, namentlich Parallelimportbestimmungen. Andererseits drängen Wortlaut und Kontext eindeutig auf den „Zugang zu Medikamenten" (wie im Übrigen die Überschrift „Understanding regarding certain Public Health measures" nahelegt), sodass jene in agrochemischer Hinsicht einschlägigen Patentmechanismen in den *Public Health*-Erwägungen keine Interpretationshilfe für *flexibilities* finden können.

## IX. Parallelimporte und Erschöpfung des Patents

Amerikanische Freihandelsabkommen verpflichten (nur) vereinzelt ihre Handelspartner zur Beschränkung von Parallelimporten durch vertragliche Vereinbarungen zwischen Patentinhaber und Produktabnehmer bzw. Lizenznehmer. Insoweit bleiben Parallelimporte grundsätzlich nur mit Zustimmung des Patentinhabers legitim, sodass faktisch nationale Erschöpfungswirkungen greifen.[1100] Wie bereits ausgeführt, liegt ein Parallelimport vor, wenn ein Produkt (in aller Regel ein Arzneimittel, aber möglicherweise auch Pflanzenschutzmittel) aus einem Land, in dem es günstig am Markt erhältlich ist, in ein anderes Land mit einem höheren Preisniveau importiert und parallel zu seinem Bezugsarzneimittel angeboten wird. Diese, dem erschwinglichen Zugang zu Medikamenten dienende Maßnahme, verlieren ihren Effekt im Falle nationaler Erschöpfung.

In den USA war innerstaatlich die Frage nach der Art der immaterialgüterrechtlichen Erschöpfung von Patenten über bloße Ansätze hinaus kaum gesetzlich konzipiert. Demgemäß war sie konkret in Anwendbarkeit, Reichweite bzw. Grenzen erst nach und nach anhand rechtsgebietsübergreifenden *case law* abgesteckt worden. Nichtsdestotrotz näherte sich je nach Inter-

1099 Gedacht sei beispielsweise an pflanzenschädlingsbedingt drohende Ernteausfälle und Hungersnöte, die Zwangslizenzen oder Parallelimporte erforderlich machen können. Gesundheitsschutz intensiviert sich dabei zum Lebensschutz.

1100 So auch *Sell*, Liverpool Law Review 2007, 41, 61; *Roffe/Spennemann*, International Journal of Intellectual Property Management 2006, 75, 81; Zu Anstrengungen der USA innerhalb der Verhandlungen vom TPP gegen eine internationale Erschöpfungsregelung s. *Flynn et al.*, American University International Law Review 2012, 105, 130 ff.; Zu Vorschlägen regionaler Erschöpfung im „Free Trade Area of the Americas" (FTAA) s. *Vivas-Eugui,* Regional and bilateral agreements and a TRIPS-plus world: the Free Trade Area of the Americas (FTAA), S. 17 f.; ferner *Fink/Reichenmiller,* Tightening TRIPS: Intellectual Property Provisions of U. S. Free Trade Agreements, in: Newfarmer, Trade, Doha, and Development, S. 291 ff.

pretation besagten *case laws* der Status quo entweder nationaler oder internationaler Erschöpfung oder gar etwas Dazwischenliegendem an;[1101] nunmehr hat sich der Supreme Court, unter anderem entgegen der Position der US-Regierung, im Bereich des Patentrechts zugunsten der internationalen Erschöpfungsvariante und somit wirtschaftspolitisch antiprotektionistisch positioniert.[1102] Ob und wie die USA diese Fügung im Rahmen ihrer bilateralen Handelspolitik berücksichtigen werden, bleibt bislang abzuwarten.

Innerhalb ihrer Freihandelsabkommen haben die USA hinsichtlich der meisten Kontrakte diesbezüglich auf entsprechende Vorschriften bisher verzichtet. In Art. 16.7.2 Singapur-FTA, Art. 17.9.4 AUSFTA und Art. 16.9.4 Marokko-FTA hingegen wurden faktisch national erschöpfend wirkende aufgenommen, indem sie international wirkende Erschöpfung ausschließen. Art. 17.9.4 AUSFTA stellt dazu fest:

> "Each Party shall provide that the exclusive **right of the patent owner to prevent importation of a patented product**, or a product that results from a patented process, **without the consent of the patent owner shall not be limited by the sale or distribution of that product outside its territory, at least where** the patentee has **placed restrictions on importation by contract** or other means.“ (Hervorhebungen durch den Verfasser).

Das im Übrigen hier identische Marokko-FTA versetzt den relativierenden, letzten Halbsatz in Fußnote 10, so dass „A Party may **limit application of this paragraph to cases where the patent owner has placed restrictions on import by contract or other means**.“ Im Hinblick auf die Verortung (und der damit ggf. einhergehenden Auslegung) stellt Marokko-FTA des-

1101 S. hierzu *Wasserman Rajec*, Berkeley Technology Law Journal 2014, 317; zu divergierender Instanzrechtsprechung *UNCTAD/ICTSD,* Resource Book on TRIPS and Development: An Authoritative and practical guide to the TRIPS Agreement, S. 95 m. w. N.; *Erstling/Struve*, Fordham Intellectual Property, Media and Entertainment Law Journal 2015, 499; *Barrett*, Northern Kentucky Law Review 2000, 911; *Clugston*, Beijing Law Review 2013, 95, 97 ff., der die Übertragbarkeit jener in den ausgewählten, zum Urheberrecht analysierten Urteilen (Supreme Court Case Law: Kirtsaeng v. John Wiley & Sons, Inc., 568 U. S. 519 (2013); Federal Circuit Case Law: Jazz Photo Corp. v. International Trade Commission, 264 Fed. Cir. 1094 (2001)) entwickelten Argumentation für die internationale Erschöpfung auf das Patentrecht für naheliegend hält.

1102 Supreme Court Case: Impression Products v. Lexmark International Inc, 581 U. S. (2017), docket no. 15-1189) abrufbar unter https://www.supremecourt.gov/opinions/16pdf/15-1189_ebfj.pdf (letzter Zugriff am 28.03.2024); Zur Besprechung des vorinstanzlichen Urteils beim Federal Circuit s. *Hemel/Ouellette*, Columbia Law Review 2016, 17; zur Analyse vorangegangenen case laws s. *Barrett*, Northern Kentucky Law Review 2000, 911, 920 ff.; *Ghosh,* The Implementation of Exhaustion Policies: Lessons from National Experiences, S. 23 ff.; *Erstling/Struve*, Fordham Intellectual Property, Media and Entertainment Law Journal 2015, 499, 518 ff.

halb nach Ansicht von *Wee Loon* den (minimal) stärkeren Standard dar.[1103] Obgleich Marokko und Australien bereits vor Verhandlungsabschluss über nationale Erschöpfungsregime verfügt hatten, hindert die Vorschrift sie gleichzeitig daran, zu einem internationalen Erschöpfungsmechanismus überzugehen,[1104] sobald dies (gesundheits-)politisch opportun erscheinen sollte. Dies gilt zumindest hinsichtlich des Verkaufs und der Verteilung der Erfindung im Ausland. Darüber hinaus überlässt die Vorschrift Patentinhabern die Möglichkeit, anhand vertraglicher Vereinbarungen Preis- und Marktkontrolle über ihre patentgeschützten Erfindungen auszuüben – insbesondere per Lizenzvertag den Import ausschließen.[1105] Dass Patentinhaber stets im wirtschaftlichen Interesse davon Gebrauch machen werden, um sinkende Preise bzw. Gewinnspannen zu verhindern, liegt auf der Hand.

Vor den soeben genannten Verträgen war im Singapur-FTA noch anders agiert worden. Nach dessen Art. 16.7.2 haben die Vertragsparteien eine rechtliche Handhabe gegen die (vermeintlich) lizenzvertragsverletzende Beschaffung von patentierten Arzneimitteln vorzusehen, wobei Vermutungsregeln zulasten des (vermeintlichen) Verletzers wirken.[1106] In Verbindung mit der zugehörigen Fußnote haben die Staaten zumindest für Importe solche

---

1103 *Wee Loon,* Parallel Imports of Pharmaceuticals – Doha versus Free Trade Agreements, in: Heath/Kamperman Sanders, Intellectual Property and Free Trade Agreements, S. 167.

1104 *Wasserman Rajec*, Berkeley Technology Law Journal 2014, 317, 355 f.; *El Said,* Public health related TRIPS-plus provisions in bilateral trade agreements, S. 148 f.; *Wee Loon,* Parallel Imports of Pharmaceuticals – Doha versus Free Trade Agreements, in: Heath/Kamperman Sanders, Intellectual Property and Free Trade Agreements, S. 168 m. w. N.

1105 *Krikorian/Szymkowiak*, The Journal of World Intellectual Property 2007, 388, 406; *El Said,* Public health related TRIPS-plus provisions in bilateral trade agreements, S. 149; *Musungu/Oh,* The Use of Flexibilities in TRIPs by Developing Countries: Can They Promote Access to Medicines?, S. 67; Kritisch zu den Gründen für erschöpfungsbedingte Preisdiskriminierungen *Wasserman Rajec*, Berkeley Technology Law Journal 2014, 317, 361 ff.

1106 In der Passage heißt es: „Each Party shall provide that patent owners shall also have the **right to** assign, or transfer by succession, a patent and to **conclude licensing contracts**. Each Party shall **provide a cause of action to prevent or redress the procurement of a patented pharmaceutical product, without the authorization** of the patent owner, **by a party who knows** or has reason to know that **such product is or has been distributed in breach of a contract** between the right holder and a licensee, regardless of whether such breach occurs in or outside its territory. Each Party shall provide **that in such a cause of action, notice shall constitute constructive knowledge.**".
Fußnote 16-10 ergänzt „A Party **may limit such cause of action to cases where the product has been sold or distributed only outside the Party's territory before its procurement inside the Party's territory**." (Hervorhebungen jeweils durch den Verfasser).

Bestimmungen umzusetzen, die zuvor nicht in dem Land verkauft oder verteilt worden waren. Die daraufhin erfolgte Änderung des singapurianischen Patentrechts[1107] entspricht (fast) der bilateralen Formulierung. Sie ermöglicht Patentinhabern, Klage gegen Parallelimporte zu erheben, wenn das importierte Arzneimittel zuvor nicht innerhalb Singapurs vertrieben worden ist. Sobald der Patentinhaber das Produkt allerdings auf dem singapurianischen Markt vertreibt, erlischt sein Klagerecht; diese Regelung verwirklicht nach Auffassung des singapurianischen Justizministers den Ausgleich zwischen den Rechten des Patentinhabers und dem Interesse am Zugang zu erschwinglichen Medikamenten.[1108]

Die Passage in Gänze betrifft Erschöpfung noch vergleichsweise indirekt und vage, indem sie vertragliche Kontrollmöglichkeiten durch Patentinhaber in den Vordergrund rückt und darüber hinaus in verfahrens- bzw. beweisrechtlicher Hinsicht flankiert. Trotzdem folgt daraus unweigerlich die Beherrschung des Patentinhabers über den Verbleib seiner Erfindungen, *ergo* über etwaige Parallelimportverbote. Es liegt zunächst an ihm, den gesamten Markt für ein Medikament zu blockieren.

Im Vergleich[1109] zu den o. g. Klauseln beschränkt sich die Klausel des Singapur-FTA also noch auf den erstmaligen Markteintritt im Vertragspartnerland. Die darauffolgenden Bestimmungen entbehren einer solchen Eingrenzung, sodass auch die ursprünglich beabsichtigte Balance hier zugunsten von Patentinhabern entfällt. Darüber hinaus bezieht sich die Klausel im

---

1107 Art. 66 Abs. 3 des Patentgesetzes (1994) von Singapur in der 2004 geänderten und immernoch aktuellen Fassung besagt: „Subsection (2)(g) [die Vorschrift stellt Importe als nicht patentverletzend dar] shall not apply to the import of any patented pharmaceutical product by any person (referred to in this subsection and subsection (4) as the importer) if
(a) the product has not previously been sold or distributed in Singapore by or with the consent (conditional or otherwise) of the proprietor of the patent or any person licensed by the proprietor of the patent to sell or distribute the product in Singapore;
(b) the import of the product by the importer would result in the product being distributed in breach of a contract between — (i) the proprietor of the patent; and (ii) any person licensed by the proprietor of the patent to distribute the product outside Singapore; and
(c) the importer has actual or constructive knowledge of the matters referred to in paragraph (b).“ Abrufbar unter https://sso.agc.gov.sg/Act/PA1994#pr66- (letzter Zugriff am 28.03.2024).

1108 Hierzu *Wee Loon,* Parallel Imports of Pharmaceuticals – Doha versus Free Trade Agreements, in: Heath/Kamperman Sanders, Intellectual Property and Free Trade Agreements, S. 168, unter Verweis auf die Begründung des singapurianischen Justizministers im dortigen Gesetzgebungsverfahren vor dem Parlament.

1109 Hierzu umfassend *Wee Loon,* Parallel Imports of Pharmaceuticals – Doha versus Free Trade Agreements, in: Heath/Kamperman Sanders, Intellectual Property and Free Trade Agreements, S. 167.

Singapur-FTA noch ausdrücklich auf Arzneimittel; die späteren FTAs zeigen sich hier sachlich indifferent („patent") und umfassen in ihrem Anwendungsbereich mithin (u.a.) auch Pflanzenschutzmittel. Zudem bezieht sich die Ältere ausschließlich auf vertragliche Beschränkungen, wohingegen die beiden „Nachfolger" wortlautgetreu nicht darauf beschränkt sind („or other means"). Außerdem kommt es in den jüngeren FTAs nicht mehr auf die Kenntnis des Importeurs von der Vertragsverletzung an. Zudem umfassen sie neben (reinen) Produktpatenten auch Verfahrenspatente, die sich ihrem Schutzbereich nach auch auf das daraus hergestellte Produkt erstrecken. Jene mit Singapur getroffene Vereinbarung ist somit durch eine direktere und materiell-rechtlich geprägte, standardmäßige Variante abgelöst worden.

Obwohl all diese Vorschriften den rechtlichen Rahmen für Parallelimporte prägen, darf nicht übersehen werden, dass verhältnismäßig wenige US-FTAs überhaupt Erschöpfungsregeln treffen, sie also im Kanon der Standards eher periphere Phänomene darstellen. Aus der Tatsache, dass die überwiegende Zahl aller Staaten auf dem Globus ohnehin nationale Erschöpfungsregime aufweisen, lässt sich angesichts der Verhandlungen mit Marokko und Australien die aktuelle amerikanische Passivität diesbezüglich jedoch nicht plausibel ableiten. Vielmehr scheinen – in zeitlicher Übereinstimmung mit der Aufgabe von Zwangslizenzbeschränkungen – weltgesundheitspolitische WTO-Diskussionen und innenpolitische Windungen effektiven Niederschlag gefunden zu haben.

## X. *Bolar*-Ausnahme

Mit der *Bolar*-Ausnahme[1110] bezweckten die Urheber des *Hatch-Waxman Acts* sofortigen Generikamarkteintritt nach Ablauf des dem Originalpräparat zugrunde liegenden Patents. *In concreto* wird Generikaherstellern zugestanden, die Erfindung vor dessen Schutzablauf zu benutzen und zugunsten ihrer begehrten Zulassung zu testen.[1111] Im Jahr 2005 hat der US-Supreme Court die nationale Regelung angesichts der gesetzgeberischen Intention einem weiten Verständnis unterworfen, das nun auch weitere Gerichtsurteile prägt.[1112] Nachdem diese Ausnahme von den aus dem Patent gewährten

1110 Zum namensgebenden Urteil s. US Federal Circuit in der Sache „Roche Products, Inc. v. Bolar Pharmaceutical Co., Inc.", 733 F.2d 858 (1984), wonach die Patentbenutzung durch Zweitanmelder zu Zulassungszwecken gegen die Rechte aus dem Patent nach 35 U.S.C. § 271(a) verstieß. In politische opportuner Reaktion darauf entstand sodann 35 U.S.C. 271(e)(1).

1111 Busche/Stoll/Wiebe-*Saint-André/Tasdelen*, TRIPs, Art. 30 Rn. 30.

1112 Vgl. 35 U.S.C. 271(e)(1), gemäß dem „It shall not be an act of infringement to make, use, offer to sell, or sell within the United States or import into the United States a patented invention […] solely for uses reasonably related to the development and submission of information under a Federal law which regulates the manufacture, use,

Rechten heutzutage fester Bestandteil vieler nationaler Patentregime geworden ist,[1113] in TRIPs hingegen nicht ausdrücklich geregelt wurde, vgl. Art. 28 und 30 TRIPs, befand schließlich ein WTO-*Panel* diese Ausnahme als von Art. 30 TRIPs gedeckt.[1114]

Trotz der wortgleichen Übernahme von Art. 30 TRIPs innerhalb ihrer Freihandelsabkommen bedienen sich die USA indes eines die *Bolar*-Ausnahme beschränkenden Absatzes. Zuerst im Jordanien-FTA bestimmten die Parteien:

> „**If a Party permits the use by a third party of a subsisting patent to support an application for marketing approval** of a product, the Party shall provide that any product produced under this authority **shall not be made, used or sold in the territory of the Party other than for purposes related to meeting requirements for marketing approval**, and if export is permitted, the product shall **only be exported outside the territory of the Party for purposes of meeting requirements for marketing approval** in the Party or in another **country that permits the use** by a third party of a subsisting patent to support an application for marketing approval of a product." (Hervorhebungen durch den Verfasser).

Angesichts dessen beschränken sich die Möglichkeiten zur Herstellung von Generika auf solche „related to meeting requirements for marketing approval", was im Einzelfall nach der nationalen Rechtslage zu bestimmen ist. In dem vom US-Supreme Court entschiedenen Fall war strittig gewesen, ob und inwiefern neben klinischen zudem präklinische Versuche bezüglich der Sicherheit und der Wirksamkeit des Produktes (bzw. seines patentgeschützten Wirkstoffes) am menschlichen Körper davon umfasst werden; das Gericht bejahte dies dahingehend, dass nicht nur Effizienz- und Sicherheitsstudien in späten Zulassungsstadien, sondern sämtliche präklinische Studien auch in frühen Zulassungsstadien von der Ausnahme erfasst werden. Obwohl bis heute kein Freihandelsabkommen regelt, ob (nur) klinische oder auch vorklinische Versuche unter die *Bolar*-Ausnahme fallen, scheinen die

or sale of drugs or veterinary biological products." Zu dessen extensiver Auslegung s. die Entscheidung des US-Supreme Courts in der Sache „Merck KGaA v. Integra Lifesciences I, Ltd.", 545 U. S. 193 (2005); Der United States Court of Appeals in der Sache „Momenta Pharmaceuticals Inc. v. Amphastar Pharmaceuticals Inc.", 686 F.3d 1348 (2012) erstreckte die Ausnahme auf Informationen, die nach Markteintritt zu erheben, aber nicht einzureichen und bloß ggf. gegenüber den zuständigen Behörden (nach dem Zeitpunkt der Zulassung) vorzuweisen sind.

1113 *Correa,* The Bolar Exception: Legislative Models and drafting Options, S. 9 ff; *WIPO Standing Committee on the Law of Patents,* Exceptions and Limitations to Patent Rights: Experimental Use and/or Scientific Research, S. 4 ff.

1114 WTO-Dokument WT/DS114/R (*Canada – Protection of Pharmaceutical Products*), Rn. 7.84. Der Bericht wurde am 7.4.2000 vom Dispute Settlement Body angenommen.

USA angesichts dieser seit 1996 streitigen und sich bis zum Urteil des Supreme Courts im Jahr 2005 zuspitzenden Rechtsunsicherheit wenigstens auf bilateraler Ebene vergewissern zu wollen. Seit AUSFTA im Jahr 2004 haben sie den Wortlaut zumindest dahingehend präzisiert, dass allein die zur Genehmigung **notwendigen** („necessary to support“) Informationen vor Patentablauf verwendet werden dürfen.[1115] Zwar bleiben auch unter dieser Formulierung (vor-)klinische Versuche nicht explizit verboten. Ein Umdenken erfolgte dennoch insoweit, als dass im Gegensatz zum ursprünglichen Wortlaut die neueren Freihandelsabkommen ein engeres Verständnis suggerieren und demgemäß im etwaigen Schiedsverfahren stärkere Argumentationsfirmamente bieten, um die *Bolar*-Ausnahme restriktiv auslegen zu können.

Somit verdrängen sie ggf. nationale Vorschriften, die sodann der Revision bedürften, wie *El Said* bereits beispielhaft anhand Art. 55(b) a. F. des marokkanischen Patentgesetzes dargelegt hat. Jene Bestimmung sehe vor, dass „The rights conferred by a patent shall not extend to … (b) acts performed for experimental purposes relating to the subject-matter of the patented invention“.[1116] Diese weitgefasste nationale Bestimmung ist somit durch die bilaterale einerseits auf zur Zulassung notwendige Experimente beschränkt worden und engt andererseits Exportmöglichkeiten ein. Letztere Regelungen bewirken seit dem Singapur-FTA,[1117] dass Exporte nur noch zwecks Zulassung im Gebiet der Partei zulässig sind, sofern die Informationen, insbesondere aus Tests, Studien und Daten, nicht (nur) im exportierenden, sondern auch im importierenden Land durchgeführt bzw. erhoben werden. Da also in jedem Land, in dem eine Generikazulassung begehrt wird, grundsätzlich ersteinmal eigene Daten generiert werden müssen, begründet dies faktische Hürden zur grenzüberschreitenden Generikazulassung. Selbst für große Pharmaunternehmen stellt nämlich die Bereitstellung der entsprechenden Infrastruktur für jene Versuche in vielen Ländern eine Herausforderung dar.[1118]

Eine weitere Beschränkung zeigt sich schließlich bezüglich des Gegenstandes, *ergo* des Produktes. Anfangs bezog sich die Vorschrift nur auf (irgend-) ein Produkt („product“), erfasste also grundsätzlich jedes Patent ohne Branchenspezifikation und betraf konsequenterweise (u. a.) sowohl Pflanzen-

---

1115 Art. 17.9.6 AUSFTA; Art. 15.9.5 CAFTA; Art. 15.9.6 Marokko-FTA; Art. 15.8.5 Oman-FTA; Art. 16.9.5 Peru-FTA; Art. 16.9.5 Kolumbien-FTA; Art. 15.9.5 Panama-FTA; Art. 18.8.5 KORUS. Eine Ausnahme bildet Art. 14.8.5 Bahrain-FTA.

1116 *El Said,* Public health related TRIPS-plus provisions in bilateral trade agreements, S. 153.

1117 Der letzte Halbsatz des oben zitierten Jordanien-FTAs, „[…] or in another country that permits the use by a third party of a subsisting patent to support an application for marketing approval of a product“, wird seitdem nicht mehr verwendet.

1118 *Musungu/Oh,* The Use of Flexibilities in TRIPs by Developing Countries: Can They Promote Access to Medicines?, S. 64.

schutz- als auch Arzneimittelpatente. Seit dem Singapur-FTA ist ihr Anwendungsbereich immer wieder zyklisch auf Arzneimittel reduziert worden.[1119] Im Schutzfokus stehen somit stets Pharmazeutika. Allein USMCA macht keinerlei Vorschriften zur *Bolar*-Ausnahme.

Wenngleich der Wortlaut mangels konkreter Verbote nach wie vor einige Gestaltungspielräume für die Reichweite der Vorschrift zu bieten scheint, (etwa hinsichtlich dessen, welche Informationen überhaupt im Rahmen der nationalen Zulassung einzureichen und somit „notwendig" sind, oder etwa, ob nur generische oder neue Produkte die Ausnahme nutzen dürfen[1120]), bedürfte es einer präziseren Standardformulierung, in der auch exemplarisch erlaubte Verhaltensweisen benannt werden, um Rechtssicherheit zu schaffen und Streitschlichtungsverfahren zu vermeiden.[1121] Innerhalb der Rechtsumsetzung und Rechtsgestaltung können sich Freihandelspartner der USA zumindest an dem durch amerikanische Gerichtspraxis abgesicherten Umfang der *Bolar*-Bestimmung orientieren.

## XI. Einbezug multilateraler Patent-Verträge

Bei Verpflichtungen zur Integration in Strukturen des internationalen Patentrechts verhalten sich die USA zurückhaltend.

Art. 1701.2(c) NAFTA verpflichtet die Partner zum Beitritt zur PVÜ in ihrer Fassung von 1967. Im Anschluss verschob sich der Fokus auf den *Patent Cooperation Treaty*,[1122] dem erst fakultativ, alsbald jedoch obligatorisch beizutreten war.[1123] Ausschlaggebend für diesen Umschwung dürfte gewesen sein, dass Patentanmeldungen über den PCT für Patentinhaber verschiedene Vorteile (geringere Kosten, einfacheres Verfahren) bieten. Nichtsdestotrotz handelt es sich dabei überwiegend um eine rechtssichernde Formalie, denn die meisten bilateralen Partner waren bereits vor Abschluss der Verhandlun-

1119 Für beide Sektoren verbindlich Art. 4.19 Jordanien-FTA; Art. 15.9.5 CAFTA; Art. 16.9.5 Peru-FTA; Art. 16.9.5 Kolumbien-FTA; Art. 15.9.5 Panama-FTA. Nur Arzneimittel betreffend Art. 16.7.5 Singapur-FTA; Art. 17.9.4 Chile-FTA; Art. 17.9.6 AUSFTA; Art. 15.9.6 Marokko-FTA; Art. 14.8.5 Bahrain-FTA; Art. 15.8.5 Oman-FTA; Art. 18.8.5 KORUS.

1120 *Correa,* The Bolar Exception: Legislative Models and drafting Options, S. 13 ff.; *WIPO Standing Committee on the Law of Patents,* Exceptions and Limitations to Patent Rights: Experimental Use and/or Scientific Research, S. 4 ff.

1121 *Correa,* The Bolar Exception: Legislative Models and drafting Options, S. 14.

1122 Die USA sind seit dem 24.01.1978 Vertragsstaat des PCT.

1123 Fakultativ: Art. 4.2 Jordanien-FTA; Obligatorisch: Art. 16.1.2(a)(v) Singapur-FTA; Art. 17.1.2 Chile-FTA; Art. 17.1.2(a) AUSFTA; Art. 15.1.3(a) CAFTA; Art. 15.1.2(a) Marokko-FTA; Art. 14.1.2 Bahrain-FTA; Art. Art. 15.1.2(a) Oman-FTA; Art. 16.1.3(a) Peru-FTA; Art. 16.1.3(a) Kolumbien-FTA; Art. 15.1.2(d) Panama-FTA; Art. 18.1.3(a) KORUS.

gen Mitgliedstaaten des PCT (oder hatten ihn ratifiziert).[1124] Bahrain und Chile, Panama, Peru und einzelne CAFTA-Partner traten allerdings erst aufgrund ihrer bilateral indizierten Pflichten bei. Seit dem Chile-FTA sollen alle Vertragspartner Anstrengungen („efforts“) unternehmen, dem *Patent Law Treaty* beizutreten.[1125] Hierbei besteht keine Ratifizierungsplicht, nicht zuletzt weil die USA den Vertrag selbst noch nicht ratifiziert haben.[1126]

In jüngster Zeit wird die PVÜ wieder aufgenommen, wie KORUS und USMCA zeigen. Da allerdings auch hier sämtliche Vertragspartner bereits seit Jahrzehnten Mitglieder der PVÜ in ihrer Stockholmer Fassung sind,[1127] tritt wiederum die Sicherungsfunktion deutlich zu Tage. Die bilaterale Verpflichtung zu WIPO-administrierten Verträgen erschwert die Aufkündigung der entsprechenden Kontrakte; materiell-rechtliche Standards werden dadurch ohnehin kaum berührt. Letzteres scheint zumindest mitursächlich für die amerikanische Mäßigung zu sein.

## XII. Übergangsphasen

Die FTAs mit den USA sind innerhalb eines bestimmten Zeitraums umzusetzen, nämlich grundsätzlich bis Inkrafttreten des Vertrages.[1128] Für Entwicklungsländer besteht/bestand insofern prinzipiell die Möglichkeit der Verkürzung von damals durch TRIPs eingeräumten Übergangsphasen für pharmazeutische und agrochemische Patente. Unter den amerikanischen Vertragspartnern befinden sich Entwicklungsländer wie Jordanien, Mexico, Peru, Kolumbien und die mittelamerikanischen CAFTA-Mitglieder.[1129] Soweit sie ihre bilateralen Vereinbarungen bis zu Inkrafttreten der FTAs zu implementieren haben, kommen Einschränkungen der WTO-Fristen nur hinsichtlich Jordanien und Mexiko in Betracht. Jordanien ist am 11.04.2000 der WTO und somit TRIPs beigetreten und hatte zu jenem Zeitpunkt seine

1124 Vgl. Liste der Vertragspartner des PCT unter https://www.wipo.int/pct/de/pct_contracting_states.html (zuletzt zugegriffen am 28.03.2024).

1125 Art. 17.1.4(a) Chile-FTA; Art. 17.1.5 AUSFTA; Art. 15.1.6(a) CAFTA; Art. 15.1.3(a) Marokko-FTA; Art. 14.1.3(a) Bahrain-FTA; Art. 15.1.3(a) Oman-FTA; Art. 16.1.4(a) Peru-FTA; Art. 16.1.4(a) Kolumbien-FTA; Art. 15.1.4(a) Panama-FTA; Art. 18.1.4(a) KORUS; Art. 20.7.3 USMCA.

1126 *Morin*, The Journal of World Intellectual Property 2009, 175, 189.

1127 Vgl. Liste der Vertragspartner der PVÜ und der jeweiligen Fassung unter https://www.wipo.int/treaties/en/ShowResults.jsp?lang=en&treaty_id=2 (letzter Zugriff am 28.03.2024).

1128 Beispielsweise Art. 17.12.1 Chile-FTA; Art. 17.1.9 AUSFTA; Art. 16.1.11 Peru-FTA. Besondere Übergangsfristen für zentrale Patentbestimmungen haben die USA in USMCA gewährt, s. Art. 20.90.3 und 4 USMCA.

1129 Vgl. die auf Daten der Weltbank beruhende Liste des International Statistical Institute unter https://isi-web.org/index.php/resources/developing-countries (letzter Zugriff am 28.03.2024.

aus TRIPs folgenden Pflichten erfüllt. Obwohl Jordanien unter dem Freihandelsabkommen mit den USA – im Gegensatz zu anderen immaterialgüterrechtlichen Bestimmungen – pharmazeutische Schutzinstrumente umgehend umzusetzen hatte, beschnitten die Bestimmungen nicht die Jordanien durch TRIPs gewährten Handlungsspielräume. Im Übrigen hatte Jordanien – anders als beispielsweise Indien – seinerseits die Umsetzungsfristen der Art. 65, 66 TRIPs nicht für sich in Anspruch genommen.[1130]

Mexiko ist seit dem 01.01.1995 Mitglied der WTO. Allerdings enthält NAFTA keine die WTO-Fristen verkürzende Passage. Da allerdings NAFTA vor TRIPs in Kraft getreten ist, nämlich am 01.01.1994, hatten dessen Parteien NAFTA-Standards zu jenem Zeitpunkt bereits umzusetzen. Insoweit ist zwischen TRIPs-Plus Standards in NAFTA und nicht von NAFTA erfassten TRIPs-Regelungen zu differenzieren, da nur letztere unter Art. 65 f. TRIPs fallen. Insgesamt gelten teilweise bilaterale Übergangsperioden, ihre TRIPs-Umsetzungsfristen sind dadurch jedoch nicht beschnitten worden. Von den welthandelsrechtlichen Implikationen bezüglich Art. 65 f. TRIPs abgesehen, haben die USA per Art. 90.30 USMCA die Umsetzung des Biologika-Unterlagenschutzes als Sondermaterie anerkannt und hierfür verlängerte Umsetzungsfristen in Höhe von fünf Jahren gewährt. Dies kommt insbesondere Mexiko zugute, welches im Gegensatz zu Kanada und den USA noch nicht über in solches Schutzinstrument verfügt. Ungeachtet der Frage nach der Angemessenheit besagter Fristlänge manifestiert sich in USMCA somit eine grundsätzliche Bereitschaft der USA, die vielschichtigen und streitträchtigen nationalen Diskurse neuer Formen des Unterlagenschutzes (bedingt) zu berücksichtigen.[1131] Zudem können neben der Schaffung der notwendigen Infrastruktur und personeller Kapazitäten für solche Schutzformen insbesondere die passenden rechtlichen Parameter ausgelotet und deren konkrete Gestaltung anhand ihres Effekts auf die Gesundheitssysteme vorgenommen werden. Die Übergangsphasen können mithin als Entgegenkommen seitens der USA gewertet werden.

### XIII. Stellungnahme

Seit nunmehr über 25 Jahren, seit NAFTA, bilden Sonderbestimmungen für Arznei- und Pflanzenschutzmittelpatente das Rückgrat der Internationalisierung von Schutzstandards.

---

1130 *El-Anis,* Jordan and the United States -The Political Economy of Trade and Economic Reform in the Middle East, S. 178 m. w. N.; *Malpani*, Journal of Generic Medicines 2009, 206, 207; Zum Unterlagenschutz *Armouti/Nsour*, Oregon Review of International Law 2016, 259, 289 m. w. N.

1131 *Grupe*, Recht der internationalen Wirtschaft 2019, 777, 784.

Damit haben die USA (lediglich rudimentäre) Kernmechanismen aus der kompromissgeprägten *Hatch-Waxman*-Legislatur herausgetrennt und zeitnah, ebenso wie unbalanciert zu Lasten von Generikazulassungen, zunehmend in das Völkerrecht transferiert.

Dabei ist entscheidend, dass sich die Entwicklung der jeweiligen Schutzmechanismen sowie ihre Beziehung zueinander nicht gänzlich stringent bzw. stetig vollzogen hat. Trotz des amerikanischen *standard hopping*-Ansatzes „von FTA zu FTA“ sind stets die individuellen Vertragsumstände einzubeziehen gewesen. Infolgedessen wurden manche Standards aufgehoben, andere ausgedehnt. Gleichwohl sind in der Gesamtschau wesentliche gemeinsame Charakteristika erkennbar. *Abbott*[1132] phasiert die Freihandelsabkommen in zwei Generationen: Zur ersten zählen seiner Ansicht nach solche, die zwischen 2004 und 2007 verhandelt worden sind, wie CAFTA und mit Marokko, Panama, Peru und Chile. Diese würden trotz Varianzen vergleichsweise moderater Ausrichtung unterliegen. Abkommen der zweiten Generation, begonnen mit AUSFTA über KORUS bis zu TPP, würden breiter ansetzten, indem sie neben materiell-rechtlichen außerdem strukturelle Eingriffe vollziehen.

Rückt man wiederum die materiell-rechtliche Bewertung in den Vordergrund, offenbaren sich allerdings aus Sicht der einschlägigen FTA-Passagen weitere charakteristische Phasen, die insgesamt ein Viergestirn präsentieren: Zu berücksichtigen ist hierbei nämlich besonders eine „Anfangsphase“ noch vor AUSFTA, die sich anhand vergleichsweise inkohärenter, unkonzertierter Bestimmungen ausdrückt. Sie wurde eingeläutet mit NAFTA; seitdem sind Arznei- und Pflanzenschutzmittel per Patent zu schützen und sie begegnen daneben besonderem Schutz in Form von Unterlagenschutz, welcher insofern den Grundstein für die Entwicklung des Schutzkanons markiert. Unmittelbar darauf folgten weitergehende Schutzpassagen: Im Jordanien-FTA finden sich zudem *patent term extensions* für Arzneimittel, Beschränkungen der *Bolar*-Ausnahme und Limitierungen für Parallelimporte sowie Patentschutzausnahmen. Das Singapur-FTA etablierte sodann nicht nur *patent term adjustments* (inkl. für Pflanzenschutzmittel) und *patent linkage*, sondern integrierte die Mindestunterlagenschutzdauer von fünf bzw. zehn Jahren und ergänzte das bis dahin auf die Vertragspartner beschränkte Paradigma um eine auch drittstaatliche Patent- und Zulassungserteilung erfassende Dimension. Zwar übernahm das Chile-FTA wiederum partikuläre (zu Gunsten von Originalherstellern wirkende) Details nicht, jedoch fallen sie

1132 *Abbott*, The Evolution of Public Health Provisions in Preferential Trade and Investment Agreements of the United States, in: Roffe/Seuba, Current Alliances in International Intellectual Property Lawmaking: The Emergence and Impact of Mega-Regionals, S. 52 ff.; einen Wendepunkt in AUSFTA erkennen auch *Gleeson/Lopert*, Journal of Law, Medicine and Ethics 2013, 199, 202 f.

angesichts der massiven Gemeinsamkeiten mit seinem Vorgänger kaum ins Gewicht. Im Rückblick wirkt diese Phase verglichen mit ihren Nachfolgern wechselhaft: Sie experimentiert unter Erprobung dessen, was sich später als praktikabel erweisen könnte, mit unterschiedlichen Inhalten und variierenden Formulierungen. Als Ergebnis einer vergleichsweise rasanten Entwicklung formieren die Kontrakte mit Singapur und Chile insofern das – grobe – Fundament aller subsequenten FTAs.

AUSFTA begründet durch seine materiell-rechtlich schematisierten Bestimmungen wiederum den Beginn der „zweiten“ Phase. *Abbott* ist insoweit beizupflichten, als dass AUSFTA das Freihandelsverständnis um die Dimension jenes o. g. strukturellen Ansatzes erweitert und somit einen progressiven, substantiellen Schritt im Bemühen um uniform konzipierte, erweiterte Schutzstandards darstellt. Da Australien erstmals ein Partner mit vergleichsweise hohem Bruttoinlandsprodukt war, bemühten sich die USA um ambitioniertere Bestimmungen, welche auch in das institutionelle, systematische Gesundheitsregularium und Arzneimittelpreisrückerstattungen Australiens eingreifen.[1133] Neben Einflussnahme-Funktionen durch Arzneimittelhersteller auf das australische Preisrückerstattungssystem (*PBS*)[1134] müssen die Parteien darüber hinaus beispielsweise Patentanmeldern mindestens einmal die Gelegenheit geben, ihre Anmeldungen zu ändern oder zu korrigieren. In materiell-rechtlicher Hinsicht beweist sich AUSFTA als feingliedrig, indem es umfassendere Drittlandsbezüge von *patent linkage* und Unterlagenschutz für neue Verwendungen bereits zugelassener Arzneimittel beinhaltet. Außerdem enthält es eine „Produkt“-Definition, striktere Erschöpfungspostulate und abgesenkte Voraussetzungen zur Patentierbarkeit, die Neuheitserfordernis und gewerbliche Anwendbarkeit tangieren. Obwohl CAFTA aufgrund erhöhter internationaler Aufmerksamkeit[1135] auf einzelne Details (wie etwa Beschränkungen der *Bolar*-Ausnahme oder der Patentierbarkeitsvoraussetzungen) verzichtet oder dafür andernorts hinzufügt, übernimmt es im Wesentlichen die gleichen Inhalte. Die Kontrakte mit Marokko, Bahrain und dem Oman greifen – verglichen mit CAFTA und AUSFTA – wiederum etwas weiter, indem sie beispielsweise mehr Patentarten und konkreteren

---

1133 Ausführlich *Gleeson/Lopert*, Journal of Law, Medicine and Ethics 2013, 199, 203 ff.; *Abbott*, The Evolution of Public Health Provisions in Preferential Trade and Investment Agreements of the United States, in: Roffe/Seuba, Current Alliances in International Intellectual Property Lawmaking: The Emergence and Impact of Mega-Regionals, S. 53 f.

1134 *Harvey*, Australian Health Review 2004, 218 ff.; *Outterson*, Journal of generic Medicines 2005, 316 ff.

1135 *Abbott*, The Evolution of Public Health Provisions in Preferential Trade and Investment Agreements of the United States, in: Roffe/Seuba, Current Alliances in International Intellectual Property Lawmaking: The Emergence and Impact of Mega-Regionals, S. 52.

Schutz für drittlandsbezogene Sachverhalte bezüglich neuer Verwendungen vorsehen – auch für Pflanzenschutzmittel. KORUS reiht sich schließlich hierin ein, jedoch unterbrochen durch die nachträglich moderatisierten Verträge mit Peru, Kolumbien und Panama, welche ihrerseits untereinander eine inhaltlich (quasi-)kongruente Einheit bilden.

Die FTAs mit Peru, Kolumbien und Panama weisen in Abgrenzung zu allen anderen FTA-Verträgen signifikante und atypische Eigenheiten auf, sodass sich ihre arzeimittelbezogene Einordnung als selbstständige „dritte" Phase rechtfertigt. Diese FTAs reflektieren nämlich die Bedeutung von *Public Health*-Gesichtspunkten besonders deutlich, indem sie ausweislich der beiden zentralen Schutzmechanismen das herkömmliche Schutzniveau durchbrechen. Dies zeigt sich vornehmlich zum einen darin, dass dort *patent term restoration* zumindest für Arzneimittel lediglich der fakultativen Einführung unterliegen. Zum anderen bilden innervertragliche *safeguards* wie insbesondere explizite Referenzen auf die Doha-Erklärung die maßgebliche Voraussetzung für eine balancierte und regulierende Auslegung bzw. Umsetzung der Unterlagenschutzverpflichtungen. Diese Klauseln hätten einen (moderaten) Wendepunkt in der US-Freihandelspraxis statuieren können. Dieser ist jedoch nicht erfolgt. Denn gegen die Weiterführung solcher moderaten Bestimmungen zur *patent term restoration* – auch gegenüber vergleichsweise einkommensstarken Ländern – sprechen die substanziellen in KORUS wiederaufgenommenen Regelungen, die weitreichend zugunsten von Originalherstellern wirkenden. KORUS führt schließlich die in Bezug auf AUSFTA erwähnte zweite Phase unter Intensivierung einzelner Teilaspekte weitgehend fort.

Schließlich markiert USMCA den Auftakt systematischer FTA-Revisionen und repräsentiert insofern eine Sonderstellung, die Anlass zur Bezeichnung als „vierte" Phase gibt. USMCA versucht einen Spagat zwischen extensiven, neuen Elementen (Biologika) einerseits und vereinzelt anachronistischen, moderateren Zügen (wie beispielsweise freizügigeren Patentierbarkeitsausnahmen oder *safeguards* für Zwangslizenzen) andererseits. Dies zeugt von dem Versuch, auf dem als solches bestehenden NAFTA als Vorgängerabkommen aufzubauen, es aber gleichzeitig auch in die moderne FTA-Praxis zu integrieren. Es wäre folglich hinsichtlich branchenspezifischer Patentstandardsetzung falsch, USMCA angesichts der Handelsagenda unter Präsident Trump als „the most modern, up-to-date and balanced trade agreement"[1136] anzusehen. Im Zentrum der Neuerung stehen vor allem Biologika, die sich als neues Kerninteresse der USA nunmehr freihandelsrechtlich verwirklicht haben. Während das „Ob" ihrer künftigen Einbeziehung

1136 So wurde Donald Trump auf der *homepage* des USTR hinsichtlich USMCA zitiert, https://ustr.gov/ (letzter Zugriff am 01.08.2019).

nicht wegzudenken sein dürfte, könnte das „Wie" – und hierbei vornehmlich die Länge des Unterlagenschutzes – vor dem Hintergrund aktueller inneramerikanischer Reformbestrebungen die Schutzzeit künftig wieder reduzieren. Zwingend ist dies jedoch nicht.

Neben dem derzeit auszumachenden amerikanischen Streben nach FTA-Revisionen befinden sich außerdem zurzeit einige neue Freihandelsabkommen in unterschiedlichen Planungs- und Verhandlungsstadien, deren Schutzniveau nach aktuellem Kenntnisstand voraussichtlich näher an KORUS anknüpfen dürfte, als an USMCA. Insofern zeichnet sich für künftige FTAs ein zweigeteiltes Schema ab: Einerseits revisionierte FTAs, die neue und alte Elemente miteinander verbinden, und andererseits gänzliche neue FTA, die sich durch *standard hopping* sehr viel stärker an neuen Elementen orientieren.

# Teil IV – Vergleich europäischer und amerikanischer Freihandelsabkommen – Evolution und Status quo

Wie der vorangegangene Teil aufgezeigt hat, unterhalten sowohl die USA als auch die EU innerhalb ihrer Rechtsordnungen umfangreiche wie komplexe Schutzmechanismen in Form von Patentschutzverlängerungen und Unterlagenschutz zugunsten von innovativen Arznei- und Pflanzenschutzmitteln. Aus ihren (supra-)nationalen Rechtsordnungen heraus sind diese Mechanismen mittlerweile zumindest fragmentarisch in ihre Freihandelsagenden eingeflossen. Während die USA bereits seit dem Jahr 1994 mit NAFTA ihre handelspolitischen Ambitionen anklingen ließen und *post*-TRIPs um die Milleniumswende umgehend weiter manifestierten, gab die EU ihren oberflächlichen und indirekten „*first generation*"-Ansatz auf und erst ab dem Jahr 2006 ihre Position in FTAs zu umfangreicheren Textpassagen hin verändert. Demgemäß sind die Zeitphasen zwischen EU und den USA geringfügig versetzt. Die Standards beider Völkerrechtssubjekte folgen zwar teilweise dem gleichen Schema, offenbaren aber andererseits substanzielle Abweichungen voneinander und enthalten in bestimmtem Maße individuelle Komponenten. Während für die EU Unterlagenschutz und Patentlaufzeitverlängerungen ganz maßgeblich im Vordergrund stehen, bedienen sich die USA darüber hinaus der *patent linkage* als zentralem Element und setzen ihren Schutzkanon quantitativ breiter an. Die zuvor befundeten Standards gilt es nun im Folgenden in Evolution und Bestand unter Vergleich zu stellen.

## A. Patentlaufzeitverlängerungen

Sowohl die EU als auch die USA bedienen sich Patentlaufzeitverlängerungen. Die EU gibt hierbei nur selten explizit die Form von als *sui generis*-System ausgestalteten *SPC*s vor. Die USA bedienen sich entsprechend ihrer nationalen Gesetzeslage der *patent term extensions* für Arzneimittel sowie der *patent term adjustments* für Pflanzenschutzmittel.

### I. Arzneimittel

Obwohl ihre supranationale Existenz als industriestaatliche Notwendigkeit bis in die Anfänge der 1990er Jahre zurückführt, hat die EU bis ins Jahr 2006 hinein Patentschutzextensionen im Grunde keine eigenständigen Klauseln zugedacht. Vielmehr verwirklichte sie ihre neue globale Wirtschaftsstrategie erst im Südkorea-FTA. Die USA haben sich hingegen sehr viel früher, nämlich seit NAFTA im Jahr 1994 fakultativer bzw. seit dem Jordanien-FTA 2001, obligatorischer Vorgaben bedient. Zwischenzeitliche Ausnahmen gelten nach beiden Völkerrechtssubjekten für die Verträge mit ihren südamerikanischen Partnerstaaten – Kolumbien, Peru, Ecuador und Panama, für welche angesichts ihres Entwicklungsstandes keine Umsetzungspflicht vereinbart worden ist.

EU und USA überlassen ihren Partnern, welcher konkreten Art der Kompensationsmechanismus rechtlich gestaltet sein soll; vorgeschrieben ist bloß die Verlängerung der patentrechtlichen Schutzwirkungen. Lediglich in ihren DCFTAs und CETA besteht die EU auf *SPC*s. Wie am Beispiel der EU dargestellt, ergeben sich bezüglich des *SPC* (supra-)national vielschichtige wie signifikante Detailfragen, welche allerdings bilateral ausgeklammert werden und ergo bei ihren Vertragspartnern allein durch die nationale Legis- und Judikative zu eruieren sind.

### 1. Schutzzweck

Obwohl ihre jeweiligen innerstaatlichen Rechtsordnungen über umfang- und detailreiche Inhalte verfügen, halten EU und USA kaum konkrete tatbestandliche Maßgaben vor. Sie fokussieren sich darauf, den Schutzzweck, ergo den Ausgleich unangemessener effektiver Patentlaufzeitverkürzungen, hervorzuheben. Dabei scheint es für die USA und auch die EU nachrangig, ob diese Vorgabe konkret in Form eines *sui generis*-Systems, über ein patentrechtsimmanentes oder gar noch anders geartetes Konzept umgesetzt wird. Angesichts der jüngsten FTAs stets zumindest fest, dass die Parteien alternativ zu ihren eigenen Mechanismen auch anderweitig bestehende akzeptieren. So begnügen sich die USA in USMCA damit, dass Kanada das entsprechende Schutzniveau anhand eines per CETA notwendigen Systems *sui generis* gewährleistet. Vielmehr kommt es dort entscheidend darauf an, dass faktisch dieselben Rechtswirkungen des Patents entfaltet werden.

### 2. Schutzgegenstand und -dauer

Was den Schutzgegenstand betrifft, verfolgen die EU und USA ausgehend vom Erzeugnisbegriff keine konsequente Linie, ob sie der Patentextension zugrundeliegende Patente beliebiger Art (seien es also Erzeugnis-, Verfahrens- oder Herstellungsverfahrenspatente) ermöglichen. Unter den EU-Kontrakten ordnet nur CETA konkret mehrere Patentarten als legitime Grundpatente an. Während sich die USA zu Beginn ihrer FTA-Ära noch auf Produktpatente beschränkt hatten, sind nunmehr gelegentliche Erweiterungen auf andere Patentarten evident. Verwirklicht hatte sich dies beispielsweise im US-Oman-FTA oder KORUS, danach in nachfolgenden Abkommen aber keine Fortführung mehr erfahren. Ungeachtet dessen werden die USA jedoch entsprechend ihrer „standard hopping"-Strategie voraussichtlich versuchen, an diese gesetzten Standards anzuknüpfen.

Im Gegensatz zu den USA umfassen darüber hinaus die EU-FTAs in den (seltenen) Fällen, in denen sie eine verbindliche Definition des pharmazeutischen Erzeugnisses vorgeben, neben den klassischen chemischen Arzneimitteln auch biologische. Denn die EU verfolgt insofern einen weiten Anwendungsbereich. Insoweit sind dort also Laufzeitverlängerungen prinzipiell schon seit dem Südkorea-FTA auf Biologika anwendbar, wobei hinsichtlich der USA bislang keine Biologika unter die *patent term extension* fallen. Ob die USA künftige FTAs mit entsprechendem Inhalt anreichern werden, hängt primär von den Ergebnissen der politischen und rechtlichen Erwägungen der dort aktuell auf nationaler Ebene vehement geführten Diskussionen ab.[1137] Da dort allerdings sowohl das „Ob" als auch das „Wie" von *extensions* für Biologika im Vordergrund stehen, werden sich ggf. Erweiterungen auf bilateraler Ebene erst mittelfristig realisieren. Angesichts ihrer steigenden wirtschaftlichen Bedeutung und medizinischen Zukunftsträchtigkeit steht jedenfalls zu erwarten, dass Biologika über die Definition des „Arzneimittels" weiter in den Fokus international abgesicherten immateriellen Schutzes rücken werden.

Schließlich haben die USA erst im Laufe der Zeit tatbestandsbeschränkend das Merkmal der „ersten kommerziellen Nutzung" eingeführt, welches mit europäischen FTAs mit ihrer *ab initio* existierenden „ersten Genehmigung" einhergeht. Spiegelbildlich zu dem – mit Blick auf die nationalen Rechtsordnungen – weitgehendenden Verzicht auf detaillierte Tatbestandvoraussetzungen zur Erlangung weiteren Schutzes in den FTAs bleiben Regelungen, nach denen der Schutz entfällt. Hierzu zählen beispielsweise Widerruf oder Verzicht. Beide Protagonisten haben zwar sporadisch den Gleichlauf von Rechten und deren Einschränkungen mit dem zugrunde liegenden Patent festgesetzt und insofern an nationales Patentrecht angeknüpft. Explizite und spezielle schutzbeschränkende Tatbestände wie Verzicht und Widerruf der gewährten Extension sind auffindbar, beschränken jedoch aber auf CETA. Somit stellen sie insgesamt die absolute Ausnahme dar.

Auch in anderen Facetten haben diese europäischen FTA-Klauseln im Laufe der Zeit wenig Varianzen unterlegen. Für die Schutzdauer sieht die EU kein kohärentes System vor: Während anfangs noch eine Maximalschutzdauer von fünf Jahren galt, ging sie zeitweilig im Einzelfall zu flexibleren Formulierungen über, die nur einen angemessenen Ausgleich erforderten und sich nach den jeweiligen nationalen Gesetzen richten sollte. Mittlerweile hat sie die oben genannte „Deckelung" allerdings manchmal wieder integriert und darüber hinaus jüngst vereinzelt alternativ zwei Jahre bzw. einen Zeitraum zwischen zwei und fünf Jahren akzeptiert. Insofern ergeben sich wieder mehr individuelle Spielräume nach den Bedürfnissen ihrer Vertragspartner,

1137 Hierzu ausführlich *Grupe*, Recht der internationalen Wirtschaft 2019, 777, 784 f.

wie sich auch im Großbritannien-FTA zeigt, das hierzu lediglich auf die nationalen Rechtsordnungen verweist. Aktuelle Vertragsverhandlungen hingegen deuten wiederum einen europäischen Willen zu ausgiebigeren Schutzperioden an. Hinsichtlich der USA beinhaltet CHIUS erstmalig zugunsten Chinas eine Limitierung der Schutzzeit auf fünf Jahre.

Im Zusammenhang mit der Schutzdauer trägt regelmäßig die Berechnungsmethode besondere Relevanz, da sie erheblichen Einfluss darauf entfaltet. Europäische Abkommen sehen oftmals die Verkürzung der effektiven Patentlaufzeit abzüglich eines Abschlags von (pauschal) fünf Jahren vor. Anhand dieses Abschlags besteht ein Berechnungsvorsprung zugunsten von Folgeanmeldern. Zudem lässt sich der Zeitraum rechtssicher und präzise bestimmen. Einzig im Vietnam-FTA hat die EU eine „Unangemessenheits-“Klausel aufgenommen, deren Auslegung jedoch letztlich näheren Parametern unterworfen. Gegenüber der ansonsten üblichen europäischen Praxis sehen die USA keine derartigen Abschläge vor, sondern verzichten seit jeher gänzlich auf Mini- oder Maximalschutzzeiten und stellen stattdessen die Bewertung „unangemessener“ Verkürzungen gänzlich frei zur Interpretation. Dies birgt gleichzeitig die Gefahr einer nachträglichen Evaluierung per Schiedsverfahren.

In diesem Zusammenhang können insbesondere jene, parallel zum (allgemeinen) *patent term adjustment* ausgeführten Zeitpunkte/-räume nicht sinngemäß herangezogen werden. Besonders bleibt grundsätzlich unklar, wessen Verantwortungssphäre die Verzögerung zuzurechnen sein muss, sodass sowohl auf die des Zulassungsantragstellers als auch die der Behörde oder beide abgestellt werden kann. Jüngst – so zeigt sich punktuell anhand USMCA und CETA – ist diese Frage ins Bewusstsein der verhandelnden Parteien gedrungen. Die USA haben die Zulassungsbehörde in die Pflicht genommen, während die EU zumindest vom Antragsteller zu vertretene Verzögerungen von der Laufzeit subtrahiert wissen will.

Für die Schutzzeitkombination aus Patent und dessen Verlängerung, wie die USA sie national bei 14 Jahren und die EU bei 15 Jahren vorsehen, machen die FTAs keine klaren Vorschriften. Einzig CHIUS eröffnet China die Möglichkeit einer kombinierten Maximallaufzeit in Höhe von 14 Jahren – und entspricht damit inhaltlich dem US-internen Recht. Weitere, nach den (supra-)nationalen erhältliche Verlängerungen wie für die Durchführung pädiatrischer Studien, beziehen zwar die USA nicht mit ein, wohingegen die EU sich selbst pädiatrisch bedingte (und zeitweilig prinzipiell andere) Extensionen in variierender Form vorbehält. Insofern sind bislang keine weiteren Schutzausweitungen ersichtlich.

### 3. Ergebnis

Nachdem sich die EU vergleichsweise lange Zeit auf konkrete Patentverlängerungsregeln verzichtet hatte, hat sie innerhalb kurzer Zeit quantitativ etwas mehr und inhaltlich ausführlicher aus ihrem supranationalen Recht übernommen als die USA, deren entsprechende Passagen nach NAFTA lange vernachlässigt und nur kurzzeitig moderatisierend ergänzt worden sind. Erst neuerdings haben die US-FTAs massive Ausdehnung durch die ausdrückliche Einbeziehung mehrerer valider Patentarten erfahren. Auch mangels aktueller Fortführung dieses Trends präsentieren sich die US-FTAs dennoch insgesamt als eher rigides Schema, während der europäische Ansatz gegenüber den jeweiligen Vertragspartnern ein höheres Maß an Variabilität (auch im Umfang) verkörpert. Bei der EU verdeutlicht sich anhand maximaler Laufzeiten und Pauschalabzügen bei deren Berechnung das offenbar beabsichtigte Bemühen um Rechtssicherheit und ausgewogeneren Schutz, welchen die USA durch Verwendung des Unangemessenheitsmaßstabes auf der anderen Seite kaum reflektieren.

## II. Pflanzenschutzmittel

Patentlaufzeiterweiterungen von Pflanzenschutzmittelprodukten nehmen – verglichen mit Arzneimitteln – eher eine Nebenrolle ein. Aus europäischer Sicht sind sie zeitgleich mit ihren pharmazeutischen Pendants und ohne inhaltliche Abweichungen bilateral verankert worden, sodann vorwiegend in den DCFTAs beschrieben und zurzeit (noch) aus einigen der aktuellen FTAs ausgeklammert.

Einen entsprechend gesonderten, zulassungsbasierten Schutz weisen US-amerikanische FTAs mit Ausnahme von NAFTA nicht auf. Da es sich in NAFTA um eine inkonkret formulierte, wenn auch fakultative Klausel gehandelt hatte, hätte entgegen amerikanischem Recht jedes der behördlichen Zulassung und Patentschutz unterliegende Produkt mit einem Kompensationsmechanismus belegt werden können. Nicht zuletzt mangels innerstaatlich existenter *patent term **extensions*** für Pflanzenschutzmittel wurde die Klausel danach begrifflich umgehend auf pharmazeutische Produkte begrenzt. Seitdem richten sich Patentanpassungen für Pflanzenschutzmittel nach den allgemeinen Regeln zur verzögerten Patenterteilung (*patent term **adjustment***). Diese bieten trotz ähnlicher tatbestandlicher Unklarheiten bezüglich ihrer Maximallaufzeit im praktischen Vergleich zu *patent term extensions* den entscheidenden Fortschritt, das „Angemessenheitskriterium“ mit (und kontraktabhängig variierenden) Zeitpunkten und per USMCA mit Abwägungsparametern näher zu konkretisieren.

Insgesamt finden spezielle Pflanzenschutzmittelpatentverlängerungen zum Ausgleich der Produktzulassungsdauer in vereinzelten modernen EU-FTAs und in US-FTAs sogar letztlich keinerlei (spezifische) Berücksichtigung. Für die EU sind diese Klauseln jedoch aktuell Teil ihrer freihandelsrechtlichen Verhandlungsbasis, sodass künftige FTAs wieder entsprechende Klauseln beinhalten könnten; auch das Großbritannien-FTA deutet diesen Trend nun an. Nur unter allgemeinen Rechtsmechanismen kompensiert das amerikanische Freihandelssystem derartige allgemeine Patenterteilungsverzögerungen, von denen unter anderem auch Pflanzenschutzmittel profitieren können.

## B. Unterlagenschutz

### I. Arzneimittel

Die USA hatten mit dem *Hatch-Waxman Act* im Jahr 1984 den Grundstein für den modernen Zulassungsunterlagenschutz für Arzneimittel gelegt, welchen sie wenige Jahre später als erste Nation überhaupt in ein Freihandelsabkommen integriert haben. Die EU übernahm zwar angesichts steigenden Wettbewerbsdrucks prompt ähnliche Regeln im Binnenmarktgebiet, erreichte jedoch erst 2004 eine harmonisierte und somit nach außen hin bestandsfähige Lösung. Dementsprechend zurückhaltend präsentiert sich ihr FTA-Vorgehen bis ins Jahr 2011. Diese vergleichsweise also kurze „Tradition“ folgt einem polyvalenten Ansatz und überlagert insoweit die konstante Fortentwicklung. Vor dem Hintergrund des Art. 39 Abs. 3 TRIPs verfassen die FTAs einige Tatbestandserweiterungen.

#### 1. Tatbestand bzw. Schutzgegenstand

Art. 39 TRIPs schützt nicht offenbarte Daten lediglich vor unlauterem gewerblichem Gebrauch. Obwohl TRIPs den Unterlagenschutz nicht zwingend vorsieht, praktizieren EU sowie USA diese Schutzform völkerrechtlich. Der unterlagenschutzrechtliche Tatbestand konzentriert sich besonders auf die Arzneimittelart, den Umfang der geschützten Daten sowie Erweiterungen des ergänzenden Anwendungsbereichs.

##### a) Arzneimittel mit neuen chemischen und biologischen Stoffen

Die USA haben den Arzneimittelunterlagenschutz klassischerweise nah am Wortlaut von Art. 39 TRIPs als Schutz neuer chemischer Stoffe ausgestaltet. Ihre Agenda zieht sich dem Grundsatz nach bis heute durch, während EU-FTAs diesem Tatbestandsmerkmal kaum Beachtung schenken. Nach kurzer Findungsphase hatten die USA eine Formel standardisiert, die begrifflich die Anforderungen an die „Neuigkeit“ des Stoffes sukzessive immer weiter zu einem relativen Neuheitsverständnis eingeschränkt hat – mit dem Ergebnis extensiver Schutzmöglichkeiten für Unterlageninhaber. So reichte es aus, dass das Arzneimittel keinen chemischen Bestandteil hatte, der zuvor im Gebiet der Partei zugelassen worden war. Der chemische Stoff an sich konnte dennoch bereits bekannt sein. Diese Standardformulierung ist bis in USMCA hineingetragen worden. USMCAs maßgebliche Neuerung liegt allerdings im Schutz biologischer Arzneimittel; es projiziert damit jüngste US-amerikanische Legislatur in das Freihandelsrecht hinein. Nachdem Biopharmaka schon ab 2010 in den vorangegangenen FTAs KORUS und TPP stetig an Relevanz zugenommen hatten,[1138] markiert USMCA deren konsequente Fortführung. In Anbetracht des massiven US-Außenhandelsinteresses werden zukünftige FTAs Passagen jedenfalls hinsichtlich des „Ob" des Biologikaschutzes beinhalten. Dabei wird im Falle von Dissensen über den Anwendungsbereich zumindest eine Minimaldefinition integriert werden; andernfalls liegt hierbei die Wahl einer dem US-Recht entsprechenden Begriffsbildung nahe. Was für die USA neuartig ist, kennt die moderne FTA-Praxis der EU schon seit etwas längerer Zeit. Dies insbesondere, weil im europarechtlichen Kontext (ungleich der USA) seit langem biologisch wie chemisch basierte Präparate gleichermaßen unter Unterlagenschutz fallen, vereinbart die EU seit jeher weitaus breitere Arzneimitteldefinitionen. Diese gründen ihrem Umfang nach entweder auf gemeinsam vereinbarten Begrifflichkeiten, sind in Teilbereichen individuell auf die Vertragspartner zugeschnittenen oder gänzlich ihren Partnern zur näheren Bestimmung überlassen. Im letzteren Fall hat sich die EU kürzlich vermehrt einseitig an ihre binnenmarktinterne Definition gebunden. Insofern drängt auch die EU keine starre Definition auf, über die sie indirekt den Anwendungsbereich des Unterlagenschutzes formt. Dasselbe gilt für chemische Arzneimittel. Damit operiert die EU insgesamt in einem polyvalenteren Spektrum, das im Vergleich über mehr individuelle Spielräume verfügt. Nichtsdestotrotz zeigen die Verhandlungen mit Australien und Neuseeland sowie das Großbritannien-FTA, dass dem Grunde nach derzeit eine gemeinsame Arzneimitteldefinition unter Einbeziehung auch biologischer Arzneimittel angestrebt wird. Soweit dies geschieht, wird der Anwendungsbereich des Unterlagenschutzes signifikant erweitert.

### b) Weitere Tatbestandsmerkmale

Weiterhin ergeben sich Diskrepanzen hinsichtlich des Umfangs der zu schützenden Daten bzw. Informationen. Während es innerhalb der ältesten US-FTAs noch erforderlich gewesen war, dass (bloß) „nicht offenbarte" Daten/ Informationen zu schützen waren, verzichten seit dem Singapur-FTA (fast) alle Kontrakte auf diese Voraussetzung. Die EU-FTAs weisen hingegen kei-

1138 Ausführlich *Grupe*, Recht der internationalen Wirtschaft 2019, 777, 780 f.

ne erkennbare Fortentwicklungslinie auf, sondern bedienen sich regelmäßig des in Rede stehenden Tatbestandsmerkmals, lassen es aber anderenorts ebenso regelmäßig außen vor.

Das Erfordernis der „Notwendigkeit“ eingereichter Unterlagen zur Evaluation der Sicherheit und Wirksamkeit haben die USA *post*-NAFTA gestrichen, sodass diesbezügliche Einschränkungen des Schutzes entfallen sind. Auch die EU verzichtet (mit Ausnahme CETAs) darauf und gewährt mithin den Schutz für alle, irgendwie gearteten Unterlagen im Zusammenhang mit der Sicherheit und Wirksamkeit.

Fast zeitgleich entfallen ist das Merkmal des „erheblichen Aufwandes“ („considerable effort“), welches ebenfalls den ersten US-FTAs noch angehaftet hatte. Trotz dessen zwischenzeitlicher Abwesenheit wird jüngst wieder überwiegend darauf zurückgegriffen. Im Gegensatz dazu hat die EU ihren Unterlagenschutz erst im Laufe der Zeit an „erheblichen Aufwand“ geknüpft und sieht dies ebenfalls nur sporadisch vor.

Tendenziell haben folglich beide Akteure Tatbestandsvarianzen zugunsten stärkeren bzw. breiteren Unterlagenschutzes genutzt, die USA dabei in weiterem Umfang. Gleichwohl weisen insbesondere neuere Freihandelsverträge wieder dem Wortlaut von Art. 39 TRIPs angenäherte Fragmente auf.

c) Bereichserweiterungen durch Drittlandszulassungen, Folgeindikationen, pädiatrische Studien und Schutzfristkonnexität

Über den typischen „Kerntatbestand“ des Unterlagenschutzes hinaus hält sich die EU mit ergänzenden Tatbeständen zurück. Sie bezieht allenfalls manchmal zusätzlich nur pädiatrische Studien als optionale Schutzgegenstände ein. Ähnlich verhält es sich bezüglich Folgeindikationen für bereits zugelassene Arzneimittel (hierzu sogleich ausführlich unter F.). Pädiatrische Studien stellen für die USA hingegen – trotz nationalstaatlicher Existenz solcher Normen – gar keinen Kontraktinhalt dar. Zuletzt hat USMCA diese auch aus seinem Biologikaschutz ausgeklammert, obwohl sie nach US-Recht dafür anerkannt sind. Stattdessen konzentrieren sich die US-FTAs auf Folgeindikationen (dazu sogleich).

Darüber hinaus haben die US-FTAs einige charakteristische Detailregelungen aufgenommen, welche den Unterlagenschutz in seinem Anwendungsbereich insgesamt weitreichend ausdehnen und die in unionalen FTAs kein Pendant finden. Die USA haben somit im Laufe der Zeit eine weitaus umfangreichere Praxis entwickelt, welche besondere Formen des Unterlagenschutzes in Bezug auf zuvor im Ausland eingereichte Unterlagen oder dort erteilte Zulassungen betrifft. Dieser Drittlandsschutz erstreckt sich mittlerweile sogar auf (Teil-)Unterlagen für Folgeindikationen, obschon er sich jedoch jüngst in USMCA nicht mehr wiederfindet. Da es sich hierbei um ein tradiertes Kerninteresse der USA handelt, dürfte diese Schutzdimension für zukünftige US-FTAs bedeutsam bleiben.

Schließlich bietet die Verbindung von Zulassungsrecht und Patentrecht einen außerhalb der klassischen *patent linkage* liegenden Anwendungsbereich, indem die US-FTAs seit längerem sicherstellen, dass das Erlöschen des Patentschutzes nicht zum gleichzeitigen und automatischen Erlöschen des Unterlagenschutzes führen darf.

Angesichts dessen verfügen die USA insgesamt über ein sehr breites Schutzportfolio, dem sich im Laufe der Zeit immer weitere Einzelaspekte angegliedert haben.

## 2. Schutzzeiten

Im Vergleich der Schutzzeiten miteinander ergeben sich weiterhin signifikante Unterschiede, die nicht zuletzt auf (supra-)nationalen Divergenzen beruhen. Die USA hatten von Beginn an fünf Jahre Unterlagenschutz veranlagt, allerdings als Richtwert und nicht als feste Mindestlaufzeit. Auf diese unmittelbare Anfangsphase folgend, änderten sie ihre Praxis hin zu einem festen Mindestschutz, der nur zeitweise im Rahmen des *Bipartisan Agreements 2007* unterbrochen wurde. Die EU-FTAs haben ebenfalls mit Richtwerten in Höhe von fünf Jahren begonnen und sodann auf verbindlichen Minimalschutz umgeschwenkt, wobei gleichzeitig in jüngster Zeit vereinzelte Ausnahmen evident sind. Von diesem Grundsatz ausgehend ergeben sich konkret seit jüngerer Zeit vereinzelt Ausdehnungen zu längeren Schutzzeiten, sodass die Schutzzeiten in EU-FTAs mittlerweile regelmäßig sechs bis acht Jahre betragen und US-FTAs damit nicht unerheblich übertreffen. Es ist vor dem Hintergrund ihrer derzeitigen Verhandlungsposition gegenüber potenziellen Vertragspartnern davon auszugehen, dass sich dieser Trend weiter verschärfen wird. Dabei dient das europäische Recht mit seiner sog. „8+2+1-Regel“ als Vorbild. Daneben ist ebenso ersichtlich, dass diese Verhandlungsposition nicht unabdingbar ist und regelmäßig Ausnahmen gemacht werden.

Die hinsichtlich des konkreten Schutzmechanismus zu beachtende Unterscheidung zwischen Inbezugnahme- und Vermarktungsverboten hat die EU von einer strikt alternativen Anwendung der einen oder der anderen Schutzart mittlerweile vereinzelt in deren kumulative Verwendung überführt. Diese unionsrechtsimmanente, dualistische Rechtspraxis spiegelt sich in den DCFTAs und CETA wieder, ist danach allerdings zu ihrer ursprünglichen (alternativen) Verwendungsform zurückgekehrt. Nichtsdestotrotz scheint die EU bemüht, diesen zweigliedrigen Ansatz freihandelsrechtlich beizubehalten, wie ihre aktuelle Verhandlungsposition gegenüber Australien und

Neuseeland aufzeigt und zuletzt im Großbritannien-FTA ihren Niederschlag gefunden hat. Für eine kumulative Anwendung beider Verbotsarten bestehen seitens der USA keine nationalen Grundlagen, da für chemische Arzneimittel lediglich Inbezugnahmeverbote existieren.[1139] Nichtsdestotrotz bedienen sie sich bewusst innerhalb ihrer Verträge fast ausschließlich den – weiterreichenden – Vermarktungsverboten mit ihrer absoluten Sperrwirkung. Unter dem Einfluss des *Bipartisan Agreements 2007* stehende Ausnahmen konnten sich in jüngster Zeit, insbesondere in USMCA mit Beteiligung Mexikos, nicht erneut durchsetzen.

Hinsichtlich biologischer Arzneimittel ergeben sich für die USA Besonderheiten. Nach TPP, aus dem die USA einen Schutzzeitraum von fünf bis acht Jahren aushandeln konnten und gleichwohl ausgestiegen sind, bildet USMCA mit zehn (!) Jahren Schutz in Form eines Vermarktungsverbots den aktuell extensivsten Status quo. Ob es künftig dabei bleiben wird, ist angesichts aktueller Debatten noch unsicher.[1140] Denn neben den nationalen Schutzzeiten steht ihre Dauer zurzeit auch ihre Berücksichtigung in Freihandelsabkommen in der Kritik. Abgesehen von vorgebrachten grundsätzlichen Zweifeln an der Notwendigkeit entsprechenden Schutzes,[1141] sind zudem im Rahmen angedachter jährlicher Budgetkürzungen auf sieben Jahre reduzierte Schutzperioden bereits im Jahr 2012 erwogen worden.[1142] Die vergleichsweise langen Schutzperioden haben in den USA massive Auswirkungen auf die Ausgaben der Gesundheitssysteme sowie den Zugang zu Medikamenten ausgebildet. Dies haben außerdem über 100 Kongressabgeordnete in Reaktion auf USMCA in einem offenen Brief an ihren Außenhandelsbeauftragten Robert Lighthizer kritisiert und ihn im Interesse inneramerikanisch erschwinglicher Medikamente sowie des *Bipartisan Agreements* 2007 eine Reduktion der dortig stipulierten Schutzzeit aufgefordert.[1143] Die Kritik beschränkt sich dabei auf die Reichweite, also das „Wie“, nicht hingegen das „Ob“ des Biologikaschutzes. Die sich hier abzeichnende Kollision innen- und außenpolitischer US-Interessen könnte einen (zumindest zeitweiligen)

1139 21 U.S.C. § 355(c)(3)(E)(ii); 21 U.S.C. § 355(j)(5)(F)(ii).

1140 *Grupe*, Recht der internationalen Wirtschaft 2019, 777, 784.

1141 Vgl. *Federal Trade Commission Report*, Emerging Health Care Issues: Follow-on Biologic Drug Competition (2009), S. vi, abrufbar unter https://www.ftc.gov/sites/default/files/documents/reports/emerging-health-care-issues-follow-biologic-drug-competition-federal-trade-commission-report/p083901biologicsreport.pdf (letzter Zugriff am 28.03.2024); a.A. *Morgan*, Columbia Science and Technology Law Review 2010, 93, 100 ff.

1142 *Fiscal Year 2012 Budget of the U.S. Government* (14.02.2011), S. 196, abrufbar unter https://www.govinfo.gov/content/pkg/BUDGET-2012-BUD/pdf/BUDGET-2012-BUD.pdf (letzter Zugriff am 28.03.2024).

1143 Brief vom 11.07.2019 an USTR R. Lighthizer, abrufbar unter https://schakowsky.house.gov/uploads/lighthizermeds.pdf (letzter Zugriff am 28.03.2024).

Paradigmenwechsel hin zu kürzeren Schutzperioden einleiten. Eventuelle US-nationale Schutzzeitreduktionen würden nämlich voraussichtlich auf künftige FTAs durchschlagen können, indem Schutzzeitreduktionen für *biologics* denkbar erscheinen würden. Obwohl ihr Umfang auf völkerrechtlicher Ebene zwar nach wie vor auch vom individuellen Verhandlungserfolg geprägt sein wird, werden inneramerikanische Vorgaben entscheidend zum Tragen kommen und mithin unter dem Eindruck aller bisherigen Kontrakte Mindestschutzperioden von sieben Jahren naheliegen.

### 3. Ausnahmen

Die Europäische Union und die USA greifen in Teilen auf gleichartige Ausnahmetatbestände vom Unterlagenschutz zurück. Die USA gewähren sie allerdings nur in sehr eingeschränktem Umfang und offenbaren eine entsprechend restriktive Position. Anfangs hatte sich ihre Handhabe noch auf den Öffentlichkeitsschutz, die Dateninhaberzustimmung und den Schutz vor unlauterem Gebrauch erstreckt. Die Europäische Union akzentuiert dieselben Ausnahmen. Im Kolumbien/Peru/Ecuador-Kontrakt hatte sie noch ein sehr viel breiteres und effektives Portfolio angelegt, das sie freilich nunmehr wieder aufgegeben hat.

Der aus welthandelsrechtlicher Perspektive relevanteste Tatbestand zeigt sich im Öffentlichen Gesundheitsschutz, um effektiv Zwangslizenzen flankieren zu können. Nichtsdestotrotz konnte er sich bis heute nicht fortlaufend, wenngleich doch regelmäßig und im Übrigen ohne generell feststellbare Linie im Text der US-FTAs halten. Insofern scheinen die USA nicht bedingungslos auf den Verzicht dieser im Wortlaut des Art. 39 Abs. 3 TRIPs ankernden Ausnahme zu bestehen. Während sie unmittelbar infolge von NAFTA noch Art. 39 Abs. 3 TRIPs als Referenz genannt hatten, haben sie alsbald dessen entsprechenden Textauszug wörtlich einbezogen. Obwohl sich diese Praxis einige Jahre etabliert hatte, hat die EU-FTAs auf jene anfängliche US-Regelungstechnik auch zu Beginn ihrer *next generation*-FTAs zurückgegriffen. Mittlerweile gewährt die EU jedoch nur noch selten – nunmehr ebenfalls unter direkter Nennung des Tatbestandes – Ausnahmen aus Gründen des Öffentlichen Gesundheitsschutzes. Obwohl beide in dieser Hinsicht im Laufe der Zeit Einschränkungsversuche verzeichnen, scheinen sie geringfügige Bereitschaft zur Einbeziehung des entsprechenden Tatbestandes vorzusehen.

Daneben haben USA und EU die potenzielle Lösung der zwangslizenzblockierenden Unterlagenschutzfunktion von der öffentlich-rechtlichen Dimension in die privatrechtliche transferiert: Die notwendige Benutzung der Unterlagen steht primär ihrem Inhaber durch dessen Zustimmung zur Disposition. Dieser Ansatz bezeugt im amerikanischen Freihandelsrecht eine lange Tradition, dem sich die EU seit Beginn ihrer neuen Handelsstrategie (2008) angeschlossen hat.

Schließlich hat sich die EU bislang punktuell eines sehr viel breiteren Spektrums an unterschiedlichen Ausnahmetatbeständen bedient, wie beispielsweise deren besondere Berücksichtigung im Vertrag mit Kolumbien, Peru und Ecuador aufgezeigt hat. Ihre Anwendungsbereiche vermögen effektiv den Zugang zu Medikamenten zu fördern. Nichtsdestotrotz haben dieselben oder ähnliche Tatbestände daraufhin keine Beachtung mehr gefunden.

Bemerkenswerterweise addiert keine Partei Kompensationsregelungen, insbesondere für den Fall, dass der Inhaber seine Daten für Folgeanmelder zur Verfügung stellt. Die EU hat solche Klauseln zumindest im Rahmen von EFTAs sowie Pflanzenschutzmitteln erprobt. Sie sind somit nicht prinzipiell neu, sondern wohl vornehmlich wirtschaftspolitisch nicht opportun. Man wird nämlich unterstellen dürfen, dass, sofern ein Interesse seitens der USA oder der EU an entsprechenden Vereinbarungen bestünde, ihre Vertragspartner als regelmäßige Befürworter gemäßigter Standards nicht opponieren würden. Daneben sind sie aus (supra-)nationaler Rechtsperspektive zumindest im Arzneimittelbereich nicht existent. Dementsprechend wären zunächst die (supra-)nationalen Gesetzgeber gefragt, entsprechende Legislate einzuführen, welche der Sache nach als Anreize zur freiwilligen Datenbereitstellung dienen können.

### 4. Zwischenergebnis

Die amerikanische Verankerung konkreter Unterlagenschutzbestimmungen fügt sich als direkte Konsequenz des national wie welthandelsrechtlichen Diskurses in ihre initialen FTAs ein und beansprucht somit eine altgediente Tradition, welche die EU demgegenüber nur bedingt aufweist. Der US-Unterlagenschutz übertraf zwar bereits von Anfang an die WTO-Bestimmungen, hat sich darüber hinaus aber insbesondere infolge einer Anfangsphase stark ausdehnt. Die US-FTAs zu Beginn der 2000er Jahre bezeugen sehr umfassend und schematisch konzeptionierte Unterlagenschutz-Passagen, deren zentrale Aspekte Einengungen der TRIPs-Vorgaben auf (Ausnahme-) Tatbestandsebene (beispielweise durch Stipulation eines relativen Neuheitsbegriffs) und gleichzeitige eigenständige Erweiterungen des Anwendungsbereichs (insbesondere Drittlandszulassungen) oder Mindestlaufzeiten. Die EU-FTAs weisen nicht nur eine sehr viel kürzere Unterlagenschutzhistorie auf, sondern bedienen sich hinsichtlich des Umfangs außerdem insgesamt eines weitaus minimalistischeren Ansatzes. Sie konzentrieren sich auf jene als „klassisch" zu bezeichnende Kernelemente, welche die US-FTAs längst, und nach wie vor nurmehr als konstante[1144] Basis ihres Gesamtkonzeptes beinhalten. Hierbei geht die EU in zwei sehr *Public Health*-bedeutsamen Bereichen über gängige US-Bestimmungen hinaus: Zum einen biologische Arzneimittel und zum anderen Mindestlaufzeiten von mehr als fünf Jahren. Das nunmehr durch USMCA erfolgreiche Nachziehen der USA im Bereich von *biologics* nähert beide Linien dem Grund nach wieder einander an. Allerdings übertrifft jener Zehnjahres-Schutz die EU-Standards nun in signifikantem Maße.

### II. Pflanzenschutzmittel

Unterlagenschutz für Pflanzenschutzmittel verlief in den US-FTAs zunächst identisch mit dem für Medikamente und entwickelte kaum eigene Dynamiken. Die Europäische Union hingegen trennt beide Gebiete weitaus strikter voneinander und führt sie jeweils vor dem Hintergrund ihrer supranationalen Grundlagen kautelarisch individualisierten Bestimmungen zu.

#### 1. Tatbestandsvoraussetzungen

Ausgehend vom „Grundtatbestand" für „neue chemische Pflanzenschutzmittel" weisen die US-FTAs die gleichen charakteristischen Tatbestandserweiterungen wie Arzneimittel auf: Dazu zählen insbesondere die Interpretation des Neuheitsbegriffs, der Verzicht auf den beträchtlichen Aufwand der Unterlagen und ihre Notwendigkeit zur Bestimmung von Sicherheit und Wirksamkeit. Als pflanzenschutzmittelspezifisch stellt sich insbesondere die Unabhängigkeit von *Public Health*-bedingten Revisionen dar, sodass folgeanmelderbegünstigte Bestimmungen dort nicht relevant sind. Die EU hat im Rahmen der Tatbestandsvoraussetzungen nicht zurückhaltender agiert und ebenfalls jene vergleichsweise engen Voraussetzungen des Art. 39 TRIPs gelockert; vereinzelt gelten dabei europarechtliche Spezifika, die primär in den DCFTAs zum Tragen kommen.

Abgesehen vom Grundtatbestand sind beide Akteure zu zusätzlichen Passagen mit unterschiedlichem Fokus und Umfang übergegangen. Während sich die USA in dieser Hinsicht ihren arzneimittelrechtlichen Pendants angeschlossen und den Schutz bekannter Stoffe (wenn auch mit geringerer Regelmäßigkeit) sowie Anmeldungen aus Drittländern inkorporiert hat, bezieht die EU ersichtlicherweise konkrete supranationale Elemente ein. Dabei beschränkt sie sich auf ihre DCFTAs und CETA, die nämlich Produkte mit geringfügiger Verwendung sowie solche mit geringem Risiko oder zur Erneuerung/Überprüfung einer bestehenden Zulassung adressieren. Dabei

1144 In CHIUS, dem Wirtschafts- und Handelsabkommen, ist hingegen kein spezifischer Unterlagenschutz vorgegeben.

verzichten sie allerdings grundsätzlich darauf, diese begrifflich weiter zu spezifizieren. Gleichwohl stellen sie im Vergleich zu den USA weitaus detailliertere Regelungen – und in aktuellen FTA-Verhandlungen Bestandteile der europäischen Position – dar.

### 2. Schutzzeiten

Während die amerikanischen FTAs zunächst bei fakultativen fünf, dann jedoch unmittelbar zu obligatorischen mindestens zehn Jahren Unterlagenschutz übergegangen sind, hat die Europäische Union bereits in ihre ersten FTAs der neuen Generation zehn Jahre Schutzzeit aufgenommen. Nachdem ihre ersten Kontrakte noch anhand von Soll-Vorschriften Unterschreitungen legitimiert hatten, folgten obligatorische Regeln. Hieran hält sie zwar offenbar grundsätzlich nach wie vor fest, hat jedoch jüngst wieder „normalerweise fünf Jahre" genügen lassen. Von Seiten der USA gelten desgleichen zehn Jahre für Zulassungen mit Drittlandsbezug, welchen die EU gar nicht vorsieht.

Für (neue) Verwendungen bekannter Stoffe sehen die USA seit langem keine drei Jahre Schutz mehr, sondern ebenfalls zehn Jahre vor. Ihre insoweit konstante Linie weicht von jener der EU ab, denn Letztere gewährt neuen Verwendungsmöglichkeiten mit geringem Risiko bloß weitere drei bis fünf Jahre bzw. Verwendungen mit geringfügigen Verwendungen bis zu drei Jahre längeren Schutz, der an sich die Grundlaufzeit anschließt. Schließlich hat die EU singulär Überprüfungen/Erneuerungen bestehender Zulassungen dreißig Monate lang geschützt, wobei diese Klausel selten Einschub gefunden hat. US-FTAs weisen diesbezüglich keine Entsprechungen auf. Gleichwohl zwingen die europäischen Vorgaben, im Gegensatz zu den amerikanischen, nicht zu entsprechenden Extensionen. Somit erschweren die US-FTAs ungleich nachhaltiger auf den Markteintritt von Nachahmerprodukten.

### 3. Ausnahmen

Die Ausnahmen entsprechen grundsätzlich denen für Arzneimittel und bieten für die USA keine spezifischen Abweichungen. Insbesondere verzichtet sie trotz bestehender nationaler Mechanismen auf Ausnahmen für doppelte Tierversuche an Wirbeltieren. Für die Union auf der anderen Seite haben sich besondere europarechtliche Einflüsse manifestiert. Ausgehend von den klassischen, dem Art. 39 Abs. 3 TRIPs entlehnten Ausnahmetatbeständen ist der Schutz von Wirbeltieren in den Vordergrund getreten, der sich in leicht variierender Effektivität darstellt. Am bedeutsamsten in diesem Zusammenhang sind die damit einhergehenden Entschädigungs- bzw. Kostenbeteiligungsmodi für die „Benutzung" entsprechender Datensätze. Ungeachtet materiell-rechtlicher Folgefragen repräsentieren sie das Bemühen um die Balance widerstreitender Interessen. Dieser Gedanke hat sich trotz Vergleichbarkeit bisher nicht auf die arzneimittelrechtlichen Parallelen übertragen können, wohl nicht zuletzt mangels europarechtlichem Rechtsfundament.

### 4. Zwischenergebnis

Beide Protagonisten implementieren Pflanzenschutzmittelunterlagenschutz als Kernanliegen ihres Sektorenschutzes, wobei die USA diesen sehr viel früher begründet und im Laufe der Zeit breiter ausgebildet haben. Die US-Klauseln ähneln ihren arzneimittelbezogenen Gegenstücken mehr als solche der Union, die beide Bereiche strikter trennt: Während Erstere vornehmlich Abweichungen in den noch längeren Schutzzeiten offenbaren, bieten Letztere daneben teilweise leichte materiell-rechtliche Spezifika. Beide Akteure setzen den „Grundtatbestand“ (Unterlagenschutz für Erstzulassungen) als zwingendes Element ein. Darüber hinaus bedienen sie sich weiterer, aber nicht deckungsgleicher Schutztatbestände, die auf amerikanischer Seite ebenfalls sehr schematisch bzw. uniform und auf europäischer Seite zumindest überwiegend individuell (und ggf. an schutzrestringierende Merkmale) geknüpft werden. Die EU regelt ihre Passagen insgesamt detailreicher und gleichzeitig weniger auf Schutz „in die Breite“ abzielend. Bezüglich der Schutzdauer bieten einige EU-FTAs, obwohl sie dem Status quo der USA prinzipiell gleichgetreten sind, die Möglichkeit kürzerer Zeiträume und weichen insoweit von der stringenten US-Mindestschutzagenda ab. Als Pflanzenschutzmittelspezifikum greift (nur) die EU teils auf Kompensationsklauseln zurück und generiert damit vereinfachten Zugang zu Pflanzenschutzmitteln. Insgesamt konzipieren amerikanische FTAs somit in Art und Umfang auch hier strengere Vorgaben als die Europäische Union.

## C. Allgemeine Erweiterung der Patentierbarkeit

Allgemeine Erweiterungen der Patentierbarkeit praktiziert die Europäische Union nicht, vielmehr handelt es sich um ein amerikanisches Phänomen. Es erschöpft sich allerdings vor dem Hintergrund der Art. 27 Abs. 2, 3 TIRPs primär in der Frage, ob Pflanzen oder Tiere bzw. ihre Gene patentfähig, welche nicht Gegenstand der hiesigen Untersuchung sein soll. Nichtsdestotrotz bleibt darauf hinzuweisen, dass einzelne ältere US-FTAs punktuell, aber explizit Patentschutz für neue Verwendungen von Arzneimitteln (für Menschen und Tiere) vorgesehen haben, was aktuell wieder unter weiterer Ausdehnung des Anwendungsbereichs an Relevanz gewonnen hat (siehe ausführlich unter **F.**).

## D. Definition des Regelungsgegenstandes

Bezüglich des Regelungsgegenstandes, der letztlich in der Frage mündet, in welchem Umfang die zentralen Vorschriften von Unterlagenschutz und (teilweise) Patentlaufzeitverlängerungen Anwendung finden, verfahren die EU und die USA in verschiedener Weise: Während Erstere auf den Begriff des „Arznei"- bzw. „Pflanzenschutzmittels" als solchem abstellen, rücken Letztere das Neuheitskriterium in den Vordergrund.

Sporadische US-Versuche einer Definition verfestigen sich schließlich in AUSFTA im Begriff des „new pharmaceutical product" bzw. „new agrochemical product", der jeweils für alle Vertragspartner gilt. Im Fokus stehen hier also ein (relativer) Neuheitsbegriff und die chemische Basis. Dabei unterliegen beide Sektoren keiner Individualisierung, sondern identischen Anforderungen. Da die EU andererseits binnen ihrer neuen Handelsstrategie eine Definition des Arznei- oder Pflanzenschutzmittels verfolgt, zielt sie auf Anwendung und Wirkung des Mittels ab; sie weist deshalb einen als funktional zu beschreibenden Charakter auf. Hierbei zieht sie jene für den jeweiligen Sektor identifizierende Bestimmung heran, wobei beide feinen Diskrepanzen unterliegen. Obwohl sich anhand dessen im Ausgangspunkt zwar weite Anwendungsbereiche öffnen, wirkt dies jedenfalls insoweit nicht mehr einschränkend für ihre Vertragspartner, als sich die EU unter Verweis auf ihre supranationale Rechtslage mittlerweile meist nur selbst bindet. Die neusten FTAs verzichten grundsätzlich wieder auf die entsprechende Bestimmung – ungleich der USA. Allerdings ist die EU ersichtlich darum bemüht, Biologika dem Grunde nach verbindlich einzubeziehen. Biologisch basierte Medikamente fallen daher längst explizit in den Anwendungsbereich ihrer FTA-Praxis hinein, wohingegen die USA ihre Strategie erst jetzt neu ausgerichtet haben, indem sie auch Biologika einer funktionalen (Mindest-)Definition mit Geltung *erga omnes* unterworfen haben, die ihrer US-nationalen Definition angenähert worden ist.[1145] Insofern verfolgen die USA nachdrücklich den Export „ihres" Biologika-Standards; die EU handelt hierbei reservierter.

## E. *Patent linkage*

Verknüpfungen von Marktzulassung und Patent(verletzungs-)status als Prüfungs- oder Interventionsgegenstand durch Behörde bzw. Patentinhaber kennt das europäische Unionsrecht nicht, sondern verbietet sie sogar. Umso bemerkenswerter ist, dass die EU-Kommission in CETA (erfolgreich) auf eine solche Klausel gedrängt hatte, was im Übrigen einen Ausnahmebefund darstellt. Aus inneramerikanischer Rechtsperspektive repräsentiert

1145 *Grupe*, Recht der internationalen Wirtschaft 2019, 777, 782.

die *patent linkage* neben Unterlagenschutz und *patent term restorations* ein zentrales Element des Arzneimittelzulassungssystems, sodass ihre FTA-Integration unmittelbar nach Aufkeimen der amerikanischen FTA-Strategie erfolgte. Seitdem sind *linkage*-Vorschriften mit anwachsender Effektivität von Informationspflichten hin zu automatischen Zulassungsblockaden entstanden, die mittlerweile auch Drittlandsanmeldungen und Verwendungspatente umschließen. Verglichen damit geht CETA einen weitaus enger gefassten Weg, indem es die *patent linkage* nicht bezüglich des „Ob", sondern des „Wie" ausschließlich in Rechtsschutzfragen konkretisiert. Soweit es sich inhaltlich darauf beschränkt, dass für alle Streitparteien gleichwertige, wirksame Rechtsbehelfe zur Verfügung zu stehen haben, legt es Kompromissbemühungen zwischen den widerstreitenden Interessen zugrunde. Demzufolge besteht eine teilweise Überschneidung zu den US-FTAs im süd- und nordamerikanischen Raum; ansonsten bildet CETA jedoch augenscheinlich eine signifikante Abweichung zum üblichen amerikanischen Usus, grundsätzlich den Patentinhaber zu begünstigen. Angesichts ihrer abstrakten Formulierung bleiben in CETA innenpolitischen Bedürfnissen zwar *policy spaces* erhalten. Letztlich wirkt es insoweit allerdings dahingehend wie die US-Verträge, als dass generische Arzneimittel infolge von zeitintensiven Streitverfahren (und daraufhin eingelegter Rechtsmittel wie Berufung, Revision, Beschwerde o. ä.) grundsätzlich erst zu einem späteren Zeitpunkt auf den Markt gelangen können. Hinzu kommt weiterhin, dass die EU im Gegensatz zu den US-Kontrakten mit Kolumbien, Peru und Panama nicht sind darum bemüht war, auf schnelle (!) Verfahrensabschlüsse hinzuwirken („expeditious adjudication"). In ihrem allgemein bekundeten Interesse an schnellerer Generikaverfügbarkeit wäre die Einbeziehung entsprechender Parameter förderlich gewesen. Letztlich ergibt sich die Verpflichtung Kanadas zu tunlichst schnellen Verfahrensdurchführung bzw. -beendigungen somit lediglich aus USMCA. Angesichts der jüngsten US-FTAs scheinen die USA ihre bisherige Praxis – wenn auch nur marginal – liberalisiert zu haben, indem sie Verhandlungsspielräume vereinbarten und individuelle Bedürfnisse ihrer Vertragspartner (seien es Kolumbien, Peru, Panama oder Mexiko) berücksichtigten. Nichtsdestotrotz wird die *patent linkage* als zentrale Materie seitens der USA wohl langfristig erhalten bleiben.

## F. Erst- und Folgeindikationen

Erst- und Folgeindikationen, die auf dem Gebiet der Pharmazie oder Agrochemie massive wirtschaftliche Bedeutung tragen, sind unter drei Gesichtspunkten zu trennen. Erstens bezüglich ihrer generellen Patentfähigkeit, zweitens ihrer Legitimität für Patentverlängerungen und schließlich des Unterlagenschutzes.

Zum ersten Aspekt haben die USA seit AUSFTA fast ununterbrochen bejahend Stellung bezogen und integrieren ergo neue Verwendungen bekannter Produkte; die EU indes nicht. Begründet liegen mag dies in der Tatsache, dass die Union noch kein Einheitspatent hat und im Übrigen das EPÜ (2000), das Erst- und Folgeindikationen erlaubt, kein unionales Abkommen ist. Ursprünglich hatten die USA Arznei- und Pflanzenschutzmittel gleichermaßen geschützt – eine Vorgehensweise, die sie seit kurzem wieder aufgenommen hat, nachdem sie zwischenzeitlich einerseits Arzneimittel fokussiert und andererseits noch weitere Patentkategorien für schutzpflichtig erklärt hatte. Insofern lässt USMCA wiederum geringfügig moderatere Tendenzen erkennen.

Auch für Patentverlängerungen auf Folgeindikationen sieht die Union über Erstindikationen hinaus keine Pflichten vor. CETA bildet hierbei die einzige Konkretisierung und deutet darauf hin, dass diese ansonsten nicht beabsichtigt werden. Für anderweitig positive Befunde mangelt es neben vertragsinternen Anhaltspunkten insbesondere bis zur Konsolidierung der momentan restriktiven unionalen Rechtsprechung auch an einer ersthaften Motivation der EU zur Durchsetzung derartiger Aspekte. Die USA verpflichten anhand ihrer „first commercial use“-Doktrin ebenfalls weitestgehend nicht zu patent *extensions/restorations* für Folgeindikationen.

Bezüglich des Unterlagenschutzes differenziert die EU innerhalb ihrer Freihandelsabkommen und schließt scheinbar beliebig medizinische Folgeindikationen teils aus, teils nicht aus. Mangels ausdrücklicher Hinweise auf ihre supranational existente einjährige Verlängerungsoption lassen sich Folgeindikationen über den Wortlaut der allgemeinen Klausel schützen. Verglichen damit zeigen Pflanzenschutzmittel eine überaus homogenere Linie zugunsten des Zweitverwendungsschutzes. Wie bereits ausgeführt, bestehen die USA hingegen seit AUSFTA grundsätzlich und explizit auf weitreichende Unterlagenschutzbestimmungen für neue Verwendungen von Arznei-, und schließlich ebenso Pflanzenschutzmitteln (Ausnahmen bilden die Südamerika-FTAs). Hierbei gelten Zeiträume von drei bzw. zehn Jahren. Insgesamt zeigt sich ihre Agenda also diesbezüglich konsequenter, gefestigter und nicht zuletzt schutzintensiver für Originalhersteller, wobei sie sich auf Arzneimittel fokussiert.

## G. Zwangslizenzen, *governmental use, non-commercial use*

Zwangslizenzen und die Umstände ihrer Erteilung bilden eine lange innerhalb der WTO geführte Kerndiskussion um den Zugang zu Medikamenten ab, die insbesondere in Art. 31, Art. 31*bis* TRIPs und der Doha-Erklärung mündete. Offenbar in Reflexion der zugrundeliegenden thematischen Relevanz, hat die Europäische Union keine expliziten Einschränkungen in ihren

FTAs vorgenommen. Faktisch allerdings verhindern Unterlagenschutzbestimmungen die Erteilung von Zwangslizenzen. Insbesondere generieren die unterlagenschutzrechtlichen Ausnahmetatbestände (mit Ausnahme vom Kolumbien/Peru/Ecuador-FTA) kaum die notwendige Rechtssicherheit zur generischen Benutzung zwangslizensierter Produkte.

Die USA hatten ihre seit der Uruguay-Runde vertretene Position einer restriktiven Zwangslizenzvergabepraxis nachdrücklich bis Anfang der 2000er Jahre aktiv freihandelsrechtlich verfolgt. Danach kamen Zwangslizenzvergaben (nur) aufgrund weniger konkreter Tatbestände und (später) unter Kompensationsvorbehalt in Betracht. Angesichts der zwischenzeitlich auf WTO-Ebene erfolgreichen TRIPs-*safeguards* durch die Doha-Erklärung und die Lösung des *paragraph six*-Problems sowie US-internem Politikwechsel und non-governmentalem Druck, haben die USA von der Anwendung solcher Klauseln jedoch schließlich Abstand genommen. Mithin fokussiert sich die Zwangslizenzproblematik nunmehr wie bei der EU primär unter Unterlagenschutzerwägungen.

## H. Bezug auf *Public Health*-Aspekte

Trotz ihrer welthandelsrechtlichen tiefwurzelnden Tradition hatte die *Public Health*-Debatte freihandelsrechtlich vor den Resultaten der Doha-Runde (Doha-Erklärung, *paragraph six*-Entscheidung, Einfügung von Art. 31*bis* TRIPs) bis Anfang der 2000er Jahre über die bereits aufgezeigten materiellrechtlichen Implikationen hinaus keine eigenständige Relevanz aufzuweisen. Seit Mitte der 2000er Jahre jedoch avancierten jene Erwägungen zu bedeutenden Interpretationsmaximen bilateraler Verträge. Bis dahin hatte die EU lediglich pauschal die Einhaltung von TRIPs verlangt. Erste Konkretisierungen hat sie daraufhin im CARIFORUM-Vertrag 2008 vollzogen und die Umsetzung der Doha-Erklärung sowie der *paragraph-six*-Entscheidung verankert und darüber hinaus dort unter Berücksichtigung der individuellen Bedürfnisse aller Vertragspartner detaillierte *safeguards* inkorporiert. Gleichwohl hat sie dieses Konzept nur kurzweilig in solch extensivem Umfang fortgesetzt (etwa mit Zentralamerika). Zahlreiche Angleichungs- und Freihandelsabkommen tendieren nämlich mittlerweile nur noch zur vagen „Einhaltung“ der Doha- und/oder *paragraph-six*-Entscheidung. Aus Sicht des rechtssicheren Zugangs zu Medikamenten manifestiert sich hierein also ein Rückschritt, weil sich der Umfang jener *safeguards* als sehr abstrakt bzw. unbestimmt erweist.

Im Vergleich dazu weisen die USA gegenteilige Entwicklungen auf. Sie hatten seit dem Jordanien-FTA innerhalb von *side letters* klarstellende Erklärungen hinsichtlich ihrer Patentpassagen im Hauptteil abgegeben. Nachdem diese zunächst noch die Stärkung des dortigen Patentschutzes untermauert hatten, begünstigten sie sodann *flexibilities* kurzzeitig zugunsten inländischer Medikamentenverfügbarkeit. Unter dem Eindruck der Doha-Runde begannen die USA (noch vor der EU) die *Public Health*-Thematik direkt zu adressieren. Dabei haben sie ausführlichere und konkretere Doha-Bezüge als die EU aufgenommen. Gleichzeitig weisen bereits die Textpassagen innerhalb der *side letters* (entsprechend der US-Verhandlungsposition innerhalb der WTO) allerdings explizite Einschränkungen von der Doha-Erklärung/*paragraph-six*-Entscheidung auf. Zeitgleich mit der EU haben die USA sodann den Paradigmenwechsel hin zur festen Integration in den Textkorpus des jeweiligen FTAs vollzogen und insofern der juristischen Auslegungspraxis Rechtssicherheit geschaffen. Inhaltlich bieten sich des weiteren erkennbare Unterschiede zur EU, deren Lexik weitaus kurzgebundener ist. Im Gegensatz zu Letztgenannter haben die USA einerseits nämlich nicht nur (leichte) Einschränkungen des absolut wesentlichen Art. 4 der Doha-Erklärung vorgenommen, sondern andererseits auch die Vertragsauslegung zugunsten des Rechts zum öffentlichen Gesundheitsschutz als prädominante Maxime im Sinne eines Wertungsvorranges festgesetzt. Zudem haben die USA die *paragraph six*-Entscheidung als für die Vertragsauslegung maßgeblich erklärt, während die meisten EU-FTAs diese für die Vertragsauslegung nicht explizit für relevant erklären. Schließlich gilt für die USA die Besonderheit, dass *Public Health*-Kriteria noch einmal eigenständig dem Unterlagenschutz angegliedert sind und dort Interpretationswirkung entfalten.

Insgesamt weisen die einschlägigen amerikanischen Bestimmungen aus *Public Health*-Perspektive vergleichsweise wirksame und günstige Entwicklungen auf; diese münden nunmehr in einer scheinbar unabänderlichen, aber verglichen mit der EU weitgreifender formulierten Standardklausel. Trotz geringfügiger Einengungen bieten sie mittlerweile potenziell wirkungsvolle Auslegungsgesichtspunkte im Rahmen der Nutzung von *flexibilities*. Die EU hingegen präsentiert sich im Vergleich verhaltener und räumt *Public Health*-Erwägungen weniger Relevanz ein, als sie es einst getan hatte.

## I. Patenterschöpfung und Parallelimporte

Die Erschöpfung des Patents mit ihren Parallelimportimplikationen zeigt sich in ihrer territorial begrenzten Gestaltung als protektionistisches Instrument. Nachdem ihre älteren FTAs zunächst Fragen der Erschöpfung explizit ihren Vertragspartner überlassen hatte, hat die Europäische Union in jüngster Zeit nunmehr zögerlich anmutende Bemühungen unternommen, entsprechende Bestimmungen handelsvertraglich einzugliedern. Gleichwohl hat sie ihren (supra-)nationalen Erschöpfungsgrundsatz bis heute nicht erfolgreich in ihre Freihandelspraxis übertragen, was nicht zuletzt auch dem Eindruck geschuldet ist, diesbezüglich keine Priorität zu verfolgen.

Die USA hingegen weisen diesbezüglich stärkere Aktivität zur Einschränkung des Erschöpfungsgrundsatzes auf. Diese erstreckt sich auf einige FTAs in den Anfängen der 2000er Jahre und stellt im Kontext ihrer Gesamtagenda ein peripheres und mittlerweile antiquiertes Phänomen dar. Trotzdessen hatten die USA innerhalb ihres als subtil charakterisierbaren Ansatzes erhebliche Ausdehnungen vorgenommen. Zum einen hatten sie, einst von einem verfahrensrechtlichen Schwerpunkt ausgehend, die maßgeblichen Inhalte auf materiell-rechtliche Ebene verschoben und deren Anforderungen wiederum herabgesetzt. Weiterhin hatten sie sich erst auf Arzneimittel beschränkt, bald aber u. a. auch Pflanzenschutzmittel einbezogen. Ein ursprünglich bemühter Interessenausgleich ist insofern immer weiter hinter privatautonom geprägten Patentinhaberinteressen zurückgetreten. Dass die USA mittlerweile von der Verwendung dieser Klauseln absehen, dürfte maßgeblich ihrer inzwischen innerstaatlich ergangenen Rechtsprechung zum Erschöpfungsinstitut geschuldet sein.

Die meisten FTAs beider Protagonisten schränken mithin die unter TRIPs geschaffene *flexibility* nicht ein. Jedenfalls ist insgesamt die Zurückhaltung der USA sowie der EU vor dem Hintergrund jener in den einschlägigen TRIPs-Vorgaben mündenden Thematik zu erschwinglichem Medikamentenzugang aus Sicht der *Public Health*-Protagonisten als positiv zu bewerten. Nichtsdestotrotz geben aktuelle Aktivitäten der EU Anlass zu der Vermutung, dass Erschöpfungsregeln künftig wieder verstärkt in den freihandelsrechtlichen Fokus rücken könnten. Dabei wird darauf zu achten sein, die welthandelsrechtlich vorgegebenen *flexibilities* nicht zu beschneiden.

## J. *Bolar*-Ausnahme

Die *Bolar*-Ausnahme begünstigt aufgrund ihrer praktisch massiven Effekte den schnellen Zugang zu Generika und hat sowohl in der innereuropäischen als auch inneramerikanischen Rechtspraxis Ausdehnungen in ihrem Anwendungsbereich erfahren. Dass solch geartete Bestimmungen mit dem WTO-Recht vereinbar sind, ist überdies durch WTO-Panels anerkannt und daneben über die EU wie die USA hinaus innerstaatlich ein legislatorisches Bedürfnis gewesen. Während die Europäische Union *Bolar*-Tatbestände in freihandelsrechtlicher Hinsicht ausklammert, reicht dementgegen ihre Erwähnung durch die USA bis auf das Jordanien-FTA zurück. Seitdem hat sich die Klausel nur geringfügig verändert: Trotz weiter Interpretation im inneramerikanischen Rechtsraum haben die USA nach außen hin behutsam den Anwendungsbereich eingeschränkt. Zwar bleibt den Vertragspartnern im Rahmen eigenverantwortlicher Umsetzung von FTA-Vorgaben selbst überlassen, welche Daten ihnen für die Zweitzulassung „notwendig" erscheinen. Dennoch kann die Klausel *de facto* als Export-Blockade zum Tragen kommen, wobei zu differenzieren ist: Für Arzneimittel greift die Klausel stets ein, wohingegen Pflanzenschutzmittel manchmal nicht betroffen sind.

## K. Übergangsphasen

Angesichts der seit Inkrafttreten von TRIPs vergangenen Zeitspanne ist die Frage nach Verkürzungen der unter und für TRIPs gewährten Fristen heutzutage größtenteils überholt und behält lediglich im Zusammenhang mit manchen der ärmsten Ländern der Welt Bedeutung. Gleichwohl haben viele bilaterale Abkommen diese dem Rahmen von TRIPs entstammende konkrete Thematik einbezogen, sodass sich dem Grunde nach Spezialbestimmungen für Arznei- und Pflanzenschutzmittelpatente wiederfinden. Soweit es die Europäische Union betrifft, hat sie in einigen Verträgen Umsetzungsperioden einbezogen. Dabei hatte sie innerhalb eines Kontraktes Mitte der 1990er Jahren die welthandelsrechtlich garantierten Umsetzungsfristen für entsprechende Patente beschnitten. Von dieser Praxis ist sie sodann ins Gegenteil abgerückt und dazu übergegangen, die Bedürfnisse ihrer Partner in zeitlicher Hinsicht zu berücksichtigen, wobei neben Art. 65 TRIPs als Referenz mittlerweile auch FTA-inhärent individuelle Fristen vereinbart werden. Im Zuge letzterer Praxis hat sie indes vereinzelt wieder Verkürzungen der TRIPs-Transitphasen zulasten eines *least developed country* vorgenommen, obwohl im Zweifel ihr Beharren auf der fristgerechten Umsetzung fragwürdig erscheinen mag. Aktuell scheint die Vereinbarung von Transitphasen gänzlich aus dem Fokus der EU gerückt zu sein, was einerseits gegenüber Industrie- und Schwellenstaaten mangels verbleibender Notwendigkeit und andererseits gegenüber LCDs mangels entsprechender Regelungstiefe patentrechtlicher Passagen geschuldet ist.

Die USA haben ebenfalls frühzeitig Übergangsfristen für pharmazeutische Patente und Unterlagen in einigen ihrer FTAs verankert, wobei diese im Unterschied zur EU letztlich nicht die TRIPs-*flexibilities* konterkariert haben. Beide haben vor dem Hintergrund der TRIPs-Diskussionen ihre Regelungen entschärft, die USA dabei flächendeckender als die EU. Die USA führen mittlerweile die gesundheitsrechtliche Relevanz von Umsetzungsfristen fort, indem sie sehr spezifische Ausnahmebestimmungen für fünf Jahre zulässt. Hierbei darf indes nicht vergessen werden, die Umsetzungsphasen stets in Relation zum jeweiligen Standard zu stellen: Einerseits sind entsprechend lange Implementationsphasen zunächst *per se* als positiv zu bewerten. Andererseits wird ihr positiver Effekt im Gesamtzusammenhang jedoch dadurch beschränkt, dass die USA, verglichen mit der EU, ihrerseits gegenüber schwachen Handelspartnern (wie beispielsweise Mexiko in USMCA) tendenziell sehr viel detailliertere und weitreichendere Schutzbestimmungen aushandeln. Im Hinblick auf die Berücksichtigung der nunmehr bloß für LCDs verbleibenden TRIPs-Transitphasen rückt allen voran der afrikanische Kontinent als progressierender Wachstumsmarkt in den Blickpunkt. Während die EU hier bezüglich ihrer üblichen Standards und dem Zeitintervall ihrer Umsetzung gleichermaßen wohl soweit zurückhaltend bzw. nicht im TRIPs oder TRIPs-Plus Bereich agieren würde und die nachgelagerte Frage nach spezifischen Transitphasen somit an Relevanz verliert, bleibt angesichts der hiesigen Untersuchung seitens der USA zu erwarten, dass sie zwar auf ihrem Repertoire von Standards beharren würden, aber zumindest für Unterlagenschutz gewisse Übergangsphasen gewähren würden. Für die EU bleibt demgemäß weniger darauf zu achten, dass sie keine TRIPs-Phasen verkürzt.

## L. Einbezug multilateraler IP-Verträge

Die Einbeziehung anderweitiger internationaler Verträge zum geistigen Eigentum gründet sowohl bei der EU als auch den USA in den Anfängen ihrer Freihandelspraxis in den 1990er Jahren und in der Pariser Vertragsübereinkunft. Unter zeitnaher Aufgabe der PVÜ-Referenz haben daraufhin zuerst die USA ihren Fokus auf den *Patent Cooperation Treaty* gerückt und diesen schnell mit steigendem Interesse als (einzigen) Kernvertrag verankert. Die EU hingegen hat den PCT nicht mit derselben Stringenz (aber dennoch als zwingend) einbezogen, sondern stattdessen parallel Referenzen auf die PVÜ beibehalten und darüber hinaus auch TRIPs regelmäßig integriert. Mitte der 2000er Jahre haben EU und USA ihren Vertragskanon um den *Patent Law Treaty 2000* erweitert. Im Gegensatz zu den USA, die den PLT (2000) ihrerseits noch nicht ratifiziert haben, hatte die EU dabei feste Beitrittspflichten zum PLT vereinbart. Darüber hinaus hat Letztere ebenfalls TRIPs und – im Rahmen ihrer rechtsannähernden Nachbarschaftspolitik – das Europäische Patentübereinkommen aufgenommen. Die Europäische Union hat hier zwischenzeitlich einen sehr viel breiteren und in das internationale Patentrecht integrativeren Ansatz favorisiert als die USA, die quantitativ vergleichsweise zurückhaltend agieren. Den TRIPs- und EPÜ-Referenzen immanent ist gleichzeitig ein materiell-rechtlicher Schwerpunkt, der ansonsten hinter formelle, das internationale Patentrecht dominierende Aspekte, zurücktritt. Im Rahmen ihrer aktuellen Freihandelsabkommen verzichtet die EU nunmehr ebenso auf derartig breite Rechtsintegration wie obligatorische Bestimmungen und setzt nun individueller an; sie ist gar dazu übergegangen, bloß ausgewählte Passagen bzw. Klauseln der jeweiligen Patentverträge einzubinden. Die USA sind aktuell aus Rechtssicherungsgründen zu PVÜ-Rekursen neben dem PCT zurückgekehrt. Insgesamt zeichnen sich für die EU sowie die USA liberalisierende Tendenzen ab. Hinsichtlich des vornehmlich aus wirtschaftlichen Gründen zentralen PCT neigen beide allerdings nach wie vor zu obligatorischen Vorgaben.

## M. Stellungnahme

Der Vergleich zeigt, dass die USA sehr viel früher als die EU damit begonnen haben, konkrete Patentstandards nach ihren Vorstellungen zu exportieren, nämlich bereits mit NAFTA als dem Gegenentwurf zum damaligen TRIPs-Verhandlungsgegenstand. Im Rahmen einer retrospektiv als experimentell charakterisierbaren Phase bis in die Anfänge des neuen Millenniums haben die USA zentrale Grundlagen ihrer bis heute weiterentwickelten Klauseln mit TRIPs-Plus Charakter gesetzt. Dazu gehörten dem Grunde nach insbesondere die *data exclusivity*, *patent term extension* und *patent linkage* als Kerntatbestände. Diese sind keineswegs jeweils völlig identisch, sondern wiesen noch in sich selbst individuelle Diskrepanzen auf. Währenddessen hatte die Europäische Union zwar im Verhältnis zahlenmäßig mehr Abkommen abgeschlossen, dort jedoch keine konkreten Patentrechtsbestimmungen inkludiert. Ihr ungleich diffuserer, passiver Ansatz konzentrierte sich darüber hinaus auf die regionale Integration ihrer Nachbarstaaten anhand von Rechtsannäherung.

Amerikas Strategiewechsel hin zu einem konsolidierten und schematisch breitgefächerten Patentrechtskonzept manifestierte sich ab 2004 in ihren FTAs, jener der EU hingegen erst seit 2011 im Südkorea-FTA. Letztere weist außerdem mehr Varianzen auf, weshalb ihre Klauseln individualistischer geprägt erscheinen. Auch innerhalb dieser „zweiten Phase" weisen die USA teilweise massive Weiterentwicklungen ihrer zugrundeliegenden Rechtsinstrumente auf, deren Schutzwirkungen zugunsten von Originalherstellern wirken (wie sich beispielsweise an KORUS zeigt). Die USA setzen nicht nur in der Breite, sondern auch in der Tiefe umfassender an, sodass hinsichtlich der seitdem verwendeten Standards nur teilweise Portfolioüberschneidungen zur EU bestehen.

Für beide Völkerrechtssubjekte stehen Unterlagenschutzbestimmungen jeweils im Mittelpunkt ihrer Verhandlungsgegenstände. Signifikant über die moderat progressive europäische Vorgehensweise hinaus haben die USA dieser Praxis konsequent extensivere Anwendungsbereiche hinzugefügt oder bestimmte Tatbestandsvoraussetzungen herabgesetzt. Die EU dagegen propagiert auffälligerweise zunehmend längere Exklusivitätszeiträume.

Während die EU daneben ersichtlicherweise gesteigerten Wert auf *patent term restoration* legt, welche sie jeweils auf beide der hier untersuchten Sektoren erstreckt, handelt es sich dabei aus Sicht der USA zwar um einen lange tradierten und inkonkret gestalteten, aber seitdem kaum veränderten (und daher offenbar als vergleichsweise peripher betrachteten) Arzneimittelschutzmechanismus.

Weiterhin im Fokus der USA liegen Erst- und Folgeindikationen von Medikamenten, deren Schutz sie in mehrerlei Weise intensiviert haben, wohingegen die EU diesbezüglich bislang zurückhaltend agiert und eher im Pflanzenschutzmittelbereich fokussiert.

Schließlich verzeichnen die USA in Bezug auf anderweitige Mechanismen seit langem moderate Aktivität, welche auf europäischer Seite keinerlei Entsprechung finden.

Trotz alledem konnte die insbesondere im Rahmen der WTO geführte *Public Health*-Debatte Effekte auf sämtliche hiesige FTAs entfalten und sie dadurch zumindest bedingt rebalancieren. Thematisch zieht sich die Frage des öffentlichen Gesundheitsschutzes im Lichte von TRIPs-Plus Standards seit langem durch die amerikanische Freihandelspraxis, während sie für die EU mangels entsprechender TRIPs-Plus Klauseln erst seit wenigen Jahren prädominante Bedeutung erlangt hat (zumindest sofern man die *highest international standards*-Klausel restriktiv auslegt). Obwohl die USA unterschiedlichste Versuche unternommen hatten, Schutzreduktionen ihrer TRIPs-Plus Klauseln zu verhindern, weisen ihre FTAs mittlerweile mehrere Maßnahmen zur Berücksichtigung von öffentlichem Gesundheitsschutz auf. Die USA haben einerseits einzelne schutzerweiternde Klauseln aufgegeben. Gleich der EU rekurrieren die USA heute außerdem stets vertragsintern auf die Doha-Erklärung (und weitere direkt in diesem Zusammenhang stehende Dokumente) als Interpretationsmaxime ihrer patent- bzw. unterlagenschutzrechtlichen Passagen. Hierbei sind die amerikanischen Rekurse bedeutend spezifischer und umfangreicher und dadurch dem Erhalt von *safeguards* für TRIPs-*flexibilities* dienlich. Gleichwohl ist zu beobachten, dass amerikanische *Public Health*-Gesichtspunkte seit 2007 inhaltlich unverändert geblieben sind, während sie parallel nach wie vor manche ihrer zentralen Schutzstandards weiter ausdehnen. Mit zunehmender Diskrepanz zwischen beiden komplementären Zielsetzungen steigt tendenziell auch das Risiko vertragsinterner Normkollision und somit das Konfliktpotenzial bei der innerstaatlichen Umsetzung. Dies gilt Kraft Natur der Sache nicht für den Schutz von Pflanzenschutzmitteln, die mithin keiner Balancierung unterliegen.

# Teil V – Ergebnisse und Ausblick

## A. Abschließende Betrachtung und Ergebnisse

### I. Etablierung spezieller Schutzregime

Die teils umfangreiche Berücksichtigung branchenspezifischer Patente in modernen Freihandelsabkommen seit den 1990er Jahren stellt sich vor dem Hintergrund ihrer historischen Einbettung zunächst als absolut atypisch dar, denn chemische Patente im Allgemeinen – und Arzneimittelpatente im Besonderen – haben seit der Existenz moderner Patentgesetze bereits in vielen nationalen Rechtsordnungen eine Exklusivrolle eingenommen. Wenngleich der damalige Diskurs durch fundamentale Grundsatzfragen im großen Patentstreit um das „Ob" des Schutzes geistigen Eigentums überlagert worden sein mag, betrachteten innereuropäische Einzelgesetzgeber Arzneimittel- und Chemiepatente bereits mit Entstehung des modernen geistigen Eigentums als Hindernisse zum effektiven Schutz der öffentlichen Gesundheit durch unerschwinglichen Zugang zu Medikamenten. Die daraus resultierende, gesetzgeberseits intendierte Versagung von Patentschutz für entsprechende Produkte vermochte angesichts der wirtschaftlichen Bedeutung jedoch langfristig nicht standhalten. Sie erlag im Laufe der Zeit oftmals der gerichtlichen Rechtsfortbildung, welche privatwirtschaftliche bzw. industrielle Interessen nach extensiver Schutzgewähr bediente und die schließlich sukzessive Einzug in die Rechtsordnungen Europas fand. Gleichwohl blieb das Verständnis vom Schutz der öffentlichen Gesundheit als Kernelement nationaler Souveränität in der internationalen Patentrechtsharmonisierung bis zur zweiten Hälfte des 20. Jahrhunderts erhalten. Dieses tradierte Paradigma verflüchtigte sich erst in den 1960er und 1970er Jahren, als die unter wirtschaftspolitischen Expansionserwägungen gewandelten nationalen Diskurse den expliziten Chemie- und Arzneimittelpatentschutz schließlich in das EPÜ hineintrugen. In den USA regten sich neben dem allgemeinen Erstarken von Befürwortern territorial entkoppelter und expansiver Bestimmungen zum geistigen Eigentum aus wirtschaftlichen (Schutz-)Gründen heraus auch Forderungen nach konkreten Schutzmechanismen für Arznei- und Pflanzenschutzmittel. Sofort errang diese Thematik unmittelbar auch innerhalb der internationalen Institutionen zunehmende Relevanz, deren Pro- und Antagonisten sich allzu oft an ihrem jeweiligen industriellen Fortschritt ausmachen ließen. Nachdem die dortigen Verhandlungen jedoch nicht zuletzt unter besonderer Gewichtung des öffentlichen Gesundheitsschutzes ohne materiell-rechtlich Resultate geblieben waren und überdies im Rahmen des GATT kaum absehbar waren, zogen sich insbesondere die USA auf bi- und polylaterale Strategien als Vehikel ihrer grenzüberschreitenden Harmonisierungsagenda zurück. Parallel gab ihnen die Einführung spezifischer Schutzmechanismen auf nationaler Ebene in den 1980er Jahren neues Momentum, welches die EU und Japan mittrugen. Sämtliche, in heutigen FTAs vertretene Sektorschutzmechanismen sind auf multilateraler Ebene im Rahmen der Uruguay-Runde diskutiert, aber mangels erreichbarem Konsens kaum manifestiert worden. Im Rahmen der TRIPs-Verhandlungen fungierten vornehmlich die USA in mannigfaltigen Bereichen als beharrliche Fürsprecher extensiver Schutzregeln zugunsten von Innovationen, während die Europäische Union teilweise eine vermittelnde Position einnahm. Infolge des TRIPs-Abkommens wendeten sich die USA – und wenig später auch die EU – daher individuellen Freihandelsverträgen zu.[1146]

## II. Evolutive Charakteristika strategischer Schutzverbreitung per Freihandelsabkommen

### 1. Amerikanische Initiative und europäisches Nachziehen

Die heute in den FTAs anzutreffenden TRIPs-Plus Standards[1147] entspringen den nationalen Rechtsordnungen der EU und der USA, sowie auch Japan. In den USA waren national zunächst Patentverlängerungen eingeführt worden, um Innovation durch forschende Unternehmen zu sichern. Die – aus dem zu jenem Zeitpunkt diesbezüglich bereits weiter entwickelten Pflanzenschutzmittelrecht entlehnte – Räson hinter dem Unterlagenschutz zielte dagegen primär darauf ab, durch Testdatenreferenzen Anreize für Generikazulassungen im Interesse besserer Medikamentenverfügbarkeit zu schaffen; sie gedachte bloß sekundär im Balanceinteresse die Gewährung zeitlicher Inbezugnahmeverbote zugunsten von innovativen Erstanmeldern. Forschende Unternehmen sahen daher in der *patent term restoration* damals noch den für sie wirtschaftlich größten Nutzen. Diese Sichtweise änderte sich, sobald sie das marktanteilsichernde Potenzial des Unterlagenschutzes erkannt hatten. Unter Beachtung des generellen wirtschaftspolitischen US-Zeitgeistes, der von der Vision grenzüberschreitenden Schutzes des geistigen Eigentums getragen wurde, erschien es naheliegend, beide Rechtsinstrumente umgehend international zu erproben. Allerdings sind die sehr umfangreichen (supra-)nationalen Regelungen nur in Fragmenten in die bilateralen Verträge aufgenommen worden, ohne die ursprünglich verankerte Interessenbalance zwischen Erst- und Folgenmeldern in Gänze widerzuspiegeln; ihre fragmentarischen Inhalte tendieren daher letztlich stark zugunsten von Erstanmeldern. Die EU hatte in Reaktion auf die amerikanischen Gesetzesänderungen und parallele Branchen-Argumentationsmuster umgehend im Binnenmarkt

1146 Vgl. bereits *Drahos*, Journal of World Intellectual Property 2001, 791; ferner *Mercurio*, TRIPS-Plus Provisions in FTAs: Recent Trends, in: Bartels/Ortino, Regional Trade Agreements and the WTO Legal System 2006, S. 218 ff.

1147 Im Überblick s. *Sell*, Liverpool Law Review 2007, 41, 57 f.

vergleichbare Mechanismen eingeführt, um dahingehend ihre internationale Wettbewerbsfähigkeit zu erhalten. Diese hat sie allerdings erst bedeutend später in ihre FTAs integriert, was auch darin begründet liegt, dass neben ungezielter (außenwirtschafts-)politischer Agenda auch binnenmarktintern weiterhin kaum Rechtseinheitlichkeit bestand, sie der WTO und der darin präsenten *Public Health*-Debatte vergleichsweise mehr Bedeutung zumaß. Demgemäß favorisierte sie im Gegensatz zu den USA zeitweilig ein passives Vorgehen anhand kryptischer Generalklauseln, was weite individuelle Gestaltungsspielräume ermöglichte, aber andererseits massive Rechtsunsicherheit inne trug. Erst erheblich später, nämlich nach Neuausrichtung ihrer wirtschaftspolitischen Weltmarktstrategie im Jahr 2006 hat die EU begonnen, proaktiv konkrete Schutzstandards nach dem seit den 1990er Jahren durch die USA statuiertem Vorbild auszuhandeln. Damit weisen europäische FTAs zweierlei Phasen auf, während die US-FTA von vier charakterisierbaren Perioden geprägt sind.

### 2. Schutzkonzeptionen

Die EU hat sich im Zuge wirtschaftspolitischer Konkurrenzfähigkeit dem US-amerikanischen Vorbild angeschlossen, Schutzstandards in ihren FTAs vorzusehen und dabei ihrer supranationalen Ausprägung entsprechend adaptiert. Trotz dieser grundsätzlichen Gemeinsamkeit weisen die modernen FTAs von EU und USA einige Unterschiede zueinander auf. Dies offenbart sich bereits in der jeweiligen paradigmatischen Herangehensweise, wonach die EU einen tendenziell eher auf die wirtschaftliche Leistungsstärkte bzw. den Entwicklungsstand des jeweiligen Handelspartners abgestimmten Verhandlungsgegenstand auswählt. Wie etwa das Mercosur-FTA zeigt, beharrt die EU offenbar ebenfalls nicht mit der gleichen Nachhaltigkeit auf einzelne Klauseln in einer ganz konkret vorgefertigten Form, wie hingegen die USA. Demgemäß setzt die EU ihrerseits nicht den absoluten Anspruch, derartige Klauseln auszuhandeln, sondern verhält sich variabler und geht diesbezüglich eher Kompromisse in der Gesamtverhandlungsmasse eines FTA ein. Dadurch erlangen ihre Handelspartner leichter die Möglichkeit, für sich qualitativ adäquate und konzeptionell passenden Arzneimittel- und Pflanzenschutzmittelstandards zu erlangen. Die USA dagegen weichen von ihren Mustervorgaben grundsätzlich nicht ab und geben diesbezüglich kaum Verhandlungsspielraum. Bei einer Gesamtbetrachtung sämtlicher Maßnahmen innerhalb der jeweiligen FTAs provoziert deren *standard hopping*-Strategie stringentere und insofern homogenere Schutzstandards. Die Schutzmechanismen der EU stellen sich dagegen aufgrund ihres breiter gefassten wirtschaftspolitischen Ansatzes als heterogener dar. Aus globaler Perspektive betrachtet, repräsentieren sie beide aktive und erfahrene Protagonisten im Umgang mit branchenspezifischen Schutzklauseln.

### 3. Zentrale evolutive Charakteristika beider Schutzregime

Wie bereits festgestellt, haben beide Protagonisten seit den 1990er Jahren patentrechtliche und eng damit verwandte Schutzkonzepte für Arznei- und Pflanzenschutzmittel in ihren FTAs immer weiter ausgebaut, sodass sie mittlerweile eigenständige Passagen ausmachen. Entwicklung, Inhalt, und Konzeption jener TRIPs-Plus Klauseln der jeweiligen Freihandelsverträge von EU und USA erweisen sich im Detail überwiegend als unterschiedlich und offenbaren lediglich grobstrukturelle Übereinstimmungen, welche allerdings maßgeblichen Effekt auf Verzögerungen für Markteintritte von Folgeanmelder entfalten. Diese strukturellen Unterschiede beruhen nicht zuletzt darauf, dass Besonderheiten innerhalb ihrer jeweiligen (supra-)nationalen Rechtsordnungen durchschlagen. Demgemäß zeigen sich auch zwischen Arznei- und Pflanzenschutzmitteln jeweils Unterschiede zueinander, welche indes im TRIPs-Abkommen nicht abgebildet werden.

Charakteristisch für die aktuelle Freihandelspraxis der EU ist vor dem Hintergrund ihrer (supra-)national rechtlich umfangreichen und durch die Rechtsprechung geprägten Gegebenheiten insbesondere, dass sie nur anhand vergleichsweise weniger Schutzmechanismen Einfluss auf die einschlägigen Produktsektoren nimmt. Die USA hingegen konnten diesbezüglich ein quantitativ umfangreicheres Portfolio an unterschiedlichen juristischen Optionen in ihren FTAs verankern. Wenngleich der EU und den USA die zentralen – und wohl effektivsten – Schutzmechanismen wie Patentschutzzeitverlängerungen und Unterlagenschutz gemein sind, sichern sich die USA nämlich darüber hinaus durch weitere rechtliche Maßnahmen mit verwandter Zielrichtung ab. Angesichts dessen greifen amerikanische FTAs weitaus umfangreicher in die Rechtsgestaltungssouveränität ihrer Handelspartner ein und erzeugen erheblich weitreichendere Effekte hinsichtlich der Blockade von Folgeanmeldern.

Das europäische Handeln beruht auf zwei Schwerpunkten: Der *patent term restoration* und dem Unterlagenschutz. Erstere stellt die EU im Vergleich zu den USA stärker in den Mittelpunkt, indem sie tatbestandlich konkretere Maßstäbe anlegt und infolge dessen mehr Rechtssicherheit schürt. Die Schwerpunkte liegen hier in der Postulierung einer bestimmten (Höchst-) Schutzdauer sowie deren Berechnung, welche auch pauschale Abschläge zulasten des Patentinhabers beinhaltet. Sowohl hinsichtlich der (limitierten) Schutzdauer als auch des Anwendungsbereichs bilden die europäischen Abkommen deshalb grundsätzlich ausgewogene Vorgaben. Mittlerweile beziehen sie regelmäßig zusätzliche Forschungsanreize durch optionale Verlängerungen für neue Produktanwendungsbereiche mit ein. Vergleichsweise umfangreiche Bestimmungen enthält für Arzneimittel nur CETA, das insoweit jedoch bislang eine einmalige Anomalie darstellt und mithin nicht verallgemeinerungsfähig ist. Die amerikanischen Verträge trennen ihrerseits patentverlängernde Sonderregeln für Arzneimittel von allgemeinen Laufzeitanpassungen (für Pflanzenschutzmittel), wobei erstere keinen Höchstlaufzeiten, sondern dem abstrakten Maßstab der Angemessenheit unterliegen und somit interpretationsbedürftig sind. Besonders auffällig ist dabei, dass die USA hierbei trotz ihres grundsätzlichen Schutzinteresses nicht auf Mindestlaufzeiten zurückgreifen, um ihre grundsätzlich extensive Agenda wirksam abzusichern. Nichtsdestotrotz könnten die amerikanischen Klauseln bei entsprechender Auslegung potenziell (weit) über die europäischen hinausgehen. Weiterhin lassen die USA teils leichte Varianzen zu, wie sich einerseits im fakultativen Charakter gegenüber den Andenstaaten, aber andererseits anhand substanzieller Erweiterungen des Anwendungsbereichs in KORUS oder der Schutzgrenzen in CHIUS zeigt. Eine schematisch progressive Linie weist ihre *patent term extension* mithin nicht auf.

Das Hauptinteresse sowohl der EU als auch der USA ruht indes offensichtlich im Unterlagenschutz. Die hier untersuchten amerikanischen Abkommen zeugen in diesem Bereich von weit zurückreichenden und massiven Schutzausdehnungen, die ihre europäischen Pendants erheblich übertreffen: Nachdem den USA in den 1990er Jahren die Einführung des bereits im Rahmen der Uruguay-Runde geforderten Unterlagenschutzes als solches durch NAFTA gelungen war, folgten unlängst weitere materiell-rechtliche Vorstöße. Diese schlagen sich seit 2004 schematisch insbesondere im Neuheitserfordernis, in Drittstaatenanmeldungen und dem Verzicht auf wesentliche Ausnahmen sowie Tatbestandsmerkmale des Art. 39 Abs. 3 TRIPs nieder. Letztere hat auch die EU sodann in ihre *next generation*-FTAs übernommen. Im Gegensatz zu ihren *patent term restoration*-Klauseln hatten die USA nach kurzer Zeit begonnen, Mindestschutzzeiträume für Testunterlagen zu vereinbaren, was auch die EU mittlerweile tut. Diese zunächst bei fünf Jahren taxierenden Perioden hat die EU für chemische und – teils fakultativ – biologische Arzneimittel gleichermaßen aufgrund ihrer Einbeziehung konkreter Arzneimitteldefinitionen eingebunden und mittlerweile teilweise moderat erhöht. Die USA dagegen stagnieren für (neue) chemische Pharmazeutika derzeit bei fünf Jahren und haben Biopharmaka jetzt erstmals in USMCA adressiert und dafür zehn Jahre Mindestschutz festgesetzt. Eine verbindliche Grundlage zum Schutz biologischer Arzneimittel bietet Art. 39 Abs. 3 TRIPs indes explizit nicht. Insofern – und vor dem Hintergrund ihrer wirtschaftlichen und gesundheitlichen Bedeutung – gehen beide Protagonisten weit über welthandelsrechtliche Vorgaben hinaus. Darüber hinausgehende, den Unterlagenschutz ergänzende Facetten, verkörpern typischerweise nur amerikanische Freihandelselemente. Diese sichern Originalherstellern qualitativ weiterführende Schutznuancen zu und lassen ihre ursprüngliche gesetzgeberische Intention, nämlich den Interessenausgleich, weiter verblassen. Im

Vordergrund stehen hierbei die Erfassung von (Teil-)Studien für neue Anwendungsbereiche an sich bereits bekannter Medikamente und Pflanzenschutzmittel, sowie die Blockade von zuvor in Drittländern zugelassenen Produkten für fünf bzw. zehn Jahre. Seit dem Jahr 2007 haben besonders unterlagenschutzbezogene US-Klauseln gesundheitspolitische Interferenzen erfahren und verzeichnen seitdem ein insgesamt etwas breiteres Spektrum an Varianzen. Im Bereich der Pflanzenschutzmittel setzen EU und USA gleichermaßen und konstant zehn Jahre währenden Unterlagenschutz fest.

Davon abgesehen ist den amerikanischen Abkommen besonders, dass sie sich eines gesamtsystematischeren Ansatzes durch zusätzliche Schutzmechanismen bedienen, welche teils seit über zwanzig Jahren fortgeführt werden. Diese sind dadurch gekennzeichnet, dass sie Innovatoren ganzheitlicher schützen, indem sie in die Verfügbarkeit bzw. den Markteintritt von Folgeprodukten eingreifen. Unter dem Aspekt von Beständigkeit und Effekt bildet – neben der Entknüpfung von Patentablauf und Unterlagenschutz – vor allem die arzneimittelrechtliche *patent linkage* zentrales Element verzögerter Generikazulassungen. Die EU verpflichtet sich mangels Europarechtskonformität *de lege lata* zwar nicht zur *patent linkage*, tendiert gleichwohl einzelfallbezogen dazu, sie bilateral gegenüber ihren Partnern sicherzustellen (jedenfalls sofern diese intern bereits darüber verfügen). Besonders fallen außerdem Einschränkungen der *Bolar*-Ausnahme durch die USA auf freihandelsrechtlicher Ebene auf, die nach US-Recht altbekannt ist und insoweit eine weitere Zweckdiskrepanz zu dortigen nationalen gesetzlichen Wertungen aufweist.

Neben diesen konkret branchenbezogenen Klauseln kommen allgemeingültige hinzu, die sich über Arznei- und Pflanzenschutzmittel hinaus auf sämtliche Produkte auswirken können. Dabei handelt es sich neben Patentanpassungen, Patentierbarkeitsvoraussetzungen/-ausnahmen und Zwangslizenztatbeständen nicht zuletzt um die Rechtsintegration in internationale Patentrechtsverträge, in deren Vordergrund für EU und USA gleichermaßen seit langem der PCT steht. Ihre Auswirkungen auf die hiesig untersuchten Produkte sind jedoch von vergleichsweise untergeordneter Bedeutung.

### 4. Gewährleistung des Schutzes der öffentlichen Gesundheit

Dem Grunde nach wird der Schutz der öffentlichen Gesundheit gewährleistet, wobei dessen Ausmaß variiert. Dies darf jedoch nicht darüber hinweg täuschen, dass der öffentliche Gesundheitsschutz in der Gesamtbetrachtung im Vergleich zu den extensiven Schutzstandards nur marginal berücksichtigt wird. Innerhalb der Berücksichtigung von Belangen der öffentlichen Gesundheit haben die USA ihrerseits einzelne Standards, welche die öffentliche Gesundheit zwischenzeitlich intensiv eingeschränkt hatten, aus ihrem Freihandelsportfolio aufgegeben (beispielsweise Einschränkungen von Parallelimporten und Zwangslizenzen) und stattdessen infolge vielfältigen Drucks einzelne *Public Health*-Aspekte als prädominante Vertragsauslegungsparameter inbegriffen. Insofern ist also ein Fortschritt erkennbar. Gleichzeitig werden auf der anderen Seite jedoch nach wie vor schutzextendierende Standards verwendet und stetig erweitert. Sinnbildlich gesprochen fungiert der Gesundheitsschutz nun zwar im Optimalfall als rebalancierendes Gegengewicht zu weitreichenden Elementen des Produktschutzes, gleichzeitig nimmt aber zu dessen Lasten auf der anderen Seite auch das Gewicht einzelner Schutzstandards mit marktzugangsverzögernder Wirkung weiter zu. Ob künftig für Arzneimittel geltende zeitliche Schutzbegrenzungen der *patent term extension*, wie Art. 1.12.2(b) CHIUS andeutet, in anderen US-Abkommen ebenfalls Berücksichtigung finden können, bleibt deshalb noch abzuwarten.

Die EU verzichtet gegenteilig unter Erwägung des öffentlichen Gesundheitsschutzes seit jeher, bestimmte Mechanismen als solche oder in partikulären, besonders extensiven Erscheinungsformen festzuschreiben. Damit erübrigen sich diesbezüglich (Schieds-)Streitigkeiten über die Reichweite einschlägiger Tatbestände tendenziell eher. Sie erhält im Vergleich größere, zur Berücksichtigung von Belangen der öffentlichen Gesundheit nutzbare *policy spaces*. Andererseits stellen amerikanische FTAs mittlerweile nicht unwesentlich detailliertere und rechtlich fundiertere Auslegungsleitlinien im Zusammenhang mit *Public Health*-Aspekten als die EU zur Verfügung, welche im Rahmen von Schiedsverfahren nicht zuletzt die besondere Relevanz insbesondere der Doha-Erklärung attestieren.

Da aus allgemeinpolitischer Perspektive und welthandelsrechtlicher Tradition heraus der Arzneimittelschutz den sensibleren Sektor repräsentiert, ist in diesem Zusammenhang überdies zu beachten, dass die balancierenden Wertungen der *Public Health*-Problematik (trotz nicht minder signifikanter potenzieller Auswirkungen) nicht auf Pflanzenschutzmittel anwendbar ist. Im Kern stellt die *Public Health*-Thematik das humanitäre Gegengewicht zu wirtschaftlichen Individualinteressen dar. Diese Wertungen entfallen insofern für die Parallelproblematik des Pflanzenschutzmittelbereichs, obwohl er seinerseits mittelbar Nahrung, Ernährung und Gesundheit sichert. Demgemäß stellen *Public Health*-Erwägungen für Pflanzenschutzmittel keine nutzbaren Elemente dar, um die Effekte derer extensiven Schutzstandards durch Vertragsinterpretation zu auszubalancieren. Mithin birgt im Freihandelsrecht der Pflanzenschutzmittelbereich die ungleich höhere Gefahr, den Markteintritt erschwinglicher bzw. benötigter Produkte erheblich zu verzögern. Dabei wird bislang verkannt, dass hier ebenfalls höchst schützenswerte Rechtsgüter tangiert sein können, die in diesem Zusammenhang entsprechendes Problembewusstsein erfordern würden.

## 5. Reduktion von Gestaltungsspielräumen

Die Wahl offener Formulierungen im Rahmen der Vertragssemantik ist – gemessen an den Anfängen der Freihandelsära – zurückgegangen. Da offene Formulierungen die Integration neuer oder bereits anderweitig bestehender Regelungen des nationalen oder internationalen Rechts durch Freiräume *a priori* erleichtern, sieht sich die heutige Praxis vergleichsweise stärkeren Beschränkungen gegenüber.

Nachdem die EU bereits innerhalb ihrer *first generation*-Agenda enorme *policy spaces* belassen hatte, hat sie diese insgesamt durch ihre *next generation*-FTAs zurückgedrängt. Im Vergleich zu den USA gewährt sie nichtsdestotrotz bis heute *policy spaces* in vergleichsweise größerem Maße, weil sie insgesamt quantitativ weniger Inhalte als die USA reguliert und teilweise auch nur sich selbst bindet. Darüber hinaus vereinbart sie regelmäßig auch explizit, dass sich die näheren Parameter eines Rechtsinstruments nach den jeweiligen inländischen Vorschriften richten solle. Die USA hatten in der Entstehung ihrer Freihandelsära in den 1990er Jahren ebenfalls noch explizit Spielräume per Fußnoten gewährt, wodurch letztlich einzelne FTA-Regelungen nicht umgesetzt werden mussten. Dies wurde sodann jedoch aufgegeben.

Aktuell lässt USMCA allerdings erkennen, dass Vereinbarungen aus anderen FTAs integriert werden können. Insoweit gibt USMCA explizit Raum gegenüber Vertragsparteiverpflichtungen, die aus anderen Verträgen herrührenden. Diese Art der Verknüpfung völkerrechtlich determinierter Pflichten zwischen FTAs ist jedenfalls im Hinblick auf Arznei- und Pflanzenschutzmittelschutz ein neuartiges Phänomen mit Konfliktlösungspotenzial. Weder die EU noch die USA scheinen gänzlich kompromisslos ihre eigenen Bestimmungen im Umfang der nationalen Details im Sinne einer Duplikation durchzusetzen, sondern weitgehend (nur) ein ihnen entsprechendes bzw. vergleichbares Schutzniveau sicherstellen. Es steht angesichts anwachsender allgemeiner Diskurse im Wirtschaftsvölkerrecht, welche *policy spaces* im Zusammenhang wirtschaftlicher Leistungsfähigkeit und (supra-)nationaler Gesetzesrealität stärker in den Fokus rücken, zu erwarten, dass hierdurch eine weitere interessengerechte Rechtsintegration und Rechtsharmonisierung erfolgen könnte.

## 6. Zusammenfassende Einordnung

Da die FTAs innerhalb eines Schutzmechanismus nur teilweise dieselben Parameter aufweisen und deshalb gleichzeitig auch tatbestandlich erheblich divergieren, lassen sich nur bedingt endgültige Aussagen darüber treffen, welcher Protagonist im Ergebnis die weitreichendere bzw. strengere Schutzmaßnahme vereinbart hat. Unter Zugrundelegung der charakteristisch wesentlichsten Parameter eines jeweiligen Schutzmechanismus lassen sich dennoch grundsätzliche Feststellungen treffen.

Innerhalb von etwa drei Jahrzehnten haben die USA mannigfaltige Blockadeinstrumente international in bi- und polylaterales Freihandelsrecht implementieren können, nachdem dieser Versuch im welthandelsrechtlichen Forum gescheitert war. Das zugrundeliegende Kalkül besteht auch darin, dadurch die Mindeststandards der WTO sukzessiv durch FTAs anzuheben, was mangels manifester TRIPs-*ceilings* grundsätzlich als WTO-konform zu klassifizieren ist.[1148] Das US-Vordringen ist gleichzeitig substanziell länger tradiert als jenes der EU, welche jedoch innerhalb kürzester Zeit in zentralen Aspekten ein vergleichbares Schutzniveau gegenüber ihren Freihandelspartnern aufgebaut hat. Insgesamt wirkt der amerikanische Instrumentenkanon aufgrund seines bis heute gleichermaßen konstant wie essentiell erweiterten Ansatzes dem Marktzugang von Folgeprodukten konzeptionell systematischer, ganzheitlicher und somit intensiver entgegen. In arzneimittelrechtlicher Hinsicht wird hierdurch der Zugang zu (erschwinglichen) Medikamenten erheblich hinausgezögert. Im Zentrum der patentrechtlichen FTA-Passagen stehen weniger allgemeine als vielmehr spezielle, national eigens geformte Rechtsfiguren, die den Patentschutz direkt verlängern bzw. indirekt dessen faktische Wirkung, nämlich den wirtschaftlichen Monopolschutz, bezwecken. Damit nehmen Arznei- und Pflanzenschutzmittel auch im Freihandelsrecht im Vergleich zu übrigen Produkten und Branchen eine herausstehende, übergeordnete Rolle ein. Besonders der Unterlagenschutz ist im Laufe der Zeit nicht unerheblich erweitert worden: Während die USA auch dessen Anwendungsbereich stetig ausgedehnt haben, konzentrierte sich die EU nur auf die Verlängerung der Schutzdauer. Diese überwiegt sogar momentan die amerikanischen FTA-Inhalte.

Vor diesem Hintergrund vertiefen EU und USA den omnipräsenten Globalkonflikt um den effektiven Zugang zu wesentlichen Medikamenten weiter. Zwar sind mittlerweile konfliktmildernde Tendenzen durch anderweitige partielle Öffnung für moderatere Vertragsinterpretation bzw. Verzicht auf bestimmte Vorgaben ersichtlich; jedoch hatten sich die USA zuvor ungleich vehementer und vielschichtiger als die EU gegen die Berücksichtigung von *Public Health*-Gesichtspunkten engagiert. Da diese indes bloß punktueller oder abstrakter Natur sind, vermögen sie kaum darüber hinweg zu täuschen, dass innerhalb der modernen FTAs nach wie vor solche Maßnahmen dominieren, die Innovatoren begünstigen. Angesichts dieses insgesamt ambivalenten Vorgehens werden im Rahmen des Interessenausgleichs diffizile Fragstellungen provoziert, die der Vertragsinterpretation zuzuführen sind.

---

1148 *Keim*, TRIPS-plus Patentschutzklauseln in bilateralen Freihandelsabkommen der EU, S. 214.

## B. Ausblick

Wenngleich künftige Entwicklungen innerhalb der FTAs von multiplen Faktoren abhängig sind und Prognosen demgemäß nie ganz präzise antizipiert werden können, sind einige zukünftige FTA-Inhalte anhand bisheriger Entwicklungen indiziert.

### I. Europäische Union

#### 1. Verhandlungsposition beim Unterlagenschutz

Die aktuellsten Freihandelsabkommen der EU und der USA indizieren einige zukünftige Veränderungen innerhalb ihrer branchenbezogenen Freihandelsagenden. Die aktuellen Entwicklungen innerhalb von EU-FTAs deuten einen – zumindest teilweisen – Paradigmenwechsel beim Schutz nicht öffentlicher Testdaten an. Bislang hatte sich dieser Unterlagenschutz vor dem Hintergrund von Art. 39 Abs. 3 TRIPs innerhalb der unionalen *next generation*-FTAs auf die hier untersuchten beiden Sektoren beschränkt und deren individuelle Schutzregime manifestiert. In JEFTA war die Europäische Union bereits teilweise davon abgewichen, indem sie über den sektorspezifischen Schutz nicht öffentlicher (Test-)Daten hinaus und in Umsetzung von namentlich Art. 39 Abs. 1 und 2 TRIPs außerdem den allgemeiner greifenden Schutz von Geschäfts- bzw. Betriebsgeheimnissen (*trade secrets*) gegen unlauteren gewerblichen Gebrauch einbezogen hat. Diese Schutzform ist unter anderem geeignet, den spezifischen Testunterlagenschutz zu abzusichern bzw. zu ergänzen. Das MERCOSUR-FTA verzichtet nun gänzlich auf konkret sektorbezogene Schutz-Klauseln, inklusive solchem für nicht offenbarte Daten. Es erschöpft sich stattdessen ausschließlich in allgemeinen Regeln zum Schutz von Geschäftsgeheimnissen, um darüber Art. 39 Abs. 1 und 2 TRIPs umzusetzen.[1149]

Ebenfalls absolut ungewöhnlich ist in Anbetracht der bisherigen EU-Freihandelspraxis dabei, dass der Unterlagenschutz (ebenso wie die *patent term restoration*) trotz seiner übrigen FTA-Präsenz im finalen Vertragstext vollständig ausgeklammert wurde. Dieses atypische Ergebnis liegt nicht *per se* im ökonomischen Status der Partnerländer als Schwellenländer[1150] begründet, da beispielsweise auch bei den ökonomisch vergleichbaren Vietnam, Kolumbien und Peru der Unterlagenschutz per EU-FTA vorgesehen ist. Im Übrigen hätte die EU in diesem Fall wohl auch keine derartig präzisen Schutzanforderungen für Geschäftsgeheimnisse gestellt, sondern

1149 Vgl. Art. X.42 MERCOSUR-FTA.

1150 Klassifiziert nach der World Bank, abrufbar unter https://datahelpdesk.worldbank.org/knowledgebase/articles/906519-world-bank-country-and-lending-groups (letzter Zugriff am 28.03.2024).

einen gänzlich anderen, nämlich restriktiveren *modus operandi* gewählt. Der Grund für ihre Einziehung liegt vielmehr auch in der *Public Health*-Thematik selbst, die im südamerikanischen Raum als sensibel gilt und dementsprechend TRIPs-Plus Regeln, insbesondere in Brasilien, seit jeher vehement abgelehnt werden. Obwohl die EU bis in die finale Phase ihrer Vertragsverhandlungen auf Unterlagenschutz und *patent term restoration* gedrängt hatte, konnten sich die Mercosur-Staaten unter Berufung auf Studien[1151] zu den Effekten jener Mechanismen sowie der Unterstützung durch verschiedene Organisationen letztlich erfolgreich dagegen behaupten.[1152] Obwohl auch die Klausel zum Geschäftsgeheimnisschutz TRIPs-Plus Charakter hat, war sie bislang nicht direkt mit der *Public Health*-Problematik verbunden und erwies sich folglich als konsensfähig. Da sich gleichwohl in anderen, kürzlich noch in Verhandlung befindlichen Vertragsentwürfen der Schutzmechanismus des Unterlagenschutzes wiederfand,[1153] stand zu erwarten, dass er auch künftig noch Kernbestandteil der europäischen Außenhandelspolitik bleiben würde. Diese Annahme bestätigt sich nun in Art. 18.43 f. Neuseeland-FTA und besonders in den Art. 252-254 Großbritannien-FTA, die sowohl Unterlagenschutz als auch den Schutz von *trade secrets* in weitem Umfang aufnehmen. Eine Verdrängung des Unterlagenschutzes ist somit nicht ersichtlich.

### 2. Instrumentale Schutzverdichtung (*trade secrets*)

Bereits die Länge ihrer – jeweils fast identischen – Klauseln für Geschäftsgeheimnisse über fast zwei Seiten Vertragstext zeugt von deren vergleichsweise umfänglichen Rechtsinhalten. Neben der Definition der Begriffe „Geschäftsgeheimnis“ und „Geschäftsgeheimnisinhaber“ präsentieren die einschlägigen Passagen einen umfangreichen Mindestkatalog, welche Umstände tatbestandlich als unlauterer gewerblicher Gebrauch gelten. Darunter können dem Wortlaut nach, in dem Art. 39 Abs. 2 TRIPs tatbestandlich fast identisch aufgeht, neben bloßem Produktionswissen ohne weiteres auch innerhalb einer Marktzulassung benötigte Testunterlagen und Datensätze fallen, da insbesondere ihr wirtschaftlicher Wert gerade darin liegt, geheim

1151 *Chaves/Gaspar/Vieira,* Mercosur-EU Free Trade Agreement: Impact analysis of TRIPS-plus measures proposed by the EU on public purchases and domestic production of HIV and Hepatitis C medicines in Brazil.

1152 *Ermert,* Groups Target EU-Mercosur FTA To Advance Access To Health In Trade Deals, https://www.healthpolicy-watch.org/eu-mercosur-fta-seen-best-chance-advance-access-health-trade-deals/ (letzter Zugriff am 28.03.2024).

1153 Vgl. Art. X.41, X.42, X.45, X.46 Australien-FTA und Neuseeland-FTA drafts v. 13.06.2018, abrufbar unter https://trade.ec.europa.eu/doclib/docs/2018/july/tradoc_157204.pdf , sowie unter https://trade.ec.europa.eu/doclib/docs/2018/july/tradoc_157190.pdf (letzter Zugriff am 28.03.2024).

und Konkurrenten vorenthalten zu sein. Vielmehr aber erfassen solche FTA-Klauseln darüber hinaus gerade auch jene Unterlagen, die nicht nur explizit mit (notwendigen) Tests in Zusammenhang stehen. Insofern ist unter Beiziehung des (allgemeineren) Lauterkeitsrechts der Anwendungsbereich jener FTA-Passage erheblich weiter als der sektorspezifische Unterlagenschutz. Problematisch ist darüber hinaus die Interpretation der tatbestandlichen Verletzungshandlungen auch dahingehend, dass die Inbezugnahme zulassungsbehördlich vorliegender Testdaten durch Folgeanmelder als unlautere gewerbliche Nutzung gelten könnte. Dies ist weder *a priori* ausgeschlossen ist, noch dürfte es ungleich mehr Begründungsaufwand als tradierte Unterlagenschutzklauseln provozieren. Aus der Perspektive von Erstanmeldern ergibt sich sodann die Möglichkeit, jene Vorschrift zu instrumentalisieren, um Testdaten und ähnliche Informationen nicht eigens mit Unterlagenschutz versehen zu müssen. Angesichts des abstrakt gefassten Klauselwortlautes steht er einer Subsumtion mannigfaltigster Sachverhalte nicht entgegen. Im direkten Zusammenhang mit dem gesonderten Unterlagenschutz vermag aus dessen Perspektive der Geschäftsgeheimnisschutz daher auch als schutzergänzender Auffangtatbestand zu fungieren. Daher greifen im Ergebnis *trade secrets*-Schutz und spezieller Unterlagenschutz freihandelsrechtlich im Bereich von Arznei- und Pflanzenschutzmitteln nunmehr bis auf weiteres verdichtend ineinander. Zwecks Absicherung jener Position könnte künftig allerdings eine entsprechende Klarstellung dahingehend erfolgen, ob und inwieweit pharmazeutische und agrochemische Testunterlagen tatbestandlich den *trade secrets*-Klauseln unterfallen. Im europäischen Recht ist diesbezüglich Richtlinie (EU) 943/2016[1154] zu beachten, welche die Grundlage für einen europaweit harmonisierten Geschäftsgeheimnisschutz bildet und der tatbestandlich signifikante Ähnlichkeiten mit ihren völkerrechtlichen Ebenbildern immanent sind. Insofern präsentiert sich der hiesige Grad an Kongruenz von (supra-)nationalem und Freihandelsrecht bezüglich dem Geschäftsgeheimnisschutz als substanziell größer als hinsichtlich der übrigen zentralen FTA-Schutzstandards. Angesichts dessen bleibt nicht zuletzt zu konstatieren, dass der allgemeine Schutz von Geschäftsgeheimnissen, welcher den testdatenbezogenen Unterlagenschutz unmittelbar flankiert, für die EU seit neustem eine bedeutende Rolle zu spielen scheint und wohl auch künftig zumindest neben dem sektorspezifischen Unterlagenschutz bestehen wird. Diese Einschätzung lässt sich nicht zuletzt auf die derzeitige Freihandelspraxis der EU stützen. Schon die Verhandlungen mit Australien und Neuseeland bezeugten insbesondere die Parallelität vom tatbestandlich

1154 Richtlinie (EU) 2016/943 des Europäischen Parlaments und des Rates vom 8. Juni 2016 über den Schutz vertraulichen Know-hows und vertraulicher Geschäftsinformationen (Geschäftsgeheimnisse) vor rechtswidrigem Erwerb sowie rechtswidriger Nutzung und Offenlegung, ABl. EU L-157 vom 15.06.2016, S. 1. Die deutsche Umsetzung erfolgte durch das GeschGehG v. 18.04.2019, BGBl. (2019) I S. 466.

breit aufgestellten Geschäftsgeheimnisschutz und spezifischem Branchenschutz.[1155] Diese Annahme bestätigt sich nun in Art. 252-254 Großbritannien-FTA, wo sowohl Unterlagenschutz als auch den Schutz von *trade secrets* in weitem Umfang enthalten sind. Im welthandelsrechtlichen Kontext treten somit Art. 39 Abs. 1 und 2 TRIPs als Grundlage für konkretisierte TRIPs-Plus Standards wieder verstärkt in Erscheinung.

### 3. Weitere Schutzextension

Die noch nicht lange zurückliegenden offiziellen Verhandlungspositionen der EU im Rahmen der geplanten FTAs mit den Handelspartnern Australien und Neuseeland rücken den Unterlagenschutz erneut in den freihandelsrechtlichen Vordergrund. Denn sie zeigen zweierlei Kernaspekte. Zum einen beinhalteten die einschlägigen Passagen vergleichsweise präzise dem europäischen Recht entsprechende Strukturen, indem sie nach unterschiedlichen europarechtlich fundierten Tatbeständen differenzieren und auf Rechtsfolgenseite die Differenzierung zwischen Inbezugnahmeverbot und Marktexklusivität vornehmen.[1156] Indem sie dem Europarecht entsprechende Schutzperioden vorgeben, beinhalteten sie zum anderen über das bisher gewöhnliche Maß in EU-FTAs hinausgehende Schutzzeiträume von bis zu elf Jahren für Arzneimittel (8+2+1-Regel) und bis zu 15 Jahren für bestimmte Pflanzenschutzmittelunterlagen. Durchsetzen konnte die EU diese Position letztlich zwar nicht. Sollte sich diese EU-Position aber langfristig durchsetzen, so würde dies eine neue Qualität in der internationalen Freihandelspraxis verkörpern.

### 4. Klauselintegration

Für die europäischen FTAs ist bereits nach derzeitigem Status quo charakteristisch, dass sie nähere, insbesondere in Fußnoten ankernde, Konkretisierungen bestimmter Aspekte wie etwa der Arzneimitteldefinition enthalten, an die sich die EU selbstbindet. Bezugspunkt bildete dabei bislang schon bestehendes EU-Recht. Neben dieser Rückbindung an Innenrecht griff sie zudem die Einhaltung internationaler Patentverträge auf. Aus den Verhandlungspositionen der EU mit Australien und Neuseeland wird erkenntlich, dass eine Einbettung in internationale Verträge sehr viel konkreter als bisher vollzogen werden sollte. Dies betraf die hiesig gegenständlichen Sektoren unmittelbar hinsichtlich des Unterlagenschutzes. Der europäischen Verhandlungsposition nach sollte der Unterlagenschutz für Testdaten dann

1155 Vgl. Art. X.41, X.42, X.45, X.46 Australien-FTA bzw. Neuseeland-FTA drafts v. 13.06.2018; S. nunmehr Art. 18.41 und 18.43 Neuseeland-FTA; Vgl. ferner auch Art. 44, 45 Großbritannien-FTA draft.

1156 Vgl. Art. X.45, X.46 Australien-FTA bzw. Neuseeland-FTA drafts v. 13.06.2018.

nicht gelten, wenn „internationale Abkommen, die beide Parteien anerkannt haben, etwas anderes bestimmen“.[1157] Im Großbritannien-FTA ist diese Passage nun erstmals in Art. 253 Abs. 2 und 3 aufgenommen worden; aber auch das Neuseeland-FTA beinhaltet sie in Art. 18.43 Abs. 2. Systematisch handelt es sich hierbei um eine Ausnahme von Unterlagenschutz und somit zunächst um eine den Zugang zu Medikamenten begünstigende Bestimmung. Sie verknüpft den Tatbestand mit außerhalb des Vertrages stehenden Parametern, welche mithin direkten Einfluss gewinnen können. Ungeachtet daraus zwangsläufig resultierender Detailfragen bezüglich seiner konkreten Reichweite, verdeutlicht dieser Klauselzusatz gleichzeitig die offenbar zunehmende Öffnung bzw. Einbettung in das international bestehende Geflecht von Freihandelsabkommen bzw. Verträgen und die rechtliche Interaktion damit. Letztlich lässt sich hierin eine besonders konkretisierte Form der Rechtsharmonisierung erkennen.

## II. USA

### 1. Zukünftige Gestaltungspraxis

Insbesondere unter Zugrundelegung des amerikanischen *standard hoppings* lassen sich insoweit Rückschlüsse auf baldige Abkommensbestimmungen der zurzeit unter Revision stehenden sowie neuen FTAs ziehen. Aus Sicht der USA ist insbesondere die Revision derjenigen Freihandelsabkommen aus der ersten Phase erstrebenswert, die noch auf kaum bzw. besonders alten Patentpassagen beruhen. Im Fokus stehen hierbei Israel, Jordanien, Singapur und Chile. Offensichtlich nimmt USMCA eine Sonderrolle innerhalb des amerikanischen FTA-Kanons ein, wie die ersichtlich unkonventionelle Art seiner Patentpassagen belegt. Als erstes revidiertes FTA beinhaltet es einerseits noch „alte“ Elemente, die seit einigen Jahren keine Verwendung mehr erfahren hatten bzw. mittlerweile durch extensivere Klauseln ersetzt worden sind. Anderseits geht USMCA in signifikanten Bereichen über den bisherigen Status quo der US-FTAs hinaus. *In concreto* stellen biologische Arzneimittel für die USA (im Gegensatz zur EU) neue völkerrechtliche Rechtsmaterie dar, die dort direkt nach Einführung des entsprechenden Unterlagenschutzes mit nur unwesentlicher Verzögerung ihren Einzug in FTAs gefunden haben. Die zehnjährige Schutzlaufzeit wird zwar möglicherweise dem sich derzeit manifestierenden innerpolitischen Druck der Höhe nach nicht standhalten können. Nichtsdestotrotz werden entsprechende Regelungen voraussichtlich in künftige Abkommen aufgenommen werden, deren Höhe nach inneramerikanischem Vorbild bei (mindestens) sieben Jahren

1157 Art. X.45 Abs. 2 Australien-FTA bzw. Neuseeland-FTA drafts v. 13.06.2018. Übersetzung durch den Verfasser; Final in Art. 18.43 Abs. 2 a. E. Neuseeland-FTA aufgenommen.

Inbezugnahmeverbot taxieren könnte. Hierbei auf konkrete Zeiträume zu verzichten und sie stattdessen mit einer Angemessenheitsprüfung zu substituieren (wie beispielweise bei der *patent term extension*), ist angesichts ihrer Bedeutung für die USA indes eher unwahrscheinlich. Aufgrund der Auswirkungen auf die Kostenlast der nationalen Gesundheitssysteme verschärfen sich proportional *Public Health*-Bedenken, denen zumindest im Rahmen jener „Doha"-Interpretationsmaximen entgegen gewirkt werden kann. Da sich in dieser Thematik im Grunde genommen der damalige Diskurs um chemische Arzneimittel wiederfindet bzw. intensiviert, hat die Einbeziehung jenes Schutzbereichs in FTAs nicht zuletzt welthandelsrechtliche Konsequenzen. Ausweislich der Erfahrungen aus der Uruguay-Runde wird sich die WTO zu gegebener Zeit, nämlich spätestens im Rahmen einer Erneuerung von TRIPs („TRIPs 2"), sicherlich industriestaatlicher Forderungen gegenübersehen, den Anwendungsbereich des Art. 39 Abs. 3 TRIPs explizit auf Biologika zu erweitern. Der Grundstein hierfür siedelt bereits in amerikanischen und europäischen FTAs, deren Regelungen sich voraussichtlich graduell regional und schließlich global verbreiten könnten.

### 2. Schutzerhöhende Revisionen

Was die Revision von FTAs betrifft, welche zum jetzigen Zeitpunkt bereits umfangreiche Patentbestimmungen unterhalten (wie Australien und Südkorea), zeichnen sich mangels Notwendigkeit verhältnismäßig wenige inhaltliche Änderungen ab. KORUS enthält jetzt schon in den meisten relevanten Belangen die weitreichendsten Schutzstandards, sodass sich vorerst nominell nur geringfüge Anpassungen – wie die Aufnahme von Biologikaunterlagenschutz – prognostizieren lassen. Insgesamt, so deuteten die Äußerungen der amerikanischen Trump-Regierung an, sollten strengere Bestimmungen ausgehandelt werden; wie weit US-Präsident Biden nun davon abrücken wird, bleibt unklar. In Bezug auf Biopharmaka von zentraler Bedeutung wird jedenfalls neben dem „Ob" des Schutzes dessen Länge auszutarieren sein. Letztere Thematik ist bereits maximal US-innenpolitisch durchsetzt und ihr Ausgang als Grundlage für völkerrechtliche Sphären somit schwerlich vorhersehbar. Als gesicherte Erkenntnis kann hier aufgrund der voranstehenden Analyse allenfalls gelten, dass tendenziell lange Schutzintervalle zu erwarten sind. Ähnliches gilt für „AUSFTA (2)", das gleichwohl aus US-amerikanischer Sicht im Detail etwas höheren Individualisierungsbedarf vorhalten dürfte.

### 3. Klauselintegration

Schließlich weist USMCA als erstes US-FTA einen verstärkten integrativen Ansatz auf, indem es auf bereits national bestehende Bestimmungen präzise

Bezug nimmt und gegenüber seinen Partnern in prominenten Gebieten die Rechtssicherheit fördert. Konkretisierungen diesen Umfangs sind neu und dem Grunde nach allenfalls in wenigen der frühesten FTAs überhaupt vorhanden. Anzuführen ist etwa die Fußnote 39 zu Art. 20.46.2 USMCA, die den Parteien ausdrücklich das Recht einräumt, *patent term restoration* in Form eines *sui generis*-Systems zu betreiben. Hierbei wurde die innerhalb CETAs an Kanada begründete Pflicht für ein entsprechendes *SPC*-System berücksichtigt. Es handelt sich dabei nicht um einen Einzelfall; vielmehr räumt USMCA in zahlreichen weiteren Fußnoten ergänzende Klarstellungen bzw. *safe guards* ein, sodass die Vertragspartner in die Lage versetzt werden, ihrem bis *dato* Pflichtenkanon zu entsprechen und diesen nicht durch abweichende Vereinbarungen ggf. zu konterkarieren. Mithin zeigt USMCA als Reaktion auf voranschreitende FTA-Verflechtungen insoweit den Versuch der Koordinierung unterschiedlicher, einst völkerrechtlich begründeter und nunmehr in nationales Rechts erwachsene Pflichten.

## III. Fazit

Insgesamt zeichnen sich derzeit sowohl in der amerikanischen als auch der europäischen Freihandelspraxis neue Aspekte ab, die ihr bisheriges Vorgehen aktiv ergänzen. Hierbei tendieren angesichts der global anwachsenden FTA-Dichte die neusten FTAs auch dazu, Bezüge zu bestehenden FTAs herzustellen und deren individuell bereits festgelegte Vorgaben zu berücksichtigen. Der hierin liegende Koordinierungsversuch könnte Normkollisionen entgegenwirken, nährt indes gleichzeitig die weitere globale Konsolidierung verschiedener Schutzstandards. Obwohl in der Vergangenheit *Public Health*-Erwägungen zur Aufgabe bzw. Rebalancierung isolierter Schutzklauseln geführt haben, sind anderseits weitere Verschärfungen einzelner Schutzstandards ersichtlich. Diese manifestieren sich den Unterlagenschutz betreffend in steigenden Schutzperioden einerseits und Ausweitungen seines Anwendungsbereichs andererseits. Die USA werden sie wohl zumindest auch durch anstehende Revisionen bestehender FTAs durchzusetzen wissen und im Übrigen erwartungsgemäß nachdrücklicher als die EU verhandeln. Dabei wird insbesondere der Umgang mit biologisch basierten Arzneimitteln künftig eine maßgebliche Rolle spielen und dadurch gleichzeitig Signalwirkung für den generellen internationalen rechtlichen Umgang damit geben – insbesondere auch für Revisionen bzw. Änderungen von TRIPs. Weiterhin integriert die EU nun durch explizite Einbeziehung lauterkeitsrechtlich geschützter *trade secrets* ergänzende Instrumente für Arznei- und Pflanzenschutzmittel. Diese Praxis wird sich voraussichtlich fortsetzen.

Vor diesem Hintergrund würde sich zukünftig der immaterialgüterrechtliche Schutzkanon um Arznei- und Pflanzenschutzmittel in FTAs neuerlich zugunsten von innovativen bzw. forschenden Rechteinhabern konsolidieren, was besonders die ohnehin schon ausgiebig wie vehement geführte Diskussion um den effektiven Schutz der öffentlichen Gesundheit im frei- und welthandelsrechtlichen Geflecht weiter zuspitzen wird.

# Literaturverzeichnis

*'t Hoen, Ellen F. M.*, TRIPS, Pharmaceutical Patents and Access to Essential Medicines: Seattle, Doha and Beyond, Chicago Journal of International Law 2003, 39 (zit. als *'t Hoen*, Chicago Journal of International Law 2003).

*Abbott, Frederick M.*, Intellectual Property Provisions of Bilateral and Regional Trade Agreements in light of US Federal Law, Geneva, Switzerland 2006 (zit. als *Abbott*).

*Abbott, Frederick M.*, Protecting First World Assets in the Third World: Intellectual Property Negotiations in the GATT Multilateral Framework, Part II Symposium: Trade-Related Aspects of Intellectual Property, Vanderbilt Journal of Transnational Law 22 (1989), 689–745 (zit. als *Abbott*, Vanderbilt Journal of Transnational Law 1989).

*Abbott, Frederick M.*, The Doha Declaration in the TRIPS Agreement and Public Health: Lighting a Dark Corner at the WTO, Journal of International Economic Law, 469–505 (zit. als *Abbott*, Journal of International Economic Law).

*Abbott, Frederick M.*, The Evolution of Public Health Provisions in Preferential Trade and Investment Agreements of the United States, in: Roffe, Pedro, Seuba, Xavier (Hrsg.), Current Alliances in International Intellectual Property Lawmaking: The Emergence and Impact of Mega-Regionals, Issue Number 4, Genf, Schweiz, Strasburg, Belgien 2017, S. 45–63 (zit. als *Abbott,* The Evolution of Public Health Provisions in Preferential Trade and Investment Agreements of the United States, in: Roffe/Seuba, Current Alliances in International Intellectual Property Lawmaking: The Emergence and Impact of Mega-Regionals).

*Abbott, Frederick M.*, The WTO Medicines Decision: World Pharmaceutical Trade and the Protection of Public Health, American Journal of International Law 2005, 317–358 (zit. als *Abbott*, American Journal of International Law 2005).

*Abbott, Frederick M.*, Trade Costs and Shadow Benefits: EU Economic Partnership Agreements as Models for Progressive Development of International IP Law, in: Drexl, Josef, Grosse Ruse-Khan, Henning, Nadde-Phlix, Souheir (Hrsg.), EU Bilateral Trade Agreements and Intellectual Property: For Better or Worse?, MPI Studies on Intellectual Property and Competition Law Bd. 20, Berlin 2014, S. 159–170 (zit. als *Abbott,* Trade Costs and Shadow Benefits: EU Economic Partnership Agreements as Models for Progressive Development of International IP Law, in: Drexl/Grosse Ruse-Khan/Nadde-Phlix, EU Bilateral Trade Agreements and Intellectual Property: For Better or Worse?).

*Abbott, Frederick M./Reichman, Jerome H.*, The Doha Round's Public Health Legacy, Strategies for the Production and Diffusion of Patented Medicines under the Amended TRIPS Provisions, Journal of International Economic Law

2007, 921–987 (zit. als *Abbott/Reichman*, Journal of International Economic Law 2007).

*Abualghanam, Saad A.*, The Protection of Pharmaceutical Patents and Data under TRIPS and US-Jordan FTA: Exploring the Limits of Obligations and Flexibilities: A Study of the Impacts on the Pharmaceutical Sector in Jordan, SJD Thesis, Toronto, Kanada 2012 (zit. als *Abualghanam*).

*Acquah, Daniel*, Extending the Limits of Protection of Pharmaceutical Patents and Data Outside the EU – Is there a Need to Rebalance?, International Review of Intellectual Property and Competition Law 2014, 256–277 (zit. als *Acquah*, International Review of Intellectual Property and Competition Law 2014).

*Adamini, Sandra/Maarse, Hans/Versluis, Esther/et al.*, Policy Making on Data Exclusivity in the European Union, From Industrial Interests to Legal Realities, J Health Polit Policy Law 2009, 979–1010 (zit. als *Adamini et al.*, J Health Polit Policy Law 2009).

*Aftalion, Fred*, A History of the International Chemical Industry, From the ''Early Days'' to 2000, 2. Aufl., Philadelphia, USA 2001 (zit. als *Aftalion*).

*AIPPI*, Entschließung Frage Q 238 – Ansprüche für die zweite medizinische Anwendung oder Indikation, AIPPI, Toronto, Kanada 17.09.2014, http://aippi.org/wp-content/uploads/committees/238/RS238German.pdf (zugegriffen am 28.03.2024).

*Alemann, Marco M.*, Impact of TRIPS-Plus Obligations in Economic Partnership- and Free Trade Agreements on international IP Law, in: Josef Drexl, Henning Grosse Ruse-Khan, Souheir Nadde-Phlix (Hrsg.), EU Bilateral Trade Agreements and Intellectual Property: For Better or Worse?, MPI Studies on Intellectual Property and Competition Law Bd. 20, Berlin 2014, S. 61–85 (zit. als *Alemann*, Impact of TRIPS-Plus Obligations in Economic Partnership- and Free Trade Agreements on international IP Law, in: Drexl/Grosse Ruse-Khan/Nadde-Phlix, EU Bilateral Trade Agreements and Intellectual Property: For Better or Worse?).

*Andanda, Pamela*, Managing Intellectual Property Rights over clinical Trails Data to promote Access and benefit sharing in Public, SECO/WTI Academic Cooperation Project Working Paper Series 4/2012 2012 (zit. als *Andanda*, SECO/WTI Academic Cooperation Project Working Paper Series 4/2012 2012).

*Anderson, Rudolph J., JR.*, Patent Term Restoration, American Intellectual Property Law Association Quarterly Journal 8 (1980), 340–368 (zit. als *Anderson*, American Intellectual Property Law Association Quarterly Journal 1980).

*Antons, Christoph/ Hilty, Reto M. (Hrsg.),* Intellectual Property and Free Trade Agreements in the Asia-Pacific Region, MPI Studies on Intellectual Property and Competition Law, Bd. 24, Berlin/Heidelberg 2015.

*Armouti, Wael/Nsour, Mohammad F.A.*, Data Exclusivity for Pharmaceuticals: Was It the Best Choice for Jordan Under the U.S.-Jordan Free Trade Agreement, Oregon Review Of International Law 2016, 259–306 (zit. als *Armouti/Nsour*, Oregon Review Of International Law 2016).

*Arzneimittelkommission der deutschen Ärzteschaft*, Biosimilars, Leitfaden Januar 2021, https://www.akdae.de/Arzneimitteltherapie/LF/PDF/Biosimilars.pdf (zugegriffen am 28.3.2024).

*Aufzeichnungen des Bundesjustizministeriums vom 15.10.1990*, Schaffung eines ergänzenden Schutzzertifikats für Arzneimittel, zum Vorschlag der Kommissionn der EuropäischenGemeinschaften für eine Verordnung des Rates über die Schaffung eines ergänzenden Schutzzertifikats für Arzneimittel (Kommissionsdokument KOM (90) 101 endg.), GRUR Int. 1991, 32–41 (zit. als Aufzeichnungen des Bundesjustizministeriums vom 15.10.1990, GRUR Int. 1991).

*Avery, Matthew*, Continuing Abuse of the Hatch-Waxman Act by Pharmaceutical Patent Holders and the Failure of the 2003 Amendments, The Hastings Law Journal 60 2008), 171–200; ebenfalls abrufbar unter http://www.mavery.com/academic/Avery_Continuing_Abuse_Hatch-Waxman.pdf (zugegriffen am 28.03.2024) (zit. als *Avery*, The Hastings Law Journal 2008).

*Baechtold, Philippe/Miyamoto, Tomoko/Henninger, Thomas*, International Patent Law: Principles, major instruments and institutional aspects, in: Daniel J. Gervais (Hrsg.), International Intellectual Property, A Handbook of Contemporary Research, Research Handbooks in Intellectual Property, Cheltenham, UK, Northampton, MA, USA 2015, S. 37–82 (zit. als *Baechtold/Miyamoto/Henninger*, International Patent Law: Principles, major instruments and institutional aspects, in: Gervais, International Intellectual Property).

*Barrett, Margreth*, The United States' Doctrine of Exhaustion: Parallel Imports of Patented Goods, Northern Kentucky Law Review 2000, 911–984 (zit. als *Barrett*, Northern Kentucky Law Review 2000).

*Bartels, Hans Georg/Beyer, Peter/Kampf, Roger et al.*, Promoting Access to Medical Technologies and Innovation, Intersections between public health, intellectual property, and trade, WIPO Publikation NR. 628E, Genf, Schweiz 2012 (zit. als *Bartels* et al.).

*Bartels, Lorand/Ortino, Federico (Hrsg.)*, Regional Trade Agreements and the WTO Legal System, Oxfort 2006.

*Bauer, K.-A.*, USA – Kein Verfassungsverstoß bei Weiterverwendung der Testdaten eines Herstellers von Pestiziden durch Zulassunnsbehörde, GRUR Int. 1984, 649 (zit. als *Bauer*, GRUR Int. 1984).

*Bäumler, Jelena/Terhechte, Jörg P.*, Handelsbeschränkungen und Patentschutz für Impfstoffe, Neue Juristische Woche 2020, 3481–3487 (zit. als *Bäumler/Terhechte*, Neue Juristische Woche 2020, 3481).

*Beall, Reed/Kuhn, Randall*, Trends in Compulsory Licensing of Pharmaceuticals Since the Doha Declaration: A Database Analysis, Plos Medicine 2012, 1–9 (zit. als *Beall/Kuhn*, Plos Medicine 2012).

*Beier, Friedrich-Karl*, Hundert Jahre Pariser Verbandsübereinkunft – ihre Rolle in Vergangenheit, Gegenwart und Zukunft, GRUR Int. 1983, 339–347 (zit. als *Beier*, GRUR Int. 1983).

*Beier, Friedrich-Karl/Schricker, Gerhard (Hrsg.),* From GATT to TRIPs, The Agreement on Trade-Related Aspects of Intellectual Property Rights, Studies in Industrial Property and Copyright Law, Bd. 18, Weinheim 1996.

*Bello, Judith H./Holmer, Alan F.*, "Special 301": Its Requirements, Implementation, and Significance, Fordham International Law Journal 1989, 259–275 (zit. als *Bello/Holmer*, Fordham International Law Journal 1989).

*Bender, Achim/ Schülke, Klaus/Winterfeldt, Volker (Hrsg.),* 50 Jahre Bundespatentgericht, Festschrift zum 50-jährigen Bestehen des Bundespatentgerichts am 1. Juli 2011, Köln 2011.

*Benkard, Georg*, Europäisches Patentübereinkommen, Kommentar, 2. Aufl., Ehlers, Jochen, Kinkeldey, Ursula (Hrsg.), München 2012 (zit. als Benkard-*Bearbeiter*).

*Benussi, Franco*, Der Patentschutz von Arzneimitteln in Italien – Entwicklung und gegenwärtiger Stand, GRUR Int. 1981, 363–372 (zit. als *Benussi*, GRUR Int. 1981).

*Bercero, Ignacio G.*, Dispute Settlement in European Union Free Trade Agreements: Lessons Learned?, in: Bartels, Lorand, Ortino, Federico (Hrsg.), Regional Trade Agreements and the WTO Legal System, Oxfort 2006, S. 383–406 (zit. als *Bercero,* Dispute Settlement in European Union Free Trade Agreements: Lessons Learned?, in: Bartels/Ortino, Regional Trade Agreements and the WTO Legal System).

*Bhardwaj, Ravikant/Raju, K. D./Padmavati, M.*, The Impact of Patent Linkage on Marketing of Generic Drugs, Journal of Intellectual Property Rights 2013, 316–322 (zit. als *Bhardwaj/Raju/Padmavati*, Journal of Intellectual Property Rights 2013).

*Bhat, Vasanthakumar N.*, Patent term extension strategies in the pharmaceutical industry, Pharmaceuticals Policy and Law 6 (2005), 109–122 (zit. als *Bhat*, Pharmaceuticals Policy and Law 2005).

*Blum, Rudolf/Pedrazzini, Mario*, Das Schweizerische Patentrecht, Kommentar, 1. Aufl., Bd. 1, Bern 1957 (zit. als *Blum/Pedrazzini*).

*Bodenhausen, Georg H. C.*, Guide to the Application for the Paris Convention on the Protection of Industrial Property, As revised in Stockholm in 1967, 4. Aufl. 1969 (zit. als *Bodenhausen*).

*Bogdandy, Armin von/Mavroidis Petros C./Mény, Yves (Hrsg.), European Integration and International Co-Ordination, Studies in Transnational Economic Law in Honour of Claus-Dieter Ehlermann, Den Haag 2002.*

*Böttger, Fabian*, Zwangslizenzen im Patentrecht – eine systematische Bewertung der neueren Praxis insbesondere im Bereich der öffentlichen Gesundheit, GRUR Int. 2008, 879–891 (zit. als *Böttger*, GRUR Int. 2008).

*Bradley, Jane*, Intellectual Property Rights, Investment, and Trade in Services in the Uruguay Round: Laying the Foundations, Stanford Journal of International Law 1987, 57–98 (zit. als *Bradley*, Stanford Journal of International Law 1987).

*Braga, Carlos A.*, The Economics of Intellectual Property Rights and the GATT: A View from the South, Vanderbilt Journal of Transitional Law 1989, 243–264 (zit. als *Braga*, Vanderbilt Journal of Transitional Law 1989).

*Brändel, Oliver C.*, Offene Fragen zum „ergänzenden Schutzzertifikat", GRUR 2001, 875–879 (zit. als *Brändel*, GRUR 2001).

*Bronckers, Marco*, Private Response to Foreign Unfair Trade Practices – Unites State and EEC Complaint Procedures, Northwestern Journal of International Law & Business 6 (1984), 653 (zit. als *Bronckers*, Northwestern Journal of International Law & Business 1984).

*Bronckers, Marco/McNelis, Natalie*, The EU Trade Barrier Regulation Comes of Age, in: Bogdandy, Armin von/ Mavroidis, Petros C./ Mény, Yves (Hrsg.), European Integration and International Co-Ordination, Studies in Transnational Economic Law in Honour of Claus-Dieter Ehlermann, Den Haag 2002, S. 55 – 97 (zit. als *Bronckers/McNelis,* The EU Trade Barrier Regulation Comes of Age, in: Bogdandy/Mavroidis/Mény, European Integration and International Co-Ordination).

*Bruchhausen, Karl*, Der lange Weg zum modernen Patentrecht für chemische Erfindungen, GRUR 1977a, 297–304 (zit. als *Bruchhausen*, GRUR 1977).

*Bruchhausen, Karl*, Die zweite medizinische Indikation von Arzneimitteln im europäischen Patentrecht, GRUR Int. 1985, 239–241 (zit. als *Bruchhausen*, GRUR Int. 1985).

*Bruchhausen, Karl*, Hundert Jahre „Kongorot"-Urt., GRUR 1989, 153–158 (zit. als *Bruchhausen*, GRUR 1989).

*Bruchhausen, Karl/Hefermehl, Wolfgang/Hommelhoff, Wolfgang/et al. (Hrsg.)*, Festschrift für Rudolf Nirk zum 70. Geburtstag, München 1992.

*Brückner, Christopher*, Ergänzende Schutzzertifikate für Anzneimittel in der neueren Rechtsprechung des EuGH, GRUR Int. 2012, 1097–1102 (zit. als *Brückner*, GRUR Int. 2012).

*Buchanan, Kelly/Ahmad, Tariq/Papademetriou, Theresa et al.*, Patent Term Extensions and Adjustments, Global Legal Research Center 2016, https://permanent.fdlp.gov/gpo85791/2016-013312.pdf (zugegriffen am 28.03.2024).

*Buck, Caroline*, Die Kinderarzneimittelverordnung der Europäischen Gemeinschaft, Eine rechtsvergleichende Untersuchung unter Berücksichtigung des US-amerikanischen ‚carrot-and-stick system' zur Erforschung und Zulassung pädiatrischer Arzneimittel, Dissertation, Baden-Baden 2008 (zit. als *Buck*).

*Bühling, Gerhard*, Die Bedeutung von Arzneimittelansprüchen für den Patentschutz von Verwendungserfindungen nach dem neuen deutschen und europäischen Patentgesetz, GRUR 1978, 15 –19 (zit. als *Bühling*, GRUR 1978).

*Bureaux Internationaux Reunis pour la Protection de la Propiete Intellectuelle*, Actes de la Conférence réunie à Lisbonne du 6 au 31 octobre 1958, Geneva, Switzerland 1963 (zit. als Bureaux Internationaux Reunis pour la Protection de la Propiete Intellectuelle (BIRPI)).

*Busch, Marc L.*, Overlapping Institutions, Forum Shopping and Dispute Settlement in International Trade, Global Organizations 2007, 735–761 (zit. als *Busch*, Global Organizations 2007).

*Busche, Jan/Stoll, Peter-Tobias/Wiebe, Andreas* (Hrsg.), TRIPs, Internationales und europäisches Recht des geistigen Eigentums, 2. Aufl., Köln 2013 (zit. als Busche/Stoll/Wiebe-*Bearbeiter*).

*Busse, Rudolf/Keukenschrijver, Alfred*, Patentgesetz, Kommentar, 9. Aufl., Busse, Rudolf/Keukenschrijver, Alfred, Berlin 2016 (zit. als Busse/Keukenschrijver -*Bearbeiter*).

*Carroll, Michael J.*, The importance of regulatory data protection or exclusive use and other forms of intellectual property rights in the crop protection industry, Pest Management Science 2016, 1631–1637 (zit. als *Carroll*, Pest Management Science 2016).

*Cartagena, Rosario G./Attaran, Amir*, A Study of Pharmaceutical Data Exclusivity Laws in Latin America: Is Access To Affordable Medicine Threatened?, Health Law Journal 2009, 269–296 (zit. als *Cartagena/Attaran*, Health Law Journal 2009).

*Casalonga, Alain*, Die vom Patentschutz ausgeschlossenen Erfindungen nach französischem Recht, GRUR Ausland 1960, 125–128 (zit. als *Casalonga*, GRUR Ausland 1960).

*Casalonga, Alain*, Patentfähigkeit in Frankreich, GRUR 1950, 245–252 (zit. als *Casalonga*, GRUR 1950).

*Casalonga, Alain*, Traité techniqueet practique des brevets d'invention, Band 1, Paris 1949 (zit. als *Casalonga*, Bd. 1).

*Casalonga, Alain*, Traité techniqueet practique des brevets d'invention, Band 2, Paris 1949 (zit. als *Casalonga* Bd. 2).

*Charnowitz, Steve*, The Legal Status of the Doha Declarations, Journal of International Economic Law 2002, 207–211 (zit. als *Charnowitz*, Journal of International Economic Law 2002).

*Chasen Ross, Julie/Wasserman, Jessica A.*, Trade Related Aspects of Intellectual Property Rights, in: Stewart, Terence P. (Hrsg.), The GATT Uruguay Round, A negotiation History (1986 – 1992), Bd. 2, Deventer, Niederlande 1993, S. 2241 ff. (zit. als *Chasen Ross/Wasserman*, Trade Related Aspects of Intellectual Property Rights, in: Stewart, The GATT Uruguay Round, A negotiation History (1986 – 1992)).

*Chauffour/Jean-Pierre/Maur, Jean-Christophe (Hrsg.), Preferential Trade Agreement Policies for Development, A Handbook, Washington D. C., USA 2011.*

*Chaves, Gabriela C./Gaspar, Walter B./Vieira, Marcela Fogaca*, Mercosur-EU Free Trade Agreement: Impact analysis of TRIPS-plus measures proposed by the EU on public purchases and domestic production of HIV and Hepatitis C medicines in Brazil, Ministério des Saúda, escola Nacional de Saúde Pública Septemer 2017, https://www.researchgate.net/publication/331585297_Mercosur-EU_Free_Trade_Agreement_ Impact_analysis_of_TRIPS-plus_measures_proposed_by_the_EU_on_public_purchases_ and_domestic_production_of_HIV_and_Hepatitis_C_medicines_in_Brazil (zugegriffen am 28.03.2024).

*Chiappeta, Vincent*, The Desirability of Agreeing to Disagree: The WTO, Trips, International IPR Exhaustion and a Few Other Things, Michigan Journal of International Law 2000, 333–392 (zit. als *Chiappeta*, Michigan Journal of International Law 2000).

*Chrocziel, Peter*, Supreme Court 26.06.1984 „Pestizid“, GRUR Int. 1985, 489–493 (zit. als *Chrocziel*, GRUR Int. 1985).

*Chrocziel, Peter*, Zulassungshandlungen mit patentierten Arzneimittelerfindungen durch Zweitanmelder in der Bundesrepublik Deutschland und den USA, GRUR Int. 1984, 735–740 (zit. als *Chrocziel*, GRUR Int. 1984).

*Chu, Yi-Jen*, The Evolution of US and EU Approaches to Intellectual Property Provisions Related to Public Health in Free Trade Agreements: Are They Responding to Public Health Concerns?, Master Thesis, München 2010 (zit. als *Chu*).

*Claussen, Kathleen*, Dispute Settlement Under the Next Generation of Free Trade Agreements, Georgia Journal of International and Comparative Law 2018, 611-634 (zit. als *Claussen*, Georgia Journal of International and Comparative Law 2018).

*Clift, Charles*, Data Protection and Data Exclusivity in Pharmaceuticals and Agrochemicals, in: Krattiger, Anatole/Mahony, Richard T./Nelson, Lita/et al. (Hrsg.), Intellectual Property Management in Health and Agricultural Innovation: A Handbook of Best Practices, Bd. 1, Oxford, UK 2007, S. 431–435 (zit. als *Clift,* Data Protection and Data Exclusivity in Pharmaceuticals and

Agrochemicals, in: *Krattiger/Mahony/Nelson/et al., Intellectual Property Management in Health and Agricultural Innovation*).

*Clugston, Christopher J.*, International Exhaustion, Parallel Imports, and the Conflict between the Patent and Copyright Laws of the United States, Beijing Law Review 2013, 95–99 (zit. als *Clugston*, Beijing Law Review 2013).

*Coll, Geoffrey H.*, Determining Compensation for Subsequent Use of Data under FIFRA: A Value-Based or Cost-Based Standard, Columbia Journal of Environmental Law 1986, 193 (zit. als *Coll*, Columbia Journal of Environmental Law 1986).

*Contreras, Jorge L.*, A Brief History of FRAND: Analyzing Current Debates in Standard Setting and Antitrust Through a Historical Lens, Antitrust Law Journal 2015 (zit. als *Contreras*, Antitrust Law Journal 2015).

*Cook, Trevor*, Regulatory Data Protection in Pharmaceuticals and Other Sectors, in: Krattiger, Anatole/Mahony, Richard T./Nelson, Lita/et al. (Hrsg.), Intellectual Property Management in Health and Agricultural Innovation: A Handbook of Best Practices, Bd. 1, Oxford, UK 2007, S. 437–455 (zit. als *Cook*, Regulatory Data Protection in Pharmaceuticals and Other Sectors, in: Krattiger/Mahony/Nelson/et al., Intellectual Property Management in Health and Agricultural Innovation).

*Correa, Carlos M.*, Bilateralism in Intellectual Property: Defeating the WTO System for Access to Medicines, Case Western Reserve Journal of International Law 2004, 79–94 (zit. als *Correa*, Case Western Reserve Journal of International Law 2004).

*Correa, Carlos M.*, Protection of Data Submitted for the Registration of Pharmaceuticals: Implementing the Standards of the TRIPS Agreement, Genf, Schweiz 2002.

*Correa, Carlos M.*, Bilateral Investment Agreements: Agents of new global standards for the protection of intellectual property rights?, GRAIN August 2004, https://www.grain.org/media/W1siZiIsIjIwMTEvMDcvMjUvMDZfMjdfNDRfNjEyX2NvcnJlYV9iaXRzX2F1Z3VzdF8yMDA0LnBkZiJdXQ (zugegriffen am 20.11.2019).

*Correa, Carlos M.*, Implications of the Doha Declaration on the TRIPs Agreement and Public Health 2002, https://iris.who.int/bitstream/handle/10665/67345/WHO_EDM_PAR_2002.3.pdf?sequence=1&isAllowed=y (zugegriffen am 28.3.2024).

*Correa, Carlos M.*, Intellectual Property Rights, The WTO and Developing Countries, The TRIPs Agreement and Policy Options, 3. Aufl., Penang/Malaysia/London 2002.

*Correa, Carlos M.*, The Bolar Exception: Legislative Models and drafting Options, Research Paper No. 66, South Centre, Geneva, Switzerland March

2016, https://www.southcentre.int/wp-content/uploads/2016/03/RP66_The-Bolar-Exception_EN1.pdf (zugegriffen am 28.03.2024).

*Correa, Carlos M.*, Trade Related Aspects of Intellectual Property Rights: A Commentary on the TRIPs Agreement, New York, USA 2007.

*Correa, Carlos M.*, Unfair Competition under the TRIPS Agreement: Protection of Data Submitted for the Registration of Pharmaceuticals, Chicago Journal of International Law 2002, 69 (zit. als *Correa*, Chicago Journal of International Law 2002).

*Cosby, Aaron*, Brave New Deal?, Assessing the May 10th U.S. Bipartisan Compact on Free Trade Agreements 2007, https://policycommons.net/artifacts/615663/brave-new-deal-assessing-the-may-10th-us/1596222/(zugegriffen am 28.03.2024).

*Cotter, Thomas F.*, Comparative Law and Economics of Standard-Essential Patents and FRAND Royalties, University of Minnesota Law School 2014, 311–363 (zit. als *Cotter*, University of Minnesota Law School 2014).

*Crochet, Victor*, Dispute Settlement Mechanisms in Free Trade Agreements, Georgetown, USA, 22.09.2016, https://www.tradelab.org/single-post/2018/03/02/Dispute-Settlement-Mechanisms-in-Free-Trade-Agreements (zugegriffen am 28.03.2024).

*Croome, John*, Reshaping the World Trading System: A History of the Uruguay Round, 2. Aufl., Alphen aan den Rijn, Niederlande 1998 (zit. als *Croome*).

*Davey, William J.*, Dispute Settlement in the WTO and RTAs: A Comment, in: Lorand Bartels, Federico Ortino (Hrsg.), Regional Trade Agreements and the WTO Legal System 2006, S. 343–358 (zit. als *Davey,* Dispute Settlement in the WTO and RTAs: A Comment, in: Bartels/Ortino, Regional Trade Agreements and the WTO Legal System 2006).

*de Carvalho, Nuno P.*, The TRIPS Regime of Patent Rights, Den Haag, Niederlande 2002 (zit. als *de Carvalho*).

*Dersin, Hans*, Über einige Frage aus der Praxis des deutschen Patentamts – (unter besonderer Berücksichtigung der Chemie), GRUR 1952, 360–369 (zit. als *Dersin*, GRUR 1952).

*DiMasi, Joseph A./Grabowski, Henry G./Hansen, Ronald W.*, Innovation in the pharmaceutical industry, New estimates of R&D costs, J Health Econ 2016, 20–33 (zit. als *DiMasi/Grabowski/Hansen*, J Health Econ 2016).

*DiMasi, Joseph A./Hansen, Ronald W./Grabowski, Henry G.*, The price of innovation: New estimates of drug development costs, J Health Econ 2003, 151–185 (zit. als *DiMasi/Hansen/Grabowski*J Health Econ 2003).

*Doane, Michael L.*, TRIPS and International Intellectual Property Protection in an Age of Advancing Technology, American University International Law Review 1994, 465–497 (zit. als *Doane*, American University International Law Review 1994).

*Dölemeyer, Barbara*, Erfinderprivilegien und frühe Patentgesetze, in: Martin Otto, Diethelm Klippel (Hrsg.), Geschichte des deutschen Patentrechts, Tübingen 2015, S. 13–36 (zit. als *Dölemeyer*, Erfinderprivilegien und frühe Patentgesetze, in: Otto/Klippel, Geschichte des deutschen Patentrechts).

*Drahos, Peter*, BITs and BIPs, Bilateralism in Intellectual Property, Journal of World Intellectual Property 2001, 791–808 (zit. als *Drahos*, Journal of World Intellectual Property 2001).

*Drahos, Peter*, Developing Countries and International Intellectual Property Standard-Setting, Journal of World Intellectual Property 2002, 765-789 (zit. als *Drahos*, Journal of World Intellectual Property 2002).

*Drahos, Peter/Braithwaite, John*, Intellectual Property, Corporate Strategy, Globalisation: TRIPS in Context, Wisconsin International Law Journal 2002, 451–480 (zit. als *Drahos/Braithwaite*, Wisconsin International Law Journal 2002).

*Drew, Catherine*, EU unlikely to follow US with 'Patent linkage' system 11.07.2017, https://www.pinsentmasons.com/out-law/analysis/eu-unlikely-to-follow-us-with-patent-linkage-system-says-expert(zugegriffen am 28.03.2024).

*Drexl, Josef, Grosse Ruse-Khan, Henning, Nadde-Phlix, Souheir* (Hrsg.), EU Bilateral Trade Agreements and Intellectual Property: For Better or Worse?, MPI Studies on Intellectual Property and Competition Law Bd. 20, Berlin 2014.

*Duca, John V./Yücel Mine K.* (Hrsg.), Science & Cents: Exploring the Economics of Biotechnology, Proceedings of a Conference Sponsored by the Federal Reserve Bank of Dallas April 19 2002, Dallas, USA 2003.

*Dutfield, Graham/Musungu, Sisule F.*, Multilateral agreements and a TRIPS-plus world: The World Intellectual Property Organisation (WIPO), Quaker United Nations Office, Quaker International Affairs Programme, Geneva, Switzerland, Ottawa, Canada Dezember 2003, http://www.quno.org/sites/default/files/resources/Multilateral-Agreements-in-TRIPS-plus-English.pdf (zugegriffen am 28.03.2024).

*Dutfield, Graham/Suthersanen, Uma*, Global Intellectual Property Law, Edward Elgar Publishing, Cheltenham/UK, 1. Aufl. 2008 (zit. als *Dutfield/Suthersanen*).

*El Said, Mohammed*, Public health related TRIPS-plus provisions in bilateral trade agreements, A policy guide for negotiators and implementers in the WHO Eastern Mediterranean Region, Kairo, Ägypten/Genf, Schweiz 2010 (zit. als *El Said*).

*El-Anis, Imad*, Jordan and the United States -The Political Economy of Trade and Economic Reform in the Middle East, London, UK, New York, USA 2011 (zit. als *El-Anis*).

*Emmert, Frank*, Intellectual Property in the Uruguay Round – Negotiating Strategies of the Western Industrialized Countries, Michigan Journal of International Law 1990, 1317–1399 (zit. als *Emmert*, Michigan Journal of International Law 1990).

*Ephraim, Julius*, Patentschutz für pharmazeutische Produkte, Zeischrift für angewandte Chemie 25 (1912), 2629–2640 (zit. als *Ephraim*, Zeischrift für angewandte Chemie 1912).

*Ermert, Monica*, Groups Target EU-Mercosur FTA To Advance Access To Health In Trade Deals 16.05.2018, https://www.healthpolicy-watch.org/eu-mercosur-fta-seen-best-chance-advance-access-health-trade-deals/ (zugegriffen am 28.03.2024).

*Erstling, Jay A./Struve, Frederik W.*, A Framework for Patent Exhaustion from Foreign Sales, Fordham Intellectual Property, Media and Entertainment Law Journal 2015, 499–535 (zit. als *Erstling/Struve*, Fordham Intellectual Property, Media and Entertainment Law Journal 2015).

*EU-Generaldirektion Gesundheit und Lebensmittelsicherheit*, Notice to Applicants, Volume 2A, Procedures for Marketing Authorisation, Chapter 1, Marketing Authorisation, Europäische Kommission, Pressemitteilung vom Dezember 2017, https://ec.europa.eu/health/sites/health/files/files/eudralex/vol-2/vol2a_chap1_rev7_201712.pdf.

*EU-Kommission*, Ein wettbewerbsfähiges Europa in einer globalen Welt, Ein Beitrag zur EU-Strategie für Wachstum und Beschäftigung, Brüssel 4.10.2006, http://ec.europa.eu/transparency/regdoc/rep/1/2006/DE/1-2006-567-DE-F1-1.Pdf.

*EU-Kommission*, Eine europäische Strategie für gewerbliche Schutzrechte, Europäische Union 16.07.2008.

*EU-Kommission*, Handelspolitik als Kernbestandteil der EU-Strategie Europa 2020 09.11.2010, https://eur-lex.europa.eu/LexUriServ/LexUriServ.do?uri=COM:2010:0612:FIN:DE:PDF.

*EU-Kommission*, Overview of FTA and other trade negotiations, Europäische Union Oktober 2018, http://trade.ec.europa.eu/doclib/docs/2006/december/tradoc_118238.pdf.

*EU-Kommission*, Strategy for the enforcement of intellectual property rights in third countries, Europäische Union 26.05.2005.

*EU-Kommission*, Trade, growth and intellectual property – Strategy for the protection and enforcement of intellectual property rights in third countries, Europäische Union 1.7.2014, http://trade.ec.europa.eu/doclib/docs/2014/july/tradoc_152643.pdf (zugegriffen am 28.03.2024).

*Europäische Kommission*, Handel für alle – hin zu einer verantwortungsbewussteren Handels- und Investitionspolitik Oktober 2015, http://trade.ec.europa.eu/doclib/docs/2015/october/tradoc_153880.PDF.

*Europäische Kommission*, Pharmaceutical Sector Inquiry, Final Report, Brüssel 8.7.2009, http://ec.europa.eu/competition/sectors/pharmaceuticals/inquiry/staff_working_paper_part1.pdf (zugegriffen am 28.03.2024).

*Europäische Kommission*, Pharmaceuticals: Commission call on Italy to comply with EU rules on marketing authorisation of generic drugs, Europäische Kommission, Brüssel, Pressemitteilung vom 26.01.2012, http://europa.eu/rapid/press-release_IP-12-48_en.htm?locale=en (zugegriffen am 28.03.2024).

*Europäische Kommission*, Questions on TRIPS and Data Exclusivity: An EU Contribution, Europäische Union 2001.

*Europäische Kommission*, Zusammenfassung des Berichts über die Untersuchung des Arzneimittelsektors, Brüssel 8.7.2009.

*Europäische Union*, Communication from the European Communities and their member states to the TRIPS Council, for the special discussion on intellectual property and access to medicines, WTO Dokument IP/C/W/280, Europäische Union 12.6.2001, https://www.wto.org/english/tratop_e/trips_e/paper_eu_w280_e.htm (zugegriffen am 28.03.2024).

*Europäischer Wirtschafts- und Sozialausschuss*, Stellungnahme zu dem „Vorschlag für eine Verordnung des Europäischen Parlaments und des Rates über das Inverkehrbringen von Pflanzenschutzmitteln“, ABl. C 175 vom 27.07.2007, S. 44 ff., http://eur-lex.europa.eu/legal-content/DE/TXT/PDF/?uri=CELEX:52007AE0800&from=DE (zit. als Europäischer Wirtschafts- und Sozialausschuss, ABl. C 175 vom 27.07.2007).

*Europäischer Wirtschafts- und Sozialausschuss*, Stellungnahme zu dem geänderten Vorschlag für eine Richtlinie des Rates über das Inverkehrbringen von EWG-zugelassenen Pflanzenschutzmitteln (90/C 56/02), ABl. C 56 vom 07.03.1990, S. 3 ff., S. 7, ABl. C 56 vom 03.07.1990, S. 3 ff. (zit. als Europäischer Wirtschafts- und Sozialausschuss, ABl. C 56 vom 03.07.1990).

*European Patent Office/European Union Intellectual Property Office* (Hrsg.), Intellectual property rights intensive industries and economic performance in the European Union, Industry-Level Analysis Report, October 2016 Second edition, 2. Aufl., European Patent Office; European Union Intellectual Property Office 16.10.2013, https://euipo.europa.eu/tunnel-web/secure/webdav/guest/document_library/observatory/documents/IPContributionStudy/performance_in_the_European_Union/performance_in_the_European_Union_full.pdf.

*Fackelmann, Christian R.*, Patentschutz und ergänzende Schutzinstrumente für Arzneimittel im Spannungsfeld von Wettbewerb und Innovation, Dissertation, Schriftenreihe zum gewerblichen Rechtsschutz 158, Köln 2009 (zit. als *Fackelmann*).

*Falck, Andreas* von/*Slopek, David E. F./Thiermann, Arne*, „Life-Cycle-Management“ für Arzneimittel und gewerbliche Schutzrechte, GRUR 2015, 1050–1059 (zit. als *Falck/Slopek/Thiermann*, GRUR 2015).

*Faunce, Thomas A./Lexchin, Joel*, ‚Linkage‘ pharmaceutical evergreening in Canada and Australia, Aust New Zealand Health Policy 1 (2007), 1–11, ebenfalls abrufbar unter https://papers.ssrn.com/sol3/papers.cfm?abstract_id=1405010 (zugegriffen am 26.1.2017) (zit. als *Faunce/Lexchin*, Aust New Zealand Health Policy 2007.

*Federal Trade Commission*, Generic Drug Entry Prior to Patent Expiration, An FTC Study, Federal Trade Commission Juli 2002, https://www.ftc.gov/sites/default/files/documents/reports/generic-drug-entry-prior-patent-expiration-ftc-study/genericdrugstudy_0.pdf (zugegriffen am 28.03.2024).

*Federal Trade Commission*, To Promote Innovation: The Proper Balance of Competition and Patent Law and Policy, A Report by the Federal Trade Commission, Federal Trade Commission 3.10.2003, https://www.ftc.gov/sites/default/files/documents/reports/promote-innovation-proper-balance-competition-and-patent-law-and-policy/innovationrpt.pdf (zugegriffen am 28.03.2024).

*Feldman, Robin*, Regulatory Property: the New IP, Columbia Journal of Law & the Arts 2016, 53-103 (zit. als *Feldman*, Columbia Journal of Law & the Arts 2016).

*Fellmeth, Aaron Xavier*, Secrecy, Monopoly, and Access to Pharmaceuticals in International Trade Law: Protection of Marketing Approval Data under the TRIPs Agreement, Harvard International Law Journal 2004, 443–502 (zit. als *Fellmeth*, Harvard International Law Journal 2004).

*Ferriter, Karin*, Linkages Between Generic Approval and the Patent System in the United States 6.11.2007 (zit. als *Ferriter*).

*Ficsor, Mihály Z.*, Die Einführung des Stoffschutzes im ungarischen Patentrecht, GRUR Int. 1995, 1–7 (zit. als *Ficsor*, GRUR Int. 1995).

*Field, Catherine*, Negotiating for the United States, in: Jayashree Watal, Antony Taubman (Hrsg.), The Making of the TRIPS Agreement, Personal insights from the Uruguay Round negotiations, Geneva, Switzerland 2015, S. 129–157 C. Field.

*Fink, Carsten*, Intellectual Property Rights, in: Jean-Pierre Chauffour, Jean-Christophe Maur (Hrsg.), Preferential Trade Agreement Policies for Development, A Handbook, Washington D.C., USA 2011, S. 387–405 (zit. als *Fink*, Intellectual Property Rights, in: Chauffour/Maur, Preferential Trade Agreement Policies for Development).

*Fink, Carsten/Reichenmiller, Patrick*, Tightening TRIPS: Intellectual Property Provisions of U. S. Free Trade Agreements, in: Richard S. Newfarmer (Hrsg.),

Trade, Doha, and Development, A Window into the Issues, Washington D.C., USA 2006, S. 289–303 (zit. als *Fink/Reichenmiller,* Tightening TRIPS: Intellectual Property Provisions of U.S. Free Trade Agreements, in: Newfarmer, Trade, Doha, and Development).

*Fleischer, Arndt*, Patentgesetzgebung und chemisch-pharmazeutische Industrie im deutschen Kaiserreich (1871-1918), Mit einem Geleitwort von Rudolf Schmitz, Dissertation, Quellen und Studien zur Geschichte der Pharmazie 25, Stuttgart 1984 (zit. als *Fleischer*).

*Flynn, Sean M./Baker, Brook/Kaminski, Margot/et al.*, The US-Proposal for an Intellectual Property Chapter in the Trans-Pacific Partnership Agreement, American University International Law Review 2012, 105–202 (zit. als *Flynn et al.*American University International Law Review 2012).

*Freshwater, David*, Free Trade, Pesticide Regulation and NAFTA Harmonization, Estey Centre Journal of International Law and Trade Policy 2003, 32–57 (zit. als *Freshwater*, Estey Centre Journal of International Law and Trade Policy 2003).

*Frias, Zaide*, Data exclusivity, market protection and paediatric rewards, London 26.04.2013 (zit. als *Frias*).

*Fuhrmann, Stefan/Klein, Bodo/Fleischfresser, Andreas* (Hrsg.), Arzneimittelrecht, 2. Aufl., Baden-Baden 2014 (zit. als Fuhrmann/Klein/Fleischfresser-*Bearbeiter*).

*Gad, Mohammed O.*, Impact of Multinational Enterprises on Multilateral Rule Making: The Pharmaceutical Industry and the TRIPS Uruguay Round Negotiations, Law & Business Review of the Americas 2003, 667–698 (zit. als *Gad*, Law & Business Review of the Americas 2003).

*Gadbaw, Michael R.*, Intellectual Property and International Trade: Merger or Marriage of Convenience?, Vanderbilt Journal of Transnational Law 1989, 223–242 (zit. als *Gadbaw*, Vanderbilt Journal of Transnational Law 1989).

*Garcia, Frank J.*, Protection of Intellectual Property Rights in the North American Free Trade Agreement: A Successful Case of Regional Trade Regulation, American University Journal of International Law and Policy 1993, 817–838 (zit. als *Garcia*, American University Journal of International Law and Policy 1993).

*García, Luis A.*, Intellectual Property in the US-Peru Trade Promotion Agreement Juli 2008, http://ciel.org/Publications/IP_USPeruFTA_Jun08.pdf (zugegriffen am 10.4.2019).

*Gareis, Carl*, Das Deutsche Patentgesetz, sammt den hierzu erschienenen Verordnungen und Bekanntmachungen, Berlin 1877 (zit. als *Gareis*).

*Gassner, Ulrich M.*, Unterlagenschutz im europäischen Arzneimittelrecht, GRUR Int. 2004, 983–994 (zit. als *Gassner*, GRUR Int. 2004).

*Gathii, James T.*, The Legal Status of the Doha Declaration on TRIPS and Public Health Under the Vienna Convention of the Law of Treaties, Harvard Journal of Law & Technology 2002, 291–317 (zit. als *Gathii*, Harvard Journal of Law & Technology 2002).

*Gervais, Daniel*, The TRIPS Agreement: Drafting History and Analysis, London, UK 1998 (zit. als *Gervais*).

*Gervais, Daniel J.* (Hrsg.), International Intellectual Property, A Handbook of Contemporary Research, Research Handbooks in Intellectual Property, Cheltenham, UK, Northampton, MA, USA 2015.

*Ghosh, Shubha*, The Implementation of Exhaustion Policies: Lessons from National Experiences, International Centre for Trade and Sustainable Development (ICTSD), Genf, Schweiz 2013, https://www.files.ethz.ch/isn/178675/the-implementation-of-exhaustion-policies.pdf (zugegriffen am 28.03.2024).

*Gleeson, Deborah/Lopert, Ruth*, The High Price of Free Trade: U.S. Trade Agreements and Access to Medicines, Journal of Law, Medicine and Ethics 2013, 199–223 (zit. als *Gleeson/Lopert*, Journal of Law, Medicine and Ethics 2013).

*Gontijo, Cícero*, Changing the Patent System from the Paris Convention to the TRIPS Agreement, The Position of Brazil, Heinrich-Böll-Stiftung, Rio de Janeiro Mai 2005,https://www.boell.de/sites/default/files/assets/boell.de/images/download_de/internationalepolitik/GIP26.pdf (zugegriffen am 28.03.2024).

*Govaere, Inge/Ullrich, Hans* (Hrsg.), Intellectual Property, Market Power and the Public Interest, College of Europe Studies, Bd. 8, Brüssel 2008.

*Grabowski, Henry G.*, Patents and New Product Development in the Pharmaceutical and Biotechnology Industries, in: Duca, John V./Yücel Mine K. (Hrsg.), Science & Cents: Exploring the Economics of Biotechnology, Proceedings of a Conference Sponsored by the Federal Reserve Bank of Dallas April 19 2002, Dallas, USA 2003, S. 87–104 (zit. als *Grabowski,* Patents and New Product Development in the Pharmaceutical and Biotechnology Industries, in: Duca/Yücel, Science & Cents: Exploring the Economics of Biotechnology).

*Graf Vitzthum, Wolfgang/Proelß, Alexander* (Hrsg.), Völkerrecht, 8. Aufl., Berlin/Boston 2019 (zit. als Graf Vitzthum/Proelß-*Bearbeiter*).

*Grosse Ruse-Khan, Henning*, A Real Partnership for Development? Sustainable Development as Treaty Objective in European Economic Partnership Agreements and Beyond, Journal of International Economic Law 2010, 139–180 (zit. als *Grosse Ruse-Khan*, Journal of International Economic Law 2010).

*Grosse Ruse-Khan, Henning*, A Trade Agreement Creating Barriers to International Trade?: ACTA Border Measures and Goods in Transit, American University International Law Review 2011, 645–726 (zit. als *Grosse Ruse-Khan*, American University International Law Review 2011).

*Grosse Ruse-Khan, Henning*, IP and Trade in a Post-TRIPS Environment, in: Ullrich, Hanns/Hilty Reto M./Lamping, Matthias/et al. (Hrsg.), TRIPS plus 20, From Trade Rules to Market Principles, MPI Studies on Intellectual Property and Competition Law Bd. 25, Heidelberg 2016, S. 163–184 (zit. als *Grosse Ruse-Khan,* IP and Trade in a Post-TRIPS Environment, in: Ullrich/Hilty/Lamping/et al., TRIPS plus 20).

*Grosse Ruse-Khan, Henning*, The International Law Relation Between TRIPS and Subsequent TRIPS-Plus Free Trade Agreements: Towards Safeguarding TRIPS Flexibilities?, Journal of Intellectual Property Law 2011, 1–41 (zit. als *Grosse Ruse-Khan*, Journal of Intellectual Property Law 2011).

*Grosse Ruse-Khan, Henning*, Time for a Paradigm Shift – Exploring Maximum Standards in International Intellectual Property Protection, Trade, Law and Development 2009, 56–102 (zit. als *Grosse Ruse-Khan*, Trade, Law and Development 2009).

*Grosse Ruse-Khan, Henning/Jaeger, Thomas*, Policing Patents Worldwide? – EC Border Measures Against Transiting Generic Drugs Under EC and WTO Intellectual Property Regimes, International Review of Intellectual Property and Competition Law 2009, 502–538 (zit. als *Grosse Ruse-Khan/Jaeger*, International Review of Intellectual Property and Competition Law 2009).

*Grothe, Hermann*, Das Patentgesetz für das Deutsche Reich, Berlin 1877 (zit. als *Grothe*).

*Gruber, Stephan, Kroher, Jürgen*, Die Patentierbarkeit von Arzneimittelansprüchen im Rechtsvergleich zwischen Deutschland und Ländern der britischen Rechtstradition, GRUR Int. 1984, 201–217 (zit. als *Gruber/Kroher*, GRUR Int. 1984).

*Grupe, Lars*, Der Schutz biologischer Arzneimittel in US-amerikansichen Freihandelsabkommen, Recht der internationalen Wirtschaft 2019, 777–785 (zit. als *Grupe*, Recht der internationalen Wirtschaft 2019).

*Haedicke, Maximilian/Timmann, Henrik* (Hrsg.), Handbuch des Patentrechts, 2. Aufl., München 2020 (zit. als Haedicke/Timmann-*Bearbeiter,* HdB PatR).

*Haertel, Kurt*, Die Harmonisierung des nationalen Patentrechts durch das europäische Patentrecht, GRUR Int. 1983, 200–212 (zit. als *Haertel*, GRUR Int. 1983).

*Haertel, Kurt*, Die Harmonisierungswirkung des Europäischen Patentrechts, GRUR Int. 1981, 479–490 (zit. als *Haertel*, GRUR Int. 1981).

*Halabi, Sam F.*, Intellectual Property and the New International Economic Order, Oligopoly, Regulation, and Wealth Redistribution in the Global Knowledge Economy, Missouri/Columbia, USA 2018 (zit. als *Halabi*).

*Halliday, Terence C./Shaffer, Gregory (Hrsg.),* Transnational Legal Orders, New York, 1. Aufl. USA 2015.

*Handler, Michael/Mercurio, Bryan*, Intellectual Property, in: Lester, Simon/ Mercurio, Bryan/Bartels, Lorand (Hrsg.), Bilateral and Regional Trade Agreements, Commentary and Analysis, 2. Aufl., Bilateral and Regional Trade Agreements, Cambridge 2016, S. 324–363 (zit. als *Handler/Mercurio,* Intellectual Property, in: Lester/Mercurio/Bartels, Bilateral and Regional Trade Agreements).

*Hansen, Bernd*, Zum Patentschutz der 2. Indikation, GRUR 1977, 15–20 (zit. als *Hansen*, GRUR 1977).

*Harvey, Ken*, Patents, pills and politics: the Australia–United States Free Trade Agreement and the Pharmaceutical Benefits Scheme, Australian Health Review 2004, 218–226 (zit. als *Harvey*, Australian Health Review 2004).

*Hathaway, Carolyne/Manthei, John/Scherer, Cassie*, Exclusivity Strategies in the United States and European Union, Food and Drug Law Journal 2009, 34–39 (zit. als *Hathaway/Manthei/Scherer*, Food and Drug Law Journal 2009).

*Hauck, Ronny*, Gibt es die „Know-how-Zwangslizenz"?, GRUR-Prax 2021, 333–335 (zit. als *Hauck*, GRUR-Prax 2021, 333)

*Health Action International/Médicines Sans Frontieres*, Empty Gestures: The EU's Commitments to safeguard Access to Medicines, Review of the European Union's Trade & Investment Policy 2015, http://trade.ec.europa.eu/doclib/docs/2015/october/tradoc_153873.pdf (zugegriffen am 28.03.2024).

*Heath, Christopher*, Bedeutet TRIPS wirklich eine Schlechterstellung von Entwicklungsländern?, GRUR Int. 1996, 1169–1185 (zit. als *Heath*, GRUR Int. 1996).

*Heath, Christopher*, Zur Paralleleinfuhr patentierter Erzeugnisse, Recht der internationalen Wirtschaft 1997, 541–550 (zit. als *Heath*, Recht der internationalen Wirtschaft 1997).

*Heggen, Alfred*, Die Bemühungen des „Vereins Deutscher Ingenieure" um die Reform des Erfindungsschutzes im Vorfeld des Reichspatentgesetzes von 1877, Technikgeschichte 40 (1973), 337–344 (zit. als *Heggen*, Technikgeschichte 1973).

*Heggen, Alfred*, Erfindungsschutz und Industrialisierung in Preußen: 1793-1877, Studien zur Naturwissenschaft, Technik und Wirtschaft im neunzehnten Jahrhundert 5, Göttingen 1975 (zit. als *Heggen*).

*Heggen, Alfred*, Zur Vorgeschichte des Reichspatentgesetzes von 1877, GRUR 1977, 322–327 (zit. als *Heggen*, GRUR 1977).

*Heled, Yaniv*, Regulatory Competitiv Shelters, Ohio State Law Journal 2015, 319–356 (zit. als *Heled*, Ohio State Law Journal 2015).

*Helfer, Laurence R.*, Pharmaceutical Patents and the Human Right to Health, The Contested Evolution of the Transnational Legal Order on Access to Medicines, in: Halliday, Terence C./Shaffer, Gregory (Hrsg.), Transnational Legal Orders, New York, USA 2015, S. 311–339 (zit. als *Helfer,* Pharmaceutical Patents and the Human Right to Health, The Contested Evolution of the Transnational Legal Order on Access to Medicines, in: Halliday/Shaffer, Transnational Legal Orders).

*Hemel, Daniel J./Ouellette, Lisa L.*, Trade and Tradoffs: The Case of International Patent Exhaustion, Columbia Law Review 2016, 17–31 (zit. als *Hemel/Ouellette*, Columbia Law Review 2016).

*Hemphill,Scott C./Sampat, Bhaven N.*, Evergreening, patent challenges, and effective market life in pharmaceuticals, J Health Econ 2012, 327–339 (zit. als *Hemphill/Sampat*, J Health Econ 2012).

*Henning Grosse Ruse-Khan*, Sustainable Development In International Intellectual Propery Law – New Approach From EU Economic Partnership Agreements?, International Centre for Trade and Sustainable Development, Genf, Schweiz September 2010, https://www.files.ethz.ch/isn/139126/henning_sd_ip_epa.pdf (zugegriffen am 28.03.2024).

*Herdegen, Matthias*, Völkerrecht, 17. Aufl., München 2018 (zit. als *Herdegen*).

*Herrmann, Christoph*, TRIPS, Patentschutz für Medikamente und staatliche Gesundheitspolitik: Hinreichende Felexibilität?, Europäische Zeitschrift für Wirtschaftsrecht 2002, 37–43 (zit. als *Herrmann*, Europäische Zeitschrift für Wirtschaftsrecht 2002).

*Hesketh-Prichard, Michael*, Die vom Patentschutz ausgeschlossenen Erfindungen in Großbritannien, GRUR Ausland 1960, 159–164 (zit. als *Hesketh-Prichard*, GRUR Ausland 1960).

*Hestermeyer, Holger*, Human Rights and the WTO, The case of patents and access to medicines, zugl. Dissertation 2006, Oxford 2007.

*Hestermeyer, Holger P.*, Flexible Entscheidungsfindung in der WTO, Die Rechtsnatur der neuen WTO Beschlüsse über TRIPS und Zugang zu Medikamenten, GRUR Int. 2004, 194–200 (zit. als *Hestermeyer*, GRUR Int. 2004).

*Hildebrandt, A.*, The international Patent Congress in Vienna 1873, Translation of Dr. Hermann Grothe's Report, London 1875 (zit. als *Hildebrandt*).

*Hilken, Arnold*, Innovation und Patentschutz auf dem EG-Arzneimittelmarkt, unter besonderer Berücksichtigung des europäischen Wettbewerbsrechts, Dissertation, Zentrum für europäische Rechtspolitik (ZERP) 8, Baden-Baden 1988 (zit. als *Hilken*).

*Hillman, Jennifer A.*, Conflicts Between Dispute Settlement Mechanisms in Regional Trade Agreements and the WTO – What Should WTO Do?, Cornell International Law Journal 2009, 193–208 (zit. als *Hillman*, Cornell International Law Journal 2009).

*Ho, Cynthia M.*, Access to Medicine in the Global Economy: International Agreements on Patents and Related Rights, New York, USA 2011 (zit. als *Ho*).

*Holbein, James R.*, Trade Agreements and Dispute Settlement Mechanisms in the Western Hemisphere, Case Western Reserve Journal of International Law 1993, 531–570 (zit. als *Holbein*, Case Western Reserve Journal of International Law 1993).

*Holtorf, Marc/Traumann, Julia*, EuGH-Vorlage zu ergänzenden Schutzzertifikaten für Arzneimittel – Sitagliptin, GRUR-Prax. 2017, 563 (zit. als *Holtorf/Traumann*, GRUR-Prax. 2017).

*Ibánez Colomo, Pablo*, Article 82 EC as a “Built-in” Remedy in the System of Intellectual Property, The Example of Supplementary Protection for Pharmaceuticals in Italy, in: Govaere, Inge/Ullrich, Hans (Hrsg.), Intellectual Property, Market Power and the Public Interest, College of Europe Studies Bd. 8, Brüssel 2008, S. 119–142 (zit. als *Ibánez Colomo,* Article 82 EC as a “Built-in” Remedy in the System of Intellectual Property, The Example of Supplementary Protection for Pharmaceuticals in Italy, in: Govaere/Ullrich, Intellectual Property, Market Power and the Public Interest).

*Industry Functional Advisory Committee on Intellectual Property Rights for Trade Policy Matters*, The U. S.-Australia Free Trade Agreement (FTA): The Intellectual Property Provisions, Report of the Industry Functional Advisory Committee on Intellectual Property Rights for Trade Policy Matters (IFAC-3), Executive Office of the President of the United States 12.3.2004, https://ustr.gov/archive/assets/Trade_Agreements/Bilateral/Australia_FTA/Reports/asset_upload_file813_3398.pdf (zugegriffen am 28.03.2024).

*Isay, Hermann*, Patentgesetz, und Gesetz, betreffend den Schutz von Gebrauchsmustern., 4. Aufl., Berlin 1926 (zit. als *Isay*).

*Jaeger, Thomas*, The EU Approach to IP Protection in Partnership Agreements, in: Antons, Christoph/ Hilty, Reto M. (Hrsg.), Intellectual Property and Free Trade Agreements in the Asia-Pacific Region, MPI Studies on Intellectual Property and Competition Law, Bd. 24, Berlin/Heidelberg 2015, S. 171–210 (zit. als *Jaeger,* The EU Approach to IP Protection in Partnership Agreements, in: Antons/Hilty, Intellectual Property and Free Trade Agreements in the Asia-Pacific Region).

*Jahn, Maximilian R.*, Die Handelshemmnis-Verordnung (Verordnung EG Nr. 3286/94), Dissertation, Beiträge zum nationalen und internationalen öffentlichen Recht, Frankfurt a. M. 2007 (zit. als *Jahn*).

*Janis, Mark D.*, Patent Abolitionism, Berkeley Technology Law Journal 2002, 899–952 (zit. als *Janis*, Berkeley Technology Law Journal 2002).

*Janka, John C.*, Federal Disclosure Statutes and the Fifth Amendment: The New Status of Trade Secrets, The University of Chicago Law Review 1987, 334–368 (zit. als *Janka*, The University of Chicago Law Review 1987).

*Johnstone, James M.*, Impact of the Drug Price Competition and Patent Term Restoration Act of 1984 on the Generic Industry – Business Considerations and Potential Legal Issues, Food, Drug and Cosmetic Law Journal 1985, 339–344 (zit. als *Johnstone*, Food, Drug and Cosmetic Law Journal 1985).

*Joller, Gallus*, Zur territorialen Reichweite des Erschöpfungsgrundsatzes im Markenrecht, Silouette einer Zwischenbilanz, GRUR Int. 1998, 751–765 (zit. als *Joller*, GRUR Int. 1998).

*Jovanovic, Slobodanka*, Patents in the Pharmaceutical Industry, Hemijska Industrija 2003, 133–137 (zit. als *Jovanovic*, Hemijska Industrija 2003).

*Karbalai, Hasneen*, The Hatch-Waxman (Im)Balancing Act, Harvard Law School 2003, https://dash.harvard.edu/handle/1/10015297 (zugegriffen am28.03.2024).

*Keim, Clemens*, TRIPS-plus Patentschutzklauseln in bilateralen Freihandelsabkommen der EU, Schriftenreihe zum gewerblichen Rechtsschutz 195, Dissertation, Köln 2017 (zit. als *Keim*).

*Kleindienst, Jan-Martin*, Die Bestimmung angemessener Gebühren für FRAND-Lizenzen an standardessentiellen Patenten, Dissertation, Heymanns Schriften zum Patentrecht Band 5, Köln 2017 (zit. als *Kleindienst*).

*Klöpsch, Gerald*, Zur Schutzfähigkeit und zum SCHutzumfang der sogenannten zweiten Indikation im deutschen und europäischen Patentrecht, GRUR 1979, 283–287 (zit. als *Klöpsch*, GRUR 1979).

*Klopschinski, Simon*, Der Schutz geistigen Eigentums durch völkerrechtliche Investitionsverträge, Schriftenreihe zum gewerblichen Rechtsschutz 172, Dissertation, Köln 2011 (zit. als *Klopschinski*).

*Klunker, Nina Spohie*, Harmonisierungsbestrebungen im materiellen Patentrecht, Bestandsaufnahme und Entwicklung auf Ebene der WIPO und der Trilateralen Verträge, Dissertation, Schriftenreihe zum gewerblichen Rechtsschutz 163, Köln 2010 (zit als *Klunker*).

*Kogan, Lawrence A.*, The Biologics Price Competition and Innovation Act of 2009 Triggers Public Debates, Regulatory/Policy Risks and International Trade Concerns, Global Trade and Customs Journal 2011, 513–538 (zit. als *Kogan*, Global Trade and Customs Journal 2011).

*Kohler, Josef*, Handbuch des Deutschen Patentrechts, in rechtsvergleichender Darstellung, Mannheim 1900 (zit. als *Kohler*).

*Kohler, Stefan/Pfister, Christa*, Erstanmelderschutz für Arzneimittel in der Schweiz, sic! 2008, 395–405 (zit. als S. *Kohler/Pfister,* sic! 2008).

*Koikkara, Sonia E.*, Der Patentschutz und das Institut der Zwangslizenz in der Europäischen Union, Jus internationale et Europaeum 46, Tübingen 2010 (zit. als *Koikkara*).

*Koktvedgaard, Mogens/Österborg, Lise*, Patente für pharmazeutische Erfindungen in Dänemark, GRUR Int. 1984, 573–578 (zit. als *Koktvedgaard*/Österborg, GRUR Int. 1984).

*Kommission der Europäischen Gemeinschaften*, Bericht der Kommission an das Europäische Parlament und den Rat – Beurteilung der Wirkstoffe von Pflanzenschutzmitteln (vorgelegt gemäß Artikel 8 Absatz 2 der Richtlinie des Rates 91/414/EWG über das Inverkehrbringen von Pflanzenschutzmitteln), Brüssel 25.07.2001, http://ec.europa.eu/transparency/regdoc/rep/1/2001/DE/1-2001-444-DE-F1-1.Pdf (zugegriffen am 28.03.2024).

*Kraack, Christian* von, TRIPs oder Patentschutz weltweit, Zwangslizenzen, Erschöpfung, Parallelimporte, Schriften zum Internationalen Recht 162, Dissertation, Berlin 2006 (zit. als *Kraack*).

*Kraft, Alfons*, Die Ausgestaltung des Stoffschutzes und das System des deutschen Patentrechts, GRUR 1973, 234–244 (zit. als *Kraft*, GRUR 1973).

*Krajewski, Markus*, Wirtschaftsvölkerrecht, 4. Aufl., Heidelberg 2017 (zit. als *Krajewski*).

*Krasa, Peter*, Zur Schutzfähigkeit der 2. Indikation, GRUR 1977, 476–481 (zit. als *Krasa*, GRUR 1977).

*Kraßer, Rudolf*, The Protection of Trade Secrets in the TRIPs Agreement, in: Beier, Friedrich-Karl/Schricker, Gerhard (Hrsg.), From GATT to TRIPs, The Agreement on Trade-Related Aspects of Intellectual Property Rights, Studies in Industrial Property and Copyright Law, Bd. 18, Weinheim 1996, S. 216–225 (zit. als *Kraßer*, The Protection of Trade Secrets in the TRIPs Agreement, in: Beier/Schricker, From GATT to TRIPs).

*Kraßer, Rudolf/Ann, Christoph*, Patentrecht, 7. Aufl., München 2016 (zit. als *Kraßer/Ann*).

*Krattiger, Anatole/Mahony, Richard T./Nelson, Lita/ Thomson, Jennifer A./Bennett Alan B. (Hrsg.)*, Intellectual Property Management in Health and Agricultural Innovation: A Handbook of Best Practices, Bd. 1, Oxford, UK 2007.

*Kreisler, Alek* von, Für und Wider den Schutz von chemischen Stoffen, Arznei-, Nahrungs- und Genussmitteln, GRUR 1951, 534–544 (zit. als *Kreisler*, GRUR 1951).

*Krikorian, Gaëlle P./Szymkowiak, Dorota M.*, Intellectual Property Rights in the Making: The Evolution of Intellectual Property Provisions in US Free Trade Agreements and Access to Medicine, The Journal of World Intellectual Property 2007, 388–418 (zit. als *Krikorian/Szymkowiak*, The Journal of World Intellectual Property 2007).

*Kroher, Jürgen*, Importe von Originalware nach neuem Markenrecht, in: Straus, Joseph (Hrsg.), Aktuelle Herausforderungen des geistigen Eigentums, Festgabe von Freunden und Mitarbeitern für Friedrich-Karl Beier zum 70. Geburtstag, Köln 1996, S. 253–263 (zit. als *Kroher,* Importe von Originalware nach neuem Markenrecht, in: FS Beier).

*Kügel, Wilfried/Müller, Rolf-Georg/Hofmann, Hans-Peter*, Arzneimittelgesetz, Kommentar, 2. Aufl., München 2016 (zit. als Kügel/Müller/Hofmann-*Bearbeiter*).

*Kühnen, Thomas*, Die Erteilung mehrerer ergänzender Schutzzertifikate für dasselbe Erzeugnis an unterschiedliche Inhaber und die Konsequenzen bei der Verfolgung von Rechtsverletzungen, in: Bender, Achim/ Schülke, Klaus/Winterfeldt, Volker (Hrsg.), 50 Jahre Bundespatentgericht, Festschrift zum 50-jährigen Bestehen des Bundespatentgerichts am 1. Juli 2011, Köln 2011 (zit. als *Kühnen,* Die Erteilung mehrerer ergänzender Schutzzertifikate für dasselbe Erzeugnis an unterschiedliche Inhaber und die Konsequenzen bei der Verfolgung von Rechtsverletzungen, in: FS 50 Jahre BPatG).

*Kunz-Hallstein, Hans P.*, Institutionelle Fragen einer Revision des Europäischen Patentübereinkommens, Zur geplanten Änderung von Art. 63 EPÜ, GRUR Int. 1991, 351–355 (zit. als *Kunz-Hallstein*, GRUR Int. 1991).

*Kunz-Hallstein, Hans P.*, Zur Frage der Parallelimporte im internationalen gewerblichen Rechtsschutz, GRUR 1998, 268–271 (zit. als *Kunz-Hallstein*, GRUR 1998).

*Kur, Annette/Grosse Ruse-Khan, Henning*, Enough is enough – the notion on binding ceilings in international intellectual property protection, in: Kur, Annette/ Levin, Marianne (Hrsg.), Intellectual Property Rights in a Fair World Trade System, Proposals for Reform of TRIPS, Cheltenham, UK/Northampton, USA 2011, S. 359–407 (zit. als *Kur/Grosse Ruse-Khan,* Enough is enough – the notion on binding ceilings in international intellectual property protection, in: Kur/ Levin, Intellectual Property Rights in a Fair World Trade System).

*Kur, Annette/ Levin, Marianne (Hrsg.),* Intellectual Property Rights in a Fair World Trade System, Proposals for Reform of TRIPS, Cheltenham, UK/ Northampton, USA 2011.

*Kyle, Margaret*, Economic Analysis of Supplementary Protection Certificates in Europe, Europäische Union 30.01.2017, https://ec.europa.eu/docsroom/documents/25621/attachments/1/translations/en/renditions/pdf (zugegriffen am 28.03.2024).

*Ladas, Stephan P.*, Patents, Trademarks and Related Rights, National and International Protection, 1. Aufl., Cambridge (MA), USA 1975 (zit. als *Ladas, Patents, Trademarks and Related Rights*).

*Ladas, Stephan P.*, The International Protection of Industrial Property, (Neuauflage der Erstausgabe von 1930), Harvard Studies in International Law 2, Cambridge (MA), USA 2014 (zit. als *Ladas, The International Protection of Industrial Property* ).

*Land, Molly*, Rebalancing TRIPS, Michigan Journal of International Law 2012, 433-480 (zit. als *Land*, Michigan Journal of International Law 2012).

*Laurenza, Eugenia C.*, The Scope of 'Patent Linkage' in the US-South Korea Free Trade Agreement and the Potential Effects on International Trade Agreements, European Journal of Risk Regulation 2015, 439–442 (zit. als *Laurenza*, European Journal of Risk Regulation 2015).

*Lee, Margaret*, Putting Health on the Fast Track, Compliance with the Doha Declaration on Public Health as a Principal Negotiating Objective for Trade Promotion Authority, Center for International Environmental Law (CIEL) August 2007, http://www.ciel.org/Publications/Lee_DohaUSTR_25July07.pdf (zugegriffen am 28.03.2024).

*Lester, Simon/Mercurio, Bryan/Bartels, Lorand (Hrsg.),* Bilateral and Regional Trade Agreements, Commentary and Analysis, 2. Aufl., Bilateral and Regional Trade Agreements, Cambridge 2016.

*Lexchin, Joel/Gagnon, Marc-André*, CETA and Intellectual Property: The debate over pharmaceutical patents, Canada Europe Transatlantic Dialogues 2013, https://labs.carleton.ca/canadaeurope/wp-content/uploads/sites/9/CETD-Policy-Brief_CETA-and-pharmaceutical-patents_MG_JL.pdf (zugegriffen am 28.03.2024).

*Lexchin, Joel/Gagnon, Marc-André*, CETA and PharmaceuticalsImpact of the trade agreement between Europe and Canada on the costs of patented drugs, Canadian Centre for policy alternatives (CCPA), Ottawa, Canada October 2013, http://www.policyalternatives.ca/sites/default/files/uploads/publications/National%20Office/2013/10/CETA_and_Pharmaceuticals.pdf (zugegriffen am 28.03.2024).

*Lietzan, Erika*, The History and Political Economy of the Hatch-Waxman Amendments, Seton Hall Law Review 2018, 53–127 (zit. als *Lietzan*, Seton Hall Law Review 2018).

*Lipkus, Nathaniel/White, Bradley J.*, The first steps taken at the Canadian pharmaceutical patent dance, Managing Intellectual Property: The Global IP Resource 05.10.2018, https://www.managingip.com/IssueArticle/3836554/Supplements/The-first-steps-taken-at-the-Canadian-pharmaceutical-patent-dance.html?ArticleId=3836554&AddIssue=true (zugegriffen am 28.03.2024).

*Liu, Paul B.*, U.S. Industry's Influence on Intellectual Property Negotiations and Special 301 Actions, UCLA Pacific Basin Law Journal 1994, 87–117 (zit. als *Liu*, UCLA Pacific Basin Law Journal 1994).

*Löhnig, Martin*, Wechselwirkungen zwischen internationalen Vereinbarungen zum Patentrecht und deutschem Patentrecht zwischen 1870 und 1980, in: Otto, Martin, Klippel, Diethelm (Hrsg.), Geschichte des deutschen Patentrechts, Tübingen 2015, S. 71–87 (zit. als *Löhnig,* Wechselwirkungen zwischen internationalen Vereinbarungen zum Patentrecht und deutschem Patentrecht zwischen 1870 und 1980, in: Otto/Klippel, Geschichte des deutschen Patentrechts).

*Lourie, Alan D.*, Patent Term Restoration, Journal of the Patent and Trademark Office Society 1984, 526 (zit. als *Lourie*, Journal of the Patent and Trademark Office Society 1984).

*Lourie, Alan D.*, Patent Term Restoration: History, Summary, and Appraisal, Food, Drug and Cosmetic Law Journal 1985, 353–360 (zit. als *Lourie*, Food, Drug and Cosmetic Law Journal 1985).

*Luo, Yan*, Dispute Settlement in the Proposed East Asia Free Trade Agreement: Lessons Learned From the ASEAN, the NAFTA and the EU, in: Bartels, Lorand/Ortino, Federico (Hrsg.), Regional Trade Agreements and the WTO Legal System 2006, S. 419–445 (zit. als *Luo,* Dispute Settlement in the Proposed East Asia Free Trade Agreement: Lessons Learned From the ASEAN, the NAFTA and the EU, in: Bartels/Ortino, Regional Trade Agreements and the WTO Legal System 2006).

*Lutz, Robert E.*, Linking Trade, Intellectual Property and Investment in the Globalizing Economy: The Interrelated Roles of FTAs, IP and the United States, in: Antons, Christoph/Hilty, Reto M. (Hrsg.), Intellectual Property and Free Trade Agreements in the Asia-Pacific Region, MPI Studies on Intellectual Property and Competition Law Bd. 24, Berlin, Heidelberg 2015, S. 155–170 (zit. als *Lutz,* Linking Trade, Intellectual Property and Investment in the Globalizing Economy: The Interrelated Roles of FTAs, IP and the United States, in: Antons/Hilty, Intellectual Property and Free Trade Agreements in the Asia-Pacific Region).

*Luzzati, Mario G. E.*, Die vom Patentschutz ausgeschlossenen Erfindungen nach italienischem Recht, GRUR Ausland 1960, 128–133 (zit. als *Luzzati*, GRUR Ausland 1960).

*Lührs, Philipp M.*, Die Entstehung des Reichspatentgesetzes von 1877 und der Versuch eines europäischen Patentrechts von 1962 im Vergleich, Dissertation, Düsseldorf 2019 (zitiert als *Lührs*).

*Machlup, Fritz/Penrose, Edith*, The Patent Controversy in the Nineteenth Century, The Journal of Economic History 1950, 1–29 (zit. als *Machlup/Penrose*, The Journal of Economic History 1950).

*Malpani, Rohit*, All costs, no benefits: How the US-Jordan free trade agreement affects access to medicines, Journal of generic Medicines 2009, 206–217 (zit. als *Malpani*, Journal of generic Medicines 2009).

*Manegold, Karl-Heinz*, Vom Erfindungsprivileg zum „Schutz der nationalen Arbeit“, Zeitschrift der Technischen Universität Hannover 1975, 12–18 (zit. als *Manegold*, Zeitschrift der Technischen Universität Hannover 1975).

*Marchant, Gary E.*, Genomics, Ethics, and Intellectual Property, in: Krattiger, Anatole/Mahony, Richard T./Nelson, Lita/et al. (Hrsg.), Intellectual Property Management in Health and Agricultural Innovation: A Handbook of Best Practices, Bd. 1, Oxford, UK 2007, 29-38 (zit. als *Marchant,* Genomics, Ethics, and Intellectual Property, in: Krattiger/Mahony/Nelson/et al., Intellectual Property Management in Health and Agricultural Innovation: A Handbook of Best Practices).

*Maskus, Keith E.*, Assessing the Development Promise of IP Provisions in EU Economic Partnership Agreements, in: Drexl, Josef/Grosse Ruse-Khan, Henning/Nadde-Phlix, Souheir (Hrsg.), EU Bilateral Trade Agreements and Intellectual Property: For Better or Worse?, MPI Studies on Intellectual Property and Competition Law Bd. 20, Berlin 2014, S. 171–188 (zit. als *Maskus,* Assessing the Development Promise of IP Provisions in EU Economic Partnership Agreements, in: Drexl/Grosse Ruse-Khan/Nadde-Phlix, EU Bilateral Trade Agreements and Intellectual Property: For Better or Worse?).

*Matsushita, Mitsuo*, A Japanese Perspective on Intellectual Property Rights and the Gatt, Columbia Business Law Review 1992, 81–96 (zit. als *Matsushita*, Columbia Business Law Review 1992).

*Max Planck Institute for Innovation and Competition*, Study on the Legal Aspects of Supplementary Protection Certificates in the EU – Annex I: National Reports EU, Europäische Union, Brüssel 31.05.2018.

*Max Planck Institute for Innovation and Competition*, Study on the Legal Aspects of Supplementary Protection Certificates in the EU – Annex II: International Reports, Europäische Union, Brüssel 31.05.2018.

*Max Planck Institute for Innovation and Competition*, Study on the Legal Aspects of Supplementary Protection Certificates in the EU – Final Report, Europäische Union, Brüssel 31.05.2018.

*Mayne, Ruth*, Regionalism, Bilateralism, and "TRIPS Plus" Agreements: The Threat to Developing Countries, United Nations Development Programm 2005, http://hdr.undp.org/sites/default/files/hdr2005_mayne_ruth_18.pdf (zugegriffen am 28.03.2024).

*Mediger, Harald*, Zum Wesen des Anwendungspatents, GRUR 1951, 545–546 (zit. als *Mediger*, GRUR 1951).

*Meier, Alexander/von Czettritz, Peter/Gabriel, Marc/et al.*, Pharmarecht, NJW Praxis 93, München 2014 (zit. als *Meier* et al., Pharmarecht).

*Meier-Beck, Peter*, Patentschutz für die zweite medizinische INdikation und ärztliche Therapiefreiheit, GRUR 2009, 300–305 (zit. als *Meier-Beck*, GRUR 2009).

*Mejer, Malwina*, 25 years of SPC protection for medicinal products in Europe: Insights and challenges Mai 2017, https://ec.europa.eu/info/publications/25-years-spc-protection-medicinal-products-europe-insights-and-challenges_en?2nd-language=bg (zugegriffen am 28.03.2024).

*Mercurio, Bryan*, TRIPS-Plus Provisions in FTAs: Recent Trends, in: Bartels, Lorand/Ortino, Federico (Hrsg.), Regional Trade Agreements and the WTO Legal System 2006, S. 215–238 (zit. als *Mercurio,* TRIPS-Plus Provisions in FTAs: Recent Trends, in: Bartels/Ortino, Regional Trade Agreements and the WTO Legal System 2006).

*Mestral, Armand* de, NAFTA Dispute Settlement: Creative Experiment or Confusion?, in: Lorand Bartels, Federico Ortino (Hrsg.), Regional Trade Agreements and the WTO Legal System 2006, 359 (zit. als *Mestral*).

*Metzger, Axel/Zech, Herbert*, COVID-19 als Herausforderung für das Patentrecht und die Innovationsförderung, GRUR 2020, 561–569 (zit. als Metzger/Zech, GRUR 2020, 561).

*Miller, Barlett P.*, The Effect of the GATT and the NAFTA on Pesticide Regulation: A Hard Look at Harmonization, Colorado Journal of International Environmental Law and Politics 1995, 201–224 (zit. als *Miller*, Colorado Journal of International Environmental Law and Politics 1995).

*Mitchell, Andrew D./Voon, Tania*, Patents and Public Health in the WTO, FTAs and Beyond: Tension and Conflict in International Law, Journal of World Trade 2009, 571–601 (zit. als *Mitchell/Voon*, Journal of World Trade 2009).

*Monten, Lina M.*, The Inconsistency Between Section 301 and TRIPS: Counterproductive With Respect to the Future of International Protection of Intellectual Property Rights?, Marquette Intellectual Property Law Review 2005, 387–422 (zit. als *Monten*, Marquette Intellectual Property Law Review 2005).

*Morgan, Maxwell R.*, Regulation of Innovation Under Follow-On Biologics Legislation: FDA Exclusivity as an Efficient Incentive Mechanism, Columbia Science and Technology Law Review 2010, 93–117 (zit. als *Morgan*, Columbia Science and Technology Law Review 2010).

*Morin, Jean-Frédéric*, Multilateralizing TRIPs-Plus Agreements, Is the US Strategy a Failure?, The Journal of World Intellectual Property 2009, 175–197 (zit. als *Morin*, The Journal of World Intellectual Property 2009).

*Mossinghoff, Gerald J.*, Overview of the Hatch-Waxman Act and Its Impace on Drug Development Process, Food and Drug Law Journal 1999, 187–194 (zit. als *Mossinghoff*, Food and Drug Law Journal 1999).

*Mühlens, Peter*, Das Ergänzende Schutzzertifikat für Arzneimittel, Mitteilungen 1993, 213–219 (zit. als *Mühlens*, Mitteilungen 1993).

*Müller, Emil*, Chemie und Patentrecht, 3. Aufl., Weinheim 1951 (zit. als *Müller*).

*Musungu, Sisule F./Oh, Cecilia*, The Use of Flexibilities in TRIPs by Developing Countries: Can They Promote Access to Medicines?, Commission on Intellectual Property Rights, Innovation and Public Health (CIPIH) August 2005, https://iris.who.int/bitstream/handle/10665/43503/9291620327_eng.pdf?sequence=1&isAllowed=y (zugegriffen am 28.03.2024).

*Niemann, Ingo*, Geistiges Eigentum in konkurrierenden völkerrechtlichen Vertragsordnungen, Das Verhältnis zwischen WIPO und WTO/TRIPS, Dissertation, Beiträge zum ausländischen öffentlichen Recht und Völkerrecht 192, Heidelberg 2007 (zit. als *Niemann*).

*Niioka, Hidero*, Klinische Versuche im Patentrecht, Dissertation, Schriftenreihe zum gewerblichen Rechtsschutz 124, Köln 2003 (zit. als *Niioka*).

*North, Michael (Hrsg.),* Deutsche Wirtschaftsgeschichte. Ein Jahrtausend im Überblick, 2. Aufl., München 2005.

*Oberdick, David G.*, The Taking of Trade Secrets: What Constitutes a Just Compensation?, University of Pittsburgh Law Journal 1986, 247 (zit. als *Oberdick*, University of Pittsburgh Law Journal 1986).

*Office of the United States Trade Representative*, 2018 Trade Policy Agenda and 2017 Annual Report, Executive Office of the President of the United States 2018, https://ustr.gov/sites/default/files/files/Press/Reports/2018/AR/2018%20Annual%20Report%20I.pdf (zugegriffen am 28.03.2024).

*Office of the United States Trade Representative*, 2019 Trade Policy Agenda and 2018 Annual Report, Executive Office of the President of the United States 02.05.2019, https://ustr.gov/sites/default/files/2019_Trade_Policy_Agenda_and_2018_Annual_Report.pdf (zugegriffen am 28.03.2024).

*Ono, Nahoko*, Japan´s Approach to FTAs and IP, in: Antons, Christoph/Hilty, Reto M. (Hrsg.), Intellectual Property and Free Trade Agreements in the Asia-Pacific Region, MPI Studies on Intellectual Property and Competition Law Bd. 24, Berlin, Heidelberg 2015, S. 211–243 (zit. als *Ono,* Japan´s Approach to FTAs and IP, in: Antons/Hilty, Intellectual Property and Free Trade Agreements in the Asia-Pacific Region).

*Otto, Martin/ Klippel, Diethelm (Hrsg.)*, Geschichte des deutschen Patentrechts, 1. Aufl., Tübingen 2015.

*Outterson, Kevin*, Agony in the Antipodes: The Generic Drug Provisions of the Australia-USA Free Trade Agreement, Journal of generic Medicines 2005, 316–326 (zit. als *Outterson*, Journal of generic Medicines 2005).

*Pacón, Ana María*, Was bringt TRIPS den Entwicklungsländern?, GRUR Int. 1995, 875–886 (zit. als *Pacón*, GRUR Int. 1995).

*Papenberg, Jochen*, Die Münchner Diplomatische Konferenz zur Revision von Artikel 63 EPÜ, GRUR Int. 1992, 224 (zit. als *Papenberg*, GRUR Int. 1992).

*Pechman, Robert J.*, Seeking Multilateral Protection for Intellectual Property: The United States TRIPs over Special 301, Minnesota Journal of International Law 1998, 179–210 (zit. als *Pechman*, Minnesota Journal of International Law 1998).

*Pedrazzini, Mario/Blum, Rudolf*, Die vom Patentschutz ausgeschlossenen Erfindungen nach schweizerischem Recht, GRUR Auslands- und internationaler Teil 1960, 150–159 (zit. als *Pedrazzini/Blum*, GRUR Ausland 1960).

*Pérez Rojas, Lina María*, Legal protection of pharmaceutical test data in developing countries: Is there a need to amend exclusivity regimes? August 2012, https://papers.ssrn.com/sol3/papers.cfm?abstract_id=2389439 (zugegriffen am 9.2.2017).

*Perlis, Robert*, The Push for Data in Existing Pesticides, Natural Resources and Environment 1990, 6–9 (zit. als *Perlis*, Natural Resources and Environment 1990).

*Pfanner, Klaus*, Vereinheitlichung des materiellen Patentrechts im Rahmen des Europarats, GRUR Ausland 1962, 545–554 (zit. als *Pfanner*, GRUR Ausland 1962).

*Pfanner, Klaus*, Vereinheitlichung des materiellen Patentrechts im Rahmen des Europarats, GRUR Ausland 1964, 247–253 (zit. als *Pfanner*, GRUR Ausland 1964).

*Phillips McDougall*, The Cost of New Agrochemical Product Discovery, Development and Registration in 1995, 2000, 2005-8 and 2010 to 2014, A Consultancy Study for Crop Life America and the European Crop Protection Association, CropLife International; CropLife America; The European Crop Protection Association März 2016, https://croplife.org/wp-content/uploads/2016/04/Cost-of-CP-report-FINAL.pdf (zugegriffen am 28.03.2024).

*Phillips, Steven R.*, The New Section 301 of the Omnibus Trade and Competitiveness Act of 1988: Trade Wars or Open Markets, Vanderbilt Journal of Transnational Law 1989, 491–580 (zit. als *Phillips*, Vanderbilt Journal of Transnational Law 1989).

*Portal, Gerard*, Die Einführung ergänzender Schutzzertifikate für Arzneimittel im französischen Recht, GRUR Int. 1991, 89–92 (zit. als *Portal*, GRUR Int. 1991).

*Pretel, David*, The Global Rise of Patent Expertise During the Late Nineteenth Century, Cambridge, UK 2018, http://www.econsoc.hist.cam.ac.uk/docs/CWPESHnumber31Jan2018.pdf (zugegriffen am 28.03.2024).

*Pugatch, Meir Perez*, A transatlantic divide? The US and EU's approach to the international regulation of intellectual property trade-related agreements, European Centre for International Political Economy (ECIPE), Brussels 2007, http://hdl.handle.net/10419/174817 (zugegriffen am 28.03.2024).

*Ragavan, Srividhya*, The Drug Debate: Data Exclusivity Is the New Way to Delay Generics, Connecticut Law Review 2018, 1–14 (zit. als *Ragavan*, Connecticut Law Review 2018).

*Reich, Norbert*, Innovation und Imitation auf dem Arzneimittelmarkt, Erste Erfahrungen mit dem US-amerikanischen „Drug Price Competition and Patent

Term Restauration Act of 1984“, GRUR Int. 1986, 765–769 (zit. als *Reich*, GRUR Int. 1986).

*Reichman, Jerome H./Hasenzahl, Catherine*, Non-voluntary Licensing of Patented Inventions, Historical Perspective, Legal Framework under TRIPS, and an Overview of the Practice in Canada and the USA, International Centre for Trade and Sustainable Development (ICTSD); United Nations Conference on Trade and Development (UNCTAD), Geneva, Switzerland June 2003, https://unctad.org/system/files/official-document/ictsd2003ipd5_en.pdf (zugegriffen am 28.03.2024).

*Rein, Judy*, International Governance through Trade Agreements: Patent Protection for Essential Mesdicines, Northwestern Journal of International Law & Business 2001, 379–408 (zit. als *Rein*, Northwestern Journal of International Law & Business 2001).

*Reinbothe, Jörg*, Negotiating for the European Communities and their member states, in: Watal, Jayashree/Taubman, Antony (Hrsg.), The Making of the TRIPS Agreement, Personal insights from the Uruguay Round negotiations, Genf, Schweiz, 2015, 187-208 (zit. als *Reinbothe,* Negotiating for the European Communities and their member states, in: Watal/Taubman, The Making of the TRIPS Agreement).

*Reinhardt, Carsten*, Forschung in der chemischen Industrie, Die Entwicklung synthetischer Farbstoffe bei BASF und Hoechst, 1863-1914, Dissertation, Freiberger Forschungshefte D 202, Freiberg 1997 (zit. als *Reinhardt*).

*Roffe, Pedro*, Bilateral agreements and a TRIPS-plus world: the Chile-USA Free Trade Agreement, Quaker United Nations Office (QUNO), Ottawa, Kanada 2004, http://quno.org/sites/default/files/resources/Bilateral%2BAgreements%2Band%2BTRIPS%2Bplus%2BEnglish.pdf (zugegriffen am 28.03.2024).

*Roffe, Pedro, Seuba, Xavier,* Current Alliances in International Intellectual Property Lawmaking: The Emergence and Impact of Mega-Regionals, Issue Number 4, Genf, Schweiz/Strasburg, Belgien, 2017.

*Roffe, Pedro/Spennemann, Christoph*, The impact of FTAs on public health policies and TRIPS flexibilities, International Journal of Intellectual Property Management 2006, 75-93 (zit. als *Roffe/Spennemann*, International Journal of Intellectual Property Management 2006).

*Rosen, Howard*, Free Trade Agreements as Foreign Policy Tools: The US-Israel and US-Jordan FTAs, in: Schott, Jeffrey J. (Hrsg.), Free Trade Agreements: US Strategies and Priorities, Institute for International Economics Special Report, Washington D. C., USA 2004, S. 51–77 (zit. als *Rosen,* Free Trade Agreements as Foreign Policy Tools: The US-Israel and US-Jordan FTAs, in: Schott, Free Trade Agreements: US Strategies and Priorities).

*Ryan, William J.*, Impact of the Act on Research-Based Industry, Food, Drug and Cosmetic Law Journal 1985, 345–350 (zit. als *Ryan*, Food, Drug and Cosmetic Law Journal 1985).

*Satchell, R. D.*, Die Praxis des Stoffschutzes in Großbritannien, GRUR Int. 1968, 149–153 (zit. als *Satchell*, GRUR Int. 1968).

*Schacht, Wendy H./Thomas, John R.*, Follow-On Biologics: The Law and Intellectual Property Issues, US-Congress 06.12.2012, https://www.bioin.or.kr/InnoDS/data/upload/system/1358748977686.pdf (zugegriffen am 28.03.2024).

*Schäfers, Alfons*, Harmonisierung des Patentrechts: Perspektiven, Chancen und Hindernisse, in: Bruchhausen, Karl/Hefermehl, Wolfgang/Hommelhoff, Wolfgang/et al. (Hrsg.), Festschrift für Rudolf Nirk zum 70. Geburtstag, München 1992, S. 949–970 (zit. als *Schäfers,* Harmonisierung des Patentrechts: Perspektiven, Chancen und Hindernisse, in: FS Nirk).

*Schäfers, Alfons*, Normsetzung zum geistigen Eigentum in internationalen Organisationen: WIPO und WTO – ein Vergleich, GRUR Int. 1996, 763–778 (zit. als *Schäfers*, GRUR Int. 1996).

*Schäfers, Alfons/Schennen, Detlef*, Der erste Teil der Diplomatischen Konferenz zum Abschluß eines Vertrages zur Harmonisierung des Patentrechts, GRUR Int. 1991, 849–858 (zit. als *Schäfers/Schennen*, GRUR Int. 1991).

*Schell, Jürgen*, Neurim – ein neuer Erzeugnisbegriff bei ergänzenden Schutzzertifikaten?, GRUR Int. 2013, 509–513 (zit. als *Schell*, GRUR Int. 2013).

*Schennen, Detlef*, Auf dem Weg zum Schutzzertifikat für Pflanzenschutzmittel, GRUR Int. 1996, 102–112 (zit. als *Schennen*, GRUR Int. 1996).

*Schmidt, Andrea R.*, New Trade Policy for America: Do Labor and Environmental Provisions in Trade Agreements Serve Social Interests or Special Interests?, Indiana International Law and Comparative Law Review 2009, 167–201 (zit. als *Schmidt*, Indiana International Law and Comparative Law Review 2009).

*Schmidt-Wudy, Florian*, Ein Überblick zu aktuellen Entscheidungen des EuGH zu ergänzenden Schutzzertifikaten für Arzneimittel, PharmR 2014, 45–49 (zit. als *Schmidt-Wudy*, PharmR 2014).

*Schott, Jeffrey J.*, Assessing US FTA Policy, in: ders. (Hrsg.), Free Trade Agreements: US Strategies and Priorities, Institute for International Economics Special Report, Washington D.C., USA 2004, S. 359–381 (zit. als *Schott,* Assessing US FTA Policy, in: ders. (Hrsg.), Free Trade Agreements: US Strategies and Priorities).

*Schott, Jeffrey J.*, KORUS FTA 2.0: Assessing the Changes, Peterson Institute for International Economics Dezember 2010, https://piie.com/publications/pb/pb10-28.pdf (zugegriffen am 22.5.2019) (zit. als *Schott*, KORUS FTA 2.0: Assessing the Changes).

*Schott, Jeffrey J. (Hrsg.),* Free Trade Agreements: US Strategies and Priorities, Institute for International Economics Special Report, Washington D.C., USA 2004.

*Schulte, Rainer* (Hrsg.), Patentgesetz mit EPÜ, Kommentar, 9. Aufl., Köln 2014 (zit. als Schulte-*Bearbeiter*).

*Seckelmann, Margrit,* Das Patentrecht als „Reaktionsbeschleuniger", Die Entwicklung des Patentrechts im zweiten deutschen Kaiserreich (1871-1914), in: Otto, Martin/Klippel, Diethelm (Hrsg.), Geschichte des deutschen Patentrechts, Tübingen 2015, S. 37–70 (zit. als *Seckelmann,* Das Patentrecht als „Reaktionsbeschleuniger", Die Entwicklung des Patentrechts im zweiten deutschen Kaiserreich (1871-1914), in: Otto/Klippel, Geschichte des deutschen Patentrechts).

*Seckelmann, Margrit,* Industrialisierung, Internationalisierung und Patentrecht im Deutschen Reich, 1871-1914, Studien zur europäischen Rechtsgeschichte 201, Frankfurt am Main 2006 (zit. als *Seckelmann,* Industrialisierung, Internationalisierung und Patentrecht im Deutschen Reich, 1871-1914).

*Sell, Susan K.*, Industry Strategies for Intellectual Property and Trade: The Quest for TRIPS, and Post-TRIPS Strategies, Cardozo Journal of International and Comparative Law 2002, 79-108 (zit. als *Sell*, Cardozo Journal of International and Comparative Law 2002).

*Sell, Susan K.*, Power and Ideas: North-South Politics of Intellectual Property and Antitrust, New York, USA 1998 (zit. als *Sell*, Power and Ideas: North-South Politics of Intellectual Property and Antitrust).

*Sell, Susan K.*, Private Power, Public Law: The Globalization of Intellectual Property Rights, Cambridge Studies in International Relations, Cambridge, UK 2003 (zit. als *Sell*, Private Power, Public Law: The Globalization of Intellectual Property Rights).

*Sell, Susan K.*, The rise and rule of a trade-based strategy: Historical institutionalism and the international regulation of intellectual property, Review of International Political Economy 2010, 762–790 (zit. als *Sell*, Review of International Political Economy 2010).

*Sell, Susan K.*, TRIPS-Plus Free Trade Agreements and Access to Medicines, Liverpool Law Review 2007, 41–75 (zit. als *Sell*, Liverpool Law Review 2007).

*Sell, Susan/May, Christopher*, Moments in law: Contestation and settlement in the history of intellectual property, Review of International Political Economy 2001, 467–500 (zit. als *Sell/May,* Review of International Political Economy 2001).

*Seville, Catherine*, EU Intellectual Property Law and Policy, Elgar European Law 6, Cheltenham, UK 2009 (zit. als *Seville*).

*Shadlen, Kenneth C.*, The Politics of Patents and Drugs in Brazil and Mexico: The Industrial Bases of Health Policies, Comparative Politics 2009, 41–58 (zit. als *Shadlen*, Comparative Politics 2009).

*Sidak, J. G.*, The Meaning of FRAND, PART I: Royalties, Journal of Competition Law and Economics 2013, 931–1055 (zit. als *Sidak*, Journal of Competition Law and Economics 2013).

*Silberstein, Marcel*, Erfindungsschutz und merkantilistische Gewerbeprivilegien, Dissertation, Winterthur 1961 (zit. als *Silberstein*).

*Singer, Romuald*, Der Neuheitsbegriff in der Rechtsprechung der Beschwerdekammern des Europäischen Patentamts, GRUR 1985, 789–798 (zit. als *Singer*, GRUR 1985).

*Singer, Romuald/Stauder, Dieter*, Europäisches Patentübereinkommen, Kommentar, 7. Aufl., Stauder, Dieter, Luginbühl, Stefan (Hrsg.), Köln 2016 (zit. als Singer/Stauder-*Bearbeiter*).

*Skillington, G. Lee/Solovy, Eric M.*, The Protection of Test and Other Data Required by Article 39.3 of the TRIPS Agreement, Northwestern Journal of International Law & Business 2003, 1 (zit. als *Skillington/Solovy*, Northwestern Journal of International Law & Business 2003).

*Slonina, Michael*, Durchbruch im Spannungsverhältnis TRIPS and Health: Die WTO-Entscheidung zu Exporten unter Zwangslizenzen, Beiträge zum transnationalen Recht 2003, 5 (zit. als *Slonina*, Beiträge zum transnationalen Recht 2003).

*Slonina, Michael*, Gesundheitsschutz contra geistiges Eigentum? Aktuelle Probleme des TRIPS-Übereinkommens, Beiträge zum transnationalen Wirtschaftsrecht 18, Halle, Saale, 2003 (zit. als *Slonina*).

*Smith, James M.*, The Politics of Dispute Settlement Design: Explaining Legalism in Regional Trade Pacts, International Organization 2000, 137–180 (zit. als *Smith, I*nternational Organization 2000).

*Smith, Richard D./Correa, Carlos/Oh, Cecilia*, Trade, TRIPS, and pharmaceuticals, The Lancet 2009, 684–691 (zit. als *Smith/Correa/Oh,* The Lancet 2009).

*Soltysinski, Stanislaw*, International Exhaustion of Intellectual Property Rights under the TRIPs, the EC law and the Europe Agreements, GRUR Int. 1996, 316–326 (zit. als *Soltysinski*, GRUR Int. 1996).

*Spina Alí, Gabriele*, The Sound of Silence: International Treaties and Data Exclusivity as a Limit to Compulsory Licensing, European Intellectual Property Review 2016, 744–754, http://www.academia.edu/29551663/Spina_Alì_G._2016_The_Sound_of_Silence_International_Treaties_and_Data_Exclusivity_as_a_Limit_to_Compulsory_Licensing_European_Intellectual_Property_Review_38_12_744-754 (zit. als *Spina Alí*, European Intellectual Property Review 38 2016) (zugegriffen am 28.03.2024).

*Stamm, Otto*, GATT Negotiations for the Protection of New Technologies, Journal of the Patent and Trademark Office Society 1991, 680–699 (zit. als *Stamm*, Journal of the Patent and Trademark Office Society 1991).

*Stewart, Terence P. (Hrsg.), The GATT Uruguay Round, A negotiation History (1986 – 1992), Bd. 2, Deventer, Niederlande 1993.*

*Stief, Marco/Bühler, Dirk*, Supplementary Protection Certificates (SPC), A Handbook, München 2016 (zit. als *Stief/Bühler*).

*Stoll, Peter-Tobias*, Technologietransfer: Internationalisierungs- und Nationalisierungstendenzen; die Gestaltung zwischenstaatlicher Wirtschaftsbeziehungen, privater Verfügungsrechte und Transaktionen durch die Vereinten Nationen, die UNCTAD, die WIPO und die Uruguay-Runde des GATT, Dissertation, Berlin; Heidelberg [u. a.] 1994 (zit. als *Stoll*, Internationalisierungs- und Nationalisierungstendenzen).

*Stoll, Peter-Tobias/Busche, Jan/Arend, Katrin* (Hrsg.), WTO – Trade Related Aspects of Intellectual Property, Leiden, Niederlande 2009 (zit. als Stoll/Busche/Arend-*Bearbeiter*).

*Stotland Weiswasser, Elizabeth/Danzis, Scott D.*, The Hatch-Waxman Act: History, Structure, and Legacy, Antitrust Law Journal 2003, 585–608 (zit. als *Stotland Weiswasser/Danzis*, Antitrust Law Journal 2003).

*Straus, Joseph*, Bedeutung des TRIPS für das Patentrecht, GRUR Int. 1996, 179–205 (zit. als *Straus*, GRUR Int. 1996).

*Straus, Joseph (Hrsg.),* Aktuelle Herausforderungen des geistigen Eigentums, Festgabe von Freunden und Mitarbeitern für Friedrich-Karl Beier zum 70. Geburtstag, Köln 1996.

*Strauß, Joseph/Klunker, Nina-Sophie*, Harmonisierung des internationalen Patentrechts, GRUR Int., 91-104 (zit. als *Strauß/Klunker*, GRUR Int 2007).

*Strauss, Joseph*, Implications of the TRIPs Agreement in the Field of Patent Law, in: Friedrich-Karl Beier, Gerhard Schricker (Hrsg.), From GATT to TRIPs, The Agreement on Trade-Related Aspects of Intellectual Property Rights, Studies in Industrial Property and Copyright Law Bd. 18, Weinheim, S. 160–215 (zit. als *Strauss*).

*Suchy, Herbert*, Patentrestlaufzeit neuer pharmazeutischer Wirkstoffe, GRUR 1987, 268–274 (zit. als *Suchy*, GRUR 1987).

*Suchy, Herbert*, Patentrestlaufzeit neuer pharmazeutischer Wirkstoffe, GRUR 1992, 7–13 (zit. als *Suchy*, GRUR 1992).

*Sykes, Alan O.*, TRIPs, Pharmaceuticals, Developing Countries, and the Doha "Solution", University of Chicago Law & Economics, Olin Working Paper No. 140 2002 (zit. als *Sykes*, University of Chicago Law & Economics, Olin Working Paper No. 140 2002).

*t'Hoen, Ellen F. M./Boulet, Pascale/Baker, Brook K.*, Data exclusivity exceptions and compulsory licensing to promote generic medicines in the European Union, A proposal for greater coherence in European pharmaceutical legislation, J Pharm Policy Pract 2017, 19–27 (zit. als *t'Hoen/Boulet/Baker*, J Pharm Policy Pract 2017).

*Thomas, John R.*, Regulatory Exclusivity Reform in the 115th Congress 15. September 2017, https://fas.org/sgp/crs/misc/R44951.pdf (zugegriffen am 28.03.2024).

*Trimble, Marketa*, Patent Working Requirements: Historical and Comparative Perspectives, University of California Irvine Law Review 2016, 483–508 (zit. als *Trimble*, University of California Irvine Law Review 2016).

*Tsironis, Anastassios*, Stoff- und Verfahrensschutz unter besonderer Berücksichtigung der Arzneimittelerfindung nach deutschem, griechischem und europäischem Patentrecht, Dissertation, Rechtswissenschaftliche Forschung und Entwicklung 185, München 1988 (zit. als *Tsironis*).

Übereinkommen über die Vereinheitlichung gewisser Begriffe des Patentrechts vom 27. November 1963, GRUR Ausland 1964, 259–263 (zit. als GRUR Ausland 1964).

*Uhrich, Ralf*, Die Geschichte des Stoffschutzes im deutschen Patentrecht (1877-1968), in: Martin Otto, Diethelm Klippel (Hrsg.), Geschichte des deutschen Patentrechts, Tübingen 2015, S. 155–206 (zit. als *Uhrich*).

*Ullrich, Hanns*, Technologieschutz nach TRIPS: Prinzipien und Probleme, GRUR Int. 1995, 623–641 (zit. als *Ullrich*, GRUR Int. 1995).

*Ullrich, Hanns*, The Political Foundations of TRIPS Revisited, in: Ullrich, Hanns/Hilty, Reto M./Lamping, Matthias/et al. (Hrsg.), TRIPS plus 20, From Trade Rules to Market Principles, MPI Studies on Intellectual Property and Competition Law Bd. 25, Heidelberg 2016, S. 85–132 (zit als *Ullrich*, The Political Foundations of TRIPS Revisited, in: Ullrich/Hilty/Lamping/et al., TRIPS plus 20.

*Ullrich, Hanns*, TRIPS: Adequate Protection, Inadequate Trade, Adequate Competition Policy, Policy Pacific Rim Law & Policy Journal 4 (1995), 153 – 210 (zit. als *Ullrich*, Policy Pacific Rim Law & Policy Journal 1995).

*Ullrich, Hanns/Hilty, Reto M./Lamping, Matthias/Drexl, Josef (Hrsg.),* TRIPS plus 20, From Trade Rules to Market Principles, MPI Studies on Intellectual Property and Competition Law Bd. 25, Heidelberg 2016.

*Ulmer, Eugen*, Europäisches Patentrecht im Werden, GRUR Ausland 1962, 537–545 (zit. als *Ulmer*, GRUR Ausland 1962).

*UN Sub-Commission on Human Rights*, Intellectual property rights and human rights, Sub-Commission on Human Rights resolution 2000/7, United Nations 17.8.2000.

*UNCTAD*, The TRIPS Agreement and Developing Countries, Sales No. 96. II. D.10, Geneva, Switzerland 1997 (zit. als UNCTAD).

*UNCTAD/ICTSD*, Resource Book on TRIPS and Development: An Authoritative and practical guide to the TRIPS Agreement, New York, USA 2005 (zit. als UNCTAD/ICTSD).

*United Nations Conference on Trade and Development*, Intellectual Property Provisions in International Investment Arrangements, IIA Monitor Nr. 1 (2007), United Nations, Genf, Schweiz 2007, http://unctad.org/en/docs/webiteiia20071_en.pdf (zugegriffen am 9.2.2017).

*Utermann, Jasper*, Der zweckgebundene Verfahrensanspruch für Arzneimittel, Zwei Lösungen für die zweite Indikation, GRUR 1985, 813–821 (zit. als *Utermann*, GRUR 1985).

*van Empel, M.*, The Granting of European Patents, Introduction to the Convention on the Grant of European Patents, Munich, October 5, 1973, Leyden, NL 1975 (zit. als *van Empel*).

*Velasquez, German/Boulet, Pascale*, Globalization and access to drugs: perspectives on the WTO/TRIPS agreement, Weltgesundheitsorganisation, 2. Aufl. 1999, https://iris.who.int/bitstream/handle/10665/63905/WHO_DAP_98.9_Revised.pdf?sequence=1&isAllowed=y (zugegriffen am 28.03.2024).

*Vida, Alexander*, Das neue ungarische Patentgesetz, GRUR Int. 1970, 149–156 (zit. als *Vida*, GRUR Int. 1970).

*Vivas-Eugui, David, Roffe, Pedro,* A Shift in Intellectual Property Policy in US FTAs?, International Centre for Trade and Sustainable Development (ICTSD) 1.08.2007, https://www.iprsonline.org/ictsd/news/bridges11-5.pg15-16.pdf (zugegriffen am 28.03.2024).

*Vivas-Eugui, David*, Regional and bilateral agreements and a TRIPS-plus world: the Free Trade Area of the Americas (FTAA), Quaker United Nations Office (QUNO), Geneva, Switzerland, Ottawa, Canada 2003, https://quno.org/sites/default/files/resources/FTAs-TRIPS-plus-English.pdf (zugegriffen am 28.03.2024).

*Vogt, Hermann*, Das chemische Analogieverfahren und seine patentrechtlichen Probleme, Zum 75. Jahrestag der Kongorot-Entscheidung, GRUR 1964, 169–181 (zit. als *Vogt*, GRUR 1964).

*Vogt, Hermann*, Statistische Unterlagen zur Bedeutung der Stoffschutz-Patente, GRUR 1959, 458–462 (zit. als *Vogt*, GRUR 1959).

*Vogt, Hermann*, Stoffschutz für Anzneimittel?, GRUR 1951, 547–551 (zit. als *Vogt*, GRUR 1951).

*von Bogdandy, Armin/Villarreal, Pedro A.*, The Role of International Law in Vaccinating Against COVID-19: Appraising the COVAX Initiative, Zeitschrift für ausländisches öffentliches Recht und Völkerrecht 2021, 89–116 (zit. als *von Bogdandy/Villarreal,* Zeitschrift für ausländisches öffentliches Recht und Völkerrecht 2021).

*von Pechmann, Eckehart Frhr.*, Überlegungen zur Änderung des § 1 PatG, GRUR 1967, 501–509 (zit. als *von Pechmann*, GRUR 1967).

*Vossius, Volker*, Der Patentschutz von Verwendungserfindungen auf dem gebiet der Pharmazie nach geltendem und zukünftigem Deutschen und Europäischen Patentrecht unter besonderer Berücksichtigung der zweiten Indikation, GRUR 1978, 7–15 (zit. als *Vossius*, GRUR 1978).

*Walker, William M.*, Uruguay Round TRIPs: A Bibliographic Essay, Vanderbilt Journal of Transitional Law 1989, 911–922 (zit. als *Walker*, Vanderbilt Journal of Transitional Law 1989).

*Wall, Erich*, Zur Frage des Patentschutzes von Nahrungs-, Genuß und Arzneimitteln, sowie auf chemischem Weg hergestellten Stoffen, Dissertation, Stuttgart 1958 (zit. als *Wall*).

*Waller, Peter*, Probleme der deutschen chemischen Industrie, Dissertation, Halberstadt 1928 (zit. als *Waller*).

*Wasescha, Thu-Lang Tran*, Negotiating for Switzerland, in: Watal, Jayashree/ Taubman, Antony (Hrsg.), The Making of the TRIPS Agreement, Personal insights from the Uruguay Round negotiations, Genf, Sschweiz 2015, 159-186 (zit. als *Wasescha,* Negotiating for Switzerland, in: Watal/ Taubman, The Making of the TRIPS Agreement).

*Wasserman Rajec, Sarah R.*, Free Trade in Patented Goods: International Exhaustion for Patents, Berkeley Technology Law Journal 2014, 317–376 (zit. als *Wasserman Rajec*, Berkeley Technology Law Journal 2014).

*Watal, Jayashree/Taubman, Antony (Hrsg.),* The Making of the TRIPS Agreement, Personal insights from the Uruguay Round negotiations, Genf, Schweiz, 2015.

*Wee Loon, NG-Loy*, Parallel Imports of Pharmaceuticals – Doha versus Free Trade Agreements, in: Heath, Christopher/Kamperman Sanders, Anselm (Hrsg.), Intellectual Property and Free Trade Agreements, Oxford, UK, Portland, USA 2007, S. 157–170 (zit. als *Wee Loon,* Parallel Imports of Pharmaceuticals – Doha versus Free Trade Agreements, in: Heath/Kamperman Sanders, Intellectual Property and Free Trade Agreements).

*Weidlich*, Zur Frage des Stoffschutzes für chemische und insbesondere therapeutische Erfindungen, GRUR 1951, 551–554 (zit. als *Weidlich,* GRUR 1951).

*Weissman, Robert*, Long, Strange Trips: The Pharmaceutical Industry Drive to Harmonize Global Intellectual Property Rules, and the Remaining WTO Legal Alternatives Available to Third World Countries, University of Pennsylvania Journal of International Economic Law 1996, 1069–1125 (zit. als *Weissman*, University of Pennsylvania Journal of International Economic Law 1996).

*Willems, J.*, Stoffschutz für Erfindungen auf dem Gebiet der Chemie und insbesondere der Arzneimittel, GRUR 1951, 554–558 (zit. als *Willems*, GRUR 1951).

*Wilson, David I.*, A Trade Policy Goal for the 1990s: Improving the Adequacy and Effectiveness of Intellectual Property Protection in Foreign Countries, The Transnational Lawyer 1988 (zit. als *Wilson*, The Transnational Lawyer 1988).

*WIPO*, Model Provisions on Protection Against Unfair Competition: Articles and Notes, WIPO Publication No. 832 (E), Genf, Schweiz 1996 (zit. als WIPO).

*WIPO National Seminar on Intellectual Property*, The international Protection of Intellectual Property: From the Paris Convention to the TRIPS Agreement, WIPO/IP/CAI/1/03/2 19.2.2003.

*WIPO Standing Committee on the Law of Patents*, Exceptions and Limitations to Patent Rights: Experimental Use and/or Scientific Research, World Intellectual Property Organization, Genf, Schweiz 18.11.2013, https://www.wipo.int/edocs/mdocs/patent_policy/en/scp_20/scp_20_4.pdf (zugegriffen am 28.03.2024).

*Wolfrum, Rüdiger/Stoll, Peter-Tobias/Hestermeyer, Holger P.* (Hrsg.), WTO – Trade in Goods, Leiden, Niederlande 2011 (zit. als Wolfrum/Stoll/Hestermeyer-*Bearbeiter*).

*Wong, Grace*, Biotech scientists bank on big pharma's biologics push, Nature Biotechnology 2009, 293–295 (zit. als *Wong*, Nature Biotechnology 2009).

*Woodcock, Stephen*, European Union policy towards Free Trade Agreements, European Centre for International Political Economy (ECIPE) Working Paper 2007, 1–15 (zit. als *Woodcock*, European Centre for International Political Economy (ECIPE) Working Paper 2007).

*World Health Organization*, WHO Model List of Essential medicines, World Health Organization 2017, https://iris.who.int/bitstream/handle/10665/273826/EML-20-eng.pdf?sequence=1&isAllowed=y(zugegriffen am 28.03.2024).

*WTO*, Developing countries' transition periods, Provisions for developing countries, economies in transition from central planning, and least-developed countries, Welthandelsorganisation September 2006, https://www.wto.org/english/tratop_e/trips_e/factsheet_pharm04_e.htm (zugegriffen am 28.03.2024).

*WTO-General Council*, Implementation of paragraph 6 of the Doha Declaration on the TRIPS Agreement and public health, Decision of the General Council of 30 August 2003, World Trade Organization 1.9.2003, https://www.wto.org/english/tratop_e/trips_e/implem_para6_e.htm (zugegriffen am 28.03.2024).

*WTO-Ministerial Conference*, Declaration on the TRIPS Agreement and Public Health, WTO, Doha 20.11.2001, https://www.wto.org/english/thewto_e/minist_e/min01_e/mindecl_trips_e.htm (zugegriffen am 28.03.2024).

*WTO-TRIPs Council*, Draft Ministerial Declaration for the special Discussion on Intellectual Property and Access to Medicines: Contribution from Australia, Canada, Japan, Switzerland and the United States, IP/C/W/313 04.10.2001, https://www.wto.org/english/tratop_e/trips_e/mindecdraft_w313_e.htm (zugegriffen am 28.03.2024).

*WTO-TRIPs Council*, Draft Ministerial Declaration for the special Discussion on Intellectual Property and Access to Medicines: Proposal by the Africa Group, Barbados, Bolivia, Brazil, Dominican Republic, Ecuador, Honduras, India, Indonesia, Jamaica, Pakistan, Paraguay, Philippines, Peru, Sri Lanka, Thailand and Venezuela, IP/C/W/296 19.06.2001, https://www.wto.org/english/tratop_e/trips_e/paper_develop_w296_e.htm (zugegriffen am 28.03.2024).

*WTO-TRIPs Council*, Draft Ministerial Declaration for the special Discussion on Intellectual Property and Access to Medicines: Second Discussion Round Proposal by the African Group, Bangladesh, Barbados, Bolivia, Brazil, Cuba, Dominican Republic, Ecuador, Haiti, Honduras, India, Indonesia, Jamaica, Pakistan, Paraguay, Philippines, Peru, Sri Lanka, Thailand and Venezuela, IP/C/W/312 04.10.2001, https://www.wto.org/english/tratop_e/trips_e/mindecdraft_w312_e.htm (zugegriffen am 28.03.2024).

*WTO-TRIPs Council*, Position Paper for the special Discussion on Intellectual Property and Access to Medicines: Communication from the European Communities and their member states, IP/C/W/280 19.06.2001, https://www.wto.org/english/tratop_e/trips_e/paper_eu_w280_e.htm (zugegriffen am 28.03.2024).

*Wu, Chuan-feng*, Raising the Right to Health Concerns within the Framework of International Intellectual Property Law, Asian Journal of WTO & International Health Law and Policy 2010, 141–205 (zit. als *Wu*, Asian Journal of WTO & International Health Law and Policy 2010).

*Wysard, E.*, Patentschutz für die chemischen Erfindungen: Verfahrens- oder Stoffpatent?, Chimia 1956, 149–156 (zit. als *Wysard*, Chimia 1956).

*Xiong, Ping*, Patents in TRIPS-Plus Provisions and the Approaches to Interpretation of Free Trade Agreements and TRIPS: Do They Affect Public Health?, Journal of World Trade 2012, 155–186 (zit. als *Xiong*, Journal of World Trade 2012).

*Yu, Peter K.*, Data Exclusivities and the Limits to TRIPS Harmonization, Texas A&M University School of Law, Texas, USA 2018.

*Yu, Peter K.*, The Objectives and Principles of the TRIPS Agreement, Houston Law Review 2009, 979–1046 (zit. als *Yu*, Houston Law Review 2009).

*Yu, Peter K.*, The Political Economy of Data Protection, Chicago-Kent Law Review 2010, 777–801 (zit. als *Yu*, Chicago-Kent Law Review 2010).

*Yunko, Mykhaylo*, Unterlagenschutz für innovative Arzneimittel in der Ukraine: aktuelle rechtliche Probleme und Zukunftsperspektiven, GRUR Int. 2012, 23–30 (zit. als *Yunko*, GRUR Int. 2012).

*Ziegler, Andreas R.*, Dispute Settlement in Bilateral Trade Agreements: The EFTA Experience, in: Bartels, Lorand/ Ortino, Federico (Hrsg.), Regional Trade Agreements and the WTO Legal System 2006, S. 407–418 (zit. als *R. Ziegler*, Dispute Settlement in Bilateral Trade Agreements: The EFTA Experience, in: Bartels/ Ortino, Regional Trade Agreements and the WTO Legal System 2006).

*Ziegler, Dieter*, Das Zeitalter der Industrialisierung (1815-1914), in: North, Michael (Hrsg.), Deutsche Wirtschaftsgeschichte. Ein Jahrtausend im Überblick, 2. Aufl., München 2005, S. 197–286 (zit. als *D. Ziegler*, Das Zeitalter der Industrialisierung (1815-1914), in: North, Deutsche Wirtschaftsgeschichte).